新中国初期的
中国人民救济总会研究

Research on the People's Relief Association of China
in the Early Period of PRC

李小尉　著

人民出版社

责任编辑:刘松戗

责任校对:史伟伟

图书在版编目(CIP)数据

新中国初期的中国人民救济总会研究/李小尉 著. —北京:人民出版社,
　2020.12
(国家社科基金后期资助项目)
ISBN 978 - 7 - 01 - 022102 - 1

Ⅰ.①新…　Ⅱ.①李…　Ⅲ.①社会救济-研究-中国-现代　Ⅳ.①D632.1

中国版本图书馆 CIP 数据核字(2020)第 080593 号

新中国初期的中国人民救济总会研究

XINZHONGGUO CHUQI DE ZHONGGUO RENMIN JIUJI ZONGHUI YANJIU

李小尉　著

人民出版社 出版发行
(100706　北京市东城区隆福寺街 99 号)

中煤(北京)印务有限公司印刷　新华书店经销

2020 年 12 月第 1 版　2020 年 12 月北京第 1 次印刷
开本:710 毫米×100 毫米 1/16　印张:27.75
字数:478 千字

ISBN 978 - 7 - 01 - 022102 - 1　定价:90.00 元

邮购地址 100706　北京市东城区隆福寺街 99 号
人民东方图书销售中心　电话 (010)65250042　65289539

国家社科基金后期资助项目
出版说明

　　后期资助项目是国家社科基金项目主要类别之一，旨在鼓励广大人文社会科学工作者潜心治学，扎实研究，多出优秀成果，进一步发挥国家社科基金在繁荣发展哲学社会科学中的示范引导作用。后期资助项目主要资助已基本完成且尚未出版的人文社会科学基础研究的优秀学术成果，以资助学术专著为主，也资助少量学术价值较高的资料汇编和学术含量较高的工具书。为扩大后期资助项目的学术影响，促进成果转化，全国哲学社会科学规划办公室按照"统一设计、统一标识、统一版式、形成系列"的总体要求，组织出版国家社科基金后期资助项目成果。

全国哲学社会科学规划办公室

2014 年 7 月

目　　录

绪　　论

　　中国人民救济总会是一个特殊的、具有群众性质的救济协调组织。中国人民救济总会成立之初，就明确宣布自身的主要任务包括"团结、领导全国从事救济福利事业的团体和个人，协助政府组织群众进行生产节约、劳动互助，以推进人民大众的救济福利事业，并担负国际救济与交流的工作。"① 这段表述读起来内容平平，但包含的意蕴却不少。

　　从字面来看，中国人民救济总会的工作范畴是从"全国从事救济福利事业的团体和个人"，到"生产节约、劳动互助"，进而到"救济福利事业"、"国际救济与交流"，可见，其具有宽泛的工作范围和复杂的职责内容。

　　从内涵来看，中国人民救济总会的工作职责令人感觉模糊，"领导"尚可理解，"协助"却不易执行，"推进"则更难以评估。总体来说，这种略带矛盾的定位，既揭示了中国人民救济总会具有救济性、协调性与过渡性的特征，也预示了中国人民救济总会的未来发展方向。

　　中国人民救济总会是"代表中国人民的群众性的救济组织"，在国内，该组织领导或参与灾荒救济、失业救济、整顿救济机关，改造社会救济团体等工作，为迅速安定新中国初期的社会秩序发挥了特殊的作用。在国际上，中国人民救济总会作为一个"代表中国人民的群众性的救济组织"，不但积极组织或参与救济、慈善、社会文化领域的交流活动，而且代表中国人民向遭受自然灾害或战争灾难的朝鲜、越南、印度、日本等国的人民，提供物质或精神援助。因此，新中国初期，在特殊的国际背景下，中国人民救济总会在国内、国际的救济慈善事业方面，以非官方的立场，代表中国人民群众做了很多积极而有成效的工作；并且，该会作为一个特殊的民间对外交流窗口，向世界人民介绍宣传了中国政府与中国人民坚持独立自主、追求和平的对外政策，为创造和平安定的国际环境做出了一定的贡献。同时，中国人民救济总会实际上也接受中国共产党和中华人民共和国政府的领导，负责指导全国各地的救济福利机构的接收、改造和建设工作。

　　需要注意的是，中国人民救济总会虽然负责领导全国的救济福利事业，但并不具体负责管理各地的贫困救济、失业救济等工作，而是对各地的救济

---

① 《中国人民救济总会章程》，《人民日报》1950 年 5 月 5 日。

工作推行政策试点、监督实施、交流经验、总结成果等工作。这种情况,笔者认为可以归因于新中国初期中国人民救济总会的工作职责定位模糊。中国人民救济总会作为一个全国性的救济管理组织,在工作权限上却与地方民政系统有着相当多的重合之处。例如,从工作内容上看,中国人民救济总会要肩负"团结、领导全国从事救济福利事业的团体和个人"的重任,而这却又属于各地方民政工作的主要内容;从救济总会的人员组成来看,该会的主要领导人均由民政、卫生、内务多个行政部门领导兼职担任。作为中国人民救济总会的直接负责人、担任秘书长的伍云甫同志,兼任中国人民救济总署党组书记、中国红十字会副会长兼党组书记、卫生部副部长和党组成员等职;谢觉哉同志则主要担任内务部部长,兼任中国人民救济总会党组成员……其他主要领导如宋庆龄、顾锦心、李德全等人均身居要职,无暇兼顾更多中国人民救济总会的工作。这种特殊的情况也决定了中国人民救济总会在国内救济福利事业方面所处的特殊地位,该会主要领导均身居要职,似乎能够在救济福利事业中发挥更直接、更有效的影响;但是,这些条件却无法改变中国人民救济总会的工作权限与职责定位,中国人民救济总会本身并不具备直接行使救济或福利工作的基本条件。因此,中国人民救济总会可以被归结为一个救济协调组织。

中国人民救济总会虽然存在的时间较短,但是它在国内救济福利建设事业方面却影响深远。救济总会直接领导了新中国初期对旧有社会福利机构的接收、调整与改造,完成了对中国各地救济福利体系的重组与建设;救济总会初步探索总结了国内救济事业的资金募集与管理方式,建立起城市社会救济体系的制度规则;救济总会参与设计并建立了新中国社会福利事业的基本雏形,为游民改造、贫民生产、养老抚幼等民生福利建设奠定了基础;救济总会在工作中不断探索并检验救济福利工作的管理模式,尝试建立了民主集中制的管理体系、监督体系和交流体系,积极践行调查研究的工作方法,在实践工作中努力进行救济福利管理方面的理论方法总结。总之,对中国人民救济总会的研究,可以从社会史的角度,对中国人民救济总会的国内、国际活动深入分析,从而展现新中国初期党和政府为了稳定社会秩序、改善国际环境所做的一系列努力。

（一）学术史回顾

1. 学术史基础

关于新中国初期社会救济体系的建设与管理,目前尚缺少具有代表性的、深入的学术研究。以笔者目力所及,只有少数文章涉及这一组织。这种状况,笔者以为,缺乏民政部门的核心档案资料固然是一主因,但新中国初期的社会救济问题头绪繁多,内容杂乱,不便深入,也是不可忽略的因素。庆幸的是,目前笔者搜集到的中国人民救济总会的工作会刊《救济工作通讯》可以弥补核心资料方面的匮乏,该期刊详细刊载了中国人民救济总会及其各地分会的救济、教养、生产等工作记录、调查报告、典型事迹、内部监察管理等重要内容,对本专题的研究帮助较大。但是,由于1949年后政治环境与意识形态,该材料的不够客观之处也非常明显。例如,用今天的视角来看,对美国与国民党的部分评论就不够准确;对"帝国主义慈善事业"的虚伪与迫害等方面的控诉也略为夸张;对政府的救灾救济工作评论过于抬高;等等。但是,该组织对于自身的工作总结则相对客观,只需和各地的民政档案资料、《人民日报》《光明日报》等同期材料互为印证即可。此外,中国人民救济总会也编著出版了一系列的工作总结性质的小册子,为我们掌握中国人民救济总会的各方面工作提供了较为丰富的资料。随着笔者研究工作的进展,逐渐收集了较为丰富的关于中国人民救济总会的文献资料。这些资料,不但有国家各级机构、全国各个地区收集保存的大量档案资料,还有很多文献资料,包括文件汇编、报刊、笔记、资料集等等,为本研究的开展打下了坚实的基础。例如,中共中央文献研究室编撰的《建国以来重要文献选编》(第一至九册),民政部政策研究室编的《民政工作文件汇编》等等,内容非常丰富,均为本研究的开展奠定了史料基础。此外,本课题拟将文献收集与实地调研结合起来,除进行资料的对比、考证、选择与分析之外,还进行了多人次的口述访谈和田野调查。这些资料准备,为本研究的顺利完成奠定了基础。

关于中国人民救济总会的研究,目前能够深入探讨的学术作品较少。温健的硕士学位论文《新中国成立初期中国人民救济总会研究》(河北师范大学,2012年),由于缺乏民政档案资料、中国人民救济总会的工作会刊和各地救济分会的工作会刊等核心资料,故该文对中国人民救济总会的工作理解尚未全面,对中国人民救济总会的存在意义以及该会在救济福利事业领域发挥的历史作用,也没有深入地挖掘。相比之下,宋国庆的硕士学位论文《1949—1956年间南京市的社会救助政策与实践》(南京大学,2014年)虽然也缺乏使用有关中国人民救济总会与地方分会的会刊等核心材料,但该文使用了很多南京市档案馆中有关南京市救济分会的档案,而且,该文对救济经费的管理问题、对救济政策调整的论述,对于探讨中国人民救济总会在救济领域发挥的历史作用较有启示意义。

在笔者2012年出版的专著《新中国建立初期的社会救助研究》(社会

科学文献出版社 2012 年版)一书中,以章节的形式简单地谈到了中国人民
救济总会的问题,并探讨中国人民救济总会对国内社会改造所做的工作与
贡献,但没有进一步的翔实论证。

2. 学者探讨

关于中国当代社会史方面的理论探讨,近年来有很多新颖的观点和研
究视角,对本研究有较多启示。学者们聚焦的问题包括:在中国当代社会史
的研究中,如何在分析具体对象的同时观照宏观意义,在构建"小历史"的
"村庄故事"时兼顾"大历史"的整体思考,在分析史实时避免成为简单的史
料堆砌等。对此,有的学者提到要进一步加强马克思主义唯物史观在中国
当代社会史研究中的指导①,还有的学者提出要在坚持整体史的问题意识
的基础上,发掘出地方史料的不同意义,再进一步回归整体的学术史,将
"史实"与"史识"有机结合起来,使得具体研究能够呼应整个社会史研究的
大方向②,还有学者提出要在确认历史事实真实存在的基础上,坚持整体意
识,避免史实的简单堆砌。③ 学者们讨论的侧重点虽然不同,但对中国当代
社会史的理论反思与探究,还是有益于社会史的学科理论提升与问题意识
的深化。

(二) 研 究 内 容

根据笔者所掌握的史料情况,本课题的主要研究内容可以初步分为三
个层面:

第一,从社会史的层面出发,对新中国初期中国人民救济总会在国内协
助或领导开展的改造社会救济团体、灾荒救济、失业救济、调整和重建救济机
关、扶助贫民生产、创设福利机构等工作进行细致的梳理,并以"自下而上"的
视角,搜寻社会基层、底层群众的史料,结合党和政府的救济政策,构筑"自上
而下"与"自下而上"相结合的社会救济史研究。中国人民救济总会自成立伊
始就肩负重任,不仅在国内改造并重建社会救济体系,为迅速安定新中国的
社会秩序做出了特殊的贡献,而且在国际上它作为一个群众性质的救济组
织,积极参与或组织了多种中外民间交流活动,向朝鲜、越南、印度、日本等国
家遭受自然灾害、战争灾难的人民提供了物资、文化等援助。因此,本书拟对
中国人民救济总会的具体工作分门别类,进行详细的归纳总结。

---

① 田居俭:《中国当代社会史研究要重视理论指导》,《河北学刊》2012 年第 2 期。
② 宋学勤、李晋玢:《"思想"在场:当代中国社会史研究的基点》,《史学理论研究》2017 年第
　4 期。
③ 郑清坡:《中国当代社会史研究的问题意识与整体观念》,《河北学刊》2012 年第 2 期。

　　第二，从政治史的层面出发，对社会救济与福利背后的政治意蕴加以分析或重构。社会救济从来也不仅仅是救灾或济贫等表象，背后往往隐含着更加深厚的政治意蕴与内涵。社会救济与福利，首先侧重向底层民众输出党和政府的政治思想与意识形态。在底层群众尚未能够正确理解马列主义或共产主义思想的情况下，大力宣传工人农民"翻身当家做主人"、中国共产党"为人民服务"、"打倒帝国主义"等思想意识形态，初步形成社会底层对中国共产党及中华人民共和国政府的信任与支持。其次，对底层社会民众所实施的社会救济与福利工作，还具有引导民众完成从"旧人"转变到"新人"的身份地位转换的作用，通过救济使底层民众在"新社会"中顺利地适应新的社会统治秩序、全面接受新的意识形态。再次，囿于当时的历史条件及中国社会经济水平，在当时的社会救济制度设计下，救济的标准往往不是很高（与今日不可同日而语），往往是刚够维持生存的标准，如"不饿死一个人"的救济标准，当时的救济理念也与今天差距较大，社会救济更侧重的是对底层民众的"教"而非"养"，多以劳动的形式来实行党和政府的救济福利。

　　第三，从微观史的角度出发，对中国人民救济总会的相关历史问题加以深描，侧重挖掘具体案例，努力形成对某些具体历史问题的生动认识。并且，通过"自上而下"与"自下而上"两个角度的结合与对比，从宏观与微观、典型政策与具体案例等研究内容的相互结合，从不同的角度来思考、分析中国人民救济总会的具体工作实施情况，进而结合当时的政治、经济、社会环境，认识中国的社会救济、福利制度的创建、标准、制度、管理的复杂面相。综合而言，新中国初期党和政府为了稳定社会秩序，改善国际环境，从政府与民间两个角度做了多种努力。虽然这两个角度的工作立场有时是不同的，但宗旨均是为新中国的对内、对外政策而服务。

　　根据目前的资料掌握情况与研究现状，本研究侧重探讨以下问题：中国共产党和中国政府是如何认识社会救济福利事业在政权中的地位？政策的执行者是如何向底层民众输出政治思想与意识形态的？在社会救济福利的实施中，是如何引导民众更好地完成从"旧人"转变到"新人"的身份地位变化的？党和政府是如何通过救济而使社会底层在"新社会"中顺利地适应新的社会统治秩序并全面接受新的意识形态的？

　　另外，中国人民救济总会是一个全国性的救济组织，其各地基层组织较为健全，承担的工作也颇显繁杂。因此，要想对中国人民救济总会进行全面深入的分析，需要选择若干地区做个案研究，力图通过微观的个案研究反映中国人民救济总会事业的发展全貌。对中国人民救济总会的研究，不仅仅是对该组织、制度、工作内容开展研究,而是要用社会史的研究方法,结合地域特色、个案特点等等,侧重"自下而上"地对中国人民救济总会的国内、国际工作进行细致分析。

(三) 研究的特色与创新之处

关于新中国初期的中国人民救济总会,迄今为止还没有直接的学术研究。中国人民救济总会实质上是一个由政府领导的民间组织,是在新中国成立初期的特殊社会历史背景下建立的、具有过渡性质的救济机构。本研究拟以中国人民救济总会的国内、国际工作为线索,深入挖掘中国人民救济总会在国内协助或领导开展的改造社会救济团体、灾荒救济、失业救济、调整和重建救济机关、扶助贫民生产、创设福利机构等工作,并通过微观史考察,以"自下而上"的视角,搜寻社会基层、底层群众的史料,构筑"自上而下"与"自下而上"相结合的社会救济史研究。并且,通过上述研究,探讨中国人民救济总会设立的初衷、肩负的任务、所拥有的国际国内地位等,讨论政治运动中的社会救济福利工作是如何开展的,进而对中国人民救济总会所发挥的特殊的历史作用进行全面而客观的评价。

本研究的创新之处有以下几点:

第一,中华人民共和国初期,社会救济的推行是在民政、卫生、公安、基层政府等几方面力量的配合下进行的综合性工作,任务繁重,操作起来较为困难。而中国人民救济总会作为一个政府领导下的民间团体,肩负着改造民间救济福利组织、协助救灾筹款、协助失业救济、探索城市贫困的救济与贫民教养、探讨特殊群体的救济方案、调整救济标准等多重任务,虽然在工作中遇到职责不明确、权职不符等多种问题,但中国人民救济总会仍然较好地完成了政府交给的社会救济重任。

第二,社会救济从来不是单纯的"救灾济贫",而是侧重在新的社会条件下通过救济向底层民众传递政治思想与意识形态,并引导底层民众完成从"旧人"转变到"新人"的身份地位转换,使他们在"新社会"中全面接受新的政府管理。总体而言,任何历史阶段的社会救济,其制度设计均是与当时的政治思想与意识形态紧密联系的。

第三,在中华人民共和国初期,社会救济是一种"福利",只有"代表人民的政府"才会这样救济穷苦百姓,救济的目的是"为人民服务",救济的形式则侧重"劳动教养",这也是在"劳动光荣"、"培养劳动技能"的名义下广泛开展的。因此,这一时期的救济理念与今天差距较大,政府的社会救济更侧重的是对底层民众的"教"而非"养",以劳动的形式来实行政府的新式救济,对底层民众的身体改造和思想改造意涵明显,改造的效果也非常显著。

第四,在国际上,中国人民救济总会作为一个群众性质的救济组织,一方面积极组织或参与了多种中外民间组织的交流活动;另一方面,中国人民救济总会向朝鲜、越南、印度、日本等国家遭受自然灾害、战争灾难的人民提供了多种援助。在新中国成立初期特殊的国际背景下,中国人民救济总会是新中国的民间对外交流窗口,为世界人民认识新中国的坚持独立自主、追求和平的对外政策,做出了重要贡献。对中国人民救济总会的研究,不仅可以丰富对新中国成立初期的内政、外交等问题的研究,还可以从社会史的角度,对中国人民救济总会的国内、国际活动深入分析,从而展现新中国政权刚刚建立时,党和政府为了稳定社会秩序、改善国际环境所做的一系列努力。

第一章　承前启后:中国人民
救济总会的建立

中国人民救济总会的前身,是 1945 年 7 月成立的中国解放区救济总会。中国解放区救济总会(原名"中国解放区临时救济委员会")是抗战后期在中国共产党领导下成立的一个救济协调组织,在抗战后期承担了解放区社会救济工作中的协调关系、整合力量、调配物资等重任,在为解放区人民争取救济物资、争取国际援助等救济工作中发挥了重要作用。鉴于该会在几年的救济工作中已经积累了丰富的经验,并与国际救济团体有着良好的交流基础,因此,新中国建立后,党和政府决定将中国解放区救济总会的组织加以调整,让该组织在社会救济领域代表中国人民继续发挥更好的作用。

一、前身:中国解放区救济总会

1943 年 11 月,联合国善后救济总署(United Nations Relief and Rehabilitation Administration,简称"联总")在华盛顿成立,负责处理第二次世界大战中受害者的善后救济工作。根据 1943 年联合国善后救济总署大会总决议案第二项规定:凡联合国善后救济总署所属的资源,无论在任何国家、任何地方,"都将根据该地人口的相对需要,公平地分配或分发,不得因种族、宗教或政治信仰不同而有所歧视"[1],该决议案第七项也强调:"任何时候,救济善后物资都不得被用作政治武器;分配救济品时,不得因种族、宗教或政治信仰而有所歧视。"[2]这些规定作为联合国善后救济物资的基本使用原则,强调对所有区域的战争受害者,都要公平地分享联总救济物资。有鉴于此,1945 年 7 月,中国共产党在延安召开了中国解放区人民代表会议筹备会,会上很多代表提出:"中日战争一旦结束,则中国面临着艰巨的战后恢复与建设工作,为了统一各方面力量协助解放区政府完成此重任,更好地承

---

[1] Leland M.Goodrich, Marie J.Carroll, *Documents on American Foreign Relations*, Vol.Ⅵ, *World Peace Foundation*, 1945:261.

[2] Leland M.Goodrich, Marie J.Carroll, *Documents on American Foreign Relations*, Vol.Ⅵ, *World Peace Foundation*, 1945:263.

担起战后救济与善后工作，应该成立一个全解放区的联合救济组织。""该项提议获得参会人员的一致赞成，由此，中国解放区临时救济委员会成立。"①

1946 年 4 月，中国共产党将该组织的名称改为中国解放区救济总会，并在解放区和北平、上海、天津等大城市相继设立分会（或成立办事处），对解放区"在 8 年抗战中的生命财产损失，以及所需援助等情况进行调查统计"②，并帮助解放区人民争取联总救济物资，初步形成一个广泛的救济工作体系。中国解放区救济总会主要从事的工作按类别可划分为两个方面：

（一）建立救济业务联系

中国解放区救济总会自成立以后，立即着手组建各地救济分会，并与各地医院、救济和保育机关及国际国内的救济福利机构等单位建立联系，努力配合抗日及各种救济工作。通过与这些部门的联系，解放区救济总会收集了很多国内救济工作的资料，以及大量反映日军暴行的数据和照片，并整理出版了少量的英文救济公报和中文的救济材料等，将之送往各个友好的国际性质的慈善救济组织、各地救济分会办事处或相关的慈善人士，在国内外逐渐开展了对日军侵略罪行的宣传与控诉；对日寇在"进行烧杀、劫掠、轰炸、破坏"③等方面的罪行均进行了详细的宣传报道。这些工作为国际国内各界人士深入了解中国人民的艰苦抗日提供了更多的依据。

抗战胜利后，随着国内形势的变化，国共双方进入了激烈的战争状态，解放区救济总会仍然肩负着解放区救济福利工作的对外联络与宣传的任务。1946 年 1 月 10 日，联合国善后救济总署委托美国特使马歇尔（George Catlett Marshall）向周恩来提议，邀请中国共产党派出代表，积极参与联合国善后救济总署援华物资的分配工作。中国共产党立即积极反应，指示解放区救济总会与联合国善后救济总署建立了联系，迅速开展了解放区的灾情调查、抗战损失调查，以及确定对解放区民众的救济方案等工作。为了克服国共两党的政治争议，全力为解放区民众争取救济物资，1946 年，周恩来在重庆与当时担任国民政府行政院善后救济总署长的蒋廷黻举行多次磋商，

---

① 伍云甫：《中国解放区救济总会工作报告提纲　一九五〇年四月二十五日在中国人民救济代表会议上》，《人民日报》1950 年 5 月 7 日。
② 中国共产党代表团驻沪办事处纪念馆编：《上海周公馆——中共代表团在沪活动史料》，上海人民出版社 1994 年版，第 293 页。
③ 伍云甫：《中国解放区救济总会工作报告提纲　一九五〇年四月二十五日在中国人民救济代表会议上》，《人民日报》1950 年 5 月 7 日。

达成有关解放区救济事项的六项谅解备忘录,即"救济以确受战事损失之
地方与人民为对象;救济不以种族宗教及政治信仰之不同而有歧视;救济物
资之发放不经军政机关而由人民团体协助办理;如行总人员及运载物资车
船于进入共区被扣留时,则行总人员即自该区撤退;行总人员不得过问共区
地方行政;中共可派代表在共区协助行总人员办理救济工作。"①此六项原
则,为联总救济物资的合理分配提供了政治基础。

　　1947年,在解放区救济总会的协调下,先后有"世界学生救济会代表
来解放区参观,联合国世界卫生组织和新西兰海外服务团的医务工作人
员相继到和平医院服务,随后有公谊服务会运送医药物资并派遣黑热病
医疗队到冀、鲁、豫区进行工作。1948年8月,联合国国际儿童急救基金
会华北工作队到石家庄和解总谈判并交换谅解书,规定基金会拨款50万
美元(后增至75万美元),协助解放区开展妇婴儿童卫生工作"②。直到
1949年2月北平解放,解放区救济总会开始进行全国救济代表会议的筹备
工作。

　　解放区救济总会为了给解放区民众争取联合国的联总救援物资,在上
海成立了解放区救济总会办事处,派总会秘书长伍云甫同志兼任该办事处
处长,林仲担任业务主任。此后,解放区救济总会的工作重心就放在上海办
事处,主要工作包括:第一,向联合国善后救济总署、国民政府行政院善后救
济总署提供材料,如关于抗战时期解放区经济损失的报告材料等。第二,针
对国际善后救济物资分配进行积极的谈判与交涉。第三,与各地的解放区
救济分会(或办事处)建立直接联系,进行国际救济物资的接收、储运和分
配事宜的合作。

　　抗战胜利后,国共对峙的局势迅速恶化,解放区救济总会为了争取更多
的救济物资,与联合国善后救济总署、国民政府行政院善后救济总署等机构
进行了颇为艰难的斗争。按照中共方面的核算:"全国应受救济的人口为
四千二百万,其中解放区应受救济的人口为二千六百万,按照这个比例,解
放区应得联总全部运华物资的五分之三。"③但是,国民政府提出,善后救济
物资的分配不单单是按照应救济人口,而是要结合各地区的战争损失及经

①　行政院善后救济总署编纂委员会编纂:《行政院善后救济总署业务总报告》,六联印刷公
　　司1948年版,第286页。
②　伍云甫:《中国解放区救济总会工作报告提纲　一九五〇年四月二十五日在中国人民救济
　　代表会议上》,《人民日报》1950年5月7日。
③　伍云甫:《中国解放区救济总会工作报告提纲　一九五〇年四月二十五日在中国人民救济
　　代表会议上》,《人民日报》1950年5月7日。

济恢复与发展等因素进行综合分配。另外，蒋廷黻领导的国民政府行政院救济总署又根据联总所拨物资的种类、内容，在全国各地进行各项紧急的救援项目，例如花园口堵口工程、各地的铁路、公路修复工程基建工程等。因此，国共双方围绕联总救济物资的分配争论颇深，而且，国共内战的实际爆发，进一步阻碍了联总救济物资的平均分配。

（二）为解放区争取联总救济物资

应该说，虽然处于国共内战期间，且遭到国民政府的百般阻挠与破坏，解放区救济总会还是利用联总政策，最大限度地为解放区争得了一批善后救济物资，暂时缓解了解放区人民的经济困难。

为了争取联总的救济物资，1946年初，在解放区救济总会的安排下，联合国善后救济总署派出代表郎恩慈、蒲来恩和严斐德等人，前往察北解放区、冀热解放区、山东解放区和苏北等地的解放区进行实地调查。1946年2月2日，联合国善后救济总署的代表蒲来恩与郎恩慈从青岛来到临沂，与解放区救济总会山东分会协调安排有关善后救济的具体事宜。在解放区救济总会的协调下，第一艘联总货轮驶入青岛港，"于2月6日将6145袋面粉、4982箱牛奶、2250桶奶粉、500包旧衣、6辆汽车和汽油润滑油等，分装于两艘登陆艇，在联总代表何畏之的护送下，运往烟台解放区"[1]。2月中下旬，联总又"将800袋面粉、397箱又25桶奶粉、308箱牛奶、3吨医药等物资，由公路运往临沂解放区。总计运入烟台、临沂的联总救济物资共582吨"[2]。

1946年3月，联总代表严斐德前往淮阴调查灾情。在解放区救济总会的帮助下，边区政府为他提供了诸多工作上的便利，例如，严斐德可以随时随地访问淮阴周边地区，并提交客观真实的调查报告。根据严斐德的报告，5月3日联总代表童克圣、严斐德随同国民政府行政院善后救济总署苏宁分署专员张仁济等，"将300吨面粉、500包旧衣、5吨医药器材和770箱奶粉，运至淮阴。同时，第二批500吨面粉、牛奶等物资也运至镇江，随后还有700吨物资运至此地"[3]。此外，行政院善后救济总署先后通过各地分署向

① 善后救济总署：《鲁青分署旬报》1946年3月10日，转引自王德春：《联合国救济善后总署和解放区的救济事务》，《广西社会科学》2007年第10期。
② 山东省档案馆、山东省社会科学院历史研究所合编：《山东革命历史档案资料选编》（第十六辑），山东人民出版社1984年版，第242页。
③ 善后救济总署：《鲁青分署旬报》1946年3月10日，转引自王德春：《联合国救济善后总署和解放区的救济事务》，《广西社会科学》2007年第10期。

"晋绥察解放区运送 748 吨面粉、奶粉、衣物等救济品,向冀热解放区提供320 吨面粉、35 吨衣物以及大批蔬菜种子,向豫北解放区提供 600 吨面粉、300 包衣物和少量药品、蔬菜种子等"①。行总湖北分署在宣化店设立办事处,"先后共运去物资约 802 吨,包括面粉 692 吨,其余为牛奶、旧衣物等,在当地分发。随后又成立善后救济医院一所,设病床 50 张,加发面粉 120吨"②。据解放区救济总会上海办事处官员成润等人回忆:"截至 1947 年11 月,解总账户上收到联总救济物资价值约 1000 亿法币,占联总对华救济总额的 2%。从 1946 年 7 月到 1947 年 10 月,仅通过山东沿海港口收到的救济物资就有 80000 余吨。"③而联合国善后救济总署方面的统计如下:"食品 31100 长吨④,衣物和纺织品 8600 长吨,医用品 2300 长吨,农用物资5530 长吨,工业物资和运输设备 12220 长吨,杂项 500 长吨,共 60250 长吨;减去 4500 长吨未完成移交的物资,实际移交解放区的联总救济物资共55750 长吨。"⑤

此外,中国解放区救济总会代表解放区人民接收外来的救济捐款并负责分配募捐物资。在抗战胜利之后,解放区救济总会收到的"捐款约值当时法币七亿六千一百三十九万元,重要医药物资约三十吨"⑥,所有的募捐所得款项物资,均由解总负责接收与分配。

综合来看,中国解放区救济总会成立以后,在救济工作领域做出了重要的贡献。调查统计了八年全面抗战中解放区所遭受的战争损失,向联合国善后救济总署提供了请求援助及对日索赔的必要资料;"揭露国民党政府利用联合国救济物资打内战的阴谋;为解放区争取到数量可观的救济物资,如医药、卡车、汽油、面粉等等,并与部分国际组织积极合作,争取到更多的国际援助等"⑦。到中华人民共和国政府成立前夕,中国解放区救济总会出色地完成了它的工作使命。

① 中国第二历史档案馆编:《中华民国史档案资料汇编》(第五辑),江苏古籍出版社 1999 年版,第 491 页。
② 中国第二历史档案馆编:《中华民国史档案资料汇编》(第五辑),江苏古籍出版社 1999 年版,第 491 页。
③ 中国共产党代表团驻沪办事处纪念馆编:《上海周公馆——中共代表团在沪活动史料》,上海人民出版社 1994 年版,第 299 页。
④ 长吨:是实行英制的国家采用的重量单位,1 长吨 = 1.01605 公吨 = 1016.046 千克。
⑤ UNRRA, UNRRA Operational Analysis Papers: No.53.Washington D.C.,1948;65.
⑥ 伍云甫:《中国解放区救济总会工作报告提纲 一九五〇年四月二十五日在中国人民救济代表会议上》,《人民日报》1950 年 5 月 7 日。
⑦ 顾锦心:《从"解总"到"救总"——中国救济事业的一段光辉历程》,《中国社会工作》1998年第 6 期。

二、酝酿成立:救济总会的初建

新中国初期,由于战乱刚刚结束,国内社会经济面临一片破败局面,很多社会问题亟待解决,当务之急是尽快实施灾民、难民和贫民的救济工作,以及救济失业、恢复经济生产。解放初期广州市内"灾民遍地,失业众多,贪污风行,土匪烽起"①,北京城市中也乞丐遍地,由于城市周边连年灾害,战火肆虐,导致难民、灾民及贫民流离失所,纷纷涌入北京城内沦为乞丐。②同一时期,天津、上海、武汉等城市也存在相似情况,全国大部分城市的生产秩序与社会治安均处于破败混乱状态。这些流落在各个城市的灾民、难民或贫民,往往是处于社会底层的弱势群体,只有尽快地给予必要的救济措施,才能够确保他们维持基本生存,进而考虑更妥善的安置。因此,要想尽快安定与恢复社会秩序并恢复生产,必须实施紧急有效的社会救济工作。

(一) 总会筹建背景

社会救济工作可谓看着容易做着难,大多数人会认为社会救济仅仅是由政府或救济组织发放救济物资,但是,在实际救济工作中,救济工作还需要将救济灾民、收容城市游民、开展卫生防疫、安置难民、开展儿童福利、设置贫民救济政策、救济物资及资金的征集与调用等多种工作综合在一起,而这样的工作往往需要协调内务部门、卫生部门、财政部门以及各地方政府组织,才能较好地开展起来。从这一角度来看,延续解放区救济总会的工作经验,重新建立便于协调各方面资源的专门组织,领导社会救济工作的全面开展,这无疑是当时统筹开展全面社会救济工作的最佳方案。

在国际上,由于中国政府选择了"一边倒"的外交策略倒向社会主义阵营,西方很多国家不承认新中国政府,社会主义阵营中也有很多国家不了解中国,周边形势也很严峻。因此,为了争取国际上更多国家的支持,缓解新中国所面临的国际压力,党和政府提出新中国仍然需要一个群众性的救济组织,代表中国人民去实施国内的社会救济,并与部分国际组织进行协调,在必要的时候代表中国人民发出声音。

1950 年 4 月 24 日,以原中国解放区救济总会代表为核心,并邀请了各

---

① 《朱副市长代表市府发表施政方针》,《南方日报》1949 年 11 月 3 日。
② 李小尉:《新中国成立初期城市贫民的生活救助研究——以 1949—1956 年北京市为例的考察》,《教学与研究》2009 年第 8 期。

界代表共七十多人,一起在北京召开了中国人民救济代表会议。经过多数代表商议决定,将原中国解放区救济总会进行改组,并成立新的群众性救济组织——中国人民救济总会,在全国各大行政区、各省及各重要城市设立分会,负责领导新中国的社会救济、社会福利团体改造等工作,在国际上开展民间救济或福利交流。中国人民救济总会在各方酝酿下,最终于1950年4月29日宣布正式成立。

在中国人民救济代表会议上,"通过了中国人民救济总会会章,正式成立了中国人民救济总会,并选出宋庆龄、董必武、吴耀宗、沈体兰、陈维博、伍云甫、谢觉哉、李德全、苏井观、阎宝航、杨显东、陈迪威、朱学范、卢英、李仙、康克清、曹孟君、谢邦定、黄延芳、赵朴初、刘清扬、曾照一、边洁清、潘琪、李筱亭、吴志渊、王一夫、颜惠庆、雷洁琼、胡兰生、章元善、陈文仙、倪斐君、赵政一、林仲、姚淑文、李文杰、邓裕志、刘良模、舒舍予、王鸿勋、陈嘉庚、鲍尔汉等四十九人为中国人民救济总会执行委员会委员;陈其瑗、熊瑾玎、司徒美堂、庄希泉、杨素兰、浦化人、廖梦醒、倪之璜、沈元晖等九人为中国人民救济总会监察委员会委员"①。而且,自中国人民救济总会宣布成立之后,立即召开了执行委员及监察委员的第一次全体会议,"在会议中推选宋庆龄为执行委员会主席,董必武、谢觉哉、李德全、吴耀宗为副主席;陈其瑗为监察委员会主任,熊瑾玎、杨素兰为副主任;并决定任命伍云甫为总会秘书长,林仲、倪斐君、顾锦心为副秘书长"②。自此,中国人民救济总会的组织领导架构基本确定。随后,新任秘书长伍云甫,副秘书长林仲、倪斐君、顾锦心均先后到任,加上解放区救济总会全部旧有工作人员,立即开始了紧张的社会救济工作。

从中国人民救济总会执行委员会的名单中可以看出,执行委员会主席宋庆龄,在第一届政协全体会议上当选为中央人民政府副主席,她一直关注社会救济、妇女与儿童的文化、教育、卫生与福利事业,并有领导解放区救济总会工作的丰富经验。而执行委员会副主席董必武同志先后担任中央人民政府委员、政务院副总理兼政治法律委员会主任、最高人民法院院长等职;谢觉哉同志在解放之后担任内务部部长;李德全同志则担任中央人民政府卫生部部长兼中国红十字会会长;吴耀宗则代表宗教界人士担任中国人民救济总会副主席。这份执行委员会的名单,彰显了党和政府对社会救济福

---

① 《中国救济代表会议闭幕　人民救济总会成立　宋庆龄等四十九人当选执委　一致强调必能战胜灾荒解决失业问题》,《人民日报》1950年4月30日。
② 《中国人民救济总会执监委会举行会议》,《人民日报》1950年5月6日。

利事业的高度重视,这样的人员安排,更加便于中国人民救济总会调集各方资源,协调各方面的关系,更好地发挥统领全国救济福利工作的历史重任。

（二）总会的队伍建设

中国人民救济总会成立后,为了迅速地调整工作方针,开展紧张的救济工作,提出"整理队伍,建立机构"的要求。

在组织方面,依照中国人民救济总会编制的预定名额,人事室陆续遴选有救济工作经验的适当人员加以补充,总会的工作人员由原有的五十三人增加到六十六人;建立了各种工作制度,如人事制度、会议制度、周报制度、公文处理制度等。①

在救济队伍培训方面,中国人民救济总会宣布成立后,立即紧锣密鼓地开始了对救济工作人员的组织培训,为即将开始的救济工作准备条件。1950年6月,中国人民救济总会成立业余学校,分研究、理论与文化三种班,组织全体救济人员有系统、有步骤地开展业务学习。

研究班中多数人是具有救济工作经验的人员,他们侧重研究讨论在原来的救济工作中遇到的问题,以及结合马列主义、毛泽东思想的理论学习,讨论如何将理论与救济工作结合起来。在研究班的学习中,也注重讲授党和政府有关救济福利事业的最新文件和相关政策指示,为提高救济工作人员的理论水平奠定基础。

理论班的学习内容包括:救济代表会议文献、中国人民救济总会董副主席的报告《新中国的救济福利事业》及总会章程,以及其他救济工作相关文件,如毛主席的《为争取国家财政经济状况的基本好转而斗争》、刘少奇副主席的《五一报告》和周总理的《关于生产救灾的报告》等文件。通过学习,使"大家更认清了帝国主义、封建主义和官僚资本主义是中国人民灾难的总根源"②。为了医治战争创伤,进行和平建设,救济工作在目前是必要的,而且"是紧急任务之一"③,并在学习讨论中特别强调指出了"今后对帝国主义国家及其御用机关之所谓救济",应提高警惕。为了从思想、政策及作风上把机关党内外干部更提高一步,机关党支委与业余学校负责人共同决定随后开始全机关干部的"整党整干"的文件学习。

文化班侧重吸收救济福利工作领域中的部分文化基础较为薄弱的成

---

① 《总会动态》,《救济工作通讯》第1期,1950年7月15日。

② 《总会动态》,《救济工作通讯》第1期,1950年7月15日。

③ 《总会动态》,《救济工作通讯》第1期,1950年7月15日。

员,以及各地旧有福利组织中的人员。在文化班中以普及基础文化、识字扫盲、讲解党和政府的大政方针和救济政策为主,在学习方法上着重讲解政策思想,理论联系实际,讲解救济业务。通过学习使多数救济工作人员"认识到新中国的救济福利事业是在人民政府领导之下,以人民自救自助为基础而进行的人民大众的救济福利事业,其方针与做法和旧社会下的救济福利事业有本质上的不同"①。

中国人民救济总会与中央人民政府及群众团体各有关部门,以及各地分会建立了密切的联系。中国人民救济总会在讨论救济政策、总结救济工作方法时往往邀请民政、卫生、公安等部门派代表参加讨论,而救济总会也积极派代表参加其他相关部门的重要会议,如中央卫生部防疫队第一次工作汇报会议和中华全国合作社工作者第一届代表会议,救济总会均派代表参加并积极发言。此外,在各地发生的紧急事件中,救济总会也积极参与救济工作,如救济总会于1950年底"派出三个干部参加了北京辅华火药厂爆炸事件的紧急救济工作"②。这些对外积极的联络工作,在一定程度上也说明了救济总会对自身救济工作的认识,救济从来不是单纯的发放物资,更是一种救济协调工作,协调各部门调集物资、人员或资金,协调各方力量共同努力,开展社会救济工作。

全面调整全国救济福利社团,重新建立并规范社会救济福利事业,是中国人民救济总会成立后的工作重点之一。在中国人民救济总会成立以前,内务部已经开始部署各大城市民政部门对当地救济福利社团开展调查研究工作,在1949年6月中旬拟制了社团调查表,调查的内容包括救济福利社团的成立、业务范围、经济来源、财产状况、人员情况等,可谓全面细致地调查全国的救济福利组织。中国人民救济总会成立后,于1950年6月30日组织召开了调查社团委员会的内部座谈会,外交部、内务部、卫生部、公安部、文教委员会等均派有代表参加。③ 在随后开展的救济福利事业调整工作中,比较棘手的问题是对救济福利单位中收容人员的安置,而这些工作只能待全国救济福利政策确定后再陆续开展。

(三) 各地分会建立

中国人民救济代表会议召开并正式成立以后,各地纷纷将全国救济代

---

① 《总会动态》,《救济工作通讯》第1期,1950年7月15日。
② 《总会动态》,《救济工作通讯》第1期,1950年7月15日。
③ 《总会动态》,《救济工作通讯》第1期,1950年7月15日。

表会议所确定的救济方针、工作范围以及会议通过的章程等内容传达到基层组织，由各地政府配合地方救济主管机关，迅速开始筹备地方救济分会的组织工作。

从各地救济分会成立的情况来看，分会的建立基础、成立步骤、人员构成及职能范围均各有特点，但最终均统一到中国人民救济总会的领导之下开展工作。下面列举几个具有代表性的地方分会成立情况，以展现新中国初期各地救济分会成立的不同路径与面相：

以重庆市为例来看，重庆市宣布解放以后，立即成立了重庆市军事管制委员会，将重庆市原有的 32 个慈善团体合并为"重庆市人民救济事业服务委员会"。该会正式成立后，立即函呈中国人民救济总会请求指示工作方针，并作为地方分会服从总会的领导。为了尽快落实救济工作，中国人民救济总会仅要求该会"将成立经过、组织机构及会章等呈报总会，以备查核"①，即接受了该会作为救济总会重庆市分会的事实。

西安市分会也成立较早。1950 年 4 月 25 日，西北军政委员会民政部部长吴志渊到北京参加中国人民救济代表会议之后，立即返回西安，"将全国救代会议所决定的救济方针及工作范围与会议经过情形等，在西北军政委员会行政会议及民政部扩大会议中详为传达。并与西安市政府及陕西省政府会商"②，准备成立中国人民救济总会西安市分会。随后，1950 年 6 月 5 日，西北军政委员会民政部召集了西安市各慈善团体及有关机关召开座谈会，到会的有慈善团体代表和各有关机关代表共八十余人，在会中各代表发言，一致认为社会救济福利事业"必须在人民政府领导之下，贯彻自救救人"的正确方针。随后，代表们在西安市成立救总西安市分会筹备委员会，初步确定规章制度，正式成立中国人民救济总会西安市分会。

武汉市救济分会筹委会采取的是一面建立机构，一面进行实际业务的方式。武汉市人民政府原拟组织武汉市生产救济委员会，推进该市失业工人和难民的临时救济事宜。但接到中国人民救济总会成立的消息后，为了今后能在总会的统一领导下进行长期性的一般社会救济工作，立即改变原定方针，由市政府聘请各界热心救济事业的人士 35 人，于 1950 年 5 月 8 日成立了中国人民救济总会武汉市分会筹备委员会，通过了组织规程，已呈送总会备案。该筹备会推举武汉市陈经畲副市长为主任委员，民政局局长易

---

① 《各地建立分会简讯》，《救济工作通讯》第 1 期，1950 年 7 月 15 日。
② 《各地建立分会简讯》，《救济工作通讯》第 1 期，1950 年 7 月 15 日。

吉光、劳动局局长陈秀山、市总工会劳保部部长王景瑞等为委员,并分别在各区成立支会筹委会。在分会筹备过程中,同时开展了许多救济失业工人的紧急任务。例如,筹委会成立的第二天就把武汉市各区公所、公安分局及分驻所和行政学校的干部、学员组织起来,动员了一千余人,办理全市失业工人和失业市民登记,并进行了紧急救济。至5月底,此项工作已经基本完成,获得极大成绩,"大致搞清了全市失业工人的数目,使三万五千多名失业工友得到了紧急救济,工作干部在实际工作中也取得了经验,为今后救济工作的开展打下了坚实基础"①。随后,武汉市临时人民救济代表会议于6月28日开幕,正式召开了会议。在会上听取了中南军政委员会民政部副部长兼中国人民救济总会执行委员潘琪传达全国人民救济代表会议精神的报告、武汉市副市长周季方的政治报告和分会筹备委员会主任委员易吉光的工作报告,讨论并通过了分会组织规程、1950年下半年的工作计划、救济款物筹集办法、大会宣言等内容,并选举了分会执行委员和监察委员。会后召开第一次执监委联席会议,推选陈经畬为执委会主席,易吉光、贺而梅、周焕章为副主席,沈肇年为监察委员会主任,李而重、贺衡夫为副主任,武汉市救济分会正式诞生。② 在新中国成立初期,面临严峻的救济形势,"武汉分会的建立机构和开展工作的经验是值得各地分会注意吸取的"③。

依照《中国人民救济总会章程》规定和北京市人民政府指示,1951年1月20日北京市召开了北京市人民救济代表会议,决定正式成立北京市救济分会。北京市人民政府副市长张友渔被推举为主席。北京市分会设秘书组、总务组、救济福利组和社团管理组处理日常具体业务。该会主要"领导全市从事救济福利的团体和个人,协助政府组织群众进行生产节约、劳动互助,为推进人民大众的救济福利事业,办理老、弱、孤寡、残疾及贫苦无靠妇婴儿童的救济工作而努力"④。在北京市分会成立的代表会议上,北京市民政局的负责同志明确提出,新中国的"救济福利事业,与过去是不同的","今后的救济福利事业……是以人民大众为对象,以人民自救、助人为基础,在人民政府领导下,吸收一切真正从事救济福利工作的团体和个人,进行新中国的救济福利事业。它是医治战争创伤并进行新中国建设的一系列工作中的一个

① 《武汉市分会筹委会召开临时人民救济代表会议,积极展开失业工人救济工作》,《救济工作通讯》第1期,1950年7月15日。
② 《救总武汉分会宣告正式成立》,《救济工作通讯》第2期,1950年7月30日。
③ 《武汉市分会筹委会召开临时人民救济代表会议,积极展开失业工人救济工作》,《救济工作通讯》第1期,1950年7月15日。
④ 《北京人民救济代表会议闭幕 救总京市分会成立》,《人民日报》1951年1月27日。

组成部分"①。同时，北京市救济福利工作的方针与任务是"团结、领导、改进全市从事救济福利事业的团体和个人，协助政府组织人民进行生产节约，劳动互助，首先应当面对贫苦的工农大众，展开群众性的互助互济工作，并且有计划的吸收社会财力、物力、组织群众力量，有重点有步骤地来进行北京市人民的救济福利工作"②。在接下来的几年内，中国人民救济总会北京市分会在实施、推广北京地方的救济工作等方面，做出了很大的贡献。

此外，其他很多城市的救济分会，均在总会成立之后纷纷建立。杭州市解放后，党和政府领导成立了杭州市人民福利救济事业委员会，并在此基础上根据中国人民救济总会的章程，正式成立了杭州市救济分会；河北省人民政府民政厅已将筹备成立省救济分会问题，提交该省救灾委员会研究，一俟准备就绪，分会即可成立。天津市人民政府则首先召开了救济工作座谈会，讨论今后如何展开救济福利工作。到会者除市政府各有关部门代表外，尚有工会、妇联、男女青年会、工商界人士及各慈善团体代表多人，会中决定中国人民救济总会天津市分会筹备委员会准备于七月中旬成立，并预定召开全市人民救济代表会议，届时将邀请中央外交部、内务部、卫生部与中国人民救济总会指派代表参加。③ 可以看出，各地的救济分会均在紧锣密鼓地筹备建设之中。至1951年，全国共有十几个城市成立了救济分会，在中国人民救济总会的领导下，各地救济分会积极开展各地失业救济、贫困救济以及社会福利团体的改造等工作，为新中国政府迅速稳定社会秩序、恢复社会生产做出了重要的贡献。

三、监督检查：救济总会的管理与职权

中国人民救济总会作为一个群众性救济组织，在新中国救济领域存在并发挥作用的时间并不长，那么，中国人民救济总会的制度构建、工作方法等方面究竟有什么经验值得总结呢？这些内容对今后的救济福利事业起到何种影响呢？关于这个问题，笔者认为可以先了解一下中国人民救济总会自身的管理建设，进而理解该会在救济管理工作中的实践探索。

（一）民主集中的管理体系

在中国人民救济总会的管理体系设计中，中国人民救济代表会议是该

---

①　董汝勤：《北京市人民救济代表会议开幕词》，北京市档案馆藏，档案号：196—2—327。

②　董汝勤：《北京市人民救济代表会议开幕词》，北京市档案馆藏，档案号：196—2—327。

③　《各地建立分会简讯》，《救济工作通讯》第1期，1950年7月15日。

组织行使权力的中心枢纽,救济代表会议为中国人民救济总会的最高机关。按照该设计,救济代表会议设执行委员会、监察委员会和专门委员会,伍云甫担任第一届执行委员会秘书长。执委会在救济代表会议闭会期间为该会最高领导机关,可以根据实际工作需要来决定提前或延缓召开救济代表会议;执行委员会则由救济代表会议选取 45—51 人组成,并由委员互选产生执委会主席、副主席,下设秘书长 1 人,副秘书长 2—4 人,秘书长根据执委会主席与副主席的意旨,负责执委会所属各个机构办理日常事务。救济代表会议每两年召开一次,其代表委员的产生,则由执行委员会规定。

中国人民救济总会下设监察委员会,由救济代表会议选出委员 9—11 人组成,并由委员互选产生主任 1 人,副主任 2 人。监察委员会"对款物之募集、接收、分配及使用负监察之责"①。这种制度设计,本意是为了将行政与监督权力分开制衡,协助执行委员会主席及副主席之意旨,领导执行委员会所属各机构办理日常会务。这种制度,基本上实现了决定权、监督权、行政权的分割。但是,由于这三项权力的实施者均是由救济代表会议选出,因而,最终的权限仍然统一到救济代表会议中。这种安排也基本符合新中国成立初期的人民代表会议的制度构想。在救济代表会议制度下,全国各地设置相同架构的地方救济分会,组成地方救济代表分会,由集体掌握各地救济分会的工作。② 下面就以天津市救济分会为例,请参看以下救济分会的组织架构:

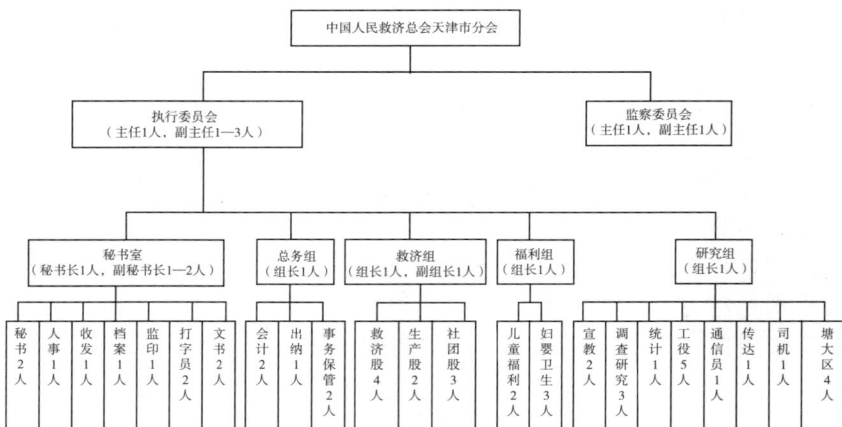

资料来源:《中国人民救济总会天津市分会人事编制》(1950 年 10 月),天津市档案馆 X0053- D-000402。

---

① 《中国人民救济总会章程》,《人民日报》1950 年 5 月 5 日。
② 《中国人民救济总会章程》,《人民日报》1950 年 5 月 5 日。

（二）　监督为主的监察体系

中国人民救济总会内部设置了监察委员会，这种监察组织主要是为了配合各个部门的工作，起到监督总结的作用。中国人民救济总会下设监察委员会任务包括："监察全国救济福利机关、团体款物之募集、接收、分配、使用；会计制度的建立与健全；有无假公济私，贪污浪费等违法失职行为；处理中国人民救济总会执行委员会交办事项；接受及处理人民对于全国救济福利机关、团体工作人员违法失职行为的控告。"①根据规定，监委会处理案件，"得依据事件的性质、结合具体情况，分别使用批评纠正、检举、处分等方法。在监察案件中遇有关于救济福利机关、团体或其负责工作人员之重大情节时，应呈请政务院政治法律委员会核定后处理之。监委会进行监察工作，如认为有犯罪嫌疑者，应移送检察机关办理，但检察机关处分终了后，监委会仍得依照本会章则规定，分别予以处理"②。

最初，这种监察组织并未真正起到应有的作用，但是，随着经济建设的逐步开展，救济福利系统"所担任的工作就是把非生产的游民、妓女等等，改造成为勤劳的生产者，把目前不能生产的儿童教养成将来的国家建设人才；同时要将政府补助的与人民捐助的款物统统用的非常适当而没有一块钱贪污浪费掉。如果救济监察工作做好，就可更快更好地实现生产自救、社会互助方针，增强社会救济工作中的人力、物力和财力。另外，当时的救济福利工作人员的数量与质量显然是不够的，个别地方、个别机关，个别干部存在着贪污、浪费、官僚主义。被救济者更因久被社会中反动阶级所蹂躏，长期生长在无人关怀和教育的恶劣环境中，往往产生了非常严重的、异乎平常的病态思想，因此对他们的改造工作至为艰巨。加紧监察，可以协助救济福利机构加强管教，提高工作效率，预防事故，减少错误"③。因此，监察工作的重大意义是不能忽视的。

如何增强监察工作？首先应该认识到"事在人为"，"干部决定一切"。要做好监察工作，必先物色优秀的专职干部，建立"短小精干"的执行机构。现有的监察人员必须加紧学习，改造思想，提高自己的政策思想与业务水平。监察人员的标准是很高的，国家监察人员"应该是纯洁的，无可非难的，公正无私的，所以需要这样，是因为他们不但有形式上的而且有精神上的监察别人、教导别人的权利"④。其次，要各地救济分会行政与监察领导同志共同向所属的救济福利机关负责同志严肃地宣传监察工作的重要性与

<hr/>

① 《中国人民救济总会章程》，《人民日报》1950年5月5日。
② 《怎样做好救济监察工作》，《救济工作通讯》第32期，1952年11月7日。
③ 《怎样做好救济监察工作》，《救济工作通讯》第32期，1952年11月7日。
④ 《怎样做好救济监察工作》，《救济工作通讯》第32期，1952年11月7日。

迫切性,指示他们回去向所有工作人员传达与讨论,要他们提高警惕,不要麻痹自误。

要在各机关全体干部与群众中"有领导地"选举监察通讯员。这种通讯员的条件是"公正廉明,忠诚老实,积极负责,善于联系群众","文化水平可高可低。高的当然欢迎,低的工农分子能够写成词能达意的字条或书信就算合格,名额约在一百人中选出一人,一个机关如有三人,即编为一组,推选组长。通过选举使选举者与被选举者都有更大的责任心与积极性。选举之后,应将所选名单附注简历与工作表现,由当地救济分会监察机关审查核准,加聘为分会监察通讯员,给以聘书;并定期召集他们,给以适当的训练教育,使他们清楚地认识监察通讯的意义与方法;要他们及时反映各机关的工作与学习情况,优缺点都要提及;要他们密切联系群众;更须了解与反映救济与教养对象的实际生活与他们的切身要求"①。

各机关应设置名副其实的意见箱。必须由领导同志当众宣布设置意见箱的宗旨,鼓励大家大胆利用它提供意见;并指定一定的监察通讯员定时开箱、及时整理意见与送呈监委处理。具名匿名的意见书可以有真实、诬陷与真假兼有的内容,都应仔细调查研究,迅速处理。最好将处理结果当众宣布,否则意见箱将毫无意义。②

监察是制度,制度落实到实践工作中则表现为"检查工作"。在救济工作中,党和政府虽然制定了好的政策制度,但如果不去监督实施,则也有可能变成一纸空文。因此,实施有效的监督与检查是保证政策落实的先决条件。

在救济总会对全国各地救济分会、民政部门和救济组织检查工作中发现,"某些机关工作的毛病,十之八九都因上级仅只颁发命令而忽视监察执行情形。只发号施令而不去监察,好的干部都有变坏的可能。检查工作不必普通,只须突破重点检查,就可以教育全体"③。

一般而言,检查工作有事故检查与平时检查两种。平时检查是积极的与主动的,可以事先防范,更为重要。检查之前,应向领导机关了解被检查机关的情况,并研究有关材料,同时,组织有关方面的干部,指定检查组长,做好充分的准备工作。第一,先与被检查机关的负责同志接洽,说明检查的好处,避免误解与对立情绪;要他自己动员有关人员,如党、团、工会或懂得业务者联合监察。第二,检查不要包罗万象,只能选择一两个主要问题而检查解决之。第三,检查不是专找岔子,而且要找模范。检查切忌偏听一面之词,要虚心听取各方面的意见而加以慎重地批判。第四,检查目的不是为了

---

①　《怎样做好救济监察工作》,《救济工作通讯》第32期,1952年11月7日。

②　《怎样做好救济监察工作》,《救济工作通讯》第32期,1952年11月7日。

③　《怎样做好救济监察工作》,《救济工作通讯》第32期,1952年11月7日。

处分,而是为了改进工作,为了教育干部与群众。检查的过程就是教育的过程。耐心教育才能使参加检查者明了检查的意见;而认真负责,才能使被检查者搞通思想——自愿暴露其错误思想和进行深刻的自我检讨,使得检查结果对于被检查者有无处分,均能心悦诚服。检查中发现工作模范更要表扬,并鼓励其继续前进,防止自满。第五,检查过程中应该严守秘密,不要急躁,不要早做结论,要与参加检查的人员反复讨论研究,在处理上先形成统一认识,思想一致,而后尽可能地争取该机关负责同志的同意。如不同意,只应考虑其意见是否正确,正确者当可采取而修改初步总结;否则,不能稍事迁就而放弃真理。第六,将检查材料与总结以及改进工作的积极性建议带回监察机关,呈报行政领导,并征求意见,求得见解一致,如有分歧,可将两种意见汇报上级决定。决定后即应以救济分会名义写成指示,使被检查机关切实执行。

检查内容不应局限于贪污一点,对于比贪污更普遍而损失更大的浪费与滋长贪污浪费的官僚主义,以及违法失职、侵犯被救济教养者的合法权利的事件都不应放松。至于款物方面,不是乱翻账目,审核数字有无错误,而是要检查是否建立与健全会计制度,检查所用款物是否适宜与合理,否则监察人员将"深陷于忙乱不堪的事务主义的泥坑"而无法检查上述的各种重要事项。①

为了交换经验教训,各级救济监察机关应该强调实行请示报告制度(报告中不要忘掉反映救济分会的主要工作、学习情况与对总会监委会的意见)。检查所得的重要材料与经验总结都应交总会监委会一份,使能尽量在中国人民救济总会的内部材料——《救济工作通讯》上单独或综合披露,使能推广监察经验于各地,同时应写成通讯,交当地报纸发表。②

此外,监察工作传播"不能与不应"专由少数监察人员包下来。救济分会行政方面派人下去检查工作亦很重要。各救济教养机关领导同志亦应经常注意监察本机关的工作,要经常发现问题,讨论问题,解决问题。所有救济福利工作者、监察人员尤其是负责同志应该经常开展批评与自我批评。别人如向中央或地方监察机关或其他机关检举控告,必须重视并立即处理。

中国人民救济总会成立伊始,就下设监察委员会负责对总会"款物之募集、接收、分配及使用"的监察之责。因此,总会的监察人员侧重与有关机关与干部通力合作,经常注意监督和按照任务、决议与计划去检查执行情况;透彻了解下面全部情况;掌握总会政策方针;强调耐心教育干部与群众,改进工作,以"一切为了群众,依靠群众,集中群众无限智慧"③的根本指导思想来开展与改进监察工作。

---

① 《怎样做好救济监察工作》,《救济工作通讯》第32期,1952年11月7日。
② 《怎样做好救济监察工作》,《救济工作通讯》第32期,1952年11月7日。
③ 《怎样做好救济监察工作》,《救济工作通讯》第32期,1952年11月7日。

（三）总会与分会的关系

在中国人民救济总会的组织架构中，"中国人民救济代表会议为中国人民救济总会的最高机关，下设执行委员会，在救济代表会议闭会期间为该会最高领导机关。救济代表会议每两年召开一次，执行委员会得依需要提前或延缓召开。执行委员会由救济代表会议选出委员四十五人至五十一人组成之。主席一人副主席若干人，由委员互选产生之。执行委员会下设秘书长一人，副秘书长二人至四人，秉承执行委员会主席及副主席之意旨，领导执行委员会所属各机构办理日常会务"①。另外，中国人民救济总会还应根据工作需要，"邀集与救济福利工作有关之代表人士召开协商性质的会议，讨论各方面之救济福利问题，或设置各种救济福利类的专门委员会"②。

中国人民救济总会成立初期，为了集中各方面的力量，有组织、有计划地推进救济福利社团的调整工作，经过多时的酝酿，总会最终成立了救济福利社团调整委员会。在1950年9月1日召开的救济福利社团调整委员会成立会议上，各方代表"详尽地讨论了该会的性质与任务，决定其组织成员为内务部、外交部、卫生部、公安部、北京市民政局、上海临时联合救济委员会和中国福利会、中国人民救济总会及救济福利界的特约人士。该委员会暂定每月召开常会一次，就救济总会所提供之社团情况进行研究讨论，获得统一意见并提出调整方案后，交救总呈请政府批准实行之"③。而且，该会议修改通过了《调整救济福利社团暂行办法》。救济福利社团调整委员会的成立，推动了当时急需解决的救济福利社团调整工作顺利开展。

通讯员制度的创设，是中国人民救济总会加强总会与地方分会沟通信息的有效办法。中国人民救济总会成立后，很快就制定了"在各地分会、救福社团及救福组织设立通讯员"④的制度。根据规定，通讯员由各分会（或救福社团、救福组织）负责人指派现任职员担任，并填写通讯员登记表通知救总；通讯员负责该分会（或救福社团、救福组织）与中国人民救济总会在宣传报道工作方面的联络事宜；通讯员每月须撰写稿件至少两次寄交中国人民救济总会，其稿件内容包括："1.该分会（或救福社团、救福组织）会务及业务动态之报道。2.在救福工作中发现的问题及如何解决这些问题。3.对救福工作的批评与自我批评。4.有关救福事业的典型人物，事物报道及经验介绍。5.对救福事业调查研究后所写的专门资料、专题论文。6.有关救福工作的图书、照片等。"⑤而且，通讯员除向中国人民救济总会供给以

---

① 《中国人民救济总会章程》，《人民日报》1950年5月5日。
② 《中国人民救济总会章程》，《人民日报》1950年5月5日。
③ 《总会成立救济福利社团调整委员会》，《救济工作通讯》第5期，1950年9月15日。
④ 《中国人民救济总会设立通讯员办法》，《救济工作通讯》第3期，1950年8月15日。
⑤ 《中国人民救济总会设立通讯员办法》，《救济工作通讯》第3期，1950年8月15日。

上内容之稿件外,还须负责搜集该分会(或救福社团、救福组织)及其所在地各"救福团体"之宣传品(刊物、图片及发表于报章杂志上的文字等)寄交总会。

可以看出,中国人民救济总会的通讯员制度,在信息不发达、沟通不迅捷的情况下实现地方分会与总会的信息联系,使总会及时掌握全国各个地方分会的工作进展并总结经验教训,以便更好地加强领导全国救济福利事业的工作。这种通讯员制度并不需要中国人民救济总会或各地分会另外出资,通讯员均为义务兼职,凡是在中国人民救济总会内部刊物上发表通讯文章者,酌给稿酬,总会和各地分会仅仅负责通讯员寄发资料等所需纸张、邮资等费用即可。

（四）检查各地救济工作

中国人民救济总会对全国各个主要城市的社会救济工作均负有监察之责。整体而言,新中国初期,由于各个城市的社会经济条件不同,社会救济工作也可谓良莠不齐。

在检查中发现,在一个时期内天津市的社会救济工作就相对较差,"多数区长期没有专做救济工作的干部;区以下没有专门组织,工作上完全依靠派出所去做,但派出所任务繁重,对救济工作,只不过是协助性质。有个区自1951年5—8月,救济工作没有在区务会议上作过一次专门的研究。有的派出所不知道要搞救济,有一个派出所长还不知对贫民可给予救济。因之救济面弄得过窄,应该救济而得不到救济的现象很多"[1]。

相比之下,北京市的社会救济则开展很早,成绩也较为突出。1950年调查,北京城区内无法维生的"赤贫户"有4259户、12733人。北京市民政局同救济分会研究制定了《北京市贫民救济方案》、《北京市贫民调查登记办法》等规章制度,规定对"一是老弱残废、鳏寡孤独、能自立生活而无任何收入亦无亲友帮助者;二是家庭人口众多、无劳动力或因丧失劳动力无法维持生活者"[2]给予发放生活救济金。1951年,经过北京市救济分会的调查,重新规范了城市贫困人员定期救济的标准,在原有的《北京市贫民救济方案》基础上加以修正补充。主要包括"对于老弱残废、鳏寡孤独不能维持自己日常生活者,予以收养(郊区一般不收养),其有亲友照顾或者能够自理生活者,每人每月补助二万五千元至三万元。对于无法谋生的极贫户,如捡煤核者或其他劳苦终日不能维持最低生活者,每人每月补助一万五千元至二万元。对于无正常收入或人口众多,难以维持生活的次贫户

---

[1] 《天津市关于社会救济政策执行情况的检查报告》,《救济工作通讯》第32期,1952年11月7日。

[2] 《北京市贫民调查登记办法》,北京市东城区档案馆,档案号:11—7—54。

予以一次性救济,每人一万至二万元;家中五口人以上者救济八万至十五万元……"①

可以看出,中国人民救济总会根据各个地方分会所反映的不同情况,对各地分会不断地进行监督检查,并通过地方民政机构督促社会救济工作的改进与发展,在督促检查工作中严格履行自己的工作职责。

中国人民救济总会对全国各地的救济福利机构也负有监察管理之责。新中国初期,由于对救济机构的管理还非常不规范,各个收容机构中的收容供给水平很不平衡,部分收容救济机构的供给一开始就比较高。例如,北京"救济分会所属各收容单位,大半原来是接受外资的救济机关,接管前,收容人在帝国主义分子的压迫下,生活很苦。接管后,为了积极抢救遭受帝国主义残害的儿童及老人,逐渐恢复他们健康起见,伙食供给一般吃的较好。1952年规定儿童每人每月80斤米,老人60斤。后虽稍降,但仍较其他各收容单位较高"②。尤其是1952年以后,国民经济逐渐恢复,收容机构的"收容供给水平得到提高","很多收容机构的生活待遇比普通贫民还要高,这就导致有的本来不符合收容条件的人,来到收容机构要求收容,并且来了就不走。有的外地农民认为(收容)所生活比农村好的多,说:乡下哪有这里吃的好!""这里有吃有穿,说什么也不回去。"③另外,1952年北京市救济分会统计档案中也提到:"本会所属各教养单位的收容人员供给,自1952年以来,质量日益提高,据了解,目前其生活标准已超过一般贫苦市民的生活水平。"④"经过'三反'、'五反'运动以后,各单位清除了内部的贪污现象,改善了伙食的管理,因此,伙食的质量更显著的提高了","老人儿童每天都能吃到一顿或一顿以上的细粮,每月吃四五次肉,青壮年吃的多,每月也能吃十顿细粮。西部疗养所的病人伙食供给每人每月六万五千元,另外还补助五万元,每月全吃细粮,还能吃两顿鸡,两次糖包子,但仍有节余"⑤。这导致"很多贫困人民甚至主动要求被收容,附近的农民有的说:我也放下锄头到这里去养老吧!"有的收容人被遣送回籍后又马上跑回来,说:"家庭生

---

① 注:此档案材料中的钱币数额是指旧币,新中国成立初期使用人民旧币,到1955年2月17日国务院第五次会议通过了《关于发行新人民币和收回现行人民币的命令》,规定旧人民币与新人民币的总换比例为10000∶1,同年3月在全国开始施行。本书对新旧币的使用均遵照资料原文。参见《北京市贫民救济办法》,北京市档案馆藏,档案号:196—2—215。

② 《北京市贫民救济办法》,北京市档案馆藏,档案号:196—2—215。

③ 《北京市救济分会所属收容机构降低伙食标准初步计划》,北京市档案馆藏,档案号:14—2—88。

④ 《北京市救济分会所属收容机构降低伙食标准初步计划》,北京市档案馆藏,档案号:14—2—88。

⑤ 《北京市救济分会所属收容机构降低伙食标准初步计划》,北京市档案馆藏,档案号:14—2—88。

活困难，不如所里吃的好。"①这些救济工作中的个别问题，均由中国人民救济总会联合各地救济分会随时检查、随时揭露，从而不断地进行经验总结或政策调整。

中国人民救济总会还负责检查救济机构或组织中的工作人员。新中国初期，由于各地收容机构刚刚建立起来，尚未制定健全的规章制度，无论是工作人员还是收容人员，都没有一定的标准来检查工作，这导致各个工作人员对政府的救济政策理解多种多样，收容人员也纪律性很差，不但不服管教，而且常与工作人员发生冲突，给收容救济工作造成很多麻烦。因此，中国人民救济总会联合各地分会，经常开展调查研究，适时地了解问题、掌握情况，从而逐渐提出符合当地情况的解决方案。可以说，中华人民共和国初期，在政府机构的权责与职能界限尚不清晰完善的情况下，中国人民救济总会在规范救济福利机构的管理、调整救济福利的标准、正确发挥救济福利工作的社会作用等方面均做了积极工作。

中国人民救济总会及各地分会陆续建立以后，对自身的组织建设、救济单位的管理等方面一直进行着积极的探索，逐渐明确组织秩序、划分业务范围、改造与重建基层组织、加强分会监察等各方面工作。在中国人民救济总会的领导下，国内救济福利团体改造、贫困救济、失业救济等工作方面均取得了一定成绩。但是，多数城市在贫民救济工作上还比较被动，尚未形成制度明确、规则清晰的管理方式；城市贫民的贫穷饥饿状态还较为普遍地存在，个别城市饥饿致死或因饥饿而自杀的事也有发生。在1952年11月25日至12月2日召开的中国人民救济总会工作会议上，着重讨论了城市贫民救济和失业救济工作，各地代表进行了经验交流。为了切实做好贫民救济工作，各地代表汇集了几点意见：

关于建立救济基层组织的问题：过去有些城市对贫民情况不摸底、救济不及时或不恰当的主要原因，在于区以下没有专做救济工作的组织。救济工作会议上决定大城市要建立支会，大中城市居民委员会之下要建立救济小组或救济委员会。但是，这一组织如何建立，在什么时候、什么情况下建立，需要进一步研究。首先，应通过工作去建立组织，只有在工作中才能发现积极分子，然后在组织上把他们巩固起来。其次，建立组织要结合城市建政工作，目前各城市正在整顿与建立居民委员会的组织，居民委员会之下的救济组织，只有与建政工作结合起来，才能顺利进行。第三，要了解群众已有的组织基础，加以整顿和推广，避免重叠累赘。如北京市有优抚救济委员会，天津市有救济福利小组，西安市有救济福利委员会，这些可作为较长时期的组织形式。南京市在发放救济粮时的评议小组，上海市居民委员会之下的失业人员登记委员会，均可加以整顿，变为长期的救济福利基层组织。

---

① 《北京市救济分会所属收容机构降低伙食标准初步计划》，北京市档案馆藏，档案号：14—2—88。

总之,组织任务要服从政治任务,如果只是强调建立组织,而不与具体工作相结合,其结果有可能是组织也建立不了,工作也做不好。

要深入群众依靠调查研究来掌握贫民救济的规律。贫民救济工作复杂、多样,并且经常有变化,为了不犯错误,或者少犯错误,领导同志必须经常深入重点,访问调查,才能掌握救济工作规律。譬如,"三反"、"五反"之后,由于短期内影响了地方经济,"不少贫民依靠变卖衣物吃饭"①,入冬以后,就必须考虑群众的棉衣问题。至于"在大雪封门、阴雨连绵、旧历年关以及城市的清淡季节,都是贫民的紧要关头,必须提高警惕";生产发展经济繁荣的城市,"领导同志容易忽视救济工作,工作中稍有成绩,许多干部容易产生麻痹的思想,这些也几乎成了一般的规律。至于群众的困难一来,就悲观失望,发了救济粮又忽视节约,也必须经常地予以注意"②。因此,只有时刻牢记深入群众,依靠调查研究掌握群众的实际情况,才能减少救济工作中的疏漏。

---

① 《再谈加强城市贫民救济工作(评论)》,《救济工作通讯》第34期,1953年1月10日。
② 《再谈加强城市贫民救济工作(评论)》,《救济工作通讯》第34期,1953年1月10日。

第二章 群策群力:中国人民救济 总会的救济职能

中国人民救济总会是在中央人民政府领导下的群众性的救济组织。成立伊始,中国人民救济总会就以"团结、领导全国从事救济福利事业的团体和个人,协助政府组织群众进行生产节约、劳动互助,以推进人民大众的救济福利事业"①为奋斗目标,确定开展救济福利工作则以"动员和组织人民实行自救济人"②为基本方针,救济福利款物由政府补助及在人民中募集,同时亦可以接受国际友人的友好援助。中国人民救济总会在国内开展的救济工作主要有三方面内容:一是协助政府救灾赈灾;二是协助开展各大城市的失业救济;三是探索城市贫困救济问题。这几方面的工作均为党和政府迅速安定社会秩序发挥了重要作用。③

一、"协助救灾":宣传赈灾与赈灾筹款

中国地域辽阔,各地自然条件差异颇大,几乎每年全国不同地区都会遭遇不同类型的自然灾害。整个民国时期全国各地自然灾害此起彼伏,1949年以后,国内也面临着同样的灾害侵袭。1949年"国内的长江、淮河、汉水及河北省的主要干支河流都发生了严重的水灾。全国受灾面积约12787亿亩,受灾人口约4555万人,倒塌房屋234万余间,减产粮食约114亿斤,灾区分布在全国16个省、区,498个县、市的部分地区"④。1950年,淮河流域的皖北、河南、苏北和永定河、大清河流域的河北省地区发生了严重的水灾;1952年湖北、山东、河北等地发生严重旱灾;1953年河南、安徽、江苏、山东等省份发生了春季的大霜降,以及秋季的雨涝灾、山洪灾,全国农作物受灾

---

① 《中国人民救济总会章程》,《人民日报》1950年5月5日。
② 《中国人民救济总会章程》,《人民日报》1950年5月5日。
③ 李小尉:《简论中国人民救济总会的角色、作用与社会影响》,《聊城大学学报(社会科学版)》2014年第1期。
④ 中华人民共和国内务部农村福利司编:《建国以来灾情和救灾工作史料》,法律出版社1958年版,第58页。

面积达到 35123 万亩。① 1954 年,我国又"遭遇百年未有的江淮大水,全国遭受水灾的省(区)多达 14 个,受灾较重的是安徽、湖北、湖南、江西、江苏、河南、河北七省共 582 个县"②。综合统计,"20 世纪 50 年代,由于气象、洪水、海洋、地质、地震、农作物病虫害、森林灾害等七大类自然灾害所造成的直接经济损失(折算成 1990 年的价格)平均每年约 480 亿元"③。因此,在中华人民共和国初期阶段,基本每年"都有近三、四千万的灾民困扰着党和政府,受灾的地区不仅遍布全国各个省市,而且直接影响了人民的生活"④。

(一) 募集寒衣

1950 年中国人民救济总会成立后,立刻在全国的灾荒救济工作中肩负起救灾的"协调"重任,"协助政府"开展救灾、赈灾、劝募等工作。

一般来说,任何地方只要发生自然灾害,中央政府直接领导组织的最高级别的救灾管理组织——"中央救灾委员会",会在接到灾害信息的第一时间立即派员前往灾区勘察实际灾情,并组织发放紧急赈济。中国人民救济总会则配合"中央救灾委员会"的查灾、勘灾与赈灾工作,迅速组织各地分会在"全国范围内迅速调查灾情,募集捐助,以及统一分配人民捐助的救灾物资,协助政府救济灾民,开展生产自救等工作"⑤。因此,全国各地的救济分会均努力配合各地方政府和民政局,积极宣传并开展查灾勘灾或救灾劝募等工作,最大范围地发动全国民众参与救灾。

1950 年 9 月,皖北、苏北、河南、河北等地发生较大规模的水灾,中央救灾委员会接到灾害信息后立即实行紧急赈济。但是,由于灾后不久即进入 10 月的入冬季节,部分地区气候寒冷,灾民急需御寒衣物,而御寒衣物国家并没有足够的储备,也很难在短时间内迅速募集。因此,中央救灾委员会决定由中国人民救济总会及中国红十字总会负责召集各党派团体,在全国大

---

①　中华人民共和国国家统计局、中华人民共和国民政部编:《中国灾情报告(1949—1995)》,中国统计出版社 1995 年版,第 279 页。

②　中华人民共和国国家统计局、中华人民共和国民政部编:《中国灾情报告(1949—1995)》,中国统计出版社 1995 年版,第 1 页。

③　中华人民共和国国家统计局、中华人民共和国民政部编:《中国灾情报告(1949—1995)》,中国统计出版社 1995 年版,第 1 页。

④　李小尉:《简论中国人民救济总会的角色、作用与社会影响》,《聊城大学学报(社会科学版)》2014 年第 1 期。

⑤　李小尉:《简论中国人民救济总会的角色、作用与社会影响》,《聊城大学学报(社会科学版)》2014 年第 1 期。

范围组织开展大规模的"灾民寒衣劝募运动"①。

在"灾民寒衣劝募运动"中，中国人民救济总会领导成立了"皖北、苏北、河北、河南灾民寒衣劝募总会"，向全国发出募集六百万套寒衣的号召。随后，全国各地区，各军、政、民机关团体，民主党派、救济人士等，均"一致响应发扬互助互济精神，捐助灾民寒衣的号召，积极展开了寒衣劝募运动。中南、西北、西南等大行政区，绥远、山东、河北各省，以及北京、天津、南京各大都市都先后成立了寒衣劝募委员会，统一领导劝募工作"②。灾民寒衣劝募运动是一个紧急的任务，全国各地必须在11月完成，才能够保证灾民在寒冬时节有御寒衣物。因此，为了迅速募集寒衣，中国人民救济总会提出了几条具体的寒衣募集办法：

第一，与军队后勤部门接洽，请其捐助部队换季的旧衣服及清理库存的破旧单夹棉衣及被褥毛毯等物。

第二，与各机关部门接洽，请其捐助清理库存的单夹棉衣及被褥毛毯旧棉花等物。

第三，通过各机关、团体、工厂、学校，动员群众，鼓励私人捐助。

第四，号召人民互助，通过地方报纸和电台作适当的宣传，以引起广大人民之踊跃捐助。

第五，动员社会互济，以各种各样方式，发动电影戏院、文工团、音乐队、体育会及其他娱乐场所，组织义演义卖。③

各地成立的寒衣劝募委员会也积极行动起来。

西北区寒衣劝募委员会由西北军政委员会发起，从政、军、民、学、群众团体及民主人士中选出委员十八人组成，随即配合国庆日进行宣传工作，在民盟、民建、救济团体及各群众团体、机关部队中组织座谈会，动员群众，使劝募运动得以积极展开。

中南区寒衣劝募委员会"于十月四日成立，该区分会预计全区募集寒衣一百五十万套，规定至十一月底止分为三期完成。劝募以实物为主，如因

① 《皖北苏北河北河南灾民寒衣劝募总会组织及工作计划》，《救济工作通讯》第6期，1950年9月30日。
② 《寒衣劝募消息》，《救济工作通讯》第7期，1950年10月15日。
③ 《皖北苏北河北河南灾民寒衣劝募总会组织及工作计划》，《救济工作通讯》第6期，1950年9月30日。

某种实际情况可折收代金"①。

上海市各界人民代表会议协商委员会"于九月十二日邀请各界人士举行救灾问题座谈会",一致同意由该会发动各界立即开始"一件寒衣"与"寒衣代金"的劝募运动,争取近期劝募寒衣一百万件,出席该座谈会的毛某某"当场代表中国通商银行二百五十二位同仁认捐寒衣五百件,并代表中信银行六十八位同仁认捐寒衣一百件","九月二十七日上海《解放日报》并以《劝募寒衣工作急不容缓》为题,发表短评,热烈拥护华东军政委员会关于劝募寒衣工作的指示,号召各界男女老幼都应本着友爱互助的精神,帮助灾民渡过严冬"②。

天津市劝募运动展开后,全市人民均以极高的热情,进行这项工作。尤其是工商界表现出积极负责与团结友爱的精神,各行业组织动员,保证完成任务。"原分配给工商界的劝募数字为六万套寒衣,截至目前为止,此项任务业已基本完成,各行业尚在纷纷自动要求增加认捐数字。"③

在全国各地民众的热烈支持下,短短两个月就"募集了寒衣六百八十八万余套,约值人民币三千五百亿元,超过原定任务14%"④。募集的寒衣发放下去以后,灾民们得以抵御寒冷,平安度过了冬天。中国人民救济总会在"寒衣劝募运动"中充分发挥了宣传和组织的作用,积极动员社会各界集中力量,克服困难,团结一致,共同协助党和政府救灾赈灾。

(二) 协助募集粮款

中国人民救济总会自成立伊始,就积极响应党和政府提出的"生产自救,节约度荒,群众互助,以工代赈,并辅之必要的救济"的救灾方针,"多次参加中央人民政府组织的中央慰问团,分赴皖北、河南等重灾区视察灾情,听灾民提意见、谈问题,深入了解救灾工作的具体情况"⑤。在中国人民救济总会及各地分会的领导下,全国各界为灾区民众不但捐助大量的救济药品,还募集了较多的粮款物资,为及时协助政府救济灾区灾民,协助地方调整救灾策略贡献了重要力量。

1949年,西安市由于遭遇冬季雨灾,并直接导致随后的春季灾荒,因

---

① 《寒衣劝募消息》,《救济工作通讯》第7期,1950年10月15日。
② 《寒衣劝募消息》,《救济工作通讯》第7期,1950年10月15日。
③ 《寒衣劝募消息》,《救济工作通讯》第8期,1950年10月30日。
④ 伍云甫:《中国人民救济总会两年半来的工作概况》,《人民日报》1952年9月29日。
⑤ 李赓铮:《人民依靠政府,政府依靠人民——皖北五河县重灾区访问杂记》,《救济工作通讯》第4期,1950年8月31日。

而产生了大量的灾民需要紧急赈济。中国人民救济总会经过灾情调查后，立即在全国各界开展了紧急募捐，"共募得麦粉169428斤，小米67477斤，大米8624斤，人民币36934850元，衣服5038件，及其他物品多件"①，这些救灾物资紧急发放到西安灾区灾民手中，有效地缓解了灾民缺衣少食的困难。

天津市每年夏秋都会遭遇洪水威胁，1950年洪水水位达到历史最高点，1951年天津市仍有部分地区遭遇暴雨形成洪灾。② 农村遭灾，灾民往往会涌入城市，为了紧急开展的城市救济工作，中国人民救济总会天津市分会配合当地民政局积极开展灾情调研，并组织冬令救济工作，发放急赈，安置灾民难民或回乡生产或给予救济失业或贫困补助等。在天津市救济分会的领导下，1951年共为灾民发放救济粮"348656斤，发放寒衣6102件，共救济22394人，到了春耕季节，立即资遣四乡灾难民回籍生产……"③这些工作为当地政府有效地分担了救灾重任，为圆满地完成灾民救济、灾后安置等任务发挥了不可或缺的作用。

1952年，杭州市江干区爆发大型火灾，中国人民救济总会杭州市分会立即参与"救济江干区火灾灾民，发动群众捐款八亿余元"④。这既是中国人民传统文化中互助互济精神的发扬，也是在中国人民救济总会的领导下各界民众积极参与救灾工作的表现。

通过梳理材料可以看出，中国人民救济总会并未取代"中央救灾委员会"而成为政府最高救灾机构，而是承担着辅助"中央救灾委员会"救灾、辅助地方政府赈灾的职责，积极组织赈灾募捐、帮助发放赈济粮款等工作。这些工作不仅有力地支持了各地方政府的灾害赈济，也充分发挥了中国人民救济总会各地分会的组织力量，为整合地方救灾力量、提升地方民政救济工作效率提供了有益的帮助。

二、"多元化"方案：协助失业救济

失业救济主要指国家对有劳动能力的失业贫困人员提供培训或就业帮

---

① 丁志明：《西安市一年来救济福利工作报告——1950年12月26日在西安市人民救济代表会议上》，《救济工作通讯》第13期，1951年1月20日。
② 《水利处一九五一年工作计划概要》，《天津政报》1951年第23期。
③ 《天津市社会救济福利工作报告——1951年1月17日在天津市人民救济代表会议上报告》，《救济工作通讯》第14期，1951年1月31日。
④ 伍云甫：《中国人民救济总会两年半来的工作概况》，《人民日报》1952年9月29日。

助,使其通过自力更生来恢复生产或就业,从而恢复谋生能力的一种救济措施,它的目标是帮助贫困人员谋得职业,从根本上摆脱贫困。失业救济不但能够使失业人员找到合适的工作,获得谋生手段;而且,失业救济还能够减少城市失业人数,减轻政府救济的负担,并为实现人尽其才提供更多的保障。中国人民救济总会及各地分会陆续成立后,逐渐承担起协助地方政府调查、救济、安置城市失业人员的重任。①

(一) 失业压力

新中国初期,全国各大城市都面临着严重的失业问题。根据统计,截至1950 年 9 月底全国城镇失业人员达到 472.2 万人,失业率高达 23.6%。②1950 年对失业人数的登记,"全国失业工人共有 1220231 人,失业知识分子188261 人,共计 1408472 人。此外,还有半失业者 255769 人,将失业者120472 人"③。以北京为例来看,失业人员中按照职业可以划分为失业工人、失业知识分子、失业旧职员和失业贫民四大类别。其中失业工人数量最多,根据 1950 年 8 月初公布的统计数字,北京市"总计失业人数为 10197 人。解放前失业的 3869 人,占 37.94%;解放后失业的 6328 人,占 62.06%","失业工人 5557 人……产业工人占 13.13%,公共事业工人占 5.44%,手工业工人占4.52%,劳动手艺工人占 9.11%,苦力搬运工人占 11.11%,农林畜牧工人占0.27%,店员 10.91%"④。知识分子的失业情况也同样严重。从 1950 年 8 月的北京市失业统计材料来看,"失业知识分子 4640 人,在失业知识分子中,技术人员 472 人,职员 2227 人,文教工作者 1102 人,其他失业知识分子(包括一部分有文化的伪军警和一部分中等学校以上毕业失学而未就业的学生)839人"⑤。从各种失业人员所占比例上可以看出,工人、职员、店员以及文教人员等知识分子,占据了大部分。"失业技术人员占 4.63%,失业职员占21.84%,失业文教人员占 10.81%,还有其他失业知识分子占 8.23%"⑥。这些知识分子的失业情况,占失业人员总数的 45.51%。

---

① 李小尉、彭贵珍:《新中国成立初期北京市失业救助中的转业训练》,《北京党史》2009 年第4 期。
② 国家统计局社会统计司编:《中国劳动工资统计资料(1949—1985)》,中国统计出版社1987 年版,第 109 页。
③ 中国社会科学院、中央档案馆编:《中华人民共和国经济档案资料选编·劳动工资和职工福利卷(1949—1952)》,中国社会科学出版社 1994 年版,第 203 页。
④ 北京市档案馆编:《国民经济恢复时期的北京》,北京出版社 1995 年版,第 675 页。
⑤ 北京市档案馆编:《国民经济恢复时期的北京》,北京出版社 1995 年版,第 675 页。
⑥ 北京市档案馆编:《国民经济恢复时期的北京》,北京出版社 1995 年版,第 675 页。

（二）失业救济政策

党和政府对失业救济问题一直非常重视。毛泽东在《为争取国家财政经济状况的基本好转而斗争》的报告中专门提到失业问题并指示："必须认真地进行对失业工人和失业知识分子的救济工作，有步骤地帮助失业者就业。"[①]在失业救济的政策方面，中央政府多次发布通告指示，严厉要求各地尽快解决失业问题，并提出如果"不能稳定工人群众的情绪，争取工人群众对我们的坚决无保留的拥护，将会造成我们在城市工作中的重大困难，甚至可以动摇到城市中人民政权的基础"[②]。1950 年 6 月 17日，政务院制定并公布了《救济失业工人暂行办法》，详细规定了救济失业工人的方针、步骤与办法，并决定"在本年度国家财政概算预备费项内，拨出四亿斤粮食作为失业救济基金"[③]。党和政府充分认识到，失业问题能否顺利解决，将直接关系到社会秩序的稳定与国民经济的恢复发展。

根据党和政府制定的失业救济政策，各地政府又陆续制定了相应的失业救济措施。针对失业人员生活困难的问题，实行以工代赈的救济方式；针对部分失业人员学用不符的情况，推出转业训练的救济方式来帮助失业者增强就业能力；针对很多技术工人和职员的失业情况，采取办理登记介绍就业的救济方式；针对外来的失业人员，帮助他们还乡生产，与当地政府双方配合，合理安置其还乡之后的生活；针对市区内很多难以就业的家庭妇女，推广生产自救的方式，在各个区成立了部分手工业生产合作社；针对各区的贫困救济户，也规划出他们能够胜任的简单工作，最终争取他们能够参加生产解决生活困难。

为了规范失业救济的管理，党和政府还制定了多项相关法规。1950年政务院颁布了《救济失业工人暂行办法》，经过一段时间的失业救济实践，1952 年 4 月政务院对此办法加以修订，重新颁布了《关于救济失业工人的指示》。与此相应，全国各个地区城市中也积极开展失业救济工作。

---

① 中共中央文献研究室编：《建国以来重要文献选编》第一册，中央文献出版社 1992 年版，第217 页。
② 中国社会科学院、中央档案馆编：《中华人民共和国经济档案资料选编·劳动工资和职工福利卷（1949—1952）》，中国社会科学出版社 1994 年版，第 157 页。
③ 中国社会科学院、中央档案馆编：《中华人民共和国经济档案资料选编·劳动工资和职工福利卷（1949—1952）》，中国社会科学出版社 1994 年版，第 157 页。

（三）典型案例——北京市的失业救济

北京作为中华人民共和国的首都,在失业救济工作上面临着与众不同的压力,故北京市的失业救济工作一直走在全国的前列。根据政务院颁布的《救济失业工人暂行办法》,北京市政府制定颁布了《北京市救济失业员工决定试行细则》,该细则是根据北京市第二届各界人民代表会议"关于救济失业员工决定"的议案而制定的,不仅提出了对北京市劳动力的计划管理方案,而且对失业救济方式方法提出了多种新的思路。

对劳动力的统筹计划与管理是北京市开始失业救济的首要步骤。根据《北京市救济失业员工决定试行细则》规定,全市各工厂、企业、作坊等单位在解雇或雇用劳动力时,均需事先向市劳动局提交申请审核,"各工厂作坊,为生产需要及合理改善其经营时,有权解雇其多余之员工,但必须经劳动局审查核批,如再欲增加雇员工时,无论长期或临时工均须经劳动局之介绍或批准"①。这项规定就将工厂、企业、作坊等单位的用人权紧紧抓在市劳动局手中,为劳动力的统筹分配、计划使用提供了条件。

在失业救济工作中,更为重要的问题就是全面掌握各大城市失业人员的数量和具体情况,需要对城市的失业人员展开调查、统计、核实及救济工作。这一艰巨的任务就由中国人民救济总会及各地救济分会具体承担。从1950年1月开始,北京、上海、天津、武汉、广州等城市每月都统计出最新的失业人员数量,并对接受失业救济或者新近失业的人员掌握详细情况。根据该统计资料,有针对性地探索推广多种失业救济措施。

应该说,救济失业本身就是比救济贫困更为积极的救济方式,类似于"授人以渔",而救济失业的根本目的是通过国家或集体的力量帮助失业人员找到合适的工作,既为国家经济建设增加劳动力,又能够帮助失业者个人维持家庭生活。为了顺利解决城市的失业问题,中国人民救济总会拟订了丰富多样的救济方法,通过对失业人员登记、调查、培训、介绍等措施,采取了灵活的、多渠道的失业救济措施。

1. 以工代赈

以工代赈是中国传统救济事业中的代表性措施之一。清代嘉庆时期编

① 《关于失业救济问题的报告》,北京市档案馆藏,档案号:1—6—611。

撰的《大清会典》记载了中国历代的主要救济措施，"凡荒政十有二：一曰备褪；二曰除孽；三曰救荒；四曰发赈；五曰减粜；六曰出贷；七曰蠲缓；八曰缓征；九曰通商；十曰劝输；十有一曰兴工筑；十有二曰集流亡"①。其中"兴工筑"即指工赈。民国时期，工赈也是比较普遍的救济方式，例如修渠筑坝、开矿铺路、设立民生工厂、习艺工厂等等，都可以作为以工代赈的救济形式。这种通过自己劳动获得报酬并改善生活的方法，在很大程度上调动了被救济人员的积极性与劳动潜能。

新中国成立初期，党和政府在失业工人的救济工作中曾经重点提出以工代赈的内容，政务院在《救济失业工人暂行办法》中提出，"救济失业工人，应以以工代赈为主，同时采取生产自救、转业训练、帮助回乡生产及发放救济金等办法"②，要"有重点地举办失业救济，尽量把失业者组织起来参加公共工程，例如兴修水利，修建市政工程等"③。

北京市的失业救济也着重推广了以工代赈的方法，制定并颁布了《以工代赈暂行办法》④等工赈条例，规划了很多北京的市政建设，筹备工赈工程救济失业工人。例如疏通浚河、修堤、植树、修理码头、下水道，修建马路、公园等等。⑤ 失业工人救济处专门成立了工赈科，协同市政府建设局或工务局，根据具体情况拟定以工代赈的各项工程计划，提出所需的人工及经费预算。工赈工程所需要的经费，由中央人民政府或北京市人民政府拨给失业工人救济基金项下支付。工赈工程所需要的工人，由失业工人救济处登记科协同市总工会组织已经登记的失业工人参加，由工赈科编成工作队，并受工赈科委派的管理人员和技术人员指挥。⑥

以工代赈工人的工资，原则上不少于全部工程费用的80%，"一般采取计件制，在工资标准未确定之前，每人每日发给当地主要食粮三市斤至五市斤，作为临时工资；无法计件的工资，每日以三市斤至六市斤粮食作为标准"。技术人员与管理人员的工资，由"工赈科拟定提交失业工人救济委员会审核通过后决定之"，工赈的工作时间"一般以每天

---

① 嘉庆《大清会典》卷十三。
② 中国社会科学院、中央档案馆编：《中华人民共和国经济档案资料选编·劳动工资和职工福利卷（1949—1952）》，中国社会科学出版社1994年版，第167页。
③ 《陈云文选》第二卷，人民出版社2015年版，第102页。
④ 《以工代赈暂行办法》，北京市海淀区档案馆，档案号：2—104—36。
⑤ 中国社会科学院、中央档案馆编：《中华人民共和国经济档案资料选编·劳动工资和职工福利卷（1949—1952）》，中国社会科学出版社1994年版，第203页。
⑥ 中国社会科学院、中央档案馆编：《中华人民共和国经济档案资料选编·劳动工资和职工福利卷（1949—1952）》，中国社会科学出版社1994年版，第203页。

八小时为原则。在参加工赈工程的工人中，进行文化教育、娱乐等活动的安排"①。

　　根据工赈科的统计，截至1950年8月，北京市规划了共21项工赈工程组织失业工人参加，至10月底已完成了11项。"实际参加以工代赈的约1570余人。以工代赈的工程，前一时期大半是修建道路，原来计划了二十一项，仅以修筑各区土路一项计算，就已完成了八百多条胡同的土路。今后，计划利用冬季进行掘挖下水道工程。"②工赈刚刚开始的时候，很多失业人员以为是政府"占便宜"，用低工资雇用失业人员劳动，所以北京市最初参加工赈的失业人员仅789人。但是，随着以工代赈工程的逐渐开展，自愿参加工赈的失业者、贫困者逐渐增加。据统计："截至10月31日核定参加以工代赈人数为5634人，工地报到共3402人，占登记人数的60.38%，但到工后又先后离去的1195人，占报到人数的35.12%，共累计受赈工数为168344人。"③1952年，北京市以工代赈救济工作仍然在失业救济中发挥着主要作用。"九月份以来，参加工赈人数逐月增加，现已由九月份24个工地1968人，增加到12月份25个工地3132人，一年来新参加工赈的失业人数包括市民15176人，三轮工人589人，外县工人1600人，门头沟失业工人3021人，拣煤核失业工人53人，共完成1951年未完成工程七项，新开工程19项……新修土路226条，补修1864条……整修郊区土路604704平方公尺，挑挖边沟44209公尺"④。1949—1956年间，北京市先后举办了多次以工代赈工程。截至1956年初，北京市"用以工代赈的方法组织了4.5万多人（累计数）参加各种生产劳动"⑤，以工代赈在救济工作中发挥了巨大作用。

　　以工代赈是一种双方互惠的救济方式。"组织失业工人参加工赈，不仅可以解决失业工人和其他失业人员的生活问题，而且可以发展各项建设事业，并给予失业工人和其他失业人员以集体劳动的训练和文化政治的教育，实在是一举两得。"⑥以工代赈具有见效快、范围广、救济人数多的特点，

①　中国社会科学院、中央档案馆编：《中华人民共和国经济档案资料选编·劳动工资和职工福利卷(1949—1952)》，中国社会科学出版社1994年版，第170页。
②　《北京市政报》第2卷，第9期，1951年1月1日。
③　《失业工人、知识分子救济工作报告》，北京市档案馆藏，档案号：1—9—132。
④　《1952年救济与工赈工作总结》，北京市档案馆藏，档案号：2—105—124。
⑤　北京市档案馆、中共北京市委党史研究室编：《北京市重要文献选编(1956)》，中国档案出版社2003年版，第373页。
⑥　北京市档案馆、中共北京市委党史研究室编：《北京市重要文献选编(1950)》，中国档案出版社2001年版，第388页。

是救济工作中非常有效的措施。通过以工代赈，一方面政府可以节约成本完成市政工程；另一方面，失业贫困者可以用比较自由的方式，赚取劳动所得，维持生活。

以工代赈也有很多不足之处。多数工赈工程受季节气候影响较大，都在春季开工，秋冬季节天气转冷就要结束。这导致参加以工代赈的很多工人，到了秋冬季节没有活干，又不得不重新等待政府救济。而且，有些地方以工代赈订的标准太高，不实行计件工资办法，不分工作的轻重及劳动强度的大小，一律平均按日发给工资，形成"干不干，六斤半"的磨洋工现象。当然，这都是"缺乏以工代赈的实施经验所导致，经过检查审核，多数能够尽快得到修正"[1]。综合来看，北京市的以工代赈在失业救济工作中发挥了不可替代的重要作用。

2. 转业训练

转业训练主要通过对失业人员进行短期的知识或技术培训，将失业人员培养成能够适合一定劳动岗位的技术人才。通过转业训练，既能解决失业人员的就业问题，使"失业工人学习或提高了技术，创造了就业条件，对公私企业缺乏技术工人的困难，也有帮助"[2]，又能为国家建设培养一定的人才。因此，转业训练也是失业救济的一项重要措施。[3]

新中国初期，社会经济的恢复与建设事业的发展，需要大量的技术人员，但多数工厂企业却招不到合适的人，而迫切需要就业的多数失业人员又多是缺乏文化与技术的人，因此，一方面人才短缺，另一方面很多失业人员无法就业。在这种情况下，举办转业训练是解决这个问题的有效办法之一。通过适当的转业训练，既能够解决失业人员的就业问题，也为国家建设培养了人才，可谓一举两得。[4] 1950 年 6 月，毛泽东在《为争取国家财政经济状况的基本好转而斗争》的报告中，也提出了"必须有步骤地、谨慎地进行旧有学校教育事业和旧有社会文化事业的改革工作，争取一切爱国的知识分子为人民服务"，"必须认真地进行对于失业工人和失业知识分子的救济工

---

① 中国社会科学院、中央档案馆编：《中华人民共和国经济档案资料选编·劳动工资和职工福利卷（1949—1952）》，中国社会科学出版社 1994 年版，第 201 页。

② 中国社会科学院、中央档案馆编：《中华人民共和国经济档案资料选编·劳动工资和职工福利卷（1949—1952）》，中国社会科学出版社 1994 年版，第 204 页。

③ 李小尉、彭贵珍：《新中国成立初期北京市失业救助中的转业训练》，《北京党史》2009 年第 4 期。

④ 李小尉、彭贵珍：《新中国成立初期北京市失业救助中的转业训练》，《北京党史》2009 年第 4 期。

作,有步骤地帮助失业者就业"①。因此,根据社会经济发展的人才需要与失业现状,转业训练很快在各大城市中得到了推广。

　　在全国各大城市的失业救济中,重点推出转业训练的是北京、上海、天津等几个工商业较为发达的城市,这些城市推行的转业训练的方法大体上分为四种:"劳动行政部门自办,与企业部门合办,委托工厂学校代办,或者请技工带徒弟"②。多数训练时间为三个月至一年。对失业知识分子的转业训练就较有特点。失业知识分子基本上都有一定的文化基础,所以对他们的转业训练更加注重学有所用,使他们发挥自己的长处,更好地为国家建设服务。1951 年,政务院颁发的《关于处理失业知识分子的补充指示》中曾指出,"今后处理失业知识分子的基本方针,应该是经过培训或其他方式,帮助他们获得或增加为人民服务的观点和技能,尽可能吸收他们参加国家建设和社会服务的各项工作",同时要求各级人民政府和有关主管部门采取积极措施,"为失业知识分子创造各种就业机会和条件,并逐步帮助其就业"③。

　　应该说,这一时期知识分子在就业方面存在着明显不足,"第一,旧教育制度所造成的知识分子,一般存在着学用脱节与缺乏为人民服务观点的严重问题"④,这导致很多需要知识分子的岗位找不到合适的人选,出现"一方面有许多工作岗位找不到人,另一方面现有的失业者又不适于工作需要"⑤的情况。例如"华北军区招考文化教员,介绍去 600 人,及格的才 100 人。医务人员、成本会计人员,钳工、车床工人、机器匠、电灯匠、锅炉工,都非常缺乏。"⑥第二,"很多失业知识分子思想状况和文化程度存在巨大差异。这些知识分子虽然大都接受过中高等教育,但他们在思想意识上呈现出多样性和复杂性。对于新旧交替的社会变革,他们的思想观念和学识专长都不能很快适应新的形势,但他们所具有的文化知识与专业技能却对于国家建设非常重要。因此,在正确的方针政策引导下,对现有失业知识分子

①　中共中央文献研究室编:《建国以来重要文献选编》第一册,中央文献出版社 1992 年版,第254—255 页。
②　李小尉、彭贵珍:《新中国成立初期北京市失业救助中的转业训练》,《北京党史》2009 年第4 期。
③　《关于处理失业知识分子的补充指示》,北京市档案馆藏,档案号:101—1—188。
④　李小尉、彭贵珍:《新中国成立初期北京市失业救助中的转业训练》,《北京党史》2009 年第4 期。
⑤　北京市档案馆编:《国民经济恢复时期的北京》,北京出版社 1995 年版,第 857 页。
⑥　北京市档案馆编:《国民经济恢复时期的北京》,北京出版社 1995 年版,第 857 页。

实行转业训练是非常必要的"①。

　　根据失业知识分子的这些特点，北京、上海等地方政府采取了师资培训、开办转业训练班和思想教育等方式，使失业知识人员在工作能力上和思想认识上尽快提高，成为能够为社会主义建设服务的人才。师资培训是知识分子转业训练的重要方式。这一时期，全国各地均面临中、小学及扫盲师资匮乏的问题，而对失业知识分子经过业务测验后，可以挑选较好的知识分子做教师工作，先行试教，在工作中再进行审查与提高。② 举办中小学师资训练班及其他各种训练班，招收失业的中小学教师，对他们进行政治和思想教育，并辅以各种业务辅导等方式，收效也很好。③ 北京市规定："缺乏工作人员之政府部门，应计划举办各种转业训练，吸收失业知识分子给予训练后分配其参加工作。"④北京市的教育部门在"1952 年 9 月根据职工业余学校需增加专任教师 1000 人的计划，训练了 6000 名兼任教师，并培养了大量学习辅导员"⑤。可以看出，随着学校教育部门的恢复和发展，大量知识分子得以在教育系统就业，失业知识分子的数量大为减少。

　　举办各种短期专业培训班、补习班、夜校等方式来吸收大、中学失学青年及失业知识分子入学，进行政治文化教育或专业提高，再根据"各地教育部门，在开展工农教育及识字教育工作中，可招考失业知识分子担任文化教员及其他适当工作，其他建设工作（如合作、水利等）需要知识分子干部者亦可用同样方式吸收之"⑥的原则，1950 年北京市失业登记中"核定参加转业训练人数共 1924 人，主要是失业知识分子，救济委员会已开始筹办 600人以社教为主的训练班，形式为集体上大课分组讨论的训练办法。……卫生工程局、建设局已筹办初级干部训练班，预计 400 人"⑦。可以看出，转业训练的方法在知识分子的失业救济工作中得到了较多的推广，"人民政府

---

① 李小尉、彭贵珍：《新中国成立初期北京市失业救助中的转业训练》，《北京党史》2009 年第4 期。
② 北京市档案馆、中共北京市委党史研究室编：《北京市重要文献选编（1952）》，中国档案出版社 2002 年版，第 386 页。
③ 北京市档案馆、中共北京市委党史研究室编：《北京市重要文献选编（1950）》，中国档案出版社 2001 年版，第 569 页。
④ 《政务院关于处理失业知识分子的补充指示》，载中央人民政府法制委员会编：《中央人民政府法令汇编 1951 年》，法律出版社 1982 年版，第 541 页。
⑤ 北京市档案馆编：《国民经济恢复时期的北京》，北京出版社 1995 年版，第 741 页。
⑥ 《政务院关于处理失业知识分子的补充指示》，载中央人民政府法制委员会编：《中央人民政府法令汇编 1951 年》，法律出版社 1982 年版，第 541 页。
⑦ 《失业工人、知识分子救济工作报告》，北京市档案馆藏，档案号：1—9—132。

对广大的失业知识分子的就业问题也曾给予特殊的关心"①。在华东区，1949—1952 年"由各大行政区前往招聘或由各省市直接介绍走上工作岗位的失业知识分子总数在二十三万人以上。上海市人民政府教育局、新民主主义青年团上海市工作委员会、上海市民主青年联合会等单位，三年来都曾为失业青年知识分子举办了政治、文化、业务的各种训练班，为他们准备就业条件。广东省从一九五一年到一九五二年上半年止，经过招聘、训练、录用的失业知识分子和技术人员共有四万多人，其中并包括一部分归国华侨"②。

对失业工人的转业训练也比较注重其自身特点，结合失业工人的经验或技术优势给以一定的技术培训。在 1950 年北京市政府报告中央政务院关于北京市失业工作的情况中说：1950 年"本市失业工人救济工作中，贯彻了中央以工代赈为主的精神，截至九月上旬，共登记 6951 人，其中直接参加工赈的有 2275 人，还乡生产的有 144 人，纯救济的共 168 人，临时救济共914 人，介绍就业的共 485 人"③。可以看出，转业训练此时还没有作为主要救济方式加以推广。1952 年随着"三反"、"五反"的开展，北京市的失业情况再度严峻，转业训练才逐渐成为这一时期失业救济的重要形式发展起来。1952 年 4 月，北京市劳动局"据九个城区的汇报，近几个月新增加的救济户，大部分是三轮工人、运输工人、建筑工人及部分摊贩、小手工业者"④。根据北京市劳动局统计："五反以后（从 4 月初到 6 月底），本市歇业和缩小营业的私营工商业共 2628 户，解雇职工共 6224 户；失业发生的行业不断扩大"，"歇业和缩小营业在 20 户以上的共有 31 个行业，共 2073 户，解雇职工4911 人，占歇业和缩小营业总户数和解雇职工总数的 79%。其中，一百户以上的有机器金铁工、织染、中西餐、粮食、针织、面食等 10 个行业，共 548户，解雇职工 1238 人；20 户至 50 户的有文具纸张体育用品、木业、土产食品、砖瓦等 15 个行业，共 485 户，解雇职工 1012 人。其余 21% 的户数和人数，则分散在 80 多个行业中，数目都很小"⑤。这些失业人员分布行业广泛，且多数是没有什么技术基础的"三轮工人、运输工人、建筑工人及部分

---

① 《劳动就业和失业救济工作，全国各地三年来有显著成绩》，《光明日报》1952 年 11 月
　　10 日。
② 《劳动就业和失业救济工作，全国各地三年来有显著成绩》，《光明日报》1952 年 11 月
　　10 日。
③ 《报告本市失业工人救济工作的情况》，北京市档案馆藏，档案号：2—2—48。
④ 《关于失业救济问题的报告》，北京市档案馆藏，档案号：1—6—611。
⑤ 《关于劳动就业及失业救济的文件》，北京市档案馆藏，档案号：1—9—244。

摊贩、小手工业者"，以及各行各业的失业员工等等，不一而足。这些新近失业的工人，"市府劳动局和市、区失业救济委员会，按照市委及彭真同志指示'采取包下来的方针'和'吸收他们参加合作社和国营公司、厂矿工作'等原则，大力进行了安置、救济和组织训练转业等工作"①。很多暂时无力安置的失业工人，就在市、区政府的组织下，参加了各种类型的转业训练，以便提高他们的文化技术素质，尽快安排就业。据统计，"到六月底止……在市及各区都组织了文化、技术转业学习班，共有失业工人八百八十五人参加了学习"②。西单区组织的失业工人学习班中，"先后举办了八个班（高级班、中级班、速成算术班、速成识字班），共吸收了失业工人 365 人（约占全区失业工人的 1/2）。经过 80 天的学习，提高了工人同志的政治水平、文化水平，获得了比较大的成绩"③。"从一九五一年开始，人民政府对于失业工人就业问题的解决逐渐采取了以转业训练为主的方针。据一九五一年十月底的统计：全国各城市举办转业训练的单位共有二〇九个，参加训练的工人达三万七千四百人。经过转业训练的失业工人大部分都具备了良好的就业条件，在走上工作岗位后，生产非常积极"④。这种转业训练的方法，不仅是解决失业问题的正确道路，而且是培养工矿企业大批后备劳动力的有效措施。随着国家大规模经济建设的开始，转业训练的方式在劳动就业工作中仍将占着极为重要的地位。

综合来看，转业训练除了普遍加强对失业工人的政治教育外，还根据各地区生产建设部门不同的需要，对失业人员"分别予以不同的技术训练，使无技术的得到技术，已有技术的提高一步，以便把每个失业人员分别陆续输送到各地需要的工厂企业中去"，同时，在对失业知识分子的转业训练上"注意打破熟土难离的地域观念，以及仍搞原来工作的保守思想"⑤。转业训练在帮助失业人员安置合适工作上发挥了很大的作用。

当然，转业训练也有不可回避的缺点。第一，由于失业者的流动性较大，正规的训练不容易组织。并且，有些人虽然没有固定职业，但也要出门谋生，导致受训"受不起"。这就有了很多实行起来的困难，例如"办了一个转业训

---

① 《全市生活无着的户及失业人口调查统计表》，北京市档案馆藏，档案号：2—2—48。

② 《失业职工的安置救济情况》，北京市档案馆藏，档案号：1—9—244。

③ 《失业工人学习班工作总结》，北京市西城区档案馆藏，档案号：2—1—416。

④ 《劳动就业和失业救济工作，全国各地三年来有显著成绩》，《光明日报》1952 年 11 月 10 日。

⑤ 中国社会科学院、中央档案馆编：《中华人民共和国经济档案资料选编·劳动工资和职工福利卷（1949—1952）》，中国社会科学出版社 1994 年版，第 202 页。

练班,批准 460 多人,实际参加的 392 人,其中,妇女占半数以上"。① 第二,很多培训班最后转化成了"思想政治教育班",培训班不能真正培训技术,因为"举办技术训练,困难很多","只能先进行政治学习,并鼓励其自己学习,以减少就业时的困难"②。这些问题也限制了城市中转业训练的优越性发挥。

3. 生产自救

生产自救是指各地救济分会组织失业人员开办加工工厂、合作社、生产小组、作坊、农场、运输等方式解决失业问题。根据政务院颁布的《救济失业工人暂行办法》:"各地失业工人救济处应协同当地的工会组织,根据工商业情况与人民生活的需要,拟具各种生产自救办法,并根据自愿原则,组织失业工人举办。"③一般来说,生产自救主要是城市基层组织领导失业人员,积极开办加工工厂、合作社、生产小组、作坊、农场、运输等生产方式,来解决失业问题与失业人员的生活困难。在实践中,各地分别采取银行贷款或发给自救金等方式,组织运销或生产小组,其中比较典型的例子是"上海失业工人所组织的五金生产合作工厂,该厂已由最初的三百人增至一千余人"④,发展非常迅速。

从现有材料上看,新中国初期为了救济失业而推广的生产自救工作颇有成效,不但解决了一部分失业人员、军烈属的就业安置问题,还结合社会经济的实际情况,发展出了新中国成立后最早的一批城市手工业或轻工业厂,为社会生产的恢复提供了动力。1953 年,第三次全国城市社会救济工作会议确定了"生产自救,群众互助,并辅之以政府的必要救济"的方针,大部分城市根据当地资源等实际情况,因地制宜,组织贫民参加多种形式的生产自救。有的城市与当地劳动建设部门密切配合,组织贫民参加挖土方、运送建筑材料、修筑马路等劳动生产;有的城市围绕工厂、企业、学校、机关等单位生产和生活的需要,组织贫民从事小五金加工、胶木制品、玻璃器皿,或者从事第三产业修理自行车、拆洗被褥、照顾病人、照看孩子等;有的城市组织贫民糊纸盒,编织竹、藤、柳等器具。据 52 个城市的不完全统计,1954 年参加生产自救的贫民有 22.57 万人,有长期或季节性的贫民生产组织 1802

---

① 《失业工人学习班工作总结》,北京市西城区档案馆藏,档案号:2—1—416。
② 北京市档案馆编:《国民经济恢复时期的北京》,北京出版社 1995 年版,第 856 页。
③ 中国社会科学院、中央档案馆编:《中华人民共和国经济档案资料选编·劳动工资和职工福利卷(1949—1952)》,中国社会科学出版社 1994 年版,第 170 页。
④ 《贯彻执行政务院指示　各地大力进行以工代赈　还有一些缺点必须及时改正　认真做好救济失业工人!》,《人民日报》1950 年 7 月 17 日。

个。① 贫民生产收入,大都超过了他们参加生产前向政府领取的救济金,生活有了明显的改善,城市中需要救济的人数大量减少。据统计,全国需要救济的人数,1954年上半年比1953年同期减少了将近三分之一,救济费的开支也减少了将近30%。②

到了1955年生产自救工作又有了新的进展。"全国组织城市贫民参加生产的人数达58.2万余人,长期生产单位有7900余个"③,不仅减少了国家开支,改善了贫民的生活,而且为社会创造了物质财富。这一时期的城市社会救济工作,取得了较好的社会效益和经济效益。北京市在失业救济中积极推广了生产自救的方式,建立生产合作社,例如,1950年9月北京市第七区失业工人救济委员会统计的当月救济工作中,以工代赈是救济工作的主体,而转业训练、生产自救是主要辅助性的救济方式,也占据比较重要的地位。其中,生产自救的有下列集中安置:"有职业20人(被服厂临时工8人,私人就业2人,合作社作胶鞋2人,合线1人,装订1人,做证章1人,另5人私人就业);有副业的11人(打线5人,编书筐3人,洗衣服1人,合电线1人,弹棉花1人)"④。东单区在1955年统计,发展的生产自救"共有生产组28个,其中原有的22个组,今年新组织的有6个组,组员有1033人,其中烈军属337人,市民674人,工资为每人每月10余元,最高工资每人每月60余元,解决了他们的生活和职业问题"⑤。1952年,根据全国统计,"三年来,各级人民政府以很大力量组织了生产自救和还乡生产的工作。到一九五一年十月底止,全国共有四百二十八个生产自救的单位,安置了失业工人达十一万八千多人。各地对于那些缺乏专门生产技术而又具备着从事农业生产条件的中、小城市失业人员,都动员他们在自愿原则下还乡生产。这一工作是在土地改革运动期间进行的。两年多以来,约有十三万失业人员被安置在农村,在土地改革和生产运动中起了一定的

---

① 《当代中国的民政》编辑委员会编:《当代中国的民政》(下),当代中国出版社2009年版,第61—62页。
② 《当代中国的民政》编辑委员会编:《当代中国的民政》(下),当代中国出版社2009年版,第61—62页。
③ 《当代中国的民政》编辑委员会编:《当代中国的民政》(下),当代中国出版社2009年,第61—62页。
④ 《北京市第七区失业工人救委分会九月份工作总结》,北京市崇文区档案馆藏,档案号:9—4—349。
⑤ 《东单区烈军属及贫苦市民生产组的一些情况》,北京市东城区档案馆藏,档案号:11—7—104。

骨干作用"①。

生产自救这一失业救济的方式,在实施的过程中有几个特点:第一,优先照顾烈军属。关于对烈军属的各种照顾问题,在新中国成立初期的很多文件中都有体现,生产自救也是如此。第二,生产自救办好的少,垮台的多。其中原因复杂,多数是因为很多生产自救的领导人员不懂得如何办理集体工厂或商业组织,如"有些地方举办生产自救,不是把失业工人组织起来搞生产,而是个别的发给不同数量的救济金,结果不是搞生产而是摆摊贩,或吃光了又来要救济金。有的虽然组织起来,但不加以领导与检查,而在产销方面没有很好的考虑当地工商业的具体情况,盲目生产,以致垮台的多,成功的少"②。

无论生产自救是否真正有效地起到了扩大就业的作用,从心理上,这种救济方式确实带给失业无业贫民精神上的安慰。一方面,他们感受到党和政府对他们的关怀和帮助;另一方面,参加劳动也增强了他们度过困难的信心与决心。当然,这种救济方式也有它的局限性。生产自救这种方式,需要创办者有一定的商业知识,同时生产者要有一定的技术基础。很多领导生产自救的街、区干部并不具备如此条件,多数参加生产自救的贫民也没有技术训练。由此,很多生产自救项目由于经营不善、准备不足、盲目开设,造成了资金或人力的浪费。例如1950年北京市"原核定参加生产自救的1291人,其中绝大多数是仅做过辅助工作的女工,缺乏生产技能,并且,其中真正负担家庭生活的不过十分之二,组织他们生产很有困难。市合作总社曾组织一百多人打毛袜,结果,有四分之一不够标准,需要返工,不但没有赚钱反而赔了钱。所以,在技术指导和检查方面,还须力求改进"③。类似的案例有很多,如何开展有效的生产自救工作,是中国人民救济总会及各地方分会在以后的几年中反复探索的重要工作。

4. 救济金制度

救济金制度是失业救济中的一项重要的救济内容,也可以说是失业保险的雏形。根据政务院1950年颁布的《救济失业工人暂行办法》,全国各大城市要为失业人员设置救济金,各地政府组织开始试行失业救济金制度。以北京为例,1950年开始北京市决定在各大工厂、作坊中试办失业救济与

---

① 《劳动就业和失业救济工作,全国各地三年来有显著成绩》,《光明日报》1952年11月10日。

② 中国社会科学院、中央档案馆编:《中华人民共和国经济档案资料选编·劳动工资和职工福利卷(1949—1952)》,中国社会科学出版社1994年版,第202页。

③ 北京市档案馆编:《国民经济恢复时期的北京》,北京出版社1995年版,第856页。

保险制度（年老退休者不在此限）。

失业员工救济金的征集，要求由政府每月向所有各工厂作坊员工征收薪金的1%，并向厂方征收总工资额的1%作为失业救济金。"各工厂作坊，为生产需要解雇员工时，在解雇后一年内，须向政府每月缴纳其所解雇员工原薪（实际工资）百分之三十作为失业员工的救济金，但因违犯厂规被解雇之员工及自动辞职之员工，不在此列。"①

失业救济金的"试行范围，限于10人以上的公私营工场作坊在细则公布后被解雇的失业员工，季节工、流动工以及违规解雇的员工不在内。对年老退休、因公伤残，丧失劳动力者则按劳保办法处理。……关于资方对被解雇员工的负担，根据处理一般解雇时资方发给半个月至三个月解雇费的标准，规定资方于解雇员工后一年内每月须向政府缴纳解雇员工原薪的30%作为失业救济金，虽总数累计共达3—6个月的工资，但因分期缴纳，可以使资方在流动金周转上得到便利，避免因一次付出大量解雇费而引起的困难。解雇后的员工，由政府视具体情况发给原薪五至七成的救济金，工人解雇后的生活有了保障"②。

对于救济基金缴纳手续及保管办法规定：各工厂作坊须于发薪前三日内填好《应缴救济金预报表》，送交劳动局审核，并领回《缴纳救济金通知单》，然后凭单制定该缴纳现款数额。预报表必须由各厂厂长或经理及工会主任签名盖章，如发现虚报情况，由签名人负完全责任。政府制定代管救济基金之机关，凭通知单收纳现款。缴纳救济基金须自原发薪日起三日内按当日小米价格折算现款，每月交款不得超过两次（小米价格，一律按政府发薪之标准计算）。③

对于领取失业救济金的手续，也要按照规定的程序与规章来操作：凡此办法内被解雇之员工，均得向政府按月领取失业救济金。所有被解雇之工人，则由政府按月发给原薪（实际工资）五成至七成之救济金。"至于每人应领之具体数目，须按照失业员工之生活困难程度、工龄长短等条件，由原解雇工厂之工会及市总工会提出具体意见，经劳动局审核后发给之。"领取救济金的员工，须由原厂工会及市总工会填写《领取救济金申请单》，送交

① 中国社会科学院、中央档案馆编：《中华人民共和国经济档案资料选编·劳动工资和职工福利卷（1949—1952）》，中国社会科学出版社1994年版，第167页。
② 北京市档案馆、中共北京市委党史研究室编：《北京市重要文献选编（1950）》，中国档案出版社2001年版，第588页。
③ 北京市档案馆、中共北京市委党史研究室编：《北京市重要文献选编（1950）》，中国档案出版社2001年版，第588页。

劳动局审核批准后,发给《救济金领取证》,每月按指定日期持证到劳动局换取领款单据,由代管救济基金的机关,按当天的米价发给现款,逾期领取仍按应领期限内的米价发给(小米价格一律按照政府发薪之标准计算)。"领取救济金之员工,有工作机会时,即由劳动局介绍或自行就业,有就业机会而无故拒绝就业者以就业论。同时,失业员工就业后,应立即申报劳动局停止领取救济金,缴销《救济金领取证》,并须于就业后分期交还原救济金之十分之一,凡领取救济金在半年以下者,就业后三个月交清;超过半年者,在就业后五个月交清。领取救济金之员工,政府可组织其参加半义务性质之公共工程,并在自愿原则下组织其学习。"①

发给救济金的范围,"原则上以原在各国营、私营的工商企业与码头运输事业中工作的工人和职员以及从事文化、艺术、教育事业的工作人员,以解放后失业、现尚无工作或其他收入者为限;不能参加以工代赈和生产自救之年老和疾病患者,工龄在一年半以上得享受单纯救济(单纯救济,主要针对少数没有劳动能力、不能参加以工代赈和生产自救的年老或疾病患者所实行的救济内容)。登记之后以工代赈工人因疾病暂时不能工作者以及生产自救、转业训练工人尚未开始工作,无其他收入维持生活者,发放临时救济金,不够一年半以上工龄,个别特殊困难者及外埠来京找工作的工人,生活困难者经救济委员会批准给予救济"②。

失业人员的救济金,按照下列标准发给:

(1)失业工人每月发给当地主要食粮四十五市斤至九十市斤,由工会基层组织根据每个失业工人的具体情况评定,提交失业工人救济处审核;

(2)失业学徒每月发给三十市斤;

(3)半失业的工人,所得工资低于失业工人所领取的救济金额而无法维持生活者,得按实际情况酌量予以临时救济。③

发放救济金的手续,要由工会基层组织评定每个失业工人应领取救济金数额,转请上级产业工会组织审查。然后,产业工会将审查合格的领取救济金人数,造具名册,送交市总工会,请失业工人救济处批准后,按照名册签发粮票或支票,由失业工人救济处协同原工会组织发给已审查合格的失业工人本人。

救济金制度为已经失业的工人提供了生活救济,为有可能失业的工人

①　中国社会科学院、中央档案馆编:《中华人民共和国经济档案资料选编·劳动工资和职工福利卷(1949—1952)》,中国社会科学出版社1994年版,第167页。

②　《失业工人、知识分子救济工作报告》,北京市档案馆藏,档案号:1—9—132。

③　《北京市政报》第2卷第9期,1951年1月1日。

提供了失业后的保障。失业救济制度的建立,体现了"防患于未然"的社会保障思想。通过救济金的征收,加强了国家对企业的监管,完善了工人的职业保险机制。这一时期救济金制度成为失业保障的重要内容。当然,救济金在使用的过程中,也存在过掌握不严、浪费等现象。例如有的单位把修造房屋的材料费用也用在以工代赈的救济费内开支,有的为了以工代赈,做了一些没有必要的工程等。① 这些问题主要由于在救济金制度管理和使用的过程中,没有完全做到规范化与系统化,随着社会救济工作的不断改进,存在的问题逐渐得到了解决。

5. 还乡生产与移民

为了合理调配城乡劳动力并减少城市就业压力,失业救济委员会决定结合土地改革运动提出还乡生产的救济方法。还乡生产的前提是农村开展土地改革运动。经过土地改革,还乡人员可以回到农村,重新分得一份田地,从而真正扎根农村开展生产。据统计,"1950 年 7 月至 1951 年 10 月底,全国共有 118699 人返回农村",这些还乡生产人员,多数都分到了土地,得到了合理的安置,在农村安家落户。②

北京市的还乡生产工作开展较早,1949 年北京解放初期就通过了《北平市疏散人口办法》③,鼓励城市失业、无业的贫困人员还乡生产。一方面,北京市确定还乡生产动员工作"大都本着自愿的原则",对于"惯居城市的人有一部分是很留恋城市的,不愿回乡生产。因此,必须经过很好的宣传说服,尤其要打通家属的思想,才能在自愿的原则下,动员他们还乡"④。另一方面,要"事先与失业工人还乡的县区政府取得联系,做好准备工作,使其还乡之后,能确实获得从事农业生产的基本条件"⑤。凡由乡村到城市不久或目前在乡村有亲属可以回乡的失业工人,应由工会根据自愿的原则,组织并鼓励他们还乡生产。由失业工人救济处发给本人及其家属所必需的旅费外,并酌量发给救济金作为生产资金的补助。

动员还乡也是一个解决城市失业问题较新的思路。根据北京市民政档案记载,"根据本市的经验证明,动员失业人口还乡生产也是一个解决城市

---

① 中国社会科学院、中央档案馆编:《中华人民共和国经济档案资料选编·劳动工资和职工福利卷(1949—1952)》,中国社会科学出版社 1994 年版,第 170 页。

② 中国社会科学院、中央档案馆编:《中华人民共和国经济档案资料选编·劳动工资和职工福利卷(1949—1952)》,中国社会科学出版社 1994 年版,第 205 页。

③ 《北平市疏散人口办法》,北京市西城区档案馆藏,档案号:2—2—88。

④ 《北平市疏散人口办法》,北京市西城区档案馆藏,档案号:2—2—88。

⑤ 北京市档案馆、中共北京市委党史研究室编:《北京市重要文献选编(1950)》,中国档案出版社 2001 年版,第 387 页。

失业问题的有效办法。……对还乡生产的人,不仅要发给本人及其家属以必需的旅费及一定数目的救济金,还应发给证明文件,使他们还乡之后,能够取得当地人民政府的安置"①。到 1950 年 12 月,北京市"协助还乡生产共 218 人,共发放救济米 29656 斤"②。应该说,还乡生产还是得到了一部分失业人员的拥护与支持的。

但是,与前几种失业救济的方式对比起来,还乡生产在解决城市失业问题上取得的实际成效比较有限。在城市刚刚解放初期,还乡生产还有一定的影响。随着救济工作的逐渐开展,还乡生产的办法逐渐难以推行。有的救济分会或民政部门在动员还乡生产的人员的安置上存在一些问题。失业人员由城市返回乡村,有的事先未与还乡当地政府取得联系,有的地区已实行土改,致使失业工人还乡后生活无着,形成去而复返的现象。另外,有的失业工人长期携眷在外,其原籍无家可归且无生产条件,以致回乡后生活无着落,这样的还乡,不但不能解决问题,反而增加了当地政府的很多困难,对于失业工人的情绪也有不良的影响。③ 还乡生产的后续问题是导致其不能得到较大范围推广的主要原因。

新中国初期移民生产也是曾经尝试推行的一项失业救济措施。在上海、北京等一些大城市中,为了减少城市失业人口,在 1949—1956 年间,救济分会和民政部门曾先后动员一部分失业贫民移民察北、绥远、宁夏、甘肃等人口稀少的地区,进行移民开垦并发展生产。在这一时期的移民工作,本意上是为了减少城市失业和贫困人口,使他们通过移民可以自食其力,发展生产。但是,移民之后的一系列严峻问题,给移民工作带来了很多负面影响。

1949 年 8 月,北京市首届各界代表会议确定了北京疏散移民的基本方针,会议提出"凡在北平市谋生困难,而回籍后又有自力更生或安置之可能,且有发展前途,因而自愿回籍者,始得疏散回籍","凡在北平市谋生困难而原籍无家可归或不能安置的,可以自愿赴察北等地,从事农垦,长期安家立业者,可以组织移民"④。为此,北京市委组织部部长刘仁召集市府秘书厅、市公安局、市民政局、市总工会等单位成立了市疏散人口委员会。

---

① 北京市档案馆、中共北京市委党史研究室编:《北京市重要文献选编(1950)》,中国档案出版社 2001 年版,第 387 页。

② 《失业工人、知识分子救济工作报告》,北京档案馆藏,档案号:1—9—132。

③ 中国社会科学院、中央档案馆编:《中华人民共和国经济档案资料选编·劳动工资和职工福利卷(1949—1952)》,中国社会科学出版社 1994 年版,第 201 页。

④ 《北平市疏散人口办法》,北京市西城区档案馆藏,档案号:2—2—88。

1949 年经调查统计，北京"全市人口 1961457 人，失业人口约 40 万，应疏散人口 167784 人（未含丰台、西郊两区）"，其中确定疏散对象主要为"逃亡地主、富农，国民党流散党政军人员，被解放的国民党军官兵，失业的工人、店员和苦力，失业的公教人员、知识分子，无业游民和难民等六大类"①。在进行疏散城市人口的同时进行安置城市无业人员到外地就业生产。1949 年"报名到外地就业的北京市居民共 7831 人，截至 12 月 9 日，经审查批准疏散到外地就业生产的 5894 人。其中有 329 人（含眷属 13 人）被介绍到河北、察哈尔、绥远等省充任小学教师，5 人到内蒙古任中学教师；864 人到旅顺作矿工，46 人（含眷属 8 人）到东北煤矿；有 155 人到内蒙古参加伐木；有 1168 人去察哈尔和绥远北部地区垦荒；其余遣返回籍"②。

　　1950 年北京市的移民工作先后在春、秋两季分别进行，据统计"共迁移 1928 户、7637 人。其中分 10 批移往绥远省 1209 户共 4773 人，主要安置在该省集宁专区的凉城、丰镇、兴和、集宁、陶林、武东、龙胜（现卓资）7 个县，分 10 批移往察哈尔省 719 户、2864 人，主要安置在张家口和大同两地。此次移民工作，在每批移民启程前往安置地区前均以 5—8 户编为一组，明确组长（或副组长）1 人，并由各区干部带队前往"③。

　　1951 年北京市先后移民三批共移出 795 人，分别"被安置在宁朔、永宁、灵武、贺兰 4 县农村，以及安排到机关、学校、商业等单位当干部、教员、服务员、保姆及到部队参军计 145 人，其余孤、老、残、弱、无劳动能力的 67 人在盐池县设立生产教养院一处。该院的经费及入院人员的伙食由北京市民政局拨发，长期供养"④。1952 年，北京市向宁夏地区移送青壮年失业人员 200 人。1953 年先后两次移民宁夏，第一次移送 150 人，第二次从收容人员中又移送 209 人。⑤

　　1954 年 10 月，北京市民政局曾派出工作组前往甘肃省（1954 年 8 月 31 日政务院批准撤销宁夏省，并入甘肃省，直至 1958 年 10 月 25 日成立宁夏回族自治区）的银川专区、河东回民自治区，进行大规模移民垦荒的可行性调查，并与甘肃省民政厅协商移民安置问题。同时，市民政局与市公安

---

① 《北平市疏散人口办法》，北京市西城区档案馆藏，档案号：2—2—88。
② 北京市地方志编纂委员会编：《北京志·政务卷·民政志》，北京出版社 2003 年版，第 122 页。
③ 北京市地方志编纂委员会编：《北京志·政务卷·民政志》，北京出版社 2003 年版，第 122 页。
④ 北京市地方志编纂委员会编：《北京志·政务卷·民政志》，北京出版社 2003 年版，第 122 页。
⑤ 《北平市疏散人口办法》，北京市西城区档案馆藏，档案号：2—2—88。

局、劳动局组成北京市人口调查办公室,对全市社会游民及失业人员情况进行调查,再次着手准备部署移民西北的工作。1955 年初,北京市民政局制定了移民西北的计划草案,对移民的范围、条件,移民工作的组织领导、干部配备、步骤方法,移民遣送的时间、人数及安置地区作了较为详细的规定。"1955 年,北京市计划向甘肃省移民 5700 人,向青海省移民 2000 人。实际移往甘肃省 1491 户、6205 人,移往青海省 481 户、2311 人。前往甘肃省的移民分别被安置在银川专区的银川市及贺兰、永宁、宁朔、中卫等县,固原(原西海固)回族自治州的固原县,吴忠(原河东)回族自治州的金积、灵武、同心等县,以及巴音浩特蒙古族自治州的磴口县(在磴口县安置的均为妇女);前往青海省的移民分别安置在西宁市和乐都、大通两县。该年的移民经费,由中央财政拨款 200 亿元,地方财政出资 50 亿元。中央财政从批准本市的移民经费中分拨甘肃省 150 亿元,用于移民安置的准备工作。"①北京移民的安置工作受到当地各级政府的重视。省、地、县分别成立了移民安置委员会,并部署了安置工作。乡、村具体落实,为移民盖好住房;划定耕地,购置耕畜、农具;准备好柴禾等必要的生活用品;并动员本地群众先替移民代种上庄稼;移民到达时,组织群众欢迎。

1956 年,北京市"计划向甘肃省移民 2.6 万人,实际仅有 8114 人移往甘肃省,约为计划的 31.2%。当年移民经费预算为 312 万元,实际支出 238.6 万元,用于甘肃省移民的费用约为 207.5 万元"②。但是,由于报名人数显著下降,多数贫民都不愿移民,移民工作进展缓慢。因此,北京市移民办公室 1956 年 7 月 21 日发出《关于移民工作暂行停止的通知》,北京市向西北的移民遂告停止。

统计数据显示,北京市在 1949—1956 年间(1954 年未进行移民)先后共移民约 2.68 万人。1949—1950 年向察、绥移民 0.88 万人,1951—1956 年向宁(甘)移民 1.57 万人,1955 年向青海移民 0.23 万人。可以看出,北京市的移民生产工作不仅规模大、人数多,而且得到了国家政府的大力支持。应该说,移民的本意是为了减少城市失业人口,减轻政府救济工作的负担,并且,在居民自愿的前提下,帮助他们开始新生活。移民工作中最重要的就是移民地的安置问题,如果安置妥当,移民才能在新环境下安居乐业。为此,北京市政府联合各个移民地区在移民安置问题上做了很多准备。"移

① 北京市地方志编纂委员会编:《北京志·政务卷·民政志》,北京出版社 2003 年版,第 122 页。

② 北京市地方志编纂委员会编:《北京志·政务卷·民政志》,北京出版社 2003 年版,第 123 页。

民察绥，各方面都作了比较充分的准备。移民到达目的地时，干部都召集本地群众举行联欢大会，沿途用汽车、牛车护送到村，当地群众给安置食宿，并介绍风俗习惯和生产的方式。一般移民每户分到二十多亩地，两间房子，按大口、小口平均每日每人垫发粮食一斤。种子、农具和耕牛问题也都给予解决。对移民来的知识分子做了适当安排，有的当了小学教员，也有的当了村干部。"[1]少数移民是失业知识分子，本着"让有一技之长的失业人员能人尽其才，就要想办法予以调剂"的思想，对知识分子尽量按照各自的特长分别安排工作。例如，"军大、革大等革命干部学校和南下工作团，吸收了很大数量的失业知识分子，加以训练后分配了工作"[2]。此外，北京市也专门组织了知识分子的移民，分赴各地区工作的有"小学教员和会计人员，如赴绥远的小学教员，经考试后录取32人，另从市府行政干部学校挑选了10人，共42人前往。赴河北的小学教员共登记了1006人，预计通过考试，录取500人前往就职。赴察哈尔小学教员已经登记了175人。赴东北的会计人员，各区登记了294人，经审查合格30余人"[3]。除了移民边区，北京市政府还采取了由都市向乡村疏散人口的政策，动员失业知识分子下乡服务，发展乡村的人民文化教育事业，时任北京市市长彭真提出，移民郊区"这是北京这个文化都市应该给予乡村的帮助"[4]。对于移民，政府不但"在精神上有所鼓励"，"在生活上也给予妥善照顾"，"在工作上也做了适当安置，有的当了小学教员，有的当了村干部"[5]。这些人员的安置基本符合实际，很多知识分子移民以后安心工作，发挥了自己的知识与特长。

但是，根据资料记载可以看出，北京市的移民工作并不完全成功。1953年市民政局在给中共北京市政法委员会的报告中确认："送往察绥之移民自遣送后即不断发生返回北京的情形"，"据估计察绥移民可能有大部分人已返回北京"，去西北的移民自遣送后亦不断返京。截至1956年12月15日返京236人，至1957年12月31日返京2030人，至1960年4月15日返京4338人，至1961年5月底返京已达10544人（以上数字均为累计）。[6]

---

① 北京市档案馆编：《国民经济恢复时期的北京》，北京出版社1995年版，第642页。
② 北京市档案馆编：《国民经济恢复时期的北京》，北京出版社1995年版，第665页。
③ 北京市档案馆、中共北京市委党史研究室编：《北京市重要文献选编（1948.12—1949）》，中国档案出版社2001年版，第793页。
④ 北京市档案馆、中共北京市委党史研究室编：《北京市重要文献选编（1948.12—1949）》，中国档案出版社2001年版，第666页。
⑤ 北京市档案馆编：《国民经济恢复时期的北京》，北京出版社1995年版，第642页。
⑥ 北京市地方志编纂委员会编：《北京志·政务卷·民政志》，北京出版社2003年版，第122页。

这些频繁逃回的移民,就是对北京市移民工作成效的生动写照。

首先,很多贫民习惯当三轮车工人以及失业店员、职员,他们并不是也无法成为具有熟练耕种技术的农民。多数移民到绥远、甘肃、宁夏等地从事农业开垦的城市贫民都逃回了京城。主要原因是移民到达当地之后,不会农业技术,当地群众也没有给以很好的帮助,他们的生活困难也没有得到很好解决。例如"六区有个穿花布衫的讨饭妇女,哭着说:她是去年移民去西北的,去了以后因无人照顾,把两个小孩都饿死了"①。因此,"有一部分移民把分得的耕畜和家具卖了之后又回到北京"②。这种情况,不但在财政上造成浪费,而且这部分移民对政府很不满意,造成了不良的政治影响,使移民工作开展得越来越难。

其次,为了成功完成移民任务与指标,动员移民的干部过分宣传夸大移民地的好处,许诺政府给予他们生活上的保证等等,最终完成移民任务。但是,很多移民到甘肃、青海等地很快都逃了回来。1956年北京市民政局记载:"本市送往甘肃、青海的移民,从去年到今年4月8日,据不完全统计,已经回京的有278户1107人(占移民总户数的7.5%,总人数的6.2%)。"分析这些移民逃回的主要原因,民政部门也不得不承认:"动员移民时,干部多强调西北移民地区的优点,对那里困难条件讲的少,个别的宣传不实际。"同时,"移民去后,未及时组织相当力量协助当地进行巩固移民工作"。移民当地对移民"管理上强迫命令多,缺乏民主,所规定的规章制度不适当,对移民的实际困难未给予应有的解决"③。这种情况直接带来了移民工作的失误,很多移民过去之后发现与政府宣传的完全不一样,所以不远千里逃回京城,甚至出现"屡送屡逃"的现象。

1949—1956年间北京的移民政策并没有达到减少城市负担的目的,反而造成民众对政府的不满,浪费了国家财产。逃回北京的移民,很长时间内没有户口、没有住所、没有维生的条件,很多人甚至沦为街头乞丐。直到20世纪60年代初,北京市政府才逐渐解决了这些逃回移民的安置问题。

根据统计,从1951年到1952年6月,中国人民救济总会及地方分会协助全国各级政府,帮助失业工人和失业知识分子重新就业的共达220余万人。在"解放较早、经济建设发展较快的东北区,从1949年到1952

① 《关于处理回京移民和巩固安置移民的请示》,北京市海淀区档案馆藏,档案号:2—109—58。
② 《北京市社会救济福利工作情况》,北京市档案馆藏,档案号:196—1—88。
③ 《关于处理回京移民和巩固安置移民的请示》,北京市海淀区档案馆藏,档案号:2—109—58。

年底，全区职工人数增加了66.8%；1952年劳动就业工作开始后，已登记的失业、半失业和无业人员，仅占东北区解放后四年来新增加的职工人数的5.6%。在解放最晚的西南区，从1950年到1952年九月底，也有27万多人得到就业机会，这个数目大约相等于全部登记的失业人员总数的3/4"①。从1949年至1956年间推行的失业救济工作来看，政策灵活，救济方法丰富，并且基本实现了失业救济的目的。很多积极的救济政策在实践中取得了较好的成效。例如以工代赈政策，既有效地建设了公共工程，又成为暂时解决失业人员生活的好办法；转业训练也培养了很多失业人员再就业的本领，为国民经济建设储备了人才；很多生产自救的社区工厂，逐渐发展扩大经营，建设成为较大的生产单位，不但扩大了就业，而且解决了很多人的经济问题。当然，也有的救济方法并不是很合理，例如还乡生产与移民政策等，结果不但没有达到预期目的，反而遗留下来很多后续的历史问题。

对城市失业人员，以工代赈、转业训练、生产自救、还乡生产、发放救济金以及单纯救济和移民等多种救济方法，比较有效地缓解了失业人员的就业压力。而且，从失业救济所取得的社会影响来说，政府对城市失业人员实施卓有成效的救济，不仅对城市居民起到了安定人心的作用，而且使有利于政府的正面社会舆论增加，民众逐渐建立起对政府的信心，有利于更好地稳定社会秩序与建设工作。

当时的北京市市长彭真指出："救济工作不仅是行政工作，也是细致的群众工作。"②在实施救济政策的过程中，失业人员一开始对党和政府的政策是不信任的，不去登记的较多，经过一段时间的观察，发现问题真的解决了，就主动去登记。党和政府的失业救济政策得到了广大人民群众的衷心拥护。一位失业的老教员说："过去历届反动政府统治时期，失了业都没有人理会我，到了冬天，拼命去挤粥厂，只能喝到一碗粥。现在政府不但把救济金送上门来，而且干部还常来拜访我，只有人民的政府才这样关心我。"③有些老人领了救济金后，感到不安，还主动参加以工代赈工程。这种情况，直接反映了党和政府在人民心中的地位，人民感到政府是关心他们的，是切切实实替他们办事的，是值得信赖的。人民的信任是一种无形力量，成为党

---

① 《劳动就业和失业救济工作，全国各地三年来有显著成绩》，《光明日报》1952年11月10日。

② 北京市档案馆编：《国民经济恢复时期的北京》，北京出版社1995年版，第677—678页。

③ 北京市档案馆、中共北京市委党史研究室编：《北京市重要文献选编(1950)》，中国档案出版社2001年版，第570—571页。

和政府完成各种艰巨任务的巨大推动力。

三、调查与调整：领导贫困救济

新中国初期,中国人民救济总会在协助政府救济城市贫民、缓解社会矛盾等方面做了卓有成效的工作。关于这一问题,史学界已有部分研究者给予了关注,①而如何厘清中国人民救济总会在这一时期贫困救济工作中的地位与作用,则是比较复杂的问题。简单来说,贫困救济工作的具体执行包括几个行政层级的共同运作,中央层面内务部制定扶助贫困政策,地方民政部门负责对本地贫困情况的调查、制定具体的贫困救济制度,以及对贫困救济工作的执行检查等。在此过程中,中国人民救济总会及各地方分会的作用在哪里呢? 笔者根据查阅资料提出,中国人民救济总会及各地方分会在贫困救济中,立足自身群众性的特征,主要在城市贫困调查、制定贫困救济的标准方面发挥了重要作用。

(一) 贫困情况调查

新中国初期,随着各地救济分会的陆续成立,各分会协同本地民政部门逐渐建立起较为规范的贫困调查工作。贫困调查包括对各地贫困家庭与人员数量、贫困状况和贫困救济效果几个方面的调查,掌握这些详细的数据内容,才能较好地协助各地民政部门完成城市贫困救济的工作。

1. 天津市区的贫困状况

以天津市为例来看,天津城市解放初期,党和政府立即对全市贫困饥馑的市民,以及在解放战役中遭受战灾的市民,进行了紧急的调查和救济,最终"由政府发粮 4009944 斤,组织参加了打扫战迹以工代赈 1566 人,发粮救济 35315 人,使得 51011 人能够维持生活"②。1949 年的夏季,因雨水过多,贫苦市民住房有的倒塌了,政府通过调查掌握了贫民的准确情况,有的放矢

---

① 相关的研究有:韩勤英、苏峰:《国民经济恢复时期北京的失业知识分子救济政策及其成效》,《当代中国史研究》2006 年第 3 期;谢涛:《建国初中共治理城市失业问题的对策与实践——以 1949—1952 年的南京市为例》,《当代中国史研究》2005 年第 3 期;李小尉:《新中国成立初期城市贫民的生活救助研究——以 1949—1956 年北京市为例的考察》,《教学与研究》2009 年第 8 期等。

② 宋罗歧:《天津市社会救济福利工作报告——一九五一年一月十七日在天津市人民救济代表会议上》,《救济工作通讯》第 14 期,1951 年 1 月 31 日。

地举办了无息贷款,帮助贫民共修建补葺了 1237 间房屋。[1]

1950 年夏季,天津市郊区遭受了严重的水灾,灾害波及 36 个行政村。经过详细的调查统计,受灾人口有 31459 人。入冬时候灾民生活就更加困难,在这种情况下,党和政府提出"生产自救,节约度荒"的口号,当地救济分会协助组织起群众"搞副业、搞运输,扶助其他生产,采取因地制宜,利用有山靠山,有水靠水的好办法,使用多种多样的方式进行生产自救"。政府并派出大批工作人员参加领导这一工作,"并拨生产基金五千万元,由本市各界救灾委员会拨款三千万元,拨粮五万斤,有组织有计划的进行领导生产自救,经过五个多月的努力,郊区农民胜利的渡过了灾荒,并给春耕生产打下了基础"[2]。从这一事实看,在党和政府的领导下,组织人民靠自己的力量是能够战胜一切困难的。

1951 年冬季,天津市周边又遭受水灾,灾民多流入城市谋生或乞讨,缺衣少食无处居住,城市贫民在天寒地冻季节也迫切需要救济,因此,政府确定了"安抚流离,扶助贫困"的方针,对这些人施予救济,并提出"争取不冻饿死一个人"的口号,向严寒灾荒斗争。在救济分会和民政局的组织下,市内民政干部与警察展开普遍深入调查,确实掌握天津市贫苦市民的数字,施以救济。经过统计,市政府共拨粮 348656.5 斤,发棉衣 6102 件,准确救济22394 人。到了春耕季节,立即资遣四乡灾民回籍生产,使他们都摆脱了严寒的威胁,而走向生产的道路。[3]

2. 北京市区的贫困状况

1950 年,北京市民政局联合市救济分会成立了临时救济工作办公室,对临时救济工作制定具体规范与标准。根据中国人民救济总会北京分会的调查,北京市临时救济发放的主要对象,"一是有劳动力无正常收入无法继续生活的贫苦市民;二是因亏本无法继续经营而生活困难的小商贩、小手工业者;三是特殊灾害如天气变化或生、死、病等情况,致使生活发生暂时困难的贫苦市民"[4]。

对于"有劳动力无正常收入无法继续生活的贫苦市民"来说,发放救难

①　宋罗歧:《天津市社会救济福利工作报告——一九五一年一月十七日在天津市人民救济代表会议上》,《救济工作通讯》第 14 期,1951 年 1 月 31 日。
②　宋罗歧:《天津市社会救济福利工作报告——一九五一年一月十七日在天津市人民救济代表会议上》,《救济工作通讯》第 14 期,1951 年 1 月 31 日。
③　宋罗歧:《天津市社会救济福利工作报告——一九五一年一月十七日在天津市人民救济代表会议上》,《救济工作通讯》第 14 期,1951 年 1 月 31 日。
④　《北京市贫民调查登记办法》,北京市东城区档案馆藏,档案号:11—7—54。

款或救济粮是最直接、效果最好的救济形式,可解他们的燃眉之急。为了及时发放救济粮款,北京市救济分会"组织了工会和街道积极分子,用随调查、随发放的办法,保证各区都能在三至五天内,按照规定标准完成救济的要求"①。据统计,从1950年3月10日到4月11日,全市发放救济金包括:城区发放"1126621801元,18915户,70758人";"郊区为634203900元,8495户,24858人(遣送返乡车费、工赈费在外)。其中三轮工人占23%,建筑工人占16.4%,搬运工人占8.5%,城市贫民占27.8%,贫困农民占11.1%,其他小手工业工人、小摊贩、零散工人及遣送还乡生产者共占13.2%"②。

对于"无法继续经营而生活困难的小商贩、小手工业者等人"来说,受"三反"、"五反"的影响,北京市面经济萧条,"一部分加工生产停顿,商业交易往来减少,建筑工程未能如期开工,影响到一部分独立劳动者、零散工人和贫苦市民的生活"③。例如,"三轮车夫多数是收入低廉、生活困窘的城市贫民,他们是干一天活赚一天的生活费,基本属于毫无保障的脆弱群体,很容易受到社会经济变动的负面影响"④。而此时北京的三轮工人原来"每日收入平均下降一半,交了车租,就吃不上饭"⑤。这部分贫民的困难虽然是暂时的,但也亟须政府的救济。因此,1952年"京市自3月10日起至4月11日止,通过工会与街道组织对27410户、95652人发放了十七亿六千多万元的救济金,经过救济解决问题的占70%,需要继续救济的占20%—25%。这一救济工作收获很大,群众普遍反映"政府救济真解渴"⑥。

对于"以特殊灾害如天气变化或生、死、病等情况,致使生活发生暂时困难的贫苦市民"来说,传统的"冬令救济"就能够暂时缓解他们的困难。"冬令救济是很多北方城市临时救济政策中的一个主要内容。冬季来临气候寒冷,贫民没有冬衣、冬裤或者棉被、棉裤,势必会冻馁而死,绝大多数的城市贫民,生活状况非常不稳定。"⑦北京市的冬令救济一般从每年的12月

----

① 李小尉:《新中国成立初期城市贫民的生活救助研究——以1949—1956年北京市为例的考察》,《教学与研究》2009年第8期。
② 《临时救济总结报告》,北京市档案馆藏,档案号:1—9—244。
③ 《临时救济总结报告》,北京市档案馆藏,档案号:1—9—244。
④ 李小尉:《新中国成立初期城市贫民的生活救助研究——以1949—1956年北京市为例的考察》,《教学与研究》2009年第8期。
⑤ 《临时救济总结报告》,北京市档案馆藏,档案号:1—9—244。
⑥ 《临时救济工作的反映》,北京市档案馆藏,档案号:1—9—244。
⑦ 李小尉:《新中国成立初期城市贫民的生活救助研究——以1949—1956年北京市为例的考察》,《教学与研究》2009年第8期。

开始组织发放，基本持续到第二年的 3 月为止。这个期间，各个区所属的民政科要经过详细的调查，对生活困难、难以过冬的贫困家庭掌握详细情况。当冬季来临时，根据这些贫民的不同需求，发给他们棉衣、棉被、粮食以及过冬的燃料费用等等。冬令救济在全年的社会救济工作中占据非常重要的位置。例如北京第一区（东单区）人民政府民政科对 1950 年的社会救济工作总结盘点时提到："全年（1950 年）的社会救济工作基本特点是两头大，中间小"，即"在冬季全区共有贫民 500 户左右需要救济，三月份以后天气逐渐暖和，首都的建筑工程大量发展，凡是有劳动力的贫民差不多都参加了生产，摆脱了对政府的依赖，贫户逐渐缩减到 67 户"。但是，入冬以后，"很多工赈工程停工了，小生意也不好做了，因而情况逐渐回转"，到 10 月调查，"全区需要救济的贫户又增加到了 292 户"①。1950 年，东城区发放的冬令救济共"发放救济粮给了 55 户（189 人），约 4240 斤"，"发放救济款 414 户（1018 人），共发了 18566250 元"。此外，还发放了 162 户"棉衣 153 套，价值 7675000 元"②。可以看出，全年救济户增多的时间多数集中在冬季，概因冬季寒冷不易谋生。

3. 对城市贫困调查发现的问题

中国人民救济总会及各地分会经过调查发现，由于国家社会经济尚未恢复，又有小范围的自然灾害不断发生，故城市中的贫困、失业等问题往往无法彻底解决，救济分会和政府给予的临时救济虽然解决了一时之困，但却无法彻底改变贫民的生活。

在城市中，很多生活贫困无法维持的贫困家庭和个体，不断地有人选择自杀的道路。1950 年北京在"7、8 月份调查城区 7 个区因生活困难而自杀的有 13 件"③，1952 年 11 月，内务部在发给北京市民政局的函件中称："你市二区石板房四号市民张某某，因生活贫困于本月六日晚自杀遇救。我部闻讯当即派人前往调查，据悉：张某某五十一岁，住京二十余年，系独身汉。过去旧警察，解放后被留用，但因 1950 年犯错误，被开除而失业。长期无生活来源，衣服、家具等变卖一空。九月份经区政府救济三万元，仅维持了二十余天，张某某虽已办理了失业登记，但对就业信心不大，国庆节后又断炊，

---

① 《第一区人民政府民政科 1951 年社会救济福利工作总结》，北京市东城区档案馆藏，档案号：11—7—13。
② 《第一区人民政府民政科 1951 年社会救济福利工作总结》，北京市东城区档案馆藏，档案号：11—7—13。
③ 《北京市贫民救济办法》，北京市档案馆藏，档案号：196—2—215。

乃自杀。"①据此,内务部派中国人民救济总会北京分会的工作人员前往调查。根据北京市"市民的贫困自杀事件,几年来迄未断绝"的情况来看,虽然有中国人民救济总会各地分会、地方民政局、街道委员会或居委会等单位关注贫困民众的生活,但百密一疏,总有政策难以落实、制度不够完善之处,这在其他地区的贫困救济工作中也有体现。

1952年11月,天津市救济分会对该市贫困救济情况开展调查,也发现了较多的问题。首先,缺乏专门的干部去负责管理社会救济工作。"一般区干部对于社会救济政策的领会和贯彻是很差的",多数区长期没有"专做救济工作的干部;区以下没有专门的组织,工作上完全依靠派出所去做,但派出所任务繁重,对救济工作,只不过是协助性质","有一个区自1951年5月至今年8月,救济工作没有在区务会议上作过一次专门的研究。有的派出所不知道要搞救济,有一个派出所所长还不知对贫民可予救济"②。因此,救济面弄得过窄,应该救济而得不到救济的现象很多。

很多从事民政及救济业务的干部并没有掌握党和政府的救济政策,在贫民救济中往往救济失误,不该救济的给发放救济金,而符合救济条件的却常被忽略。1950年,天津市有四个派出所调查显示:"共救济贫民116户,其中不应救济而救济的4户,应救济而未得救济的则有36户。"③有的为"省钱"而不顾政策;有的在执行这个任务时,怕群众知道;有的说"只要有劳动力,一概不救,就是饿死也不管,如果救了,我们要受批评";有的说"三两天吃不上饭的很多,我们也知道,就是不能救,如果救,就太多了";有的说"救济工作如果叫群众知道,我们派出所的大门,几天就会被群众踢破了"④。正是由于民政干部没有掌握及贯彻党和政府的社会救济政策,所以天津市的贫困救济工作一度产生了严重的问题。如:"贫民于某某,依靠卖青酱为生,因生意萧条,每月收入不能维持生活,便上吊自杀,幸被急救未

---

① 《中央人民政府内务部关于对北京市第二区市民张某某自杀事件的批复的通报》,《救济工作通讯》第32期,1952年11月7日。

② 《天津市关于社会救济政策执行情况的检查报告摘要》,《救济工作通讯》第32期,1952年11月7日。

③ 《天津市关于社会救济政策执行情况的检查报告摘要》,《救济工作通讯》第32期,1952年11月7日。

④ 《天津市关于社会救济政策执行情况的检查报告摘要》,《救济工作通讯》第32期,1952年11月7日。

死。"①经派出所立即介绍他到区要求救济，而区民政科认为"他有劳动力"有"哥哥帮助"（实际已分居，并未给他帮助）仍未予以救济。再如："贫民李某某，原在戏院当茶房，后转为小工，五反时，无工可做，无法生活，夫妻二人哭哭啼啼要离婚。区调节科以为，不批准离，若小孩饿死免不了要负责任，就批准了。离婚后，女的把生下来才十八天的小孩给了人，带自己两个较大的孩子回娘家住，后又把一个小女孩送给人。三个月后，李某某又找到职业而复婚，结果两个孩子没有了。"②可以看出，在贫困救济工作中，详细地调查各种贫困情况，了解掌握贫困情况，均是开展社会救济工作的必要基础。

新中国初期，在社会秩序尚未巩固的情况下，要开展广泛的贫困筛查和救济工作，确实存在着很多问题，如对救济对象的家庭背景的了解、家庭经济收入的动态变化情况等等。如何能够将本不富裕的救济物资精准地发放给最需要的贫民，这可谓是一项"技术活"，需要将社会调查、经济核查、事后审查等几项工作结合在一起才能较好地完成。

（二）贫困救济标准

贫困救济的标准是根据国家的基本救济思想与政策来制定的。新中国初期，社会上有数以千百万计的人遭受着贫困、饥饿、失业和死亡的威胁。经过详细调查，党和政府对包括"武汉、广州、长沙、西安、天津等 14 个城市在解放后一年多的时间里，就紧急救济了 100 多万人"③。这充分地说明了共产党关心广大人民的疾苦，这样大规模的社会救济，也极大地鼓励和激发了广大人民群众对新社会的信赖和热爱，有的人怀着无比感激的心情说："共产党雪中送炭，比爹娘还亲。"④当时，国家确立的社会救济政策是"在自力更生的原则下，动员和组织人民实行劳动互助，实行自救、自助、助人"。1954 年以后，社会救济的方针修改为"生产自救，群众互助，辅之以政府必要的救济"⑤。在有限的条件下，利用政府有限的资金来实施对贫民的

---

① 《天津市关于社会救济政策执行情况的检查报告摘要》，《救济工作通讯》第 32 期，1952 年11 月 7 日。
② 《天津市关于社会救济政策执行情况的检查报告摘要》，《救济工作通讯》第 32 期，1952 年11 月 7 日。
③ 《当代中国的民政》编辑委员会编：《当代中国的民政》（上），当代中国出版社 2009 年版，第 60 页。
④ 《当代中国的民政》编辑委员会编：《当代中国的民政》（上），当代中国出版社 1994 年版，第 60 页。
⑤ 民政部人事教育司编：《救灾与社会救济工作》，中国社会出版社 1996 年版，第 132 页。

积极救济,虽然救济数量及救济水平还相对较低,但这是与当时社会经济与国家财政状况等客观条件分不开的。

根据生产自救的原则,国家对贫困社会成员的救济不仅仅帮助贫民解决生活困难问题,还要"扶助劳动能力弱的贫困户自力更生,发展生产"①。因此,这一时期城市贫民的救济方式更加侧重扶助生产,而单纯救济(定期)不但享受救济的人数少,而且救济的标准也较低。以1951年北京市制定颁布的《北京市贫民救济方案》为例来看城市贫困人员定期救济的标准:

> 对于老弱残废、鳏寡孤独不能维持自己日常生活者,予以收养(郊区一般不收养),其有亲友照顾或者能够自理生活者,每人每月补助二万五千元至三万元。
>
> 对于无法谋生的极贫户,如捡煤核者或其他劳苦终日不能维持最低生活者,每人每月补助一万五千元至二万元。
>
> 对于无正常收入或人口众多,难以维持生活的次贫户予以一次性救济,每人一万至二万元;家中五口人以上者救济八万至十五万元,如冬季缺少棉衣、煤火者予以补助。
>
> 对于虽有劳动力,因人口众多不能维持全家生活者,主要包括劳苦市民,小商贩小手工业者及郊区贫苦农民,按照生产自救的原则,给以适当补助,扶助其生产,以解决其生活问题。
>
> 反革命分子之家属生活确实困难者,酌情予以救济,其救济的标准应低于一般市民。
>
> 被遗弃之婴儿,应首先查出遗弃者带回抚养,如家庭确实困难,按其贫困程度给以三万元至六万元的补助。无法追查者可在群众中找缺少子女者收养,如确系无人收养时可送回慈善机构抚养,如患严重疾病者,应先送医院免费治疗。同时,"无论本市或外籍之贫苦市民,自愿去西北从事农垦者,由政府设法遣送之"。②

可见,贫困救济的目的仍然是以实现被救济人参加生产、不依赖政府救济为准,更加注重"教"而非"养"。针对部分基层民政人员对救济情况的掌握尚不够严谨,有些地方出现了救济面过宽的问题,各地救济分会、民政部门发动和组织街道与居民委员会的积极分子,深入救济户调查了解,摸清情

---

① 民政部人事教育司编:《救灾与社会救济工作》,中国社会出版社1996年版,第132页。
② 《北京市贫民救济方案》,北京市东城区档案馆藏,档案号:11—7—6。

况。在此基础上采取领导掌握与群众评议相结合的办法，确定救济对象、救济标准、救济时间。为保证救济对象的生活，防止救济对象有了生活收入仍享受社会救济的现象，各地救济分会还认真做好复查工作。对孤老残幼等情况变化不大的救济对象，三个月进行一次复查；对有劳动能力、生产生活不固定，经常发生变化的救济对象，一个半月左右进行一次复查。由于各地民政部门业务指导思想明确，工作深入扎实，方法得当，纠正了救济面过宽的倾向，及时准确地救济了社会贫困户。①

新中国初期，由于城市社会救济工作开展的时间不长，积累的经验不多，部分规章尚未健全，各地在发放救济款时没有统一的标准，有时数额也把握不准。各地救济分会进行救济工作调查时就发现，很多地方出现了不该救济而救济、不该补助而补助的情况。针对这些情况，救济总会和分会在大量调查研究的基础上，与内务部协商提出了全国城市救济标准，并在1953 年召开的第三次全国城市社会救济工作会议上公布。这一标准的具体内容是：以户为单位，按人口递增。大城市每户每月一般不超过 5—12元；中小城市每户每月一般不超过 3—9 元。有些物价与群众生活水平低的大城市和物价与群众生活水平高的小城市，以及人口特别多劳力特别少的救济户，可按实际情况确定。此后，各地都按规定发放救济款，基本上克服了救济款数额掌握不当的现象。

随着国家经济建设的恢复与发展，全国统一的城市社会救济标准逐渐与实际需要不相适应，暴露了简单机械地按城市大小划分救济标准的不合理性。为此，根据中国人民救济总会的种种调查资料，1956 年，内务部颁布《关于调整城市困难户救济标准的通知》。这次吸取了 1953 年的经验教训，不再规定统一的救济标准，而是提出了城市困难户的救济标准应当以能够维持贫民的基本生活为原则。各地民政部门结合当地具体情况，从解决困难户的实际需要和国家财力情况出发，划分出几种不同类型，按类调整救济标准。

总体来说，这一时期国家对城市贫困户的物质帮助是较多的，基本保障了贫困户的日常生活，没有出现冻死或饿死人的现象。据不完全统计，从1953 — 1957 年国家共支出城市社会救济经费 1 亿多元，救济了 1000 多万人。② 在此项工作中，中国人民救济总会参与的社会救济工作始终以调查

---

① 《当代中国的民政》编辑委员会编：《当代中国的民政》（上），当代中国出版社 2009 年版，第 60 页。

② 《当代中国的民政》编辑委员会编：《当代中国的民政》（上），，当代中国出版社 2009 年版，第 62 页。

研究为重要的工作方法,坚持群众路线,为社会救济的广泛开展做出了较好的成绩。

　　而且,在贫困救济工作中,民政部门与救济机关不是"孤立的去搞一套",而是"在群众已有的生产组织基础上进行"。① 例如,各地有的企业部门、合作社组织的加工工厂,妇联组织的妇女生产小组等等,都可充分利用起来,予以指导帮助,解决困难,使其得以发展。贫民救济工作是"巨大而复杂"的,民政部门与救济团体应主动地与有关部门联系,取得各方面的配合才能做好工作。例如:"北京市税务局对于救济性质的生产,均给以免税或减税的照顾;哈尔滨进行救济时由区负责与合作社建立关系,发放粮票,到合作社取粮,这样做可以避免浪费;旅大市对贫民救济工作与公安、劳动、工商、合作社等部门共同研究解决,能就业者由劳动部门帮助就业;能生产者由工商部门、合作社帮助组织生产;这些做法都是很好的。"②究其根本,贫民的生活困难,是各方面都困难,单靠发一点救济粮,而不能取得其他方面的帮助,仍不能解决问题。救济贫民生活,不能只做表面工作,而要从救济工作的深处去挖掘致贫原因,思考解决的根本办法,才能真正达到救治贫困的功效。

---

① 《再谈加强城市贫民救济工作(评论)》,《救济工作通讯》第 34 期,1953 年 1 月 10 日。

② 《再谈加强城市贫民救济工作(评论)》,《救济工作通讯》第 34 期,1953 年 1 月 10 日。

第三章　鼎新革故：中国人民救济
　　　　总会的福利职能

　　中国人民救济总会的一项重要职能是对社会福利事业的规划与建设。新中国初期，社会救济与社会福利事业一度被结合在一起，统称"救济福利事业"，其主要任务是尽快解决"旧社会遗留下来的大量流离失所、无依无靠、饥寒交迫的鳏寡孤独及残疾者的收容安置问题"①。严重的失业、游民、贫民、灾民等社会问题并非区域情况，而是全国各地均面临的普遍情况。根据统计，"烈属、军属、残废军人、复员军人、灾民、贫民、游民等"②，需要救济的人数量较大，情况又复杂，单纯救济需要政府投入巨大的财力、物力，而如能将这些人组织起来，变"救济"为"生产"，则不但解决了社会问题，也缓解了政府的财政压力。因此，从这一视角出发，中国人民救济总会的福利职能是与救济工作分不开的。

一、"团结改造"：社会救济福利体系的重建③

　　社会救济福利团体，也称民间慈善团体，在 1949—1954 年间的官方档案文件中一般被称作"社会救济福利团体"④，在民国时期则被认为是"专门为济贫、救灾、养老、恤孤及其他以救济事业为目的的团体"⑤。中国各地除了官方主持并直接管理的地方救济院系统之外，还有很多中国传统地方社会团体所组办的善会、善堂、育婴堂、恤孤所、养老院等机构，以及近代以来出现的引入现代西方管理模式的专业化慈善组织，例如中华慈善团、中华慈幼协会、华洋义赈会，以及部分国际性质的组织团体如联合国善后救济总署、联合国国际儿童急救基金会等。这些组织都属于慈善组织的范畴。近

---

①　《当代中国的民政》编辑委员会编：《当代中国的民政》（下），当代中国出版社 2009 年版，第 169 页。

②　《民政工作也要以生产为中心》，《人民日报》1958 年 6 月 30 日。

③　本小节已经作为课题研究阶段性成果发表，参见李小尉：《一九四九年至一九五六年国家政权与民间慈善组织的关系解析》，《中共党史研究》2012 年第 9 期。

④　伍云甫：《关于旧有社会救济福利团体的团结改造问题》，北京市档案馆藏，档案号：196—2—13。

⑤　徐百齐编：《中华民国法规大全》第一册，商务印书馆 1937 年版，第 889—890 页。

代以来,在国家处于内忧外患的复杂形势下,慈善组织凭借其特殊的慈善救济功能,在中国社会这段特殊的转型期发挥了重要的社会"稳定器"作用。

根据笔者研究,中华人民共和国初期党和政府对当时现存的民间慈善团体一度采取"不承认、不取缔"的处理态度,这一处理态度在各个城市接管时期留存的档案文献中可以清晰得见。例如,北京城市解放之后,市人民政府民政局立即组织成立第一调查组,专门负责调查北京市慈善团体现状,并保存了详细的调查慈善团体报告。在报告中,调查人员详细阐述了对慈善组织暂时秉承的"不承认、不取缔"的办法。据悉,在新解放的城市中,"面对蒋匪政府与国际性救济机关协议设立的办事机构,不管其为官方的还是非官方的,一律采取不予承认的政策",即暂时采取"不承认、不取缔"的处理办法。① 比较之下,同样身为慈善团体的汇聚城市——上海,其多数慈善团体也为"未获政府登记通知"或"等待政府批示"②而忧心忡忡。可以看出,"不承认、不取缔"的处理方式,是各大城市处理慈善团体的普遍办法。③

1949 年,中国社会的历史翻开了新的一页。政权初建,百废待兴,各种事情千头万绪,而有效地推行社会救济工作则是千头万绪之重要头绪,是稳定社会秩序甚至稳定政权的重要工作。显然,具有丰富救济工作基础与经验的民间慈善团体,在此时推行社会救济、安定社会秩序的工作方面,尚能发挥余力。

在资金方面,1949 年 12 月,中央人民政府决定发行人民胜利折实公债,上海慈善团体联合会(成立于 1927 年)立即"响应人民政府推销胜利公债,于十月间集合本市慈善团体,组织上海市推销胜利折实公债慈善团体支会,并承销公债 15040 份"④。解放之后,很多慈善团体纷纷捐献房产与田地,在经济上为新政权的顺利建立提供资源。创建于 1912 年的上海闸北慈善团就将下属房产"原有旧式洋房(即惠儿院原址)上下九间,交由闸北区政府使用","前育婴堂楼房上下五幢二厢房除由本团自用一部分办公外,现由卫生局诊疗站使用","附属本团之霄云坛楼房上下五间,楼下大部分

① 《关于调查本市慈善团体(国际性慈善救济机关)情况的报告》,北京市档案馆藏,档案号:196—2—189。
② 《救济福利团体调查表》,上海市档案馆藏,档案号:B168—1—796—1。
③ 李小尉:《一九四九年至一九五六年国家政权与民间慈善组织的关系解析》,《中共党史研究》2012 年第 9 期。
④ 《救济福利团体调查表》,上海市档案馆藏,档案号:B168—1—796—1。

由闸北区政府使用"。① 成立于 1942 年的上海德本善堂,将自身储备的大
米、棉衣等物资交给上海市救济分会,1950 年"交冬令救济会大米七十石,
棉衣三百五十套,大小旧衣服四百六十件;并担任政府办理难民收容所妇产
分娩费用"②。

在救济工作方面,上海沪东理教普元堂施材会在 1950 年 1 月 13 日至 4
月 7 日间,接"上海市冬令救济委员会委托,代煮难民施粥",随后,4 月 20
日又由"上海市生产救灾委员会继续委托办理难民施粥工作",并于 5 月 30
日结束。沪东理教普元堂施材会"共给难民施粥 202439 人份,消耗食米
65503 斤,用煤 17707 斤,木柴 28125 斤……"③世界红卍字会上海市分会,
在民国时期也是影响较大的私立慈善团体,解放后该会主动"配合民政局
及防空处服务救护空袭被炸死伤民众工作,及办理临时救济工作,配合卫生
局服务防疫性注射工作,响应政府折实公债,参加生产救灾会,协助工作并
代收救济物资,捐助同仁辅元堂施材费,参加 1949 年至 1950 年的冬令救济
会……"此外,该会还持续办理"上海医院、卍慈中学、卍慈第一、第二、第
三、第四小学,以及救护队、图书馆"等慈善业务。④

可见,在推行社会救济的工作中,党和政府仍然需要借助具有丰富救济
经验的民间慈善团体之力量。

(一) 团结改造的主旋律

"对于活跃在各种救济领域中的慈善团体,党和政府还无法在短时间
内鉴别出这些组织的成立背景、宗教信仰、资金来源、慈善业务等等实际情
况。毕竟,民国时期延续下来的很多慈善团体良莠不齐,必须加以反复甄
审,才能既不影响真正的慈善组织与慈善救济工作,又对少数打着慈善旗号
的反动组织进行有效地过滤。"⑤因此,中国人民救济总会成立以后,很快就
肩负起团结改造民间慈善团体的工作。

怎样才能将"旧有救济福利团体"团结起来?怎样才能让这些救济福
利团体接受地方救济分会的统一领导,与新政权共同为建设党和政府的社
会救济福利体系而服务? 这成为中国人民救济总会在整顿救济团体工作中

---

① 《救济福利团体调查表》,上海市档案馆藏,档案号:B168—1—796—1。
② 《救济福利团体调查表》,上海市档案馆藏,档案号:B168—1—796—1。
③ 《救济福利团体调查表》,上海市档案馆藏,档案号:B168—1—796—1。
④ 《救济福利团体调查表》,上海市档案馆藏,档案号:B168—1—796—1。
⑤ 李小尉:《一九四九年至一九五六年国家政权与民间慈善组织的关系解析》,《中共党史研
究》2012 年第 9 期。

所要考虑的重点。经过详细全面的调查工作之后发现,由于各地的救济慈善组织现状不一,分布不均,情况复杂,因此,不可能步骤一致地进行调整工作。而上海在此期间则由于结合地方特色推出了"探索新政权与地方慈善组织的关系"的典型方法,形成了颇具地方特色的"上海模式"而备受推崇。"上海市采取的办法是在不影响慈善组织的独立性的前提下,由中国人民救济总会上海市救济分会组织成立具有协商性质的各种专门委员会,如妇婴工作委员会、儿童工作委员会、一般救济团体工作委员会等等。这些委员会的委员是聘请的,多数是上海慈善界中各个重要慈善团体的负责人。上海市救济分会通过这些委员会来联系和领导上海的各个慈善团体,有事共同协商,分工合作。"①

无疑,"上海模式"是根据上海现存的慈善团体状况而推演出来的具有地方特色的模式。上海原有的慈善团体最多,不但有很多本地的善会善团及地方同乡互助组织,且很多慈善团体具有涉外背景,有的接受外资资助,有的与外国慈善团体有业务往来等等,国际影响颇大。因此,妥善处理地方政府与众多慈善团体的关系,甚至成为国际瞩目之事。"上海模式"不但对现存的慈善团体采取"团结改造"方针,还在慈善团体的"组织形式上也不强求一律",灵活处理,以"使它们起积极作用为原则"。② 这些措施充分彰显了"凡对人民有好处的,要鼓励其发展,使其主动地、积极地、毫无保留地贡献出一切的人力、物力和财力,为人民大众服务;同时,要加强领导,以求达到救济福利事业工作方针的统一,以及工作计划与人力、物力、财力的有机配合"③的指导思想。或因这一时期"上海模式"所呈现出的良好效果,很多这种改造方式被作为"在多数城市都是比较适宜的"④慈善事业的改造模式而加以推广。

(二)培养民政救济干部

与此同时,对民政干部、救济队伍的干部培训与政治学习也紧锣密鼓地开展起来,毕竟,要想顺利完成对旧慈善团体的改造,建立崭新的、"人民大

---

① 李小尉:《一九四九年至一九五六年国家政权与民间慈善组织的关系解析》,《中共党史研究》2012 年第 9 期。

② 《关于调查本市慈善团体(国际性慈善救济机关)情况的报告》,北京市档案馆藏,档案号:196—2—189。

③ 《关于调查本市慈善团体(国际性慈善救济机关)情况的报告》,北京市档案馆藏,档案号:196—2—189。

④ 《关于调查本市慈善团体(国际性慈善救济机关)情况的报告》,北京市档案馆藏,档案号:196—2—189。

众的"救济工作队伍,掌握党和政府的救济政策、拥有丰富的救济工作经验的干部队伍,是必不可缺的。因此,自中国人民救济总会成立伊始,培养救济队伍中的政治思想性强、对党忠贞的干部队伍就成为总会的重要工作之一。

在民政救济干部的培训工作中,政治学习被作为重点内容加以推广。中国人民救济总会杭州市分会自成立以后,就把政治学习作为杭州市各救济福利单位的主要任务,力图通过政治学习达到整理改造原有救济福利机构之目的。至 1950 年 12 月中旬,该分会"已组织了佛教协会,基督教协进会,外地同乡会联整会,儿童保育机构,救济丧葬机构五个中心小组,及该机构等所属单位三十三个学习小组,参加学习的有 370 余人"[1]。政治学习的第一阶段是以董必武副总理《新中国的救济福利事业》的报告为中心内容。通过学习杭州市的救济福利工作者"基本已认清了新中国救济福利事业的新方针与新任务,认识了在新的方针下救济福利事业发展的途径,并且初步的对原有救福事业的整理改造取得了一致的看法"[2]。同时,杭州市救济分会还召集了分会执监委员及各支会负责人举行时事座谈会,会上各代表发言均"对美帝侵犯我国领空,威胁我国领土安全等罪恶行为表示极端愤怒。座谈会并通过了中国人民救济总会杭州市分会拥护《各民主党派联合宣言》的声明,坚决表示杭州救济福利界人士抗美援朝的决心和意志"[3]。可见,将政治形势作为干部政治学习的重要内容,对凝聚众人思想,统一认识,支持党和政府的大政方针,均有帮助。

救济福利工作方面的业务交流学习,也是干部培训的重要内容。中国人民救济总会西安市分会于 1951 年 2 月 17 日决定组织成立学习委员会,领导该市各救济福利、宗教团体进行学习。从各团体选调干部,进行集体的学习班短期训练,然后干部回去推动各该团体的学习。第一期的干部学习班成员主要从"红十字会、红卍字会、防痨协会、天主教、基督教、子宜育幼院、人民育幼院、敬业托儿所、广仁医院、广仁寺、卧龙寺、八仙宫、罔极寺、佛化社、济生会、普济会和文教会等团体中,选调在行政上负相当责任,有阅读

①　王耘:《杭州分会组织各救福机构学习召集时事座谈会发表拥护联合宣言声明》,《救济工作通讯》第 11 期,1950 年 12 月 19 日。
②　王耘:《杭州分会组织各救福机构学习召集时事座谈会发表拥护联合宣言声明》,《救济工作通讯》第 11 期,1950 年 12 月 19 日。
③　王耘:《杭州分会组织各救福机构学习 召集时事座谈会发表拥护联合宣言声明》,《救济工作通讯》第 11 期,1950 年 12 月 19 日。

及笔记能力,并能积极学习起带领作用的人员共三十余名"①。干部学习的中心内容主要为部分重点文件,包括:(1)毛主席的《改造我们的学习》;(2)美帝侵华史;(3)人民日报社论《进一步开展反帝爱国运动》及《在伟大爱国旗帜下巩固我们的伟大祖国》;(4)董必武副总理《新中国的救济福利事业》;(5)救总驳斥奥斯汀无耻谰言声明;(6)郭沫若副总理《关于处理接受美国津贴的文化教育救济机关及宗教团体的方针的决定》等。学习方法采取个人阅读与集体讨论,理论与实际结合的原则。在"学习中侧重引起干部们的学习热情,端正学习态度;兼作启发及专题报告,指导阅读;印发讨论提纲,组织讨论,最后总结。并且,拟在学习中进行一些业余活动,如出黑板报、结合学习观看电影,以及参观救济福利机关等"②。

显然,建设一支政治坚定、业务熟练的干部队伍,是建设社会救济事业的必备条件。中国人民救济总会要想顺利完成对旧慈善机构的改造,完成新救济体系的建设,首先要配备一支"人民大众的"救济事业干部队伍,这些救济领域的干部能够准确掌握党和政府的社会救济政策,能够在救济工作中严格把握、准确区分救济的标准与救济的尺度。因此,对救济领域干部队伍的培训与建设,经过在理论上的教育与学习,结合救济实践工作中的分析与总结,中国人民救济总会及各地分会初步培养出一支政治思想坚定、对救济工作积极的干部队伍。

(三) 处理接受美国津贴的救济机关及宗教团体

1950年12月,中央人民政府政务院通过了郭沫若提交的《关于处理接受美国津贴的文化教育救济机关及宗教团体的方针的决定》,号召"政府应计划并协助人民使现有接受美国津贴的文化教育救济机关和宗教团体实行完全自办",在全国的慈善领域掀起了对"旧有救济福利团体"进行整合与改造的高峰期。

根据史料整理统计:

　　影响较大的国际性的慈善团体,由中国人民救济总会负责接收财产,结束业务。1950年12月统计,解放以来延续下来的国际慈善团体共9个,其中基督教世界服务委员会中国分会、全国天主教福利委员

① 《救总西安市分会举办学习会计划》,《救济工作通讯》第15、16期合刊,1951年2月28日。
② 《救总西安市分会举办学习会计划》,《救济工作通讯》第15、16期合刊,1951年2月28日。

会、基督教门诺会互助促进社、美华儿童福利会华北区办事处、中华慈幼协会及全国学生救济委员会六个团体,1951 年全部并由中国人民救济总会负责接收,转为他用。公谊服务会于 1951 年 8 月 29 日宣布自行关闭,并将财产移交民政机关予以代管。中华麻风协会和中国盲民福利协会,1951 年由中国人民救济总会接收并进行合并改组。①

各地城市中接受外国津贴的或外资经营的慈善组织,则由民政局与当地救济分会联合接收。以北京为例,截止到 1951 年 3 月底,北京市民政局与救济分会已经先后接收了有外国津贴资助的慈善机构 16 个,包括由美国经营的 3 个(迦南孤儿院、大常育幼院、甘雨胡同养老院);受美国津贴的 3 个(北京育婴堂、香山慈幼院、华北协会养老院);法国经营的 4 个(宠爱堂孤儿院、仁慈堂孤儿院、万乐安老育幼院、东堂养老院);荷兰经营的 1 个(怀仁分诊所孤儿收容部);英国经营的 3 个(救世军培贞院、救世军培德院、启明瞽目院);意大利经营的 1 个(母佑儿童工艺院);经济来源不明者 1 个(守经育幼院),总计收容儿童 2524 人,老弱人员 145 人。②

1951 年上海市总计处理了接受美国津贴、外国津贴的慈善机构与团体 46 个。有些慈善机构在 1951 年由上海市救济分会接管,如新心堂、爱育堂、一心教养院、基督教门诺会儿童工学团、上海市儿童教养所、上海慈幼教养院、基督教布道会儿童乐园、上海怀幼院等;有的被上海市救济分会合并改组,如若瑟孤儿院;有的被协助关闭,如上海儿童行为指导所、仁善育婴堂等;有的被接管后转交其他单位,例如伯特利孤儿第一院、伯特利孤儿第二院分别被接管后转交上海市教育局办理,基督教世界服务委员会下属的托儿所及闸北儿童福利站,均由上海市救济分会接管后转交中国福利基金会办理。③

对于国内规模较大的慈善组织,如世界红卍字会中华总会,该组织在全国各地的分、支会有三百余处,尚与总会保持联系的有一百余处。由于世界红卍字会发源于道院组织,宣扬“五教合一”等迷信思想,并且,解放以后“有些分、支会实际已陷于停顿,只有诵经打坐等迷信活

---

① 伍云甫:《关于旧有社会救济福利团体的团结改造问题》,北京市档案馆藏,档案号:196—2—13;李小尉:《一九四九年至一九五六年国家政权与民间慈善组织的关系解析》,《中共党史研究》2012 年第 9 期。

② 北京市地方志编纂委员会编:《北京志·政务卷·民政志》,北京出版社 2003 年版,第 299 页。

③ 《美津、外津登记机构处理情况》,上海市档案馆藏,档案号:B168—1—84—43。

动,靠寄存祖先牌位收香火钱勉强维持",①因此,最终该组织被作为封建迷信团体而被取缔关闭,其所办的慈善事业,由中国人民救济总会负责接收。对于规模较小的慈善团体,例如分散在全国各地的地方善会、善堂,以及地方同乡会和会馆等,这类组织多办理过临时性的慈善业务,如施棺、施药、施茶、掩埋等,也有兼办小学校和中西诊所的。这类团体属于"封建色彩较为浓厚,所办业务多是消极的临时性质的",虽然它们"在社会上仍有一些作用",②但是由于不适合新政权的需要,多数被陆续取缔关闭。有些团体被并入上海市第一残老院,如湖北同乡会、湖北会馆、义济善会、延绪山庄、江阴会馆、江淮同乡会等组织;四明公所于 1952 年并入上海市第六残老院,后改为残老管教所;上海慈善团、普善山庄于 1954 年转办为殡葬服务站,后 1956 年机构撤销并入殡葬管理所;公济善堂、广肇公所、南海同乡会、中山同乡会、番禺同乡会、粤侨商业联合会等团体于 1954 年由民政局接管,转成上海贫民医院。③

从 1950 年 12 月至 1956 年底,全国各地的慈善团体由中国人民救济总会根据"关、停、并、转"的原则,或关闭停办,或由国家接办合并,或转为其他机构。作为政府领导下的群众性救济组织——中国人民救济总会高效、全面地领导了对慈善团体的改造,这一工作有力地整合了社会救济力量,重新分配了社会救济资源。

二、"锻造新人":城市游民的救济改造

新中国初期,由于社会救济福利事业刚刚开始建立,关于社会救济与福利的法律法规尚未制定,而救济福利单位的规范化管理、工作人员对于福利事业的正确认识也尚未形成,因此,城市社会福利单位在实际工作中,基本的设想是把城市所有贫民、游民等一下子包下来,都施以救济。无疑,这种工作思路暴露出很多问题:

首先,对社会救济福利对象和改造对象未加以明确区分。为了尽快稳

---

① 伍云甫:《关于旧有社会救济福利团体的团结改造问题》,北京市档案馆藏,档案号:196—2—13。
② 伍云甫:《关于旧有社会救济福利团体的团结改造问题》,北京市档案馆藏,档案号:196—2—13。
③ 《救济分会联络组所处理的公益团体材料(1952—1955)》,上海市档案馆藏,档案号:B168—1—84—35;李小尉:《一九四九年至一九五六年国家政权与民间慈善组织的关系解析》,《中共党史研究》2012 年第 9 期。

定城市社会秩序,各大城市均迅速建立了很多生产教养院,用于临时收容游民、乞丐以及难民、贫民等群体。最初的收容工作缺乏制度法规的约束,收容的秩序较为混乱,被收容人员来源复杂,无论是地主恶霸、敌伪特务、反革命分子、流民、小偷,还是失业人员、灾民、难民均有收容。不分情况的广泛收容不可避免地会造成管理上的混乱,不但无法形成规范有序的收容改造,而且产生很多违法乱纪现象,甚至造成不良的社会影响。因此,为了改变这种状况,在1951年内务部在北京召开的第二次全国民政会议上提出,在城市中,对"无依无靠、无法维持生活的残老孤幼和贫民以及游民等,应根据必要和可能,按其有无劳动力分别予以教养、救济或劳动改造,对一切有劳动能力的人,应设法使其在城市或去农村参加劳动,使其能自食其力。必须纠正那些想把城市所有贫民、游民等一下子包下来,都施以救济的错误观点"①。

其次,由于收容的时候缺乏细致的甄别,很多生产教养院均存在强制收容的情况,这导致被收容人屡收屡逃,甚至有被反复收容的情况发生。例如,1952年统计"北京市救济分会劳动教育所共收容334人……计有游民、乞丐、小偷163人,伪军警34人,反革命家属、刑事犯家属3人。其中35人是因偷窃教育后送往宁夏移民生产又跑回来的,有10人是收容后逃跑,逃跑后又被收容的,最多前后跑了8次"②。分析产生问题的原因,大致有以下几种:

(1)大多数为游民。很多被收容者都是没有工作、没有收入、无法用正当手段谋生的人,如乞丐、游民、小偷等。他们在旧社会中,原也是流落城市中的边缘群体。中华人民共和国成立以后,为了整肃社会环境,打击反对分子,在对城市流动人口进行严格控制的情况下,这些城市游民必然要被收容处理。

(2)游离于新的政治环境之外的部分群体。北京解放以后,随着接收城市管理的进行,对旧人员、旧官吏也进行了一轮筛选。由此,才有"伪军警34人,反革命家属、刑事犯家属3人"等,都沦为新收容群体。③

再次,由于部分收容机关包吃包住,为收容人员提供的条件优良,导致有不少人虽然有家可归、生活并不困难,但也愿意在收容所不走。例如,"刘某某系河北武清县人,家有土地和房屋,都租给别人,自己却在劳动教

---

① 国务院法制办公室编:《中华人民共和国法规汇编(1953—1955)》第二卷,中国法制出版社2005年版,第162页。
② 《市救济分会劳动教育所部分收容人员经常捣乱》,北京市档案馆藏,档案号:14—2—88。
③ 《市救济分会劳动教育所部分收容人员经常捣乱》,北京市档案馆藏,档案号:14—2—88。

育所不走……"①很多管理人员对收容政策理解不透彻,带有盲目收容的倾向,觉得只要是穷人,"原来受剥削、受压迫的贫苦大众,他们想进收容所就应该让他们进来"②,认为这也体现解放了,"穷人翻身当家作主人"的意味。有的收容单位"则对被收容者审查过于宽松,出现对贫民、游民实施盲目救济的现象,这种对游民、乞丐不加区别的收容,也在一定程度上助长了他们不劳而获、占国家小便宜的心理"③。

可以看出,政府举办的这些救济福利机构,并没有完全成为老弱病残或无劳动能力人员的福利单位,而是被很多人当成逃避劳动、逃避运动甚至逃避改造的特殊之地。这些情况,都从侧面体现了在新中国初期贫困救济思想的局限与救济法规的欠缺。不过,上述种种情况,在随后的中国人民救济总会领导下的收容教养机关的整顿工作中,陆续被清理杜绝,救济总会的福利职能逐渐在具体的工作中得到了进一步的明确。

(一) 城市游民的救济

何为游民?学界对游民的界定与理解有很多不同看法,归纳起来,游民主要包括失去土地无以为生的农民,失去工作无力维生的工人,散兵游勇,以及游手好闲之人,还有流落城市乞讨为生的乞丐等。中华人民共和国成立以后,通过对城市治理工作的分析和总结,对游民问题提出了独具特色的界定。1956年3月召开的全国城市游民改造工作会议上通过的《关于城市游民改造工作的方案》,正式提出了对游民的界定:

"游民是指:不愿从事劳动或者以不正当手段为生,危害社会秩序,又不够判刑条件的人。具体包括以下五类:一、流氓、赌徒和以偷、骗、乞食、卖淫等为生的分子;二、没有职业也不从事劳动,生活困难并有造谣生事等不正当行为的伪军、政、警、宪人员和流散在城市的地主阶级分子;三、因为行为恶劣被机关、部队、团体、企业、学校、厂矿开除清洗出来而没有职业,不从事劳动、生活困难、到处流浪的人员;四、刑事犯罪和五种反革命分子刑满被释放出来而没有职业、不从事劳动、生活困难、到处流浪的分子;五、其他因为有不良行为、经当地党政领导决定必须加以改造的分子。"④

---

① 《市救济分会劳动教育所部分收容人员经常捣乱》,北京市档案馆藏,档案号:14—2—88。
② 李小尉:《一九四九年至一九五六年国家政权与民间慈善组织的关系解析》,《中共党史研究》2012年第9期。
③ 李小尉:《一九四九年至一九五六年国家政权与民间慈善组织的关系解析》,《中共党史研究》2012年第9期。
④ 《关于进行本市游民改造工作的请示》,北京市档案馆藏,档案号:196—2—49。

这个概念界限范围很宽，只能说是"特定历史条件下的产物，并非科学的、客观的需要"①。

为了尽快恢复城市的经济生产与社会秩序，党和政府曾对各大城市游民分门别类地给予各种不同的救济。以上海为例，解放之初聚集在上海的除了各省难民外，还有小偷、惯匪、"黄牛"、乞丐、游方僧道、逃亡地主、流浪儿童等各类无业游民将近60万人。② 正因为这些游民成分复杂，所以中央政府制定了"根据国家建设需要与个人工作能力，全面地、积极地、分期分批予以改造和安置"③的政策，确立了"收容、教育、改造、使用"的救济步骤。

收容救济，往往是首要环节，最初的收容救济工作时有偏差。一方面，收容显得颇受欢迎，例如，在北京冬季寒冷，收容人员内部流传的打油诗颇能说明问题："一九、二九怀中插手，三九、四九奔回所里头，五九、六九棉衣到手，春打六九头，去他娘个球"；"冬天里无事城里游，习艺所里去栖存，等到棉衣发到手，春暖花开奔家走"。④ 收容机关一度成了部分城市游民躲避寒冬、混吃混喝的地方。另一方面，收容带有惩戒性质，管理人员也存在着明显的"宁有错收，不肯错放"的思想，⑤造成强制收容、长期收容无法解决的现实问题。例如，1952年调查上海市的妇女所、残老所、难民所里，共收容了3305人，大部分是灾区农民、城市游民，以及未被判刑的罪犯……有的人甚至已经被收容两年多了，纷纷反映"收容还没有坐牢好呢，坐牢是有期限的，在这里坐到什么时候才能出去？"⑥因此，对收容人员应该如何教育、改造并加以安置，成为下一步工作的重点。

（二）通过教育改造的"新人"

全国各地对收容人员均实行了强制教育，并辅以劳动改造。教育，不仅包括政治思想教育，还包括学习知识文化和劳动技术。例如，上海市救济分会在组织收容人员学习文化知识之余，常常结合实际生活中的事例，"以具体事实对收容人员进行政治教育，启发他们的阶级觉悟，如打预防针时，进

---

① 李小尉：《新中国建立初期的社会救助研究》，社会科学文献出版社2012年版，第271页。
② 庞松：《中华人民共和国史（1949—1956）》，人民出版社2010年版，第138页。
③ 中国社会科学院、中央档案馆编：《中华人民共和国经济档案资料选编·劳动工资和职工福利卷（1949—1952）》，中国社会科学出版社1994年版，第230页。
④ 《训练游民乞丐工作总结》，北京市档案馆藏，档案号：196—2—20。
⑤ 《上海市分会工作的视察报告》，《救济工作通讯》第33期，1952年11月。
⑥ 《上海市分会工作的视察报告》，《救济工作通讯》第33期，1952年11月。

行爱国主义防疫卫生教育,使贫民认识到美帝细菌战的罪恶及危害性;每次发给收容人员衣服及日用品时,即说明这是劳动人民创造出来的,只有在毛主席领导下的新社会,才能这样关心爱护贫民;当开展劳动教育时,由教导员带头劳动,传授劳动技术知识"①。

通过收容与教育,达到改造之目的,从而最终让他们转变为参与社会主义建设的"新人",成为对社会建设有用之人。1956 年,内务部正式提出:"要在三年内,本着改造与安置相结合的方针,采取集中安置改造和分散安置,由群众监督改造等方式,把被收容人员安排到劳动生产岗位上去,以便使他们在劳动生产中得到彻底改造。"②这标志着党的收容救济政策从制度上向"救济"政策的转型,即经过收容、教育、改造几个环节中的思想教育、技术学习与劳动改造,推动收容人员转变为劳动者,走上工作岗位,融入社会。很多收容人员经改造后投身于工农业生产,有的还成为劳动模范,很多市民也反映:"共产党真有办法,使流氓小偷也能变成好人。"③

对于近代以来一直困扰城市社会管理的乞丐治理问题,中国人民救济总会也积极参与治理。从 1949 年至 1956 年这短短的几年间,"通过采取收容处理、思想教育、劳动改造、移民生产等救济措施,不但帮助乞丐重新从事社会生产,融入社会,而且达到了根治乞丐的目的,对城市的乞丐问题进行了卓有成效的治理。这些对乞丐的救济与治理政策,体现了中国政府救济理念的时代性特征"④。

对各个城市流落街头不断行乞的游民或乞丐,北京、上海等大城市均由民政、公安两局负责组织当地财政局、工务局、卫生局、纠察队及各有关部门合作而成游民乞丐管理处,以便各个部门配合协调展开对城市游民乞丐的收容救济工作。例如:"公安局主要负责收容、集中、遣送、管理;民政局除了以安老所、育幼院、习艺所、妇女教养所等单位为基本收容单位外,还负责处理甄审与分配。卫生局、财政局、纠察队、法院各有主要负责的任务,以后即由各单位分别召开会议,进行布置工作。如公安局方面即召开各分局长开会,讨论步骤、方法,及在收容管理解送当中可能发生的问题及解决的办法等,以确保在收容当中不发生大的问题,尽量避免引起穷人的恐慌。"⑤

这一时期中国人民救济总会与地方民政局对乞丐的处理均采取"一面

---

① 《上海市分会工作的视察报告》,《救济工作通讯》第 33 期,1952 年 11 月。
② 《训练游民乞丐工作总结》,北京市档案馆藏,档案号:196—2—20。
③ 《训练游民乞丐工作总结》,北京市档案馆藏,档案号:196—2—20。
④ 李小尉:《新中国建立初期的社会救助研究》,社会科学文献出版社 2012 年版,第 272 页。
⑤ 《北京市公安局对于收入乞丐工作总结的意见》,北京市档案馆藏,档案号:196—2—191。

收容一面处理"的方针,将消除乞丐作为一个长期的社会改造与救济工作。对待乞丐采取多种处理方式:

　　1. 家在城市以外者动员其返乡生产,组织成队,遣送回籍,由沿途各县招待食宿(各县就军人招待所或俘虏招待所设临时粥厂,每人每日两餐每餐以十二两米报销,每日行程六十里),并派民兵率领转送至原籍县份,或其他制定安置地点,有劳动力者强制从事生产,无劳动力者交由其家人亲戚予以安置教养。

　　2. 查明为散兵游勇者,由纠察队迳送流散人员处理委员会处理。

　　3. 无家可归有劳动力之男子编成劳动大队送工务局参加劳动,劳动大队组织办法另定之,但以工代赈为原则。

　　4. 无家可归之老幼残废或妇女,送救济院之特设部门(如安老所、育幼所、妇女教育所)安置进行教育,参加适当劳动。

　　5. 无家可归之青年可以学习技艺者,施以较长期之技艺训练,使能有一技之长自谋生活。

　　6. 业经改造,有谋生能力者,可以准其自由就业,各市政府得予以就业之便利。

　　7. 家在本市内居住者,经短期教育后,交由其家人取保领回从事生产。

　　8. 职业乞丐及乞丐行业授徒者,严加管教,强制劳动。①

　　对游民乞丐的收容工作,侧重教育思想,努力树立他们"自食其力最光荣"的思想,教导他们养成劳动习惯,学习生产技能。对不同类型的乞丐给予收容改造、思想改造、劳动培训等不同的改造救济措施,帮助他们重新融入社会才是根本救济之道。政治思想教育对于乞丐游民的改造是更加重要的,经过系统的学习教育,很多乞丐不但一改过去好逸恶劳的寄生思想,而且,重新树立起生活的信心,成功地融入到社会主义建设中来。一般市民也反映:"这些人在人民政府领导下,都变成好人了,参加劳动生产。"②这些对乞丐的救济与安置措施,体现了新中国政府对他们的根本救济思想是帮助他们重新回归社会,自食其力地开始新生活。

　　新中国初期,在中国人民救济总会的积极参与下,中央与地方政府、地

---

① 《处理乞丐暂行办法》(草案),北京市档案馆藏,档案号:196—2—191。

② 《收容乞丐工作总结》,北京市档案馆藏,档案号:196—2—20。

方民政部门、公安部门共同配合,在短时间内彻底根治近代以来困扰城市社会的游民问题,这是中国人民救济总会积极探索安定社会、治理游民问题的重要成果。配合中央及地方政府,迅速完成整治城市游民、乞丐问题,稳定社会治安。可以看出,新中国初期的游民救济工作,也蕴含着改造育"新人"的朴素思想。正是由于中国共产党无数的基层工作者,不忘初心,在扶助贫困人员的工作中,不断调整思路,探索工作方法,才能够在短时间内彻底根治城市的游民问题,从而为整顿城市秩序、加强社会管理开辟了一条新途径。

三、"整顿规训":生产教养机构的管理

中国人民救济总会在接收、改造旧社会遗留下来的慈善团体和救济机构时,先后成立了各地方的生产教养院、劳动教育所或收容所等机构。虽然,在不同的时期,这种社会福利机构的名称有所变化,但其主要职能却基本没变,以收、养、治为主要方式,主要用于安置无家可归、无依无靠、无生活来源的"三无"性质的孤寡老人、城市游民及流浪儿童等。例如,1950年北京市的收容机构主要包括中国人民救济总会北京市分会下属的生产教养院、劳动教育所、临时收容所等。一般情况下,生产教养院属于国家设置、财政出资的民政社会福利机关,他们不但给收容人员安置衣食住行等基本生活条件,还有选择性地为他们创造劳动机会,改造他们的思想,提高他们的生存技能,为以后进一步安置他们的生活奠定基础。

(一) 生产教养院存在的问题

多数的收容机构兼有收容与劳动改造的作用,这主要是为了应对解放初期城市大量的难民、游民所带来的社会秩序压力,随着党和政府对灾民难民的救济、对失业人员的救济和对贫困家庭的救济工作陆续开展,民政机关逐渐明确了收容单位的发展方向:其一,解决城市"三无"(无劳动能力,无亲戚朋友,无谋生能力)人员和孤老病残的救济问题;其二,努力变收容为生产,实现自给自足,减轻政府负担。截至1956年,随着全国各地基本完成了社会主义改造,全国的社会福利体系也有了雏形,基本上在改造旧有社会福利机构的基础上,形成了新的福利体系。

1956年,为了进一步规范管理全国各地的救济院、生产教养院等机构,中国人民救济总会决定将老人和儿童从生产教养机构中划分出来,按照把游民、残老、儿童分开教养的原则,单设养老院(也有的称为残老院)和儿童

教养院,并明确其性质属于专门针对老人和儿童的社会福利机构。在此背景下,民政部门对社会福利机构进行了一系列调整与合并。① 例如,在吉林省长春市,1949 年 8 月成立了长春市救济院,1960 年改为长春市社会福利院,专门收养城市的"三无"孤寡老人。② 解放初期在江西"全省七市和鄱阳、丰城、南丰、南城、清江等县共有残老教养所 12 个,收容了孤老残幼人员共 1735 人。同时,组织了一些有轻微劳动力的残老和年龄较大的儿童参加生产,对于他们的供给标准也进行了合理调整,改善了他们的生活"③。可以看出,这一时期内务部整顿福利机构是一场全国规模的调整,通过调整福利机构,将收容人员按照他们的年龄、身体条件、有无参加劳动生产的可能等进行细致划分。

"生产教养工作是一件为人民谋福利的社会改革工作"④,各地生产教养院在整顿社会秩序的工作上,做出了突出的成绩,"大批的残老孤儿,游民乞丐,得到了教养与改造","对城市秩序的安定,生产建设的恢复与发展,是起了一定的配合作用的"。⑤ 各地生产教养院大量收容了城市内的流浪无业人口,对城市秩序的安定、生产的恢复与发展起了一定的配合作用;不少游民、乞丐和妓女,从劳动中获得思想改造和生产技能。但是,由于这一时期的生产教养院管理方面,还缺乏统一明确的法规制度,缺乏严格规范的管理,因此,生产教养院的内部还存在不少问题,在收容与处理工作方面存在不少缺点和错误,有些问题甚至是十分严重的。

很多收容机构的管理人员对政府的收容救济政策理解多种多样。

有的工作人员觉得,"只要是穷人,原来受剥削、受压迫的贫苦大众,他们想进收容所就应该让他们进来"⑥,认为这也体现解放了,"穷人翻身当家作主人"的意味;有的工作人员,对被收容者审查过于宽容,导致盲目救济现象屡屡发生。有的工作人员不了解掌握国家的救济政策和应该使用的救济措施,对待收容人员态度粗暴,将收容人员当作罪犯一样对待,甚至有利

---

① 《当代中国的民政》编辑委员会编:《当代中国的民政》(下),当代中国出版社 2009 年版,第 228 页。
② 马孟寅主编:《长春市志·民政志》,吉林人民出版社 2002 年版,第 256 页。
③ 《江西省 1956 年民政工作总结(初稿)》,江西省档案馆藏,档案号:X035—3—469。
④ 《切实做好结合反对官僚主义整顿生产教养院的工作》,《救济工作通讯》第 36 期,1953 年 5 月 5 日。
⑤ 《切实做好结合反对官僚主义整顿生产教养院的工作》,《救济工作通讯》第 36 期,1953 年 5 月 5 日。
⑥ 《切实做好结合反对官僚主义整顿生产教养院的工作》,《救济工作通讯》第 36 期,1953 年 5 月 5 日。

用手中职权,殴打虐待收容人员的现象发生。在收容工作上,"不少城市有乱抓、乱收、侵犯人权的现象;有的城市更采取恶劣的欺骗手段,假借开会随便抓人,又长期不作处理,给群众造成重大损失。在管理教育工作上,有些城市的教养院存在着捆绑、吊打、禁闭收容人员的违法乱纪,有的竟被打致死、或成残废;在劳动生产方面,有的教养院强调利润,盲目生产,忽视教育与收容人员的健康;或者不搞生产脱离劳动"①。总之,生产教养院工作本是一件为民谋利的好事,但在若干城市的教养单位中却办得很坏,有些群众反映:"人民政府不讲理,乱抓人","不按毛主席的政策办事","教养院还不如监狱"②,等等。

对于收容人员来说,中华人民共和国成立初期,由于社会运动与社会改造并行,收容机构内部人员成分非常复杂,而且,各个收容机构刚刚建立起来的时候,无论是工作人员还是收容人员,都缺乏全面、完备的管理标准来开展工作,所以,在收容工作的各个环节中均出现这样或那样的问题。例如,1952 年北京市救济总会统计,"北京市救济分会劳动教育所共收容 334 人……计有游民、乞丐、小偷 163 人,伪军警 34 人,反革命家属、刑事犯家属 3 人。其中 35 人是因偷窃教育后送往宁夏移民生产又跑回来的,有 10 人是收容后逃跑,逃跑后又被收容的,最多前后跑了 8 次"③。这些收容人员大多数为无业游民,没有工作、没有收入、无法用正当手段谋生的人,如乞丐、游民、小偷等。因此,各个收容人员纪律性也很差,不但不服管教,而且与工作人员发生冲突,给收容救济工作造成很多麻烦。

有些被收容人员的游民习气严重,根据 1952 年北京市救济分会收容教养单位的调查材料,被收容人中"表现极坏、不愿从事劳动、不服从管教纪律、自由散漫的人",例如习艺所的被收容人李某某、张某某、王某某、范某某等七人,他们共同的表现是:"屡次收容,屡次逃跑,寄生思想严重,不愿从事劳动生产。李某某逃跑过 11 次,张某某逃跑 9 次;而且他们逃跑时,都拐带公家所发之衣物,在外卖掉挥霍。陈某某自 1950 年 1 月至今,基本上是依靠串住北京、石家庄、烟台三地生产教养院过活。在习艺所时,两次介绍其参加劳动,均因不好好工作而被退回。范某某先后遣送回籍,又返回北京流浪,介绍去长辛店工地当壮工,也被辞退。在所内不遵守制度,不服管

---

① 《切实做好结合反对官僚主义整顿生产教养院的工作》,《救济工作通讯》第 36 期,1953 年 5 月 5 日。
② 《切实做好结合反对官僚主义整顿生产教养院的工作》,《救济工作通讯》第 36 期,1953 年 5 月 5 日。
③ 《市救济分会劳动教育所部分收容人员经常捣乱》,北京市档案馆藏,档案号:14—2—88。

教,甚至打人。"①

对游民、乞丐不加区别的收容,也在一定程度上助长了他们不劳而获、占国家小便宜的心理。有些被收容人员虽然有家可归、生活并不困难,但也愿意在收容所不走,"如沈某某原系新华印刷厂工人,现银行有存款200万,北京天津有亲戚朋友可以帮助,但借口咳血病找不到工作不肯走"②。收容机构并不仅仅是解决老弱病残或无劳动能力人员的生存救济机构,甚至成为逃避劳动、逃避运动甚至逃避改造的特殊之地。这些都从侧面体现了在新中国成立初期救济思想的局限与救济法规的欠缺,作为收容机构的管理者——中国人民救济总会,尚未确定针对收容人员的全面管理法规。

针对上述情况,1953年4月13日,中央人民政府内务部和中国人民救济总会联合发出"结合反对官僚主义整顿生产教养院"的指示。这个指示就是针对生产教养院的工作情况而制定的。各地民政部门与救济分会,则根据这个指示精神,认真执行,检查并纠正各地生产教养工作中存在的诸多问题。随后,中国人民救济总会并派出工作组分赴北京、天津、上海、南京、广州、武汉等地重点帮助各生产教养院开展调查研究,及时纠正工作中的缺点和问题。

(二) 违法乱纪的典型——杭州市生产教养院

1952年9月,杭州市救济分会及民政部门领导的收容游民工作,一度出现了严重的错误,违反了党和政府收容游民政策的原则,造成了救济福利工作上的重大损失。

缺少实地调查而盲目收容,导致错收、误收问题严重。该市收容游民时,将一般贫苦市民、过去染有不良习惯的人、派出所认为"调皮"的人、有伤男女"风化"行为的人,以及公安局认为的"危险分子"(实际应属于劳动就业范围的伪军官、旧官吏和一般伪人员)等,都强制收容到生产教养院。甚至,有的区民政人员还把志愿军家属、烈军属、转业军人、复员军人,以及有固定职业的人和工会会员等也强制收容。根据中国人民救济总会对该地生产教养院的审查,全市1454个收容人中,一般市民有197人,有固定职业的84人,已登记的失业工人10人,烈军属9人,转业军人6人,属于劳动就业范围的伪军官、旧官吏和一般的伪人员399人,其他555人,真正的游民

① 《北京市民政局救济分会关于所属生产教养院的情况报告》,北京市档案馆藏,档案号:14—2—88。
② 《市救济分会劳动教育所部分收容人员经常捣乱》,北京市档案馆藏,档案号:14—2—88。

只有 194 人。在这 1454 人中,有家的达 1310 人,其中生活富裕的 30 人,生活可以维持的 760 人,家庭生活较困难的 520 人,而真正无家可归、流浪街头的只有 144 人。根据估计,错收与不应收容的约千余人。①

收容工作方法错误,违背党和国家的收容政策。当地救济总会及民政干部一般是假借开会或学习,把事先确定了的收容对象召集到派出所中,进行收容。张某某住在海狮沟派出所区域,半夜里派出所的陈同志到他家对他说:"你快到俱乐部去开会吧!"张某某一到俱乐部即被推上汽车送到生产教养院收容起来;杨某住在松木场派出所区域,居民委员会同志叫他到派出所去学习物资交流大会与劳动就业的意义,去了就被收容起来;又如裴某、沈某都是被骗去开会收容的。另外,他们还利用一般失业人员要求就业的心理,采取介绍职业的欺骗方法进行收容。陈某某住在东浦路十九号,是失业人员,湖滨派出所同志对他说:"你把东西收拾好,我们把你的工厂找好了,赶快跟我们去吧!"芦某某是杭州市宝叔路的住户,他被居民委员叫到派出所说:"政府为你们着想,替你们介绍工作。"于是把他带到生产教养院收容起来;赵某某是个失业青年,派出所对他说:"现在介绍你到警训班去受训,你到中城区公安分局去报到吧!"但到了公安分局就不放他出来了。他们甚至利用照顾的名义来欺骗人,说生产教养院怎样好,生活待遇怎样高,使贫苦市民"心向往之"。松木场派出所的同志对贫民王某某说:"你们打石子,生活很苦,今天介绍你去'就业',一星期可以回家一次,可以带老婆去看电影,生活很好。"西湖区公安分局负责同志甚至对这些贫苦市民说:"那里(指生产教养院)有篮球、网球,很自由。"还有个别人是因为遭到居民委员会不纯分子的报复而被收容的。费某某做了 22 年的沙石生意,现有资本一百五十万元,据他自己说,他被收容是因为他不要两个居民区治安委员会指定的人做临时小工,所以遭到报复。②

杭州市生产教养院由于在收容游民工作上严重地违反政策,结果把这件于民有利的好事办坏了,使群众对政府正确的游民收容改造政策发生怀疑,认为"政府大收人了","政府抓好人了",并使部分群众产生了恐怖心理,在群众中造成了极其不良的政治影响。这种情况还影响了其他方面的工作,如在最近的冬令救济工作中,就有不少贫苦市民害怕申请救济,他们说:"登了记要求救济的,要抓去劳动改造。"③甚至有人怀疑中央关于劳动

---

① 《杭州市收容游民工作严重地违反政策》,《救济工作通讯》第 36 期,1953 年 5 月 5 日。
② 《杭州市收容游民工作严重地违反政策》,《救济工作通讯》第 36 期,1953 年 5 月 5 日。
③ 《杭州市收容游民工作严重地违反政策》,《救济工作通讯》第 36 期,1953 年 5 月 5 日。

就业的决定是否真实。

被错误地收容到生产教养院里的人，对政府非常不满，而公安局还把收容人员当作"犯人"，在每个人的胸前挂上号码照相，这样更激起了收容人员的反抗，造成混乱状态。有不少收容人员向干部哭诉要求释放，有的破口大骂人民政府不讲理，有些人拿着《毛泽东选集》向干部据理力争："我有工作，每月有固定收入也算游民吗？""我开铁工厂也算游民？"并质问干部说："游民的定义是什么？""你们按不按毛主席的政策办事？"个别的人并向干部表示说："你们这样乱抓人，我如能出去，一定告发你们，和你们斗争到底。"①

错误的收容工作造成了被收容人员个人精神上与物质上的严重损失。据初步了解，"因丈夫或妻子被收容之后而造成离婚或上吊的就有 13 人；因为全家赖以为生的劳动力被收容了而造成家庭生活困难、以致断炊的也不少；甚至有个别人因自己的冤屈得不到申诉，竟变成了神经病"②。如唐某某被收容后，其妻提出离婚，唐某某悲痛万分，在 2 月 12 日写信给他哥哥说，"为环境命运所迫，老婆要离婚"，是夜即上吊自杀，幸被及早发觉。廖某家有母、妻、子、女等六人，开设砻糠号，被以"无正当职业"的理由收容了，弄得全家生活无着、妻子自杀（未死），女儿死亡。③

1953 年 2 月初，中国人民救济总会派人到达杭州市分会检查工作，发现了这个问题，立即向市政府领导提出，请予迅速进行处理，当即由市长召集公安、民政、劳动三局的负责同志开会讨论，决定将完全收错的人赶快释放；伪军官、旧官吏和一般伪人员有就业条件的，释放后协助补办登记手续；对逃亡地主则需与当地政府联系后送回交农民管制；对现行反革命分子需要移送公安部门；所余真正的游民则继续收容改造。为了更有效地做好这次处理工作，又召集了公安局、民政局、生产教养院及各个公安派出所的全体干部大会，由市长亲自作了关于这个问题的报告，并指示市政府、公安局、民政局的领导同志，把这一事例当作典型，开展"反对官僚主义"的斗争。但是，这种事件使党和政府的威信遭到了严重损失，造成此事件的有关人员均在反对官僚主义、命令主义，违法乱纪的斗争中被予以严肃处理。

中国人民救济总会通过对各地教养院的整顿发现，很多地方的教养院

---

① 《杭州市收容游民工作严重地违反政策》，《救济工作通讯》第 36 期，1953 年 5 月 5 日。

② 《杭州市收容游民工作严重地违反政策》，《救济工作通讯》第 36 期，1953 年 5 月 5 日。

③ 《杭州市收容游民工作严重地违反政策》，《救济工作通讯》第 36 期，1953 年 5 月 5 日。

存在着工作人员不懂教养政策、违法乱纪、乱打乱罚、漠视院民生命等问题。例如,河南安阳市生产教养院在整顿院务开展反官僚主义的斗争中,进行了深入的检查,发现该院某些干部严重地漠视人命,违反政策,甚至不断地造成逼死人、杀死人及其他死亡的违法乱纪事件。

河南安阳市生产教养院干部对于院民的疾苦是漠不关心的,存在着"活着也没用,死了也没啥"的错误观点。在生活标准上,该院就一直没有按照省政府的规定。由于生活条件差且管理不善,院民得病的很多,病了不仅不好好地诊治,而且把病重的抬到后院病号室后,也不认真照顾。病号室冬天不让生火,门帘子又只有半截,别说是病重的人,就是没病的也会给活活地冻死。院长刘树堂说:"年岁大了,看也没用。"总办上杨氏说:"你们还年岁小哩! 还不该死吗? 一百三十斤米顶的你足足的"(买一口棺材需一百三十斤米)。① 1951年12月过冬至节时,吃了一顿羊肉饺子,一下就病倒了28人(因为突然吃了一顿好的,吃多了不好受,又没有煮熟,吃后很多人都泻肚)。至1952年1月上中旬二十天内就死去了11人,占当时147个院民中的7.5%。有一天死了3个人,干部李某某报告上级领导,但领导工作繁重并未及时派人深入调查原因和责任。②

　　　该院管理院民的方法也是极端恶劣的,有打、关、捆、罚、坦白、斗争等七八种刑罚。乱打、乱押、乱罚在该院是经常发生的,更不断地发生捆绑,坦白,斗争,甚至逼死人命。1951年1月,院民路某某剩下半个馍未吃完,干部李某把馍用绳子给他挂在脖子上,挨组坦白说:"我错了,不要向我学"。同年3月邱某某偷了一个洋镐,干部李某叫他逢吃一顿饭坦白一次,一连三天。同年12月军属师张氏得病,不能按时吃饭,军属组给她送的馍没吃完,被总办上杨氏查出来,叫她当场坦白,吓的师张氏浑身发抖,这样就使师张氏病上加病,不久便死了。1952年5月张哑巴(一条腿,耳聋)在鞋厂因和别人打架,干部郭某某将他用绳子捆起来,放在一间破屋子的炕上,有两个钟头之久。由于采取了这样极端恶劣的统治手段,以致院民见了干部没一个不是胆战心惊的,夏天院民从干部宿舍经过都不敢迈大步,唯恐惊醒干部睡午觉而惹出祸来。更坏的例子是院民张某与高郭氏(寡妇)闹恋爱有意结婚,院长和干部不注意给以适当的解决与教育,只是三番五次召开院民大会斗争他们,

---

① 《安阳市生产教养院整顿经过》,《救济工作通讯》第37期,1953年6月25日。
② 《安阳市生产教养院整顿经过》,《救济工作通讯》第37期,1953年6月25日。

让他们当场坦白，并将他们隔离监视（实际是管制）。张某某因感到屡遭斗争，毫无出路，乃于1952年10月28日夜持菜刀杀死、打伤院民七人（死二人），自己畏罪逃出卧轨自杀，造成惊人的惨案。院民张王氏有病被抬到病号室后，因照顾不好，在1952年12月15日跳井自杀未遂，代理院长认为是威胁干部，马上把她开除出院。张王氏是一个无家可归、无依无靠的人，又有病，又是冬天，这样等于再逼她自杀。后经民政科几次跟该院谈话，才准她回院，但一个多月就死了。该院之所以严重地漠视人命，违反政策，不断地发生违法乱纪事件，是与领导上的官僚主义分不开的。主管领导平时对生产教养院的干部缺乏教育，不宣传党和政府的救济政策，思想领导差；工作态度又不端正，偏听偏信，发现问题也不及时纠正；而一般干部对教养院的性质方针极不明确，政策水平低，这就更滋长了该院的违法乱纪，也是该院不断发生违法乱纪事件的主要根源。①

为了教育干部，改进领导，严肃法纪，改进工作，河南省救济分会联合安阳市人民政府根据检查的情况，对于该院违法乱纪的有关干部，已呈报河南省人民政府作了严肃处理。部分干部"有严重的官僚主义，对该院不断发生违法乱纪事件，在领导上应负主要责任，应作深刻检讨"②。为了吸取教训，河南省救济分会立即对该院进行彻底整顿，进一步明确生产教养院是社会救济福利机构，其任务是对城市无依无靠的鳏寡孤独、老弱残废、弃婴等的收容教养；对游民乞丐、小偷扒手、娼妓等进行教育改造。在"教养兼施"的方针下，使各得其所，以安定社会秩序，而有利于国家建设。③ 为此，该院除根据"救济面扩大，收容面缩小"的原则，对目前收容的院民进行重新审查与整顿，深入调查了解各个被收容人员的亲属情况和思想情况，对于有亲人依靠的院民尽可能分别安置出去，对有生活困难的院民则可酌情给予补助或救济，然后结合全区（街）干部采取说服教育的方法，动员其自愿回去或亲属接领，争取做到"本人愿意，区街同意，生活有保障"④。并且，全面调整生产教养院的干部配备，对干部进行政策学习与思想教育，彻底改变干部以往对院民"活着也没用，死了也没啥"的错误观点，树立"为院民服务"的思想，正确认识社会救济事业的重要性。经过一系列细致审慎的处理，该生

---

① 《安阳市生产教养院整顿经过》，《救济工作通讯》第37期，1953年6月25日。
② 《安阳市生产教养院整顿经过》，《救济工作通讯》第37期，1953年6月25日。
③ 《安阳市生产教养院整顿经过》，《救济工作通讯》第37期，1953年6月25日。
④ 《安阳市生产教养院整顿经过》，《救济工作通讯》第37期，1953年6月25日。

产教养院的问题才算妥善解决。

（三）官僚主义误人性命——"郑伊妹事件"

郑依妹是福州市贫民,因患毒瘤病,于 1951 年 4 月向福州市救济分会请求免费治疗,经福州市救济分会介绍,至福州医院进行治疗并暂时治愈。一年后,郑依妹的毒瘤病复发,于 1952 年 4 月 19 日来信向福州市救济分会请求再次介绍免费治疗。此信从收到发,周转三个单位（民政局、卫生局、救济分会）16 个人,花费 27 道手续,经公文旅行 31 天,多方周转,始于 5 月 19 日由民政局发出给郑依妹的复信,当市政府总收发室通讯员林开祥把复信送达的时候,发觉郑依妹已经死了 19 天。这个事件,用今天的视角来看似乎是一个医疗救济的问题,但是,在当时该事件被作为一个反映救济领域"官僚主义盛行、对群众不负责"的典型案例。本处举此案例,也试图从救济工作程序中思考,在当时人的心目中,"官僚主义"到底是如何"误人性命"的?

郑依妹因病请求免费治疗,该事情本是一个简单的贫困医疗救济问题,并非复杂或难以解决的特殊问题。但是,从材料中我们可以清楚地看到,导致简单问题复杂化的根源在哪里。

（郑依妹）申请手续公文往返繁杂,来回经过手续最多的有一人五次,时间积压最长的有六天。当时适值"三反"期中,分会工作人员大部分参加到民政局混合编组的"三反"检查工作。"郑依妹来信由本会收发员陈亚沄收交临时秘书郑丕光,二十一日为星期日,廿二日至廿三日为清洁大扫除,工作停顿,廿四日工作组同志高某、杨某等在清理三反中积压文件时,才予处理,廿五日由郑同志批转民政局,廿六日交收发林同志（代理）发出,同时答复郑依妹,告此件转民政局处理。民政局收发时某某收到该件后,即交往社会组收发王某某,王送社会组副组长林某。因民政局没有贫民医疗业务,林于五月二日将郑依妹来信交给拟稿员陈某某拟稿,五月四日陈某某交收发王某,五月六日移交卫生局。卫生局收发许清于五月七日收到此件,即交给医政科长张某某,张于八日交科收发吴某,吴于当日交医政科员冯某某办理,冯于九日写好便笺交吴某转张某某,张于十二日交科收发吴某退给民政局。五月十五日民政局收发时某某收到退来文件后,仍交组收发王某送社会组副组长林某办理,林于当日交陈某某拟稿,陈于五月十六日拟毕后送林某,林当日交王某送副局长签发,副局长于五月十七日退社会组收发王某。五月十八日星期日,五月十九日经市府总收发郑某,派通讯员林某某将复信按地址送往。当送达时,才发觉郑依妹已经死去十九天了。"①

郑依妹事件即使发生在今天,也是一个同样性质严重的渎职事件。1953 年正值内务部与中国人民救济总会联合发出"反对官僚主义,整顿生产教养院"的时期,该事件才得以被揭露出来,并组织检查组彻底检查了该事。最终,市府得出结论:认为这是"官僚主义误死人命"的严重事件,随即动员布置全市机关工作人员以"郑依妹事件"为导火线,推行普遍深入检查。10 月 29 日市政府召集"郑依妹事件"有关人员会议,在会上有关人员对该事责任进一步作了检讨,由于有关人员的检讨与认识较深刻,故市监委会责成有关人员作了书面检讨。根据材料可以看到,该事件的检讨人包括如下几人:

第一,市救济分会临时秘书——郑某某。

郑某某作为福州市救济分会的秘书,直接对该市救济人员负责,因而是直接责任人。而且,郑依妹的来信于 1953 年 4 月 19 日送来市救济分会后,郑某某直到三天后(4 月 21 日)才批给工作组调查办理。正如郑某某自己检讨所述:"市救济分会过去积压群众来信的官僚主义作风,我不但未予注意,而且我自己也犯了漠视群众来信的官僚主义。郑依妹的信在我在处理这件事情上的轻率和不负责任的态度是严重的。郑依妹患的是一种急病,而她就住在救济分会附近,如果我能把人民群众的事情当作自己亲人的事情看待,我就会迅速地进行调查处理,但我竟淡然处之,把一封人命危在旦夕的求医急信,当公文转来转去,甚至人死了很久我还不知道。"②而且,"郑依妹的信在本会经过五个同志,十二道手续,方于 4 月 26 日转送市民政局,这也说明我们的制度繁冗而不严密,而且文牍主义的坏作风极其严重。而我则是公文处理与各种制度执行的具体责任者,我对制度的不合理,手续的繁杂,既未进行检查,当然也提不出任何改革的意见,因此我对这些问题也应负重大责任。我所犯的错误是严重的,这是因为我原则性不强,群众观点薄弱而产生的。我除深刻检讨,请求政府给我处分外,决心克服上述缺点,努力学习,提高觉悟,加强群众观点,坚决肃清腐朽的官僚主义作风,更好地

---

① 《关于处理郑依妹事件的报告　中国人民救济总会福州市分会》,《救济工作通讯》第 36 期,1953 年 5 月 5 日。
② 《关于处理郑依妹事件的报告　中国人民救济总会福州市分会》,《救济工作通讯》第 36 期,1953 年 5 月 5 日。

为人民服务,以不辜负党和政府及人民对我的期望"①。

第二,福州市民政局社会组副组长——林某某。

林某某作为福州市民政局社会组副组长,对辖区内的贫民免费医疗事件负责直接审批,而郑依妹的申请两次经过林某某手中审批,但林始终没有认真处理,完全是按照规程,退给卫生局审核,缺乏因人、因事灵活处理的认真负责态度,更缺乏在社会救济工作中走"群众路线"的认识。但是,林某某在检讨中对自我的剖析较为深刻,似乎是认识到了自己对造成"郑依妹事件"的重要责任。他说:"我的工作态度和工作作风缺乏群众观点,漠视人民群众疾苦。郑依妹的来信曾经过我两次处理,但我从未从她的来信中想到她重病垂危的严重性,我错误地认为请求免费医疗与我业务无关,以'推出门了事'的态度转给市卫生局办理。郑依妹的毒瘤病去年曾请求福州市救济分会免费住院医疗经医生开刀医治痊愈,这就说明了这次旧病复发,如果能及时得到医治,她的死亡是可能避免的。所以她的重病死亡是和我的官僚主义作风分不开的。"②另外,林某某提出,自己对人民群众来信的处理缺乏认真负责的态度。郑依妹的来信,是"三反"运动中积案的一件,未经过检查即错误地认为"来信这样多,时间也很久,就再拖一两天也没有大关系"。实际上,"郑依妹患毒瘤是极其紧急危险的疾病,必须采取紧急措施才能挽救,但我对这样紧急的来信却没有采取紧急措施处理,错误地交给陈同志办理照转,把人民群众的迫切要求,当成平常公文处理,结果给党与人民政府和人民造成了不应有的损失"③。这一错误充分说明了该人在处理这一问题时,未从便利群众要求和及时解决群众困难出发,是缺乏全心全意为人民服务的精神的具体表现。

因此,"郑依妹事件"的揭发,给以林某某为代表的民政局干部以极大的教育,"郑依妹事件"就是在贫民救济中坚持官僚主义的沉痛教训,民政工作者只有改造自己的思想,努力进行工作和学习,彻底肃清官僚主义作风,树立群众观点,提高工作效能,才能更好地为人民服务。

第三,卫生局医政科科长——张某某的检讨。

张某某说:郑依妹事件是官僚主义错误的一个典型事件。我是造成这

---

① 《关于处理郑依妹事件的报告　中国人民救济总会福州市分会》,《救济工作通讯》第36期,1953年5月5日。

② 《关于处理郑依妹事件的报告　中国人民救济总会福州市分会》,《救济工作通讯》第36期,1953年5月5日。

③ 《关于处理郑依妹事件的报告　中国人民救济总会福州市分会》,《救济工作通讯》第36期,1953年5月5日。

一事件的主要人员之一。我在这一事件中的主要错误是：

　　我是负责医政工作的人员，可是我不但未及时地解决郑依妹重病求诊的要求，而且因未作即时处理而造成了严重后果，这完全表现了我自己在政治上麻木不仁和群众观念的薄弱。我是以极不负责的官僚主义态度与方法来处理郑依妹关系生命大事的来信。当我在公文卷内见到了从民政局转来的郑依妹来信时，连信的日期时间都没有看，也没有考虑问题的性质和轻重缓急，就照例地批上几个字，和普通公文一样地处理了。这种单纯任务观点及草率从事的官僚主义作风，根本不是一个革命干部应有的态度。当时虽在紧张的"三反"运动中，我没能在局里整天办公，但对这类问题的处理，不但是可能的，而且是必须的，我所以未这样做，主要原因是我缺乏严肃地为人民服务的态度所致。郑依妹来信，在卫生局辗转的过程，我要负全部责任，因为当时医政科是我负责，这类事情是发生在医政科业务范围之内，但我对科内这种"公事公办，不分缓急"的官僚主义处理方法，竟熟视无睹，未能及时提出纠正。总之，我的错误是严重的，必须立即纠正。我除了应更进一步深刻检讨外，并决心加强政治学习，使自己决不再有这类官僚主义事件发生，保证今后这类事情随到随时处理，绝不拖拉积压，并诚恳要求组织上予我以应得的处分。①

　　上述几位相关工作人员的检讨，虽然初步交代了此事的后续处理情况，以及相关责任人的一些认识，但是，福州市委、市民政局、市救济分会仍然结合对"郑依妹事件"的揭发与检查，在思想上、组织上、制度上作了一系列的改进，努力吸取"郑依妹事件"的教训。

　　在思想上，提出处理群众来信"三急两重要"的方针——求医急、妇女问题急、反革命活动急；批评检举函件重要、有关建议性函件重要。

　　在制度上，提出建立"八不办"制度，凡能以便条或面洽或电话联系或采用适当会议、协商等方式可以解决者不办公文，重复及失效者不办公文，想办而没有条件办者不办公文，小业务单位如科股间不办公文，等等。切实做到克服文牍主义恶劣倾向。

　　要改进收发制度，减少公文周转手续；统一收发，取消股收发。一般的公文由收发登记，秘书分文，股长交办，承办人员调查联系签拟，股长核稿，秘书复核，首长判行，缮写、校对、用印，最后发文登记，至多十道手续，由以前的往返十八道手续减少了八道，其中有关政策性文件由秘书长当面请示

---

① 《关于处理郑依妹事件的报告　中国人民救济总会福州市分会》，《救济工作通讯》第 36 期，1953 年 5 月 5 日。

报告负责首长当面决定,更能提高处理工作的效率。对群众来信采取专人专责处理制,由收发迳交登记,并按来件性质的轻重缓急,分别进行及时有效的处理。

在处理过程方面,一般经过调查了解后,提出意见,能办与必须办的就照办或介绍有关部门照办,不能办与不必办的(如请求收容、贷款、求职等问题的过高要求),则给予解释说服。①

(四) 整顿生产教养院

针对生产教养院工作人员和收容工作存在的种种问题,1953 年 4 月 13 日,中央人民政府内务部和中国人民救济总会联合发出"结合反对官僚主义整顿生产教养院"的指示。1953 年,北京市救济分会和民政局曾组织检查组对当地各个救济单位进行了深入的检查,发现在收容救济工作中的很多问题:首先,"很多收容机构的干部对工作不安心,认为教养工作不光荣没有前途"②;其次,干部的政策观点模糊,对教养工作存在单纯的"仁政"观点,只着重改善被收容人的物质生活等表面工作,而忽略了劳动教育的重要性;第三,由于"干部政策观点模糊,对业务钻研不够,缺少办法,因而对被收容人的调皮捣乱、不服管教的现象,采取简单粗暴的方法去制止,所以发生了很多违法乱纪的事件"③。针对收容机构工作人员和被收容人员的具体情况,在市救济分会和民政局的领导下进行了检查纠正。

1. 调整收容人员的生活标准

新中国初期,由于对救济机构的管理还非常不规范,各个收容机构中的收容供给水平很不平衡,部分收容机构的供给一开始就比较高。例如,北京市"救济分会所属各收容单位,在接管前多数收容人员在帝国主义分子的压迫下生活很苦",接管后,"为了积极抢救遭受帝国主义的残害的儿童及老人,逐渐恢复他们健康起见,伙食供给一般吃的较好。1952 年规定儿童每人每月 80 斤米,老人 60 斤。后虽稍降,但仍较其他各收容单位较高"④。尤其是 1952 年以后,随着国民经济的逐渐恢复和好转,收容机构的"收容供给水平得到提高","很多收容机构的生活待遇比普通贫民还要高,这就导致有的本来不符合收容条件的人,来到收容机构要求收容,并且来了就不

---

① 《整顿生产教养院工作简况》,《救济工作通讯》第 37 期,1953 年 6 月 25 日。
② 《整顿生产教养院工作简况》,《救济工作通讯》第 37 期,1953 年 6 月 25 日。
③ 《整顿生产教养工作总结报告》,北京市档案馆藏,档案号:14—2—47。
④ 《北京市救济分会所属收容机构降低伙食标准初步计划》,北京市档案馆藏,档案号:14—2—88。

走。有的外地农民认为收容所生活比农村好的多，说：乡下哪有这里吃的好！""这里有吃有穿，说什么也不回去。"①

1952 年，北京市救济分会在调查统计收容人员的生活情况时提出："本会所属各教养单位的收容人员供给，自 1952 年以来，质量日益提高，据了解，目前其生活标准已超过一般贫苦市民的生活水平。其中，原生产教养院所属各单位从 1952 年起，伙食供给实发数增高，自 1949 年收容乞丐时规定是每天每人二斤米，口粮、菜金、医药杂费都在内，完全发粮，至 1950 年降低到一斤半，因供给标准低，于 1951 年又提高到 30 两小米，把医药杂费另造预算，只保持口粮、菜金、烧煤，还发给八两米的款子。至 1952 年 8 月以后，30 两米完全发给款子，每人每月平均合六万七千元。"②"经过'三反'、'五反'运动以后，各单位清除了内部的贪污现象，改善了伙食的管理，因此，伙食的质量更显著的提高了"，"老人儿童每天都能吃到一顿或一顿以上的细粮，每月吃四五次肉，青壮年吃的多，每月也能吃十顿细粮。西部疗养所的病人伙食供给每人每月六万五千元，另外还补助五万元，每月全吃细粮，还能吃两顿鸡，两次糖包子，但仍有节余"③。"很多贫困人民甚至主动要求被收容"，有的收容人被遣送回籍后又马上跑回来，说："家庭生活困难，不如所里吃的好。"④对比此时期普通民众的生活水平，或许在一定程度上可以了解为什么收容机构一度备受贫民青睐。

发现问题后，"为了正确地掌握救济政策"，北京市救济分会提出要适当地降低收容人的伙食标准，在"降低过程先由劳动教育所青壮年着手试行，用实际的生动的例子说明现在一般贫困户的生活情形，讲解救济政策以逐渐的打通收容人的思想。在降低的同时，对收容人的生产劳动奖金应当提高以鼓励他们的劳动热情"⑤，力求做到与贫困户生活水平的拉齐。同时，加强收容管理，不该收容的人员一律不得收容，严格把握收容标准，避免贫苦人民争进收容所的事情再次发生。

---

① 《北京市救济分会所属收容机构降低伙食标准初步计划》，北京市档案馆藏，档案号：14—2—88。

② 《北京市救济分会所属收容机构降低伙食标准初步计划》，北京市档案馆藏，档案号：14—2—88。

③ 《北京市救济分会所属收容机构降低伙食标准初步计划》，北京市档案馆藏，档案号：14—2—88。

④ 《北京市救济分会所属收容机构降低伙食标准初步计划》，北京市档案馆藏，档案号：14—2—88。

⑤ 《北京市救济分会所属收容机构降低伙食标准初步计划》，北京市档案馆藏，档案号：14—2—88。

2. 建立民主管理制度

各地生产教养院经过工作检查后,均建立了民主管理制度。杜绝了随意打骂收容人的现象,废除了收容机构中的队班长制度,并建立了民主管理制度;定期召开全体收容人员会议,听取群众意见;让被收容人员自己选举生活、学习小组长,代替了过去的队、班长,明确了组长的职权范围。这样改革之后,不仅密切了管教干部与被收容人员之间的联系,也削减了队、班长欺压被收容人员的现象。例如,1954 年 6 月 3—23 日北京市第一养老院就进行了"改选收容人员生活学习组长的工作"。① 在医疗方面,调整了病房,使病人按病类分房疗养,建立了医师的会诊制度及病室规则,明确了医师必须深入病房进行诊治;此外,又设了护理员,加强了病人的疗养。对收容人员的收容标准更加严格,民政局负责成立了临时收容所,该所依据《北京市游民、乞丐收容处理办法》,负责对收容人员统一审查,确实符合收容条件的人员,才能进入各个收容机构。这样,就基本上防止了错收、滥收的现象。

在对收容人员的审查处理工作上,订立了审查处理办法,在各教养单位建立了"收容人员的卡片登记制度,对各处收容人员进行了统一的审查和清理,并采用了各种方式慎重负责地给予安置"②。据北京市救济分会1954 年统计,"经过一年多的审查处理工作,及对收容标准的正确掌握,现在我会所教养单位的被收容人员共有 2497 名,较 1953 年减少了三分之一"③。具体的安置情况可以从救济分会的统计档案中有所了解:"移民150 人,结婚 17 人,考中学 44 人,领养 166 人,处理回家 1058 人,送公安局23 人,送精神病院 146 人,送启明瞽目院 5 人。给予介绍工作的:儿童共196 人,如志愿军文工团 10 人;军委文工团 7 人;华北区文工团 2 人;人民印刷厂 32 人;人民大学印刷厂 14 人;北京市制药厂 12 人;北京市火柴厂 10人;北京市邮政局 8 人;华北局 1 人……青壮年介绍就业 58 人:如矿工 31人;木工 1 人;保姆 9 人;工友 6 人等等。"④1954 年统计,"劳动教育所中收容人员被介绍到东郊水利部基地作壮工的先后有六批,共去了 129 名,中间有开除的逃跑的及自谋职业的 22 人,现实有人数 107 名。……其中 29 人

---

① 《救济分会两周工作汇报》,北京市档案馆藏,档案号:14—2—48。
② 《北京市救济分会 1953 年 1 月至 1954 年 3 月处理收容人员统计表》,北京市档案馆藏,档案号:14—2—47。
③ 《北京市救济分会 1953 年 1 月至 1954 年 3 月处理收容人员统计表》,北京市档案馆藏,档案号:14—2—47。
④ 《北京市救济分会 1953 年 1 月至 1954 年 3 月处理收容人员统计表》,北京市档案馆藏,档案号:14—2—47。

因工作表现好而被编入技术工种中去"①。

从这些被收容人员的安置处理情况来看,救济工作还是值得称赞的。虽然个别人员在救济思想上还"存在恩赐观点和单纯的救济思想",但是,在救济制度没有完善、救济思想还不清晰的状况下,此时的救济措施基本上贯彻了"劳动生产与教育改造相结合"的方针,在救济手段和对收容人员的安置上,也取得了很大的突破。

3. 如何"寓教于养"

单纯收容并不能达到使收容人员经过改造重新做人的目的,只有在收容中辅助适当的教育内容,才能"寓教于养",收到良好的收容改造的效果。从北京市救济分会所属的救济机构的管理资料来看,救济机构的管理从无到有,从一片空白到初成体系,基本上都是从实际工作中逐渐总结经验教训,摸索出了一套"寓教于养"的收容管理方式。

对收容机构的管理有两个方面的内容。一是收容机构工作人员本身的管理,二是对被收容人员的管理。收容机构的工作人员需要掌握国家救济政策,熟悉救济业务,对被收容人员要有一定之规,根据不同情况分别处理。被收容人员也要了解收容工作与国家收容政策,遵守收容纪律,等等。针对收容机构干部不熟悉业务、不掌握救济政策,被收容人员不懂收容标准与收容内容的情况,北京市救济分会"组织干部有系统的学习救济政策和管教办法,加强了劳动教育"。同时,根据收容对象的不同,采取了分别对待的方法:"对老人以养为主,体力较好的组织他们糊纸盒、编包等轻微生产"②。从1950年开始,劳动教育所开始组织收容人员参加劳动生产,使其从实际劳动中得到改造。在劳动中实行有效的奖惩机制,争取调动收容人员的生产积极性,使其主动参加劳动。1952年北京市救济分会所属的救济机构的调查中,"在334个收容人中,从事制鞋、纳鞋底、缝纫、糊火柴盒等劳动的255人,不从事劳动的有79人"③。

在全市普遍降低收容人伙食标准的情况下,收容机关采取了劳动奖励的方法。一方面,有的收容人员不愿意参加劳动,在所内干部多次批评教育都无效的情况下,为了贯彻"自食其力"的方针,救济机构对不愿意参加劳动的收容人员,降低了生活供给。另一方面,提高了参加劳动的收容人员的生产奖金,"将参加学习缝纫、制鞋的收容人员的最高奖金由五万元提高到

①　《救济分会两周工作汇报》,北京市档案馆藏,档案号:14—2—48。
②　《整顿生产教养工作总结报告》,北京市档案馆藏,档案号:14—2—47。
③　《整顿生产教养工作总结报告》,北京市档案馆藏,档案号:14—2—47。

七万元,将参加糊火柴盒、纳鞋底的收容人员的奖金,由占所得总数的40%提高到70%,以鼓励收容人员的劳动积极性。这样实行之后,过去长期不参加劳动的已有20多人参加了纳鞋底等劳动"①。两相对比,鼓励收容人员参加生产,自食其力,很快收到了显著的效果。

救济性质的生产单位是救济体系中最明显体现"养教结合"救济思想的一个环节。最初,设立这种带有救济性质的生产单位的主要目的,就是为了培养被收容人员的生存能力,使他们能够不依赖政府而自己学会一些技术或本领,来谋取生活必需之资。实践证明,这种办法是非常有效的。很多最初由收容人员或者残疾人员参与的生产单位,最后逐渐发展并壮大了规模,成为通过生产来发展救济事业的典范。

新中国初期,北京市为了合理救济城市贫困人员,帮助被收容人员谋取生存之道,先后在各个城区设立了多个带有救济性质的生产单位。例如第一区(东单区)就"建立了洗衣组、被服厂、煤球厂和豆制品合作社等单位,生产人员多时达308人";1950年第一区又建立了"挑花组和磨面厂,有887人参加……发放工资折合小米12万多市斤,年终盈利30多万市斤"②。第三区(东四区)建立了"鞋厂、缝纫厂、草绳厂、煤球厂和消费合作社各一个,共有223人参加"。1950年第三区增设"装订厂、营造厂、裌褙厂、洗衣组、织布组、香油坊和擦铜片组,年终发放工资折合小米7.9万市斤,盈利10万多市斤";1952年发展为定型的订书厂、被服厂、草绳厂和织布厂,其生产人员有固定的447人,其中多数都是贫苦市民和烈军属等人。据统计,1951年第二区(西单区)先后建立7个"带有社会救济性质的缝纫、拆洗、糊盒、挖沙、修路生产自救小组",帮助烈军属、残疾人和贫困市民259人,工资总额达23万斤小米。③ 1955年"东单区建立了28个社会福利生产单位,1033人参加,其中贫苦市民674人",东四区"建立18个社会福利生产单位,406人参加,其中贫苦市民218人"。④ 这些带有救济性质的生产单位,很多发展成为比较正规的福利工厂,成为帮助被收容人员学习谋生本领、重新融入社会的重要资源。这种养教结合的思想与方式,也逐渐在各个救济机构中推广,在给予被救济人员基本生活保障的同时,引导他们做一些力所

---

① 《市救济分会劳动教育所部分收容人员经常捣乱》,北京市档案馆藏,档案号:14—2—88。

② 北京市东城区地方志编纂委员会编:《北京市东城区志》,北京出版社2005年版,第329页。

③ 北京市西城区志编纂委员会编:《北京市西城区志》,北京出版社1999年版,第347页。

④ 北京市东城区地方志编纂委员会编:《北京市东城区志》,北京出版社2005年版,第329页。

能及的劳动,既可以发挥自己的劳动能力,也能够减轻国家的负担。

四、"如何教养":探索儿童救济

儿童救济是社会救济工作中的一个必不可少的组成部分。新中国成立初期,由于一度对儿童救济工作的政策方针不明确,"有的地区将儿童救济机关办成了正规小学,片面地强调文化学习,对儿童劳动教育,则未予以重视;有的在接管外资津贴的儿童救济机关时,将原有的劳动生产全部废除,说是解放儿童;有的则在儿童教养机关里雇请保姆照顾大孩子。这种情况导致很多儿童只愿在救济机关生活,有家也不愿回,甚至不少儿童回到家后由于不适应劳动而重回教养所"①。济南市育幼所的一名儿童回家之后又跑回教养所说:"在家里要干这干那,弄不惯,不如在所里自在。"②长沙市育幼所的一名儿童被家长领回家后坚决回教养院,因为他母亲让他去放牛,他生气地说:"我在育幼所还不劳动呢,你要我劳动,我不干。"③这些情况表明,当时的儿童救济工作方向出了问题。如何处理儿童救济工作中的"养"与"教"的问题,不仅体现了中国政府的儿童救济思想与政策,还直接关系到对祖国的人才培养。因此,坚决贯彻因材施教,培养儿童成为国家建设人才,是当时儿童救济工作的主要方向。④

经过对旧有儿童慈善组织的团结改造,全国各地建立起新的儿童救济体系。一般情况下,各地的儿童福利院均由当地的救济分会直接领导,并按照儿童的年龄、身体健康状况,分别设立幼婴部、小学部和疗养部,给予不同程度、不同层次的抚育。并且,对照原有的管理体制,制定了废除体罚、废除定量配饭等旧的制度,贯彻"让孩子们吃饱穿暖"、"儿童必须接受小学教育"、"允许家长领回孩子"等新的管理规定,⑤可细分为如下几个方面。

---

① 《湖南省民政厅关于处理省育幼院收容儿童的工作总结报告》,《救济工作通讯》第 43 期,1954 年 4 月。
② 《湖南省民政厅关于处理省育幼院收容儿童的工作总结报告》,《救济工作通讯》第 43 期,1954 年 4 月。
③ 《湖南省民政厅关于处理省育幼院收容儿童的工作总结报告》,《救济工作通讯》第 43 期,1954 年 4 月。
④ 《湖南省民政厅关于处理省育幼院收容儿童的工作总结报告》,《救济工作通讯》第 43 期,1954 年 4 月。
⑤ 北京市地方志编纂委员会编:《北京志·政务卷·民政志》,北京出版社 2003 年版,第 300 页。

（一）整合组织

新中国成立初期，为了尽快地稳定社会秩序，重新恢复社会生产，对民国时期留存下来的多数单位、组织，都暂时地采取了"包下来"的政策，即原封不动地接收，迅速恢复秩序，并未进行大规模的调整。因此，民国时期留存下来的大量的慈善团体，依然维持着原来的经营模式。

从旧慈善团体的地域分布来看，涉及儿童救济业务的团体多集中在大城市，如 1949 年后北京有旧慈善团体 31 个，其中儿童救济机构就有 20 个之多。① 而上海市在解放前夕共有旧慈善团体 117 个，其中涉及婴幼儿童的教养机构共 41 个。② "多数儿童救济机构分布在人口稠密、经济相对发达的北京、上海、广州、武汉等大城市，地域分布不均衡导致儿童的救济资源分配不均的现象一直存在。"③

从这些旧慈善团体的性质来看，涉及儿童救济业务的多由外国教会举办或资助，如北京的儿童慈善救济机构中，"外国教会办理的占据 50%，而上海则占 80% 多，此外，天津、广州、武汉都存在一定数量的外国教会主办的育婴堂、慈幼院等组织。而国内民间团体办理的儿童救济机构多数设施落后，经费困难，且规模有限"④。例如，上海浦东同乡会设立的浦东第一儿童教养院，由于经费困难，救济儿童的数目逐年减少，解放之后虽然"为了响应政府号召"，"收留新来的街头流浪儿童，努力扩充收容名额……"⑤院方还发展农田生产，力谋自力更生……但是，仍然是"儿童的书籍、文具以及员工的薪给问题都不知怎样解决"，陷入经济困难之中。

1950 年底，慈善领域掀起对"旧有救济福利团体"的改造运动，儿童慈善救济组织在中国人民救济总会的领导下，基本完成了组织调整与机构改造。⑥

对于国际性儿童救济组织以结束业务、接收财产为主。1950 年 12 月统计，解放以来延续下来的国际儿童救济组织主要有基督教世界服

---

① 北京市地方志编纂委员会编：《北京志·政务卷·民政志》，北京出版社 2003 年版，第 299 页。
② 《上海通志》编纂委员会编：《上海通志》第八册，上海人民出版社 2005 年版。
③ 李小尉：《论建国初期儿童救济组织的社会改造》，《求索》2011 年第 8 期。
④ 李小尉：《论建国初期儿童救济组织的社会改造》，《求索》2011 年第 8 期。
⑤ 《救济福利团体调查表》，上海市档案馆藏，档案号：B168—1—796—1。
⑥ 李小尉：《一九四九年至一九五六年国家政权与民间慈善组织的关系解析》，《中共党史研究》2012 年第 9 期。

务委员会中国分会、全国天主教福利委员会、基督教门诺会互助促进社、美华儿童福利会华北区办事处、中华慈幼协会，这些团体的业务早已结束，于1951年全部由中国人民救济总会负责接收。

对各城市中接受外国津贴的或外资经营的儿童救济组织，则由民政局与当地救济分会联合接收。以北京为例来看，截止到1951年3月28日，北京市民政局与救济分会已经先后接收了美国经营的迦南孤儿院、大常育幼院；受美国津贴的北京育婴堂、香山慈幼院；法国经营的宠爱堂孤儿院、仁慈堂孤儿院……总计收容儿童2524人。① 再以武汉为例来看，武汉市在1951年将原教会办的武昌花园山育婴堂改名为武汉市育幼院，作为专门收养社会弃婴、流浪儿童的社会福利单位。② 上海市的儿童救济组织也被分类处理。有的由救济分会接管，例如，新心堂、爱育堂、一心教养院、基督教门诺会儿童工学团等；有的由救济分会接办，例如儿童教养所、上海慈幼教养院、基督教布道会儿童乐园、上海怀幼院等；有的被救济分会改组，如若瑟孤儿院；有的被协助结束，如上海儿童行为指导所、仁善育婴堂等；有的被接管后转交其他单位，例如伯特利孤儿第一院、伯特利孤儿第二院分别被接管后转交上海市教育局办理，基督教世界服务委员会下属的托儿所及闸北儿童福利站，均由救济分会接管后转交中国福利基金会办理。③

对于其他的慈善救济组织兼营的儿童救济机构，则根据具体情况分别予以处理。例如，在国内规模较大的慈善组织世界红卍字会中华总会，被作为封建迷信团体而被取缔，其兼营的慈幼事业则被中国人民救济总会全部接收。

除了从组织上逐渐接管、改造儿童救济组织之外，新政府还配合建国初期清除美国文化影响的一系列措施，注重从社会文化层面清除城市居民的"亲美、崇美"思想基础。广州的圣婴育婴院、南京的慈爱育婴院、南京的圣心儿童院、北京迦南孤儿院、福州仁慈堂、九江仁慈堂、杭州仁慈堂育婴院、天津育幼院与仁慈堂等单位，都是这一时期搜集整理的、反映帝国主义在中国如何"伪善地"利用"慈善机关"的名义，残

① 北京市地方志编纂委员会编：《北京志·政务卷·民政志》，北京出版社2003年版，第299页。
② 武汉地方志编纂委员会编：《武汉市志（1840—1985）》，参见武汉市地情文献网站，见 http://www.whfz.gov.cn:8080/pub/dqwx/dylsz/mzz/.2011—5—6。
③ 《美津、外津登记机构处理情况》，上海市档案馆藏，档案号：B168—1—84—43。

害中国儿童的典型案例。① 在宣传中,既有精确的统计数字,例如"广州圣婴育婴院的婴儿死亡率竟高达百分之九十八,其他各地最低也在百分之六十以上……"②也有亲历者的血泪控诉,例如 1951 年 4 月 28 日出席处理接受美国津贴救济机关会议的代表刘翠英,就现场控诉了武昌花园山天主堂若瑟善功会修道院育婴堂虐杀婴儿的罪行;代表常铮,控诉山西大常镇大常育幼院院长司提芬(美国教士)虐待儿童的罪行;上海盲童学校学生盛全森,控诉了该校校长傅步兰(英国)借办救济事业的名义赚钱的罪行……③继控诉大会之后,又陆续对部分外籍教士做出处理,例如 1951 年 11 月 30 日,中国人民救济总会北京市分会召开的仁慈堂会议决定,立即"由北京市公安局代表宣布逮捕虐杀中国儿童的仁慈堂前院长、帝国主义分子雷树芳(法籍修女)"④。这种宣传,从舆论上、思想上成功地改变了普通民众对儿童救济事业的态度,"慈善"成了帝国主义公开地"侵略和劫掠"中国人民时所戴的"伪善"的面纱、"仁慈"的假面具……成了人人避之唯恐不及的"裹着糖衣的毒素"⑤经过一系列工作,国家政权基本上从组织与人事、业务与观念等方面建立了对儿童救济事业的统一领导。⑥

1956 年初统计,"全国约有 666 个残老、儿童福利机构,收养在院抚育教养的婴、幼儿童约 2. 596 万人"⑦。经过几年对儿童福利机构的改造,以北京为例,经过一系列的合并、接收与改造,1956 年统计,北京市救济分会下属的儿童福利单位主要有北京市第一儿童教养院⑧,北京市民政局下属

---

① 中国人民救济总会编印:《帝国主义残害中国儿童的罪行》,内部印刷 1951 年版,第 4 页。
② 《出席处理接受美国津贴救济机关会议全体代表联合宣言》,《人民日报》1951 年 5 月 5 日。
③ 《出席处理接受美国津贴救济机关会议代表　控诉帝国主义利用"慈善事业"残害中国人民》,《人民日报》1951 年 5 月 5 日。
④ 《救济总会北京市分会昨召开处理仁慈堂会议　北京市人民政府宣布接管仁慈堂　市公安局宣布立即逮捕虐杀儿童的帝国主义分子雷树芳》,《人民日报》1951 年 12 月 1 日。
⑤ 《打碎美国伪善的"救济"招牌》,《人民日报》1951 年 4 月 27 日。
⑥ 李小尉:《一九四九年至一九五六年国家政权与民间慈善组织的关系解析》,《中共党史研究》2012 年第 9 期;李小尉:《论建国初期儿童救济组织的社会改造》,《求索》2011 年第 8 期。
⑦ 北京市地方志编纂委员会编:《北京志·政务卷·民政志》,北京出版社 2003 年版,第 299 页。
⑧ 北京市地方志编纂委员会编:《北京志·政务卷·民政志》,北京出版社 2003 年版,第 299 页。

的儿童福利单位主要有北京市儿童教养院、儿童教养院分院、和平保育院、北京市儿童工艺院。① 以山东省济南市为例来看,1950 年济南市原有的市立救济院更名为济南市立生产教养院,经过一系列机构调整与合并整顿后,1959 年 11 月上旬,正式更名为济南市社会福利院,下设养老部、儿童部、残老部,实行分类教养。②

(二) 建立管理制度

通过对全国儿童救济组织的调整与改造,中国人民救济总会初步建成较为规范的儿童救济管理机制。从制度上制定了较为严格的管理办法,在各地逐步建立起收容儿童的卡片登记制度,对各地区被收容的孤儿、幼儿与婴儿进行统一抚育管理,并慎重安置。例如:"对于孤儿,允许无子女人员领养;有家的收容人员一般都经调查了解清楚后安置回家;外地的资助回籍;有特殊困难的暂缓处理;对有就业条件的被收容人员及年龄较大的儿童,尽量找门路,予以介绍就业。"③这些制度的确立进一步加强了对儿童教养机构的管理。

在收容儿童的抚育方面,中国人民救济总会也注重法规制度的建设。对于不同年龄段的儿童,根据"养教并重"的原则适当安排文化教育、纪律教育、思想教育及劳动教育。1959 年民政部提出对儿童应"认真贯彻'教育与生产劳动相结合'的方针,把儿童培养成为具有优良道德和一定文化水平的劳动者。对一般孤儿应进行正规的文化教育"④。此后,中国人民救济总会在对收容儿童的教育工作中开始侧重实施正规文化教育,努力提高儿童们的文化水平与教育效果。

对于无家可归的流浪儿童或染有恶习的顽劣儿童,则在收容养护的基础上,要"教养兼施","要以政治思想教育为主,结合进行文化教育和劳动教育,使他们成为对社会主义建设有用的劳动者"。⑤ 从实际情况来看,对少年儿童的养护教育中,突出劳动教育、思想教育和纪律教育,训练他们克

---

① 北京市地方志编纂委员会编:《北京志·政务卷·民政志》,北京出版社 2003 年版,第 300—302 页。

② 济南市民政局编:《济南民政志(1948—2007)》,济南出版社 2008 年版,第 157 页。

③ 《北京市救济分会 1953 年 1 月至 1954 年 3 月处理收容人员统计表》,北京市档案馆藏,档案号:14—2—47。

④ 《当代中国的民政》编辑委员会编:《当代中国的民政》(下),当代中国出版社 2009 年版,第 192 页。

⑤ 《当代中国的民政》编辑委员会编:《当代中国的民政》(下),当代中国出版社 2009 年版,第 192 页。

服不良习惯,帮助他们学习劳动技艺和知识,进而建立对劳动的正确认识,培养他们的基本工作技能。

对残疾儿童的养护,则是在做好抚养、治疗的基础上,施以特殊教育。按照民政部门规定,"对于残废儿童要等工作。首先应做好抚养工作,以促进他们的身体发育,使他们增强体质"①。在这一方针政策引导下,全国各地均对身体残障儿童的养护工作较为重视。例如,江西省于 1957 年在南昌市成立盲、聋哑人福利组织,并在"七个市和萍乡、鄱阳、樟树、乐平等镇进行一次盲、聋哑人的情况调查"②。再如,山东省济南市社会福利院自建院以来,就"对婴幼儿及残废儿童,实行重点管理,坚持每天由护理人员 24 小时全护,其吃、喝、穿、大小便均由护理人员照料。对神智清楚、身体残废略轻者,除教文化知识外,还安排一些力所能及的生产劳动"③。

中国人民救济总会还侧重对全体收容儿童实施爱国主义思想教育,塑造儿童健康的人生观、价值观。这些思想教育往往采取灵活丰富的形式,如举办儿童们的"劳动成绩和文化成绩"展览,以及庆祝"六一"国际儿童节举办联欢大会等活动,"培养儿童热爱劳动和树立劳动观点,鼓励儿童热爱学习文化知识等"④。通过对于有劳动能力、身体健康的儿童,则"试行了半工半读,使文化教育与劳动教育相结合,以养成儿童们爱劳动的习惯"⑤。通过举办音乐、舞蹈等文化娱乐活动,对儿童进行反帝爱国主义教育,使儿童们的思想认识不断得以充实和提高。⑥ 儿童时期正是人生观、价值观的初步形成时期,对这些儿童的思想教育,如对他们进行的反帝爱国主义教育,就取得了很大的成效,很多儿童"要求看进步小说《牛虻》、《普通一兵》及看《实践论》"⑦。这种思想上的进步,使儿童们逐渐革除封建主义、接受共产主义思想,也为他们成为新中国建设中的一分子奠定了基础。

(三) 教养方式的探索

新中国的儿童救济事业是在接管、改造原有救济福利机构的基础上逐步建立起来的。经过几年细致的机构整合,儿童救济工作掀开了新的一页。

---

① 《当代中国的民政》编辑委员会编:《当代中国的民政》(下),当代中国出版社 2009 年版,第 192 页。
② 《江西省 1957 年民政工作规划(草案)》,江西省档案馆藏,档案号:X035—3—469。
③ 济南市民政局编:《济南民政志(1948—2007)》,济南出版社 2008 年版,第 162 页。
④ 《北京市救济分会三周工作汇报》,北京市档案馆藏,档案号:14—2—48。
⑤ 《整顿生产教养工作总结报告》,北京市档案馆藏,档案号:14—2—47。
⑥ 《北京市救济分会三周工作汇报》,北京市档案馆藏,档案号:14—2—48。
⑦ 《北京市救济分会三周工作汇报》,北京市档案馆藏,档案号:14—2—48。

这些救济机构经过救济资源整合之后,基本上根据业务种类不同而重新予以划分。以上海市儿童福利院(原新普育堂)为例,该院原收养对象主要为"弃婴和孤儿,后来也收容部分残疾人员",根据1956年3月内务部刊发的规定,"凡是游民、残老、儿童混合在一起的教养机构,应该分开设立的精神,确定该院主要收养对象为弃婴、孤儿和案犯子女。1949—1958年间上海市儿童福利院共收养婴幼儿童21334人,其中弃婴10282人,孤儿和案犯子女11052人"①。可见,经过机构调整与资源整合的救济机构,在儿童的救济教养等社会福利方面发挥了更加重要的作用。

1.儿童教养方法的变革

与此同时,中央和地方人民政府积极创办起新的儿童福利院和社会福利院,也开始探究变革儿童福利机构对儿童养育与教养的方式方法。这种变革包括对孤儿、弃婴的广泛收容,然后按照儿童的年龄、身体健康状况,分别设立幼婴部、小学部和疗养部,给予不同程度、不同层次的抚育。② 此外,部分地区还开始推行对孤儿、弃婴的家庭寄养和领养方式,通过使儿童沐浴家庭的温暖来促进其身心的健康发育。下面以儿童福利院为例,简述儿童教养方法的变革。

一般情况下,各地的儿童福利院均由当地的救济分会直接领导,救济分会负责各个儿童教养单位的改进方法、重建秩序的工作。救济分会制定了很多新的规定,如废除体罚,让孩子们吃饱穿暖,废除定量配饭的制度;规定12岁以下的儿童必须接受小学教育,不参加劳动;星期日放假;允许家长领回孩子等。具体有如下几个方面:

首先,建立了全新的救济规章制度。一般来说,六岁以下的婴幼儿童集中在儿童福利院养育,增加儿童保姆,注重改善营养,开展规范的幼稚教育;六岁以上的儿童开始小学阶段的学习,由救济分会供给一切费用;对年龄较大的青少年儿童,部分成绩好的孩子由福利院送入市立或私立中学读书。③原来由孤儿院送入市立或私立中学读书的孩子,仍然继续上学,由救济分会供给一切费用;对年龄大的儿童,在其自愿的原则下,介绍到职业学校学习技能,使其逐渐自谋生活。有家的儿童,采取去信或孤儿院书面通知等方式,与其家长取得联系,在家长要求和儿童自愿的原则下,允许家长领回孩

---

① 《上海通志》编纂委员会编:《上海通志》第八册,上海人民出版社2005年版。
② 北京市地方志编纂委员会编:《北京志·政务卷·民政志》,北京出版社2003年版,第300页。
③ 北京市地方志编纂委员会编:《北京志·政务卷·民政志》,北京出版社2003年版,第301页。

子。在生活上保证吃饱穿暖,严禁打骂,废除不应由儿童做的劳动,加强文娱活动,经常以讨论会、座谈会的形式启发引导,充分地让儿童自觉地考虑自己的问题,不禁止宗教信仰和进行宗教活动。①

其次,为了加强对学生的思想教育,很多党的基层干部开始担任了教育系统的各班语文、历史、地理等课程的教员,宣布了学生守则。② 并且,由工作人员不断对儿童进行反帝爱国主义教育,丰富他们的文娱活动,使儿童们的思想认识不断得以充实和提高。③ 对儿童的救济不仅要努力帮助他们学习或者找到工作,而且注重他们的精神娱乐,培养他们健康的思想。对有劳动能力、身体健康的儿童,则"试行了半工半读,使文化教育与劳动教育相结合,以养成儿童们爱劳动的习惯"④。

第三,在儿童教育方面,考虑到文化知识对于儿童就业与未来发展的重要性,救济总会规定:"对学龄儿童,要帮助安置学校使其接受教育,如儿童家庭困难,就由福利院继续发给一到二个月的伙食费,并将其家庭经济情况介绍给所属政府,请予以救济。"⑤部分年长儿童无法从事学习,则尽量介绍儿童就业。有劳动能力、身体健康的儿童,则"试行了半工半读,使文化教育与劳动教育相结合,以养成儿童们爱劳动的习惯"⑥。

第四,在儿童管理制度上,侧重加强对收容儿童的管理与审查工作,制定了较为严格的审查办法,建立了收容人员的卡片登记制度,对各地区的孤儿、幼儿进行统一管理,并慎重安置。如:"对有就业条件的被收容人员及年龄较大的儿童,尽量找门路,予以介绍就业;对于孤儿,允许无子女人员领养;有家的收容人员一般都经调查了解清楚后安置回家;外地的资助回籍;有特殊困难的暂缓处理,对个别家庭条件好的令其交纳一部分或全部(收容)费用。"⑦这些制度的确立进一步加强了对儿童教养机构的管理。

2. 儿童教育方法的改进

一般情况下,由于收养对象复杂,儿童福利院根据身体、智力情况不同的儿童,采取了不同的方针。对婴幼儿的养护以保育为主,配以适当的营

① 北京市地方志编纂委员会编:《北京志·政务卷·民政志》,北京出版社2003年版,第301页。
② 《接管母佑儿童工艺院情况综合报告》,北京市档案馆藏,档案号:14—2—47。
③ 《北京市救济分会三周工作汇报》,北京市档案馆藏,档案号:14—2—48。
④ 《整顿生产教养工作总结报告》,北京市档案馆藏,档案号:14—2—47。
⑤ 《整顿生产教养工作总结报告》,北京市档案馆藏,档案号:14—2—47。
⑥ 《整顿生产教养工作总结报告》,北京市档案馆藏,档案号:14—2—47。
⑦ 《北京市救济分会1953年1月至1954年3月处理收容人员统计表》,北京市档案馆藏,档案号:14—2—47。

养,努力使他们身心健康,身体与智力发育正常。对一般的社会上流浪或乞讨的孤儿,1952年民政部规定应采取"收容教育,并组织轻微劳动,对已收容的,应采取教、养并重的方针,一般的可培养到小学毕业,然后学习技艺,个别有发展前途的可助其升学。在教养期间,劳动时间不应过长,以免影响儿童的身心发育"①。根据新中国成立初期的情况,这里所提的"教"主要是强调对孤儿进行文化教育、思想教育和纪律教育、劳动教育。1959年民政部进一步规定,对儿童应"认真贯彻'教育与生产劳动相结合'的方针,把儿童培养成为具有优良道德和一定文化水平的劳动者。对一般孤儿应进行正规的文化教育"②。这里特别强调对一般孤儿要施行正规的文化教育,与一般小学的教育方针相吻合。

在教育儿童的过程中,还要注重心理教育与身体健康的培养,中国人民救济总会北京市分会于1951年5月30日邀请于汝麟、关瑞梧、方石珊、诸福棠、朱家瑞等教授专家二十余人举行座谈会,讨论孤儿心理和孤儿福利问题。分会秘书长丁执中在座谈会上报告了帝国主义对中国儿童在精神上和肉体上的残害情形。由于帝国主义的极端摧残,许多孩子产生了变态心理,成为当前值得讨论的研究问题。座谈讨论的结果,认为孤儿的变态心理和身体的畸形发育,是由环境造成的。例如给孩子们以神的精神麻醉,迫令孩子们与外界断绝关系,做过分的和不适合身体健康的劳动,施以残酷体罚等等。现在要矫正孤儿心理,增进孤儿健康,首先必须进行思想教育和改良生活环境。首先,接收这类救济机关的工作人员必须自己对这种工作的重要性有足够的认识,不能有歧视孤儿的思想,工作或教育时不能心急,应当在日常生活中慢慢地进行。其次,对孩子们的处理应作合理和恰当的安排。如大孩子最好送学校或生产机构学习;残废的要特殊照顾,送入残废教养机关,使他们感到残而不废;年龄比较小的儿童也可实行"家庭寄养",将孩子送回家去养育,仍然供给公费。再次,关于儿童的生活应注意医药卫生的设备,注意营养,注意扩大孩子们的活动范围,打开他们的眼界。最后,不能拿一般儿童心理测验的办法去测验孤儿心理。③

对流浪儿童和顽劣儿童的养护与教育,"应教养兼施,而以造就劳动技

---

① 《当代中国的民政》编辑委员会编:《当代中国的民政》(下),当代中国出版社2009年版,第192页。

② 《当代中国的民政》编辑委员会编:《当代中国的民政》(下),当代中国出版社2009年版,第192页。

③ 《北京分会召集讨论孤儿心理和福利问题座谈会》,《救济工作通讯》第20期,1951年6月13日。

能为主"。1953 年民政部确定:"对染有恶习的流浪儿童,应加强思想教育、劳动技艺教育和纪律教育"。1959 年进一步规定:"对顽劣儿童应以品德纪律教育和劳动教育为主,并要注意应有的文化教育","改造顽劣儿童和改造成年游民不同,顽劣儿童只要有悔改表现,就应允许其出院,以后的教育由家庭和学校负责进行,教育时间一般的以一年左右为宜"。① 从实际情况来看,对少年儿童的养护教育中,突出劳动教育、思想教育和纪律教育,有利于帮助他们通过劳动学习、思想改造、技术培训等方式,克服已经养成的种种不良习惯,使其能够改过自新,努力成为一个自食其力的健康少年。

对残疾儿童的养护方针则侧重施以特殊教育,民政部规定"对于残废儿童要做好抚养、治疗、教育等工作。首先应做好抚养工作,以促进他们的身体发育,使他们增强体质"②。在这一方针政策引导下,全国各地均对身体残障人士的关怀与养护工作较为重视。在江西省,"1957 年在南昌市成立盲、聋哑人福利组织,重点开展盲、聋哑福利工作,并在七市和萍乡、鄱阳、樟树、乐平等镇进行一次盲、聋哑人的情况调查,此外,我们将会同有关部门选拔我省出席国际聋哑运动会的选手,参加全国选拔赛"③。1959 年,"据二十二个省市的不完全统计,在工农业生产大跃进中,各地的聋人生产单位由 1957 年的二十三个发展到二百二十三个,增加了九倍。聋哑学校也由1957 年的六十五所增加到一百零六所。各地还开办了不少半工半读的民办聋哑学校、业余学校和扫盲班"④。以山东省济南市社会福利院为例,自建院以来即"对婴幼儿及残废儿童,实行重点管理,坚持每天由护理人员 24小时全护,其吃、喝、穿、大小便均由护理人员照料。对健全儿童均保送上小学,毕业后升中学,成绩优异的可直接上大学并支付学费,考不上大学的则可参军和安排就业。对神智清楚、身体残废略轻者,除教文化知识外,还安排一些力所能及的生产劳动。对神智不清楚,身体健壮的儿童,均由护理人员帮助其自理生活"⑤。

儿童是民族的未来,国家的希望。新中国初期党和政府对儿童的救济工作是非常重视的,不但对儿童注重"养",而且还注重对儿童的"教",注重

---

① 《当代中国的民政》编辑委员会编:《当代中国的民政》(下),当代中国出版社 2009 年版,第 192 页。

② 《当代中国的民政》编辑委员会编:《当代中国的民政》(下),当代中国出版社 2009 年版,第 192 页。

③ 《江西省 1957 年民政工作规划(草案)》,江西省档案馆藏,档案号:X035—3—469。

④ 《通过生产推进聋人福利　全国聋人福利工作现场会议交流经验》,《人民日报》1959 年 1月 22 日。

⑤ 济南市民政局编:《济南民政志(1948—2007)》,济南出版社 2008 年版,第 162 页。

对儿童的思想教育、精神熏陶。儿童时期正是人生观、价值观初步形成时期，对这些儿童的思想教育，侧重对他们进行的反帝爱国主义教育。[1]　这种思想上的进步，使儿童们逐渐革除封建主义、接受共产主义思想，也为他们成为新中国建设人才奠定了基础。

　　儿童福利事业是新中国社会福利事业中的一个重要方面。与成年人相比较，儿童是一个特殊的成长主体，他们的成长不仅需要物质条件，还需要适当的教育、精神培养等综合性的服务。因此，儿童福利事业的发展情况，也是衡量一个国家、一个地区整体社会福利概况的重要指标。整体来说，虽然在党和政府的领导下，我国的儿童福利机构得到了较大的改善，但是，多数儿童福利机构中的收容与教育情况仍然不够完善。

　　根据统计资料显示，儿童福利机构中的收容与教育情况全国整体水平相近。武汉市儿童教养院是儿童福利机构中的典型，以该院为例来看，1954年该院共有儿童361名，该院"1953—1958年新收儿童897名……"[2]1959年6月武汉市将儿童教养院改为儿童福利院，该院收养对象为年龄在7—13岁的无人抚养的孤儿、影响社会治安的流浪儿、父母服刑无人抚养的子女以及家庭无法照管的残疾儿童等，"由居民委员会或街道办事处收送"。在武汉儿童福利院的儿童生活标准，"1959年每人每月12元；后改为每人每月为17元……儿童的衣服、被褥、鞋袜、蚊帐、凉席等生活用品，按期统一制发"，福利院还设有保育员、缝洗员，他们负责照料12岁以下和肢体残缺儿童的衣食起居。该院对儿童实行半工半读，组织儿童参加力所能及的劳动，并进行爱劳动、爱祖国、爱社会主义和思想品德教育，教授儿童小学文化知识。该儿童福利院"院内教师肩负双重任务，既是老师，又是父母，既教文化课又管理生活。风雪加衣，夜寒盖被，生病端水送药，谆谆教诲，竭诚相待，堪称良师慈母，被社会誉为'特殊园丁'"[3]。武汉市社会福利院的儿童被抚育到16岁，无论男女或残疾者，均分别升学、就业或转院安置。根据统计，该院1950—1985年共35年间，计收养儿童1845名，其中升学313名，参军36名，就业641名，领养205名，领回380名，转入市社会福利院安置

---

①　《北京市救济分会三周工作汇报》，北京市档案馆藏，档案号：14—2—48。

②　武汉地方志编纂委员会主编：《武汉市志·民政志》，武汉大学出版社1990年版，第275页。

③　武汉地方志编纂委员会主编：《武汉市志·民政志》，武汉大学出版社1990年版，第276页。

225名。① 从数量上来看,在35年间一共才有1845名儿童享受了这种福利,平均每年约52名儿童享有福利权利,对比湖北全省和武汉全市的贫困儿童来看,其数量真让人不得不感慨"何其少也"。而且,武汉市的儿童福利机构作为典型示范,已属"行业翘楚"了,其收容数量、收容范围尚且如此,可想而知,全国的儿童福利机构是多么的缺乏。

① 武汉地方志编纂委员会主编:《武汉市志·民政志》,武汉大学出版社1990年版,第276页。

第四章 "没有调查就没有发言权":救济总会的调查职能

调查研究是中国共产党的优良传统,从毛泽东同志提出的"没有调查,没有发言权"①,到习近平总书记倡导的"调查研究是我们党的传家宝,是做好各项工作的基本功"②,中国共产党不但将调查研究作为开展工作的基础,而且将调查研究升华为党在工作中坚持群众路线的一项基本方法。本章以中国人民救济总会的工作方法为切入点,探讨调查研究在该会的工作方法中的贯彻与运用,以及调查研究的工作方法在贫民救济、生产自救等方面是如何应用的。

一、调查监督:地方救济工作检查

1949 年全国各地陆续解放之初,新政权对各地社会救济与福利的管理工作就逐渐展开。如何在不了解具体情况的地区进行社会救济与福利的管理呢? 开展调查研究,深入了解实际情况,成为开展此项工作的基本方法。

(一) 调查贫困群体

新中国成立初期,党和政府对全国各地的救济福利团体开始进行全面调查。尤其在北京、上海、广州、武汉等大城市中,对救济福利团体的调查更为翔实细致。北京解放后,市人民政府民政局第一调查组在调查慈善团体的报告中,就明确阐述"在新解放的城市中,要详细调查救济慈善团体的资金来源、经营现状、负责人员的政治趋向,以及房屋、设备等财产情况等等"③。上海解放初期也由民政部门配合中国人民救济总会,组织了大规模的关于慈善团体的调查研究,这些调查多由中国人民救济总会的工作人员

---

① 《毛泽东选集》第一卷,人民出版社 1991 年版,第 109 页。
② 《以认真学习贯彻习近平新时代中国特色社会主义思想 坚定维护以习近平同志为核心的党中央权威和集中统一领导 全面贯彻落实党的十九大各项决策部署情况为主题进行对照检查》,《人民日报》2017 年 12 月 27 日。
③ 北京市人民政府民政局:《关于调查本市慈善团体(国际性慈善救济机关)情况的报告》(1949 年 6 月 17 日),北京市档案馆藏,档案号:196—2—189。

具体进行,包括救济福利机构的财产、账目、设施、业务开展、主要负责人和工作人员的具体情况等等。除了深入掌握各个救济福利机构的具体情况之外,还深入调研并帮助解决各个救济慈善团体的具体困难。① 例如,上海浦东同乡会设立的浦东第一儿童教养院,由于经费困难,救济儿童的数目逐年减少,解放之后虽然"收留新来的街头流浪儿童,努力扩充收容名额……"还发展农田生产,力谋自力更生,但是,由于经费短缺,"儿童的书籍、文具以及员工的薪给问题都不知怎样解决"。② 可以看出,这些全面细致的调查研究,为中国人民救济总会全面了解掌握救济福利团体的具体情况,提供了准确翔实的一手资料。

除了调查救济团体之外,中国人民救济总会对城市中需要救济的部分群体也详细地进行了情况调查,例如该会对部分城市游民的调查。新中国初期,为了尽快恢复城市的经济生产与社会秩序,内务部门曾对各大城市游民开展初步调查。上海解放之初,除了聚集在上海的各省难民,还有小偷、惯匪、"黄牛"、乞丐、游方僧道、逃亡地主、流浪儿童等各类无业游民将近60万人。③ 根据这些情况调查,中央政府制定了"根据国家建设需要与个人工作能力,全面地、积极地、分期分批予以改造和安置"④的政策,确立了对游民"收容、教育、改造、使用"的救济步骤。

中国人民救济总会及其分会注重调查城市游民收容、贫民生产、劳动改造等工作的新情况,也注重实地调查发现新问题。举例来说,全国各大城市在解放初期实行的收容救济工作时有偏差。收容机关一度成了部分城市游民躲避寒冬、混吃混喝的地方。当然,收容带有惩戒性质,管理人员也存在着明显的"宁有错收,不肯错放"的思想⑤,造成强制收容、长期收容无法解决的现实问题。诸如此类的问题往往需要通过调查研究才能够由表及里,发现问题的核心。可见,实地调查才能不断发现总结出工作中的新问题,这次调查情况由中国人民救济总会提出,这些被收容人员究竟应该如何教育改造并安置,是救济工作的重点。

---

① 上海市人民政府民政局:《救济福利团体调查表》(1950年3—8月),上海市档案馆藏,档案号:B168—1—796—1。
② 《救济福利团体调查表》,上海市档案馆藏,档案号:B168—1—796—1。
③ 庞松:《中华人民共和国史(1949—1956)》,人民出版社2010年版,第138页。
④ 中国社会科学院、中央档案馆编:《中华人民共和国经济档案资料选编·劳动工资和职工福利卷(1949—1952)》,中国社会科学出版社1994年版,第230页。
⑤ 《上海市分会工作的视察报告》,《救济工作通讯》第33期,1952年11月27日。

（二）调查各地分会工作情况

中国人民救济总会负责全国救济福利事业的改造与重建工作,因此,奋斗在救济福利第一线的工作人员往往需要调查各地的救济工作情况。调查的目的何在？通过调查能够取得哪些收获？从材料中得知,救济总会及分会在救济工作中的调查研究,往往能够准确掌握救济单位的情况、检查救济单位的实际工作、发现救济工作中的问题,以及总结调整救济政策与制度。总之,思考总结救济工作中的调查经验,可为今后的救济福利事业提供有益的借鉴。

1952 年 10 月,中国人民救济总会派出干部两组分赴华东、中南两地,对所属分会的工作情况,做有重点的深入调查。两个视察组又分为四个小组,在南京、上海、武汉、广州等四个市分会及广东省分会作了近二十天的调查,了解救济工作。第一组赴华东分成两个小组,了解上海、南京分会的工作。第二组赴中南分成两个小组,了解武汉和广东、广州三个分会的工作。① 下面仅以此次调查为例,探讨救济总会通过调查研究所取得的成就,分析调查研究在救济工作中所发挥的重要作用。

1. 南京市救济福利事业调查情况

南京市的救济工作任务是艰巨繁重的。据材料记载,解放初期全市无业、失业人员和灾、难民等最高数字曾一度达到四五十万人。为了解决这一严重问题,南京市政府根据中央政策,结合南京市的具体情况,订出了"开展生产自救,疏散回乡"的方针,由市政府与民政局领导,救济分会(前身是生产救灾委员会)与民政局所属生产教养院分别进行具体救济与安置工作。

南京市救济分会负责灾民难民的收容、疏散、城市贫民救济、贫病治疗、组织小规模贷款、举办群众性的生产自救等工作。南京分会共有 15 个附属单位:收容单位有临时收容所,大致收容五六百人;教养单位有南京市婴儿院、儿童教养院、劳动教养院、老残教养院及老残一分院、二分院等六处;生产单位有砖瓦厂、织布厂、印刷厂、碾米厂、缝纫厂、宣城农场等六处;治疗与隔离单位有卫生所与隔离所;所有附属单位共计收容 4648 人。②

南京市救济分会所负责的主要业务包括:

(1)城市贫民救济、贫病治疗、弃婴寄养等工作,主要是通过区支部及各公安派出所的民政干事做的,区支会名义上虽然存在,实际是在区政府民

---

① 《总会动态》,《救济工作通讯》第 32 期,1952 年 11 月 7 日。
② 《南京市分会工作的视察报告》,《救济工作通讯》第 33 期,1952 年 11 月 27 日。

政科设一两名救济干事,服从救济分会领导,分会掌握总的情况,调查研究、制定办法,及负责督促检查。

(2)游民、乞丐、流浪儿童、灾难民的收容教养与疏散工作,是由各公安局派出所协助收容,转送救济分会的临时收容所进行审查,然后按照收容人的年龄、成分、身体、劳动力等条件,分别转送各收容教养单位,应该疏散的则转送下关、浦口两转送站疏散回乡。

(3)对旧有社会救济福利团体的调整与改造工作是通过救济分会领导的善堂会馆整理委员会进行的。①

经过调查,救济总会发现,在南京市救济分会与南京市民政局、生产教养院之间的职权关系方面,存在着一定的问题。调查组在南京市着重了解与研究了救济分会组织机构的发展情况、救济分会与民政局之间的关系,以及救济分会领导与办理全市救济福利工作的方法。

南京市救济分会成立后,在各区设立支会,以便进行领导灾民难民的收容、疏散、城市贫民救济、贫病治疗、组织小规模贷款、举办群众性的生产自救等几项工作。南京市生产教养院是解放初期成立,负责办理游民、乞丐、老残、流浪儿童的收容、教养、劳动改造的工作。在领导关系上,救济分会除由救济总会领导外,在具体工作上它与生产教养院同受民政局的直接领导(民政局长兼救济分会副主席,直接领导分会)。在工作关系上,救济分会与生产教养院是同一性质的两个分工单位。救济分会在进行收容、疏散、救济中,遇到不能解决的救济对象,如游民、乞丐、老残及无家可归的流浪儿童,则转送生产教养院收容、教养、劳动改造。② 因此,两个单位的工作既有交叉,也有合作。

1951年6月,为了在救济领域统一领导、统一计划,集中办理全市救济工作,南京市人民政府和民政局的领导提出救济分会接办生产教养院。随后,南京市救济分会在民政局的领导与支持下,正式接办了生产教养院。这个措施,统一了城市救济福利的工作,增强了计划性,在组织机构上减去了一个领导机构,加强了民政局对城市救济工作的掌握和救济分会的领导。

1952年7月,南京市救济分会正式与南京市民政局合署办公,完成了组织上的统一。救济分会与民政局合署办公采取"可合则合"的原则,具体方法是:

第一,救济分会的办公室、财务科、人事科,每科各挂两个牌子,但用一

---

① 《南京市分会工作的视察报告》,《救济工作通讯》第33期,1952年11月27日。
② 《南京市分会工作的视察报告》,《救济工作通讯》第33期,1952年11月27日。

套干部,兼办两个单位的工作,同时受两个单位的领导;救济分会的业务部分仍保持独立,设救济福利与生产两科领导分会的业务与附属单位,直接受分会专任副主席的领导;救济分会监察委员会办公室仍在监委副主任的直接领导下进行工作;分会所属的善堂会馆整理委员会仍在分会内办公,由分会直接领导,进行对旧有善堂会馆的整理改造工作。

第二,救济分会与民政局合署办公后,采取了局长与副主席联合办公的办法,两单位的科长也建立了每日上午联合办公的制度,分会科长级以上的干部经常参加民政局的局务会议。因此,两个单位得以密切配合,及时研究与解决工作中的问题,加强了分会的领导力量和民政局对整个城市救济福利工作的政策性掌握。在人事配备上,减少了分会的行政干部,节省了约三分之一的编制。在财务管理与人事办理上也克服了过去的两级制度,减少了繁复手续,加强了财务与人事上的统一掌握。

这样,虽然民政局与分会之间组织形式上是两套,但工作上、精神上是一致的。救济分会副主席李某某曾说过:"救济分会的困难就是民政局的困难,民政局的救济工作也就是救济分会的工作。"①可见,民政局对救济分会是绝对负责和支持的。另外,救济分会业务在民政局统一计划之下进行,故其大部分事业费是由民政局社会事业费供给的,而民政局社会事业费除去优抚费以外,各项科目大部分都是通过救济分会使用的。救济分会的干部配备也完全是由民政局负责,统一由民政局人事科掌握,分会干部的学习、生活与民政局干部是一样的。

因此,南京市救济分会自成立以后,两次调整了组织,扩大了救济分会的工作范围,统一办理了全市救济福利事业,充分发挥了救济分会的作用,真正成为政府在救济福利工作上的有力助手。

根据南京市救济分会对组织与业务的调整经验,调查人员提出以下的几点体会:

救济分会与民政部门的关系协调非常重要,救济分会必须在当地民政部门的大力支持下才能发挥分会应有的作用。而民政部门也只有正确地认识到分会的作用及发挥分会的作用,才能使分会成为当地政府在救济工作上的有力助手,但这种支持必须建立在救济分会服从当地民政部门的领导、民政部门重视分会作用的基础上。

南京市的经验也证明了救济分会统一指导与办理全市性救济福利工作是可能的,救济分会是当地人民政府领导下的群众性的救济组织,团结并领

---

① 《南京市分会工作的视察报告》,《救济工作通讯》第33期,1952年11月27日。

导那里从事救济福利事业的团体及个人,组织群众生产互助及推进群众的救济福利事业。这在动员社会力量与举办全市性救济福利事业上是有便利条件的。因而,提出救济分会统一领导与办公,办理全市性的工作,是非常必要的。①

中国人民救济总会由此提出,根据目前各城市救济分会所存在的问题,救济分会应统一城市救济福利的业务与机构,从而集中力量加强领导。

2. 上海市救济福利事业调查情况

1952 年 10 月 15 日,中国人民救济总会调查组到达上海,分别调查了上海市民政局②和上海市救济分会所属的救济福利业务。

上海市救济分会的工作范围很广,情况也很复杂。救济分会直接办理的业务单位有 13 个,由分会辅助并领导其业务的私人办理单位有 9 个,准备处理的接受外国津贴的单位有 5 个,共 27 个救济单位。当时收容的儿童、妇女、残老、灾难民共 9447 人。上海市救济分会的工作,包括救济分会直接办理的第二贫民所、一心教养院、儿童疗养所、妇女所、养老所、难民所、少年村、保育堂等,还有救济分会补助的龙华儿童保育院、若瑟教养院、妇幼院等 12 个单位,部分正在准备处理的外资津贴救济机构,如新普育堂、圣母院育婴堂、土山湾儿童孤儿院等三个单位。③ 救济分会本身有干部 120 人,各救济单位的干部近 600 人,多为新参加工作的青年知识分子与接收过来的旧工作人员。④

上海市救济分会的工作是有成绩的。各救济单位大都组织了生产;各院所规章制度较之前大为改进;工作干部大都表现积极,有上进心,也有部分同志因为一贯做儿童工作经验比较丰富,工作有兴趣,有强烈的事业心,有为人民的救济福利事业服务的决心,这一点是应好好向他们学习的。例如,有一些同志在生活上与收容儿童打成一片,关心儿童,照顾儿童,使儿童们感受到慈母般的抚爱和温暖,衷心悦服地听从老师们的教导。例如龙华儿童保育院的老师,在儿童睡觉时,关心他们是否盖好被子,吃饭时关心儿童饭菜的好歹冷热,有一次鱼买少了,教师们就将自己吃的鱼送给儿童们吃,使儿童们感动得流下眼泪,这虽然是些小事情,但由此可看出他们是一切为了儿童。

---

① 《南京市分会工作的视察报告》,《救济工作通讯》第 33 期,1952 年 11 月 27 日。
② 此时期上海市民政局所领导的教养单位,包括新人习艺场、妇女教养院、劳动教养院以及新人习艺厂营造工程队,包括当时正在建造中的常宁大戏院等。
③ 《上海市分会工作的视察报告》,《救济工作通讯》第 33 期,1952 年 11 月 27 日。
④ 《上海市分会工作的视察报告》,《救济工作通讯》第 33 期,1952 年 11 月 27 日。

上海市分会的业务非常复杂，工作中难免遇到一些困难，但由于工作人员的努力，掌握了正确的工作方法，所以解决了不少困难。例如，教职员工紧密团结，通力合作，大体上做到思想一致，行动一致，因而领导有力，在某些方面解决问题及时；深入细致地了解儿童思想情况，分析研究儿童特点，还以预防为主、对症下药的办法来教育儿童，不等问题发生后再去消极处理，造成被动；健全组织，严格执行各种纪律，实行民主管理，组织学生会，由儿童自己管理自己，这是使生活学习走上轨道的有效办法；生活学习，文娱都有定时，有组织，养成儿童守纪律等习惯，通过学生会，发现积极分子，培养骨干，对推动工作起了极大的助手作用；教育方法结合实际，生动活泼，以具体事实对儿童进行政治教育，启发儿童阶级觉悟，如每次发给儿童的衣服及日用品时，即说明这是劳动人民创造出来的，只有在毛主席领导下的新社会，才能这样关心爱护儿童；当劳动时教师带头，也给孩子们很大的感动与鼓励。①

上海市分会不但需要做好自己所办的业务，还肩负着上海市的全部救济福利事业的领导工作，任务是非常艰巨的。"上海是我国第一大都市，也是世界闻名的国际都市，有不少人到了上海，就要求参观我们的救济福利事业，所以上海的救济福利事业做好了，在上海至整个社会改革，与稳定社会秩序方面起着积极的作用，在国际的影响上也是很大的。"②但是，上海市分会的工作还存在着一些问题，甚至是严重的问题，需要研究，及时地妥善解决。

第一，对社会力量不够重视。

救济福利工作是社会型的工作，不是一个单位所能独立进行的，除了与有关部门配合外，还应充分发动社会的团体与个人来共同进行，但是，上海市救济分会只关注部分私营团体或个人的落后一面，而看不到他们有利于救济福利事业的一面。因而，上海市救济分会不但轻视这部分私营救济力量，还对私营救济业务采取听之任之的态度，任其自生自灭，甚至强行接管或包办私营救济业务。有些私营团体经费困难，上海市救济分会给了一些补助后，就直接接管了他们的救济业务。显然，这种做法忽视了私营救济团体的独立性，使公私界限模糊不清。

第二，具体工作中的政策不明确。

在妇女所、残老所、难民所等三个所里，共收容了 3305 人，大部分是灾

---

① 《上海市分会工作的视察报告》，《救济工作通讯》第 33 期，1952 年 11 月 27 日。

② 《上海市分会工作的视察报告》，《救济工作通讯》第 33 期，1952 年 11 月 27 日。

区农民、城市贫民、失业工人(还有判刑等犯人 67 人),连曾经参加抗美援朝工作,因不安心请准退休的忻丹萍都收容在内。究竟什么人是收容对象?什么人是劳动改造对象? 没有区别。生活标准、生产分红都是一样的,特别是个别领导干部对这些人的管教施以打骂、站、跪等恶劣办法;妇女所为了防止收容妇女接见客人时逃跑,还专设了铁窗栏。因此有些被救济的人员不是感激政府,而是对政府不满。结果,党和政府是费钱、费力、挨骂,政治上还要受损失。此外,一心教养院擅自搬掉教堂神像,违反宗教政策,长期拖延不决,这些错误未能及时纠正,使干部思想糊涂下去,难于提高,工作上蒙受巨大损失。①

被收容人员的出路问题无法解决。究竟这些人如何处理? 什么时候处理? 根据什么方向进行教养? 都没有明确规定。有的人收容入教养院已经两年多了,他们反映:教养所还没有坐牢好呢,坐牢是有期限的,在这里坐到什么时候才能出去? 分会知道这一包袱是比较沉重的,但还存在着"宁肯错收,不肯错放"的思想。

在生产方面,究竟是为了赚钱? 为了教育? 还是为了使收容人员学得一技之长,以解决出路问题呢? 干部们对这个问题也认识模糊。我们认为分会生产的生产品,成本是很高的,质量是低劣的,生产的结果所获并不多。虽然生产门类很多,诸如热毛巾、袜子、缝纫、弹棉衣等等,但学得这些技术,是否可以找到出路,借以谋生,亦很成问题。由于注重生产而忽视了教育,更失去了生产教养的意义。

对被收容人员的政治权利不够尊重。刑期已满的犯人不应仍然收容在所内,而他们参加劳动,应有适当的劳动报酬;参加劳动的灾民、难民或贫民,原则上其劳动所获亦应归其本人所有,或者从较低工资制逐渐提高到与社会工资相等;表现较好而要求参加工会者亦应批准。被收容人员对分会在这些问题上,意见很多,迄未解决。这些问题不予解决,也将直接影响收容人员改造自己与参加劳动的积极性,对党和政府的救济改造工作也是不利的。

第三,业务范围太广。

妇女教养院有法院判刑犯人 67 名,管理上很困难,在门里装置了铁窗栏,救济机关俨然成了监狱,对社会上影响很不好。救济分会办理的一心中学、儿童疗养所、残老收容所,以及收容的精神病患者等,都应与有关部门协商尽量交给相关专业部门办理。

---

① 《上海市分会工作的视察报告》,《救济工作通讯》第 33 期,1952 年 11 月 27 日。

第四，领导作风不够民主，不能很好地进行批评与自我批评。

领导干部对来自干部及群众的意见，缺乏虚心接受的态度，不是对好的意见加以接受并对提意见的人加以鼓励，或对不正确的意见给予解释说服，而往往以粗暴的方式对提意见的人"扣帽子"，说他们"立场不稳"、"资产阶级思想"、"技术观点"或者是用敷衍的态度置之不理。有些问题与困难被提出后，不能及时解决，如爱育堂去年十月即提出给孩子检查身体，但至今毫无下文。而且，有的干部甚至对批评意见，不能冷静思考，有时表示不满，还要追责任追动机。这样，便大大地降低了干部工作的积极性，干部的智慧不能充分发挥，正确的有益于工作的建议渠道都被堵塞了。致使有些同志有意见不愿讲，上下之间不能通气，造成互不信任、互相埋怨与不团结现象，有的同志不安心工作，想脱离救济分会。这些问题都需要及时研究解决。①

可以看出，经过调查研究，救济总会还是从上海的救济福利事业中总结了很多典型的问题，进行了思考与探讨，很多问题在以后的工作中也陆续得到了解决。

3. 武汉市救济福利事业调查情况

中国人民救济总会调查组对武汉的调查历时十七天，工作内容包括收集了若干资料，听取了分会、民政局和中南民政部的意见，参加了分会的工作会议、生产教养院职工代表会和民政局两次会议，参观了分会附属单位和生产教养院所属单位七处。另外，还参观了由救济分会移交武汉市教育局接办的瞽目学校，以及汉口收容妓女后成立的新生妇女教养院和私立汉口孤儿院。

经过调查可知，武汉市原有的救济福利事业规模较大，救济福利单位也多。在救济工作中，救济分会、民政局、生产教养院三个单位之间的权责关系较为混乱，在一定程度上造成工作人员思想上的混乱。

关于武汉市救济分会：

武汉市救济分会在秘书长下设秘书、救济、组宣三组，共有干部20人，秘书长由民政局社会科长兼任。在救济分会工作的同志，很多都是"三反"运动以后由民政局调来，秘书长穆振荣也是"三反"以后才正式兼代分会工作。由于救济分会这种组织上的动荡不安，使救济分会的很多工作还处于摸索阶段，而救济福利工作的很多必要制度，也多数尚未建立。武汉市救济分会附属单位可分为9处，"其中四个单位（花园山育幼院、育幼院第一分部、育幼院第二分部、残废院）在武昌，五个单位（育幼学校、第一教养所、第

---

① 《上海市分会工作的视察报告》，《救济工作通讯》第33期，1952年11月27日。

一畜牧场、遣送站、第一诊疗所)在汉口。附属单位中干部、医务人员及保育员共约一百二十人,收容人员约四百五十名,其中婴儿、幼童在一百名左右,青少年近三百名,残老五十余人"①。

从救济分会附属单位的救济工作开展情况来看,很多工作人员都是较有工作热情的,如在准备招待外宾的工作中,花园山育幼院和第一、二分部的工作同志都积极负责,有些同志甚至彻夜不睡,努力工作。育幼院和第一分部对于收容婴儿、幼儿的保育工作,都很认真,孩子们一般都健康成长,但由于对卫生和传染性疾病的治疗条件不够,因此很多儿童都患有沙眼。育幼学校里的学生,过去很多都是小偷、乞丐或长期在街头流浪的儿童,当工作组在该校参观时,孩子们在兴致勃勃地习字、绘画、演算习题、休息或游戏,没有看见野蛮和流氓习气的表现。在这个学校里,老师和学生在生活上很接近,吃的是同样的伙食。第一畜牧场和武昌育幼院第二分部工作同志对于畜养家禽、乳牛的方法,品种的选择等,都很肯钻研。② 但是,关于武汉市分会的救济管理工作尚存在着下列问题:

第一,因为救济分会虽是群众团体,但没有会员和一定的群众支持,业务经费悉由国库开支,同志们对于分会的性质感到不明确。有些同志反映:"反正是政府拿钱办事,何必要设救济分会?"直接统一由民政部门管理救济福利业务不是更加方便? 例如,从 1952 年 10 月开始,武汉市的一切临时救济工作改由区政府办理,这更加剧了救济分会工作的"空洞",业务也进一步减少,很多同志感觉救济分会的工作方向不明确,前景不明朗。另外,过去在救济工作中武汉市救济分会对区人民政府常常发出指示通知,这种事例就是对于分会性质、对救济分会与民政局、区政府的关系不能明确的具体表现。

第二,救济分会虽有执行委员和监察委员,但实际上执监委与分会毫无联系,委员会形同虚设,民政局局长工作极忙,对救济分会只能作原则上的指示;有些同志认为总会离分会太远,无法经常具体地指导工作;实际负责领导工作的是秘书长,而秘书长又是兼职,很难深入工作。因此,救济分会的不少同志都怅然地说:"我们实际上是没有领导的。"过去,关于贫苦市民的临时救济,民政局社会科的同志有时在文件上批示发救济粮若干,然后交救济分会执行。对于这种情况,救济分会同志表示:"民政部门掌握政策,我们办具体业务,如果社会科把一切都批死了,分会只执行发放粮款,那么

① 《武汉市分会工作的视察报告》,《救济工作通讯》第 33 期,1952 年 11 月 27 日。
② 《武汉市分会工作的视察报告》,《救济工作通讯》第 33 期,1952 年 11 月 27 日。

分会实际上只是在做分管'仓库'的工作"①。以上情况和事实都说明在救济分会与民政局领导关系与业务关系上,很多问题都是亟待研究和解决的。

第三,在救济分会附属单位的业务工作上,也存在若干问题应加以考虑。救济分会附属单位中有"第一畜牧场,另外还有在武昌的育幼院第二分部,这两个单位都养着家禽和牲畜,各自在工作中研究如何豢养禽畜、改良品种,似应考虑加以调整,豢养乳牛虽然便利供给婴儿牛乳,但亦应考虑分会长期正式办理此项业务,有无必要?"②另外,救济分会附属育幼院的孩子们都长得很好,但是对于这些孩子的供给标准,则应统一加以研究和规定,假使这些孩子的保育费用,超过一般干部子弟,那就不很适当了。育幼院有些较大的孤女,目前在中学读书;育幼学校原则上收容年龄六岁至十七岁的儿童,但实际上超龄儿童不少,这些儿童在毕业以后继续升学或转送企业单位学习生产技能,应当依据怎样的标准,是要仔细研究和确定的。同时,对于这些儿童应施以完全正规的小学教育?还是辅以其他技术教育?都要明确起来,统一进行规定。③

武汉市生产教养院的调查情况:

武汉市生产教养院是一个规模相当庞大的机构,现有干部约200人,收容人员5000多名,院长浦建功同志是"三反"运动以后才由民政局调来的。在生产教养院下主要分为生产和教养两个部门;收容教养单位分设在武昌、汉口、汉阳三处;目前生产业务有下列7个单位:砖瓦厂、缝纫厂、织布厂、印刷厂、工程大队和两个碾米厂(一在武昌,一在汉口)。生产教养院最主要的任务是改造旧社会留下来的大批游手好闲、不务正业甚至为非作歹的人。因此,最基本的工作就是彻底清查、了解这些人的历史情况。在清查历史成分以后,对于院民思想情况、生活习惯、劳动态度和生产技能的程度,都必须通过一定的组织制度和切实的办法,加以教育改造和考核记录,从而决定院民的成分改变及出路问题。可以说,通过生产劳动对院民加以教育劳动改造并教以生产技能,解决他们的出路问题,这是设立生产教养院的意义所在。

因此,生产和教养应当是密切结合的,其统一的标准就是对院民的教育改造。在武汉市生产教养院职工代表会上,第三组提出目前工作中的两种问题:

---

① 《武汉市分会工作的视察报告》,《救济工作通讯》第33期,1952年11月27日。
② 《武汉市分会工作的视察报告》,《救济工作通讯》第33期,1952年11月27日。
③ 《武汉市分会工作的视察报告》,《救济工作通讯》第33期,1952年11月27日。

（1）对生产不够重视，太重视教养；而教养方面亦有恰恰相反的意见。

（2）院民从一个单位调到另一个单位时，其个人材料常常并不转来，以致对其人无法了解。

这些情况说明有些工作人员没有紧紧抓住"教育与劳动相结合"的改造原则，对于生产与教养的本质和两者一致的精神，尚缺乏充分了解，因而，两方面密切配合就成了问题。①

自 1949 年成立以来，武汉市生产教养院长期忽略了"教育改造院民"的这一中心工作，专门研究"搞生产"，而"搞生产"又不相信科学管理，一直是盲目的、无计划的。例如，在汉阳的砖瓦厂，有德式窑的设备，投资在人民币七十亿元以上，容纳了大量的劳动力，但今年由于产品销路不好，不得不暂时停止生产，并积压下大量资金。原有一个织袜厂和颇具规模的麻袋厂，由于成本太高且产品不够市场标准，以致没有销路，织袜厂和麻袋厂皆已停工。在职工代表会上有同志说："我们对于成本没有搞清楚，恐怕谁也不知道砖瓦厂到底是赚了钱还是蚀了本。"②从以上情况可见，在生产过程中，没有认真注意到成本计算、产品规格、销路问题和科学管理，故生产具有盲目性、无计划性。因此，该院必须进行大力整顿，彻底改进生产教养院的业务与工作方向。

经过调查，中国人民救济总会检查组提出如下意见：

（1）整顿武汉市生产教养院的工作。根据中国人民救济总会检查组的意见，武汉市生产教养院召开了职工代表会，并力求建立和健全各项制度；加强对院民的甄审和改造工作；要求彻底清理财产、核定资金；要求对生产、教养作出切合实际的计划。

生产教养院的性质与任务是对收容人"通过教育与劳动加以改造和组织生产自救，直到训练好生产技能，并解决他们的出路问题"③。因此，提高每一个干部的思想认识，使他们对生产教养院的工作性质与业务有进一步的理解认识，是搞好武汉市生产教养院工作的一个关键。

（2）生产教养院与救济分会的责权关系处理。通过实际调查，救济分会与民政局、救总检查人员举行会议，就"城市救济福利工作要怎样才能办得更好"的问题进行了详细的讨论。救济分会的同志认为，生产教养院合并于分会是有好处的，可以去掉重复的机构、节省人力、统一领导，而且对于

---

① 《武汉市分会工作的视察报告》，《救济工作通讯》第 33 期，1952 年 11 月 27 日。

② 《武汉市分会工作的视察报告》，《救济工作通讯》第 33 期，1952 年 11 月 27 日。

③ 《武汉市分会工作的视察报告》，《救济工作通讯》第 33 期，1952 年 11 月 27 日。

各种类型收容人员的处理也容易些。但是,在进行组织合并的过程中,也需要注意一些现有的问题:

首先,生产教养院中不少单位都有强制或半强制劳动改造的性质,如果合并入救济分会这种群众团体中,是否适宜? 这是需要加以研究的;

其次,生产教养院干部质量皆远强于分会,如果合并,人事方面必须大规模改组,组织机构亦须完全重新研究;

再次,在现有的情况下,生产教养院收容人员的供给标准远低于分会收容人员,而生产教养院收容人员数量众多(五千余人),如果合并,其供给标准似应统一。这些工作又涉及财务资金合并的复杂问题。生产教养院一般院民每日菜金六百元,生产员菜金八百元;分会收容人员每日菜金为一千二百元。[①]

市民政局应该负责领导和检查救济工作,救济分会和生产教养院都是独立性比较大的机构,但救济分会工作的好坏,其责任仍在民政局,救济分会则应经常调查研究,眼光向下检查工作,掌握政策方针;眼光向上对民政局负责,明确工作范畴与职责。救济分会合并生产教养院以后,救济分会组织基本上可分为三组:

一为社会(或救济)组,负责收容、遣散、临时救济等对外工作;

二为文教组,负责审查收容人历史成分及抚养、教育和改造工作;

三为生产组,负责生产及产品销售的业务。

双方合并的步骤宜逐步调整。生产教养院暂时仍保留,先把下面小的、重复的单位加以合并,再到大的业务单位和整个机关的合并。而且,救济分会毕竟是群众团体,所以救济福利性质的事业,皆应由分会办;而关于改革、改造方面的工作,则仍由民政部门去做。生产教养院的名称仍然保留,今后将残老、育幼等工作机构都交给救济分会办理;而教育改造工作及正在从事生产工作的收容人员,则仍归生产教养院管理。

多数工作人员认为,城市救济只是民政部门的一部分工作,这种工作可以由群众团体来办具体业务,民政部门只集中精力,考虑政策方针和督促检查具体工作的优劣得失就够了。这样,城市救济工作就在民政局统一的领导之下了。这样做,可以节省干部与经费,也可以加强领导。一切生产机构、教养单位、组织机构都不宜重叠浪费,有统一的救济工作领导机构更加有利于救济工作的全面开展。

(3)有关收容人员的救济原则、收容办法、教育方针、供给标准和处理办法,是亟待研究解决的几个问题。救济分会现在"有残疾、畸形及精神病

---

① 《武汉市分会工作的视察报告》,《救济工作通讯》第33期,1952年11月27日。

收容人约四十名",而"生产教养院残废及各种病患院民极多,其中仅患精神病者有一百多人;这些人都散居在各种收容、教养单位里"①。显然,这些收容人员应分类集中教养和管理,应当把精神病患者集中管理,或与有关部门联系尽量交给专业部门办理。② 例如,1952 年 10 月 17 日,湖北某县农民因为听说武汉市有收容机构,便大家捐钱将该乡一个患瘫病的人通过乡政府送到武汉市民政局。仅从这一事例看,"农村残病贫民假使可以送到城市收容,那将收不胜收"。对于流浪儿童八九岁至十三四岁尚不识字的,是让他从小学一年级读起呢? 还是用其他方法教育? 育幼学校毕业学生,以什么标准送入中学? 又怎样为他们选择学习各种不同的生产技术?③

以上情况,都说明对收容人员的救济、收容、教育、供给和处理的办法与标准是亟待研究和解决的。

4. 广州市救济福利事业调查情况

中国人民救济总会调查组于 1952 年 10 月 10 日到广州视察,除向有关单位了解情况外,对广州市分会及广州市生产教养院所属单位进行了有重点的调研。

1952 年 9 月初,广州市救济分会开始与广州市生产教养院联合办公(即合署办公),同时和民政局靠近办公。联合办公的组织形式是在联合办公室设有职权相同的第一主任(生产教养院院长)和第二主任(分会秘书长),对内统一日常工作的领导,对外仍然是保持两个机构及院长和秘书长的名义。办公室主任下设有生产、教养、救济、卫生、行政、会务、财务(现已与民政局财务科合并办公)、人事等 8 个组,统一进行两单位的行政和业务工作。现有干部 66 人,勤杂人员 4 人,共计 70 人。

在业务分工上生产教养院负责社会改革性质的业务(即强迫收容改造的),如游民、妓女之收容改造,并领导其原有的附属单位;救济分会负责孤儿、残老之收容教养工作及城市的一般救济工作,并领导其原有的附属单位。

联合办公以后,双方在工作上配合密切了,请示领导方便,解决问题快,提高了工作效率,并加强了民政局对下面单位的领导。合并后充实了骨干及部分下层机构,节省了人力、物力,统一了行政及学习的领导。

在调查中,谈及调整业务和调整机构今后应如何办理的问题,市民政局

① 《武汉市分会工作的视察报告》,《救济工作通讯》第 33 期,1952 年 11 月 27 日。
② 《武汉市分会工作的视察报告》,《救济工作通讯》第 33 期,1952 年 11 月 27 日。
③ 《武汉市分会工作的视察报告》,《救济工作通讯》第 33 期,1952 年 11 月 27 日。

及救济分会表示仍可以继续目前这样联合办公的形式及业务上的分工。因为救济分会系人民团体,仍应发挥人民团体的作用,如"管理旧有社团和救福界的统战工作"。生产教养院系政权机构,在做游民、妓女收容改造工作及到市或区进行调查研究工作是有便利条件的。另外,因经费不统一(救济分会是人民团体补助费,生产教养院是社会事业费),在业务上亦无法统一。至于存在的问题只有所属性质相同的业务机构的重叠,因经费与房子的限制不能合并调整;在干部方面,如以后扩大收容时还须适当增加编制,目前的干部数量不可能再精简。①

联合办公室下属单位共计有 28 个,其中分会所属的单位有 10 个,包括 1 个育婴所、5 个儿童教养所、2 个盲人所、1 个老人所,共计收容了 1309 人,另外,领导了一个善堂会馆联合会;生产教养院所属的单位共有 19 个,包括 2 个儿童教养所、7 个收容所、3 个老人所、1 个妇女教养所和 6 个生产单位,共计收容 8549 人。②

救济分会所属单位,由于领导上重视,"三反"后大规模地调整了思想认识,环境设备又比较好,故一般在生活管理上是较好的,特别是在生产与教养相结合的工作上有些成绩,使教养单位的儿童能够有很好的劳动习惯。在解决儿童出路的问题上,也有一定的成绩。一年来在参军、参干、参厂、参加训练班等方面解决了一些问题;今年又举办了会计训练班,训练较大的儿童。存在的问题主要是干部问题,一般干部文化及政策水平较低,有些单位的干部均是未经改造的留用人员。例如,在第一儿童教养所,由于干部之间不团结,对于儿童的教育抓的不紧,儿童有不遵守纪律的散漫现象。在婴儿保育机构中,保育方面不够好,如育婴所多数的婴儿都不健康,并患有轻重不同的皮肤病。③

生产教养院所属各单位中,参加各种生产的约有四千余人,其余四千多人多为老弱残废。生产单位有砖瓦厂、石灰厂、被服厂、印刷厂、农场、土木工程队。参加生产的人员都是由各个教养单位中选择的有劳动力的青壮年,约 1600 余人。这些生产单位的生产是配合城市基本建设的需要,在有原料、有市场、有前途和薄利多销的原则下进行的。个别单位不但能自给自足,而且今年上半年已上缴利润十余亿元。

根据调查情况总结,目前广州市救济分会和生产教养院在具体业务上

① 《广州市救济福利事业调查情况》,《救济工作通讯》第 33 期,1952 年 11 月 27 日。
② 《广州市救济福利事业调查情况》,《救济工作通讯》第 33 期,1952 年 11 月 27 日。
③ 《广州市救济福利事业调查情况》,《救济工作通讯》第 33 期,1952 年 11 月 27 日。

尚有几个主要问题:在救济分会方面,因调整机构而精简下来的少数干部无法安置;分会管理的社团尚有十四亿元结余,市财政局要分会上缴,而分会拟用于救济事业上,双方曾洽商数次,尚未解决;救济分会拟将盲人院划归文教局领导,在经费供给上并无问题,但文教局因干部少,仍希望救济分会在行政上领导,此问题亦商讨数次未得解决。在生产教养方面,存在的主要问题是生产的企业化及收容对象改变成分与安置出路问题。

针对上述问题,调查组提出了以下几点参考性建议:

(1)关于调整业务、调整机构的问题:随着即将到来的大规模的经济建设,救济工作应在统一计划、集中办理的原则下进行。因此,广州市分会可接办广州市生产教养院;广东省分会与省民政厅可合署办公,分会下面的所属业务单位,可交民政部门统一领导。广东省民政厅表示,拟由社会科一部分干部充实分会、扩大分会业务、将全省老残孤儿的收容教养及有关的调查和救济等工作划归分会负责;民政部门负责游民、妓女之收容改造工作。因为分会为人民团体,仍应发挥人民团体的作用,如发动社会力量等。省民政厅及各地民政部门干部少,中心工作又多,分会做这个工作可减轻民政部门的工作;分会所属的二十四个单位亦可充分利用,扩大收容。如果业务统一到民政部门,须增加各地民政部门的编制;如果民政部门一部分业务划归分会办理,则分会须在必要的地方设置若干办事机构。

(2)对收容人员应进行一次全面的详尽的审查,分别处理。不应收容的或可以出院的都允许或动员他们出院;可以就业的人,要按照劳动就业工作统一处理;已经改造好了的无法安置的对象,应进行思想教育,准备转向农村垦殖;仍须继续改造的,应划分不同类别,确定自入所之日起一年至三年的改造限期,在原有基础上继续从事劳动生产或组织劳动大队转向农村垦殖,或继续劳动改造(同时给予必要的教育如速成识字法、政治常识、时事等)。

(3)明确生产教养方针,是生产与教养互相结合。纠正过去重生产轻教养或单纯教养的偏向(老残以养为主,儿童注重教养,较大的儿童逐渐生产),管教上坚决肃清打骂现象。① 今后应结合城市基本建设,组织劳动大队进行营造、运输、修建等生产。生产单位已经企业化的应逐步交给企业部门。很多生产单位存在的问题主要是单纯生产观点与单纯利润观点,强调完成生产任务而忽视对生产人员的教育,缺乏经常的学习制度,因此,对于生产人员的思想教育做得较差。如砖瓦厂有很多人在休息时间仍继续生

---

① 《广州市救济福利事业调查情况》,《救济工作通讯》第 33 期,1952 年 11 月 27 日。

产,主要是为了多拿奖金(分红)。在管理上,过去由于对政策了解不够,曾采用强制办法,现在逐步得到了纠正。① 只有明确生产教养的方针,才能将生产与教养有机结合起来,以达到劳动改造的目的。

5. 天津市救济福利事业调查情况

1951 年,天津市救济分会正式成立,在中国人民救济总会及天津市政府的领导下,一年多完成了为皖北灾民募集寒衣、为朝鲜难民募集鞋物、处理接收外国津贴救济机关等工作,完成了上级所交给的多项任务。但是,在举办社会救济福利工作时,还是感觉工作目标不明确,业务很空洞,对各方关系不明确,常常限于客观条件不可能作全面整体的推动业务。由此导致"分会对社会影响不很大,没能发挥其应有的作用"②。

天津市办理社会救济福利工作的,有民政局社会科及其所属生产教养院、天津市救济分会。生产教养院负责收容改造老弱残废和流浪儿童等工作,又与救济分会的业务性质基本相同。这样不但导致机关重叠,力量分散,而且在工作推动上感觉不协调,在联系群众时也感觉不方便,常常要走弯路。为了救济福利事业的统一,更好地执行中央关于救济福利与生产相结合的指示精神,就只有把分散的机关集中起来,使领导思想专一化,集中力量做到有救济、有生产、有收养、有教育改造的分工,才能适应今后救济福利事业的发展需要。③

为了天津市救济福利事业的统一领导,集中力量,在救济福利事业坚持"生产自救与自助助人"的总方针下,更好地发挥其效能,经中国人民救济总会与天津市政府同意,天津市救济分会于 1952 年 10 月 18 日正式将天津市生产教养院并入救济分会。这样调整,不但可解决组织领导上的便利,而且能够推动整体救济业务,充实分会工作内容。

10 月 18 日天津市救济分会召开了全体干部大会,正式宣布原来的生产教养院撤销,一切业务由救济分会接管。会议阐明了组织合并的意义在于加强领导,集中力量,为今后社会救济福利事业的建设与发展,所有工作人员要在团结互助通力合作的基础上,办理交接,努力工作,基本解决了同志们思想上、情绪上不必要的顾虑与不安。同志们普遍感觉愉快,有的说:"今后分会的工作,会要繁重起来!"也有的说:"我们今后是在中央和市政府的直接领导下,将会有更大的发展!"④工作人员普遍情绪饱满,这给今后

---

① 《广州市救济福利事业调查情况》,《救济工作通讯》第 33 期,1952 年 11 月 27 日。
② 《天津市救济福利事业调查情况》,《救济工作通讯》第 33 期,1952 年 11 月 27 日。
③ 《天津市救济福利事业调查情况》,《救济工作通讯》第 33 期,1952 年 11 月 27 日。
④ 《天津市救济福利事业调查情况》,《救济工作通讯》第 33 期,1952 年 11 月 27 日。

的工作顺利开展打下了基础。

救济分会与生产教养院合并之后,共有附属机构 17 个,教养单位 9 个,生产单位 8 个,共计收容院民乞丐与婴幼儿 2400 余人。为了做好工作,一定要"慎之于始"打好根基,才会有条不紊。因此,救济分会首先参照两单位的原有制度,取长补短地健全了必要的会议汇报等工作制度,通过会议制订了工作计划。救济分会当前的中心政治任务,是继续完成既定的增产节约运动,逐步地走向"收容与劳动改造相结合,生产与教养相结合,生产为教养服务"①的工作方针,纠正过去重生产、轻教养的偏向。救济分会按照业务性质作了具体分工,在执委会主席、副主席下设秘书长办公室,领导生产、教养、救济福利、人事、财务、总务六科,负责所属业务;配备了工作干部,原来干部尽可能地仍在原科室工作,以利业务熟练,提高工作效率。

从天津市救济分会与生产教养院的机构调整经验可知,天津市生产教养院所存在的问题,基本上是全国各地生产教养院所普遍存在的。生产教养院下属的生产业务也"多系旧接收的业务基础上成立起来的,而不是有系统地举办",因此,在生产性质上,是多方面的、零碎的,不但技术领导要花去很大的力量,同时对于配合教养带动工徒,也存在着相当困难,不适合于劳动改造的条件。而且,生产教养院由于实行"生产自给",连工作人员也是生产自给,完全靠搞生产来吃饭,如果赚不了钱大家都不能吃饭,因此,工作上侧重发展生产,对于"教养"的任务就做得不够了。而在救济分会的单位中,所经办的生产事业,主要是为教养服务,通过生产劳动来改造被收容人员,使其增进劳动观点,肃清游惰思想。在这种条件下,若要求实现"生产企业化",进而作到财政自给,显然是不可能的。②

通过上述调查研究情况可以看出,调查研究对于中国人民救济总会掌握各地救济福利工作的具体情况,并根据该情况提出政策调整或问题的解决办法,都是有指导意义的。在实际工作中,由于全国各地、各大城市的救济福利工作基础不同,具体情况各异,因此,调查研究这种工作方法,已经成为中国人民救济总会开展工作的基础,越来越发挥出重要作用。

---

① 《天津市救济福利事业调查情况》,《救济工作通讯》第 33 期,1952 年 11 月 27 日。
② 《天津市救济福利事业调查情况》,《救济工作通讯》第 33 期,1952 年 11 月 27 日。

二、生产自救:调查贫民生产

调查研究是一切工作的基本方法之一,在救济贫民的工作中也非常重要。要做好救济工作,尤其是组织贫民生产的工作,就必须了解贫民的生产条件及生产门路,掌握住他们的生活与参加生产的变化情况,这就要求民政部门要随时开展调查研究工作。正确的调查研究工作,不仅能够深入掌握贫困户的实际生活问题,而且也能有的放矢,具有针对性地解决扶贫济困工作中存在的问题。

新中国初期,全国民政事业确定的基本政策是"以生产为中心",这一政策的思想来源,除了众所周知的革命时代的大生产运动之外①,更离不开救济福利事业的实践经验。1949 年后,较早将生产与救济联系起来的实践活动就是为了解决烈军属、城市贫民的救济问题而组织的"以工代赈"兴办市政工程。1950 年"上海、南京、天津等城市采取这种方式,仅在一年多时间里就翻修马路 824.5 公里,整修下水道 243 公里"②,政府仅用少量资金,就可将救济与建设联系起来,这些成绩为后来福利生产的探索奠定了基础。

自 1952 年起,一些城市本着"生产自救"的方针,各地救济分会与民政部门开始组织由烈军属和城市贫民参加的手工业或小型工业生产,并获得了官方肯定,"尽管当时这种生产大多是季节性、临时性的,参加生产的对象也主要是失业、无业贫困人员,但它在特定的历史条件下,开创了以生产自救方式解决某些救济对象生活出路的途径"③。毫无疑问,这种方式能够在政府财政紧张的条件下较好地解决社会救济问题,又具有弘扬生产、艰苦奋斗之精神意义。因此,通过短期实践,生产自救的模式在 1953 年的全国民政会议上获得肯定,会议提出:"必须大力组织革命烈士家属、革命军人

---

① 生产自救是中共革命时期就广泛推广的通过生产解决经济问题的特殊政策。1939 年 2 月,毛泽东在中共中央直属机关召开的生产动员大会上发出"自己动手,自力更生,艰苦奋斗,克服困难"的号召,要求部分部队战斗之余组织生产,达到经济上的自给自足。随后,1940 年 2 月中央军委向全军发出了《关于开展生产运动的指示》,要求各部队广泛开展生产自救,八路军响应中央军委和毛泽东的号召,掀起了轰轰烈烈的生产自救运动。参见张立华、董宝训:《解放军史鉴·八路军史(1937—1945)》(下卷),青岛出版社 2013 年版,第 684 页。

② 《当代中国的民政》编辑委员会编:《当代中国的民政》(下),当代中国出版社 2009 年版,第 237 页。

③ 《当代中国的民政》编辑委员会编:《当代中国的民政》(下),当代中国出版社 2009 年版,第 237 页。

家属、革命残废军人中有劳动力或其他生产条件的,积极参加各种生产,对无法维持生活的贫苦市民,应鼓励和帮助其自谋生路,必要时应扶助他们进行各种经常的或季节性的合作社性质的手工业及小型加工生产,或参加以工代赈。"①

（一）组织贫民生产试点

新中国成立初期,内务部确定全国民政事业的基本政策为"以生产为中心"②,一些城市根据"生产自救"的方针,开始尝试组织救济福利机构的收容人员、烈军属和城市贫民均参加手工业或小型工业生产,这种生产"在特定的历史条件下,开创了以生产自救方式解决某些救济对象生活出路的途径"③,并且在政府财政紧张的条件下较好地解决贫困户救济问题。为了认真研究民政工作中的生产自救政策并总结经验,自 1952 年开始,中国人民救济总会配合民政部门积极开展贫民生产的调查研究工作,通过基层实践来总结并不断探索扶贫工作方法。在此过程中,中国人民救济总会在各地推广了试点办理新政策的方法。这种方法对于检验新的救济福利政策的效果,总结经验与不足,较有帮助,对各地应用与推广新政策也起到了试验与缓冲的作用。

1. 张家口市探索贫民生产的经验

1951 年,河北省张家口市遭受了较为严重的旱灾,该市救济分会在贯彻了"依靠群众生产自救,发动社会互助,辅之以政府救济"的方针之时,还积极组织灾民贫民从事副业及手工业生产,并取得了较好的成绩。遭遇灾荒之后,一般灾民悲观失望生产情绪低落,城市贫民也深感生产无路生活无着而叫苦连天,甚至部分灾、贫民根本不想参加生产自救,认为"天不养人无法再活",只等政府救济。

在这样的情况下,他们组织了全市区、街(村)基层干部,通过修订爱国公约,订立家庭生产计划,干部以"统一领导,分片包干负责"的办法,大力进行宣传教育,讲解生产救灾政策,稳定群众思想情绪;同时广泛地组织动员灾、贫民从事多种多样的副业及手工业生产。在全市开展了群众性的副

---

① 《当代中国的民政》编辑委员会编:《当代中国的民政》(下),当代中国出版社 2009 年版,第 238 页。

② 《把城市救济工作会议的精神贯彻到实际工作中去》,《救济工作通讯》第 41 期,1954 年 2 月 28 日。

③ 《当代中国的民政》编辑委员会编:《当代中国的民政》(下),当代中国出版社 2009 年版,第 237 页。

业生产运动，一般做到了"家家生产，村无闲人"。宣传工作亦达到"家喻户晓"，"并组织了男女劳动力八千二百余人，大车五三六辆，牲畜九八五头，从事跑运销、打石头、修水渠、作小商、刨药材、熬碱、纺毛线等三四十种副业生产"①。1952年，"三反"、"五反"运动胜利结束后，市内建筑大量动工，灾民中的广大男劳动力转入建筑工作，灾、贫民的生活亦随之好转，同时副业生产对象更为增多。救济分会抓紧了这一有利时机，组织了妇女及老弱灾、贫民从事加工和其他轻微的副业生产。市内三个区先后成立了"生产社"，计两千多人从事皮衣加工和剪毛等生产。"五个多月以来，收入人民币五八三四二七八○○元"②。

组织贫民灾民开展生产自救对战胜灾荒起了决定性作用，不仅胜利地度过了严重的灾荒，而且增加了社会财富，对今后的生产也奠定了基础，同时进一步密切了政府与人民的关系，并加强了灾、贫民的劳动习惯和政治觉悟，给今后生产自救工作打下良好基础。张家口市救济分会在总结组织贫民、灾民开展生产自救工作的经验时提出几点注意事项，对全国各地的生产自救事业均有参考意义：

（1）开展生产自救工作，必须做好宣传鼓动工作，不断地扭转群众与干部的思想偏向。一般干部的思想规律，是轻灾时麻痹、盲目、乐观，重灾时苦闷、惊慌、失措，稍有成效则骄傲自满。群众以依赖政府，等待救济，听天由命，悲观失望的思想居多。这些都是生产自救工作中的思想障碍，必须及时解除。

在生产自救工作中，要广泛吸收热心救济事业的人士参加工作，发挥群众高度的互助友爱精神和伟大力量。在街道中有不少的贫苦户得到群众的互助解决了困难。如三区陈某某，参加街道生产自救工作后，自动组织失业贫民25名，给运输公司加工锯木柴，解决了贫民70余人的生活问题。贫民蔡某某，受到街生产自救委员马玉兰等三人的帮助，做小手工业生产（熬糖）而有了生活出路。全市贫民中有372户，在群众的互助下，解决了生产与临时生活问题。群众捐献的互助金共16097250元，互助米7184斤，通过互助增加了群众之间的良好关系，同时加强了救济户的生

---

① 《张家口市一年来的灾民贫民生产自救工作》，《救济工作通讯》第32期，1952年11月7日。

② 《张家口市一年来的灾民贫民生产自救工作》，《救济工作通讯》第32期，1952年11月7日。

产积极性。①

（2）发放救济必须与生产表现相结合，同时要让群众进行自报公议，反复评比。干部帮助灾民订立生产计划，对烟民、二流子等采取控制粮食、强迫劳动，只有这样才能使发放救济公平合理，群众心平气和，真正发挥出救济粮的作用。分会的救济工作，是本着"以少数救济粮，通过生产，解决较长期的困难，并保证不饿死一人"的精神发放的。发放是用群众自报公议，反复评比，代表会讨论通过，干部审查的办法，一般做到了公平合理。一年来"共救济了四四五五户，一四九七二人（累计数），发粮二五九二一五斤。其中经救济后有一五二户搞起了生产，解决了较长期的生活问题。如一区贫民谭玉，政府救济了六十斤小米，他自己作为从事小商的资本，除维持家庭生活外，并逐渐扩大了经营。另在本区内发出副业生产贷粮一三〇六三斤，人民币二六六万元，贷给了七三户，从事手工业小商品生产。在夏锄期间，除救济外，为保证农民精耕细作，以期达到丰产，曾发出贷粮三六六二三〇斤（玉米）、贷给了二五三六户"②。

（3）结合当地的自然气候规律及农业生产情况来调整救济。张家口市贫民的生活规律是"春、夏、秋三季富，冬天一季穷"，生活方式是"一天挣一天净"。因此，必须大力教育贫民养成节约简朴的习惯，从而养成"细水长流"的生活习惯。春、夏、秋三季的生产对象较多，除了动员贫民中的男劳力从事城市建筑工作外，还要大力发动妇女和残老从事副业生产，号召大家储蓄，给冬季的生活打下基础。

救济分会通过组织生产和群众互助，不但解决了灾、贫民的生活问题，还改造了懒汉、懒婆、烟民、二流子等172名，为社会治安的恢复发挥了良好作用，并给社会上增加了部分生产力。如贫民张某有劳动力但好吃懒做，家里连炕席都没有。经街道干部对其教育后，帮助他找到工作，现在日子过得很好。烟民陈于氏，在群众宣传教育帮助生产的感化下已经戒除烟瘾，并参加了生产，家庭也和睦了，生活逐渐好转。③

（4）救济分会在组织贫民灾民生产自救时，要建立生产救灾的统一领导机构。在严重的灾情面前，干部采取分片包干负责的工作方式是必要的。

---

① 《张家口市一年来的灾民贫民生产自救工作》，《救济工作通讯》第32期，1952年11月7日。

② 《张家口市一年来的灾民贫民生产自救工作》，《救济工作通讯》第32期，1952年11月7日。

③ 《张家口市一年来的灾民贫民生产自救工作》，《救济工作通讯》第32期，1952年11月7日。

领导干部必须深入灾区,亲自动手,督促检查,掌握灾情,创造典型,及时解决问题和交流工作经验。从张家口市救济分会的经验来看,发动贫民灾民生产自救,发展副业,不但保证了灾民在灾后按时耕种,达到了"不荒废一亩地,不饿死一个人"的要求,而且发放救济的方式也较往年有所进步。当然,救济工作也有缺点,如发粮后检查和具体组织生产工作不够,有些灾民或贫困户被救济后,生产计划流于形式;在市内区发放救济粮时发生"次数多粮数少"的偏向,对刺激生产作用不大。因此,今后仍需要摸索经验,不断改进救济工作。①

2. 杭州市贫民生产工作的调查

1954年2月,内务部工作组会同中国人民救济总会杭州分会对杭州市的贫民生产工作进行了调查。据调查,"杭州市组织贫苦市民生产自救工作,自1950年开始,共组织了34个生产自救机构,容纳855人,这34个生产自救机构中,半机器生产的4个,手工业的有19个,挑土方、打石子和临时工的组织有4个,贩卖板皮、磨糠和经营商业的门市部6个,洗衣组1个"②。在调查中发现,组织贫民生产工作中有许多的问题与疏漏。

从经济角度来看,杭州市开展了很多不切实际的贫民生产工作。很多生产是需要贷款较多、容人却较少、技术也不容易学的,不适合贫困民众开展生产自救,如:"东平巷绷带厂,政府贷给救济事业费六千万元,买机器、租房子、请技师、装设备,仅计划容纳三十余人,织绷带的技术较高,不适合贫民参加,原料、销路均有困难,结果没有开工就垮了,据初步估计六千万元的贷款至少损失一半以上。中城区食品生产社,政府贷款三百万元,搭炉灶、买碗筷、请厨师开起饭馆来。但经营一直不好,现在如停办,资金已近赔光。"③

从人员构成来看,很多生产自救组织的成员是不合贫民救济条件的。如杭州市"中城区东平巷生产自救社六十个社员中,仅有二十二个是救济对象。群利制钉社七十二人中,只有二十七人是依靠自救社的工资维持生活的,另四十五人均有其他收入,也不符合贫民救济条件"。类似的例子还有很多,如:"上城区三昧庵纸袋生产自救社二十四人中只有两个救济对象。江干区闸口生产自救社二百六十余人中只有六人是救济对象,该居民区现尚有三十余救济户,其中有劳动力的很多,都未被吸收。中城区群利制

① 《张家口市一年来的灾民贫民生产自救工作》,《救济工作通讯》第32期,1952年11月7日。
② 《杭州市社会救济工作调查报告》,《救济工作通讯》第44期,1954年6月15日。
③ 《杭州市社会救济工作调查报告》,《救济工作通讯》第44期,1954年6月15日。

糖社十七人中只有五个救济对象。下城区烈军属福利社四十九人中,只有十一人生活比较困难,其余的生活都较好,其中有每月收入房租三十万元以上的三人,有四百五十余万元流动资金的老板娘一人,有八百万元股份投资的股东一人,下城区烈军属煤球社的卢慰曾,家庭收入每月有一百六十四万元,另有楼房两栋,月收租金三十余万元,也参加生产自救社。中城区东平巷生产自救社也有拥有两千万元的存款和每月房租收入四十万元以上的停业资本家一人参加。"①

因此,根据调查情况,调查组提出了整改意见:"要做好救济工作,尤其是组织贫民生产的工作,就必须了解贫民的生产条件及生产门路,掌握住贫民的生活、生产的现有情况和变化情况。"②

可以看出,各地救济分会没有调查研究,就解决不了贫民生产的实际问题。只有随时开展调查,及时了解掌握贫民生活状况及变化,才能有的放矢,提高救济贫民的工作效率。

3. 天津市八区贫民救济试点调查

为了加强总会对地方分会及民政局的救济工作指导,1953 年,天津市民政局在该市八区海慧寺、北小道子两个派出所开始了救济贫民试点工作。经过调查,由内务部社会司将两个派出所辖区内贫民基本情况、救济工作步骤和发现的问题加以整理,发给各地分会以供参考。③

该两区的基本情况为:"两所共有 4563 户共 22797 人,其中回民占 70%,多数是牛羊行业的工人、小贩或散工。一部分小型手工工场,贫民一般都是挣的多花的多,不积蓄。"④天津市民政局采取的救济工作有:首先,吸收积极分子和被救济户建立救济小组,分片召开群众会议讲解救济政策。其次,由救济小组初步提出应当救济的名单情况和意见,然后派出所深入调查共同评议,把应救济的贫民分为长期救济、资助生产、临时救济三大类,再召开被救济户座谈会,分别情况进行政策讲解,使救济款使用得当;把长期被救济户及积极分子组织起来,按照地区划分小组,选出组长分片负责,以便互相监督教育及时反映情况。

通过这种方式发现,两所的救济人数比上月增加一倍,其原因是:

(1)过去掌握较严,如认为每天每人收入一千元就可不救济。对有罪的人不救济,对回民也不救济。

---

① 《杭州市社会救济工作调查报告》,《救济工作通讯》第 44 期,1954 年 6 月 15 日。
② 《杭州市社会救济工作调查报告》,《救济工作通讯》第 44 期,1954 年 6 月 15 日。
③ 《天津市贫民救济工作试点的经验》,《救济工作通讯》第 34 期,1953 年 1 月 10 日。
④ 《天津市贫民救济工作试点的经验》,《救济工作通讯》第 34 期,1953 年 1 月 10 日。

（2）工作被动,救济小组仅将知道的困难户调查反映一下。在救济工作中部分干部认为,救济款比过去高了很多,思想搞不通;也有个别救济小组的代表,提名救济自己的亲友。

因此,今后应当注意对积极分子、组长以及基层干部要经常进行政策和思想教育,划分贫民范围以及救济标准不能过严,也不能太宽,防止"不顾政策或从感情出发的偏差",使应救济的都得到救济;纠正"不主动了解情况发现问题的被动作风",要经常检查救济效果,"吸取经验,研究情况,制定改进计划"。对救济小组提出的名单要进行调查研究,但应做到"迅速及时"。①

这些经过深入试点、实践调查而发现的问题及提出的解决方案,更加符合各地贫民救济的实际情况,对各地的贫民救济均有借鉴与参考的意义,对总会指导分会的工作也起到了必不可少的借鉴作用。

4. 成都市二区白家塘、五区新村贫民救济试点调查

各地的贫民救济工作是地方救济分会与民政局合作开展的重要工作,为了做好贫民救济工作,中国人民救济总会设置了不同的地方试点,展开贫民救济的具体研究。

1953 年,成都市救济分会联合成都市民政局选择了成都市二区白家塘、五区新村两个派出所的辖区做贫民救济工作的试点调查。最初,拟定了甲、乙、丙三类贫民标准作为审查贫民的尺度。甲类:鳏寡孤独、老弱残废,无依无靠无劳动力,又无任何生活来源的或收入微小,绝大部分依靠救济者;乙类:凡本人或家中有劳动力并从事生产,或有其他收入,但不固定,或因小孩儿牵累影响生产,只能维持最低生活的一半或大半,而另一部分则需要补助者;丙类:凡本人或家中有劳动力并从事生产有收入和其他收入,能维持全家最低生活,但无积蓄,如遇绵雨或患疾病及其他事故就会影响其生产收入,造成生活暂时不敷需临时补助者。

调查工作是在区政府及派出所的配合下进行的,经过挨户调查、多方征求群众意见和反复审核。二区白家塘派出所全部居民共 1230 户 5123 人。据 1952 年 7 月份的调查,共有贫民 702 户 2020 人。其中,甲类 98 户 167人,乙类 226 户 716 人,丙类 378 户 1137 人。贫民占全所辖区居民的 40%。1953 年重新调查发现,只有贫民 315 户 894 人,其中甲类 33 户 46 人,乙类132 户 384 人,丙类 150 户 464 人,调查结果是实际贫民比原来贫民户减少了 55%左右。五区新村派出所全所居民共 1922 户 7732 人。原有贫民 374

---

① 《天津市贫民救济工作试点的经验》,《救济工作通讯》第 34 期,1953 年 1 月 10 日。

户 1294 人,占全所居民户的 21.8%。其中,甲类 13 户 18 人;乙类 154 户 539 人;丙类 207 户 737 人。重新调查后,只有贫民 241 户 841 人。其中,甲类 5 户 6 人;乙类 85 户 297 人;丙类 151 户 38 人。贫民比原来的减少 35%。①

经过实际考察发现,白家塘派出所贫民变动的原因有如下几种:由于政府补助、彼此互助组织生产使收入增加而生活转好的有 139 户 405 人;介绍就业的 35 户 95 人;迁移的 49 户 120 人;死亡 10 户 10 人,共减少贫民 228 户 630 人。另外新增加 45 户 131 人;过去评错的 159 户 496 人。五区新村派出所贫民变动原因包括:经济转好不再需要救济者有 102 户 363 人;已就业的 44 户 173 人;迁移 37 户 128 人;死亡 7 户 7 人;共减少贫民 190 户 671 人。另外,新增加贫民 75 户 266 人。过去评错了 18 户 48 人。增加贫民的原因是"修路完工,资遣还乡的民工及市建设局工程队整编后的老弱人员及部分失业人员,歇业小商贩及部分新迁入贫户"。②

这次调查发现救济工作还存在不少的问题。最主要的问题是区以下没有一个群众性的救济组织经常联系群众,反映情况,以至于对贫民情况掌握不住,至今仍然照 1952 年 7 月份的"老底子"办事。因此,决定针对问题提出几项解决办法。

(1)在区派出所成立优抚救济组。目前在白家塘、新村两个派出所已经将原来优抚组加以调整扩大,对原优抚组组员中个别表现不好或兼职过多者加以调整,另外在每段(街道、村)提出没有职务或职务较少的积极分子参加,同时注意吸收各阶层代表人士。人数则根据派出所(乡、镇)的具体情况,以九至十五人组成,设组长一人,副组长一至二人。产生组员的办法则由所上研究提名交积极分子扩大会议通过,然后在居民大会上宣布成立。

(2)为了推动今后工作,发挥基层组织力量,拟定了解决贫民困难的办法:

甲类:原则上以寄养补助为主,逐步收容教养为辅。凡鳏寡孤独、老弱残废、无依无靠、无生活来源,本人自愿请求收容,经审查批准,可以收容教养。凡鳏寡孤独、老弱残废,有所依靠,有劳动力或有微少收入,并能得到邻近居民及亲属帮助照顾,可采取寄养及救济办法解决之。

① 《成都市救济分会贫民救济工作的试点调查》,《救济工作通讯》第 38 期,1953 年 9 月 1 日。
② 《成都市救济分会贫民救济工作的试点调查》,《救济工作通讯》第 38 期,1953 年 9 月 1 日。

乙类:原则上以生产自救为主,社会互济、政府救助为辅,但必须贯彻"发放救济款但过程即是组织生产的过程"的方针,防止单纯依靠政府救济的思想。凡有劳动力的贫民,生产工作不固定或缺乏资金和生产工具,从事生产有困难而收入不敷者,采取介绍职业、个别贷款补助、以工代赈、组织生产等办法,并主动与有关部门联系发挥社会互济力量,逐步解决。积极组织贫苦家庭妇女从事副业生产(如纺棉花、打鞋底、洗衣服等)。凡以上三类情况如因其他事故使生产停顿,造成生活困难者,可酌情补助。①

丙类:原则上是采取扶持现有的生产工作,动员贫民家属尽量参加副业劳动,增加收入,使能克服临时困难逐步达到不依靠政府救济或补助,在遇到疾病困难时,注意生活情况的变化,必要时可酌情给以临时补助。

在这次试点工作中,采取了贷款扶助生产,组织洗衣组、货物推销组、鸡蛋推销组等办法。地方救济分会积极努力争取各方面支持,在两个派出所的辖区组织了"贫民洗衣组66户221人,货物推销组3户7人,贷款扶持生产9户24人,鸡蛋推销组4户20人,介绍就业2人。多数贫民均可寄养补助解决"②。这样,就把当前最困难的84户280位贫民的生活问题解决了。③

从这一贫民救济试点的调查处理案例可以看出,各地的贫民救济工作中总是有或多或少的问题,而经过调查,摸清实际情况,由地方分会与民政局、派出所配合提出解决对策,不但能够结合政府、街区的力量共同帮助贫民解决生活问题,还能为其他地方分会处理贫民救济工作提供参考。从上述几个救济分会的试点办理情况可以看出,作为一个较新的组织,中国人民救济总会虽然在救济福利工作方面积累的经验不是很丰富,但是,它所提出的各项政策方针、工作策略均能根据实际情况进行调查研究,并从工作实践中总结出有效的对策办法,从而指导中央及地方救济分会的救济与福利工作的顺利开展。

(二) 对贫民生产情况调查

为了贯彻执行党和政府的生产自救政策,总结经验加以推广,中国人民

① 《成都市救济分会贫民救济工作的试点调查》,《救济工作通讯》第38期,1953年9月1日。
② 《成都市救济分会贫民救济工作的试点调查》,《救济工作通讯》第38期,1953年9月1日。
③ 《成都市救济分会贫民救济工作的试点调查》,《救济工作通讯》第38期,1953年9月1日。

救济总会通令各地分会配合民政部门开展生产自救政策的调查工作。1953年11月,内务部会同天津市救济分会以天津市三区安定里为试点,对贫苦群众的生产自救工作开展调查研究。安定里原是一个贫困户较为集中的地区,住有"3519户15185人,其中手工业工人、三轮工人、小商贩等占85%以上"①。天津市救济分会首先对安定里的平民情况、生产条件、生产基础,以及干部、积极分子对于组织生产自救的认识等问题作了细致的调查。街道干部虽然知道该处有条件组织生产,但是怕麻烦怕担责任,故没有工作积极性,贫民的生产自救工作一直没有开展起来。

在掌握基本情况以后,天津市救济分会首先对街道干部和积极分子进行了生产自救政策的宣传教育,组织了学习与讨论,批判了认为"搞生产麻烦,不如单纯发钱省事"和认为"城市手工业没出路,只有搞大生产"等想法。② 其次,在搞通思想明确政策的基础上,发动积极分子,以居民区为单位,自下而上地根据实际情况提出生产建议,进而制订生产计划。当时提出可以搞的生产门路有钉木箱、洗工作服、剥树皮、刮竹茹、结毯穗、打线、捡煤核等多种。为了便于集中管理,救济分会人员建议优先选择技术简单、粗工易学、赚钱较多的钉木箱子和刮竹茹两种手工生产。经过街道干部热心组织,参加这两项生产的有贫民、军烈属和贫苦市民共34户。事实表明,参与刮竹茹小组的贫民,每人每月最低收入14万元,最高可到35万元;参与钉木箱子组,每人平均收入30多万元,均比救济标准超过了许多。这两种手工生产工作,为贫苦市民增加了收入,已参加生产的贫民在生活上,不仅不需要救济,而且摆脱了贫困。到今年冬令救济时期,该街区的救济户由41户减为21户,预计该手工生产的产销稳定后,救济户还可以减到7户。③

通过推动生产自救贫民试点,救济分会与市民政局总结了几点经验:

(1)从安定里的试点试验证明,在工商业发达的城市搞手工业生产,不但可以搞,而且能得到工厂企业的大力支持。该街的生产组在给土产公司药材部加工刮竹茹和给公私合营的永明油漆公司加工钉木箱子、洗工作服时,先经过街道干部向工厂方面说明贫民生产性质,厂方不仅答应把工作交给他们做,而且还预付了一部分款,帮助他们解决生产组的资金困难问题。

---

① 《天津市三区安定里街贫苦市民生产自救试点工作的几点体会》,《救济工作通讯》第44期,1954年6月25日。
② 《天津市三区安定里街贫苦市民生产自救试点工作的几点体会》,《救济工作通讯》第44期,1954年6月25日。
③ 《天津市三区安定里街贫苦市民生产自救试点工作的几点体会》,《救济工作通讯》第44期,1954年6月25日。

这说明天津本市的工厂虽多,但是都需要"一些可以手工生产、机器又不能生产的辅助品(如装运产品的木箱、纸盒、纸袋等),以及必须以手工业加工的产品(如粘皮鞋底子、择线头儿、刮竹茹、洗衣服等)还很多"。通过试点实验,安定里不仅"救济户比去年少了近四倍",还"提高了街公所和积极分子在群众中的威信",例如贫民由某参加生产后说,"这才认识到政府是为我们真正想办法的"。①

(2)组织生产自救,必须是根据当地情况和贫民劳动的情况,根据工厂企业的需要从多处着眼,小处着手,多跑腿,多联系,来找生产门路。依靠上级找门路,实际不如依靠群众特别是积极分子,从当地去找门路,既便利又可找到。安定里的试点经验"在三区街、居民委员会的干部会上推广后,该区有17个街找出了不同类型的二十种生产门路,如糊纸袋儿、捡豆瓣儿、粘鞋底儿、绑帮子、砸皮子、择线头儿等,都是粗工易学的,并完全适合于一般半劳动力和家庭妇女的生产"②。

(3)组织贫民生产不仅要解决干部的思想问题,更重要的是打通贫民的思想,解除他们参加生产的顾虑。有些贫民由于长期依靠救济,缺乏劳动生产的习惯,顾虑参加生产后要取消救济,不愿参加。安定里居民委员会主任动员贫民张玉林参加生产时说,"我去,反正是为了算计我这六万块钱……"③意思是为了取消他每月六万元的救济。他参加生产后也不好好地干生产,经过一个多月的教育和别人的带动,以及劳动分红之后,思想才有了较大转变。现在积极生产,由过去好吃懒做的二流子,变成了生产组的积极分子。因此,组织贫民参加生产的过程,也是对不愿参加生产的贫民很好的教育改造的过程。

可以看出,在党领导的组织贫民生产自救工作中,调查研究始终是一切救济工作开展的基础,只有调查"了解贫民的生产条件及生产门路,掌握住生活、生产的变化情况"④,才能有效地掌握贫民救济的基本方向,并取得良好的救济效果。对贫苦百姓的救济与扶持,可以说是中国共产党的"初心"与"使命"。通过对社会救济领域的资料梳理,可以看出新中国初期中国共产党对

① 《天津市三区安定里街贫苦市民生产自救试点工作的几点体会》,《救济工作通讯》第44期,1954年6月25日。
② 《天津市三区安定里街贫苦市民生产自救试点工作的几点体会》,《救济工作通讯》第44期,1954年6月25日。
③ 《天津市三区安定里街贫苦市民生产自救试点工作的几点体会》,《救济工作通讯》第44期,1954年6月25日。
④ 《杭州市社会救济工作调查报告》,《救济工作通讯》第44期,1954年6月25日。

城市贫困的积极应对,也可见党在救济贫困过程中对工作方法、工作策略的不断调整。无论怎么调整,坚持调查研究始终是党在扶危济困工作中坚持的基本原则;走群众路线,急贫民之所急,想贫民之所想,建设"有温度"的救济福利工作,则是中国共产党在救济贫困工作中始终坚持的工作理念。

三、有的放矢:调查中的反思

关于新中国初期中国共产党社会救济工作的研究,多侧重从宏观角度探讨党在社会救济工作中的经验,①而忽略了中国共产党在推行救济工作的过程中对自身工作方法的不断批判检查与纠错反思。这一过程不但是中国共产党扶助贫困的历史,也是社会救济实践工作中党的建设与发展的历史。

(一) 掌握情况:扶助贫民生产的前提

根据中国共产党在"华北、东北地区多次救灾工作的经验,克服灾害的最中心和最有效的办法是生产,即动员广大被灾同胞自己动手,生产自救"②。中华人民共和国成立初期,一些城市在救济城市贫民的工作中,也尝试以组织城市贫民生产的方式,"根据当地资源的实际情况,因地制宜,组织贫民参加各种形式的生产自救"③。组织贫民发展生产的救济工作,并不是"一拍脑门"、"一蹴而就"的工作,而是一项复杂细致的工作,必须深入掌握贫困户的生活实际问题,了解贫民情况、生产条件、生产门路等内容,才能有的放矢,具有针对性地解决扶贫济困工作中存在的问题。而这些信息的掌握,则需要深入细致的调查研究。因此,调查研究可谓是扶助贫民生产的工作前提。

---

① 关于新中国初期中国共产党的扶贫工作方法与经验目前已有的研究包括:韩勤英:《贫民救助与政府责任——以 1949—1952 年北京(平)市的贫民救济为例》,《北京社会科学》2007 年第 5 期;韩勤英、苏峰:《国民经济恢复时期北京的失业知识分子救济政策及其成效》,《当代中国史研究》2006 年第 3 期;谢涛:《建国初期中共治理城市失业问题的对策与实践——以 1949—1952 年的南京市为例》,《当代中国史研究》2005 年第 3 期;李小尉:《新中国建立初期的社会救助研究》,社会科学文献出版社 2012 年版;李小尉:《新中国成立初期城市贫民的生活救助研究——以 1949—1956 年北京市为例的考察》,《教学与研究》2009 年第 8 期。
② 《生产自救渡过灾荒》,《人民日报》1949 年 12 月 20 日。
③ 《当代中国的民政》编辑委员会编:《当代中国的民政》(下),当代中国出版社 2009 年版,第 238 页。

　　为了认真研究组织贫民生产自救工作的实践效果,内务部、中国人民救济总会联合各地基层民政部门,多次积极地深入各地开辟贫民生产自救政策试点及调查研究工作,通过基层实践来不断探索总结基层民政干部扶助贫民的工作方法。调查显示,在组织贫民参加生产中,首要面临的问题往往都是要对贫民进行思想教育。只有"解决了贫民的思想认识问题",使他们"形成对参加生产的正确认识"①,才能够取得较好的生产效果。

　　很多贫民对党和政府组织贫民参加生产的政策并不了解,对"生产自救"也没有正确的认识。1952 年,成都市西城区宁夏街组织贫民生产时,"有八百多个贫民参加淘石组,他们认为做工作就是为了挣钱,政府介绍的工作就可以做得马虎一点。他们不愿到水深的地方去,只在河边上淘河坎,结果破坏了河堤,引起农民的不满"②。而且,他们还爱发牢骚,说:"政府照顾我们,怎么就给些笨事做?"③这些情况曾经相当严重,影响了劳动纪律,因此,民政干部马上"对他们进行思想教育,把他们编成八个队,每队派一个专人去领导,其中有七个是党的宣传员。这些领导人员向他们说明,淘石工作的意义是在于支援成渝铁路通车,迎接党的生日"④。在这种爱国主义教育下,群众对工作逐渐转变了认识,从而提高了劳动情绪。例如淘石子的妇女尹某某、蓝某某说:"我们来淘石头,不光是为了解决生活问题,还有一个意义就是为了建设我们伟大的祖国。我们应该加油干!"⑤由此,贫民们转变了对参加劳动的思想认识,淘石工作才超额完成了任务。

　　1952 年,长沙市的贫民进行了劳动就业登记,也领到了较大规模的冬令救济,因此,一般失业人员和贫苦市民普遍存在着盲目乐观、消极等待和依赖救济的思想。很多"失业人员把登记当就业,认为登记后不就业也有救济";贫民则说"毛主席不准饿死了","不做事也有饭吃";甚至有人以为"越穷越有办法"。于是"有些干小摊贩的收起了摊子,有些架划子的把划子也卖了,一心等待着进入大工厂就业和指望政府救济。不少人经常跑到街道办事处、公安局派出所、区政府和劳动局等机关吵闹,发牢骚、骂干部,甚至还要打人"⑥。

---

① 张学群:《我们是怎样组织贫民生产的》,《救济工作通讯》第 40 期,1953 年 11 月 13 日。
② 张学群:《我们是怎样组织贫民生产的》,《救济工作通讯》第 40 期,1953 年 11 月 13 日。
③ 张学群:《我们是怎样组织贫民生产的》,《救济工作通讯》第 40 期,1953 年 11 月 13 日。
④ 张学群:《我们是怎样组织贫民生产的》,《救济工作通讯》第 40 期,1953 年 11 月 13 日。
⑤ 张学群:《我们是怎样组织贫民生产的》,《救济工作通讯》第 40 期,1953 年 11 月 13 日。
⑥ 救济中南办事处:《长沙市组织贫苦市民生产自救的经验》,《救济工作通讯》第 40 期,1953 年 11 月 13 日。

因此,组织贫民参加生产的过程,也是对不愿参加生产的贫民很好的教育改造的过程。民政人员多次对贫苦市民进行教育,讲解国家的生产自救政策,阐述组织贫民一起参加生产的收获与益处,基本上能够扭转大部分贫民消极等待就业和依赖政府救济的错误思想,帮助他们初步树立依靠自己、多想办法找生活门路、多劳动来解决生活问题的风气和信心,从而大大减轻了他们生活困难的程度。

要想做好组织贫民生产自救的工作,就必须要准确了解当地的生产条件及生产门路,掌握住贫民生活状况与参加生产前后的变化情况,从而在推动贫民生产的工作过程中边开展、边纠错、边总结,不断在实践中总结经验,改进贫民生产工作中可能存在的各种各样的问题。

没有调查研究就解决不了贫民生产的实际问题。1954 年,据全国 52个城市的不完全统计:“参加生产自救的贫民有 22.57 万人,有长期或季节性的贫民生产组织 1802 个。”[1]贫民生产收入,大都超过了他们参加生产前向政府领取的救济金,生活有了明显的改善,依赖政府救济的人数大量减少。中国共产党的基层干部所领导、推动、组织、帮扶的各种贫民生产自救工作中,多数牢牢把握着调查研究的工作方法,通过不断的调查、分析、调整、总结,有效地掌握了扶助贫民生产的基本方向,并取得了良好的救济效果。

(二) 宣传鼓动:推动贫民生产的策略

宣传工作的重要性,在中国共产党第四次全国代表大会上曾得到了充分的肯定。[2] 张闻天同志在《论我们的宣传鼓动工作》一文中强调党的宣传工作的重要性,“争取广大的工农群众到我们的领导之下,是同我们的群众的宣传鼓动的工作不能分开的”,而且,“没有群众的宣传鼓动工作,就不能有群众的组织与群众的行动”[3]。在党的扶贫工作中,宣传工作对于贫困群众了解掌握党和政府的救济方针政策、救济条件、救济程序等内容,均非常重要。

---

① 《当代中国的民政》编辑委员会编:《当代中国的民政》(下),当代中国出版社 2009 年版,第 62 页。

② 李蕙芬:《中共四大与党的宣传工作》,中共上海市委党史研究室、中共四大纪念馆编:《力量之源——纪念中共四大 90 周年学术研讨会论文集》,上海人民出版社 2015 年版,第 224 页。

③ 中央党史研究室张闻天选集传记组编:《张闻天文集》(一一四),中共党史出版社 2012 年版,第 221 页。

正确宣传党的扶贫政策,对党的"生产自救"政策的基本原则、方式方法、实施条件等方面对贫苦群众进行详细的宣传与阐释。怎样确定贫民?满足什么条件的贫民能够得到救济? 为了明确这个问题,广西省南宁市在当地宣传党的救济方针时,采取的方式包括"召开干部会、群众大会、群众小组会,出大字报、黑板报,个别谈心等",为了"扭转街道干部及各阶层群众对救济工作不正确的思想,还要求他们积极参加贫民调查工作",并"提出三种贫民的类型,让群众讨论。这三种类型是:甲、缺乏劳动力、无依无靠、生活极为困难的孤老残废;乙、有固定职业及收入,但家庭消费人口多,没有储蓄,没有其他办法,收入不能维持最低限度生活者(每人最低限度的生活以四万至五万元计算);丙、有劳动力,但目前无工做,生活问题无法解决者。经群众讨论后,即提出居民小组的贫民名单"[1]。

党的基层干部在各地组织贫民生产自救时,"首先得知道(贫民)应该搞什么生产,生产的方向是什么"[2]。时任长春市民政局社会科副科长的马庶民用正反两方面工作经验谈到,长春市民政局的基层干部在组织贫民生产自救工作方面"曾走过一些弯路","一九五一年我们搞过一次贫民生产,用资金开工厂,找贫户做活,结果搞垮了,贷给贫户的钱也没要回来,特别是其中有几个对象还不是贫民"[3]。直到 1952 年底总结工作时,"我们才认识到不搞生产就是没有贯彻救济工作的积极方针","我们研究了群众中间这些已有的生产方式,才明确认识到:组织贫民生产,光想开工厂是不行的,农村搞副业生产要'靠山吃山,靠水吃水';同样,城市里搞贫民生产,就得依靠国营企业,给工厂、公司做加工活,而且不能单做一种活,必须搞各种各样的生产,才能解决贫民的问题"[4]。而且,在贫民生产自救的工作中要普遍深入地宣传,"反复交代方针政策,用具体的事实来宣传是比光讲空洞的道理好得多"[5]。

要通过树立贫民生产的典型来总结经验,宣传教育群众,从而鼓励贫苦民众生产自救。长春市民政局为了找扶贫工作中的典型,不但"通过市、区人民代表会议和各种座谈会",还在 1953 年 5 月间"召开了一次生产奖励模范大会,把优秀的产品选出四十五种,三百四十多样,陈列展览,并组织全

---

① 韦瑞霖:《南宁市的贫苦市民调查工作》,《救济工作通讯》第 41 期,1954 年 2 月 28 日。
② 马庶民:《组织贫苦市民生产的几点体会》,《救济工作通讯》第 41 期,1954 年 2 月 28 日。
③ 马庶民:《组织贫苦市民生产的几点体会》,《救济工作通讯》第 41 期,1954 年 2 月 28 日。
④ 马庶民:《组织贫苦市民生产的几点体会》,《救济工作通讯》第 41 期,1954 年 2 月 28 日。
⑤ 韦瑞霖:《南宁市的贫苦市民调查工作》,《救济工作通讯》第 41 期,1954 年 2 月 28 日。

市贫苦市民参观"①。通过这次展览,许多原来没有认真组织生产的代表,都表示一定要好好地协助贫民组织生产。许多工矿企业的负责同志参观后,一致表示要尽力帮助贫民找活做。很多群众表示,一定要努力学习好好生产。这些工作经验说明,利用各种形式向广大群众宣传组织参加贫民生产的好处和经验是十分必要的,把这些典型经验宣传出去,用以教育群众,同时也巩固和鼓励了好的生产组。

除了宣传,还须进一步采取表扬、鼓励的方式,让积极分子带动救济户参加生产自救,"必要时还可给他们以物质奖励",表扬与鼓励的宗旨则是要进一步推动贫困户积极参加生产自救工作。"对于那些开始参加生产,技术不熟练,因而产量少、质量差,生活仍困难的救济户,更必须给以适当的救济和补助"②,当他们略微取得生产自救方面的成绩时,要及时给予表扬鼓励,并适当进行宣传,鼓励他们继续努力践行党的生产自救政策,用自身的经验形成"群众影响力",发挥积极的示范宣传之效果。

(三) 理论学习:扶贫干部的提升

组织贫民生产不仅要解决贫民的思想顾虑,更重要的是加强干部的政策理论学习,提高他们对贫民救济工作的专业知识,形成对党和国家社会救济政策的全面认识,才能够有的放矢,取得贫困救济工作的成绩。

对于党的基层民政干部来说,正确理解党的救济政策,树立对"生产自救"、"组织贫民生产"政策的准确认识,也是关系到基层救济工作能否发挥作用的关键环节。1951 年上海市救济分会为更好地展开该市的救济福利工作,成立了"工作人员进修委员会",组织并领导上海市的救济福利领域的工作人员,学习党和政府的救济福利工作政策方针。该进修委员会"于 4 月 23 日起开始召集该市各救济福利机关及儿童福利机关工作人员进行学习,至 8 月底止,先后组织了两期学习研究班和两期夏令学习会"③。研究班第一期参加学习者 60 人;第二期参加学习者 60 余人。夏令学习会参加学习人数两期计 500 人。连研究班已经参加学习的共计 620 余人。学习内容为国内外时事,新中国救济福利事业方针政策,以及救济机关的民主领导和民主管理等。"每期时事材料均是紧密依据国内外形势发展而布置

---

①　韦瑞霖:《南宁市的贫苦市民调查工作》,《救济工作通讯》第 41 期,1954 年 2 月 28 日。

②　马庶民:《组织贫苦市民生产的几点体会》,《救济工作通讯》第 41 期,1954 年 2 月 28 日。

③　《分会简讯(重庆、广州、芜湖、西安、上海)》,《救济工作通讯》第 26 期,1951 年 10 月 10 日。

的,譬如第二期研究班举办期间,恰当抗美援朝发展到普及深入的阶段,与国内处理接受美国津贴救济机关工作同时进行,即布置学习上海市抗美援朝分会执行抗美援朝总会'六一'号召的计划和关于处理接受美国津贴的文化教育救济机关及宗教团体的方针的报告等。"①这样的学习基本能够使基层干部在掌握国内外形势的基础上,进一步掌握党和政府的社会救济方针,从而树立起基层干部与民政工作人员对于社会救济工作的全面认识。

西安市救济分会于1951年3月9日至4月19日举办了学习会,领导该市各救济福利和宗教团体的工作人员开展政治学习。通过学习,揭穿了帝国主义在中国办"救济"事业的目的,提高"学员反帝爱国的思想",纠正了"超政治"的错误观点;通过学习,"学员们认识了新旧救福事业的本质,懂得了新中国的救济福利事业是在政府领导下与人民同心协力来进行的和平建设工作之一"②,学员们"在思想上了解到自己是站在新中国主人翁的立场"③,学员杨叔言在学习总结上写着:"我光荣地作了救福工作者,要踏踏实实地完成这一伟大光荣的任务。"④此后,西安市救济分会还在"分会学委会领导下成立七个支学委会及三个直属学习小组,继续并经常进行救济福利界普遍的政治思想的学习"。鼓励大家积极参加各种爱国活动,使"其在各个单位的群众中起着骨干作用,带头搞好一切有关的工作"⑤。可见,党的基层救济工作者的学习,不但能够坚定政治信念,而且令他们对党和政府领导下开展社会救济工作形成更加全面的认识。

组织贫民开展生产的工作,对于很多基层干部来说也是"一项新的工作",大多数人也是"缺乏足够的经验,是摸索着前进的"⑥。对于组织贫民生产,究竟该怎么办?从哪里下手?采取什么形式?这些问题很多地方领导、基层民政人员也往往没有明确的认识。1953年,中央内务部检查组到武汉市检查贫民生产工作时,民政局和区、街的基层干部多认为无法组织贫民生产。有的同志说:"组织贫民参加工程,有些人不干;开工厂,我们又不

① 《分会简讯(重庆、广州、芜湖、西安、上海)》,《救济工作通讯》第26期,1951年10月10日。
② 《西安市六区是怎样进行救济结合生产工作的》,《救济工作通讯》第38期,1953年9月1日。
③ 《西安市六区是怎样进行救济结合生产工作的》,《救济工作通讯》第38期,1953年9月1日。
④ 《西安市六区是怎样进行救济结合生产工作的》,《救济工作通讯》第38期,1953年9月1日。
⑤ 《西安分会学习会结束,继续普遍进行救福界学习》,《救济工作通讯》第23期,1951年8月15日。
⑥ 《中国人民救济总会天津市分会儿童教养院一年来的工作状况》,《救济工作通讯》第32期,1952年11月7日。

能,有啥办法?"①西安市六区领导干部认为"生产自救"的救济政策"好是好,就是在城市中行不通",认为"贫苦市民分散还找不着活做,组织起来更找不着活做","交通管理及工商管理都要限制零散的小摊贩,而我们的救济只能帮助摆个小摊摊,所以扶助生产方面也搞不成"②。于是得出结论:"组织生产要专人搞,既搞不成,也费人力,不如光把钱一发,区上省事,穷人也安心吃到肚里。"③可见,基层干部如果对组织贫民生产的工作没有信心,知难而退,那根本无法推动贫民积极参加生产自救工作。

　　还有的民政干部或街道干部怕麻烦,担心组织贫民生产搞不起来,就干脆避而不谈。例如,1953 年 11 月,内务部会同天津市救济分会以天津市三区安定里为试点,"对贫苦群众的生产自救工作开展调查研究时发现,街干部虽然知道该处有条件组织生产,但是怕麻烦怕担责任,故没有工作积极性,贫民的生产自救工作一直没有开展起来"④。在弄清情况以后,天津市救济分会首先对街道干部和积极分子详细阐释了党和政府对贫民的"生产自救"政策,并组织了基层干部开展对党的救济政策的学习与讨论,通过在学习中对党的救济政策的解读,扭转了基层干部那种认为"搞贫民生产麻烦,不如单纯发钱省事"和认为"城市手工业没出路,只有搞大生产"的错误想法⑤,为基层干部积极开展组织贫民生产工作打下了思想基础。

　　作为领导者、组织者的基层干部或民政人员,还有很多人对党的贫民救济政策认识得不那么准确,也尚未形成对"生产自救"政策的准确理解。贫民救济工作是在模糊认识中逐渐开始的,在不断地探索、纠错、实践、总结的过程中得到展开。很多负责救济贫民的基层干部或民政人员,也是经过学习讨论、实践总结之后才明白,按照党和政府的指示,组织城市贫民生产是"在其原有生产基础上加以组织或扶助,不是民政部门另来一套,更不是开设大工厂"⑥;发动群众生产自救则"主要是启发、教育群众,树立其自谋生活的积极性和信心,并给以必要的扶持,具体的生产内容与生

①　中央内务部检查组:《武汉市社会救济工作检查报告》,《救济工作通讯》第 40 期,1953 年 11 月 13 日。

②　《西安市六区是怎样进行救济结合生产工作的》,《救济工作通讯》第 38 期,1953 年 9 月 1 日。

③　《西安市六区是怎样进行救济结合生产工作的》,《救济工作通讯》第 38 期,1953 年 9 月 1 日。

④　《天津市三区安定里街贫苦市民生产自救试点工作的几点体会》,《救济工作通讯》第 44 期,1954 年 6 月 25 日。

⑤　《天津市三区安定里街贫苦市民生产自救试点工作的几点体会》,《救济工作通讯》第 44 期,1954 年 6 月 25 日。

⑥　中央内务部检查组:《武汉市社会救济工作检查报告》,《救济工作通讯》第 40 期,1953 年 11 月 13 日。

产方式,则应推动群众自己去想、去找、去干,不是靠民政干部主观地想一套"①。考虑到新中国成立初期党的基层干部及民政人员的学识状况与救济工作经验的局限,更加能够用"同情之理解"的态度思考社会救济实际工作中的困难。

中国共产党对于社会救济领域中基层干部加强学习的重要性早已明了,救济总会秘书长伍云甫曾说,"干部的质量,这是做好工作的关键",各地必须"在民政部门的统一领导下,加强对干部的管理教育",他呼吁"各地民政部门和救济分会"不但要"经常检查干部的工作,督促他们钻研业务,帮助他们总结经验和解决困难问题,以便不断提高他们的思想政策水平和业务工作能力",而且"同时应加强对他们的政治思想教育"②。要在社会救济工作中经常组织干部学习、干部轮训或参加行政干校受训,提高干部的理论素养和实践工作能力。社会救济工作是一个长期而艰巨的任务,要做好这项工作需要大批的、具有专业知识甚至丰富工作经验的党的干部队伍,因而,各地都在实践工作中侧重基层干部的学习与培养,为在社会救济工作领域锻炼出具有理论知识与实践经验的基层干部奠定基础。

(四) 检查纠错:扶贫中的问题

通过调查、宣传与学习,能够使党的基层工作人员掌握救济政策,减少处理救济问题的偏差,而做好有计划有步骤的检查工作,则可以通过检查发现问题、解决问题,同时可以交流总结经验,及时纠正错误,防止今后工作中的偏差。例如,1951年南京市救济分会通过对下属救济单位的检查工作,发现了很多工作中的疏漏。"砖瓦厂通过检查,发现因防雨不够,损毁了砖坯八万余,当即设法补救,防止重蹈覆辙。宣城农场也发现因防汛工作没有做好,以致决堤,淹没田地千余亩。在教养单位中也发现医疗与预防的工作做得不够,而造成皮肤病与沙眼病的严重传染现象,现在正在设法补救。"③而且,通过检查发现,部分贫民生产单位在制订生产计划时,要求过高,不合实际情况,如南京市的贫民"缝纫厂根本不能完成承做的十三万条棉被的任务。经过检查与研究后,把整个生产工作分出主要和次要,作有重点的分类整理,才在印刷、砖瓦、碾米三厂中抽出力量,帮助缝纫厂如数完成缝制棉

---

① 中央内务部检查组:《武汉市社会救济工作检查报告》,《救济工作通讯》第40期,1953年11月13日。

② 伍云甫:《关于整顿生产教养工作的报告》,《救济工作通讯》第41期,1954年2月28日。

③ 《南京市分会检查整理各部门工作在检查与整理工作中及时纠正错误吸取工作经验》,《救济工作通讯》第24、25期合刊,1951年9月15日。

被任务"①。通过检查发现工作中的疏漏与错误后,立即注意纠正了犯错的根源,并作出通报,及时教育与防范类似事件的再次发生。

此外,通过检查工作,也能够较为深入地了解在基层社会救济单位中的工作人员,包括他们的工作态度、方法及能力等。"郑依妹事件"就是通过实地调查被揭露出来的"救济工作中的官僚主义问题"。郑依妹是福州市贫民,因患毒瘤病,于1951年4月向福州市救济分会请求免费治疗,经福州市救济分会介绍,至福州医院进行治疗并暂时治愈。一年后,郑依妹的毒瘤病复发,于1952年4月19日来信向福州市救济分会请求再次介绍免费治疗。此信从收到发,周转3个单位(民政局、卫生局、救济分会)16个人,花费27道手续。经公文旅行31天,多方周转,始于5月19日由民政局发出给郑依妹的复信,当市政府总收发室通讯员林开祥把复信送达的时候,发觉郑依妹已经死亡19天了。这个事件集中反映了这一时期社会救济程序问题,并被作为在社会救济工作中采取官僚主义、对群众不负责的一个典型加以揭露。② 显然,"郑依妹事件"即使发生在今天,也是一个性质严重的渎职事件。该事件被揭露出来以后,福州市委领导组织检查组彻底调查该事,认为"这是官僚主义误死人命的严重事件",随即动员布置全市机关工作人员以"郑依妹事件"为导火线,推行普遍深入检查,最终给予相关人员以严肃的党纪处分。③ 可见,党和政府通过检查工作,能够及时了解、掌握基层救济收容单位的真实情况,发现救济领域、救济单位所存在的问题,也能够透过现象看本质,了解基层工作人员对党的救济政策、收容改造等政策的理解程度、落实效果,以及在救济工作实践中所遇到或解决的问题。推而广之,正是由于党和政府无数的基层工作者,在救济工作中不断调整思路,反复校验工作方法,才能够在短时间内完成整顿城市秩序的重任,为城市社会治理开辟了新途径。

综上所述,新中国初期的扶助贫民生产工作中,救济总会及分会侧重调查研究、宣传政策、干部培训与检查纠错等方式,不断地调整工作方法,最终在城市贫困救济工作中给人民交出了一份优秀的答卷。组织贫民"生产自

① 《南京市分会检查整理各部门工作在检查与整理工作中及时纠正错误吸取工作经验》,《救济工作通讯》第24、25期合刊,1951年9月15日。
② 《关于处理郑依妹事件的报告　中国人民救济总会福州市分会》,《救济工作通讯》第36期,1953年5月5日。
③ 《关于处理郑依妹事件的报告　中国人民救济总会福州市分会》,《救济工作通讯》第36期,1953年5月5日。

救",发展生产,不但可以将"消费者变成生产者,救济户变成自给户"①,还能够通过这种方式"改造社会,改造人",帮助贫民树立"劳动是光荣的"认识,对改变社会风气、凝聚社会力量均有裨益。本章通过对社会救济领域的资料梳理,展现了新中国初期党和政府对城市贫困治理工作的积极应对,展现了党在救济贫困过程中对工作方法、工作策略的不断调整的历史与实践经验。这些实践经验,不仅展现了中国共产党扶助贫民的个案史实,也反映了中国共产党能够在短时间内迅速地安定社会秩序、稳定政权的深层内在缘由。

---

① 陶有亮:《从不明确到明确从不自觉到自觉——我们执行中央关于城镇社会福利工作以生产自救为主方针的体会》,《人民日报》1958 年 4 月 30 日。

第五章 "代表人民":救济
总会的国际交往

中国人民救济总会作为"代表中国人民的群众性组织",除了参与或组织开展各种形式的社会救济活动之外,还代表中国人民参加多种国际间的民间交流活动。中华人民共和国成立后,宣布"一边倒"的外交方针,成为社会主义阵营中的成员国家。1950年,朝鲜战争爆发,加剧了社会主义与资本主义两大阵营的对抗,国际形势发生巨变。以美国为首的西方国家在巴黎成立了输出管制统筹委员会,通称"巴统","制定严格的禁运政策,规定不向中国、苏联等社会主义国家输出战略物资和新技术,企图利用封锁禁运政策将社会主义扼杀在摇篮中"①。为了应对以美国为首的西方国家的禁运政策,争取更加广阔的国际外交空间,党和政府积极推动与世界其他国家的经贸、文化、慈善救济等方面的民间交流。

比较典型的是中日之间的民间交流。为了推动中日之间的外交关系,廖承志提出"两个区别"的思想,即"把帝国主义的政府和这些国家的人民区别开来;把政府中决定政策的人和一般官员区别开来"②的思想,打开了在两极世界格局下如何构建中日友好关系的突破口。在此背景下,"利用民间渠道,积极发展对外关系",通过"影响和争取人民"③来促进中国和其他国家早日实现外交关系正常化,就成为部分民间团体组织开展国际交流活动的基石。

中国人民救济总会在国际交流方面的工作,主要集中在国际援助与灾害救济领域,采取的方式包括发布公告声援、帮助募捐或捐款等,代表中国人民对国际上的救济、救援事务发表观点,对其他国家的共产党和人民给予物质与精神上的救济与帮助。在中华人民共和国与国际社会的外交关系尚未普遍建立的情况下,中国人民救济总会代表着中国人民,在国际救济领域

---

① 石善涛:《第一个中日民间贸易协议签订始末——兼论中国对日本民间外交的肇始》,《当代中国史研究》2014年第4期。
② 郭永虎:《近十年来中国学界关于中日邦交正常化研究述评》,《当代中国史研究》2012年第5期。
③ 石善涛:《第一个中日民间贸易协议签订始末——兼论中国对日本民间外交的肇始》,《当代中国史研究》2014年第4期。

发出了自己的声音。

一、"发出人民的声音":救济总会参与国际事务

新中国成立初期一度面临"外交孤立",世界上与中国建交的国家有限,经济上面临着西方国家的封锁,周边一些建交的国家对社会主义中国也存有疑虑。因此,"中国需要通过非官方途径来打开外交局面"①。中国人民救济总会作为代表中国人民的群众性救济组织,积极在国际社会发出声音,为中外民间交流发挥了积极的作用。

(一)声援国际人民

1950年6月,驻日盟军统帅麦克阿瑟为了遏制共产主义势力在东亚的发展,并抵抗苏联和中国,命令日本政府"整肃"日本共产党,"整肃"共产党机关报和日本共产党众议员等。② 针对这种情况,中国共产党和中国政府指出:"上述行动完全违背了中苏英美四国在1954年联名对日本发布的《波茨坦宣言》,完全违背远东委员会所宣布的'日本投降后对日基本政策',因此是完全非法的,中国共产党坚决斥责麦克阿瑟和吉田政府的非法暴行,号召全国人民声援日本共产党和日本公民。"③对此,6月16日,中国人民救济总会代表中国人民发出声明,表达对日本共产党和日本人民的支持。该声明称:"美帝国主义者违反波茨坦宣言,扶持日本法西斯势力……最近更变本加厉地迫害日共领袖和日本一切进步分子。这种种非法的狂暴行为,表示美帝国主义者正力图变日本为殖民地和军事基地,准备发动反和平人民的新侵略战争。……我们支援日本人民争取民主自由、民族独立的斗争,坚决反对对日共领袖和其他爱国分子的迫害,更呼吁全世界爱好和平的人民加紧团结,共同制止美帝国主义者发动新侵略战争的阴谋。"④

1950年,朝鲜战争爆发之后,为了配合国内各界掀起的抗美援朝运动,中国人民救济总会举起了"反对美帝国主义者武装进攻亚洲人民"的旗帜,

---

① 李小尉:《简论中国人民救济总会的角色、作用与社会影响》,《聊城大学学报(社会科学版)》2014年第1期;殷晴飞:《1949—1965年中国对外人道主义援助分析》,《当代中国史研究》2011年第4期。

② 李小尉:《简论中国人民救济总会的角色、作用与社会影响》,《聊城大学学报(社会科学版)》2014年第1期。

③ 《中共中央发表声明声援日共》,《人民日报》1950年6月12日。

④ 《中国人民救济总会发表声明 声援日本人民斗争 反对美帝迫害日共领袖》,《人民日报》1950年6月17日。

庄重声明:"美帝国主义者加紧对亚洲人民的进攻,以联合国非法的决议为掩饰,动员海、陆、空军大举屠杀朝鲜人民;蔑视我国的领土、主权,出动兵力,企图阻挠我解放台湾;积极援助东南亚国家内的反动势力,惨杀和平人民。美帝国主义者这种侵略行为,如不加以制止,将带给全亚洲人民极大的灾难。……我们严正抗议美帝国主义者的侵略行为,我中国人民不仅要从美帝国主义者手中解放自己的台湾,更要与全亚洲人民、全世界人民联合在一起,为彻底消灭全人类的灾难制造者美帝国主义者而奋斗。"①同时,中国人民救济总会向朝鲜人民通函致敬,赞扬他们"在反对侵略,争取祖国独立与统一的解放战争中表现出无比的英勇"精神,鼓励他们"必能消灭美帝国主义者和李承晚匪帮,并克服他们所制造的灾难",并提出,"中国人民和全世界爱好和平、民主、自由的人民都站在你们这一边,都在热诚地声援着你们。胜利是属于你们的!"②这些代表中国人民发出的声音,鲜明地表达了中国人民对于和平、民主的渴望,对侵略行径与干涉他国内政的谴责。

1951年,美国为了使日本成为东亚的"反共防波堤",全面推进对日媾和谈判,日本国内围绕媾和问题展开了大讨论。1951年,日本共产党、劳农党等团体结成"全面媾和爱国运动协议会",进行街头演说、集会和宣传等。中国人民救济总会主席宋庆龄致函日本各民主党派、群众团体暨"全面媾和爱国运动协议会",表示坚决支持日本人民反对美帝国主义片面对日缔结和约和武装日本的阴谋活动。③ 这一时期,中国人民救济总会代表着中国人民立场,发出了多次对国际人民的声援,表达了中国人民的正义感和国际精神。

1952年1月,为了增强国际影响并救出被非法逮捕的日本共产党人饭田七三,日本国民救援会给中国人民救济总会主席宋庆龄发来信件,请求支援他们要求释放饭田七三等7名日本爱国者的斗争。饭田七三是日本国营铁道工人工会"三鹰分会"的主席。1949年7月,东京中央线三鹰车站内一列电气列车在无人驾驶下突然开动并飞驶出轨,冲撞民宅,造成十数人死伤。由此日本当局制造了"三鹰事件",借机逮捕了饭田七三,后虽无罪释放,但1951年12月2日日本警察又将饭田七三和其他6名日本共产党人非法逮捕,诬告他们从事所谓"间谍活动"。为了营救饭田七三,他的妻子

---

① 《中国人民救济总会发表声明　反对美帝武装进攻亚洲人民》,《人民日报》1950年7月6日。
② 《中国人民救济总会　向朝鲜人民通函致敬》,《人民日报》1950年7月24日。
③ 《中国人民救济总会主席　宋庆龄函日本民主党派和团体　表示坚决支持日本人民反对美国武装日本》,《人民日报》1951年2月21日。

饭田秀子和其他被捕者的家属与日本国民救援会联名发起签名,展开了要求释放饭田七三等 7 人的斗争。① 中国人民救济总会复函日本国民救援会表示支援,并对日本反动当局横暴地迫害日本爱国者的行为发表了坚决抗议的文书。原函全文如下:

　　日本国民救援会并转饭田七三及其他被捕爱国人士家属:

　　听到饭田七三及其他六人横遭反动统治者非法逮捕并被移送军事裁判的事,我们感到非常愤怒。这是在美帝国主义的指使下有计划地制造的、陷害日本爱国人士的又一可耻阴谋。这是对美制单独对日"和约"的一个尖锐讽刺。

　　我们对日本反动政府蛮横残暴迫害无辜工人的行为表示坚决抗议,并对你们致以深切的慰问。我们将尽一切力量支援你们的斗争。我们深信在全世界和平民主力量的支持下,你们一定能够得到最后胜利!

中国人民救济总会

一月二十四日

　　针对此事,日本共产党直指吉田政府"当局竭力想制造一件陷害共产党人的大案件",列举了吉田政府在 1951 年在"反美活动"、"为和平斗争"和"反占领行为"的罪名下,搜查了上万居民家的住宅,逮捕了成千上万的人。并且,"资产阶级报纸正在有计划地进行一种宣传运动",大肆叫嚣"共产党加紧制造暴乱"。显然,"吉田政府打算合法地建立这种恐怖统治,办法是制订团体等规正法(主要目的是使共产党成为非法)、限制大规模示威的法令、禁止总罢工令和新闻出版法,对刑事诉讼法横加删改,以及制订其他许多法律来压制民众运动"②。日本共产党"号召日本全国人民——包括正在为防止国会通过这些拟订中的法令而斗争的日本劳动人民在内——继续进行斗争,反对这次无理逮捕共产党的七个积极分子的事件"③。为了声援日本共产党和日本爱国人士,中国人民救济总会积极地发表了声明通告,代表中国人民发出自己的声音,反对重新武装日本、反对把日本变成美国侵略亚洲的跳板的斗争。

---

① 《我国人民救济总会支援日本爱国者的斗争》,《光明日报》1952 年 2 月 22 日。
② 李小尉:《简论中国人民救济总会的角色、作用与社会影响》,《聊城大学学报(社会科学版)》2014 年第 1 期。
③ 《我国人民救济总会支援日本爱国者的斗争》,《光明日报》1952 年 2 月 22 日。

（二）抗议与谴责

在中国人民救济总会的国际活动中,发表抗议、表达中国人民的反对意见较为典型。这种形式的活动虽然不具备外交层面的影响效力,但是,中国人民救济总会代表中国人民,从国际舆论角度来说,人民的反对声音也是对涉事政府最有力的谴责。

1950 年 9 月,马来亚英国殖民地当局驱逐华侨,并封闭《南侨日报》和《现代日报》两家华侨报纸,引发当地华侨的强烈抗议,并酿成流血冲突事件。事件发生后,中国人民救济总会代表中国人民发出强烈抗议:

> 英帝国主义不顾我侨胞在马来亚的悠久历史,不顾我侨胞曾用血汗开辟过马来亚的荒山旷野,曾经与马来亚人民并肩反抗法西斯日本侵略者的功绩,竟然采取这样的与中国人民为敌的灾难政策,这是我们十分愤怒的。我们要呼吁制止英帝国主义的这种疯狂暴行。我们除了尽一切力量积极参加对被逐回国的侨胞的安置工作外,在这里特发表声明,严正抗议英帝国主义者对待我侨胞的暴行。①

1951 年,中国人民救济总会组织了马来亚难侨委员会,对马来亚英国殖民地当局加于侨胞身上的种种迫害予以坚决控诉,并决定派遣调查团前往马来亚调查难侨情况。② 这种努力,不但对被害的华侨是一种帮助与安慰,对抵抗殖民地政府的暴行也是有力的抗议。中国人民救济总会发表声明,抗议马来亚英国殖民地当局不顾我全国人民和中央人民政府外交部一再的严正声明和抗议,与中国人民为敌,迫害我马来亚侨胞。中国人民救济总会指出:

> 自马来亚英国殖民地当局 1948 年 6 月 18 日宣布其第一个"紧急法令",1949 年 1 月 10 日及 1950 年 4 月 29 日分别发布"新紧急条例"、"马来亚新紧急法"等一连串反动法令以来,"马来亚侨胞所受非人迫害、虐待和驱逐,已罄竹难书。据被逐返国的几批侨胞的控诉,英殖民地当局竟使用了野蛮逮捕、毒打、强奸、'集体惩罚'、成千累万的

---

① 《中国人民救济总会声明:抗议英帝迫害马来亚华侨》,《人民日报》1950 年 12 月 31 日。
② 《中国人民救济总会发表声明　坚决拥护派遣调查团调查马来亚难侨情况》,《人民日报》1951 年 3 月 11 日。

被迫迁移以及关入集中营等毒辣手段，及日本法西斯强盗统治马来亚时期所曾使用过的种种惨无人道的酷刑"①。

对马来亚英国殖民地当局加于我侨胞身上的上述种种迫害，我全国人民已忍无可忍，决不能置之不顾，因此组织了马来亚难侨委员会予以声援，并决定派遣调查团前往马来亚调查难侨情况。这种声援和派遣调查团的决定是完全正义和必须的。我们坚决拥护这一决定，并将以实际工作支持这一适时的行动。马来亚受难的侨胞们，祖国的人民是你们的后盾，残暴的帝国主义殖民者是一定会得到他们应得的惩罚的。②

1952 年 5 月 1 日，日本人民举行了全国规模的热烈集会，庆祝五一国际劳动节。在庆祝会上，很多人民自发地提出"日本人民保卫和平、自由与独立和反对侵略、反对战争、反对单独和约、反对重新武装日本、反对法西斯卖国统治、反对摧残人权的反动法案"等口号，表达了日本人民热爱和平、保卫和平的决心。这种庆祝节日的行为本是合法的，但日本政府竟然以"非法集会"为由，对参加集会的日本人民进行了镇压，以致当场打死打伤爱国人士达 400 多名，并进行了大批的逮捕、迫害和强迫审讯。截至 5 月 26 日，被逮捕的人已达 955 名，造成了著名的"五一"惨案。对此，中国人民救济总会指出："这种残酷的罪行，这种血腥的镇压，正好彻底暴露出美、日反动派的极端脆弱，日暮穷途。我们中国人民充分同情日本人民为独立、民主、和平而进行的斗争。我们抗议美日反动派的野蛮暴行。人民的鲜血不会白流的。我们坚决相信日本人民在全世界爱好和平人民的强大支援下，一定能取得全面彻底的胜利。"③

1952 年，中国人民救济总会和中国红十字会总会发表联合声明，抗议美国侵略军以军用飞机侵犯我东北领空，使用细菌武器屠杀中国人民的罪行："美国侵略军公然违反人类正义，撕毁国际公法，破坏人道公约，敢冒天下之大不韪，在朝鲜前线与后方大规模进行细菌战争的残暴卑劣的罪行，引起全人类正义的愤怒，全世界爱好和平人民无不予以严正的斥

---

① 《中国人民救济总会发表声明 坚决拥护派遣调查团调查马来亚难侨情况》，《人民日报》
　　1951 年 3 月 11 日。
② 《中国人民救济总会发表声明 坚决拥护派遣调查团调查马来亚难侨情况》，《人民日报》
　　1951 年 3 月 11 日。
③ 《我国人民救济总会发表声明 谴责美日反动派屠杀日本爱国人民的罪行》，《人民日报》
　　1952 年 6 月 3 日。

责与警告。"①

　　我们全中国和全世界的红十字工作者与救济福利工作者,以保卫世界和平,维护人道与正义为我们光荣的使命。在我们长期为消灭战争创伤,救济人民灾难,维护人类安全与幸福的服务过程中,我们坚决认定:对于人类的死敌决不能加以姑息,对于野兽的罪行绝不能加以容忍;要制止战争的灾难,必须消灭战争的根源,首先要以全力制裁挑拨战争的罪魁祸首。因此我们向全世界的红十字会工作者和救济福利工作者发出紧急号召,大家一致起来,高举革命人道主义的旗帜,团结我们的力量,整齐我们的步调,坚决采取迅速而有效的预防措施,以扑灭美帝国主义者所撒布的细菌,以粉碎美帝国主义者所进行的无耻阴谋。②

　　中国红十字会总会会长李德全发出"抗议美帝国主义侵略者撕毁国际公法在朝鲜进行细菌战争的罪行,及号召全世界一亿以上的红十字会会员们立即行动起来,予灭绝人性的美帝国主义侵略者以最严厉的制裁"的声明以后,全国各地红十字会分会纷起响应。南京、济南等地分会"除了愤怒抗议美帝国主义侵略者的无耻暴行外,并坚决表示在后方继续加强抗美援朝工作,以彻底打垮敌人的血腥暴行"③;青岛分会则义愤填膺地指出"美帝国主义侵略者做出这样不人道的大量杀害人类的勾当及撕毁国际公法的罪行,是不能饶恕的",表示"本分会全体同人誓愿准备一切力量,随时响应总会的号召"④;武汉、天津等地分会在当地报纸上"号召市民及医务工作人员立即行动起来制裁与严惩美国、日本的细菌战犯";武汉分会会长卢镜澄并号召武汉市分会的会员们"密切联系全市医务工作者,以实际行动参加防疫、防毒工作";西安市分会在总会的号召之下,全体人员都以无比的热情和决心纷纷签名请求上级批准他们到朝鲜去为"最可爱的人"服务。护士

---

① 《我红十字会总会和救济总会发表联合声明　抗议美国侵略者疯狂扩大细菌战　各地红十字会分会一致表示决心打败美军细菌战》,《人民日报》1952 年 3 月 9 日。
② 《我红十字会总会和救济总会发表联合声明　抗议美国侵略者疯狂扩大细菌战　各地红十字会分会一致表示决心打败美军细菌战》,《人民日报》1952 年 3 月 9 日。
③ 《我红十字会总会和救济总会发表联合声明　抗议美国侵略者疯狂扩大细菌战　各地红十字会分会一致表示决心打败美军细菌战》,《人民日报》1952 年 3 月 9 日。
④ 《我红十字会总会和救济总会发表联合声明　抗议美国侵略者疯狂扩大细菌战　各地红十字会分会一致表示决心打败美军细菌战》,《人民日报》1952 年 3 月 9 日。

李某某说："我虽然医护技术不好，但我可以给伤员洗衣服、抬担架。"①前国际医防队第 3 大队 52 名队员以无比愤怒的心情表示："我们除了希望全国医务工作者立刻组织赴朝防疫队外，并向全国人民提出保证：祖国叫我们到哪里，我们立刻就到哪里。"②

中国人民救济总会所传播的这些抗议与谴责，代表了中国人民的心声，也表明了中国人民反抗侵略与压迫的严正立场。

（三）发表唁电及慰问

中国人民救济总会在国际上代表了中国人民，因此，对于为人民做出贡献的友好国家或友好人士，中国人民救济总会也代表人民表达相应的情感。1950 年 5 月，中国人民的朋友史沫特莱女士因病逝世，中国人民救济总会于 5 月 21 日发表唁电，悼念史沫特莱女士。

> 史沫特莱女士是中国人民的真正友人之一。抗日战争前，她就在帝国主义分子和蒋匪特务的威胁和监视下，在上海积极地救济过中国的革命者和进步人士；抗战初期，她在武汉发动组织游击队募捐委员会，在医药和救济方面积极支援坚持敌后抗战的军民。史沫特莱女士是美国人民的真正的优秀的代表，我们对迫害她致死的美帝国主义表示无限的愤怒。史沫特莱女士虽然死去，但她对中国人民的真挚的友爱永远活在中国人民的心里。③

作为国际共产主义阵营中的一分子，中国人民救济总会在友好国家领导人逝世之时也会代表中国人民发出唁电，表示哀悼。捷克斯洛伐克的领袖哥特瓦尔德同志逝世，中国人民救济总会就给捷克斯洛伐克红十字会主席爱德瓦尔德·杜马发去唁电，致以最深切的哀悼，并表示："中捷两国人民将更加紧密地团结在一起，为以苏联为首的和平民主阵营的共同事业作不懈的奋斗。"④其他国家的共产主义爱国人士逝世，中国人民救济总会也会适时地代表人民发去唁电加以吊唁慰问。例如，日本人民订于 1950 年 6

---

① 《我红十字会总会和救济总会发表联合声明　抗议美国侵略者疯狂扩大细菌战　各地红十字会分会一致表示决心打败美军细菌战》，《人民日报》1952 年 3 月 9 日。
② 《我红十字会总会和救济总会发表联合声明　抗议美国侵略者疯狂扩大细菌战　各地红十字会分会一致表示决心打败美军细菌战》，《人民日报》1952 年 3 月 9 日。
③ 《中国人民救济总会电唁史沫特莱逝世》，《人民日报》1950 年 5 月 21 日。
④ 《中国红十字会总会和中国人民救济总会唁电》，《光明日报》1953 年 3 月 16 日。

月 26 日为在五一国际劳动节及"五·三〇"爱国运动中牺牲的高桥正夫和近藤巨史等人举行公葬。中国人民救济总会在 23 日特致电日本国民救援会,悼唁那些为日本的和平、自由与独立而英勇牺牲的烈士们。电文中说:"值此公葬'五一'及'五·三〇'死难者之际,中国人民对为争取日本和平、自由与独立的烈士们,表示沉痛的哀悼;对那些谋杀者和凶手,表示无限的愤怒。中国人民将永远支持日本人民反对迫害、反对侵略的正义斗争。"①这些唁电表明了中国政府的立场,也在国际舆论上扩大了新中国的国际影响。

　　周边国家人民所遭受的灾害,中国人民救济总会多给予及时慰问与帮助,尤其涉及华侨华人的问题,中国人民救济总会通常代表中国人民施以援助。例如,1952 年 1 月,缅甸各地连续发生大火灾,如"缅甸西部的卑谬去年曾发生火灾,毁房一千多间,受灾华侨无家可归的很多;榜地、三角洲良党及沙耶勃利县所辖实军、敏纳等地在三月间也连续发生火灾,我旅缅华侨受损失甚重"②。当各地火灾发生后,驻缅甸大使馆和华侨团体纷纷写信或派代表赴灾区进行慰问,并发动募款救灾。缅甸华侨各界代表会议筹备会救济小组及时调拨了救济基金,并派员前往卑谬、榜地等地进行紧急救济。灾区侨胞也组织起来,实行互助互救。中国银行、交通银行的缅甸分行并拨发低息贷款,帮助灾民复业。随后,缅甸华侨在爱国主义旗帜下,发扬了团结、互助、自救的精神,提出了"救灾必须防灾"的口号,积极进行筹募本年度的救济基金,并拟建立永久性的救灾防灾机构,中国人民救济总会、中央人民政府华侨事务委员会为此特电当地受灾侨胞,予以慰勉:"顷悉旅缅侨胞遭受火灾,损失甚重,深为关切,特电慰问。深信我旅缅侨胞定能团结互助,克服困难,早日安定灾胞生活。"③

　　1957 年 6 月,因南越政府宣布禁止华侨经营 11 种行业而导致华侨失业人数众多④,中华人民共和国华侨事务委员会主任何香凝代表中国政府表达了对华侨的关怀之情,而中国人民救济总会汇救济款 3 万元,用于帮助因上述原因而失业的侨胞。⑤

---

① 《中国人民救济总会　电唁"五一"惨案的日本烈士》,《光明日报》1952 年 6 月 27 日。
② 《救济总会和华侨事务委员会　电慰缅甸受灾华侨》,《人民日报》1952 年 5 月 12 日。
③ 《救济总会和华侨事务委员会　电慰缅甸受灾华侨》,《人民日报》1952 年 5 月 12 日。
④ 南越政府在 1951 年 9 月 6 日颁布了一项法令,禁止在南越境内的外侨经营包括粮食、布匹、杂货等十一种行业。据南越中文报纸估计,如果十一种行业全部停止经营后,失业的华侨至少有二十万人。
⑤ 《何香凝电慰南越失业华侨　救济总会汇去救济款三万元》,《人民日报》1957 年 6 月 5 日。

中国人民救济总会的这些活动，不但给予被灾国家人民或华侨以同情与安慰，而且及时地转达了中国人民的友好与关怀，为世界人民交流架起了友好的桥梁。

二、"贡献人民的力量"：组织国内募捐

中国人民救济总会对国内各地遭遇的灾害均较为关注，除了支持地方政府积极赈灾救灾之外，还充分发挥自身的国际、国内影响力，积极组织募捐物资或资金，帮助灾区救灾。

1950 年，中国人民救济总会为配合开展苏北、皖北、河北、河南各灾区同胞的寒衣劝募工作，邀请中央戏剧学院、中央音乐学院、青年艺术剧院等单位，于 10 月 2—3 日在劳动人民文化宫露天礼堂举行首次音乐歌舞劝募晚会。晚会安排多项精彩节目，马思聪小提琴独奏，郭兰英及喻宜萱的独唱，由任虹指挥的二百人的黄河大合唱等。① 劝募晚会寓善于乐，取得了良好的社会影响，成功地为灾区同胞募集了大量寒衣。

1951 年，中国人民救济总会和中国红十字会总会发起"慰劳中国人民志愿军和朝鲜人民军以及救济朝鲜难民"的劝募运动，"为了慰劳在朝鲜冰天雪地中英勇作战的中朝人民战士和救济遭受美帝国主义蹂躏无衣无食的朝鲜难民，中国人民保卫世界和平反对美国侵略委员会业已会同我两会发起在全国大规模的募集慰劳品和救济品。我两会为了协助开展这一次大规模的劝募运动，使慰劳品和救济款物能迅速的集中与运输，争取在最短期间完成这一重大而迫切的任务"②。为了顺利完成这一劝募运动，中国人民救济总会和中国红十字会不但主动地协助各地分会大力展开募集慰劳品及救济品运动，还在宣传工作上"鼓动两会组织系统下的工作人员及会员，联合其他有组织的群众，向全国各地的人民广泛地展开宣传运动"，宣传要点包括：

1. 说明中国人民志愿军和朝鲜人民军的英勇作战不畏艰苦的精神，打败美帝国主义侵略军，给世界和平奠定了巩固的基础；

2. 说明爱国主义必须与国际主义相结合，慰劳中朝人民战士和救济朝鲜难民就是抗美援朝保家卫国运动的一部分；

① 《救济总会为灾区同胞劝募寒衣 文化宫今明举行音乐歌舞晚会》，《人民日报》1950 年 10 月 2 日。
② 《救济总会与红十字会总会通知 开展慰劳和劝募运动》，《人民日报》1951 年 1 月 28 日。

3. 说明救济朝鲜难民就是"自救济人"、"革命的人道主义"精神的具体表现。

在慰劳品和救济款物的收集及运输的过程中,应尽量抽出人力、腾出房舍及提供一切可能的条件,协助中国人民保卫世界和平反对美国侵略委员会分会解决各种困难,使慰劳品与救济物资能及时地早日运到朝鲜。

在募集工作上,应多方结合抗美援朝及生产竞赛等各种爱国主义的活动,并利用农历春节时期,通过报纸和电台,号召广大人民节约捐助,发动电影戏院、文工团、音乐队、体育会及其他娱乐场所组织义演义卖。①

1951年,中国人民救济总会和中国红十字会总会向全国各救济福利团体、机关、从事救济福利工作的人士和中国红十字会全体会员发出号召,建议立即在全国救济福利界展开捐献救护机的运动:"中国人民志愿军是中国人民最优秀的儿女,他们为了保卫祖国安全,保卫世界和平,不顾敌人的飞机和大炮,冲锋陷阵,许多战士虽身受重伤仍不肯退下火线。对这些英勇卫国的英雄们的紧急救护,是我们义不容辞的责任。我们深信这种建议必为广大爱国同胞所热烈拥护,全国救济福利界爱国同胞必能继续发扬爱国主义与国际主义的精神,立即行动起来,共同及早地完成这个神圣的任务。"②

中国人民救济总会对国外华侨也进行积极救济,努力使侨居国外的同胞感到祖国对他们的关怀和爱护。例如,1953年香港九龙连续发生火灾,中国人民救济总会广东省分会和广州市分会两度拨款救济香港大火灾中的受害同胞,为救济九龙深水埗石峡尾村受灾同胞拨款3亿元,后又拨出8亿元,分别救济九龙何文田村和深水埗九龙塘村的受灾同胞。很多香港人民,由于遭受各种剥削,生活贫困,没有办法找到寓所,只能在荒僻的山丘和城市的角落里盖搭木屋栖身。香港英国当局从未解决这些木屋区人民的安全问题,因而接连发生了三次大火灾。③ 广东省和广州市人民对这些受灾同胞极表关怀,中国人民救济总会及时地送去大批救济物资和款项,救济了遭受火灾的饥寒交迫的灾胞。

根据事后统计,中国人民救济总会在"国际救济、华侨救济、香港九龙灾胞救济这三项工作,几年来统计,除一部分实物外,共用去款项八百九

---

① 《救济总会与红十字会总会通知　开展慰劳和劝募运动》,《人民日报》1951年1月28日。

② 《救济总会和红十字会总会发起捐献救护机运动》,《人民日报》1951年6月17日。

③ 《中国人民救济总会广东省分会等两次拨款救济香港受害同胞》,《光明日报》1953年2月26日。

十多亿元"①。

三、"扩大国际影响"：开展国际援助

中国人民救济总会代表中国人民,向我国邻近的地区或国家提供了多次国际援助。据统计,1949—1965 年中国对外人道主义援助共 76 次,其中,由"中国人民救济总会、中国红十字会和全国总工会等人民团体组织的援助有 55 次,占总数的 72%"。其中,20 世纪 50 年代中国对外人道主义援助共 36 次"②,中国人民救济总会在 1950—1956 年间共组织了约 20 次国际救济,这些"救济工作是对世界上遭受自然灾害和政治性灾难的人民的一种国际主义支援,对于扩大我国在国际上的影响,促进与各国人民间的团结友谊,增强和平民主的力量,是起一定作用的"③。

（一）支援抗美援朝运动

1950 年底,在抗美援朝运动的热潮中,全国各地普遍地掀起了"慰劳中朝人民部队和救济朝鲜难民的募捐运动",中国人民救济总会在该运动宣传鼓动、募集款项物资等方面发挥了重要作用。

中国人民救济总会联合其他人民团体共同组成"中国人民救济朝鲜难民委员会",积极救济遭遇战火与自然灾害的朝鲜人民。该组织"购运了大批布匹、棉花、棉衣、毛毯、针、线、医药物资及紧急救济粮到朝鲜"④,随着联合国军对朝鲜战场的轰炸加剧,中国人民救济总会多次代表中国人民提出严正抗议,并号召全国救济福利工作者以实际行动支援朝鲜人民的正义斗争。

在 1952 年初,朝鲜人民又陆续收到了苏联、中国和各人民民主国家人民送来的大批救济物资。"苏联和中国人民分别送来了大批的药品和衣物;罗马尼亚人民送来了七十五车皮粮食、九车皮药品和衣物;蒙古人民共和国人民送来了三十五车皮肉类、五千张羊皮和一百四十四箱衣物;匈牙利人民送来了七千三百多个慰问袋;波兰人民送来了二十二箱衣物;德意志民

---

① 伍云甫:《中国人民救济总会三年来的工作报告》,《救济工作通讯》第 47 期,1954 年 11 月 20 日。
② 殷晴飞:《1949—1965 年中国对外人道主义援助分析》,《当代中国史研究》2011 年第 4 期。
③ 伍云甫:《中国人民救济总会三年来的工作报告》,《救济工作通讯》第 47 期,1954 年 11 月 20 日。
④ 伍云甫:《中国人民救济总会两年半来的工作概况》,《人民日报》1952 年 9 月 29 日。

主共和国人民送来了五十九箱衣物、大批药品和毯子,德国工人还特地制造了六辆救护车赠送给朝鲜人民。各国人民送来的礼物上大都写有'望朝鲜人民在 1952 年争取更加辉煌的胜利'的祝词。"①1953 年,朝鲜部分地区遭到战争破坏与自然灾害均很严重,为帮助朝鲜人民克服困难,中国人民志愿军政治部和后勤部联合向全军发出"救济朝鲜灾民"的指示,并"拨出粮食二百万斤给各部队救济朝鲜灾民",由"各部队通过当地的朝鲜政府,分配给驻地周围有困难的烈属、军属、难民以及贫苦农民等"。中国人民志愿军各部队执行上级"团结和爱护朝鲜人民"的指示,"节省粮食二百四十五万多斤和大批衣物,救济了朝鲜北部三十个郡(县)以上地区的朝鲜人民"②。

(二) 对日的民间援助

在中国人民救济总会积极参与开展的救济援助活动中,对日本人民或人民团体的救援活动,占据重要地位。中国人民救济总会不但积极发表国际声明,声援日本友好人民团体,还赠送物资或救济金,用实际行动发挥了民间外交的特殊作用。

1."松川事件"

1949 年 8 月 17 日凌晨,日本福岛县境内东北干线松川至金谷川路段的上行旅客列车脱轨翻车,司机等 3 名乘务人员死亡,旅客 30 人受伤。吉田茂内阁官房长官未经调查就诬指为当地工会所为,借机迫害工会人员和日本共产党人。1950 年,福岛地方法院初审,多名日本共产党人被判处有罪,其中 10 人被判处死刑。1953 年仙台高等法院复审,再次判处 20 名日本共产党员与爱国工人各种重罪③,制造出所谓的"松川事件"。

针对此事,中国人民救济总会很快发起支援"松川事件"中的无辜的日本共产党员和人民的行动。9 月 12 日,中国人民救济总会代表中国人民汇给"松川事件"中的无辜被告及其家属一万美元(折合三百六十万日元),以支援他们的正义斗争。很快,中国人民救济总会接到日本劳农救援会会长布施辰治的复信和"松川事件"无辜被告斋藤千、杉浦三郎、佐藤一等三人的来信,他们一致感谢中国人民给予他们的援助。

中国人民救济总会主席宋庆龄并于本月九日写信给"松川事件"的全体无辜被告。该信称:"接读劳农救援会的复信和斋藤千、杉浦三郎和佐藤

---

① 《各国人民援朝救济物资,朝鲜人民继续收到》,《光明日报》1952 年 2 月 27 日。
② 《志愿军拨大批粮食救济朝鲜灾民》,《光明日报》1953 年 5 月 28 日。
③ 李小尉:《简论中国人民救济总会的角色、作用与社会影响》,《聊城大学学报(社会科学版)》2014 年第 1 期。

一三位的来信,知道你们已经收到中国人民救济总会赠与'松川事件'无辜被告及其家属的三百万日元。我们热诚希望这笔款项能有助于你们为和平与真理的斗争。"[①]中国人民救济总会给予日本"松川事件"无辜被告的援助,激励与增强了他们斗争的意志与信心。"松川事件"的无辜被告斋藤千、杉浦三郎和佐藤一等三人在给中国人民救济总会主席宋庆龄的信中,对中国人民表示无限的感激和谢意。正如佐藤一的信中表示:"正当我们的经济和身体都处于非常恶劣的情况下,我们的家属因为二年多来失去生活的依靠而经济上十分困难的时候,得到了中国人民的物质援助,是非常宝贵的。"[②]

中国人民救济总会也积极参与了其他国际救济工作,对遭受地震、水灾的日本人民和失业工人、教员以及其他受难人士,对印度、巴基斯坦遭受旱灾和水灾的灾民,对缅甸遭受火灾的灾民,对荷兰、英国、比利时等国家遭受水灾的灾民,对居住在我国境内的生活困难的外国侨民等,均积极给予了救济或援助。例如,1952 年 3 月 4 日,日本北海道十胜冲地区发生了激烈的地震和海啸,沿海广大地区人民受到惨重的损失,被灾户数 7469 户,3 月 19日日本北海道札幌郡的友好团体——月寒主妇会,写信陈诉灾情请求援助。中国人民救济总会立即援助日本国民救援会人民币 2 亿元作为救济北海道地震灾区灾民的赈款。[③]

可以看出,已经站起来了的中国人民,深知中国革命胜利的巩固和发展是与国际和平民主阵营革命胜利的巩固分不开的。中国人民有义务也有力量来救济遭受灾难的国家与人民。中国人民满怀信心地加倍努力,以便进一步把救济工作做好![④]

(三) 对其他国家援助

中国人民救济总会积极发挥共产主义精神,在自身极端困难的情况下,仍然积极给予世界各国受灾民众物质、精神援助。

1953 年,中国人民救济总会、中国红十字会总会、中华全国总工会、中华全国民主妇女联合会和中华全国民主青年联合总会五个人民团体,曾联

① 《中国人民救济总会主席宋庆龄　写信支援"松川事件"无辜被告　斋藤千等答谢人民救济总会的物质援助》,《人民日报》1951 年 11 月 12 日。
② 《中国人民救济总会主席宋庆龄　写信支援"松川事件"无辜被告　斋藤千等答谢人民救济总会的物质援助》,《人民日报》1951 年 11 月 12 日。
③ 《我国人民救济总会汇款救济日本灾民》,《人民日报》1952 年 7 月 1 日。
④ 伍云甫:《中国人民救济总会两年半来的工作概况》,《人民日报》1952 年 9 月 29 日。

名打电报给英国英中友好协会,对在 2 月初英国大水灾中受灾的英国人民表示慰问,并"筹募人民币十亿五千余万元捐助英国灾民"。英中友好协会接到我人民团体的慰问电及捐款后,当即复电致谢,并将捐款交伦敦市长转交英国水灾灾民救济基金会。转交捐款仪式是在伦敦举行的,参加的有英中友好协会秘书长德里邦及英中友好协会副会长法林顿教授、电气工会的柯尔先生和工党议员埃姆里斯·休斯等人。伦敦市长鲁勃·德拉伯尔于四月一日致电我五人民团体表示感谢。英国政府也曾向我国五人民团体致谢。①

　　1953 年 7 月下旬,在日本九州等地发生的大水灾,灾情十分严重。日本水灾引起了中国人民的深切关怀,中国人民救济总会得悉日本这次灾情后,除致电日本国民救援会主席布施辰治,表示中国人民对日本受灾人民的关怀和慰问外,还进行了筹集救灾款项的工作。中国人民救济总会"将筹得的救灾捐款人民币十二亿三千六百四十七万元(合一万七千八百五十英镑)汇往日本国民救援会转交日本受灾人民"②。日本"水灾救济与善后恳谈会"在给宋庆龄的谢函中谈到数百万日本国民的生命财产因水灾遭到惨重损失时指出,"这次水灾的发生实际上是人为的灾害",中国人民给日本灾民寄来了一大笔救济金,这使日本国民衷心表示感谢。过去中国人民对北海道地震、"松川事件"等所给予日本人民的温暖和同情以及旅华日侨归国时中国人民的真诚欢送,都使日本国民永志不忘。日本国民救援会事务局局长山我德一在给中国人民救济总会秘书长伍云甫的信中说,"日本国民救援会已在七月二十七日收到中国人民的救济金",并已转交"水灾救济与善后会议",进行有效的救灾工作。③

　　1953 年 8 月,虽然由于朝鲜战争期间,战区附近的朝鲜人民的生命和财产遭到了敌炮和敌机的杀伤和严重破坏,但他们在朝鲜政府和朝中人民军队的救济和帮助下,坚毅地度过了艰苦的战争年月,并积极支援前线部队取得了战斗的胜利。因此,为了帮助战线附近的朝鲜人民解决重建家园和恢复生产中的困难,中国人民志愿军领导机关特拨出一百万斤粮食进行救济,并指示各部协同当地政府进行发放工作。④ 还有些志愿军战士自愿从

① 《英中友协等电我五人民团体,感谢对英国水灾灾民的救济》,《光明日报》1953 年 4 月 8 日。

② 《我人民救济总会和苏联人民捐款救济日本灾民》,《光明日报》1953 年 7 月 22 日。

③ 《日本水灾救济团体,函谢中国人民对日本灾民的关怀和救济》,《光明日报》1953 年 8 月 29 日。

④ 《志愿军拨粮百万斤救济战区附近朝鲜人民》,《光明日报》1953 年 8 月 27 日。

自己的伙食或军饷中节约物资,捐给朝鲜难民。"西部前线志愿军某部捐献了节约的粮食二十万三千多斤和大批衣服、鞋袜等,平康前线志愿军某部也将节约的两万多斤粮食,捐赠驻地的朝鲜人民。"①朝鲜农民辛民春说:"我家今年的庄稼是志愿军帮助种的,现在志愿军又发粮救济我们,这种恩情我永远不会忘记。"许多朝鲜人民军家属收到救济粮后,纷纷写信告诉自己的子弟。有的朝鲜人民还写信给志愿军表示衷心的感谢。②

1953 年,中华人民共和国驻印度大使袁仲贤在新德里代表中国红十字会和中国人民救济总会,将一张二十八万七千三百五十六卢比(合十五亿元人民币)的支票赠给印度总理尼赫鲁,作为印度的国家救济基金。袁仲贤大使同时将中国红十字会和中国人民救济总会的信件交给尼赫鲁总理。这些信表达了中国人民对于比哈尔省和哥达维利河地区的严重水灾的深切关怀,并表示他们非常乐于捐赠这笔款项。信中还要求向遭受水灾的灾民,转达中国人民深切的同情和真挚的关怀。尼赫鲁总理为答谢这次捐赠,写了一封信给袁仲贤大使,信中说:"希望你能向中国红十字会和中国人民救济总会转达我对这次慷慨捐赠的谢意,有关的人民将非常感激这种捐赠。在转送赠款的同时,我也要向他们转达中国人民对他们所受灾难的同情。"③

综上所述,中国人民救济总会作为代表中国人民的群众性组织,积极开展国际活动,在中国人民的生活尚处于极端困难的情况下,仍然积极参与国际救济事业,积极募捐给予国际上的受灾民众以援助。这不但表达了中国共产党和中国政府对国际社会的积极参与、热情帮扶之情谊,也阐明了中国人民热爱和平、维护和平的坚定立场与信念。在中华人民共和国与国际社会的外交关系尚未普遍建立的情况下,中国人民救济总会代表着中国人民,在国际领域展开了积极的民间交流。

---

① 《我志愿军前线各部队协同各地朝鲜政府,将志愿军的救济粮食发放给战区朝鲜人民》,《光明日报》1953 年 9 月 19 日。

② 《我志愿军前线各部队协同各地朝鲜政府,将志愿军的救济粮食发放给战区朝鲜人民》,《光明日报》1953 年 9 月 19 日。

③ 《中国红十字会和中国人民救济总会捐款救济印度水灾灾民》,《光明日报》1953 年 11 月 16 日。

结　语

从国家与社会关系理论来说，"任何国家都会试图按照自己的利益和意图、经由各种手段和机构对整个社会进行特定指向的政治社会化，目的是通过这一政治社会化过程而使特定的政治意识内化为其公民的自觉的行为规范，从而营建出一种适合于维系和巩固其自身统治的政治文化"①。从政治社会化的角度来思考，此过程似乎可以视为国家"自上而下"地对社会领域进行掌控和治理的过程。从这样的视角来观察和分析中华人民共和国初期社会救济中的政治因素，颇有些不同的认识。

一、救济的困惑：社会救济是消极的工作吗？

在梳理中华人民共和国初期有关社会救济的相关资料时发现，在这一时期，社会救济事业似乎是一个颇具争议的领域。恰如前文所述，从1950年10月开始发起的"清理美国文化影响"的运动与传统的慈善救济领域相互交织，新中国政府除了从组织上和业务上逐渐取缔接受外资的慈善团体之外，还侧重从社会文化层面清除城市居民的"亲美、崇美"思想基础②，通过报刊媒体、树立典型、召开群众大会或批判大会的形式，来批判美国赞助或支持的慈善救济事业是美帝国主义公开地"侵略和劫掠"中国人民时所戴的"伪善"的面纱、"裹着糖衣的毒素"……③这种宣传直接影响了慈善救济事业在民众心中的地位，甚至进而带来了一系列救济事业的认知危机。下面以1952年武汉市救济分会的年终评选模范活动为例，探讨此时的社会救济事业在民众心中的认知地位。

① A. Almold, "Comparative Political Systems", in *Journal of Politics*, 18 (August 1956), pp. 391-409; Almold & G. B. Powell Jr., *Coparative Politics: A Developmental Approach*, Boston: 1996, Little Brown & Co., 转引自邓正来、[美]杰弗里·亚历山大主编：《国家与市民社会：一种社会理论的研究路径》（增订版），上海人民出版社2006年版，第340页。

② 杨奎松：《新中国成立初期清除美国文化影响的经过》，《中共党史研究》2010年第10期。

③ 《打碎美国伪善的"救济"招牌》，《人民日报》1951年4月27日。

（一）武汉市救济领域所揭示的思想问题

1952 年 12 月，在武汉市民政局和救济分会的领导下，武汉市救济分会所属各个单位全面地开展了一次年终评选优秀模范的运动。此次运动的主要目的是检查工作，并通过评选优秀模范，达到"批判缺点，发扬优点，巩固既得成绩，开展合理化建议，提高工作效率"①的目的。但是，在这次评模运动中，各个工作人员普遍流露出严重而深刻的思想问题。

大多数的同志对工作不安心，认为救济工作是消极的工作，没有前途，因而悲观失望，失掉前进的信心。有的干部在总结思想时说："救济工作，是半政府机关半群众团体的工作，不是纯粹的革命工作，哪里能够产生模范？"搞乞丐生产教养工作的同志说："我们每天和'人渣子'打交道，同游民乞丐过生活，等于劳动改造一样，根本不是人做的工作，有什么前途呢？哪里谈得上选举工作模范呢？"从事儿童保育工作的同志说："我们每天和小孩子在一起，喂喂饭，洗洗脸，洗洗屁股，孤儿长大了，我们也就失业了。"在生产教养单位工作的同志，甚至路上遇到熟人，别人问他在哪里工作，只说是在民政局做事，不愿说实话，生怕别人说他没有出息，是丢人的事。部分搞专业技术的同志也说："搞救济工作是消极的工作，没有出息，不如参加经济建设，轰轰烈烈，如鱼得水。"②所有这些思想情况，都说明了这部分搞救济工作的干部或同志，均没有对救济工作有一个准确的认识。可以看出，通过武汉市民政局与救济分会组织的这次评模运动，这些对救济工作的不正确思想得到了一次公开的讨论机会。

（二）社会救济是"改革社会的大任务"

社会救济的工作真的没有发展前途吗？救济的工作真的不是革命工作吗？这些对救济工作的思想认识，充分反映了很多工作人员并没有正确地全面地认识社会救济福利事业的重要意义。应该说，一个在工作中缺乏信心的人，是不可能很好地完成工作任务的。任何岗位上的人，如果对自己所从事的工作缺乏认同，就一定会使工作遭到损失，因此，要想推动救济工作健康发展，就必须先从思想上纠正或扭转干部与职工的这些错误认识。

正如纪纲同志在中国人民救济总会工作会议上所作的《关于城市救济福利工作的报告》中所说：救济工作"是改革社会的大任务"，在全国"目前

---

① 《社会救济是消极的工作吗？》，《救济工作通讯》第 36 期，1953 年 5 月 5 日。
② 《社会救济是消极的工作吗？》，《救济工作通讯》第 36 期，1953 年 5 月 5 日。

还有很多人需要救济,以关心人民痛苦,解决人民切身困难为天职的革命工作人员,对此更不应存有丝毫的消极观点。今后,国家收支已经平衡,大规模经济建设已经开始,在新的有利的条件下,必须做好社会救济福利工作,才能把广大群众团结在人民政府的周围,为祖国建设服务"①。这段话充分地说明了救济工作的政治作用和重要意义。

社会救济所负责的城市贫民灾民的救济工作,妓女、乞丐、游民的改造工作,老残弃婴孤儿的收容教养工作,对稳定社会秩序,配合国家的建设事业起了很大的作用,具有重要意义。社会救济的各个方面的工作都是为人民服务的工作,例如武昌花园山育幼院,在这次评模运动中,取得了单位模范的光荣称号,就是"因为花园山育幼院替人民做了事,对人民有了贡献,人民才给这样的荣誉。花园山育幼院在几年以来,揭露了帝国主义者摧残儿童的事实,教育了人民群众,完成了接管任务,将二十三年来残害儿童的魔窟,变成了儿童幸福的乐园,使从死亡的边缘上抢救过来的儿童们很快的恢复了健康。仅就花园山育幼院这一个单位的工作来看,有什么理由说社会救济的工作是消极的呢,有什么理由说救济工作没有前途,不是革命工作呢?"②

社会救济中的游民改造工作,稳定了社会秩序,配合了国家经济的恢复与发展,将旧社会造成的消费者变为生产者,有许多人经过劳动改造之后已娶妻安家自谋生产,这些工作恰恰是在党和政府领导下,为人民服务的实践表现,不能看成是"消极的"。此外,还有很多人仍然需要救济,以关心人民疾苦,解决人民切身困难为天职的救济工作人员,对此更不应存有丝毫的消极观念。有的同志说,"作救济工作,默默无闻不被人家重视",这种认识也不对,"人家重视你的工作是一回事,你怎样推动工作向前发展又是一回事,假设不被人家重视,你不要责人家,先从责自己做起,责己即首先把工作做出成绩来。行行出状元,任何工作只要认真去做,就有成绩,就会被重视"③。因此,树立社会救济工作的正确认识,理解社会救济工作是"改革社会的大任务",是促进救济工作前进与发展的思想基础。

---

① 《关于城市救济福利工作的报告——一九五二年十一月二十七日在中国人民救济总会工作会议上的报告》,《救济工作通讯》第35期,1953年2月11日。
② 《社会救济是消极的工作吗?》,《救济工作通讯》第36期,1953年5月5日。
③ 《关于城市救济福利工作的报告——一九五二年十一月二十七日在中国人民救济总会工作会议上的报告》,《救济工作通讯》第35期,1953年2月11日。

（三）错误思想的根源

为什么这种错误思想能够在救济工作者中几乎普遍地长期地存在？武汉市救济分会在评模运动中,经过思想检查深刻反思,也进行了部分总结:

第一,在救济领域中,长期忽视对干部的政策讲解和思想教育,没有很好地有系统地领导干部进行救济福利事业政策方针的学习,没有全面地普遍地在干部中展开业务交流。领导没有掌握干部的思想情况,或者对干部的思想问题,只用"注入式的方法生硬地讲一套革命大道理,不是耐心细致地采取说服教育",不解决实际问题。

第二,多数干部知识水平低,政治理论水平也不够,没有建立起全心全意为人民服务的思想,怀揣个人打算的小心思,而不是为人民事业着想。这也是救济领域的干部存在严重的思想问题没有及时解决的主要原因。因此,在救济工作中,干部们"必须加紧学习,批判各种各样的错误思想,打倒个人主义,树立全心全意为人民服务的革命人生观"①。

归根结底,社会救济工作不仅仅是"救灾济贫"或"帮助贫困户",而是一个具有政治性质的任务。社会救济工作实际"是改革社会的大任务"②,只有站在一定的思想的高度,结合当时中国的政治形势来认识与分析社会救济工作,才会对社会救济工作的重要地位与现实意义形成更加全面深刻的认识。

二、爱国、卫生与救济:社会救济中的政治化因素

众所周知,新中国初期社会政治运动较多,从"三大运动"(土改、镇反、抗美援朝),到"三反"、"五反",以及知识分子思想改造运动、爱国卫生运动等等。那么,这些政治运动是否影响到社会救济、社会福利事业呢?本节拟以救济领域所实施的爱国卫生运动为案例,深描爱国卫生运动在社会救济领域实施与推广的历史细节,通过揭示党和政府在贯彻爱国卫生运动过程中的政治策略、卫生目标及社会改造之效果,探讨政治如何影响了救济,以及救济如何践行政治。

爱国卫生运动既是一场强调卫生防疫的社会运动,更是一场发动群众、

---

① 《社会救济是消极的工作吗?》,《救济工作通讯》第 36 期,1953 年 5 月 5 日。

② 《关于城市救济福利工作的报告——一九五二年十一月二十七日在中国人民救济总会工作会议上的报告》,《救济工作通讯》第 35 期,1953 年 2 月 11 日。

移风易俗的政治运动。目前关于爱国卫生运动的研究,学界多侧重对其卫生与防疫效果进行探讨①,缺少对具体行业中爱国卫生运动推行的"个性化"细节及影响之探究。在 20 世纪 50 年代,政治贯穿于社会的每一个毛孔之中,在社会救济这种通常的社会"边缘"领域,依然清晰可见。

（一）发动群众:卫生运动的政治属性

新中国成立初期,各大城市开展了"运动式"的大规模清洁扫除运动。1950 年,全国各城市共清除垃圾 175 万吨,同时也着手开始清理整修河渠,改善水质卫生等卫生工作。② 正如艾智科所说:"清洁的意义在新中国成立初期或许并不仅仅是促进健康,其更大作用还在于以改善环境为契机,发动群众,稳固政治基础。"③关注环境卫生的整顿,保障民众的健康,为党和政府赢得了更多的民心支持。因此,运动式的清洁扫除运动从一开始就披上了政治外衣。

为应对抗美援朝战争中美国的细菌战威胁,1952 年 3 月 14 日,周恩来在主持政务院第一百二十八次政务会议上宣布成立中央防疫委员会,随后,由中央防疫委员会发出《关于反细菌战的指示》,强调反细菌战是"全国人民一个严重的斗争任务"④。在此号召下,全国各大区、省、市、县、镇均组建了各级防疫委员会,"以粉碎美帝国主义细菌战,消灭苍蝇、老鼠等媒介物,改善城乡环境为主要内容的"⑤爱国卫生运动正式开展起来。最初,以反美细菌战为中心的卫生防疫运动效果显著,据统计,开展爱国卫生运动后的 9 个月中"全国共清运垃圾 7465 万余吨;疏浚臭水沟渠 28.3 万多公里;填平污水坑 4056 万多立方公尺;改善和新修厕所 492 万多个"⑥。城乡环境卫生的暂时改善迅速降低了疾病疫情的发生率,北京市在 1952 年 4—6 月"因肠胃病死亡的人数与 1950 年同期相比降低了 35%,其他急性传染病发

---

① 肖爱树:《1949—1959 年爱国卫生运动述论》,《当代中国史研究》2003 年第 1 期;《20 世纪 60—90 年代爱国卫生运动初探》,《当代中国史研究》2005 年第 3 期;《毛泽东与爱国卫生运动》,《青海社会科学》2003 年第 4 期;《论毛泽东对我国卫生防疫事业的历史性贡献》,《济宁师范专科学校学报》2004 年第 5 期。李洪河:《建国初期的鼠疫流行及其防控》,《求索》2007 年第 2 期;《建国初期的卫生防疫事业探论》,《党的文献》2006 年第 4 期。
② 《全国环境卫生和卫生工程工作两年来有很大发展》,《人民日报》1951 年 9 月 23 日。
③ 艾智科:《新中国成立初期的城市清洁卫生运动研究》,《中共党史研究》2012 年第 9 期。
④ 张寿春、金鑫:《周恩来与创建新中国》,中央文献出版社 2013 年版,第 356 页。
⑤ 《毛泽东、周恩来关于卫生防疫和医疗工作的文献选载》,《党的文献》2003 年第 5 期。
⑥ 陈致明:《起了移风易俗作用的爱国卫生运动》,《人民日报》1952 年 12 月 5 日。

病率降低了 29%"①。可见,"反对美帝国主义细菌战"的中心任务使得"爱国"与"卫生"、"防疫"之间有了密切联系,在爱国主义的高度下,全国各地均由各级党政负责人或卫生负责人指导运动,并通过宣传动员、发动群众的方式全面推广爱国卫生运动。

1. "搞好卫生支援志愿军"

正如《人民日报》社论指出的"爱国卫生运动是一项重大的政治任务"②。中国历史上的"政治与社会从来都是紧密相关、密不可分的",不仅"政治离不开社会",而且"社会的发展与维持一刻也离不开政治"③。因此,在爱国卫生运动中处处体现着政治的影响力,连被人视为"边缘"的救济领域也被席卷。在救济领域,由于绝大多数收容人员均是曾经流浪街头的游民、乞丐、散兵游勇、失业贫民、孤儿弃婴等社会底层民众,因此,各地救济分会、民政人员在发动他们积极参加爱国卫生运动时,多侧重启发他们的阶级觉悟,以开展爱国主义思想教育为策略,使他们初步理解为何开展卫生运动就是爱国,以及开展卫生工作有何重要意义。

对救济机关中收容的儿童,各救济分会侧重用具体的事实来对他们开展思想教育,进而启发儿童的阶级觉悟,培养他们的爱国情感。例如,上海市救济分会在组织收容儿童打预防针时,详细介绍美帝国主义对我国投放细菌病毒的情况,使"儿童认识到美帝细菌战的罪恶",也使他们更清晰地明白只有积极防疫、注重卫生,才能抵御美国细菌战的威胁。④ 因此,在抗美援朝的背景下,防疫卫生工作中的爱国主义教育使儿童更容易理解爱国与卫生之间的关系,更加自觉地加入到爱国卫生运动的行列中。

对于绝大多数收容人员来说,宣传教育则是启发他们政治觉悟、思想认识的基本路径。南京市老残教养院在教育收容人员时讲,"美帝企图破坏我们的幸福生活,在朝鲜发动战争,并撒布细菌,威胁祖国的安全。为了保卫幸福,为了反对美帝进行细菌战,就必须开展爱国卫生运动"⑤。抚顺市荣工工厂绝大部分都是残废人,本来很难开展卫生工作,但是"1952 年春天,美帝国主义在抚顺市散布细菌毒虫,激起了残废工人们极大的愤怒",

① 《全国爱国卫生运动有重大成绩　普遍改善了城乡环境卫生提高了生产和工作效率》,《人民日报》1952 年 10 月 8 日。
② 《进一步开展爱国卫生运动》,《人民日报》1952 年 7 月 10 日。
③ 戴韶华:《爱国卫生运动中小营巷的变迁——一项政治社会学的解读》,《法制与社会》2010 年第 16 期。
④ 《上海市分会工作的视察报告》,《救济工作通讯》第 33 期,1952 年 11 月 27 日。
⑤ 《中国人民救济总会南京市分会老残教养院的爱国卫生运动是怎样开展的》,《救济工作通讯》第 34 期,1953 年 1 月 10 日。

他们"坚决表示要彻底搞好卫生来有力地反击美帝国主义",全厂工人的"卫生工作开展的轰轰烈烈",成为"抚顺市卫生模范单位"。①

对于一般民众来说,爱国卫生运动不但"结合了反细菌战的宣传,激励了群众的仇美情绪",还"使广大群众认识到做好卫生工作是有关国家建设的大事","使卫生运动变成了爱国运动"。② 例如,天津市在宣传爱国卫生运动中让各界市民都认识到"改善环境卫生不仅为保障人民身体健康所必需,而且是反击美国侵略者细菌战的实际行动"③。重庆市爱国卫生运动的开展,得到了市民的普遍支持,"东升楼街一位军属把他儿子从朝鲜寄来的叙述志愿军如何英勇地抗击美帝国主义细菌战的信件,交给全街居民阅读和讨论,这条街便立即展开了热烈的爱国卫生工作竞赛"④。

可见,卫生工作不仅关系着全体人民的健康,而且与国家建设、社会治理也息息相关,受到党和政府的高度重视。1952 年 12 月 8 日,在北京召开的第二次全国卫生会议上,毛泽东为会议题词:"动员起来,讲究卫生,减少疾病,提高健康水平,粉碎敌人的细菌战争。"⑤此后,爱国卫生运动在"卫生工作与群众运动相结合"⑥的方针指引下,在全国范围内更加广泛地开展起来。

2. 通过宣传动员发动群众

绝大多数地区的爱国卫生运动均是由各级政府领导亲自领导,这无形中增加了爱国卫生运动的政治内涵。各级地方政府都是"首长都亲自领导这一工作,北京、南京、青岛等市的正副市长亲自督促检查爱国卫生工作"⑦。在此基础上,各级政府领导还纷纷"组织力量广泛地进行了宣传动员,以发动群众。例如,组织医务人员和科学工作者,向群众进行了有关卫生知识的宣传;印发各种文字和图画的宣传品;举行卫生讲座;举办小型的爱国卫生展览会"⑧。就连在农村中,基层党组织"也利用集市向农民群众进行了宣传"⑨。北京市的爱国卫生运动宣传工作多在"各区采用了展览

① 辽宁省爱国卫生运动委员会:《爱国卫生运动资料汇编》(第 2 辑),内部自刊 1958 年版,第 87 页。
② 金凤:《北京市开展爱国防疫卫生工作的经验》,《人民日报》1952 年 5 月 18 日。
③ 《天津、重庆、安东开展爱国卫生运动》,《人民日报》1952 年 6 月 28 日。
④ 《天津、重庆、安东开展爱国卫生运动》,《人民日报》1952 年 6 月 28 日。
⑤ 中共中央文献研究室、中国人民解放军军事科学院编:《建国以来毛泽东军事文稿》(中卷),军事科学出版社 2010 年版,第 465 页。
⑥ 邓铁涛主编:《中国防疫史》,广西科学技术出版社 2006 年版,第 573 页。
⑦ 陈致明:《起了移风易俗作用的爱国卫生运动》,《人民日报》1952 年 12 月 5 日。
⑧ 《进一步开展爱国卫生运动》,《人民日报》1952 年 7 月 5 日。
⑨ 《进一步开展爱国卫生运动》,《人民日报》1952 年 7 月 5 日。

会"①的形式,还"备有显微镜及其他实物模型",这样"群众可以通过显微镜观察害虫细菌的真相,大大提高了对害虫细菌的警惕,提高了与害虫细菌作斗争的决心"②。

　　有些地方的报刊由于不重视爱国卫生运动的宣传而被《人民日报》点名批评:"如东北的松江日报、西南的川北日报、中南的南方日报、广西日报、江西日报、西北的甘肃日报等报纸,对卫生宣传都没有足够的重视。"③而对于爱国卫生运动搞得成绩突出的地区,则不吝赞美之词,如天津市于1952 年"三月下旬开展爱国卫生运动以来,城市环境卫生和各界人民的卫生状况已有显著改进"④;重庆市经过爱国卫生运动,"环境卫生已空前改观"⑤;1952 年春季开始,"华北、华东和中南各地广泛展开群众性的爱国卫生运动,使环境卫生和个人卫生状况得到了空前的改进"⑥,连地处西北边陲的拉萨也"在政府的领导下积极展开了夏季卫生运动",拉萨"人民经过一个多月的努力,环境卫生已大大改善,成为各族人民经常注意清洁卫生的一个良好的开端"⑦。可以看出,发动群众进行爱国卫生运动的宣传推广,均离不开各级政府组织的直接领导,这也进一步凸显了爱国卫生运动的政治属性。

　　政治运动开展的重要关键是通过各种方式"广泛深入地动员和组织群众"⑧,要充分发动群众,就要"反复动员,并组织大规模的宣传"⑨,各级领导要"针对群众的思想情况,利用各种各样的形式如报纸、刊物、广播、幻灯片、座谈,以及小型展览会等,向工人、农民、市民反复进行卫生工作的宣传"⑩,使每个人认识到卫生工作是保障人民身体健康、胜利开展爱国增产运动的有力保证。各地的救济机构多采取丰富活泼、形式灵活的宣传动员

---

①　金凤:《北京市开展爱国防疫卫生工作的经验》,《人民日报》1952 年 5 月 18 日。
②　金凤:《北京市开展爱国防疫卫生工作的经验》,《人民日报》1952 年 5 月 18 日。
③　《纠正忽视爱国卫生运动的现象》,《人民日报》1952 年 6 月 29 日。
④　《天津、重庆、安东开展爱国卫生运动》,《人民日报》1952 年 6 月 28 日。
⑤　《天津、重庆、安东开展爱国卫生运动》,《人民日报》1952 年 6 月 28 日。
⑥　《华北华东中南各地　爱国卫生运动广泛展开　拉萨市人民积极进行夏季卫生工作》,《人民日报》1952 年 7 月 5 日。
⑦　《华北华东中南各地　爱国卫生运动广泛展开　拉萨市人民积极进行夏季卫生工作》,《人民日报》1952 年 7 月 5 日。
⑧　《进一步开展爱国卫生运动》,《人民日报》1952 年 7 月 5 日。
⑨　《为继续开展爱国卫生运动而斗争——中央人民政府卫生部副部长、中央人民政府人民革命军事委员会总后方勤务部卫生部部长贺诚在第二届全国卫生会议上的报告(摘要)》,《人民日报》1953 年 1 月 4 日。
⑩　《进一步开展爱国卫生运动》,《人民日报》1952 年 7 月 5 日。

方式,努力调动收容人员参加卫生运动的积极性。旅大市生产教养院为了丰富生产人员和收容人员的卫生知识,利用黑板报、广播机、快板、报告会、演剧等形式。① 南京市老残教养院为了发动群众参加爱国卫生运动也是多措并举,如出黑板报宣传,公示各个队的卫生成绩、各班用"四光"、"四灭"的数量进行评比等;也积极开展各种文娱活动发动群众积极参加卫生活动,部分收容人员组成文娱组,自编有关爱国卫生的相声、鼓词、小曲,配合宣传进行表演;组织收容人员自己出墙报,每天还抽出一小时来进行读报、讲报,加强宣传教育工作,也取得了很好的效果。② 重庆市第一孤老残疾教养院就由收容人员共同"编排出版《院民生活》的刊物,报道该院收容人员的劳动生产和学习情况"③,并选取典型人员进行报道宣传,激发大家积极参加爱国卫生运动的热情。

对收容人员进行思想教育也是搞好运动的关键。教育收容人员的首要方法就是启发他们的阶级觉悟。例如,南京市老残教养院的不少收容人员在救济院里生活了很多年,"过去反动派给他们麦麸、坏菜豆当饭吃,几年才发一套衣服。而今天他们吃的是大米饭与菜蔬,一个月还要打两次牙祭,夏天发几套单衣,冬天发棉衣、棉被,另外还发鞋袜和日用品"④。从这些切身利益问题上,对他们反复教育,"使他们认识到生活在新社会里,即使是一个残废老弱的人,也是可以很好生活的,同时指出美帝企图破坏我们的幸福生活,在朝鲜发动战争,并撒布细菌,威胁祖国的安全。为了保卫幸福,为了反对美帝进行细菌战,就必须开展爱国卫生运动"⑤。通过一系列的教育与启发,收容人员提高了觉悟,才开始积极投入到运动中去。可见,爱国卫生运动发动群众的过程,也就是群众学习并不断提高政治觉悟的过程。

(二) 改造"卫生":卫生运动的建设路径

在爱国主义的旗帜下,用群众运动的方式来搞卫生,归根结底,卫生才是运动的核心工作,故"最重要的事就是讲求清洁卫生"。当时很多人认

① 《旅大市生产教养院的卫生工作》,《救济工作通讯》第 45 期,1954 年 8 月 20 日。
② 《中国人民救济总会南京市分会老残教养院的爱国卫生运动是怎样开展的》,《救济工作通讯》第 34 期,1953 年 1 月 10 日。
③ 《工作简讯·重庆市第一孤老残疾教养院出版〈院民生活〉》,《救济工作通讯》第 48 期,1955 年 2 月 25 日。
④ 《中国人民救济总会南京市分会老残教养院的爱国卫生运动是怎样开展的》,《救济工作通讯》第 34 期,1953 年 1 月 10 日。
⑤ 《中国人民救济总会南京市分会老残教养院的爱国卫生运动是怎样开展的》,《救济工作通讯》第 34 期,1953 年 1 月 10 日。

为:"人们染上疫病大多数是由于不注意卫生所致。例如喝生水;吃了带有病菌、病毒的蝇子和其他害虫爬过的食物以及没有煮熟或者腐败了的食物;或者是被带有病原体的蚊子、跳蚤、虱子等咬了;或者是接触了带有病菌病毒的东西等等。"①而"美帝国主义"的细菌战,就是"撒下毒虫毒物,利用这些东西把病菌病毒传播开来"②,使人民群众生病。如果每一个人都把清洁卫生工作做好,清扫垃圾和污秽,清理住宅内外的垃圾、脏水,消灭蚊子苍蝇,把室内室外的环境都打扫干净,讲求个人卫生,勤洗澡、勤换衣服,把虱子、臭虫等消灭掉,"不喝生水、不吃生冷或腐败了的或不干净的东西",就能"切断细菌传到人身上的路子,就会不生病或少生病,保护自己的健康"③。那么,"美帝国主义的细菌战也就容易被我们打败"④。所以,搞好卫生工作不但是战胜敌人的要求,也是保护自己的关键。

　　1. 整治环境卫生

　　新中国成立伊始,中国的环境卫生相对落后。不但公共场所的卫生环境很差,而且居民居住的环境、活动场所和工作环境均不卫生。从消除疾病、增进民众健康的角度,部分科普工作者曾大力宣传公共场所的环境卫生、集体饮食和集体用水等方面的卫生知识,也提出了"三洁"(室内清洁、院里清洁、街道清洁)和"三无"(室内无蚊蝇、院内无孑孓、厕所无蛆)⑤的环境卫生要求,但是由于有的"群众存在恶习","街道卫生人员未能以身作则",很多地方的"宣传结合实际不够",卫生状况仍然堪忧,导致疾病较为多发。⑥

　　环境卫生与居民健康、疫病传播之间关系紧密,多数的救济机关环境卫生均较差。例如,1951 年 6 月成立的南京市老残教养院的环境就极不卫生。该院"是一个废弃二十多年的古庙,屋梁、四壁全是灰尘与蜘蛛网,有的梁柱上灰垢堆得有二寸厚;屋内屋外到处堆积着历年积累起来的垃圾;屋外杂草丛生,碎石遍地,人行道高低不平,一遇雨天,路泥泞不堪;房屋四周环绕着许多死水塘,院内三百个老太太都在塘内洗刷马桶,使塘水变成绿色,臭气四溢,蚊蝇等害虫便在这肮脏的处所大量繁殖"⑦。而且,"走到他

---

①　《继续加强爱国防疫卫生运动》,《人民日报》1952 年 5 月 11 日。
②　《继续加强爱国防疫卫生运动》,《人民日报》1952 年 5 月 11 日。
③　《继续加强爱国防疫卫生运动》,《人民日报》1952 年 5 月 11 日。
④　《继续加强爱国防疫卫生运动》,《人民日报》1952 年 5 月 11 日。
⑤　奠耳:《"三洁"和"三无"》,《科学小报》1957 年 8 月 24 日。
⑥　《为什么年年有大脑炎》,《科学小报》1955 年 7 月 13 日。
⑦　《学习南京老残教养院的工作精神》,《救济工作通讯》第 34 期,1953 年 1 月 10 日。

们寝室附近,就可以看到这里一堆浓痰,那里一个马桶,寝室内腥臭的气味使人老远地都掩着鼻子打恶心"①。可想而知,这样的环境恰是传播疫病的渊薮,老残教养院"每月均有感染疾病"无法医治而去世的人员,改善环境卫生刻不容缓。

随着爱国卫生运动的进行,各种清洁扫除的环境卫生活动率先得到推广。南京市老残教养院也搞起院内外的清洁大扫除运动。他们"把过去死也不肯放手的马桶、尿壶与大一堆小一堆的破旧衣物,从寝室内清除出去",他们"都用梯子到屋梁上将天花板、梁柱与一根一根的屋橼子用水洗刷",院子内"老人们趴在地板上或砖地上一块一块的擦,连板缝里的灰都把它挑出来。就连青砖的墙壁,他(她)们也用水冲洗"②,由于"该院干部与学员积极地投入运动的结果,使得内外都变了样。肮脏腥臭的宿舍,一变而为清洁整齐的宿舍,屋梁、四壁与桌椅都看不到有一点灰尘,玻璃擦得雪亮;从身上到床上都洗得清清爽爽;一排整洁白净的被服叠得像豆腐干一样;碗、筷、毛巾、面盆等用具都放在固定的地点;各处都设置了痰盂和垃圾箱"③。源于报刊上的宣传资料虽有夸大之嫌,但是,爱国卫生运动推动了环境卫生的治理则不容置疑。很快,老残教养院在爱国卫生运动评比中获得了"南京市特等模范单位及全国乙等模范单位"的荣誉称号。

经过一段时间的集中清理,各地救济机构在环境卫生方面有了较大改观,苍蝇、臭虫、老鼠等明显减少,垃圾、杂草等得到清除,居住环境大为改善。上海儿童保育院马陆分院为了响应"减蝇运动"的号召,组织儿童十二人,分上下午两班,在院内及附近村庄进行捕蝇工作。④ 旅大市生产教养院的儿童单位,除把清扫工作做好以外,又组织了挖蝇、捕蝇、灭蚊。⑤ 北京市派专人到儿童教养院进行消毒灭虫工作。⑥ 江苏省在救济机构的环境卫生工作中,除开展了清洁卫生运动外,并订立了卫生公约,不少救济教养单位,

---

① 《中国人民救济总会关于表扬南京市分会老残教养院荣获爱国卫生运动模范的通报》,《救济工作通讯》第34期,1953年1月10日。
② 《中国人民救济总会关于表扬南京市分会老残教养院荣获爱国卫生运动模范的通报》,《救济工作通讯》第34期,1953年1月10日。
③ 《中国人民救济总会关于表扬南京市分会老残教养院荣获爱国卫生运动模范的通报》,《救济工作通讯》第34期,1953年1月10日。
④ 《上海儿童保育院马陆分院儿童溺死案处理经过》,《救济工作通讯》第32期,1952年11月7日。
⑤ 《旅大市生产教养院的卫生工作》,《救济工作通讯》第45期,1954年8月20日。
⑥ 《北京市儿童教养院的新气象》,《救济工作通讯》第35期,1953年2月11日。

已消灭了臭虫和蚤子,清除了垃圾。① 可见,爱国卫生运动不仅有利于环境卫生,还有效地阻断了疫病的传播途径,保障了个人健康。

2. 养成卫生习惯

相对于环境卫生而言,个人卫生习惯似乎是更加自我、隐私的内容,凭借外界力量很难改变。新中国成立初期,在防御美国"细菌战"的宣传下,国家权力以合理的形式全面介入到个人的生活习惯改造与重塑之中。实践证明,在"爱国"的名义下,民众的卫生习惯可以被重新塑造。

对于无家可归生活在救济机关的流浪人员来说,他们多数贫病交加,维持生活尚且困难,讲求个人卫生可谓奢侈。他们"绝大多数都曾饱受煎熬过着非人的生活,一年半载也得不到洗一次澡或洗一次脸的机会,皮肤上堆集的灰垢之多,连原来的肤色都已看不见"②。1951 年 9 月吉林市养济所刚改成生产教养院时调查发现,很多收容人员"两个月洗不上一回脸,衣服上虱子成串,墙上尽是臭虫血;吃完了饭用舌头把碗一舔就算是刷洗……"③贫苦的生活让这些曾经的社会底层人员没有讲求卫生的基本条件。

当然,落后的思想观念与卫生习惯也根深蒂固,救济机构的人员多数都没有基本的卫生常识,而且还有很多的陋习积重难改。南京市老残教养院中的收容人员"在刚刚被收容救济时,多数人仍然保留着随地便溺、随地吐痰、不换洗衣服等生活习惯"④。吉林市生产教养院的收容人员王某某说"官不修衙,客不修店,呆一天算一天,扫那个干啥",李某某认为"苍蝇是五毒之祖,人吃的饭菜,非得叫苍蝇爬爬不可,要不,人吃了就得中毒"⑤。有的人还存着封建迷信思想,认为"生死是命定的,卫生不卫生,还不是那回事……"⑥救济单位内收容的儿童卫生情况也不容乐观,多数儿童有过流浪经历,散漫成性,对卫生没有概念,认为"过去流浪没搞卫生,也没病死"⑦,

---

① 《江苏省整顿残老孤幼的教养工作》,《内务部通讯》第 9 期,1956 年 9 月。
② 《中国人民救济总会关于表扬南京市分会老残教养院荣获爱国卫生运动模范的通报》,《救济工作通讯》第 34 期,1953 年 1 月 10 日。
③ 《过去的"花子坊"变成了全市卫生模范单位》,《救济工作通讯》第 49 期,1955 年 4 月 25 日。
④ 《中国人民救济总会关于表扬南京市分会老残教养院荣获爱国卫生运动模范的通报》,《救济工作通讯》第 34 期,1953 年 1 月 10 日。
⑤ 《过去的"花子坊"变成了全市卫生模范单位》,《救济工作通讯》第 49 期,1955 年 4 月 25 日。
⑥ 《中国人民救济总会关于表扬南京市分会老残教养院荣获爱国卫生运动模范的通报》,《救济工作通讯》第 34 期,1953 年 1 月 10 日。
⑦ 《黑龙江省儿童教养院飘起了卫生红旗》,《内务部通讯》第 12 期,1958 年 12 月。

儿童们"早上起来不洗脸,不叠被;身上、头上长满了虱子;随地大小便"①,有着各种卫生陋习。因此,爱国卫生运动刚刚开始发动时,各地救济机构便因收容人员落后的思想观念与卫生习惯,很难开展卫生工作。

对于救济机关来说,"搞卫生"确实是工作中的一大难题。爱国卫生运动之前,从"干部到学员都没有搞好卫生的信心"②。有些干部说:"学员(指收容人员)人虽多,但很少能动,怎能搞好卫生呢?况且他们又没有卫生习惯,即使今天打扫一下,明天又恢复原状了。"③有的工作人员发愁说:"到处都这样脏,从哪里下手?"④针对这些思想情况,各地的救济分会与民政局等救济主管人员,不断地在推行卫生运动的实践中调整思路,改进工作方法,为爱国卫生运动在救济领域的落实做了各种尝试。

养成卫生习惯不但要给收容人员普及卫生知识、改善身体卫生,还要让他们掌握卫生关联的疾病治疗与防病防疫的常识。爱国卫生运动开展以后,救济机构多设置卫生课程对收容人员进行卫生教育。例如,1953 年 6 月南京市救济分会制定的《中国人民救济总会南京市分会各教养生产单位管理教育工作暂行办法(草案)》中,对卫生教育作了明确规定:"老残"的教养中包括"结合政治运动与学员思想情况定期做报告,时事课以讲报为主,卫生课以预防保健为主,结合实际情况进行";"游民"的教育"以劳动生产与政治教育并重,并辅之以时事卫生教育","日常卫生课亦应经常进行"。⑤ 旅大市生产教养院规定,收容人员每周末均要组织起来共同学习卫生知识,星期日上午学习卫生常识及政治教育,使他们从思想上认识到搞好卫生的意义。⑥

用实际行动带领收容人员逐步建立讲求身体卫生的习惯。如江苏省如皋县残老院给"收容人员均发了单衣、蚊帐、被子、席子,以及牙刷、牙粉、毛巾等生活用品,帮助他们注重身体卫生";南通市教养院"发给收容的老人、

---

① 《黑龙江省儿童教养院飘起了卫生红旗》,《内务部通讯》第 12 期,1958 年 12 月。
② 《中国人民救济总会关于表扬南京市分会老残教养院荣获爱国卫生运动模范的通报》,《救济工作通讯》第 34 期,1953 年 1 月 10 日。
③ 《中国人民救济总会关于表扬南京市分会老残教养院荣获爱国卫生运动模范的通报》,《救济工作通讯》第 34 期,1953 年 1 月 10 日。
④ 《中国人民救济总会关于表扬南京市分会老残教养院荣获爱国卫生运动模范的通报》,《救济工作通讯》第 34 期,1953 年 1 月 10 日。
⑤ 《中国人民救济总会南京市分会各教养生产单位管理教育工作暂行办法(草案)》,《救济工作通讯》第 37 期,1953 年 6 月 25 日。
⑥ 《旅大市生产教养院的卫生工作》,《救济工作通讯》第 45 期,1954 年 8 月 20 日。

儿童、婴儿每人两套换洗衣服,夏天发给蚊帐席子"①。收容人员洗了澡、换了干净衣服之后,切实感到了身体清洁的舒适,兼及卫生学习与教育,逐渐明白了卫生运动的重要意义。

积极建立对收容人员的疾病治疗与防治制度。疾病治疗与收容人员的健康状况息息相关,在爱国卫生运动的宣传下,全国各地的收容人员患病率已大大降低。例如,1952 年吉林市生产教养院每天平均有病号 20—30 人,到 1954 年,平均每天只有 7 人;1952 年收容人员死亡率为 9.55%,1953 年减少为 6.49%。② 江苏省高淳生产教养院和泰州市安老所均与当地卫生所建立了医疗关系,以保障收容的老人和儿童生病能得到及时治疗。除了治病外,防病防疫工作也做得较好。例如,1955 年南通市育婴院对收容的四百名婴儿均统一进行了卡介苗接种③,1953 年南京市老残教养院也为所有收容人员进行了防疫注射④。总体来看,随着爱国卫生运动的开展,救济机构中的收容人员的个人卫生情况和疾病预防治疗情况均有了明显改善。

3. 建立卫生制度

健全的卫生组织与卫生制度,是卫生工作经常化的重要保证。积极建立卫生制度,保障卫生防疫工作的落实,也是救济领域开展爱国卫生运动的重点之一。多数地区成立了"爱国卫生小组",掌握卫生工作,选举若干卫生干事负责推动卫生工作,并成立检查组每周检查卫生;部分地区在运动过程中制定个人卫生与环境卫生的各种制度,并从下而上地订立了班、队、院的爱国卫生公约;制定定期卫生评比制度,确定爱国卫生运动日等等。⑤

在爱国卫生运动初期,儿童的防疫工作是工作的重点。由于儿童年龄小、体质弱,预防疾病、加强防疫是儿童卫生工作中不可忽视的部分。1953年武汉市救济分会育幼院在总结工作中谈到儿童保育工作时,突出强调:"保育机关中的医务工作者要主动的联系卫生部门,按期完成防疫注射和接种工作",对育幼院的防疫卫生工作制度也制定了详细的规定,"在工作方法上,要通过建立'病情汇报制度'、'卫生三查制度'、'急病会议'、'营养研究会议'、'医学讲座'等方式,正确掌握病情和疫情。"⑥针对弃婴的养

① 《江苏省整顿残老孤幼的教养工作》,《内务部通讯》第 9 期,1956 年 9 月。
② 《过去的"花子坊"变成了全市卫生模范单位》,《救济工作通讯》第 49 期,1955 年 4 月 25 日。
③ 《江苏省整顿残老孤幼的教养工作》,《内务部通讯》第 9 期,1956 年 9 月。
④ 《中国人民救济总会南京市分会老残教养院的爱国卫生运动是怎样开展的》,《救济工作通讯》第 34 期,1953 年 1 月 10 日。
⑤ 《过去的"花子坊"变成了全市卫生模范单位》,《救济工作通讯》第 49 期,1955 年 4 月 25 日。
⑥ 《儿童保育工作中的几个问题》,《救济工作通讯》第 35 期,1953 年 2 月 11 日。

育与卫生防疫问题,1953 年中国人民救济总会与上海市救济分会检查上海新普育堂的工作后,规定"专门设立医药卫生营养组、保育组和事务组",制定具体严格的规定,如"医药卫生方面:护士每日工作汇报制度——汇报病情,研究病情,重要的不会解决的问题,由医师解答,护士集中听讲;记录制度——新收婴儿全身体格检查记录,疾病治疗记录,按月体重记录与三月健康检查记录,死亡记录;护士业务学习及工作检查制度。"①

　　一般的救济机构多围绕爱国卫生运动的开展,建立及完善有关卫生工作的制度与规定。例如,旅大市生产教养院就围绕卫生工作,从会议、检查、值班等方面制定了具体制度,食堂、厨房等地则制定了专门的卫生制度。其中关于每月定期卫生检查制度的具体评级、奖励制度规定最为详细,要求"各单位抽调出二十余名不脱产检查员,每月分组进行两次大检查,检查后发给各单位合格证。合格证分红、黄、黑三种:红的是卫生工作做得最好,其次是黄的,黑的最差"②。"在食堂卫生方面,组长每月进行一次个人卫生检查;厨房内用'分片划线制',在每个责任区挂上卫生负责人的名牌,以便检查。防蝇、防尘设备、消毒等都有专人负责。"③旅大市生产教养院的卫生制度规定得非常详尽,在制度的约束下,旅大市生产教养院的工作人员与收容人员均养成良好的卫生习惯,个人健康得到保障,该院也被评为卫生模范单位。④ 北京市第一养老院从 1955 年起实行卫生合格制,这种合格制包括个人和环境,合格的发红旗。河北省革命残废军人教养院在 1957 年参观了北京市第一养老院的情况,对其卫生情况赞誉有加,"他们的生活表现得紧张愉快,几乎 96% 以上的宿舍都挂着卫生优良红牌"⑤。可见,健全的卫生组织与制度是巩固爱国卫生运动的关键。

　　4. 激励卫生建设

　　在爱国卫生运动开展的过程中,评比奖励是最常用的激励手段。以先进带动落后,以典型树立榜样,各地救济机构通过公开表扬和批评的方式,激起收容人员争当先进模范的欲望,使收容人员真正参与到爱国卫生运动中。

---

① 《上海市新普育堂新婴部改进工作》,《救济工作通讯》第 39 期,1958 年 10 月 18 日。
② 《旅大市生产教养院的卫生工作》,《救济工作通讯》第 45 期,1954 年 8 月 20 日。
③ 《旅大市生产教养院的卫生工作》,《救济工作通讯》第 45 期,1954 年 8 月 20 日。
④ 《过去的"花子坊"变成了全市卫生模范单位》,《救济工作通讯》第 49 期,1955 年 4 月 25 日。
⑤ 《北京市第一养老院的管理工作》《我们参观了几个地区的革命残废军人教养院》,《内务部通讯》第 8 期,1956 年 8 月。

在儿童的收容机构中，多"开展文体活动，丰富他们的文化生活，促使儿童们自觉地来搞好公共卫生和个人卫生"①，并组织收容儿童进行"卫生优秀生"的评比活动，激励儿童自觉保持个人和环境卫生，争当优秀生。黑龙江儿童教养院的卫生评比制度极其规范，从评比区域、评比时间、评比方式等都进行了规定："在办公室、教室、厨房、每个宿舍都各选出卫生组长，实行分区分片包干。每天由值班教师、学生进行检查，每星期抽查一次，每半月检查一次，每月末进行大检查，并总结评比，并利用黑板报表扬先进人物和卫生模范人员。"②这种规范化的卫生评比制度，提高了儿童们投身爱国卫生运动的积极性。

南京市老残教养院在爱国卫生运动中也积极开展了评选积极分子工作。"为了巩固运动的收获，召开了全体干部与学员的卫生总结大会。会上表扬了运动中涌现出的积极分子，介绍其典型事迹，批评了个别落后分子，用好坏典型来互相对照，大大地推动了运动的进展。"③爱国卫生运动开展以来，来南京市老残教养院参观的有七八百人之多。该院因卫生工作的显著成绩而受到上级、参观者与报纸上的表扬，更进一步鼓舞了干部与收容人员的情绪。他们在南京市评模大会召开期间提出保证："一定要把爱国卫生运动坚持贯彻下去，用新的努力，创造新的奇迹，来报答政府与人民的鼓励期望。"④

总之，在救济领域中，通过各种方式调动收容人员的积极性，使其参与到爱国卫生运动中，包括领导以身作则、亲力亲为，通过思想教育转变思想观念，规范卫生制度，以先进带动落后等方式的联合作用下，收容人员均身不由己地积极参与到爱国卫生运动之中。

（三）"旧人焕新颜"：卫生运动的成效

社会救济与社会治理息息相关，有效的社会救济是执政党稳固政权、稳定社会秩序的重要方法。爱国卫生运动中，"卫生"与"爱国"相结合的内在逻辑是通过"卫生"来实现"爱国"，讲卫生就是爱国的表现。爱国卫生运动最初提出的中心目的是"反美细菌战"，因此，在救济领域对收容人员的宣

---

① 《我们是怎样管教流浪儿童的》，《内务部通讯》第9期，1958年9月。
② 《黑龙江省儿童教养院飘起了卫生红旗》，《内务部通讯》第12期，1958年12月。
③ 《中国人民救济总会关于表扬南京市分会老残教养院荣获爱国卫生运动模范的通报》，《救济工作通讯》第34期，1953年1月10日。
④ 《中国人民救济总会关于表扬南京市分会老残教养院荣获爱国卫生运动模范的通报》，《救济工作通讯》第34期，1953年1月10日。

教重心是反对美帝国主义的爱国主义教育。随着运动的推进,两者的结合点发生了变化。抗美援朝战争结束后,爱国卫生运动的中心转变为"消灭疾病,人人振奋,移风易俗,改造国家"①,此时爱国卫生运动的宣教重心上升到国家建设与社会治理层面。由"粉碎敌人细菌战"到"改造国家",卫生工作与爱国教育有了新的结合点,也为政治运动找到了新的立足点。

从上述具体的史料可以看到,在救济领域中开展身体与精神的改造工作并不容易,这些曾经的"边缘"群体的生活习惯和思想观念中几乎没有"卫生"二字,而且绝大多数"收容的人是在旧社会里被压迫、被遗弃、被贱视的人"②,贫病交加导致他们更易传播疾病,开展卫生工作尤为困难。爱国卫生运动这场全国性的政治运动,为社会救济工作带来契机,使卫生工作更为有效地转变为"移风易俗"的活动,使曾经的收容人员"旧人焕新颜",从之前的社会"边缘人"转变为新中国的建设者。作为"重大政治任务"的爱国卫生运动激发了救济领域"人人搞卫生"的热情,在强调"卫生"的运动中,对人的改造不仅包括整治环境卫生、养成卫生习惯、建立卫生制度、激励卫生建设等"身体"改造,还包括学习时事政治、提高思想认识、普及卫生常识的"精神"改造。"爱国"与"卫生"在身体层面和精神层面紧密结合,共同发挥了改造"旧人"转变为"新人"的历史任务。

三、"输血"还是"造血":救济管理的方式探讨

中国人民救济总会关注最多的领域,其实是对贫苦百姓的救济与扶持。今天中国共产党的扶贫之路,可以追溯到革命年代,而对扶贫工作建立系统的管理则是在新中国成立初期就开始形成的。正如习近平总书记所说:"扶贫济困,是一项有温度的工作。它从来就不是冷冰冰的货币运动,或者物资迁移。"③在救济总会领导的贫民救济工作中,由于恢复经济的任务紧急,且政府能够调动及投入到救济领域的资金有限,故应该采取何种方式开展救济,才能在有限的条件下救济数量庞大的贫困家庭,确实是一个令人费尽思量的工作。

① 中共中央文献研究室编:《建国以来重要文献选编》第十一册,中央文献出版社1995年版,第165页。
② 《中国人民救济总会关于表扬南京市分会老残教养院荣获爱国卫生运动模范的通报》,《救济工作通讯》第34期,1953年1月10日。
③ 《习近平的扶贫观是怎样炼成的?》,见 http://m.cnr.cn/news/20151016/t20151016_520174474.html。

（一）"输血"与"造血"：救济事业费的使用

中华人民共和国成立以后，党和政府每年均从国家预算中拨出大量款项，用于社会救济事业。内务部和各地区基层民政部门建立以后，这部分用于社会救济的经费在国家预算支出项目中被称为"社会事业费"，由民政部门管理。

1. 救济事业费的使用和管理

1953 年，内务部、财政部制定了《关于社会事业费管理使用的几项规定》，对民政事业费的预算、决算的编制和使用原则、开支范围、发放办法以及民政财务机构和人员设置，均提出了明确要求。据此，省、自治区、直辖市民政部门开始建立事业财务机构，配备专职会计人员，县级民政部门也逐步配置主管事业经费的会计。按照规定，"社会事业费，除有具体规定者外，农村救灾、城市贫民救济、贫苦革命烈士、革命军人家属实物补助及老根据地临时救济费，应掌握民主评议、上级批准、重点发放的精神，并在为解决灾民口粮及用于支持副业生产的原则下注意组织生产，保证能将投入副业生产部分投入生产，发放后并应向群众公布账目"①。《关于社会事业费管理使用的几项规定》初步构建起民政事业经费的管理和使用标准。

1954 年随着各大区的撤销和各地方财政体系的建立，内务部、财政部共同制定了《优抚、社会救济事业费管理使用暂行办法》，该办法进一步详细规定了民政事业费的预算决算制度，并对该项费用的使用范围、管理原则、管理办法等内容均进行了明确规定。

对于民政事业费的使用范围明确规定为两点：其一为优抚事业费，"用于革命军人、工作人员牺牲病故褒恤事业费，专用于革命军人、国家机关工作人员、参战民兵民工牺牲病故的抚恤，烈士运灵换棺，烈士传记编纂，烈士陵园、公墓、纪念碑、纪念塔等的修建和管理人员的经费开支"。其二为社会救济事业费，"分为自然灾害、农村、城市和其他社会救济事业费"。② 对优抚社会救济事业费管理规定的出台，建立起对民政事业经费管理的规范制度。

在救济款项的管理中，最基本的原则就是专款专用原则。农村社会救济事业费，主要用于对无依无靠、无法维持生活的残、老、孤、幼，以及家庭劳

---

① 中南行政委员会民政局编印：《民政工作手册》（第五辑），第 193 页。
② 国务院法制办公室编：《中华人民共和国法规汇编（1953—1955）》第 2 卷，中国法制出版社 2005 年版，第 318 页。

动力长期患病、生活极为困难的群众的救济,老根据地、少数民族地区、贫瘠山区人民和渔民、盐民、船民的救济等开支①;城市社会救济事业费,主要用于对无依无靠无法维持生活的贫困市民的救济,对其他失业人员的救济,对因为水火灾害、疾病、死亡、生育等致不能维持生活的市民的临时救济,也包括生产教养机构的工作人员和收容人员的生活等开支②;而灾民生活救济款按规定的使用范围,主要用于抢救转移、安置灾民和解决灾区群众吃饭、穿衣、住房、治病方面的困难。在保障灾民基本生活的前提下,也可适当扶持灾民发展生产。对于救济款项的具体规划使用中,由于国家的救灾款物数量有限,为使有限的救灾款物发挥更大的效益,还要遵循重点使用的原则,反对按地区、按户、按人、按劳力等形式平均发放。在救济对象上,重点保证那些困难最大而自救能力又差的灾民。任何单位和个人挪用、侵占和贪污救济款,都是违法犯罪行为。

发放救灾款物时,要贯彻"领导掌握与民主评议相结合"的原则。"领导掌握"是指乡、村干部要认真负责地引导群众开展评议工作。在审批时,要特别注意是否照顾了重点,有无贪污、挪用、多占私分、优亲厚友和冒名顶替等问题,发现问题要及时纠正。"民主评议"是指组织群众讨论救济的对象和需要给他们的数量。这两方面要密切结合,缺一不可。如果只要"领导掌握",很容易变成少数干部作主,可能出现发放不公,循私舞弊。如果只要"民主评议"又很容易变成盲目乱评,平均发放。因此,发放救济款物要严格按照"民主评议,领导审查,政府批准,张榜公布,落实到户"的原则。

救灾款物的发放使用要建立专用账目,做到手续清楚,有据可查。救济款物发放使用管理法规,由主管部门会同财政、银行、审计部门检查救灾款物的发放使用情况,发现问题及时纠正。例如,天津市民政局在对社会救济工作进行检查时,不仅"访问了二百九十二户救济户困难户,同区街干部和居民委员会的部分委员进行了座谈,还对最近一个时期的来信来访进行了逐户调查访问"③。在调查访问中,他们发现了社会救济工作中存在的问题,如救济标准"是根据维持低生活的精神制定的……对于少数户偏低",

---

① 国务院法制办公室编:《中华人民共和国法规汇编(1953—1955)》第 2 卷,中国法制出版社 2005 年版,第 318 页。

② 国务院法制办公室编:《中华人民共和国法规汇编(1953—1955)》第 2 卷,中国法制出版社 2005 年版,第 318 页。

③ 《市民政局关于社会救济工作的检查报告》(1966 年 1 月 29 日),《天津政报》1966 年第 5 期。

而且"救济标准没有包括住房问题,据重点调查一百六十个救济户中:自有住房的七十一户,占百分之四十四点五;住公房交租的六十户,占百分之三十七点五,不交租的二十九户,占百分之十八……有的户因为交租使生活受到一定的影响"。而在救济标准掌握上"既有偏紧偏严,也有不应救而救的问题"①。这些经过亲自走访调查而发现的问题,均予以改正。在社会救济中存在"对于疾病医疗救济不看情况,只要是慢性病就一律不给解决,对集体所有制人员的困难不看其所在单位能否解决,能不管就不管",或"对四类分子和四类分子家属混为一谈,不予区别对待,救济标准一律从低,使他们不能维持最低生活"②等问题,均根据实际提出了解决办法。可以看出,救济款项的使用严格按照规定,遵守使用纪律,按时检查账目,深入了解基层情况,都是非常重要的。

2. 对救济事业费的管理与核查

中国人民救济总会在城市贫困救济工作中,对救济事业费的使用、管理与核查均是非常严肃认真的。在城市贫困救济工作中,无论是临时救济、定期救济和季节性救济,均主要依靠政府发放的社会事业费而开展,在使用中"要由内务部、民政部会同财政部等单位,对这笔经费的使用管理制订规定,不得随意使用";同时,对"救灾款的发放使用中存在的问题,则会同司法等部门,进行严肃处理"③。1951年底,全国各地开展反贪污、反浪费、反官僚主义的斗争之时,民政系统曾展开了救灾款使用大清查。"据皖北、苏北、察哈尔、河南等16个省、区及南京、广州、重庆、鞍山4个市不完全统计,贪污救济、优抚事业费的干部达1292人,计贪污款40多万元,粮食86万公斤。"④在现实工作中,部分基层政府部门对救济款滥支挪用的现象也很严重,许多地方把救济款当机动款,任意贪污、挪用、积压,如:"江西省民政厅、财政厅、监察厅对1956年和1957年上半年的优抚、社会救济事业费管理使用情况派出了工作组重点地进行了一次检查。根据报告来看,贪污、挪用、积压等现象有的地区仍然较为严重。这些严重的问题,在其他地区也程度不同地存在。"⑤如何有效地发挥社会救济费的效用,还是一个需要反复

---

① 《市民政局关于社会救济工作的检查报告》(1966年1月29日),《天津政报》1966年第5期。
② 《市民政局关于社会救济工作的检查报告》(1966年1月29日),《天津政报》1966年第5期。
③ 《当代中国的民政》编辑委员会编:《当代中国的民政》(下),当代中国出版社2009年版,第42页。
④ 《当代中国的民政》编辑委员会编:《当代中国的民政》(下),当代中国出版社2009年版,第42页。
⑤ 《江西省人民委员会对检查波阳、修水等14县优抚、社会救济事业费管理使用情况的综合报告的通报》,《江西政报》1957年第15期。

斟酌的重要工作。

　　新中国成立初期,由于开展城市社会救济工作的时间还不长,经验不多,规章不健全,各地在发放救济款时,没有统一的标准,数额把握不准。内务部在大量调查研究的基础上,制定了全国城市救济标准,在一定程度上克服了救济款数额掌握不当的问题。[①]　但是,简单机械地按照城市大小来划分救济标准也不尽合理,1956 年内务部发出了《关于调整城市困难户救济标准的通知》,不再规定统一的救济标准,而是提出了城市困难户的救济标准应当以能够维持贫民的基本生活为原则。随着国家建设的迅速发展,1953 年内务部制定的全国统一的城市社会救济标准逐渐与实际需要不相适应,暴露了简单机械地按城市大小划分救济标准的不合理性。为此,各地民政部门结合当地具体情况,从解决困难户的实际需要和国家财力情况出发,划分几种不同类型,按类调整救济标准。对孤老残幼的救济高于一般困难户;对长期患病和临时遭灾的困难户,从实际出发,适当加以照顾;对贫困的老年知识分子以及政府认为需要给予特殊照顾的,救济标准略高于一般困难户;对国民党军政人员家属、被俘释放人员、罪犯家属等,需要救济时与一般困难户同样对待;对孤老残自愿参加力所能及生产的,不减低其原来救济标准,使其生活因从事劳动而得到改善。对其他参加生产的困难户,在收入多于参加生产前时逐步减发救济款。[②]　据不完全统计,从 1953—1957 年国家共支出城市社会救济经费 1 亿多元,救济了 1000 多万人。[③]

　　在有的地方出现了救济面过宽、救济标准过高的问题,助长了一部分人依赖政府的思想。为了解决这一问题,各地民政部门在发放救济粮款前,首先积极地宣传政府的社会救济政策,使广大人民群众明确了对无依无靠、无生活来源的孤老残幼和长期无法解决生活困难的户给予定期定量救济;对因天灾、人祸、疾病等原因,发生暂时性困难的户给予临时性救济。同时,发动和组织街道与居民委员会的积极分子,深入救济户调查了解,摸清情况。在此基础上采取领导掌握与群众评议相结合的办法,确定救济对象、救济标准、救济时间。

---

① 《当代中国的民政》编辑委员会编:《当代中国的民政》(下),当代中国出版社 2009 年版,第 60 页。
② 《当代中国的民政》编辑委员会编:《当代中国的民政》(下),当代中国出版社 2009 年版,第 61 页。
③ 《当代中国的民政》编辑委员会编:《当代中国的民政》(下),当代中国出版社 2009 年版,第 61 页。

为保证救济对象的生活,防止救济对象有了生活收入仍享受社会救济的现象,各地民政部门还认真做好复查工作。对孤老残幼等情况变化不大的救济对象,三个月进行一次复查;对有劳动能力、生产生活不固定,经常发生变化的救济对象,一个半月左右进行一次复查。由于各地民政部门业务指导思想明确,工作深入扎实,方法得当,纠正了救济面过宽的倾向,及时准确地救济了社会贫困户。① 事实证明,只有在社会救济工作中重视群众力量,以人民自救自助为基础,组织起人民自己的力量,生产节约,劳动互助,才是最有保证、最可信赖而又取之不竭的源泉。

3. 合理使用救济事业费

为了在中央政府财政紧张的条件下有效地解决救济问题,内务部确定了"以生产为中心"②的城市救济原则,广泛开展"生产自救",努力减少国家的社会救济费支出,减轻国家的财政负担。据统计,通过生产自救的形式,1954 年全国形成长期或季节性的贫民生产组织约 1802 个,有 22.57 万贫民积极参加。③ 多数贫民参加生产后的收入都超过了他们参加生产前向政府领取的救济金,生活有了改善,而城市中需要国家救济的人数也相应地减少。全国需要救济的人数,1954 年上半年比 1953 年同期减少将近三分之一,全国救济事业费的开支也减少了将近 30%。④ 1955 年"全国组织城市贫民参加生产的人数达 58.2 万余人,长期生产单位有 7900 余个"⑤,不仅减少了国家救济费的开支,而且为社会创造了物质财富,取得了较好的社会效益和经济效益。

但是,不可否认的是,很多救济单位在积极开展生产之时,却并未能合理地使用救济事业费。很多收容教养机构往往开办生产单位时,抱着"盈利自给"的目的,或者想一劳永逸建设成一个正式的国营企业,却不参考实际的生产条件与技术条件,盲目开展生产,最终反而浪费了很多国家的资财。举例来说,这一时期,杭州市的救济福利领域就曾经开展了很多不切实

① 《当代中国的民政》编辑委员会编:《当代中国的民政》(下),当代中国出版社 2009 年版,第 60 页。
② 《把城市救济工作会议的精神贯彻到实际工作中去》,《救济工作通讯》第 41 期,1954 年 2 月 15 日。
③ 《当代中国的民政》编辑委员会编:《当代中国的民政》(下),当代中国出版社 2009 年版,第 61—62 页。
④ 《当代中国的民政》编辑委员会编:《当代中国的民政》(下),当代中国出版社 2009 年版,第 61—62 页。
⑤ 《当代中国的民政》编辑委员会编:《当代中国的民政》(下),当代中国出版社 2009 年版,第 61—62 页。

际的贫民生产工作。例如,很多生产是需要贷款较多、容人却较少、技术也不容易学的生产技术,不适合贫困民众开展生产自救,如1952年杭州市"东平巷组织开办绷带厂,政府贷给救济事业费六千万元,买机器、租房子、请技师、装设备,仅计划容纳三十余人,织绷带的技术较高,不适合贫民参加,原料、销路均有困难,结果没有开工,就垮了,据初步估计六千万元的贷款至少损失一半以上。中城区食品生产社,政府贷款三百万元,搭炉灶、买碗筷、请厨师开起饭馆来。现在如停办,资金已近赔光"①。

类似的例子还有很多。长沙市生产教养院曾采取的生产方针是强调"盈利自给",为了盈利,只有减低成本,提高规格,因而,"对劳动力不太强或游民习气较重的生产员,忽视了生产技术教育和思想教育"②。生产教养院的生产,应该是资本不多,容人多,制作技术较为简单的小型工业与手工业的加工生产,如制砖、火柴、制伞、制粉、铁木机织布等。如果企图把社会救济性的生产机构,大力扩展,一气呵成,过渡为国营企业,收容人员成为产业工人,则很难达到。③ 1951年,"长沙市生产教养院和长沙市财政委员会合资经营德式窑厂,虽然安置了收容人员140多人,但需要投入的资金越来越多(达百亿元),最后只好撤退出来,浪费了国家很多的资金"④。而且,根据长沙市生产教养院的经验来看,生产教养院无法依靠生产达到经费自给。从人员数量上来说,正式能够投入生产的青壮年收容人员和无法参加生产或只能参加轻微劳动的人数比例大约为一比三,所以投入生产的青壮年收容人员可以全部自给,并稍有盈余,而婴幼、残老则不能达到经济上的自给自足。而且,生产上较有盈余的米厂、染厂,其生产本身又不符合劳动改造的方针。⑤ 故对于救济经费的问题,只能仍由国库开支,完全依靠生产达到自给,则任务艰巨不易完成。

(二)"生产自救"是不是救济?

新中国成立初期,全国民政事业确定的基本政策为"以生产为中心",这一政策的思想来源除了众所周知的革命时代的生产运动之外,更离不开救济福利事业的实践经验。本节按照生产自救的不同形式与目的,将其划分为以下几种。

---

① 《杭州市社会救济工作调查报告》,《救济工作通讯》第44期,1954年6月15日。
② 《生产教养工作中的几个问题》,《救济工作通讯》第33期,1952年11月27日。
③ 《生产教养工作中的几个问题》,《救济工作通讯》第33期,1952年11月27日。
④ 《生产教养工作中的几个问题》,《救济工作通讯》第33期,1952年11月27日。
⑤ 《生产教养工作中的几个问题》,《救济工作通讯》第33期,1952年11月27日。

1. 救济:推动贫民生产自救

较早将生产与救济联系起来的实践活动,是为了解决烈军属、城市贫民的救济问题而组织的"以工代赈"以及兴办市政工程。1950 年"上海、南京、天津等城市采取这种方式,仅在一年多时间里就翻修马路 824.5 公里,整修下水道 243 公里"①,政府仅用少量资金将救济与建设结合在一起,并取得了非常好的成绩,这为后来的组织生产来推行救济工作奠定了基础。

1952 年起,一些城市本着"生产自救"的方针,开始组织由烈军属和城市贫民参加手工业或小型工业生产,并获得了官方肯定,"尽管当时这种生产大多是季节性、临时性的,参加生产的对象也主要是失业、无业贫困人员,但它在特定的历史条件下,开创了以生产自救方式解决某些救济对象生活出路的途径"②。

毫无疑问,这种方式能够在政府财政紧张的条件下较好地解决社会救济问题,又具有弘扬生产、艰苦奋斗之精神意义,因而在 1953 年的全国民政会议上获得肯定,会议提出"必须大力组织革命烈士家属、革命军人家属、革命残废军人中有劳动力或其他生产条件的,积极参加各种生产,对无法维持生活的贫苦市民,应鼓励和帮助其自谋生路,必要时应扶助他们进行各种经常的或季节性的合作社性质的手工业及小型加工生产,或参加以工代赈"③。生产自救的形式,可以"采取合作社的形式,扶助他们从事有原料、有销路、用资金少、劳力多的手工业,或简单易学的加工工业,由小到大,逐步发展"④。在此政策的鼓励下,全国各城市的民政部门通过生产小组、工程队、合作社和小型工厂等形式,组织 50 多万烈属、军属和贫民包括残疾人参加了各种不同类型的生产。⑤

可以看出,这种"生产自救"工作,多数是救济性质或帮扶性质的,是为了用较少资金来解决城市贫困民众生活的一种新方法。在开展劳动教育组织生产时,往往根据被收容对象生产技能低、流动性大和难管理的特点,一般选择投资少、见效快、经济效益好的生产项目,如糊纸盒、制砖、加工塑料

① 《当代中国的民政》编辑委员会编:《当代中国的民政》(上),当代中国出版社 2009 年版,第 237 页。

② 《当代中国的民政》编辑委员会编:《当代中国的民政》(上),当代中国出版社 2009 年版,第 237 页。

③ 《当代中国的民政》编辑委员会编:《当代中国的民政》(下),当代中国出版社 2009 年版,第 238 页。

④ 《民政工作应积极为国家总路线服务》,《人民日报》1953 年 12 月 24 日。

⑤ 《当代中国的民政》编辑委员会编:《当代中国的民政》(下),当代中国出版社 2009 年版,第 238 页。

袋、搞种植和养殖业等。在 20 世纪五六十年代,这种救济性质的生产活动比较普遍,例如,江西省"1954 年组织生产的工作重点,仍然应当放在组织城市烈属、军属和贫民的劳动力方面。着重组织他们从事投资少、容人多、粗工易学、供销有保证的手工业加工、自产自销的手工业生产和辅助性、服务性的劳动;在市郊区,也可以从事适当的园艺生产和饲料业等等,生产的组织、经营方式不求一致,可以集中经营(如合作社、合作小组等),也可以分散经营(如家庭副业)。生产所需的资金,首先是动员群众自筹,其次才是银行贷款。在必要的时候,也可以优抚、救济事业费给以补助"①。生产自救的形式可以"采取合作社的形式,扶助他们从事有原料、有销路、用资金少、劳力多的手工业,或简单易学的加工工业,由小到大,逐步发展"②。在此政策的鼓励下,全国各城市的民政部门"通过生产小组、工程队、合作社和小型工厂等形式,组织了 50 多万烈属、军属和贫民包括残疾人参加了各种不同类型的生产"③。显然,由实践而得出的经验更加具有说服力,因此,1954 年内务部、中华全国合作总社、中国人民救济总会联合发出《关于建立城市烈属、军属、贫民生产和教养机构生产的联合指导机构的通知》,要求各城市在党政统一领导下,根据当地的具体情况,由民政、合作、地方工业和救济分会等有关部门共同组织生产联合指导机构——生产指导办公室或委员会。该通知同时指出"组织烈属、军属和贫民生产,应根据他们的具体情况和生产需要采取不同形式,不可强求划一",如"一般老、弱和家务较重的妇女可参加技术简单的生产,采取统一领导,分散生产的办法较好。技术性较高或需要统一产品规格,改进生产技术的生产,也可以适当地集中。对有条件的生产小组应加强领导,慎重挑选和培养骨干,建立领导核心,实行民主管理,建立各项规章制度,使之成为生产合作社"④。在国家的扶持下,1955 年民政部门组织的烈属、军属和贫民生产的单位得到迅速扩张。

2. 惩治改造:游民生产自救

与此同时,为了尽快改造城市中数量庞大的游民、乞丐、小偷、恶霸、散兵游勇等群体,解放初期,党和政府制定了"根据国家建设需要与个人工作

---

① 《王子宜副部长在民政工作座谈会上的综合发言》,江西档案馆藏,档案号:X035—3—469。
② 《民政工作应积极为国家总路线服务》,《人民日报》1953 年 12 月 24 日。
③ 《当代中国的民政》编辑委员会编:《当代中国的民政》(下),当代中国出版社 2009 年版,第 238 页。
④ 《当代中国的民政》编辑委员会编:《当代中国的民政》(下),当代中国出版社 2009 年版,第 284 页。

能力,全面地、积极地、分期分批予以改造和安置"①的政策,确立了"收容、教育、改造、使用"的救济步骤。因此,通过劳动而参加生产,成为收容教育的基本形式。

全国各地对收容人员均实行了强制教育,并辅以劳动改造。教育,不仅包括政治思想教育,还包括学习知识文化和劳动技术。例如,上海市救济分会在组织收容人员学习文化知识之余,常常结合实际生活中的事例,"以具体事实对收容人员进行政治教育,启发他们的阶级觉悟,如打预防针时,进行爱国主义防疫卫生教育,使贫民认识到,美帝细菌战的罪恶及危害性;每次发给收容人员衣服及日用品时,即说明这是劳动人民创造出来的,只有在毛主席领导下的新社会,才能这样关心爱护贫民;当开展劳动教育时,由教导员带头劳动,传授劳动技术知识"②。

通过收容与教育,达到改造之目的,从而最终让他们转变为参与社会主义建设的新人,成为有用之人。1956年内务部正式提出:"要在三年内,本着改造与安置相结合的方针,采取集中安置改造和分散安置,由群众监督改造等方式,把被收容人员安排到劳动生产岗位上去,以便使他们在劳动生产中得到彻底改造。"③这标志着党的收容救济政策从制度上向"救济"政策的转型,即经过收容、教育、改造几个环节中的思想教育、技术学习与劳动改造,推动收容人员转变为劳动者,走上工作岗位,融入社会。很多收容人员经改造结束后投身于工农业生产,有的还成为劳动模范,很多市民也反映,"共产党真有办法,使流氓小偷也能变成好人。"④

通过劳动得到教育进而达到改造自身的目的,最初是"针对流浪乞讨人员存在好逸恶劳思想"而采取的惩治性措施,这种方式虽然也以"劳动生产"为主,但与各地"组织城市烈属、军属和贫民"参加生产进而改善生活的帮扶性质的生产又有明显的区别。

3.扶助引导:灾民难民的生产自救

根据国家统计局统计,从1949年至1956年,每年都有三四千万的灾民困扰着新中国政府。⑤ 全国各地经济脆弱,难以抵御自然灾害,一遇灾荒,

① 中国社会科学院、中央档案馆编:《中华人民共和国经济档案资料选编·劳动工资和职工福利卷(1949—1952)》,中国社会科学出版社1994年版,第230页。
② 《上海市分会工作的视察报告》,《救济工作通讯》第33期,1952年11月27日。
③ 《训练游民乞丐工作总结》,北京市档案馆藏,档案号:196—2—20。
④ 《训练游民乞丐工作总结》,北京市档案馆藏,档案号:196—2—20。
⑤ 中华人民共和国国家统计局、中华人民共和国民政部编:《中国灾情报告(1949—1995)》,中国统计出版社1995年版。

各地灾民往往盲目外逃或集体流入城市。当时城市尚在解决大量失业工人、游民乞丐的问题,大量灾民涌入导致城市就业市场更加饱和,既影响城市建设工作,又难以保证灾民生计。北京市人民政府临时救济办公室1952年3月18日的简报提到:"目前小窑工人已满,背煤亦无窑可下,如对外来灾民不加以制止,今后恐灾民日增造成市面混乱现象。"①而且,新中国成立初期,国民党溃逃台湾后时常派战机对大陆主要城市进行轰炸。1950年的"二六轰炸"事件中,国民党空军派14架轰炸机对上海电厂进行轮番轰炸,造成全市工厂大都被迫停产,炸毁民房1000余间,受灾居民达到5万多人。这部分灾民难民受天灾或人祸之影响,也成为城市救济工作的对象。对这部分群体的救济主要结合了生产救灾与遣送回乡的办法,减轻城市压力,促进农村生产。1949年12月,政务院指示:"灾区的各级人民政府及人民团体要把生产救灾作为工作的中心。"指示中强调,根据几年来各地的经验,生产救灾不仅能帮助受灾人民有效度过灾荒,而且在救灾过程中可以加强政府与人民的关系。②

对于周边各地区涌入城市的灾民,采取的主要办法是资助他们回乡生产。北京市解放初期,就把战争期间流落在城市的五千余难民资助疏散还乡。1953年上半年又遣送了11000名农民还乡。③政府鼓励他们还乡后进行生产自救,以免荒废农业,也有助于维护首都社会秩序。对还乡经费上有困难的,由北京市民政局给予临时救济。截至1956年,北京动员和资助还乡的灾民共计40500人。④部分还乡贫民,最初动员还乡时不愿回去,经过再三动员解说,并给买好车票发了饭费,上车后很感激地说:"如果政府不照顾,把被子卖了饿死也回不去。"⑤南京将抢险救灾与农业生产相结合,强调"生产自救,就地坚持",一方面说服百姓不逃荒,另一方面从南京市疏散8万余人回乡参加生产。⑥1949年夏季,天津由于阴雨连绵,河水漫溢成灾,天津市政府成立了生产自救指导委员会,组织郊区建立了19种不同类

① 《1952年北京市救济失业工人和贫民史料》,北京市档案馆藏,档案号:196—2—211。
② 民政部政策研究室编:《民政工作文件汇编》(二),地质出版社1984年版,第1页。
③ 北京市地方志编纂委员会编:《北京志·政务卷·民政志》,北京出版社2003年版,第91页。
④ 《北京市民政局关于北京市社会福利救济工作情况报告》,北京市档案馆藏,档案号:196—1—88。
⑤ 《1952年北京市救济失业工人和贫民史料》,北京市档案馆藏,档案号:196—2—211。
⑥ 杨颖奇主编:《江苏通史·中华人民共和国卷(1949—1978)》,凤凰出版社2012年版,第74页。

型的生产组439个,组织了5289人参加生产,保证了郊区农民安然度过灾荒。①

据统计,新中国成立初期,山西省从北京、天津、武汉等城市接收遣送回籍的人员很多,"仅平津零星疏散回籍的非生产人员就有约2000人,武汉等地遣归4000人",这些还乡人员"在当地政府的帮助下,有劳动能力的都参加了农业生产,生活得到保障"。② 按照内务部规定,不得强行遣送,应发动群众,在自愿原则下互助互济,自愿回乡生产者可以给予中央拨发的灾民安置费用,加以安置生产。③

党和政府以生产自救为工作中心的救济措施,配合临时救济金的发放,既缓解了广大受灾群众的燃眉之急,又疏散了城市中大量的非生产人员,也为农业生产补充了劳动力,解决了部分灾民的生活问题。

(三)"生产劳动"中的管理问题

无论是贫民与军烈属参加的生产自救,还是以收容人员为主的劳动改造,均离不开"生产"环节。通过生产劳动,不同的社会群体均有不同的感受与体会。有的人深有感触地说:"劳动洗刷了头脑中好吃懒做的寄生思想,劳动使我学会了一门谋生的技能。"④也有的人提出,是"参加劳动让我改掉了好逸恶劳的思想,树立了劳动光荣的观点"⑤。通过劳动参加经济生产,还会有一些经济效益。但是,无法回避的是,这一时期由于各级政府对劳动者的权益管理还不健全,尤其对收容教养单位的相关劳动制度、劳动纪律尚缺乏管理,对基层收容单位的劳动收益缺乏监督,因此,给救济福利领域的劳动管理带来一些弊端。

1. 收容劳动中的管理

新中国成立初期,在整个收容改造工作中,工作人员对待收容人员的方针,曾经发生过很多偏差,直接导致了收容管理的混乱。1949年开始收容时,某些干部对游民乞丐呼为"丐胞",迁就放任,致使其气焰嚣张,很难掌控;1950年以后,又不加分析,视为"专政"对象,产生捆绑吊打现象;"三

① 天津市地方志编修委员会编著:《天津通志·民政志》,天津社会科学院出版社2001年版,第175—176页。
② 山西省史志研究院编:《山西通志·民政志》,中华书局1996年版,第319页。
③ 民政部政策研究室编:《民政工作文件汇编》(二),地质出版社1984年版,第154页。
④ 《当代中国的民政》编辑委员会编:《当代中国的民政》(下),当代中国出版社2009年版,第267—268页。
⑤ 《当代中国的民政》编辑委员会编:《当代中国的民政》(下),当代中国出版社2009年版,第267—268页。

反"以后，"院民和生产员中产生不要纪律，极端民主思想，加之领导人员放任自流，这些都是因为不了解教养方针才产生的"①。经过以上的教训，使工作人员认识正确的方针应该是中央指示的："抱着对旧社会'迫人为鬼'的高度仇恨去同情他们，负责地帮助他们经过劳动改造后变为新人，不应视为人民中的渣滓，也不应视他们为专政的对象。"但不是无分别地去同情，"对于控制游民和剥削游民的头目与帮凶分子，应当作犯罪处理……其中罪大恶极的人，应给以严厉惩办"②。

由于缺乏细致的管理标准，很多收容单位的工作人员采取的工作方法颇有问题。例如："有的干部不了解掌握国家的救济政策和应该使用的救济措施，对待收容人员态度粗暴，将收容人员当作罪犯一样对待，甚至有利用手中职权，殴打虐待收容人员的现象发生。"③1953年2月，"民政局在北京市府领导下，也曾组织检查组对原生产教养院所属生产教养单位进行了普遍而深入的检查，发现在收容救济工作中主要存在下列问题：首先，很多收容机构的干部对工作不安心，认为教养工作不光荣没有前途；其次，干部的政策观点模糊，对教养工作存在单纯的'仁政'观点，只着重改善被收容人的物质生活等表面工作，而忽略了劳动教育的重要性；再次，由于干部政策观点模糊，对业务钻研不够，缺少办法，因而对被收容人的调皮捣乱、不服管教的现象，采取简单粗暴的方法去制止，所以发生了很多违法乱纪的事件"④。

针对这些广泛存在的问题，各地救济机关均进行了多次严格整顿，努力在收容单位建立起民主管理制度，如"废除了收容机构中的队、班长制度，撤换了重大失职的干部；定期召开全体收容人员会议，听取群众意见；让被收容人员自己选举产生生活、学习小组长，代替了过去的队、班长，明确了组长的职权范围"等。⑤ 例如，1954年6月，北京市第一养老院进行了民主制度改革：在管理方面，"改选收容人员担任生活学习组长的工作"；在医疗方面，"调整了病房，使病人按病类分房疗养，建立了医师的会诊制度及病室规则，明确了医师必须深入病房进行诊治，设立护理员，加强了病人的疗养"。⑥ 同时，市民政局负责成立了临时收容所，对收容人员统一审查，严格

① 《生产教养工作中的几个问题》，《救济工作通讯》第33期，1952年11月27日。
② 《生产教养工作中的几个问题》，《救济工作通讯》第33期，1952年11月27日。
③ 李小尉：《新中国建立初期的社会救助研究》，社会科学文献出版社2012年版，第87页。
④ 《整顿生产教养工作总结报告》，北京市档案馆藏，档案号：14—2—47。
⑤ 《整顿生产教养工作总结报告》，北京市档案馆藏，档案号：14—2—47。
⑥ 《救济分会两周工作汇报》，北京市档案馆藏，档案号：14—2—48。

掌握收容标准,确实符合收容条件的人员,才能进入各个收容机构。这样,就基本上防止了错收、滥收的现象。

在对收容人员的审查处理工作上,"订立了审查处理办法,在各教养单位建立了收容人员的卡片登记制度,对各处收容人员进行了统一的审查和清理"①。经过一段时期的处理,"收容人员的数量逐渐得到了有效的控制",据 1954 年北京市救济分会统计:"经过一年多的审查处理工作,及对收容标准的正确掌握,现在我会所教养单位的被收容人员共有 2497 名,较 1953 年减少了三分之一。"②具体的安置情况可以从救济分会的统计档案中有所了解:"移民 150 人,结婚 17 人,考中学 44 人,领养 166 人,处理回家 1058 人,送公安局 23 人,送精神病院 146 人,送启明瞽目院 5 人。给予介绍工作的,儿童共 196 人:如志愿军文工团 10 人;军委文工团 7 人;华北区文工团 2 人;人民印刷厂 32 人;人民大学印刷厂 14 人;北京市制药厂 12 人;北京市火柴厂 10 人;北京市邮政局 8 人;华北局 1 人……青壮年介绍就业 58 人:如矿工 31 人;木工 1 人;保姆 9 人;工友 6 人等等。"③从这些被收容人员的安置处理情况来看,此时的社会福利工作还是值得称赞的。虽然个别人员在思想上还"存在恩赐观点和单纯的救济思想",但是,在规章制度没有完善、指导思想还不清晰的状况下,此时的措施基本上贯彻了"劳动生产与教育改造相结合"的方针。

对于收容人员的教养工作,最初,"各生产单位犯了单纯生产观点,强调完成生产任务,这是不对的"④。在教养工作中,应当秉承"由强制到自觉,使其从依靠救济走向完全自立,成为新人"⑤的原则,从劳动生产中养成收容人员的劳动生产习惯,同时进行政治文化教育,启发其觉悟,指出其前途,加强他们自身的劳动感与积极性,真正实现由内而外的彻底改造。

2. 劳动中的收益归属

新中国成立初期,党和政府对生产劳动中的收益分配一直坚持公平公正的原则。在解放初期推行的工赈救济中,很多地方均设立了严格的管理规则,坚持公平公正分配劳动收益。以北京市为例来看,在北京市最初组织

---

① 《北京市救济分会 1953 年 1 月至 1954 年 3 月处理收容人员统计表》,北京市档案馆藏,档案号:14—2—47。

② 《北京市救济分会 1953 年 1 月至 1954 年 3 月处理收容人员统计表》,北京市档案馆藏,档案号:14—2—47。

③ 《北京市救济分会 1953 年 1 月至 1954 年 3 月处理收容人员统计表》,北京市档案馆藏,档案号:14—2—47。

④ 《生产教养工作中的几个问题》,《救济工作通讯》第 33 期,1952 年 11 月 27 日。

⑤ 《生产教养工作中的几个问题》,《救济工作通讯》第 33 期,1952 年 11 月 27 日。

收容人员参加的疏通浚河、修堤、植树、修理码头、下水道等工赈工程中,就根据《以工代赈暂行办法》①,规定了以工代赈工人的工资,原则上"不少于全部工程费用的 80%,一般采取计件制,在工资标准未确定之前,每人每日发给当地主要食粮三市斤至五市斤,作为临时工资;无法计件的工资,每日以三市斤至六市斤粮食作为标准";"技术人员与管理人员的工资,由工赈科拟定提交失业工人救济委员会审核通过后决定之。工赈的工作时间,一般以每天八小时为原则"②。1954 年统计,北京市"劳动教育所中收容人员被介绍到东郊水利部基地作壮工的先后有六批,共去了 129 名,中间有开除的逃跑的及自谋职业的 22 人,现实有人数 107 名。其中 29 人因工作表现好而被编入技术工种中去。他们的工资,原定为每人每日 11000 元",随后经过币值改革,这些工人的工资由劳动局统一规定为"每人每日 4.12 分,合人民币 10.139 元。从 6 月中旬起,又改为三级制(5.53 分、4.7 分、4.1分),其中 70%归本人,30%归集体作为生产收益"③。据统计,1949—1956 年间,北京市先后举办了多次以工代赈工程,累计"用以工代赈的方法组织了 4.5 万多人参加各种生产劳动",工人的工资均足额按时发放。④ 可以看出,以工代赈虽然是救济性质的举措,但始终坚持对劳动者给予公平合理的劳动报酬。

除了举办大型的市政工程吸收收容人员参加工赈以外,在中国人民救济总会管理下的各地生产教养院、救济院等单位,也积极组织收容人员参与生产劳动,通过劳动来改造他们的行为与思想,提高他们的觉悟,培养他们的独立生存能力。

对于收容人员参加劳动生产,多给予公平公正的经济待遇。1952 年,为了进一步规范生产教养院的收容与劳动工作,长沙市生产教养院制定了《生产员管理暂行办法》和《生产员评定劳动金办法》,普遍开展评定劳动金运动,对收容人员的劳动收益采取公开、公平的评选来确定收益等级。通过这种集体评选的方式,对收容人员"普遍开展了一次自我教育,大大的刺激了生产员的进步心与积极性,起了很好的作用"⑤。

---

① 《以工代赈暂行办法》,北京市海淀区档案馆藏,档案号:2—104—36。
② 中国社会科学院、中央档案馆编:《中华人民共和国经济档案资料选编·劳动工资和职工福利卷(1949—1952)》,中国社会科学出版社 1994 年版,第 170 页。
③ 《救济分会两周工作汇报》,北京市档案馆藏,档案号:14—2—48。
④ 北京市档案馆、中共北京市委党史研究室编:《北京市重要文献选编(1956)》,中国档案出版社 2003 年版,第 373 页。
⑤ 《生产教养工作中的几个问题》,《救济工作通讯》第 33 期,1952 年 11 月 27 日。

　　过去生产单位偏重生产,使收容人员不懂得为什么劳动;教育单位单纯教育,使收容人员不懂劳动光荣在什么地方,思想上动荡不安,形成既不能搞好生产也没有教育效果。采取劳动教育与思想教育相配合之后,结合劳动与思想改造情况开展评优评奖,使多数收容人员有了榜样,有了明确的奋斗目标,使他们逐渐认识到"不劳动是可耻的"。这种方式激励了多数收容人员积极参加劳动生产,努力改造自己的思想觉悟,部分人甚至通过改造而焕发了新生,成为党的积极分子。可见,生产与教育必须结合,才能收到改造的效果。

　　对收容人员的劳动改造,要指明党和政府给予的"安置就业"的发展前途。只要这些收容人员认真学习生产劳动的知识,改造自己的思想,经过一定时期的劳动与思想教育后,均可以给予适当的就业安置。在收容人员的劳动改造工作中,如不指明出路,将失去在工作学习中的积极性,极易产生"坐吃等死"、"不劳而食"的坏思想。因此,对收容人员的思想转变情况必须及时了解,采取适当的表扬与奖励,结合对优秀人员的安置就业,可以提高收容人员的进取心,鼓励他们积极生产。如长沙市生产教养院组织的运输大队安置积极分子参加工作后,起了一定的刺激作用,掀起了"改造自己,创造条件,争取变为工人"的热潮。① 对于流浪儿童的改造,不能单靠抚养或领养政策来解决安置问题。流浪儿童一般年龄较轻、习染不重,吸取新知识较易,应进行政治文化教育,优秀的保送升学;不能升学的较大儿童,应及时学习一定技术,投入生产,才能安置得当,而且为祖国培养人才。因此,对收容儿童今后必须以教育深造为主,达到逐渐升学就业的目的。

　　在教育中要注重提高收容人员的阶级觉悟,培养收容人员的自尊心、加强其组织观念与纪律教育,是保证生产任务及教育计划完成的有利条件。收容人员一般散漫成性,并有浓厚的宿命观点和自卑情绪,"如不加强组织纪律教育,以启发其阶级觉悟,不但不能发挥其积极性,反而增加对抗情绪,更不能使其热爱新社会,同时也违背了人民政府的政策,造成政治上的损失,成为教育改造的障碍。纠正了管理上的恶劣作风和以感情代替政策的行为,提高了收容人员的认识,使坏习气无孔可入,才能走好自己的劳动改造道路"②。

　　通过收容与教育达到改造之目的,最终让他们转变为参与社会主义建设的新人,成为对社会建设的有用之人。1956 年内务部正式提出:"要在三

---

　　①　《生产教养工作中的几个问题》,《救济工作通讯》第 33 期,1952 年 11 月 27 日。
　　②　《生产教养工作中的几个问题》,《救济工作通讯》第 33 期,1952 年 11 月 27 日。

年内,本着改造与安置相结合的方针,采取集中安置改造和分散安置,由群众监督改造等方式,把被收容人员安排到劳动生产岗位上去,以便使他们在劳动生产中得到彻底改造。"①这标志着党的收容救济政策从制度上向"救济"政策的转型,即经过收容、教育、改造几个环节中的思想教育、技术学习与劳动改造,推动收容人员转变为劳动者,走上工作岗位,融入社会。很多收容人经改造结束后投身于工农业生产,有的还成为劳动模范。很多市民也反映,"共产党真有办法,使流氓小偷也能变成好人"②。

综上所述,中国人民救济总会诞生于新中国成立初期,无论从政治体制上、经济基础上还是社会文化方面来看,这是一个特殊的过渡时期,时代背景客观上决定了中国人民救济总会的过渡性历史特征。新中国成立初期,急需社会各方面的力量齐心合力,在较短的时间内恢复社会秩序,因此,中国人民救济总会采取了"团结改造"的政策,对绝大多数解放前留存下来的社会福利或救济团体,采取了团结并改造的策略,为尽快安定社会秩序奠定了重要基础。随后,随着社会经济的恢复、社会秩序的安定,社会改造逐渐开展,如何将旧的社会福利、社会救济团体改造成为适应新社会、新中国的救济福利团体,成为中国人民救济总会接下来的重要任务。在1952—1956年间,在中国人民救济总会的领导下,采取"关、停、并、转"的方式,将很多慈善救济组织进行组织改造、人员调整以及合并整合等,最终重新建立起全新的社会福利与救济体系。这些工作均体现了中国人民救济总会在社会改造过程中所起到的过渡性作用。

中国人民救济总会为新中国的救济福利事业的重建奠定了基础。中国人民救济总会成立之时,任务就非常明确,它要"团结、领导全国从事救济福利事业的团体和个人,协助政府组织群众进行生产节约、劳动互助,以推进人民大众的救济福利事业,并担负国际救济与交流的工作"③。这样的历史任务,也决定了中国人民救济总会这一组织本身的特殊性。在国内,中国人民救济总会开展了灾荒救济、失业救济、整顿救济机关、改造社会救济团体等工作,这些工作基本上都是"砸碎旧制度"、"开创新秩序"的全新工作,每一项工作的开展均面临多重挑战。例如,对失业救济的治理方面,中国人民救济总会协助党和政府迅速地应对严峻的失业局面,根据各地情况提出以工代赈、转业训练、生产自救、救济金制度以及还乡、移民生产等救济措

---

① 《训练游民乞丐工作总结》,北京市档案馆藏,档案号:196—2—20。
② 《训练游民乞丐工作总结》,北京市档案馆藏,档案号:196—2—20。
③ 《中国人民救济总会章程》,《人民日报》1950年5月5日。

施,为安顿失业群众提供了多种途径。因此,中国人民救济总会能够协助政府快速而高效地解决各大城市严峻的失业问题,为迅速安定新中国的社会秩序作出了突出的贡献。

中国人民救济总会还是一个带有群众性质的非政府的救济组织。在国际上,中国人民救济总会代表中国人民向朝鲜、越南、印度、日本等国家遭受自然灾害、战争灾难的人民提供物资或财力的援助,还积极组织或参与了多种中外民间组织在救济、慈善、社会文化领域的交流活动,代表中国人民在国际社会发出抗议、声援等声音,组织国内民众积极募捐,为国际人民遭受的灾害提供援助。这些工作不但"表现了中国人民积极自主的国际责任,而且中国人民救济总会作为新政府的民间对外交流窗口,为世界人民认识新中国的独立自主、追求和平的对外政策,做出了重要贡献"[1]。从对中国人民救济总会的诸多工作历史的梳理中可以看出,党和政府为了稳定社会秩序、改善国际环境所做的一系列努力。

显然,中国人民救济总会的过渡性历史任务,随着新中国政权的稳固与国际国内环境的变化而最终走向了终结。1955 年,鉴于中国人民救济总会的工作职权与内务部以及市级民政部门职权的重叠,导致救济工作有时出现"令出多门"或者重复工作的情况,内务部决定"将中国人民救济总会所承担的国内城市救济工作与内务部城市救济司合署办理"[2],"各地救济分会在当地民政部门领导下办理国内救济工作,与当地民政部门合署办公"[3],以便使城市救济工作更好地在统一领导、统一计划之下进行,提高工作效率。"中国人民救济总会所主管的国际救济工作,划归中国红十字会负责办理。1956 年 7 月起,中国人民救济总会同中国红十字会合并办公"[4]。从此,中国人民救济总会完成了它的历史使命,与中国红十字会实行一套人员、两块牌子的管理模式,一直持续到 1966 年才彻底告别历史舞台。

---

① 李小尉:《简论中国人民救济总会的角色、作用与社会影响》,《聊城大学学报(社会科学版)》2014 年第 1 期。

② 《救济工作通讯停刊启事》,《救济工作通讯》第 54 期,1955 年 11 月 20 日。

③ 中华人民共和国民政部大事记编委会编:《中华人民共和国民政部大事记(1949—1986)》,中国社会出版社 2004 年版,第 69 页。

④ 《救济工作通讯停刊启事》,《救济工作通讯》第 54 期,1955 年 11 月 20 日。

参 考 文 献

（一）档案类

[1]北京市档案馆民政局全宗,救济福利相关档案资料。

[2]上海市档案馆民政局全宗,救济福利相关档案资料。

[3]江西省档案馆民政局全宗,救济福利相关档案资料。

[4]江苏省档案馆民政局全宗,救济福利相关档案资料。

[5]北京市海淀区档案馆、北京市东城区档案馆、北京市西城区档案馆关于北京市人民政府、民政、公安、北京市总工会、北京市郊区工作委员会等部门的相关档案资料。

（二）文献资料类

[1]北京市档案馆、中共北京市委党史研究室编:《北京市重要文献选编》(1949—1965),中国档案出版社2001—2007年版。

[2]北京市档案馆编:《国民经济恢复时期的北京》,北京出版社1995年版。

[3]北京市人民政府法制办公室编:《北京市法规规章汇编(1949—1997)》,中国民主法制出版社1998年版。

[4]北京市统计局、国家统计局北京调查总队编:《北京六十年(1949—2009)》,中国统计出版社2009年版。

[5]北京市卫生局、《北京卫生年鉴》编辑委员会编:《北京卫生年鉴·1993》,北京科学技术出版社1993年版。

[6]北京市卫生局、《北京卫生年鉴》编辑委员会编:《北京卫生年鉴·1994》,北京科学技术出版社1994年版。

[7]北京市水利局编著:《北京水旱灾害》,中国水利水电出版社1999年版。

[8]北京市公安局党史公安史办公室:《北京市公安局大事记(1948—1985年)》(内部),1988年版。

[9]北京市地方志编纂委员会编:《北京志·政务卷·民政志》,北京出版社2003年版。

[10]北京市地方志编纂委员会编:《北京志·市政卷·环境保护志》,北京出版社2003年版。

[11]北京市人民政府法制办公室编:《北京市法规规章汇编(1949—1997)》,中国民主法制出版社1998年版。

[12]本书编写组编:《新中国法制研究史料通鉴》,中国政法大学出版社2003年版。

[13]《陈云文选》第一——二卷,人民出版社2015年版。

[14]当代中国研究所编:《中华人民共和国史编年1949—1955年卷》,当代中国出

版社 2004 年、2009 年版。

[15]《当代中国》丛书编辑部编辑:《当代中国的劳动保护》,当代中国出版社 1992
年版。

[16]《当代中国》丛书编辑部编辑:《当代中国商业》,中国社会科学出版社 1989
年版。

[17]《当代中国》丛书编辑部编辑:《当代中国的天津》,中国社会科学出版社 1989
年版。

[18]《当代中国的福建》编辑委员会编:《当代中国的福建》(下),当代中国出版社
2009 年版。

[19]《当代中国的民政》编辑委员会编:《当代中国的民政》(上、下),当代中国出
版社 2009 年版。

[20]《当代中国的职工工资福利和社会保险》编辑委员会编:《当代中国的职工工
资福利和社会保险》,当代中国出版社 2009 年版。

[21]《邓小平文选》第一卷,人民出版社 1994 年版。

[22]广东省档案馆编:《改革开放三十年重要档案文献·广东》,中国档案出版社
2008 年版。

[23]《建国以来毛泽东文稿》第一——十三册,中央文献出版社 1987—1998 年版。

[24]国家劳动总局保险福利局、全国总工会劳动保险部编:《劳动保险文件选编》,
工人出版社 1981 年版。

[25]国家统计局社会统计司编:《中国社会统计资料》,中国统计出版社 1985
年版。

[26]国家统计局社会统计司编:《中国劳动工资统计资料(1949—1985)》,中国统
计出版社 1987 年版。

[27]国家统计局编:《中国统计年鉴(1986)》,中国统计出版社 1986 年版。

[28]国家统计局编:《新中国 60 年》,中国统计出版社 2009 年版。

[29]中华人民共和国国家统计局编:《新中国六十五年(汉英对照)》,中国统计出
版社 2014 年版。

[30]国家统计局国民经济综合统计司编:《新中国五十五年统计资料汇编(1949—
2004)(中英文本)》,中国统计出版社 2005 年版。

[31]国家统计局工业交通物资统计司编:《中国工业经济统计资料(1949—
1984)》,中国统计出版社 1985 年版。

[32]民政部村级组织建设状况调查组编:《村级组织建设状况调查选编》,1989 年
编印。

[33]民政部法规办公室编:《中华人民共和国地方民政法规总览》,中国社会出版
社 2003 年版。

[34]民政部社会工作司编:《中国社会工作相关政策法规汇编》,中国社会出版社
2010 年版。

［35］民政部政策研究室编：《民政工作文件汇编》（一、二），地质出版社1984年版。

［36］毛泽东：《毛泽东选集》第四卷，人民出版社1991年版。

［37］苏星、杨秋宝编：《新中国经济史资料选编》，中共中央党校出版社2000年版。

［38］上海市统计局等编：《光辉的六十载——上海历史统计资料汇编1949—2009》，中国统计出版社2009年版。

［39］中国国际减灾十年委员会办公室编：《灾害管理文库》第七卷，当代中国出版社1999年版。

［40］中国红十字会总会编：《中国红十字会历史资料选编（1950—2004）》，民族出版社2005年版。

［41］中国科学院经济研究所农业经济组编：《国民经济恢复时期农业生产合作资料汇编（1949—1952）》，科学出版社1957年版。

［42］民政部法规办公室编：《中华人民共和国民政工作文件汇编（1949—1999）》，中国法制出版社2001年版。

［43］中国社会科学院法学研究所图书资料室编：《人民调解资料选编》，群众出版社1980年版。

［44］中国社会科学院、中央档案馆编：《中华人民共和国经济档案资料选编·基本建设投资和建筑业卷（1949—1952）》，中国城市经济社会出版社1989年版。

［45］中国社会科学院、中央档案馆编：《中华人民共和国经济档案资料选编·劳动工资和职工福利卷（1949—1952）》，中国社会科学出版社1994年版。

［46］中国社会科学院、中央档案馆编：《中华人民共和国经济档案资料选编·劳动工资和职工保险福利卷（1953—1957）》，中国物价出版社1998年版。

［47］中国社会科学院、中央档案馆编：《1958—1965中华人民共和国经济档案资料选编·劳动就业和收入分配卷》，中国财政经济出版社2011年版。

［48］中共北京市西城区委组织部、中共北京市西城区委党史办公室、中共北京市西城区委老干部局编：《峥嵘岁月——北京西城老同志的回忆》，中央文献出版社2001年版。

［49］中共中央书记处研究室理论组、中华全国总工会办公厅：《当前我国工人阶级状况调查资料汇编》，中共中央党校出版社1983年版。

［50］中共中央文献研究室编：《毛泽东年谱（1949—1976）》第三卷，中央文献出版社2013年版。

［51］中华人民共和国内务部农村福利司编：《建国以来灾情和救灾工作史料》，法律出版社1958年版。

［52］中央人民政府法制委员会编：《中央人民政府法令汇编》，法律出版社1982年版。

［53］《周恩来选集》，人民出版社1984年版。

［54］中共中央文献研究室、中央档案馆编：《建国以来周恩来文稿》，中央文献出版社2008年版。

［55］国务院法制局等编：《中华人民共和国法规汇编（1954 年 9 月—1955 年 6 月）》，法律出版社 1956 年版。

［56］中华人民共和国民政部大事记编委会编：《中华人民共和国民政部大事记（1949—1986）》，中国社会出版社 2004 年版。

［57］中共中央文献研究室：《周恩来经济文选》，中央文献出版社 1993 年版。

［58］中共中央党史研究室：《中国共产党历史（1949—1978）》第二卷（下册），中共党史出版社 2011 年版。

［59］中共中央党史研究室：《中国共产党的九十年：社会主义革命和建设时期》，中共党史出版社、党建读物出版社 2016 年版。

［60］中华全国妇女联合会妇女研究所、陕西省妇女联合会研究室编：《中国妇女统计资料（1949—1989）》，中国统计出版社 1991 年版。

［61］中华全国总工会劳动保险部编：《劳动保险工作文件》，工人出版社 1964 年版。

［62］中华全国总工会生活保险部编：《工矿企业职工生活福利文件选编》，工人出版社 1983 年版。

［63］中华人民共和国国家统计局、中华人民共和国民政部编：《中国灾情报告（1949—1995）》，中国统计出版社 1995 年版。

［64］政务院财政经济委员会编：《中央财经政策法令汇编》第三辑，新华书店 1952 年版。

［65］中共代表团驻沪办事处纪念馆编：《中国解放区救济总会在上海》，学林出版社 1996 年版。

（三）报刊类

［1］《北京市政报》（1949—1954 年）。

［2］《北京日报》（1954—1957 年）。

［3］《解放日报》（1949—1956 年）。

［4］《新华日报》（1949—1956 年）。

［5］《人民日报》（1948—1956 年）。

［6］《光明日报》（1949—1956 年）。

［7］《救济工作通讯》（1950—1956 年）。

［8］《内务部通讯》（1949—1956 年）。

（四）著作类

［1］敖文蔚：《中国近现代社会与民政（1906—1949）》，武汉大学出版社 1992 年版。

［2］北京第一棉纺织厂厂史编写组：《团结奋斗的历程——北京第一棉纺织厂厂史（1954—1984）》，内部资料 1984 年版。

［3］《北京农村年鉴》编委会编：《北京农村年鉴 2009》，中国农业出版社 2010 年版。

［4］薄一波：《若干重大决策与事件的回顾》（上卷），中共中央党校出版社 1991 年版。

［5］陈微:《当代中国流浪乞讨救助制度研究》,社会科学文献出版社2007年版。

［6］陈午晴:《当代中国的单位变革与家庭变迁》,河北大学出版社2004年版。

［7］董辅礽主编:《中华人民共和国经济史》(上卷),经济科学出版社1999年版。

［8］董志凯主编:《1949—1952年中国经济分析》,中国社会科学出版社1996年版。

［9］[美]弗里曼等:《中国乡村,社会主义国家》,陶鹤山译,社会科学文献出版社2002年版。

［10］多吉才让丛书主编:《优抚保障》,中国社会出版社1996年版。

［11］多吉才让:《中国最低生活保障制度研究与实践》,人民出版社2001年版。

［12］胡晓义主编:《走向和谐:中国社会保障发展60年》,中国劳动社会保障出版社2009年版。

［13］韩钢主编:《中国当代史研究》(一、二),九州出版社2011年版。

［14］何平主编:《社会保障概论》(第二版),中国劳动社会保障出版社2004年版。

［15］荆学民:《当代中国社会信仰论》,人民出版社2008年版。

［16］康沛竹:《中国共产党执政以来防灾救灾的思想与实践》,北京大学出版社2005年版。

［17］李培林等:《社会冲突与阶级意识:当代中国社会矛盾问题研究》,社会科学文献出版社2005年版。

［18］李彦昌主编:《城市贫困与社会救助研究》,北京大学出版社2004年版。

［19］罗平汉:《当代历史问题札记》,广西师范大学出版社2003年版。

［20］罗平汉:《当代历史问题札记二集》,广西师范大学出版社2006年版。

［21］柳礼泉:《新中国民生60年》,湖南大学出版社2009年版。

［22］柳拯:《当代中国社会救助政策与实务研究》,中国社会出版社2005年版。

［23］陆学艺主编:《当代中国社会结构》,社会科学文献出版社2010年版。

［24］刘宋斌:《中国共产党对大城市的接管(1945—1952)》,北京图书馆出版社1997年版。

［25］孟昭华、彭传荣:《中国灾荒史(现代部分)1949—1989》,水利电力出版社1989年版。

［26］孟昭华等:《中国民政史稿》,黑龙江人民出版社1986年版。

［27］马维纲编:《禁娼禁毒——建国初期的历史回顾》,警官教育出版社1993年版。

［28］聂荣臻等:《缅怀刘仁同志》(修订版),北京出版社1986年版。

［29］《聂荣臻回忆录》,解放军出版社1984年版。

［30］郗志群编著:《历史北京》,旅游教育出版社2005年版。

［31］孙绍骋:《中国救灾制度研究》,商务印书馆2004年版。

［32］宋晓梧:《中国社会保障制度改革》,清华大学出版社2001年版。

［33］单光鼐:《中国娼妓——过去和现在》,法律出版社1995年版。

［34］石英主编:《中国社会变迁:60年回顾与思考》,社会科学文献出版社2010

年版。

[35]时正新主编:《中国社会救助体系研究》,中国社会科学出版社2002年版。

[36]武力主编:《中华人民共和国经济史》(增订版)(上卷),中国时代经济出版社2010年版。

[37]《谢觉哉传》编写组:《谢觉哉传》,人民出版社1984年版。

[38]辛逸:《农村人民公社分配制度研究》,中共党史出版社2005年版。

[39]尹钧科等:《北京历史自然灾害研究》,中国环境科学出版社1997年版。

[40]袁志刚等:《中国就业制度的变迁(1978 — 1998)》,山西经济出版社1998年版。

[41]阎青春主编:《社会福利与弱势群体》,中国社会科学出版社2002年版。

[42]余新忠等:《瘟疫下的社会拯救:中国近世重大疫情与社会反应研究》,中国书店2004年版。

[43]民政部人事教育司编:《救灾与社会救济工作》,中国社会出版社1996年版。

[44]杨树标、梁敬明、杨菁:《当代中国史事略述》,浙江人民出版社2003年版。

[45]邹仲之编:《抚摸北京:当代作家笔下的北京》,生活·读书·新知三联书店2005年版。

[46]朱力:《当代中国社会问题》,社会科学文献出版社2008年版。

[47]钟仁耀主编:《社会救助与社会福利》(第二版),上海财经大学出版社2005年版。

[48]郑杭生主编:《中国社会结构变化趋势研究》,中国人民大学出版社2004年版。

[49]郑杭生等:《当代中国城市社会结构现状与趋势》,中国人民大学出版社2004年版。

[50]郑功成主编:《社会保障概论》,复旦大学出版社2005年版。

[51][日]夫马进:《中国善会善堂史研究》,伍跃等译,商务印书馆2005年版。

[52][美]彭慕兰:《腹地的构建:华北内地的国家、社会和经济(1853—1937)》,马俊亚译,社会科学文献出版社2005年版。

[53][英]杰弗里·巴勒克拉夫:《当代史学主要趋势》,杨豫译,北京大学出版社2006年版。

[54][英]罗伯特·伊斯特:《社会保障法》,周长征等译,中国劳动社会保障出版社2003年版。

[55][美]R.麦克法夸尔、费正清编:《剑桥中华人民共和国史:革命的中国的兴起(1949—1965)》,谢亮生等译,中国社会科学出版社1990年版。

[56][美]罗德里克·麦克法夸尔、费正清主编:《剑桥中华人民共和国史(1966—1982)》,金光耀等译,上海人民出版社1992年版。

[57][法]马克·布洛赫:《历史学家的技艺》,张和声等译,上海社会科学院出版社1992年版。

［58］［法］费尔南·布罗代尔：《资本主义论丛》，顾良等译，中央编译出版社 1997年版。

［59］Joel Andreas, *Rise of the Red Engineers*: *The Cultural Revolution and the Origins of China's New Class*, Stanford University Press, 2008.

（五）论文类

［1］艾智科：《1950—1951 年上海的天花流行与应对策略》，《社会科学研究》2010年第 4 期。

［2］白云涛：《北京解放初期对社会游民的收容改造》，《北京党史》2000 年第2 期。

［3］陈辉：《新中国成立 60 年来城市基层治理的结构与变迁》，《当代中国史研究》2010 年第 3 期。

［4］崔跃峰：《1949—1958 年北京市同业公会组织的演变》，《北京社会科学》2005年第 1 期。

［5］陈荣光：《五十年代农民盲目流京情况及整治工作》，《北京党史》2004 年第3 期。

［6］承载：《建国初上海赈灾研究》，《史林》1999 年第 3 期。

［7］范小方、常清煜：《新中国建立前后对旧政权公务人员的安置——以南京、上海为例》，《当代中国史研究》2009 年第 6 期。

［8］韩勤英、苏峰：《国民经济恢复时期北京的失业知识分子救济政策及其成效》，《当代中国史研究》2006 年第 3 期。

［9］高冬梅：《新中国建立初期弱势群体及其社会救助研究》，《中共党史研究》2005年第 4 期。

［10］高冬梅：《建国初期自然性弱势群体社会救助研究——以河北省为例》，《中国经济史研究》2010 年第 2 期。

［11］高中华：《从收容遣送到救助管理——我国城市流浪乞讨人员救助制度的变迁》，《当代中国史研究》2009 年第 6 期。

［12］黄利新：《新中国成立初期北京市城区基层政权干部队伍建设》，《中共党史研究》2012 年第 1 期。

［13］黄利新：《论北京市城区基层组织在抗美援朝运动中的宣传工作》，《北京社会科学》2011 年第 5 期。

［14］郝先中：《建国初期上海对失业知识分子的调查登记和就业安置》，《上海党史与党建》2003 年第 11 期。

［15］王先俊：《建国初期的社会变迁与党对思想文化的整合》，《当代中国史研究》2003 年第 3 期。

［16］余翔：《建国初期的社会保障制度》，《广西社会科学》2001 年第 6 期。

［17］胡其柱：《抑制与抗争：建国初期的政府与私营工商界（1949—1952）》，《晋阳学刊》2005 年第 2 期。

[18]王炳林、马荣久:《从社会心理看私人资本主义在新中国头七年的历史命运》,《中共党史研究》2006 年第 2 期。

[19]杨丽萍:《论新中国成立之初政府对社会异质性的消解——透过上海游民改造的分析》,《江苏社会科学》2009 年第 4 期。

[20]杨丽萍:《新中国成立初期上海基层社会管理中的宣传工作研究》,《党的文献》2015 年第 2 期。

[21]阮清华:《建国初期上海废娼运动再认识》,《华东师范大学学报(哲学社会科学版)》2009 年第 4 期。

[22]韩勤英:《贫民救助与政府责任——以 1949 年—1952 年北京(平)市的贫民救济为例》,《北京社会科学》2007 年第 5 期。

[23]韩勤英、苏峰:《国民经济恢复时期北京的失业知识分子救济政策及其成效》,《当代中国史研究》2006 年第 3 期。

[24]郭贵儒、陈冬生:《建国初期河北省救灾度荒工作述评》,《河北师范大学学报(哲学社会科学版)》2002 年第 2 期。

[25]周飞舟:《"三年自然灾害"时期我国省级政府对灾荒的反应和救助研究》,《社会学研究》2003 年第 2 期。

[26]蒋积伟:《建国初期灾荒史研究述评》,《当代中国史研究》2008 年第 4 期。

[27]李小尉:《新中国成立初期北京乞丐的救济与治理》,《北京社会科学》2007 年第 5 期。

[28]李小尉:《新中国成立初期城市贫民的生活救助研究——以 1949—1956 年北京市为例的考察》,《教学与研究》2009 年第 8 期。

[29]唐钧:《中国的城市贫困问题与社会救助制度》,《民主与科学》2001 年第 6 期。

[30]王瑞芳:《告别贫困:新中国成立以来的扶贫工作》,《党的文献》2009 年第 5 期。

[31]许虹:《建国初期党和政府救济灾荒、失业问题简述》,《党的文献》2000 年第 4 期。

[32]邵永忠:《二十世纪以来荒政史研究综述》,《中国史研究动态》2004 年第 3 期。

[33]邵芬、谢晓如:《我国社会救助制度的发展和完善》,《云南社会科学》2004 年第 1 期。

[34]李德成:《新中国前 30 年农村基层卫生人员培养模式探究》,《当代中国史研究》2010 年第 2 期。

[35]张晓丽:《20 世纪 50 年代安徽水灾中医疗救助活动述论——以 1954 年淮河水灾为例》,《安徽史学》2010 年第 2 期。

[36]徐锋华:《中国福利会与新中国成立初期的上海儿童福利事业》,《史林》2015 年第 4 期。

[37]吴文俊:《上海失业问题及其治理研究(1949—1957)》,苏州大学博士学位论文,2017 年。

［38］付启元:《城市结构的变迁与重建——以 1949 年前后的南京为例》,南京大学博士学位论文,2013 年。

［39］石武英:《建国初期湖北省水灾与抗洪救灾研究(1949—1956)》,华中师范大学博士学位论文,2013 年。

［40］裴海菊:《天津城市社会救助研究(1956—1966)》,河北大学硕士学位论文,2017 年。

［41］易晓明:《建国初期武汉弱势群体的社会救济研究(1949—1956)》,华中师范大学硕士学位论文,2015 年。

［42］温健:《新中国成立初期中国人民救济总会研究》,河北师范大学硕士学位论文,2013 年。

［43］梅哲:《构建社会主义和谐社会中的社会保障问题研究》,华中师范大学博士学位论文,2006 年。

［44］张丽英:《新中国初期托儿组织研究(1949—1959)》,山西师范大学硕士学位论文,2017 年。

［45］孟丽媛:《新中国初期北京女工研究(1949—1966)》,首都师范大学硕士学位论文,2011 年。

附录一　中国人民救济总会编印：《救济工作通讯》目录汇编

第 1 期　1950 年 7 月 15 日

1. 沪中国红十字总会即将迁京进行改组

2. 几个大都市救济失业工人消息点滴

3. 总会动态

4. 各地建立分会简讯：西安、重庆、杭州、河北、天津

5. 武汉市分会筹委会召开救代会议　开展失业救济工作

第 2 期　1950 年 7 月 30 日

1. 救总武汉分会宣告正式成立

2. 武汉分会组织规程及执监委员会主席名单

3. 北京市救济分会筹委会将于八月上旬成立

4. 救济总会章程已获批准备案

5. 总会物资接收及分配

6. 内蒙古捐助款物救济失业工人

7. 总会发出反对美帝侵略声明及会议接受新中国红十字总会之代表参加

8. 致全国救代会代表暨总会执监委函（代邮）

第 3 期　1950 年 8 月 15 日

1. 中国红十字会总会完成改组

2. 救总访问民政会议代表并举行分会问题座谈会

3. 救总杭州分会筹委会成立

4. 西安市成立分会筹委会进行调整社团社会救济工作

5. 中央灾区慰问团出发　救总拨出药品派员参加

6. 武汉分会七月份工作概况

7. 全国性救济福利团体概况

8. 中国人民救济总会设立通讯员办法

第 4 期　1950 年 8 月 31 日

1. 中国福利基金会改组更名为中国福利会

2. 中国红十字会总会发表会务报告检讨过去思想和工作作风

3. 全国性救济福利团体概况

4. 李赓铮：人民依靠政府，政府依靠人民——往北五河县重灾区访问杂记

第 5 期　1950 年 9 月 15 日

1. 总会成立救济福利社团调整委员会

2. 分会消息——上海、天津、沈阳、杭州、西安

3. 武汉分会最近工作概况

4. 南宁市的社会救济工作

5. 中国红十字会总会理事名单

6. 武汉分会及中福会章程已获总会批准备案

7. 汉口善堂整理概况

第 6 期　1950 年 9 月 30 日　灾民寒衣劝募专辑

1. 皖北苏北河北河南灾民寒衣劝募总会成立——组织及工作计划

2. 劝募总会委员名单

3. 致各大行政区军政委员会华北各省北京天津两市政府电

4. 捐助灾民寒衣——《人民日报》短评

5. 华东生产救灾委员会号召展开捐献棉衣运动

6. 总会致各地救代会议代表、分会、分会筹委会代电

7. 皖北苏北河北河南灾情概况

8. 灾区访问散记

9. 各地中国人民银行代收寒衣代金

10. 寒衣劝募总会为公告办公地址启事

11. 劝募消息

第 7 期　1950 年 10 月 15 日

1. 救总上海市分会成立：

（1）救总宋庆龄主席开幕词

（2）吴耀宗副主席闭幕词

（3）执委会名单

（4）大会决议

2. 救总杭州分会成立

3. 国外捐赠慈善物品报运进口及免税暂行办法

4. 寒衣劝募消息：

（1）各地成立分会进行劝募工作

（2）首都各界展开劝募运动已获成绩

（3）铁道部规定寒衣运输半价收费

（4）寒衣劝募总会委托中国人民银行代收寒衣代金办法

5. 天津市各团体学习救济福利事业文件的综合报告

第 8 期　1950 年 10 月 30 日

1. 救总广州市分会筹委会成立

2. 救总沪分会执监委联席会议

3. 上海市救济福利工作报告

4. 中国人民救济总会地方分会经费供给暂行办法

5. 我代表团当选国际红十字协会执委

6. 总会派员分赴各地视察

7. 寒衣劝募消息：

（1）贯彻群众路线正确展开劝募寒衣工作

（2）天津工商界劝募运动进入高潮

（3）首都各界热烈支援寒衣劝募运动

（4）各地劝募分会成立

（5）中央救灾委员会为分配寒衣发出代电

（6）寒衣劝募简讯

8. 稳步前进中的中国福利会

第 9 期　1950 年 11 月 15 日

1. 上海市救代会议全体代表向救总主席通电致敬

2. 救总动态

3. 救总西安筹委会准备召开救代会议

4. 救总杭州市及上海市分会组织章程准予备案

5. 中国红十字会举办干部学习会

6. 中央财政部中国人民救济总会联合通知

7. 寒衣劝募消息:劝募总会致电各分会及早完成劝募工作;京津各地劝募消息;铁道部通电各路局寒衣运输半价计费

8. 社会团体登记暂行办法

第 10 期　1950 年 11 月 30 日

1. 救总南京分会筹委会成立市救代会定于本月下旬召开

2. 武汉分会十月份工作收容乞丐难民一千八百余名

3. 杭州分会十月份工作概况

4. 内务部与救总将联合召开城市社会救福工作会议

5. 寒衣劝募工作即将结束

6. 各界人士写信慰问灾胞

7. 慰劳援朝志愿军及朝鲜人民军　救总发起慰劳周

8. 中福会上海总工会合办女工妇幼保健站开幕

9. 救总宣报组寄读者

第 11 期　1950 年 12 月 19 日

1. 中国人民救济总会:救总驳斥奥斯汀无耻谰言声明

2. 首都救济界人士举行座谈会　揭露美帝利用"救济"进行侵略阴谋

3. 美帝是怎样救济中国人民的(资料)

4. 救总南京市分会成立

5. 杭州分会组织各救福机构学习　召集时事座谈会发表拥护联合宣言声明

6. 中国红十字会干部学习会结束

7. 上海分会组织机构

8. 中福会近讯

9. 归国难侨临时处理委员会成立

10. 感谢毛主席给了他们幸福的生活

第 12 期　1950 年 12 月 30 日

1. 沪救济福利界举行抗美援朝示威大会及盛大游行

2. 沪救济福利界示威大会宣言

3. 救总南京分会首次执监委联席会议选出正副主席

4. 南京市救代会全体代表向救总主席致敬电

（1）救总电各地分会立即动员募集救济品

（2）响应救济朝鲜难民的号召　全总拨五亿元援助朝鲜工人

（3）上海保卫和平分会　号召各区开展捐献运动

（4）响应慰劳中朝战士救济朝鲜难民号召　救总上海市分会发表声明

（5）华东各地展开慰劳救济运动　首都和平分会发出募集通知

（6）妇联向全国妇女发出号召　声援朝鲜民主妇女总同盟的呼吁　响应慰劳中朝战士救济朝鲜难民

（7）救济朝鲜难民毛毯一万条已起运　北京西站装卸工人自动免费装卸

6.朝鲜人民遭受着空前的灾难

7.西安市人民救济代表会议总结报告

8.记北京市人民救济代表会议　解放以来北京市社会救济工作的报告

9.北京分会成立

10.天津市分会成立　天津市救济福利工作报告

11.东北区分会筹委会成立,南京分会动员开展冬季疏散工作

12.西安分会机关正式成立

13.上海市一九五〇年救济福利事业简述

14.中国福利会少年儿童文化站的爱国主义运动

15.美帝所谓"救济"、"帮助"、"慈善"的真相

第 15、16 期合刊　1951 年 2 月 28 日

1.中国人民救济总会一九五〇年工作简报

2.全国募集寒衣达六百余万套

3."感谢人民政府,我们没有冻死!"——苏北灾区之行的片段

4.慰劳中朝人民部队救济朝鲜难民运动进入高潮

5.捐献运动已由城市深入广大农村

6.天津搬运及装卸工人免费装运救济物资

7.天津、南京、西安救济分会发出通知号召募集救济品

8.华东中南两区民政部门及救济分会代表举行集会讨论处理接受美国津贴的救济机关问题

9.救总上海市分会召集救济福利团体举行处理接受美国津贴救济机关问题座谈会

10.救总与红十字会拥护周外长声明反对美帝武装日本联合声明

11.宋庆龄主席致日本人民反对美国对日片面媾和函

12. 进一步展开我们的通讯工作

13. 中国福利会举行年会

14. 红十字会医防服务队配合治淮工作

15. 济南生产救灾工作的经验

16. 救总西安市分会举办学习会计划

17. 南京分会疏散难民已达五千四百余人

18. 武汉分会发放任冬街事件灾民冬令救济粮

19. 我要向全人类控诉! ——美帝诱骗奴化迫害中国儿童的阴谋

20. 编者的话

第 17 期　1951 年 3 月 15 日

1. 中国人民救济马来亚难侨委员会成立

2. 中国人民救济马来亚难侨委员会为组织马来亚难侨调查团声明

3. 熊瑾玎致电艾德礼通知我调查团即将赴马来亚

4. 中国人民救济总会拥护派遣马来亚难侨调查团声明

5. 中央人民政府政务院关于成立"接受美国津贴救济机关处理委员会"通令

6. 广州"圣婴婴院"残害我国儿童

7. 各界人民抗议帝国主义残害我国儿童

8. 南京"圣心儿童院"残害儿童案已判决

9. 救总广州市分会成立

10. 天津市人民热烈捐献朝鲜难民救济品

11. 中国红十字会国际医防服务队开赴朝鲜

12. 天津分会办理冬令救济工作

13. 南京分会进行救济对象调查工作

14. 救总及红十字会拥护世界和平理事会宣言及一切决议的声明

15. 重庆市整理保育院和生产教养院情况

第 18 期　1951 年 3 月 31 日

1. 政务院成立处理接受美国津贴的救济机关委员会

2. 中央处理接受美国津贴救济机关委员会定期召开代表会议

3. 为处理接受美国津贴的救济机关北京市分会召集座谈会

4. "迦南孤儿院"的孩子们获得了解放

5. 救总及红十字会痛斥麦克阿瑟无耻狂言的声明

6. 慰劳中朝人民部队救济朝鲜难民　全国捐款已达八百余亿元

7. 宋庆龄主席电贺美共总书记但尼斯出狱

8. 沪江大学邻区服务社保证坚决断绝美帝关系

9. 广州市人民救济代表会议的收获

10. 杭州分会组织救济福利团体学习

11. 天津分会近讯

12. 中国红十字会欢送治淮医务工作人员

13. 资料：几个接受美国津贴和美国主办的救济团体概况

第 19 期　　1951 年 4 月 25 日

1. 救总宋庆龄主席获奖：加强国际和平斯大林国际奖；多地贺电及宋主席谈话

2. 浦化人（救济研究室主任）：步入救济福利事业的新阶段

3. 华东处理委员会成立处理接受美国津贴救济机关

4. 中国盲民福利协会拒绝接受美国津贴

5. 中华麻风协会改进委员会成立　进行调查改进该会工作情况

6. 接办美帝直接经营的"救济"机关的经验点滴

7. 杭州"仁慈堂育婴院"法籍修女残害中国儿童

8. 中国人民救济总会通知

9. 石家庄、唐山、保定、秦皇岛四市救济工作简报

10. 关醒愚（内务部社会司）：大连市救济福利工作介绍

11. 整理北京市湖南各会馆的经过和体会

12. 哈尔滨市社会事业协会介绍

13. 分会消息：

（1）福州市人民救济代表会议闭幕，救总福州市分会成立

（2）重庆市分会成立，胡子昂副市长任主席

（3）西安分会组织爱国游行——筹办保育干部训练班

14. 天津镇压反革命控诉大会上，刘老太太激愤身死

第 20 期　　1951 年 6 月 30 日

1. 中国人民救济总会及中国红十字会总会向全国救济福利界发出开展捐献抗美援朝救护机运动的号召

2. 中国人民救济总会为展开捐献救护机运动给各分会的通知；救总及天津救济福利界热烈响应捐献飞机运动

3.披着慈善外衣的美帝杀人魔窟——武昌花园山育婴堂介绍

4.救总武汉分会正式接管武昌花园山育婴堂

5.西安市天主堂孤女院残害儿童　西安市人民政府予以接收

6.救总贺电中福会十三周年

7.分会消息：

（1）芜湖市分会筹委会成立

（2）广州及福州二市分会订出普及深入抗美援朝运动计划

（3）天津分会消息一束

（4）上海市分会团结教育救济福利团体开展救济福利工作

（5）汉口重划区发生巨大火灾　武汉分会成立救济委员会进行紧急救济

（6）北京分会召集讨论孤儿心理和福利问题座谈会

（7）杭州分会成立保育事业委员会

（8）上海寒衣代金余额拨济朝鲜难民

8.编者的话

第 21 期　1951 年 7 月 15 日

1.中央人民政府政务院处理接受美国津贴救济机关委员会的通知

2.关于处理接受美国津贴救济机关之经费请领办法

3.中国人民救济总会捐献救护机第二号通知

4.组织救济分会的经验介绍

5.天津分会发动救济福利界联合举办夏令饮水站

6.救总广东省分会筹委会成立

7.上海分会进行收容游民灾民突击工作

8.天津分会接收接受美国津贴的“救济”机关

9.广州分会协助防洪救灾及志愿军书画募捐工作

10.旅大养老院院长管登魁写信感谢毛主席

11.热河省一年来城市救济福利工作简报

12.帝国主义残害儿童罪行

第 22 期　1951 年 7 月 31 日

1.中国人民救济总会监察委员会为制发分总会监察委员会施行组织规程通则草案通知

2.中国人民救济总会监察委员会试行组织规程草案

3. 中国人民救济总会监察委员会大行政区、省、市分会监察委员会试行组织通则草案

4. 中国人民救济委员会监察委员会关于开展检查工作的建议

5. 中央处理接受美国津贴救济机关委员会召开第三次委员会议

6. 救济朝鲜难民粮食五千余吨衣服一万套运抵朝鲜

7. 南京市生产自救工作概况

8. 广州市分会近讯

9. 广州市分会订立爱国公约

10. 救总分会都应从速拟定普及深入抗美援朝运动计划及订立和检查爱国公约

11. 帝国主义残害中国儿童的罪行——请看重庆白果树育婴院的血案

第 23 期　1951 年 8 月 15 日

1. 各地救济福利界响应号召展开捐献救护机运动

2. 救总西安市分会与西安红十字会分会成立抗美援朝会　热烈展开捐献救护机运动

3. 总会动态：

（1）救总组织机构改组

（2）救总派代表参加赴朝慰问团及中央治淮视察团并派员赴华东各地分会了解工作情况

4. 救总函各分会检查优抚工作

5. 西安分会学习会结束，继续普遍进行救福界学习

6. 天津分会慰问伤病员及丐民劳动队

7. 广州分会修订爱国公约的报告

8. 天津分会捐助物资救济朝鲜孤儿院孤儿

9. 南京分会合并"圣心"、"慈爱"两院更名为南京市婴儿院

10. 天津红十字会分会前任总干事舒敏杰贪污救济物资判处徒刑七年

11. 介绍武汉市生产教养院

12. 美帝国主义办的北京甘雨胡同养老院

第 24、25 期合刊　1951 年 9 月 15 日

1. 中国人民救济总会宣传教育工作委员会成立

2. 芜湖市首届救代会议闭幕 救总芜湖市分会成立

3. 救总苏北分会筹备委员会成立

4. 武汉市分会配合市民政局召开武汉市城市救济福利工作会议

5. 广州市分会认真处理人民来信及接见人民工作

6. 西安市分会举办保育训练班工作总结报告摘要

7. 南京市分会检查整理各部门工作及时纠正错误

8. 抗美援朝工作消息:

（1）上海市救济福利界成立抗美援朝工作委员会

（2）西安市分会修订爱国公约优待烈军属

（3）南京市分会发动救济福利界展开优抚工作

（4）东北区分会筹委会订立爱国公约

9. 上海市分会欢送各教养机关学生参加军事干校

10. 福州市分会开始社团调查工作

11. 万年（芜湖市民政局局长）:芜湖市两年来社会救济福利工作基本情况及今后工作意见

12. 中国福利会动态:处理接受美国津贴救济机关

（1）一心教养院举行拥护接管欢庆新生大会

（2）一心教养院介绍

（3）泰山教养院济南分院接管前后

（4）接管后的武昌花园山育婴堂

13. 杭州市乞丐游民收容处理工作

第 26 期　1951 年 10 月 10 日

1. 宋庆龄主席荣获"加强国际和平"斯大林国际奖　受奖典礼在首都隆重举行

2. 浦化人:向荣获斯大林国际奖的宋庆龄主席学习

3. 长沙市分会筹委会成立

4. 天津市夏令饮水站获得成绩　分会颁赠锦旗奖金

5. 东北区分会筹委会参加水灾抢救工作募集款物救济灾民

6. 分会简讯（重庆、广州、芜湖、西安、上海）

7. 长沙市解放以来的救济福利工作

8. 一年来的中国红十字会

9. 记天津市仁慈堂孤儿院控诉会

第 27 期　1951 年 10 月 25 日

1. 广东省人民救济代表会议闭幕　救总广东省分会成立

2.各地分会开展监察工作

3.一九五一年上半年上海婴儿补助工作总结

4.上海杭州福州等分会进行优抚工作

5.福州市分会接办美国津贴救济机关

6.南京市分会工作简报

7.上海市救济福利机关工作人员国庆写信给救总宋主席致敬

8.上海抚育孤儿院割断与美帝国主义的关系

9.芜湖市分会召开妇婴卫生保健会议

10.西南区召开处理接受美国津贴救济机关会议

11.各地救护机捐款小计

12.中福会进行了爱护人民财产的学习

13.长沙市同乡会馆整理工作初步总结

第 28、29 期合刊　1951 年 11 月 25 日

1.救总第二次执监委会议:

(1)中国人民救济总会举行第二次执监委会议

(2)宋庆龄主席致辞

(3)中国人民救济总会工作报告

(4)中国人民救济总会监察委员会工作报告

(5)顾锦心:关于中国人民救济代表会议提案处理情况的报告

(6)关于西南区救济福利工作概况的报告

(7)徐力之:中南区处理接受美国津贴救济机关工作报告

2.中国人民救济总会全体人员和各地分会代表为纪念中国人民志愿军入朝作战一周年向志愿军致敬书

3.救总捐赠美金一万元援助日本"松川事件"爱国工人

4.内务部对成立救济分会不应撤销生产救灾委员会的批示

5.崭新的救济福利事业

6.分会消息:

(1)救总华东办事处成立

(2)救总江西省及长春市分会成立

(3)救总青岛市及郑州市分会筹委会成立

(4)天津市分会代办救济朝鲜难民病人服

(5)芜湖市分会召开会馆善堂代表座谈会

(6)西安市分会配合民政局召开西安市救济福利工作及处理接受美国

津贴救济机关会议

（7）武汉市分会十五个月来的工作简报

（8）长沙市分会筹委会参与处理罗宝田事件

7. 加强城市中的社会救济福利工作

8. 南昌市保育工作的经验

9. 杭州市仁慈堂育婴院接管情况

10. 福州灵光明道盲校全体职工学生:我们的控诉——控诉美帝国主义及其走狗李孟雄的罪行

第 30 期　（缺失）

第 31 期　（缺失）

第 32 期　1952 年 11 月 7 日

1. 天津市关于社会救济政策执行情况的检查报告摘要

2. 中央人民政府内务部关于对北京市二区市民张某某自杀事件的批复的通报

3. 中央人民政府内务部关于遣送灾难民工作的几点说明

4. 张家口市一年来的灾民贫民生产自救工作

5. 中南民政部关于检查武汉市生产教养院工作报告

6. 中央人民政府内务部关于生产教养院生产员改变游民成分问题的批复

7. 天津市生产教养院并入救济分会方案（摘要）

8. 南京市生产教养院并入救济分会的经过和合并后一年来的工作情况

9. 天津市救济分会调整附属育幼机构

10. 福建省救济机构调整后明确了领导

11. 浦化人:怎样做好救济监察工作

12. 中国人民救济总会关于加强监察工作的指示

13. 中国人民救济总会监察委员会试行组织规定

14. 中国人民救济总会省、市分会监察委员会试行组织通则

15. 中国人民救济总会南京市分会监察委员会一九五二年下半年度工作计划纲要

16. 中国人民救济总会南京市分会一九五二年八、九月份监察工作概况

17. 上海儿童保育院马陆分院儿童溺死案处理经过

18. 各地救济分会所属儿童教养机关简要介绍

19. 中国人民救济总会天津市分会儿童教养院一年来的工作状况

20. 中国人民救济总会通知各地分会展开扫除文盲运动

21. 中央财政部关于接受人民捐献房地产缴纳过户税问题的答复

22. 广西梧州市召开人民救济福利代表会议

23. 总会动态

第 33 期   1952 年 11 月 27 日

1. 对救济分会工作的视察报告：

（1）南京市分会工作的视察报告

（2）上海市分会工作的视察报告

（3）武汉市分会工作的视察报告

（4）广州市及广东省分会工作的视察报告

2. 天津市救济分会关于生产教养院并入工作总结

3. 生产教养工作中的几个问题

4. 成都市救济分会对教养机关被收容人员的安置办法

5. 中央人民政府内务部关于"切实做好冬令救济工作"的通知

6. 切实做好冬令救济工作

7. 中央人民政府内务部社会司：劝阻农民盲目向城市流动

8. 胡铠（救总杭州市分会通讯员）：杭州市的防止弃婴工作

第 34 期   1953 年 1 月 10 日

1. 再谈加强城市贫民救济工作（评论）：

（1）天津市贫民救济工作试点的经验

（2）无锡市劳动教养院工作上存在严重的违法乱纪情况

2. 中国人民救济总会关于表扬南京市分会老残教养院荣获爱国卫生运动模范的通报：

（1）中国人民救济总会南京市分会老残教养院的爱国卫生运动是怎样开展的

（2）学习南京老残教养院的工作精神（短评）

（3）中国人民救济总会召开工作会议

3. 江西省各城市组织居民劳动合作队情况简要介绍

4. 九江市组织城市贫民下乡推销工业品小组工作总结

5. 中央人民政府内务部关于检查与报告城市救济福利工作的通知

6. 广东北江区调整合并救济机关工作介绍

7. 西安市救济福利委员会情况介绍

8. 长沙市包工代赈生产渡荒工作介绍

9. 朱耀庭:杭州市的丧葬改进工作

10. 天津市救济分会组织盲人学习班

11. 天津市救济分会讨论执行总会工作会议的决定

12. 胡铠(救总杭州市分会通讯员):杭州市的民办幼儿班

13. [苏联]沙波什尼科娃:在新伊兹包尔保育院

14. 简讯:

（1）发放寒衣消息

（2）中国人民救济总会汇款救济日本"五一"劳动节遭受迫害的日本人民

（3）中国人民救济总会与中华全国总工会等五人民团体汇款援助印度饥民

（4）沔阳县灾民代表来函感谢救总的救济

（5）通讯活动

第 35 期　1953 年 2 月 11 日

1. 为完成中国人民救济工作的任务而努力(社论)

2. 宋庆龄主席在中国人民救济总会工作会议上的讲话

3. 伍云甫(中国人民救济总会秘书长):中国人民救济总会工作报告——一九五二年十一月二十五日在中国人民救济总会工作会议上的报告

4. 纪纲(中央人民政府内务部社会司司长):关于城市救济福利工作的报告——一九五二年十一月二十七日在中国人民救济总会工作会议上的报告

5. 浦化人(中国人民救济总会监察委员会办公室主任):关于今后如何开展监察工作的报告——一九五二年十一月二十五日在中国人民救济总会工作会议上的报告

6. 对开展宣传教育工作的意见——中国人民救济总会宣教组副组长周健莫同志在工作会议宣教工作座谈会上的发言

7. 各地救济分会学习全国工作会议文件的收获

8. 青岛市一九五二年冬令救济工作报告

9. 成都市第五区人民政府组织贫民生产工作的几点经验

10. 陈万清(本刊通讯员):成都市救济分会运输大队是怎样开展合理

化建议的

　　11. 董庆馀(本刊通讯员):北京市西郊养老院的生产工作

　　12. 中国人民救济总会监察委员会一九五三年上半年工作计划要点

　　13. 联络组:中国人民救济总会国外救济工作简报

　　14. 冯藩(本刊通讯员):儿童保育工作中的几个问题

　　15. 吴慧敏(本刊通讯员):北京市儿童教养院的新气象

　　16. 长沙市的劳动人民互助托儿间

　　17. 北京市建立贫民救济卡片制度介绍

第 36 期　1953 年 5 月 5 日

　　1. 敬悼伟大的斯大林同志

　　2. 切实做好结合反对官僚主义整顿生产教养院的工作(社论)

　　3. 中央人民政府内务部、中国人民救济总会关于结合反对官僚主义整顿生产教养院的指示

　　4. 不少城市的生产教养院违法乱纪现象严重

　　5. 杭州市收容游民工作严重地违反政策

　　6. 中国人民救济总会福州市救济分会:审查处理收容人员重点试验工作报告

　　7. 中国人民救济总会福州市救济分会:关于处理郑依妹事件的报告

　　8. 重庆市孤儿院认真追寻失踪儿童

　　9. 广州市救济分会与市生产教养院处理人民来信及接见人民的工作

　　10. 反对官僚主义,认真处理人民来信(短评)

　　11. 黄曾甫(中国人民救济总会长沙市分会副秘书长):长沙市组织城市贫民包工代赈工作中的经验教训

　　12. 福州市救济分会育婴所保育工作的点滴经验

　　13. 桂林市试行妇婴辅助工作

　　14. 广东省和广州市救济分会援助香港九龙灾胞

　　15. 广州市河南区发动社会互助救济火灾

　　16. 工作简讯:

　　(1)太原市召开救济代表会议、成立救济分会

　　(2)武汉、广州、长沙等市生产教养院并入救济分会

　　(3)北京市救济分会举办第二期会馆工作人员政治学习班

　　(4)上海市救济分会干部学习哀悼斯大林同志文件

　　(5)世界红十字会中华总会结束工作已完毕

17. 冯藩(本刊通讯员):救济工作是消极的工作吗?

第37期　1953年6月25日

1. 中央人民政府内务部、中国人民救济总会联合通知

2. 姜维新(东北行政委员会民政局社会处处长):关于东北区生产教养院工作的报告——一九五三年四月二十七日在东北区生产教养院工作座谈会上的报告

3. 安阳市生产教养院整顿经过

4. 中国人民救济总会南京市分会暂行收容办法(草案)

5. 中国人民救济总会南京市分会各教养生产单位管理教育工作暂行办法(草案)

6. 彭立言:天津市救济分会收容人员审查处理工作情况

7. 整顿生产教养院工作简况

8. 北京市救济分会:关于领养儿童情况调查报告

9. 认真对待领养工作(短评)

10. 周健英:对儿童教养机构审查处理工作的意见

11. 方庄:不能过早地把儿童救济机关办成正规化的保育事业

12. 中国人民救济总会监察委员会关于目前监察工作有关问题的意见的通知

13. 更好地发挥监察工作的力量!（短评)

14. 四川泸州市大营路第五〇居民组典型评发社会救济费工作初步总结

15. 成都市第五区人民政府办理生产小额贷款的情况及存在问题（转载)

16. 陈万清(本刊通讯员):成都市第五区劳动人民的筒筒会介绍

17. 长春市三区北大经街组织妇女生产的点滴经验

18. 重庆市第一孤老残疾教养院反破坏公共财物的工作

19. 会务组:一九五二年城市冬令救济工作报告

20. 广东省分会工作人员训练班工作介绍

21. 工作简讯:

(1)天津、杭州市分会召开第二届人民救济代表会议

(2)北京市生产教养院并入救济分会

(3)郑州市救济分会成立

(4)哈尔滨市救济分会筹备委员会成立

(5)广州市救济分会举办第三期社团职工学习班

(6)"救济工作学习资料"出版了

22. 赵斯镛(本刊通讯员):朱儒伦转变了!

第 38 期　1953 年 9 月 1 日

1. 武汉工作组(中国人民救济总会、救总中南办事处):武汉市生产教养工作检查报告

2. 周健英、方庄、彭立言:了解天津市救济分会生产教养工作情况的报告

3. 郝重远、邹伯川:芜湖市救济工作检查报告

4. 芜湖市劳动习艺所检查组:中国人民救济总会监察委员会关于处理芜湖市生产教养院劳动习艺所违法乱纪事件的通报

5. 荆刚、阎章甫、赵恩诚、刘文志:上海市救济分会生产教养院是怎样进行整顿的

6. 福建省人民政府民政厅:福建省公立救济机关调整合并方案

7. 福建省人民政府民政厅工作组:晋江专区救济机关审查处理与调整合并工作中的几点体会

8. 中国盲人福利会成立

9. 救总国际联络组:中国人民救济总会国外救济工作简报(一九五三年三月至一九五三年七月)

10. 南宁市维新街北二里的社会互助

11. 陈庆元(本刊通讯员):广东省阳江县城镇动员水上人民投入农村种田的经验教训

12. 西安市六区是怎样进行救济结合生产工作的

13. 张家口市的贫民生产

14. 陈万清(本刊通讯员):成都市救济分会贫民救济工作的试点调查

15. 问题讨论:

(1)奚承坼(本刊通讯员):对儿童救济机关应该怎样办的问题的商榷

(2)高遵(本刊通讯员):检查我们工作中的"过早的社会主义观点"

(3)竹青:反对脱离群众的做法

16. 上海杭州市救济分会进行业务学习

17. 学习政策,钻研业务(短评)

18. 工作简讯:

(1)兰州市救济分会成立

（2）太原市救济分会接办天主堂残疾孤老院

（3）西安市救济分会新建劳动人民服务站落成

（4）杭州市救济分会接办民政局社会救济业务

（5）重庆市救济分会与民政局合署办公

（6）南京市救济分会召开收容教养工作会议

（7）热河省划分教养区

19.本刊修订发行办法启事

第 39 期　1953 年 10 月 18 日

1.把增产节约的精神贯彻到城市救济福利工作中去(社论)

2.巩固已有成绩,继续整顿生产教养工作

3.北京市劳动教育所厉行增产节约降低收容人员伙食标准

4.衡阳市检查贫民救济工作中的浪费现象

5.天津市、南京市救济分会调整婴幼儿童机构

6.武汉市救济分会收容所处理了坏分子

7.贵州省救济分会:对遵义市教养机构的检查报告

8.救总华东办事处:华东城市生产教养工作结合反官僚主义斗争进行重点整顿的初步报告

9.南京市救济分会:关于调整组织加强领导工作的方案

10.武汉市救济分会:关于整顿生产教养院的工作的报告(摘要)

11.上海市新普育堂新婴部改进工作

12.福州市安残所:对收容人员进行审查工作的一些体会

13.郭洛仁(救总中南办事处):武汉市救济分会工程大队的成长

14.刘庆元(本刊通讯员):开封市生产教养院的盲人曲艺宣传队

15.重庆市救济分会:重庆市第一区镇江寺派出所的贫民调查工作总结摘要

16.长沙市救济分会通讯组:长沙市改进以工代赈工作

17.北京市救济分会精神病收容人员拨交公共卫生局

18.西安市四区民乐团派出所救济福利委员会的整顿工作

19.西安市救济分会通讯组:救济福利委员曹秉章

20.天津市第二育幼院广州市第二收容所惩办贪污分子

21.严密防止贪污事件(短评)

22.对儿童领养工作的意见

23.重庆市孤儿教养院幼稚班教学实例

24. 问题讨论：

（1）为民：我对如何办理儿童救济机关的意见

（2）冯藩：儿童救济机关到底应该怎样办

25. 读者来信：北海市东西两街人民政府积压救济衣物

26. 朱革生：生活在武汉市救济分会教养所里

27. 工作简讯：

（1）昆明市救济分会成立

（2）武汉市召开第二届人民救济代表会议

（3）救济总会调查组织机构

（4）广东人民热烈支援水灾地区同胞

（5）南京市救济分会检查各项工作

第 40 期　1953 年 11 月 13 日

1. 中央内务部检查组：武汉市社会救济工作检查报告

2. 郑州市人民政府民政科　郑州市救济分会：关于重点检查社会救济工作的报告

3. 徐州市检查和整顿社会救济工作

4. 成都市东城区救济委员会对攘扒街贫苦市民生活情况的调查

5. 一九五二年冬令救济粮款发放上的几个问题

6. 张学群（成都市西城区宁夏街派出所民政干事）：我们是怎样组织贫民生产的

7. 吴忠臣、胡石林（救总中南办事处）：长沙市组织贫苦市民生产自救的经验

8. 长春市举行街道居民副业生产大会和产品展览会

9. 西安市冬令救济工作计划

10. 抓紧重要环节做好冬令救济工作

11. 天津广州等市救济分会订出增产节约计划

12. 熊建华（江苏省民政厅）：苏州市劳动教养院的生产情况

13. 梧州市整顿生产教养院的工作报告

14. 整顿生产教养工作简讯：

（1）武汉市救济分会

（2）天津市救济分会

（3）济南市生产教养院

（4）辽源市生产教养院

（5）仙游残老教养院

15. 邓绍商（本刊通讯员）：武汉市救济分会第二教养所的副业生产和文娱互动

16. 龚树林、诸组修：对收容人员进行教育点滴体会

17. 王显贤：热爱自己工作的韩广明同志

18. 吴和：儿童救济机关究竟应该怎样办

第 41 期　1954 年 2 月 28 日

1. 第二次全国民政会议决议

2. 把城市救济工作会议的精神贯彻到实际工作中去

3. 全国城市救济工作会议在北京举行

4. 全国城市救济工作会议文件：

（1）王夫一（中央人民政府内务部副部长）：在 1953 年全国城市救济工作会议上的讲话

（2）伍云甫（中国人民救济总会秘书长）：关于整顿生产教养工作的报告

（3）赵西岳（中央人民政府内务部社会司）：城市社会救济工作报告——一九五三年十一月十六日在全国城市救济工作会议上的报告

（4）倪斐君（中国人民救济总会副秘书长）：关于调整旧有的社会救济福利团体工作的报告——一九五三年十一月十八日在全国城市救济工作会议上的报告

（5）浦化人（中国人民救济总会监察委员会办公室主任）：关于监察工作的报告——一九五三年十一月二十一日在全国城市救济工作会议上的报告

（6）高步青（中国人民救济总会办公室副主任）：关于若干具体问题的发言——一九五三年十一月二十一日在全国城市救济工作会议上发言

（7）伍云甫（中国人民救济总会秘书长）：全国城市救济工作会议总结报告——一九五三年十一月二十四日

5. 全国城市救济工作会议大会发言：

（1）王洪瀛（上海市救济分会办公室主任）：必须组织游民参加劳动生产

（2）张宝海（武汉市救济分会教养科科长）：帮助收容人员个别就业

（3）李晓光（天津市民政局社会科科长）：管理和教育游民的一些体验

（4）曹友蓉（上海市救济分会福利组组长）：上海市教养机关的儿童

工作

（5）张维纲（长沙市救济分会秘书长）：长沙市教养机关中儿童的伙食标准

（6）马庶民（长春市民政局社会科副科长）：组织贫苦市民生产的几点体会

（7）韦瑞霖（广西省救济分会副秘书长）：南宁市的贫苦市民调查工作

（8）高心德（成都市救济分会副秘书长）：成都市组织贫苦市民生产自救的经验

（9）李世军（南京市救济分会副主席）：南京市贫苦市民疾病医疗的补助工作

（10）王旭东（北京市民政局社会科科长）：北京市劝阻农民盲目流入城市的具体办法

（11）王洪瀛（上海市救济分会办公室主任）：把旧有社会救济福利团体联合起来，办理救济福利事业

（12）李世军（南京市救济分会副主席）：用联合办公的方式整理旧有社会救济福利团体

（13）陈志才（兰州市民政局局长）：兰州市旧有社会救济福利团体的整顿工作

第 42 期　（缺失）

第 43 期　1954 年 4 月 30 日

1. 我们是怎样对收容人员进行处理的

2. 重庆市第一孤老残疾教养院的审查处理工作做得好

3. 湖南省民政厅关于处理省育幼院收容儿童的工作总结报告

4. 包头市生产教养院组织生产自治队处理收容人员

5. 王文秋：北京市劳动教育所制鞋小组的成立

6. 朱承立：北京市救济分会组织收容人员参加基本建设

7. 叶申生（江苏省民政厅）：无锡市实行"劳动生产与教育改造相结合"的一些方法和成绩

8. 如何清除增产节约运动中的几个思想障碍

9. 中国人民救济总会生产教养组：要向收容人员宣传国家过渡时期的总路线：

（1）福州市救济分会组织收容人员学习国家过渡时期总路线的计划

（2）倪泽华:郑荣福的模范事迹鼓舞了收容人员的进步心

（3）把工作会议精神贯彻到实际工作中去　各地继续传达全国城市救济工作会议简况

10. 四川省民政厅召开生产教养工作座谈会并制定整顿生产教养工作方案

11. 天津市救济分会开始贯彻全国城市救济工作会议的精神

12. 南京、长沙等市分会精简机构,提高工作效率

13. 中央人民政府政务院关于民政部门与各有关部门的业务范围的划分问题的通知

14. 儿童教养工作专辑:

（1）南京市儿童教养院实施半工半读的情况和收获

（2）北京市第一儿童教养院实行半工半读的初步体验

（3）广州市决定贯彻儿童教养工作的半工半读方针

（4）儿童教养工作应积极实行半工半读的办法（短评）

（5）学习马卡伦柯关于劳动教育的理论（转载）

（6）不要夸大教养机关儿童的缺点

（7）广州市第四儿童教养所管理教育儿童的几点经验

（8）于中:对流浪儿童怎么样进行管理教育

（9）熊建华:江阴县救济院怎样扭转了婴儿寄养工作中的偏差

（10）常熟市防止弃婴的一些办法

15. 郝重远（中国人民救济总会监察委员会办公室监察专员）:积极发挥监察工作在城市救济工作中的作用:

（1）南京、天津、广州等市分会监察委员会的监察工作初步总结

（2）南京市分会监察委员会开展监察通讯员工作的几点体会

（3）李世军（南京市分会副主任）:怎样做好监察通讯员工作

16. （工作杂谈）力平:要表扬模范事迹与模范人物

17. 读者来信:

（1）我要克服不安心于救济工作的个人主义思想

（2）王天福回家的故事

（3）丘广贤（广州市自力印刷厂）:黄家梁已成为一个先进的青年技工

第 44 期　1954 年 6 月 18 日

1. 中央内务部工作组:杭州市社会救济工作调查报告

2. 南京市社会救济工作检查报告

3. 北京市崇文区贫苦市民的生产自救

4. 天津市三区安定里街贫苦市民生产自救试点工作的几点体会

5. 王臻:一个贫苦市民生产自救社的成长与转变——记南京市第三区荣建竹货生产自救社

6. 顾洪章、王荣山:抚顺市的贫苦市民拣煤场

7. 武汉市救济分会实行贫病补助办法

8. 伍云甫:关于城市救济工作问题的讲话——一九五四年四月十二日在广州市第二次民政会议上

9. 昆明市人民政府民政局:昆明市人民政府民政局社会科四年来的工作总结(摘要)

10. 张龙言、姬根起、魏顺(天津市人民政府财政局财政监察处检查员):天津市救济分会财务工作检查报告

11. 中国人民救济总会长沙工作组:长沙市救济分会生产教养工作检查报告

12. 中南行政委员会民政局　中国人民救济总会中南区办事处:关于武汉市处理收容人员违法分子工作的通报

13. 湖南省人民政府民政厅:关于邵阳市生产教养院审查处理收容人员工作的通报:

(1)邵阳市生产教养院审查处理收容人员的报告

(2)武汉市救济分会发出审查处理收容人员的指示

14. 诸昌原:北京市救济分会一年多来的审查处理工作

15. 长沙市救济分会教养科:对残老进行教养工作的一些体会

16. 田人龙:我在收容所工作中的几点体会

17. 吴玉章:给全国教育工作者的一封信(转载)

18. 上海市少年村的半工半读

19. 天津市儿童教养院二部实行半工半读

20. 上海市救济分会通讯小组:热爱儿童的新普育堂婴儿部的保育小组

21. 上海市救济分会通讯小组:杜文军是一个好学生

22. 天津市育幼院改进工作

23. 救总工作组:对于改进武汉市救济分会儿童教养院工作的初步意见

24. 上海市救济分会:调整旧有社会救济福利团体的几点意见

25. 上海四明公所的整理工作

26. 工作杂谈:

(1)石可:按制度办事

主任徐锡珉同志访问记

　　22. 广州市救济分会第三儿童教养所实行半工半读的情况和办法

　　23. 儿童们为自己的院舍建筑围墙

　　24. 介绍江西省救济分会残老所的生产情况和经验

　　25. 福州市残老教养院是怎样组织生产的

　　26. 杨兴才院长

　　27. 工作简讯：江苏省整顿生产教养工作

第 46 期　1954 年 10 月 15 日

　　1. 中华人民共和国宪法——一九五四年九月二十日第一届全国人民代表大会第一次会议通过

　　2. 认真学习第一届全国人民代表大会第一次会议的文件

　　3. 倪斐君（全国人民代表大会代表、中国人民救济总会秘书长）：决心完成人民的委托，做好工作

　　4. 浦化人（中国人民救济总会监察委员会办公室主任）：宪法是我们的武器

　　5. 杨兴才（贵州省安龙县老残教养院院长）：庆祝中华人民共和国宪法的诞生

　　6. 曹秉章（西安市第八区童家巷派出所救济福利委员会委员）：为庆祝第五届国庆节谈谈我心里的话

　　7. 东北区生产教养工作座谈会的情况介绍

　　8. 管教工作经验点滴介绍

　　9. 莫华：上海市救济分会生产教养院组织收容人员自己管理生活的试点经验介绍

　　10. 天津市救济分会教育收容人员张玉芳

　　11. 黎雪龄：疯傻收容人员也可以参加劳动生产

　　12. 成都市救济分会第三生产教养院：我们如何支持收容人员蒲明德的合理化建议

　　13. 天津市人民法院判决借领养孤儿非法索取财物的案件

　　14. 蒲明德口述，刘宇铭记录：我是怎样把布鞋砂边机器制造成功的

　　15. 对流浪儿童怎么样进行品质教育

　　16. 以英雄模范的故事教育儿童

　　17. 谈谈我对儿童教养工作的几点意见

　　18. 一位苏联儿童教养工作者的工作介绍

19. 太原市调整会馆工作检查报告

20. 武汉市生产救灾点滴经验:

(1)江汉区的棕衣生产自救小组

(2)我们是如何领导群众进行生产自救的

21. 赵书全、王文秋:谈谈城市社会救济工作中的几个问题

22. 新中国到处都是温暖

23. 杨锡山现在成了有创造发明的工人

24. 仲诚、黎雪龄(天津市救济分会):访问芦台国营农场

25. 资能:从前的妓女,现在的工作模范

26. 读者来信:

(1)福安专区关于调整儿童机构的问题长期没有得到解决

(2)编者的话

第 47 期　1954 年 11 月 20 日

1. 中国人民救济总会为公布第三次执监委员联系会议文件的通知

2. 宋庆龄主席开幕词

3. 伍云甫(中国人民救济总会秘书长):中国人民救济总会三年来的工作报告——一九五四年十月五日在第三次执监委员联席会议上的工作报告

4. 陈其瑗(中国人民救济总会监察委员会主任委员):中国人民救济总会监察委员会三年来的工作报告

5. 倪斐君:关于修改中国人民救济总会章程的提议

6. 关于废止中国人民救济总会监察委员会试行组织规程及省市分会监察委员会试行组织通则的提议

7. 天津市三区安定里烈军属、贫民木箱生产组过渡到手工业生产合作社的几点体验

8. 新乡市七个月来开展贫民生产的体会

9. 青岛市组织贫民生产自救的经验

10. 汕头市组织生产自救的几点经验

11. 中央人民政府内务部和中国人民救济总会联合发出关于布置冬令救济工作的通知

12. 必须开展城市贫民的生产自救

13. 贫民生产自救简讯:

(1)江苏省半年来组织贫民生产自救的情况

(2)衡阳市第二区的生产自救工作

（3）杭州市整顿生产自救社

14. 杭州市进行救济调查评议试点工作

15. 武汉市第四季度生产救灾工作计划

16. 南京市救济分会所属五个工厂交地方工业局代管

17. 申明河（鞍山市生产教养院副院长）：整顿生产事业的经验；旅大市生产教养院组织残老人员参加劳动生产

18. 工作简讯：天津市救济分会对收容人员加强纪律教育

19. 审查处理工作经验介绍

20. 邱健不再是流浪儿童了

21. 我们对儿童进行集体主义教育

22. 天津市救济分会第二收容所改进事务工作

23. 工作杂谈："必要与可能"

24. 读者来信：必须加强干部的守法观点

25. 新人新事：

（1）东宁：防汛抢险的功臣

（2）优秀辅导员葛淑雯

第 48 期　1955 年 2 月 15 日

1. 加强工作为支援解放台湾斗争（社论）

2. 第四次全国城市救济工作会议在北京举行

3. 加强城市救济工作积极地为国家的总任务服务

4. 广东省城市救济工作介绍

5. 西宁市民政工作通讯组：城东区第十居民委员会的贫民生产为什么搞得好

6. 长春市组织贫民生产的几点经验

7. 邵阳市组织贫民生产的几点经验

8. 张郭庄乡农业生产合作社吸收救济户入社的经验

9. 烈军属和贫苦市民生产模范的评奖工作

10. 西安市举行烈军属和贫民生产交流经验座谈

11. 济南市一区组织贫民加工糊茶袋的情况

12. 贫民生产自救的简讯（三则）

（1）无锡市组织贫民生产自救情况

（2）南宁市边阳街制蔴生产自救组建立经过

（3）邵阳市第三区组织贫民参加副业生产

13. [工作杂谈]克服工作缺点,防止不幸事故发生

14. 沈阳市动员盲目流入城市农民还乡生产工作的几点体会

15. 工作简讯:

(1)杭州市举行第三次救济代表会议

(2)重庆市第一孤老残疾教养院出版《院民生活》

16. 辽宁市人民政府民政厅工作组:安东市生产教养院贯彻劳动生产与思想教育相结合的几点经验

17. 上海市第三劳动教养所第一工程队管理教育工作经验

18. 郑州市生产教养院:管理教育收容人员的经验

19. 成都市救济分会举行管理教育工作会议

20. 关于今后生产教养院生产方向和安置收容人员的意见

21. 关于收容人员储蓄工作的总结

22. 发动收容人员参加爱国储蓄

23. 信阳市生产教养院检查报告

24. 工作简讯:

(1)武汉市救济分会儿童教养院改进工作

(2)杭州市生产教养院清洗麻厂移交绍兴市工商科

(3)广州市第三儿童教养所降低伙食标准

25. 新人新事:

(1)维英:张凌云大夫

(2)杨毓灵:楚谷生创造手工纳底预印针码模

(3)罗树文:把小流氓教育改造成了生产革新者

26. 小品文:刘一东、任范德:揩油

27. 福安专区霞浦宁德两个儿童教养院合并

第 49 期　1955 年 4 月 25 日

1. 湖南省民政厅工作组:衡阳市城市社会救济工作情况调查报告

2. 至秦:贫民调查工作必须密切结合组织贫民生产自救

3. 湖北省组织城镇贫民生产工作的情况

4. 曲沛敬:组织贫民利用剩菜汤菜渣熬油

5. 冯一心:蚌埠市的贫民芦苇生产

6. 本溪市民政局:关于补助过往难民路费的几点经验

7. 李钧伦、郭明珂:我们是怎样做遣送工作的

8. 程金吾:必须提高调查工作的质量

9.武汉市救济分会工程大队:组织收容人员劳动生产和教育改造的一些体会

10.刘雨寰:对收容人员进行政治教育工作应注意几个问题

11.游民变新民

12.重庆市救济分会:关于教育流浪儿童的几点初步经验

13.长春市儿童教养院:我们的儿童教养工作

14.冯承耀:夏青的进步

15.青岛市民政局、青岛市救济分会:青岛市残老所组织残老生产的情况报告

16.刘雨寰:"残而不废"的人们

17.成都市第一生产教养院举行废次品展览

18.吉林市生产教养院通讯组:过去的"花子坊"变成了全市卫生模范单位

19.福清残老教养院节约粮食

20.注意节约粮食(短论)

21.浦化人:克服困难做好监察通讯员的工作

22.白钢:天津市救济分会的监察工作

23.编辑部:《救济工作通讯》一九五四年编辑工作总结(摘要)

24.编辑部整理:读者对《救济工作通讯》的意见和建议

25.工作杂谈:加强调查研究工作

26.石可:"老一套"

27.叶申生:江苏省各地教养机关违反财政纪律和贪污现象严重

28.工作简讯

第 50 期　1955 年 5 月 28 日

1.认真地学习和贯彻第四次全国城市救济工作会议文件(社论)

2.伍云甫:一年来的城市救济工作和今后意见

3.生产教养机关工作暂行规定

4.高步青:关于《生产教养机关工作暂行规定》的说明

5.内务部陈其瑗副部长在第四次全国城市救济工作会议上的讲话(摘要)

6.各地继续传达第四次全国城市救济工作会议精神

7.中国人民救济总会生产教养组:对游民改造期限问题的几点认识

8.中国人民救济总会关于游民改造期限问题和游民改变成分问题的

批复

9. 黎雪龄:天津市救济分会对劳动对象宣布游民改造期限

10. 中国人民救济总会生产教养组:对游民为什么要实行津贴制

11. 刘学增:组织游民参加劳动生产的体会

12. 旅大市民政局社会事业管理处:旅大市生产教养院临时收容所的审查工作

13. 中国人民救济总会生产教养组:对于儿童生产收入如何使用的意见

14. 旅大市民政局社会事业管理处:旅大市劳动学校儿童劳动教育和生产管理工作介绍

15. [苏联]波良克娃:应该教育孩子热爱劳动

16. 杨国柱:合肥市生产教养院开展追查弃婴父母的工作

17. 朱景亭:温州市生产教养院减低了婴儿死亡率

18. 中国人民救济总会救济福利组:调整旧有社会救济福利团体的工作不宜拖延

19. 重庆市民政局通讯组:刘家台街道办事处指导居民委员会领导贫民生产组

20. 赵学恭:呼和浩特市组织不同民族贫民生产自救的几点体会

21. 熊建华:常熟市组织贫民生产的几点经验

22. 陈以强:二十万元和一亿元——记沈阳市两个贫民生产组织

23. 毛维翰:贫民疾病医疗工作情况介绍

24. 至秦:要帮助基层干部熟悉政策

25. 白钢:广州南京等市救济分会监委会检查粮食浪费情况

26. 工作简讯(四则)

第 51 期　1955 年 6 月 15 日

1. 开平县三埠镇荻海贫民调查试点工作总结

2. 包头市结合社会调查,试建救济卡片制度

3. 内务部工作组:我们怎样在上海进行调查工作

4. 明确调查工作的目的,加强研究工作

5. 南昌市贫民救济款的评议发放

6. 北京市南苑区红门乡救济款评议发放工作的几点体会

7. 记已发放救济款的群众民主评议会

8. 正确地确定和执行救济标准

9. 正确对待非劳动人民出身的救济对象

10. 天津市内区社会救济工作中几个问题的规定

11. 西安市碑林区烈军属贫民装订生产组检查工作报告

12. 相信群众,不怕麻烦

13. 老柯出差

14. 我改变了对收容人员的管教工作方法

15. 召开管教工作专业会议,加强管教工作

16. 制定并贯彻管理教育方法

17. 克服"倒流"现象

18. 襄樊市生产教养院检查工作报告

19. 北京市救济分会制鞋科实行流水作业法

20. 生产单位的浪费现象不能容许继续存在

21. 在农业生产中改造游民的好处

22. 能不能检查收容人员的信件

23. 马老师勤恳耐心地教育儿童

24. 儿童纪律教育课的一点经验

25. 北京市会馆财产管理工作的经验介绍

26. 加强政策业务学习提高工作效率

27. 关于处理私人捐赠物及房地产的规定

28. 长沙南京两市救济分会揭发干部违法乱纪事件

29. 武汉市救济分会召开统计人员专业会议

30. 发放救济款要实事求是(读者来信)

31. 泰州市生产教养院的贪污违法问题已经处理

32. 工作简讯

33. 读者、作者与编者

第 52 期　1955 年 8 月 15 日

1. 肃清一切暗藏在生产教养机关里的反革命分子(社论)

2. 生产教养机关必须厉行节约(社论)

3. 高步青:反对城市救济工作中的主观唯心主义

4. 西安市救济分会:莲湖区西大街派出所的社会救济工作调查

5. 熊建华:江苏省社会调查试点工作的成绩和体验

6. 木:关于社会救济调查工作的一点体会

7. 中华人民共和国内务部关于进行城市贫民和烈军属组织生产问题的调查研究的通知

8. 郑州市贫苦市民生产生活情况调查登记工作

9. 矫惠德:必须结合调查研究做好安置处理和组织生产工作(短论)

10. 内务部社会司:救济款必须正确发放使用

11. 武汉市郊区救济款的发放情况混乱

12. 陈平:深圳市的贫民生产

13. 矫惠德:整顿贫民生产组织(短论)

14. 长沙市发挥基层组织作用,加强对困难户的管理工作

15. 曲沛敬:擦机器用过的油布油纱可以榨油

16. 不许坏分子贪污盗用救济款(读者来信)

17. 怎样做遣送工作

18. 昆明市生产教养机关进行确定游民改造期限工作的两个文件

19. 周伯奇:收容人员的分类排队

20. 游民是不是应该进行和一般工人劳动强度一样的劳动生产? 游民参加劳动生产的津贴不超过同类同级工作工资 70% 是不是太高?

21. 中国人民救济总会生产教养院:贯彻实行小学生守则

22. 小学生守则

23. 王珏:对由老师保管儿童领用金的意见

24. 张贵林:保定专区生产教养院组织残老人员参加生产

25. 生产教养机关的生产交纳工商业税有新的规定

26. 邓绍商:加强城市救济工作中的统计工作

27. 工作简讯

28. 读者、编者与作者

第 53 期 1955 年 9 月 28 日

1. 上海市第一劳动教养所:关于劳动教育工作试行办法(草案)

2. 张翼:管教工作的几点体会

3. 长沙市救济分会通讯小组:长沙市华新砖厂建立收容人员劳动生产队

4. 长沙市救济分会通讯小组:健全收容人员生活管理委员会

5. 廉柱泉:我们整顿了生活管理委员会的工作

6. 上海市救济分会:上海市救济分会选送教养单位妇女去新疆安置

7. 刘雨环:读马卡连柯的教育小说《塔上旗》

8. 何忠旺、谢德培、王者师:反革命分子王树森的破坏活动

9. 上海市逮捕收容人员中的反革命分子等 1985 人

10. 读者、作者、编者

11. 辽宁省民政厅工作组:营口市发动与组织贫困烈军属与贫民生产的经验

12. 天津市民政局社会科:关于组织烈军属贫民生产自救的主要经验

13. 天津市民政局:三义庄糊盒生产组是怎样发展和巩固的

14. 曲沛敬:利用废品组织贫民生产自救

15. 董起元:鞍山市组织贫苦市民挖掘废钢铁

16. 文文:利用废品废料加工时组织贫民生产的好办法(短论)

17. 西安市民政局:检查莲湖区烈军属贫民装订生产第一组的总结报告(摘要)

18. 郑州市人民委员会民政处:郑州市动员盲目流入城市的农民返乡生产工作的经验和意见

19. 生产教养机关在增产节约战线上

20. 浦化人:谈检查工作方法

21. 太原市救济分会和长沙市城北区举行业务学习测验

22. 石可:努力学习政策业务

23. 工作简讯

第 54 期   1955 年 11 月 16 日

1. 反对寄生游惰思想反对逃跑教材提纲

2. 上海市民政局:第一劳动教养所关于政治思想教育工作的几项具体规定

3. 梁平县生产教养院:关于在收容人员中进行鉴定工作的总结

4. 南京市民政局:青龙山农场的游民改造工作

5. 黎云龄:对如何组织收容人员读报的意见

6. 太原市生产教养院生产财务管理情况

7. 北京市救济分会:劳动教育所缝纫室生产的检查报告

8. 李钧伦、尹勇德:推行劳动定额试点工作介绍

9. 燕楼:泰州市生产教养所农业生产丰收

10. [苏联]斐尔:马卡连柯

11. 星火:从各地救济分会工作报告中看到的问题

12. 长春市民政局:关于整顿与巩固现有烈军属贫民生产单位的工作计划

13. 天津市民政局:天津市内区建立经常的救济户卡片登记制度

14. 南京市民政局:二板桥烈军属和城市贫民生活生产情况调查工作

15. 熊建华:红星酱园建立财务制度,加强财务管理工作

16. 石可:不能无原则地补助路费

17. 工作简讯:

（1）介绍儿童参加工厂企业机关工作

（2）处理旧社团

（3）开展节约运动

（4）逮捕反革命分子

（5）长沙市整顿第二教养所

（6）武冈县城关镇大力组织贫民生产

18. 救济工作通讯停刊启事

附录二 《救济工作通讯》文章选录①

目　　录

---

① 注：附录节选《救济工作通讯》中有关社会救济、调查研究、生产自救试点等材料，供读者审阅。需要注意的是，材料中有部分词语、文字的使用与今天不同，如"哪里"往往写作"那里"；材料中长句、缺少断句、标点不规范之处也很多。另外，各期刊所列目录与正文有的略有差异，本文尽量尊重原貌，未加更改。上述情况，在不影响资料原意的基础上，本文尽量减少更改，以保持原貌。

1.《救济工作通讯》前言

我们出版这个小型刊物,是企图以简短的通讯方式向从事救济福利事业的机关与人士报道下面几种信息:

第一,中国人民救济总会及分会动态;

第二,新中国救济福利事业进展中发现的一些问题;

第三,新中国人民在政府领导下依靠生产自救、节约互助与政府帮助的情况下如何战胜灾荒与失业之事迹;

第四,及时揭露帝国主义者以救济为掩饰,企图在华进行其反动政治阴谋的活动情况;

第五,救济福利工作与救济工作者之批评与自我批评;

第六,救济福利工作经验之交流。

总会董副主席在《新中国的救济福利事业》报告中已指出,新中国的救济福利事业是人民大众的救济福利事业。这就是说事业的对象是人民大众,而事业本身也要依靠人民大众才搞得好。要办好我们这一小型刊物,同样要依靠大家的通力合作。我们要求全国各级政府和群众团体有关部门,各救济福利社团,以及各救济分会,主动地、经常地供给我们各种稿件,设立通讯员与我们保持密切联系;同时希望各位同志多给我们指导与帮助。

——《救济工作通讯》第 1 期 1950 年 7 月 15 日

2. 几个大都市救济失业工人消息点滴

刘少奇副主席在"庆祝五一劳动节演说"中号召"救济失业工人",最近毛主席在"为争取国家财政经济状况的基本好转而斗争"的报告中指示:"必须认真地进行对于失业工人和失业知识分子的救济工作"。救济灾荒与救济失业工作之重要是很显然的。现在各地已陆续成立失业工人救济委员会。兹将几个大城市救济失业情况简要介绍如下:

今年四月间,上海已成立在业工人捐助失业工人基金保管委员会,现已改组为上海市失业工人临时救济委员会,下设:财务处,由市财政局负责;救济处,由市劳动局负责;工赈处,由市工务局负责;教育处、登记处及办公厅,由市总工会负责。

武汉市在市人民政府及市总工会筹委会领导下,已正式成立了武汉市失业工人救济委员会。干部除由市府、市总工会调出二十多人外,其余由失业工人中解决。并于六月七日召开了失业工人代表会议,确定救济具体办法。

南京市之失业工人救济委员会亦已宣告成立,其成立有市总工会、民政局、劳动局等,现正着手办理登记并组织各种救济工作。成都由市委、民政局、市总工会筹委会、劳动局、工商处、民主妇联、公安处七个单位组成了失业工人处理委员会。杭州市由劳动局、总工会负责登记、介绍、救济解放后的失业工人;由民政局、区政府协同公安局负责办理解放前的失业工人。

各地失业工人救济委员会所采取的救济办法一般都是以工代赈为主,同时辅之以生产自救、转业训练、帮助回乡生产及发放救济金等。据六月份前半月初步统计,上海、武汉、南京、青岛、天津五大城市的失业工人共三四五四八〇人,得到各种救济的共一八七五五一人。

在救济失业工人中,产生了许多动人的事实,如:上海码头工会的吴淞分会最近把救济米二〇二〇斤全数退回给"基金保管委员会",原因是该分会的三八名失业会员现已有了工作。私营海燕号最近已经复航,全船一五〇多名原已得到救济的海员也把剩余的救济米一六〇〇余斤交还给"基金保管委员会"。他们说:"我们已有了工作,应该把米匀给尚在困难中的工人们去吃。"贵阳的板车工人任智全领到救济米后,很感激地向别人说:"政府这样关心咱们工人,咱今后得努力找活干。"天津的失业工人李雨生说:"这次人民政府给咱失业工人想好了办法,让失业工人得到了温饱,好比孤儿得了保姆一样,真把我感激得掉泪。"

——《救济工作通讯》第 1 期　　1950 年 7 月 15 日

3. 总会动态

中国人民救济总会是在中国解放区救济总会的基础上建立起来的。在五月上旬全国人民救济代表会议闭幕之后,新任秘书长伍云甫,副秘书长林仲、倪斐君、顾锦心均已先后到任,加上解总全部旧有工作人员,立即紧张地开始了工作。工作重心是"整理队伍,建立机构",现在这个任务大体可以说是完成了。救总工作人员已由原有的五十三人增到目前的六十六人,依照救总编制的预定人额,人事室机关的组织,伍秘书长亦已在救总机关成立大会上宣布。此外,还在工作上建立了各种制度,如人事制度、会议制度、周报制度、公文处理制度等等。

成立业余学校

为了领导并组织全机关人员有系统有步骤地进行学习,救总已成立了业余学校,分研究、理论与文化三班。理论班六月份的学习计划,规定学习救济代表会议文献,以救总董副主席的报告《新中国的救济福利事业》及总会章程为主,其他文件为辅。接着学习了毛主席"为争取国家财政经济状况的基本好转而斗争"、刘副主席的"五一报告"和周总理"关于生产救灾的报告"。学习方法着重联系思想,联系业务。现在大家已更认清了帝国主义、封建主义和官僚资本主义是中国人民灾难的总根源。为了医治战争创伤,进行和平建设,救济工作在目前是必要的,而且是紧急任务之一。大家也已认识到新中国的救济福利事业是在人民政府领导之下,以人民自救自助为基础而进行的人民大众的救济福利事业,其方针与做法和旧社会的救济福利事业有本质上的不同。在学习讨论中并特别强调指出了今后对帝国主义国家及其御用机关之所谓"救济",应提高警惕。为了从思想、政策及作风上把机关党内外干部更提高一步,机关党支委与业余学校负责人共同决定自七月份起开始全机关干部的"整党整干"的文件学习。

加强联系

总会已与各人民政府及群众团体各有关部门,以及各地分会筹委会建立了密切联系,并派代表参加了中央卫生部防疫队第一次工作汇报会议和中华全国合作社工作者第一届代表会议。此外,还派出三个干部参加了北京辅华火药厂爆炸事件的紧急救济工作。

调整社团

调整全国救济福利社团,将是总会最近半年内工作重点之一。总会已与内务部合作开始全国社团的调查研究工作,在六月中旬拟制了社团调查表,由内务部发出,正等待着这些调查表能从速寄回。六月三十日并举行过一次成立调查社团委员会的座谈会,外交部、内务部、卫生部、公安部、文教委员会等均派有代表参加。调整委员会成立后,社团调整工作可望迅速开展。

商讨国外救济款物入口手续问题

根据总会章程,总会有掌握国外救济物资入口与统筹分配使用之责,故曾邀集外交部、贸易部、海关总署和人民银行等有关部门之代表,对救济物资入口申请手续、及免税免验等问题举行座谈,并已取得了初步协议,大家同意予救济以便利。

救总机关成立大会

六月十七日在北京本会会址举行了救济机关成立大会,到会的有总会谢觉哉副主席,监委会陈其瑗主任、熊瑾玎副主任,暨本会全体工作人员及来宾多人。首由总会林仲副秘书长致开幕词,伍云甫秘书长报告工作,谢副主席、陈主任和熊副主任等均相继讲话,指示工作。

伍秘书长在报告中宣布了救济机关本日(六月十七日)正式成立,并就总会组织、工作任务等问题作了详尽的报告。关于救总机关的组织:伍宣布在秘书长之下设立秘书处,由林仲兼任处长,倪斐君、顾锦心兼任副处长,负责处理日常会务。另外,还成立了人事室,由浦化人、朱端绶兼任正副主任。秘书处下分设六组:秘书行政组——高步青、郝重远任正副组长;联络组——倪斐君、纪锋任正副组长;调查研究组——林仲、高粮任正副组长;宣传报道组——纪锋、王树普任正副组长;救济福利组——顾锦心、郭廷梁任正副组长;物资管理组——陈经镇任组长。

关于总会工作:伍指出救济灾荒与救济失业为当前救济工作的中心任务。总会应立即有重点地推动各地成立分会,并有步骤地调整旧有救济福利社团以利中心任务之完成。

——《救济工作通讯》第 1 期　1950 年 7 月 15 日

4. 武汉分会七月份工作概况

据武汉分会七月份工作报告,该分会成立即请民政局调配干部十二人专任该会工作干部,除建立机构并确定救济费预算外,并积极展开救福工作。兹将其工作报告节略报道如下:

继续办理失业工人及市民的资助返乡工作:武汉市河南籍失业工人及市民四八四人,已经该会呈请中南军政委员会民政部批准遣送返乡,并在七月下旬开始办理。资助办法:除为每人购买火车票外,并发给补助粮(米代金)。湖北的一万四千余人有待湖北省府回信再行办理外,其他省籍因情形特殊,七月份经该会遣送返籍者计大口八名,小口三名。

介绍失业教职员及工人参加学习:已登记的失业中小学教职员二二二人,经该会与武汉市教育工作者工会举办的失业员工讲习所接洽,由该所审查后,除少数不合格外,均已介绍入该所学习。另与机器业工会办理之失业工人培训班接洽,使在该会已登记的失业机器工人五名,得前往学习。

处理已登记的失业工人:在该分会登记的失业工人七千八百余名,连家属共三万一千余人,已送失业工人救济处分别加以审核,合乎该处标准者,即介绍至各产业工会重行登记,由该处按其志愿分别予以处理。此项工作已于七月下旬开始,仍以各支会为单位,根据原登记表进行审核介绍工作。

积极建筑砖瓦厂:该分会与生产教养院及会馆公所联合会合办之互济砖瓦厂,已于六月购订厂址及旧时土窑十一座,七月份已确定计划,就现有基础,从事生产。一面积极建筑德式窑及堆栈与工人宿舍。现建筑原料已购进一部,工程合同亦与营造厂商签定。

筹备麻袋厂:因武汉市无该项工厂设备,已派员赴哈尔滨参观并筹划在哈购买及运汉。

其他救济工作:七月份个别市民请求救济者八十四人,除随之予以登记、俟相机处理外,对于必须立即处置者,计送入收容所三人,发紧急救济粮者一人,因病送传染病院者一人,因死亡装殓掩埋者一人。

——《救济工作通讯》第 2 期　1950 年 8 月 15 日

5. 李赓铮:人民依靠政府,政府依靠人民——往北五河县重灾区访问杂记

"走千走万,不如淮河两岸!"这句老话,可以说明淮河两岸农产富庶的情况,皖北的老百姓过去一向是以此自豪的。但是自一九三八年以来,年年洪水泛滥,给人民带来饥馑、贫病和死亡。"整整十三年了,这么一片好地方,见不到收成!"这是皖北老百姓的叹息,是蒋匪在花园口决堤所留下的使人难以忘却的仇恨,血的仇恨!

今年皖北的水灾,是相当严重的。当地的老年人都这样说:"只有光绪年间见到这样大的水,但比今年还差点呢!"除了蒋介石匪帮在花园口黄河决堤冲毁了皖北河流系统的基本原因以外,雨多,下雨面积广,时间长,是今年造成皖北空前水患的重要原因。

为了要深入了解灾胞的疾苦,并安定灾民与部分干部的悲观失望情绪,中央人民政府组织了中央慰问团于八月九日赴皖北、河南等灾区进行慰问。去皖北的两组——宿县专区组与阜阳专区组,已于本月十八日返京。

宿县专区一行五人,选定了灾情严重的五河县区为目标,四天时间,访问了七个行政村(包括十几个自然村)。

五河县在宿县县城东南二百余里处,地势低洼,河流交错,是淮、浍、濛、潼、沱五河汇流之处,又有天井湖、沱湖、龙潭湖、邰家湖、蔡家湖、三义湖、花园湖等分布全境。自一九三八年花园口决口后,湖河均形淤塞,流量缩减。今年水势浩大,淮水向内河倒灌。临淮关以上已超过一九三一年洪水位八公寸。堤土普遍被浸透,七月二十六日,路东区小李庄淮堤决口,酿成巨灾。全县九十九个乡,被淹了八十五个(未淹者因近来缺雨又呈旱象),受灾人口二十九万三千一百余人,占全县总人口的四分之三,淹地一百三十余万亩,占全县土地的三分之二,倒房一万三千六百余间,淹死三十九人(多因船翻或下水捞柴草所致),目前急需救济者三万余户,约十五万人。

但是,皖北人民对战胜灾荒是有信心的。去年的事实是:战胜了灾荒。干部们对战胜灾荒已有了经验,群众对政府领导救灾也有信心,知道政府在积极想办法,群众也就努力生产自救。西坝口是灾情较重的一个村庄,当地的老百姓捞菱角秧子代替食品,他们本着"处暑不种田,将就种上也能吃半年"的经验,和"水落一寸种一寸"的精神,积极抢种晚秋。去年救灾,最初

大家怀疑政府有此力量，不愿意开会。今年不同了，各村农民只要听锣声一响，就全聚拢了来，提意见，谈问题。荣渡庄一个农民说："开会还不好？开会最能解决问题。"

政府以工代赈的办法，得到群众的热烈拥护。当宿县专署民政科长吴登岸向沫河口的农民报告毛主席决心治淮的指示时，群众的眼里发出了感戴的光辉。"水退开工吧！""快开工，大家处理打坝子！""只要开工就管喽！"（"管"，是"成"、"行"的意思）你一言，我一语，情绪异常兴奋。

每到一个村庄，老百姓远远地看见我们来了，就都赶到岸边迎接，知道是中央派来的人，就更加兴奋了。烧水，搬凳子，热诚地招待我们。我们告诉他们说："毛主席派我们来看你们，毛主席问大家好！"我们安慰他们说："今年各地收成不错，毛主席要救你们，还会没办法吗？大家放心吧。"许多人感动得流出眼泪来，说："只要毛主席知道，饿死也甘心了。""没有毛主席，我们哪会活到今天！""没有人民政府，去年早就饿死了！""毛主席也知道我们这里有灾，那就管了。"这是人民真实的情感，人民信任自己的政府，拥护自己的领袖。

西坝口七十二岁的老人凌绍章擦干了眼泪说："蒋介石真可恨！十几年来，把我们老百姓淹得好苦啊！"千万人的愤恨交织成无比坚强的力量，在抢险、抢救等紧急突击工作中，当地的干部与人民表现了无比的英勇。共产党员、青年团员都起了带头作用，发扬了高度对人民的热爱与责任感。许多人在急流中堵口、打堰，受了重伤，流了血，但他们不肯停止工作。县政府的干部，多数生了病，但是还整天往外跑，给灾民想办法，解决困难。中央防疫队的一部分同志，在灾民疏散站上做医疗、注射工作。他们日夜辛劳，生活艰苦，但是心情愉快，精神饱满。由于他们深入群众，耐心地宣传解释，老百姓全自动要求打防疫针。

只要人民依靠群众，政府依靠人民，还有什么事情做不好？什么灾荒度不过？我们既能打垮反动派的血腥统治，也就能战胜他们所制造的任何灾难！郜湖乡柿树园的一位老大娘得了急症，我们用随身携带的急救药解除了她的痛苦，她感动得哭了，含着泪向我们说："回去替我好好谢谢毛主席的关怀吧！"

是的，谢谢毛主席吧！治淮的工程就要开始了，大家劳动，大家吃饭，千千万万的劳动人民，就要发挥他们无限的力量，打坝、控河、修堤、掘沟，伟大动人的场面就要呈现在我们眼前了。两三年后，淮河两岸将再也见不到滔滔不尽的洪水，再也不会有流离失所，饥病交迫的灾民，十几年来受尽灾难的皖北人民，将获得丰衣足食的岁月！

"走千走万,不如淮河两岸!"这句话,将要说明淮河两岸的新的情况,新的气象!

——《救济工作通讯》第 4 期 1950 年 8 月 31 日

6. 天津市各团体学习救济福利事业文件的综合报告

编者按:在社团调整工作中,改造社团旧人员的思想,是一个很要紧的问题。改的办法,最好是从组织和领导他们学习着手。天津市进行这一工作,已有成绩。兹将本会天津市分会筹委会寄来的这个报告,予以刊布,藉供各地作社团调整工作的同志们参考。

参加学习的有佛教、道教、基督教(全市共分四组)及慈善会馆等团体,学习的材料以董副总理的《新中国的救济福利事业》的报告为中心,以宋副主席的《中国福利基金会的报告》,谢部长的《我们能够战胜灾荒》的报告,以及中国人民救济总会组织章程等作为参考。全部时间约两个月(佛道教每周三次,余每周二次),总结收获如下:

(1)知道灾难是谁给我们造成的:灾难从何而来? 一般人都很模糊,搞明白了这个问题,对他们的思想改造是有很大作用的。本来这些人过去多是戴着慈善的帽子,实际上是各有所为,即便是真正做了一些救济工作或福利工作的,也是盲目的或抱着恩赐观点,问题来了,高兴办就操持起来,至于产生问题的原因是毫不过问的。如邵受言所说,"我们就知道办善,不问政治",因此他们也就不可能知道是为谁服务。经过学习,在这一点上已经提高了他们的认识,都清楚地认识到:"帝国主义、封建主义及官僚资本主义,是中国一切灾难的总根源。"由于这三个敌人的统治压榨,使中国人民日益贫困,由于他们的反人民,就不能做出为人民打算的事来。尤其在八年的抗日战争与四年的解放战争中,他们更肆意的破坏,永无止境的对人民剥削,因此使群众不但遭受到人为的灾难而且无力去抵抗天然的灾难,中国人民几十年来所遭受的灾难,怎能不说完全是国民党给造成的呢?

(2)明确的认识了新的救济福利事业的意义和内容:今后的救济福利事业,不仅仅是对一些人的救济问题,而是"政府和人民同心协力医治战争创伤并进行和平建设"伟大工作的一个组成部分。政府领导人民,而又依靠人民,在自力更生的原则下,用自救互助的办法来帮助人民进行生产,与过去的救灾办法(只是放赈)是截然不同的。大家认为只有人民自己的政府才能这样做,而且能够做好。基督教的一位人士说:"国民党时,我们和他们办过救济,到伪社会局领救济总署发来的赈衣的时候,里面竟是中国的大褂,大家想想这衣服是从外国捐来的,怎么有中国的衣服呢? 不用说谁都明白,请想这样如何能作好救济工作呢?"这说明了在国民党反动政府统治之下,一些团体也是敷衍了事的。

(3)对外援有了新的认识:过去帝国主义的"援华"实际上就是侵略,他们假借"救济",到中国来进行政治的阴谋活动。现在我们国家已经胜利了,帝国主义者已被我们驱逐出去,反动派将被消灭干净,我们除去揭破帝国主义"帮助中国救灾"的阴谋以外,对兄弟之邦,应该互助,而不是依赖别人的帮助,对一些正处在帝国主义压迫下的国际友人也应大量的予以援助。

上述的收获,可以说基本上达到了我们组织学习的目的,在这次各团体的学习中可看出:

(1)佛道教团体因为他们已经学习了半年的时期,学过了政协三大文件,及革命基本问题,在学习上可以说有了些基础,所以他们对这种文件必须学习的道理是容易接受的。不过他们的文化水平一般是低的,需要适当的解说,才能对文件的内容获得深入的理解。

(2)基督教团体都有相当文化,可是受帝国主义的毒素较深,过去直接间接的做了帝国主义的工具,在学习这个文件时,特别是学习到关于外援问题时,有少数的人从理论上接受了,但是在感情上是没有搞通的,这也就是对帝国主义多少还存有幻想。其中也有不少进步的,如青年会的杨肖彭,他曾揭穿帝国主义与他们的关系说:"我是由教会的关系曾到过美国的,在那时他们很招待我,今天到这里开会,明天到那里讲话,实际上他们拿我们当作'饲养的小鸟',到处替他们歌唱,以博得帝国主义的欢心。"这段话由他对他们的同道说出,是起着一定的作用的,我们应善于团结这类的人来改造他们的同道——主要是基督教里的长老、执事、牧师等。

(3)慈善团体和会馆,他们已经感到过去的工作是无内容和方针的,甚至有假冒为善专为自己打算的,今后应在政府领导之下,依靠人民而为人民大众服务。因此他们就感觉自己是落后了,要求进步,要求学习的情绪是非常迫切的,在此情况下,我们就组织了他们的学习(目前不包括会馆团体),学习的材料是新民主主义革命史。

——《救济工作通讯》第 7 期　1950 年 10 月 15 日

7. 上海市救济福利工作报告

(1)曹漫之(上海市民政局局长):一九五〇年十月六日在上海市人民救济代表会议上

一

我们筹备了多日的上海市人民救济代表会议,今天正式闭幕了,这个会议在我们上海的救济福利事业上有着重大的意义。上海解放已经十六个月，十六个月来我们的救济福利事业已经是在人民政府领导下，走上新的方向与人民站在一起来工作，已具备了新的内容，有了新的气象。

我们一年来的工作是有成绩的，但也有它的缺憾和不足的地方。一年来工作的成绩，主要表现在下列几方面：

第一，根据第一次各界代表会议的决议，在农村生产自救可能的条件下，始终贯彻着"疏散难民还乡生产"的方针，不断地进行疏散，完成了部分难民回乡生产工作。在经济上协助苏北行署完成了二百余里海塘的修建任务，以工代赈救济了苏北几十万难民，减少了苏北难民来上海逃荒，并为我们到垦区劳动生产，改造游民，创造了有利条件。

第二，坚决的、大量的收容六千多游民，和组织了七千六百余游民到苏北，建立了垦区农场，实行集体劳动，开荒生产，开始了有效的改造游民，减轻了上海治安工作的负担，提供了游民改造的新经验和新方向。

第三，去年冬令时，在生救会统一领导下，与有关社会救济福利团体共同努力，进行了一次全市大规模的救济工作，收容了一万多难民，使得他们比较安适的渡过了严冬，并在春耕前后，将一万多人资遣回乡生产。

第四，二月六日反美蒋轰炸，广泛的动员了各方面的力量，进行防护工作，不少的社会救济福利卫生医药团体及从事此项工作的个人，积极的参加了反轰炸的急救工作。这是我们上海救济福利团体在人民政府领导下，反对美蒋暴行有显著成绩的一件大事。

第五，对解放后的近郊农村，迅速及时的发动遭受蒋匪战灾的农民以工代赈，拆除碉堡，修复桥梁、道路、房屋，抢修海塘，并举办急赈发种贷肥，使在蒋灾中遭受严重损失之农民得以迅速恢复创伤。

第六，社会的教养机关与公私托儿所的工作也都有显著的成绩，如私人教养机关共收容儿童三千三百五十七人，婴孩五百零七人，老弱、残废、妇女一千零四十一人，共收容四千九百零五人。解放时与解放后，增加了一百一十三个托儿所，收容了儿童五千多人。在这里特别指出中国福利会在上海的福利机关与托联，在托儿福利事业上是起了极大的推动作用。

第七，在维护社会福利事业的方针下，呈请上海市人民政府减免了不少的社会福利团体的房捐、地产税，减免房捐地产税的计有一百一十七个单位，金额计人民币十六亿五千万元，这对于扶助救济福利事业上起着很大作用。

第八，协助皖北、苏北、苏南、皖南、南通等地救灾捐款的募集，将近一百亿元，救济了这些地区相当大数量的灾民。

　　所以取得以上这些成绩,是在人民政府领导下,各社会救济福利团体及从事此项工作的朋友共同努力的结果。这对开展今后救济福利工作打下了很好的基础,但是我们也不能否认还有一部分从事救济福利事业的朋友,还没有完全明了新中国救济福利事业的政策与方针,因而在做法上就不能根据新的情况推进一步,这在救济福利工作上不能不说是个遗憾。例如某些团体和个人确实还存在着依赖帝国主义的心理,又确实存在着各团体间闹宗派不协调的倾向,同时也还有若干分子假冒为善,借救济工作来干坏事的,这些倾向是与新中国人民的救济福利事业相抵触,必须改进。我希望这次大会能根据总会的方针妥善解决上述重大的原则与思想问题,造成更大的统一与团结和改进,这是本届大会的主要任务和推进今后工作的关键。

二

　　我们的救济福利工作是建设新上海工作中的一部分。新上海的建设方针要把过去完全依靠帝国主义经济而生存发展的旧上海,转变为完全不依赖帝国主义经济而真正独立自主的新上海。在这一个基本原则下,根据救总的方针,我们应该:

　　第一,在自力更生的原则下,动员与组织人民实行劳动自助。自救自助助人,这是总会指示我们的社会救济福利工作的基本方针。在这个方针下,说明我们是依靠中国人民自己的力量解决中国人民自己的问题,而不是依靠帝国主义国家的所谓"援助",也不是依靠官僚资本主义、封建主义的所谓"慈善"与"恩施"。这一个问题如果弄不清楚,固守己见,必然会走入歧途。

　　第二,广泛吸收过去和现在从事社会救济福利的个人和团体,参加到人民政府领导下的救济福利事业中去,在统一的方针下,充分发挥从事救济福利事业的个人和团体的作用。各救济福利团体过去的历史纠纷和个人的利害冲突,应该放在为人民服务的最高原则下,造成协调和团结,去做好上海市的救济福利工作。

　　第三,在救济总会确定的方针下,对于某些救济福利团体,要求改造的,由分会领导协助进行改造,其改造的方法应该是与有关方面进行协商,有准备、有步骤、有计划地去进行,改造的方针是维护事业,发展与提高事业;对个别名存实亡和完全失去作用或假冒为善的救济福利团体,应由救济分会协助政府妥善处理。

　　第四,救济福利经费的来源,我们应该坚决遵照总会章程第三条办理,按上海的具体情况执行这一条,我们应该具体说明:在人民中募集与接受真正国际友人的援助的原则,应该是在分会领导下,并由分会有组织有计划去进行。为了使此项工作做得更切合实际,更能有实效,我建议由分会去专门讨论研究具体方案,提请市人民政府决定施行办法。

第五,根据全国救济总会的基本原则,我们今后全上海市的救济福利工作的方针应该是统一的;宣传与行动应该是一致的;工作计划与范围以及人力、物力的安排应该是有机配合的。为了解决这些问题的方便与有效,本市的救济分会可以根据工作的需要,聘请救济福利工作中的代表人物组成临时性的或经常性的各种专门会议,协商解决有关问题。

根据以上的方针,提出我们当前的主要任务请大家讨论,以便于展开各项工作:

第一,在生救会已有的工作基础上,继续贯彻收容救济,遣送灾民回乡生产,就是说灾区逃荒的难民不能就地安置,解决其生活职业的问题,而必须是遣送回乡生产,因为这样的做法对城市对乡村都是必要的。因此,对灾民的救济工作是临时性的,它的基本要求就是使着盲目逃荒于城市的灾民,不致因病饿而死,与确实能遣送回乡生产。这一个工作是比较长时期的,要把这个工作做好,就必须有各方面的力量参加,我们收容的方法是一面收容救济,一面遣送回乡生产相结合。因而,就不适用组织大批灾民在本市以工代赈。因为灾区同样需要劳动力回去克服灾荒恢复生产。

第二,继续贯彻收容游民与蒋匪帮抛弃的无家可归流落街头破坏秩序的散兵,从劳动中改造他们成为新人,安定社会秩序。这一个工作我们应该在今冬明春再进行一部分的收容,在力量许可下,继续扩大收容。这是十分慎重的工作,因为在全国来讲,上海这一问题也是突出的。因此执行这一个工作,我们一方面是要坚决的强迫改造这些人,但另一方面又作为一个有着悠久历史的社会问题来看,因此在具体措施上,必须逐步的有计划的量力而行。

第三,在分会的统一领导下,具体组织有关的社会救济福利团体,扩大收容弃婴、流浪儿童、残老,救济无依无靠生活无着的孤寡及其他无依无靠流浪街头的难民。这一个工作必须提高收容机关的工作效率,争取能大量的收容,解决一部或大部的问题。要使这一工作做好,必须解决三个问题:

①从人民的需要出发,提高与组织本身的力量,在新的方针下去进行工作。

②学习与创造新的工作方法、领导方法与管理教育方法,想出各种办法,克服本身存在的困难。

③有计划的使用自己原有的人力、物力、财力,争取做到一个工作人员抵两个人用,一个钱抵两个钱用。节省财力,认真的把救济作为一个人民的

事业去建设。

第四,各社会救济福利团体,各医、药、卫生团体,应该在区人民政府统一的计划下,协助展开里弄居民及郊区的救济福利卫生工作。

第五,经过本届大会选举,建立与健全上海救济分会的救济机构,加强分会对社会救济福利团体的领导与从事救济福利事业的个人的联系。为使分会的机构早日建立与充实,应将生救会结束,生救会所有未了的工作,移交分会继续办理。

以上的五项任务,有的是可立即去做,有的是在原有的基础上继续去做,有的需要反复研究订出具体方案后才能去做,有的需要与有关方面多次协商,俟条件成熟始能去做。因此这个任务的提出有它的临时性,也有它的经常性。

我们这次大会只能在方针、方向、工作任务的基本要求上取得一致,而不可能在这短短的几天时间内解决代表们所提出来的一切问题。因此我建议:我们的会议集中精力解决主要问题。在总的方针、任务确定了以后,再由新成立的分会逐步的去推进各项工作、拟定各项可行的计划,我想这样是切合实际的。报告到此结束,望大家讨论指正。(转载《解放日报》)

(2)上海市人民救济代表会议对于市民政局曹漫之局长关于《上海市救济福利工作》报告的决议

上海市人民救济代表会议在听了曹漫之局长关于《上海市救济福利工作》报告后通过了如下决议:

上海市人民救济代表会议听了并讨论了曹漫之局长关于《上海市救济福利工作》报告以后,全体代表一致认为这是在目前条件下上海从事救济福利事业的新方针和新任务,全体代表诚恳接受这一报告,作为我们今后努力的新方向,并愿为其实现而努力。

——《救济工作通讯》第 8 期　1950 年 10 月 30 日

8. 南京市救济福利工作报告

各位代表,各位先生:

南京市人民救济代表会议今天正式开幕了,这个会议的意义李副市长的开幕词中已经讲了很多,我不准备再说了。南京解放一年多来,在人民政府正确领导下,南京人民的救济福利工作已经逐步展开,获得了一定的成绩,但也还存在一些缺点和做得不够的地方。现在我把南京一年来救济福利工作做个初步总结,希望大家讨论和指正,以便把我们南京人民的救济福利工作推进一步。

一

国民党反动派的罪恶统治,遗留给南京人们深重的痛苦,其最集中的表现,就是生产事业基础非常薄弱和几十万无业失业人口(最多时曾达五十万人)的存在。解放后在人民政府领导下,广大人民与政府同心协力,进行了旧南京的改造工作,其中重要一项,即是大力展开人民大众的救济福利工作,确定和贯彻了"以疏散为主,临时救济为辅,大力展开群众的生产自救工作;并在条件许可范围内,举办某些生产事业"的方针。并且此方针在医治战争创伤和改造旧南京建设新南京的工作上起了很大的作用。一年半来的主要工作约有以下十项:

第一,抢险救灾工作。

解放后不久的去年六月,本市霪雨连绵,又遭台风侵袭,虽经人民政府动员机关部队学生全力抢救,但因江河堤岸在国民党反动统治下年久不修,蒋匪军临逃时又大肆破坏,终遭溃决,造成十八年来所未有的大水灾;淹田八一二三六亩,冲倒房屋一一五九五间,受害灾民达四五〇二三人。对于这一灾难,政府与人民同心协力,全力以赴地进行了三个月紧张斗争,动员十一万二千余人抢救、修堤、抽水,并对灾民进行了急救与安置,开展了社会互济和各种副业生产,从而战胜了灾荒。

第二,疏散失业人口回乡生产工作。

由于南京生产事业基础薄弱,没有条件安置数达四五十万的无业失业人口,故疏散人口回乡生产,乃是目前本市救济工作中的首要工作,和解决无业失业这一社会问题的最根本的办法。自解放至今年四月底,共疏散了十八万零六百五十九人,今年五六两月又疏散了八万四千四百二十六人,七月份以后继续贯彻"疏散为主"的方针,截至十月底又疏散了一万九千四百二十三人,综计一年半来全市共疏散了二十八万四千五百十八人。回乡人员绝大部分均已在农业生产上安置下来,既增加了农村的劳动力,减轻了人民对无业者消费的负担,又有助于革命秩序之安定。

第三,救济失业工人工作。

解放以前,国民党反动派对生产事业横加摧残,工人失业问题极为严重,据今年四月底统计,全市失业半失业工人达五万二千六百零二人(失业工人二万零七百八十五人,半失业工人三万一千八百四十四人),占全市工人总数的百分之四十强。自今年五月起至目前为止,人民政府、市总工会和全市工人阶级配合政府共同努力,用以工代赈、疏散回乡生产、发放救济金,和转业学习、介绍就业及组织各种可能的生产等方法,已使二万八千三百二十六位失业无业工人得到初步的处理。经过这一工作,再加上在业工人积极团结,资方改造生产,秋收后购买力提高,市场趋于活跃,现在除个别行业外,失业现象大体已告停止,半失业工人的收入也有了增加。

第四,救济失业知识分子工作。

解放后人民政府即注意救济失业知识分子问题,解放初期便成立了社会服务处专司其责。为了使他们就业,曾分函并派人赴各省市介绍就业,或介绍入校学习,资助回乡生产及予以临时救济,现经介绍就业者即已有五千六百五十三人。现在此项工作仍在继续办理中。

第五,开展群众性的生产自救运动。

除了失业工人和失业知识分子外,南京还存在着一部分无业的城市贫民。因此,除了动员有家可归者回乡生产外,同时还开展了群众性生产自救运动。七月份大疏散告一段落后,救济工作的重心就转移到这方面,从七月份起至目前为止,已有一万八千二百五十九人分别组织到各种小型手工业和副业生产活动中,解决或部分的解决了他们的生活。

第六,改造游民工作。

对于寄生社会的大量无业游民及孤儿寡妇老弱病残,政府组织了生产教养院,进行收容教育劳动改造。自解放至今年十月底止,前后共收容了一万二千六百九十二人,除经过教育改造疏散回乡生产之六千七百八十八人外,现该院尚收有五千九百零四人正在教育改造中。

第七,举办经常性的赈济工作。

在上述各种人员还没有得到适当处理以前,政府通过生救会,分别予以粮款衣物等各种必要的救济。从解放至今年十月份,得到救济者共达二十五万六千三百四十一人。

第八,处理皖北难民工作。

今夏皖北遭受严重灾荒,灾区难民南流,从八月至十月底止陆续涌入南京者共达二万六千四百零九人,其中百分之三十一留宁(八三七九人),余均散至宁沪沿线各地。对于这些逃荒灾民的处理办法,是依照华东生救会处理方针,经本市生救会先予分别收容,经过动员教育后,再按照皖北的计划,遣送到皖北指定的非灾区安置。现已遣送的灾民共二千五百人。

第九,发动两次全市性的社会节约互济运动。

第一次是今年各机关部队开展的"节约一两米一餐饭"运动,职工学生展开的"一升米一件衣一日所得"运动,以及商店义卖文艺界义演等,共募得人民币十二万余元,粮十万余斤,及其他衣物共七二六六七件。第二次是今年十月间开始的十万套寒衣劝募运动,现在即将胜利完成。在前后两次运动中,机关部队和广大职工学生都起了带头作用,尽了最大的努力,充分发扬了中国人民患难相助团结互济的传统的美德。

第十,救福界协助政府办理的工作。

本市的社会救济福利工作者也配合上述工作,进行了施材、施药、劝募、动员疏散、收容孤儿、训练救济福利工作干部和创办典型性的救济福利事业等工作,尽了相当的力量。

由于以上各方面工作的结果,已帮助四十万以上的无业失业者及广大灾难民得到了各种不同程度的安置与救济,使灾难重重创伤累累的旧南京面貌日益改变。这样的成绩是很巨大的,是历史上任何一个时期和政府从没办到也不可能办到的,只有解放了的人民在中国共产党和人民政府的正确领导与努力下,才能做出这个成绩。而本市各民主党派、群众团体、各界人民及本市热心救济人士同心协力,再加上灾难民自己组织起来,积极从事生产自救等,也是取得这个成绩的重要因素,这也说明了新中国救济福利工作的性质和做法与旧的救济福利工作有着根本的不同。

当然一年半来工作中的缺点还很多,例如部分干部作风上还存在着官僚主义命令主义的残余,工作还欠深入,对社会救济福利工作者的团结还做得很不够等等,而最大的缺点乃是我们对新中国救济福利工作新方针的领会与贯彻还不够,没有及时的有系统的将广大的人民救济力量更广泛地动员与组织起来,以致影响各方面工作的推进,这就是今后本市救济福利工作上所急需解决的最重要的任务之一。

二

什么是新中国救济福利工作的方针呢? 董副总理指示我们:新中国的救济福利工作乃是"政府和人民同心协力医治战争创伤进行和平建设的一系列巨大工作中的一个组成部分",是"在人民政府领导下以人民自救自助基础的人民大众的救济福利事业"。

我们一年半来的经验证明了这个指示是完全正确的,南京的救济福利工作一直是改造旧南京中一系列巨大建设工作中的一个组成部分。要把南京这个庞大臃肿的官僚消费城市建设成为生产城市,其基本工作当然应该是维持与改造工商业,发展生产;而社会救济福利工作过去一贯是现在也仍然是南京当前中心工作的一部分,这二者是互相联系不可分割的。南京过去一年半来的生救工作的成就,曾对南京工商业的维持与改造起了重大的影响,今后日益好转了的南京工商业,也必将大大有助于今后人民救济福利事业的开展。

南京一年半来的经验证明,根据新中国救济福利工作方针,在南京具体

情况下,应该贯彻如下几个原则:

第一,要坚决地毫不动摇地贯彻以"疏散人员回乡生产"为主的方针。南京既然靠近历史上几个主要灾区,本身仍旧肩负着十几万失业无业人口的重担,而目前的工农业生产在相当时间内还不能具备从生产上来安置这批人员的条件,那么解决这一问题的最基本的办法,就只有动员这些无业失业者中有房有田有家可归的人民回乡去生产,使他们不再留恋城市的寄生和乞讨生活;动员和说服灾区南逃的灾民回家去从事生产自救,不再轻易离开土地盲目逃荒。只有这样才能使庞大的无业失业人们在生产上安置下来,才能不致长期流落城市成为游民。在我们救济福利工作的干部中任何一种只根据片面看法,违背以"疏散为主"的方针,要把这些人们全部包下来养在城里的主观想法,都是根本行不通的,也是错误的。

第二,要坚决贯彻生产自救的方针,克服救济福利工作中的"恩赐"观点和单纯赈济观点,把广大灾难民在人民政府领导下组织到一切能从事的生产活动中去。这样才能更高度地发挥现有的人力物力,缩短医治灾难创伤的过程,使南京目前这种以救济为主的工作阶段,逐步转到以福利工作为主的阶段上去。

第三,要广泛展开社会节约互济运动,发扬中国人民传统的患难互助互济的美德;节衣缩食,长期打算,摆脱任何依赖和幻想,坚决的依靠人民,用人民自己的力量来医治战争创伤,把救济福利工作发展为社会群众性运动。

第四,要广泛的吸收热心社会救济福利工作的团体和个人参加到人民大众的救济福利事业中去,团结在人民政府和救总的领导下,以统一的工作方针原则和步调,作有机的配合和分工。积极发挥其力量,并以发展和提高救济福利事业出发,去审慎地有步骤地对其进行教育、整理、改造和提高,加强救济福利人士的团结,做好南京人民的救济福利工作。

三

根据以上方针,目前南京救济福利工作上的首要任务是什么呢? 我认为应当对南京市二届一次各界人民代表会议所通过的以"继续救济失业工人、失业知识分子、疏散难民、贯彻生产救灾"为主的八、九、十、十一、十三、十四、十五等七个综合提案进行充分讨论,并作出决议,作为即将建立的救总南京分会在当前时间内具体的工作任务,并把它作为当前迅速行动的方案。为了便于讨论和执行起见,我特别提出以下几点:

第一,认真讨论如何进一步贯彻疏散方针,做好冬令疏散工作,具体的说,就是如何贯彻群众路线,动员社会各方面力量,大力疏散灾区来宁难民,以及潜居本市不从事正当生产之逃亡地主及散兵游勇,回乡从事农业生产,进一步巩固冬防治安,减轻城市负担,增加农村劳动力和农业生产,从而帮助城市工商业的好转。

第二,认真讨论人民救济福利工作中的医疗卫生工作。如何改善环境卫生和加强公私立医院社会服务部工作,组织力量,在统一的计划和有机的配合下,展开冬防医疗工作。

第三,认真讨论如何加强冬令救济工作。倡导与发扬人民的友爱互助救急扶危的风气,务使贫病灾难同胞得以度过冬季饥寒冻馁之苦。此外,对贫寒的烈军工属,亦必须讨论出妥为照顾的办法,贯彻执行中央人民政府关于拥军优属及处理复员的各项指示。

因为会期较短,为了实事求是解决问题,我以为这次会议可根据实际情况,在方针、原则、工作任务的基本要求上取得一致的认识,不要奢望在短短三天内解决一切问题。因此,我具体提议在这次会议上集中精力讨论和解决几个最主要的问题,如新中国救济工作的总方针,南京人民救济福利工作的具体方针,及如何进一步贯彻当前的冬令疏散与救济工作等。中国人民救济总会南京分会即将成立,我们可以将大家通过的方针和任务,交由救总南京分会作为根据,订出切实可行的计划,逐步推进各项工作。

南京人民救济代表会议的召开,中国人民救济总会南京分会的成立,标志着南京人民救济福利工作者的成立,标志着南京人民救济福利工作者的大团结,标志着南京人民救济福利工作步入了一个新阶段,它对于南京人民医治战争创伤,进行和平建设的意义,是非常重大的,通过这个会议的充分讨论,我们将在正确总结过去的工作经验,领会和接受董副总理所指示我们的新中国救济福利事业的新方针,明确认清中国人民灾难的由来,及依靠谁与经过什么步骤去战胜这个灾难,从而达成我们救济福利界更进一步的团结。我预祝大会的胜利成功!

——《救济工作通讯》第 12 期　1950 年 12 月 30 日

9.“感谢人民政府,我们没有冻死!”——苏北灾区之行的片段

连年灾难的苏北淮阴区,实在是值得大家关心的。在新春节前,我参加了中央慰问视察组,到苏北灾区去进行慰问视察。我们走过新安县窑湾区,邳睢县猫窝区、张集区、八路区,宿迁县运河区,沭阳县湖东区,深切体会到苏北灾情已发展到如何严重的深度,而苏北人民是如何在政府领导之下与灾荒进行坚强斗争的。

造成今年苏北灾情的主要原因,是由于在抗日与解放战争中所受的创伤深重,人民的家底在蒋匪帮的军队搜刮之下已告空虚;加以连续数年灾难

的积累，特别是去年春雨、夏旱、秋水，旧灾连接新灾，使社会物资完全枯竭；灾民在饥饿与吃代食品的漫长岁月里，身体衰弱，抗灾的力量减低。可是，人民和干部一般的都在埋头苦干，用发展生产来克服这严重的灾情，表现了坚定的自救决心，并已做出很大的成绩。在过去几个月中，群众把力量集中在抢险防汛上，确保堤防，奠定了农业生产的基础。

当我们走进灾民的家里，灾民一个个都是悲喜交集的，他们都表现出十分亲热，众口同声的感谢人民政府对他们的救济，特别是那些穿上了寒衣的人都说："感谢毛主席，感谢中央人民政府，把这些衣服发给我们的时候，天就下雪，我们没有冻死。"棉衣没有发放之前，许多灾民无法出门，邳睢县小街乡有好多夫妇两人合用一条破棉裤，轮流穿上出去做活，寒衣发放后，各人都穿上了棉衣服。张老爹正在受冻时得了棉衣，十分高兴，他的儿子张春生冻得再也不能忍受了，也得到了棉衣，张老爹感动得眼泪都流出来，他对儿子说："你是快要冻死了的，我眼看着不能救你，毛主席关心你，发给你棉衣，使你还能活着，毛主席比你爹爱你，亲你，你要感谢毛主席，好好搞生产。"运河区钟李村钟长庚的媳妇指着她身上穿的一件蓝色棉衣说："我这件衣服是公家发给的，我做新娘的时候，也没有穿过这样的衣服，公家真是对我们太好了。"她的婆婆也把她外面穿着的那件破烂不堪的衣服揭开，指着里面灰色棉衣说："我这件也是用公家发给的布和棉花新做的，穿了真是暖得很，我要是没有这件衣服，怎么能度过这样冷的冬天呢？"我看到另一位穿着棉衣服的灾民，问道："你穿的棉衣也是公家发给的吧？""不，这是我自己原来有的，公家没有发给我。""你为什么不要呢？""发衣服都是经过大家民主评定的，我原来有，应该让给那些没有棉衣穿的。"许多烈军属更是高兴，一个个都抢着说："发衣服的时候，我们先领到手，公家对我们的照顾特别周到，我们真太感谢毛主席了。"还有一些陆续回来的逃荒户，正在领救济棉衣。

这一次寒衣运动，对灾区的确有很大的帮助和影响，经过寒衣的发放，苏北灾民认识到他们不是孤单的，广大人民在以热情的捐助来关心他们，政府也对他们负责到底，因而他们有了坚强的信心，继续与灾荒进行斗争。目前，苏北的灾情仍然严重，还存有一些问题，需要政府与人民去合力解决。

——《救济工作通讯》第15、16期合刊

10．天津市救济分会办理冬令救济工作

天津市一九五〇年冬令救济工作，于去年十二月份开始，是以市救济分会为骨干，配合着各区公所和派出所进行的。进行的步骤，首先由各贫困户自行申报,然后对申报的各贫户普遍地深入地了解,经过审查程序,按照实际情况,发予赈粮。根据十二月份统计,全市发放粮食七三五五四斤,计贫户二七四七户,共七四六二人。本年一月份发放粮食八四一九六斤,计贫户三三〇一户,共九二〇七人。在这两个月内,除发了赈粮外,还对无棉衣的贫苦同胞发放了一四五六件棉衣。

根据各方面反映,知道此次冬令救济工作,不但做到了"不饿死一个人,不冻死一个人",而且被救济的贫户,在解决长时间的生活问题上,也得到了相当的帮助。如六区吴家窑大街三十六号居民王广田,年已六十一岁,全家六口,只赖其卖山芋为生,每天以豆腐渣充饥,又当他的妻子生小孩,生活更感困难。嗣经我政府救济后,他拿这笔赈款贩卖白菜,每天都能获利,从此改吃玉米面,生活改善了,农历除夕还吃了白面饺子,产妇及婴儿也得到了比较好的营养。新兴北里三十二号住的孙玉泉,年七十五岁,因无劳动力,生活十分困难,经过这次救济,他做了贩卖糖豆的生意,每天赚的钱,足可维持他的生活。

在工作中有些问题是应该事先注意防止的,如极少数被救济的人因觉悟程度不够,完全依赖吃救济粮,不去生产。李家台住的赵某某,他只依赖赈粮的救济,不去找工作;太和里住的张石氏,她将赈济粮款,借贷出去生息。这两件事都经工作干部发觉,立予纠正。

总之,此次冬令救济工作,能获得如此良好成绩,首先是因为布置的及时和适宜,同时各工作干部都能正确地掌握方针,并懂得机动灵活地运用。而且大部分被救济的贫苦人民的政治认识也较前提高,以致有此成就。

(吴伟志)

——《救济工作通讯》第 17 期　1951 年 3 月 15 日

11. 重庆市整理保育院和生产教养院情况

重庆解放后,市民政局接收国民党的救济机构有伪内政部实验救济院,重庆市立救济院,和伪内政部第一、第二、第六三个育幼院。这些机构,重叠混乱,庞大臃肿,是反动政府欺骗麻痹人民的装饰品,对于社会问题一点不能解决。因此,在去年三月初,重庆市民政局当局首先坚决地执行了合并政策,把原实验救济院和市救济院,合并为重庆生产教养院(院民 986 人),把原来三个育幼院合并为重庆市保育院(儿童 564 人)。

合并后,在工作上仍存在着不可避免的缺点:譬如工作方针不明确,编制的不尽合理,以及在节约的原则下仍有相当的浪费现象。在经过一段摸索过程,大体了解了情况后,召集了各院代表会议,根据大家在工作和学习

中了解的实际情况,共同商讨,才确定了今后的工作方针和整编计划:

(1)收容对象

①生产教养院:以孤苦无依的老弱残废为收容对象(该院并附设育婴所,收容弃婴)。

②保育院:收容真正孤苦伶仃的儿童,暂以收容六岁以上,十五岁以下为限。

(2)教育方针

①生产教养院:以劳动生产结合文化政治教育,改造思想,培养技能,使每个院民都能认识劳动创造世界,劳动是光荣的,贪吃懒做,无所事事的人是最可耻的;并使全部院民参加劳动,逐步达到生产自养为教育方针(育婴所除外)。院民是受过灾难的人,这种思想教育是容易接受的。在生产教育中,应实际研究改进生产的方法,根据院民体力智力,进行一定的劳动,学习一定的技艺,并实施整体计划,统一生产,统一调配,以多余补不足,纠正一个院所割裂的现象,和要求大量资金,买机器开工厂的想法。

②保育院:对于儿童也以"进行科学文化教育,学习新的知识,树立劳动观念,培养生产与就业技能"为方针。

(3)编制

生产教养院把原来的生产教养股分成生产股和组教股;生产股负责计划指导全院生产;组教股除计划经常教务外,应根据生产计划,动员组织,并领导院民参加生产劳动。两股是全院的灵魂,必须密切配合。生产教养院的基本精神,是服从于生产,并在精简节约的原则下,基本上不用工人,使全体院民直接参加劳动。保育院的福利原则基本上同于生产教养院。

(4)如何进行生产

生产教养院按现有的生产基础,在符合市场需要的原则下,是可以发展的。如缝纫、织袜、印刷等,都是有前途的。但在请技工作指导时,要先讲好条件,技工即为教师,订立合同,明确规定"在多少时间内,保证教会多少人学到什么程度"。同时要教育院民,尊重教师,努力学习,这样在一两年内,就可能有大批院民,学会了谋生技术,可以就业安家。

农场土地,有计划地分配院民耕种,给以一定的任务,产品归公、超过任务的可适当地提成奖励。老弱残废,则根据各人的能力组织生产,如打草鞋,织麻线,喂猪,放羊等,并可实行变工互助。

保育院是保教为主,结合实际劳动,根据他们的体力,应该是运米、运煤、有计划的种菜喂猪,与帮助伙房做完院内的整洁劳动。

（5）领导

领导上必须反对官僚主义、命令主义,深入调查研究,掌握具体情况,相信群众,善于发现和掌握群众中的积极分子,通过积极分子来贯彻政策和工作计划。干部要彻底搞通思想,以身作则,与群众打成一片,参加实际劳动,这样才能影响群众,教育改造群众。

（6）这次整编的主要收获

在开始整编时,原有的一般干部,在思想上有些波动混乱,如有的怀疑猜忌害怕失业;也有个别落后分子思想孤立,说怪话;有的则表示无所谓,经过较长期的反复动员讨论,和积极分子的带头领导,在思想上才大体取得一致。这次整编主要的收获有下列几点:①机关庞大臃肿变为精简灵活,增强了工作效率,减轻了国家的开支。②由整编加强了团结,克服了一部分干部严重的雇佣观点,和闹宗族、不团结等现象。③生产方针明确,干部和院民对劳动生产的认识提高了一步,工作较前则极为认真。④在工作上建立了各种会议,会报,按期计划,按期总结、请示、报告等制度,使工作逐步走上了正轨。整编后,直接参加劳动的院民已有六九五人,参加学习生产技艺的有八二人,初步学成了技艺的已有二八人,开始奠定了生产自养的基础。

编者按:重庆市民政局关于伪救济机关的整编改革工作无疑是正确的,而且经过艰苦奋斗,业已获得成绩。保育院由于儿童年龄很小,体力很弱,只能做些简易劳动,难于担任笨重工作,保教成分当然要多些,因此它的教育方针与编制都不宜和生产教养院混同起来,应当有所区别。

——《救济工作通讯》第 17 期　1951 年 3 月 15 日

12. 关醒愚（内务部社会司）:大连市救济福利工作介绍

大连市的人民在日寇四十年长期统治压迫下,痛苦到极点。除了在政治上受歧视,在经济上受剥削以外,日寇更想出了种种办法引人堕落,遍地（甚至极偏僻的贫民区）设立了烟馆、妓院、赌场。在解放前据不完全统计,有公开大烟馆六十多家,妓院二百多处,只中国籍妓女就超过千人。年青的妇女染上了烟赌嗜好,不久就会沦为娼妓;一般市民不幸而走进这些魔窟,结果就会家破人亡,乞食街头。但日伪假冒伪善地做了一点慈善事业,敛财骗人。最著名的如大连市宏济善堂,实际上是大汉奸张本政、邵尚俭等营私舞弊的机构之一。一百多名被收容人,竟用了五十多名职员。他们假借慈善救济的名义到处募捐,置了十几处房产。每年冬季收容饥民,送到市外墓地旁所设的避寒所,死了就埋在墓地里,死不了的,到春暖花开就一哄而散,结果还是流离乞讨。那时被收容人生活是极端恶劣的,死活也无人过问。

因此常有跳楼上吊自杀事件发生。日伪统治时期的所谓"慈善"救济大抵都是如此。

在苏联军队帮助我们解放大连市后,人民政府成立,对日伪统治时期遗留下的社会问题采取积极负责的态度来解决。首先取消妓院,废除烟馆,严禁赌博,并拨粮四百万斤救济贫苦群众。一九四七年四月,开始筹备在宏济善堂废墟上建立劝业工厂(现在的生产教养院),接收了该堂原收容人七三名,先后由政府拨款四千万元,作为生产基金,继续收容乞食街头的老残孤寡。政府除按期发给食粮外,苏军也先后拨给十五吨高粱,二十五吨稻子,七吨大米。一九四八年春,在岭高区找到一处停工的制酒工厂,改为棉织厂,由实业公司拨给一部分机器装设起来,又在沙河口找到一处废厂,改建为铁工厂;从财政局接收的敌伪财产中建立了印刷厂。在建立工厂初期,一无好机器,二无好技术,收容人的工作效率十不当一。惨淡经营到一九四八年,才略具规模。在农业生产上,一九四八年秋接收了两处果园。在山西区原宏济善堂墓地附近,开辟了五十亩菜园。利用荒山开辟牧场,养羊三百头,小牛二十余头。一九四九年春又在岭前区棒棰屯开辟荒地六十亩为稻田,同时将棉织厂周围三十亩土地辟作菜园。九月又添设了洗衣所,装设洗衣机器。四个工厂也正规化了。于是走向自给自足,不再需用政府帮助。

收容人初到劝业工厂,因为有敌伪时代宏济善堂的恶印象,都有惧怕思想。经过一个时期教育,才逐渐消除了顾虑。但在工作时,仍存在着偷懒、耍滑、混吃等死的现象。针对他们这些特点,首先进行了阶级教育及政治教育,使他们觉悟到过去长期受贫困饥饿的根源,使他们知道人民政府领导下的劝业工厂就是他们的家。经过教育改造后,建立了新的劳动观点,他们也知道了爱护工厂、努力生产,逃跑的现象也很少发生。厂内并先后成立了两期短期训练班,培养了一些积极分子,成为工厂一般干部。但对调皮捣蛋觉悟不够的收容人,尚摸不到有效的教育办法。虽然干部亲自下手,耐心的个别教育,仍收效不大。上课时,这些人不是睡觉,就是画小人,上厕所,总是想出种种办法逃避听课。工作时也是如此,如印刷厂韩学颜,他一天要上二十几次厕所,每次都在厕所里看连环画,不去人找,就不出来。草织厂的何琐子是由劳动小学调棉织厂当学徒的,后来又调草织厂,一共走了六个单位,到那里,在那里调皮,结果谁都不要。他说:"反正你不能把我撵出劝业工厂,大小十七个单位,随便你调换。"这些人不但在生产单位是一个阻碍,而且还扯积极分子的腿。因此针对这些情形,成立了整训班,由总厂组织了干部,亲自下手,经各单位调查了解,研究这些落后分子思想情况和主要因素后,抽调了最调皮捣蛋的三十九人集中教育。当开学初期,有的闹,有的骂,有的要求退出本班,但干部还是耐心的教育。后来他们看行不通,又改变了方式,晚上坐在床上捻纸绳(包货用的纸绳),一边哭,一边捻,说是想上吊死了算啦,实际是威胁,想使整训班解散。可是班部早预料到会发生一些问题的,除抽调两名有威信的干部和他们住在一起,共同生活,及时解决一些问题以外,并根据他们的情况,订出了十大功过制度,每天民主评定,每周总结,以成绩优劣作为分配工作的根据。在第一个月以劳动改造为主,第二个月政治时事学习,第三个月是算账,及检查忘本思想。经过了三个月零九天的学习,普遍提高了政治觉悟,在抗美援朝运动中全部学员都争先恐后报名参加志愿军。如学员杨宪坤说:"共产党把我救活的,我一定保卫人民利益献出我个人的最大力量。"杨天义临走时跟大家说:"你们看着吧,管保火线立功。"上级没批准的邵福有说:"我一定要在生产战线上来抗美援朝。"这些学员,除参加志愿军走了的以外,其余的人重新分配到各单位生产,普遍提高了生产情绪,起了核心作用。他们领导群众学习,还把整训班的纪律与制度逐渐渗透到各生产单位,因此大家都称他们为"生力军"。

劝业工厂是从无到有,从小到大,逐渐发展起来的。现在有织工、棉织、印刷、草织四个工厂;有果园三处,菜园两处,稻田一处,牧场一处,及洗衣所、粉房、磨房、咸菜厂等生产单位;另外有养老院、劳动小学、育婴堂、医院等救济福利单位。自一九四七年至一九五○年共收容了三千八百三十三人。在各厂及两期短训班一期整训班内,共培养了专门技术工人八二名,一般技术工人五二六名;介绍到各大企业及各机关团体工作的有三八二名,一般工人干部三三二名,正式职员干部三十名,南下干部七名;全厂在抗美援朝运动中报名参加志愿军的,有四六四名,报名志愿输血的二二七名,结果根据具体条件批准了参加志愿军的一○四名,输血的八○名。其余有的因故乡解放而资送回籍,有的因家庭生活上升而被领回家,目前该厂尚有收容人一三五九人。除老、残、妇、幼七六七人参加学习和轻微劳动生产外,余均参加到各单位生产中去。在大连市已见不到乞丐,基本上消灭了游民阶层。

——《救济工作通讯》第 19 期 1951 年 5 月 15 日

13.热河省一年来城市救济福利工作简报

(1)一年来做了哪些工作

扶助贫民生产方面:

①目前统计承德、赤峰二市难民(不是一般的城市贫民)有八七五户,三二二一人(北票、凌源、平泉也有难民因无材料未计在内),对这些难民除

少数的孤寡残废收容到生产教养院或由政府救济外,其他稍能劳动者,一般都进行了可能的生产。

去年春夏灾荒之际,农村不少灾民流入城市,或经过城市逃荒他处,因而加重城市负担,赤峰市去年共收容二二四二人,遣送回籍者二二一六人,共费小米一四二一〇斤;承德市做了全市全面收容达七次,夏季最多一个月收容达三七九名,该市共费小米四千余斤,遣送回籍之灾民,由于灾荒严重加之当地干部未能认真帮助解决困难,故送而复返的竟达十余次之多。

因日寇及国民党反动派的统治和连年灾害,一九五〇年承、赤二市共有失业工人三八七名。

②组织生产情况:一年来我们遵照着中央、东北人民政府的指示,对难民的工作方针是以生产自救、社会互助为主,政府扶助为辅进行的,收效很大,省市领导上都重视了这一工作。赤市成立了贫民工作委员会,承德市成立了劳动介绍所,合作贸易部门也做了有力配合。

尽一切力量组织了难民进行可能的生产:承、赤二市一九五〇年共组织了困难户二四三二名贫民进行各种生产(估困难户总数在百分之七十五点八),如赤市四百八十七户困难户,除孤寡老弱外,九八八名男女劳动力均自动或由贫民工作委员会组织起织麻袋、纺麻绳、打石头、纺毛线、缝棉衣和到火柴厂、麻黄场、修理粮库做长工或打短工等,共赚米二五四五二六斤,开荒三百亩;承德市一九五〇年一至十月共组织了贫民六四九六人从事挖金、烧砖、修桥、修坝、挖旱河等十九种生产,共挣小米一〇八三四五六斤,仅以挖旱河、修公路即组织了一千余人,挣小米十七万斤,所有这些生产,都经过领导上周密组织,在支持困难户生活上起到了很大作用,有的已基本上解决了困难,打下了生产基础。

发动社会力量救济困难户,承德市一九五〇年春季展开了一次群众性的互济互助运动,捐助出粮款折米一万斤,十一月又发动了驻承德市各机关、团体、学校、工厂捐助东北券一亿元,棉袄单衣二一二件,鞋九百九十四双,其他帽子等六百九十一件,给困难户以有力援助。

政府为了救济一些孤寡残废与扶助自救能力极薄弱的困难户进行可能的生产,一九五〇年共拨下承、赤二市原粮九万斤,一九五一年又拨下十四万斤。

孤儿院、教养院情况:

我省孤儿院有十处,教养院两处,一九四八年至现在共收容孤儿八百余名,教养院目前有二百九十一名,孤儿院承、赤二市已完全进行正规学校教育,朝阳、北票、团场、隆化、平泉已配备了教员,凌源孤儿院完小借读,宁城县、喀喇沁旗孤儿院尚未配备教员,未进行学习。我省孤儿院之成立,是与热河几年来灾荒分不开的,因为灾荒严重,农村失掉父母和亲人的孤儿,别人无力收养,因之即流浪街头,被政府收容入院。

教养院所收容的多是市内孤寡老弱,和外县、外省逃来无家可归的难民,在院内并设立烟民与妓女的改造组,均由政府组织起来进行劳动改造,赤峰市教养院组织了烟民暗妓小偷及困难小学生等进行了可能的生产(做豆腐、摘猪毛、开大粪厂、纺毛线等)共收入七○三四九斤小米。政府为了支持他们生活生产,一九五○年共拨下了二七一三一八斤原粮。

妓女改造工作,承德市于一九五○年五月下旬集中了三十一人,经过三个月的改造后,大部有了劳动习惯,从思想上认识了旧社会对他们的残害。但也有少数重犯的。赤市教养院亦改造了妓女二十余名,经过实际劳动的锻炼后,现已成为正派妇女,从事生产。

(2)目前存在的主要问题和今后工作意见

①贫民生产,因为热河除北票外并无大规模工厂、企业,故贫民的生产是零星的,暂时的,随季节而变动,尤其是较困难者,因职业不定,时常有断炊危险。客观情况如此,困难户的自救能力又甚弱。因此除发动社会力量捐助外,政府必须给以扶助,并积极想办法,使其打下生产基础,可逐步随着国家工业的发展,生活可能得到好转。对孤寡残废除其自力解决外,政府亦应予以适当救济。

②孤儿院、教养院,主要亦为经费问题,各市虽尽力想办法,但仍是入不抵出。由于经费不足,卫生、衣服、宿舍、伙食等甚为低下,亦需政府支持建立起生产基础,改进今后的福利工作。

③贫民生产是不固定的,是随着季节而变化的,故在组织贫民生产时,必须细致深入组织他们,不怕小,不怕挣钱少,不要尽想搞大的。同时要深入调查掌握住困难情况,与各生产单位取得密切联系,经常计划为贫民找生产出路。

④教养院的工作经验证明:想把收容改造工作搞好,首先需要领导上重视,派较强干部负责此项工作,且必须具有搞好教养院的决心,对收容人员必须分别不同对象进行耐心的教育特别是政治教育和劳动改造。孤儿院的教育工作,必须很好与教育当局取得联系,使孤儿院成为一个正规学校。

编者按:这个文件是较小而贫困的省份的救济工作报告,其工作优点是:第一,领导上重视城市救济工作,分配较强干部,表示对救济抱着负责的态度。第二,注意动员社会力量,不是政府包办,同时政府又担负必要的救济费用以补不足。第三,把妓女与烟民放在生产教养院一起,分别劳动改造,是符合暂时财力人力不足的情况的。但在遣送灾民回乡方面首先应与被派遣的当地政府联系好,并做好对灾民的宣传教育工作,使其自觉自愿地回乡生产,以免灾民来回多次,增加痛苦,浪费经费,影响了政府的诚信。其他如孤儿院的教育工作,"使孤儿院成为一个正规学校"是否要求过早,也值得研究。收容教养机构的儿童教育是可与劳动生产结合的。

　　　　　　　　　——《救济工作通讯》第 21 期　1951 年 7 月 15 日

14. 南京市生产自救工作概况

　　南京市由于过去国民党反动派几十年来的罪恶统治,遗留给人民深重的痛苦;尤其是生产事业的基础极度薄弱,造成了严重的无业和失业现象(无业失业者最多曾达到五十万人)。解放后,人民政府针对上述情况,除以疏散为主、临时救济为辅的政策外,曾大力开展了群众性的生产自救运动。南京市救济分会及其前身生产救灾委员会,在人民政府领导下,根据无业和失业者(包括失业工人,失业知识分子,城市贫民,烈、军、工属)本身所具有的生产条件——技术、经验等,及生产品的销路、成本等具体情况,把他们组织起来,投到生产自救运动中去。

　　南京市的生产自救工作,主要是以加工与贷款两个方式进行的。

　　加工方面:组织了无业和失业的劳动力、半劳动力参加编织草袋,纳鞋底;并在群众原有的生产机构中进行了缝纫、纺织、针织、食米等加工生产。编织草袋是由于一九五〇年初,各地需要草袋,而打草袋的技术简单易学,成本不大,盈利也有把握,半劳动力也可参加;因此,就发动了城市贫民进行这项生产,使一万五千人渡过了春荒。制军鞋的工作是在一九五〇年四月及一九五〇年五月间,二次配合南京市手工业联合会与布履合作社进行的,先后解放了二万五千余贫民的生活。尤其是一九五一年五月的一次,即使一万八千多贫苦的家庭妇女渡过了夏收前青黄不接的困难。其他在现有销售工业生产机构中进行的加工生产,如棉织加工,由于有计划、有领导的进行,使南京市四区棉织加工厂由原来的八十几部织机逐步发展到三百三十一部,直接参加棉织加工生产的劳动力也增加到七百六十六人。连靠其生活的家属计算在内,可经常解决二千多人的生活。

　　贷款方面:在发动失业和无业者从事加工生产的同时,分会以贷款方式,组织群众,进行了各种小型手工业生产,扶助他们建立起自己的生产机构,如织袜、棉织、榨油、烧砖、织麻袋等;及帮助他们进行了开垦荒地,贩柴等农业生产和小本贸易。贷款是按其具体情况酌量贷给适当的款项,使他们能够生产而逐步达到自给自足。如扶助五区贫苦小贩,组织贩柴小组,分会仅贷款一千万元,即解决了一百多人的生活。又如贷给了织麻袋小组七千万元,即使一百个失业的人参加了生产。后来又采取了歇人不歇机的办法,使每日织麻袋三条的产量增到十三条,由亏本而转变到获利,一九五一年五月份的纯利即得二百三十五万四千八百十一元。现南京市生产自救的组织都已逐步地趋向于自给自足。

两年来由于正确地贯彻了生产自救的方针,南京市在工作中获得了巨大的成绩,按累计数字已使六万三千六百多失业和无业的贫苦市民(包括附属生活者)初步解决了生活问题,其中部分的已从生产上安置下来。特别在今年春天有计划地发展群众纳鞋底及参加工赈工程,而使政府救济粮的开支大大地减少了。

在进行上述工作中,我们也获得了不少经验教训。如在组织编织草袋时,由于事前预见不足,没有和收购机关订立合同;及至收购机关突然停止收购时,便引起群众部门埋怨政府不替他们彻底解决困难。又如第一次承制军鞋时,因领导人经验不足,没有预先防止事故,乃发生偷窃失火等事件,致使发出的鞋底无法归还,遭到损失。又由于对生产工作生疏,没有经验,缺乏计划性,因此贷给第七区吉庆圩五百万元,拟开垦五百亩荒地,结果只发动了三户,开出二十四亩,贷给的款项仅买麦种和耕牛就用去了二百三十五万八千元,以致未能发挥生产效能。关于掌握情况和工作检查方面也作得不够,如贷给八区四百万元搞烧砖生产,就因为平时没有检查,发生拐款事件,结果失败了。生活的技术不够,也是使生产事业失败的原因之一。南京就因为虽有组织生产,而技术没有提高,以致生产品的质和量都不能达到一定标准。根据这些经验,就认识了要作好生产自救工作,必须加强领导,经常进行调查,掌握生产单位的具体情况,收集研究各种材料,发现问题,及时提出改进工作的意见;要争取主动与各生产组织取得密切联系,进行督促与检查工作(包括查账),找出生产机构组织上的优缺点,生产成本的多少,生产品的好坏及销路的大小,及时纠正偏向;并且要积极培养与提高技术人员。这样才能使工作顺利开展。

通过两年来的生产自救工作,南京市从事救济工作的同志们,克服了很多困难,增加了对工作的信心;吸取经验教训,提高了工作技能与工作效率,大大地减少了过去的盲目性,纠正了因缺乏计划而造成的浪费与损失。在尝过了无业和失业苦味的贫民方面,也由于两年来生产自救的实际锻炼,已初步树立了劳动观念,认识劳动的光荣,纠正了他们单纯依赖救济的思想。

现在,救总南京市分会根据南京市人民政府的指示,已将生产教养院合并起来,生产自救的机构已逐步发展到十六个单位。今后的生产自救工作,将在分会的统一领导之下,稳步前进,以求得更进一步的发展。

（救总会务组）

——《救济工作通讯》第 22 期　1951 年 7 月 31 日

15. 介绍武汉市生产教养院

（1）武汉市生产教养院的成立

一九四九年五月武汉市解放后,人民政府接管了伪救济院一些破烂的缝纫机,蚊帐等物,另一方面接收了八百○五个院民,三十六名职员,二十一名工读生,十五名杂工。接管的所谓物资,有的是废品,有的是一时无法运用周转的死东西,而接管的八百多人,则急需解决其生活问题。接管之后,经过初步宣传教育,供给伙食,逐步实行民主管理订定生活公约,安定了院民及员工的情绪。然后经过群众诉苦与说理斗争,将其中罪大恶极者送司法机关处理,或予清除,遣送有家可归者一百七十人,返乡生产,介绍职业者十四人,清理假冒领粮者二十三人,最后留院者四百六十四人。

为了开展生产,首先开办了织布厂与缝纫厂。但由于组织不健全,管理经验缺乏,技术水平过低,部分落后院民怠工破坏,曾因贪污偷盗损失布一百一十匹,经过深入检查教育之后,初步建立了会计与仓库制度,款必经账,货必经库,加上值日值夜及门禁制度,堵塞贪污偷盗的漏洞,把织布、缝纫两部分改为纺织被服工厂,生产工作才初步走上轨道,纠正了混乱情况,消灭了赔本现象。到一九四九年底,生产营利共达五千六百多万元,开始摸到了生产自救的道路。

一九五○年一月合并了市难民乞丐处理委员会,增加了新的生产资金棉纱九十九件,折实单位存款五万个,米十五万余斤,现款一亿七千余万元,又因同时合并了育幼学校,新老院民及学生已达二千余名,如果单纯的养起,在半年以内,即可把该院全部财产吃光。院民当中有男男女女,有婴儿幼童七八十岁的老年人,有失学的学生与大学毕业生,有年富力壮的小伙子与残废,成分极其复杂。

为了办好社会救济福利事业,全体干部按照中央规定的生产自救的方针,对具有劳动力者,以改造为主,通过劳动生产去进行改造,变消费者为生产者;对老弱残废,以养为主,并尽量利用其半劳动力去参加劳动生产;对婴儿幼童,以抚育为主,并辅以适当的教育,开展了全盘的生产教养工作并提出争取逐步达到自给自足的目的。并先后扩大了织布机、缝纫厂,建立了碾米厂、织袜厂、毛巾厂、鞋厂、农场、门市部。六月底生产营利达九千余万元,生产自救的信心才最后肯定下来。但因手工业生产力过低,仍感入不敷出。为了进一步寻求大生产门路,在新的信心新的经验基础上,六月份掀起生产竞赛,提出"迎接七月生产教养院的正式成立,机器全部开动,学习技术,搞好生产,改善生活"等口号,结合进行劳动光荣、反对偷懒寄生的思想教育,因而使生产质量与数量大大增加,干部与院民信心更加提高。七月一日,生产教养院正式成立,调整了育幼学校、武昌分院、安老所、收容所、育婴所等教养单位。八月以后继续建立了砖瓦厂、麻袋厂。因为砖瓦厂容纳劳动力多,获利大,七月至十二月生产盈利达五亿二千九百二十六万余元,生产资金已扩大了约三分之一。原系游民经过改造而提为生产员(学会技术者)的四百三十五人,参加生产的全部劳动力九九五人,加上半劳动力共一千二百人,并配合民政局四次收容乞丐六千八百一十七人,除遣送与保出者外,其余转生产教养院劳动改造或安老育幼,院民逐增至二九二一人(包括劳动与不劳动者)。除生产盈利外,又经过改换炉灶降低灶身、节用热水、挖井、改用小灯泡、减省电费等方法节余八千余万元,合计为八亿七千六百六十余万元,占消费支出的百分之六十四左右。这就是该院一九五〇年生产自救达到自给自足的程度。一九五一年除对原有的二九二一人争取全部自给自足外,并根据全市救济事业的需要,继续扩大社会救济福利事业。

(2)安老抚幼与办福利事业

除了有劳动力的青壮年已有工作外,其他老弱残废、鳏寡孤独和弃婴,都分别进行了安置,使"老有所养,幼有所学"。其中年老的大部分严重的存在着"偷懒"、"混吃"、"等死"的寄生思想。街头流浪的孩子们,一般的个性倔强,流氓习气重,有乞讨、偷窃等不良的习惯。武昌伪救济院敬节堂的妇女(所谓节女),多是清朝末年入堂守节的寡妇,生活上依赖政府,私人作针线工赚来的钱舍不得吃,终日燃香念佛,认为是"修来生"。还有一个"瞎子堂"的瞎子,初一十五必须出去算命,不准出去他们就瞎骂。收容的弃婴,大部是有梅毒、肺病、瞎子及病的快要死了的女孩子。安置的办法是分别将他们转入育幼学校,婴儿所等单位。对于老者和所谓"节妇"采取稳步改进的方针,主动的从各方面帮助他们,同情他们,医治其疾病,组成所民代表委员会,经过群众订出生活公约,使他们精神上感觉愉快。那些"废人无用"、"烈女不嫁二夫"等错误思想,逐步的克服着。敬节堂的妇女也自动的加入了打草鞋、洗衣、养猪、喂鸡鸭的轻易劳动。第一安老所并争取了一九五〇年四个月的菜金自给,这样从生产中提高了他们的情绪。

育幼学校儿童们认为上学是苦事,仇视老师,并养成了许多不良行为。经过保育教员事事体贴,使其感受温暖,同时实行必要的纪律,以具体事物教育他们,改变了他们对人的怀疑与仇视心理。然后又经过控诉美帝国主义在华罪行的爱国教育,成立了学生会,启发了他们的政治觉悟。

经过以上教育,在期考时全校学生平均分数在七十五分以上,年满十五岁身体健康的儿童分别转到各习艺工厂者前后共达二百余人,并且成为生产员中的骨干。在儿童保健方面也作得很好。二年以后出入该校者达五六百人之多,经常住校者三百人左右。在人多、医药条件困难、地址十分简陋的情况下,只因患黑热病死去了一个孩子。该院一年来并收容与养育了弃婴五六十人。

院民福利方面:规定了十小时工作制(十八岁以下每日工作八小时);设立俱乐部,组织工人生产员演剧,每月轮回上演一次;建立医诊室、理发室、浴室,开办文化夜校。同时与福利工作结合,对模范生产员进行了表扬与鼓励,大大的稳定了院民的生产情绪,提高了生产效率。

(3)爱国主义生产竞赛与捐献运动

该院自成立以来,虽已取得了很大成绩,但因为生产员(收容人员)流浪意识浓厚,政治觉悟的提高十分缓慢,情绪上的忽高忽低,厌恶劳动破坏生产的事故经常发生。本年元月份领导上提出爱国主义竞赛时,有的院民发牢骚说:"什么竞赛,还不是让我们多干些活。"针对这种情况,领导上元月份即以改造较久的织布厂作重点试验,具体帮助与培养了第五组为生产典型。该组由元月份的生产布一七六匹增到三月份的二五九匹,全厂的总生产量亦由元月的一〇七五点七九匹增加到三月份的一二三一点三五匹。二月份举行评选模范奖励模范大会,提高了院民对生产的认识。三月份结合传达市劳动模范大会的精神,介绍了马恒昌小组的成功经验,院民政治觉悟生产情绪普遍提高。小组讨论会上许多小组提出了竞赛挑战书,结合反对美国武装日本,镇压反革命学习,全院爱国主义生产竞赛热烈的开展起来,截至六月份,织布厂元月份生产一〇七五点七九匹增加到六月份的一二八六匹。在生产竞赛运动中,生产员(收容人员)的政治觉悟与学习的热情迅速的提高着,团结互助爱护公共财产,节省原料、提高品质等好的作风大为发扬起来了。

正当爱国主义增产运动蓬勃开展的时期,院民在收音机上听到了志愿军代表的广播,激起了大家的爱国热情,纷纷在抗美援朝增加生产的决心书上写着:"志愿军在零下二十度的天气渡冰川、爬雪山,不惜牺牲保卫祖国,保卫我们的幸福生活;我们如不努力生产,怎能对得起前线将士?"经过了深入讨论座谈之后,大家普遍订出增产计划。为了表示全体员工对志愿军及朝鲜难民的关怀与热爱,干部首先带头,在一个早晨捐献慰劳金二四三五〇〇〇元。

经过此次捐献运动之后,爱国主义与国际主义的认识更加提高,生产竞赛热潮也更加提高。最近生产运动中又自动提出努力增产捐献飞机大炮,他们兴奋的说:"让毛主席知道我们大家都变成了劳动生产自食其力的新人吧!"

——《救济工作通讯》第 23 期 1951 年 8 月 15 日

16. 长沙市解放以来的救济福利工作

(这是 1951 年 8 月 17 日长沙市民政局陆锦局长,在救总长沙市分会筹委会成立大会上关于解放以来长沙市救济福利工作报告的摘要)

长沙市解放后,人民政府承担了国民党反动派遗留下来的灾难深重的局面。在医治创伤,改造消费城市,恢复与发展生产的方针下,政府财力虽然有限,但仍拨出巨额经费,结合社会力量,大力开展了救济失业工人,收容乞丐,遣送难民,组织生产,扶助贫民度荒等社会救济福利工作。在重点收容乞丐遣送难民阶段,本会组织"长沙市临时救济委员会"及"长沙市乞丐难民处理委员会"主持其事,并募集大量经费、粮食、衣物;在生产度荒阶段,本会组织"长沙市救灾委员会",发动节约及影剧义演,以协助救灾。这样,社会救济福利事业一经变为群众性的社会运动,就大大地增强了力量和工作效果。

(1)工作概况

①救济失业工人:关于失业工人的救济问题,本市于一九五〇年七月成立了"长沙市失业工人救济委员会",工作的第一阶段是登记、审查。截至一九五〇年十二月底,共登记了失业工人包括文教、会计、统计的失业人员六八一四人。登记后采取以工代赈、还乡生产、生产自救、急赈、转业受训、介绍就业等方式进行处理。其中转业还乡生产者二二三八人,参加工赈者二三六一人,转业受训者七六一人,生产自救者二五六人,介绍职业者三一一八人,其他三六一二人。一般失业工人,在未得到适当安置前均给予临时性的赈济。截至一九五一年五月,凡有一定技术或有劳动能力的人,均得到了适当的安置。但有一些老弱残废或劳动力不强,技术水平低下以及不愿远离本市的,在安置上比较困难,现仍在继续设法处理中。

②收容处理乞丐:市人民政府于一九四九年十二月成立"乞丐收容临时处理处",专负收容处理之责。自一九五〇年十二月至一九五一年四月,先后收容四次,共收容乞丐三二八三人。经过诉苦、挖苦根的阶级教育,以提高其觉悟,然后按不同情况分别处理。原属外籍有家可归且有劳动力者,资遣回乡生产,先后共遣送了一〇五六人;有劳动力的职业乞丐六百余人,

实行劳动改造,参加修沟、垦荒、筑墙、挖土方、制砖等项工作;童丐和女丐二百余人,分别参加了军鞋加工、缝补、打绳、糊火柴盒等项工作,并取得了一定工资,减轻了内部的开支;乞丐中具有相当工作能力可以工作者六十七人,均已介绍职业;属于残老病幼者,施以长期教养。部分乞丐在收容前已染患痼疾、重病,经医治无效而死亡者一〇一人。此外因不愿从事劳动生产,收容后又复逃走者计五八四人。乞丐收容后,一切供给完全由政府负责,截至一九五一年七月,共支出大米约二百多万斤。

③资遣外籍灾难民还乡生产:自一九四九年十二月至一九五〇年十二月,本市先后举办了三次灾难民资遣工作:计遣送七一〇二八人;再加上愿意还乡生产的失业工人二二三八八人,乞丐一〇五六人,合计遣送了一〇三九六人(经个别资遣的约一五〇〇人未计算在内),用去经费资金三亿元。市人民政府为了办理大批战俘、难民以及流亡学生、公教人员过境转遣工作,乃于一九四九年十一月设立招待站,至一九五〇年六月止(七月份起即交由省民政厅办理),共遣送了战俘五一一九八人,难民、流亡学生及其他人员一〇八三八人,合计六一九三六人。

④展开灾民贫民的救济工作:本市贫民,据一九五〇年四月份不完全的统计,即有二五〇〇〇人左右。市人民政府秉承中央"生产自救为主,社会互济与政府扶助为辅"的社救方针,采取了以下三种办法:

第一,对孤老残病无以维生及虽有劳动力但因家庭人多,收入不足维持生活者,予以急赈或补助;

第二,对有劳动力而无职业者采取以工代赈,帮助他们谋生路;

第三,属于流落本市之有劳动力的外籍灾难民,动员资遣回籍。

一九五〇年春夏两荒,举办了三次急救,共赈济了四七〇五户一二二一八人,发出大米二〇八六一六斤。工赈方面主要为承包土方、石方,组织有劳动力的贫民参加填砌土方迁坟的有八九九〇人,计得工资大米一三七三二五二斤;参加寒衣加工的约八〇〇〇人左右,计得工资二亿二千万元。一九五一年二月份又举办了一次冬令救济,得到赈粮的有五八一〇户,一二五七八人,计发大米一五七七四七斤;得到寒衣的为七四〇〇人,共发出寒衣七二〇〇件。本年四月,又向各方洽谈承包土石方工程,计承包土方七四〇〇〇立公方,石方二〇〇〇立公方,参加工赈的贫民三〇〇〇人。截至八月份上旬共得工资四亿七千万元,直接间接解决了万余人的生活。对贫苦无靠的孤老残弱拨粮五八三〇〇斤。此外,两年来还举办了六次临时性的火灾救济,被救七九四户,一四〇一人,共发出大米四九一三斤。

⑤成立合作社性质的贫民军鞋加工厂:一九四九年十二月,承包中南军

需部军鞋加工业务,先后在各区建立八个军鞋中心加工厂,下收贫民家庭妇女占百分之八十以上。加工范围分纺麻绳、钉鞋底、圈底边等三个部分,截至一九五一年六月十五日,共纺麻绳三三一五一〇四〇条,钉鞋底一三〇四七六八双,计得工资六九四八六七八〇〇〇元,折合大米八六八五八四七斤。这不但解决了部分贫民生活,在完成支前任务上亦起了很大作用。

⑥对本市公私立慈善救济机构的处理:甲、在长沙解放初期,对公立救济机构是按省市系统接管的。长沙市乞丐习艺所由市府接收后,于一九四九年十二月并入乞丐临时收容处理处;原属省领导的省区救济院和五个保育院,由省民政厅接管。乙、扶助私人办理的救济机构。湖南贫女院、贫儿院因救济来源完全断绝,曾两次拨粮扶助,后经上级同意,由市府接收;同样,接收了湖南宝善救济院。丙、对一般善堂会馆,政府组织了地方财务整理委员会,协助其原机构人员进行整理,已收到相当大的成绩。

⑦统一公立救济机构:市人民政府在接收省区两救济院以后,于本年三月一日与原有的乞丐处理处合组为"长沙市生产教养院"。该院现有被救济对象三千人,干勤人员一百五十人左右。该院除设有教养及劳动生产单位——乞丐收容所、残老教养所、妇女教养所、育幼所、育婴所、盲哑学校、义渡、义葬等单位外,尚设有若干生产单位——机器砖瓦厂、电机及木机织布厂,电机制粉厂、火柴厂、机器米厂、军鞋加工厂、被服厂等单位。现该院正以大力进行教育及各种生产事业,以期达到劳动改造和经济上自给自足的目的。

⑧劝募四省灾民寒衣:去夏河南、河北、皖北、苏北淮河流域水灾,千万以上灾民无衣无食。中国人民救济总会等团体,号召全国各地人民发扬互助互济精神,劝募寒衣救济灾民。本市原认募二万零五十套,但上级为照顾人民实际困难,减为九千套。经过普遍深入的宣传,捐募情绪高涨,达到了一九九五四套,超额一倍以上。

(2)对于本市今后开展社会救济福利事业的几项意见

①长沙市今后的一两年内仍以社会救济工作为主。并根据可能条件,有重点有步骤地举办某些必要的福利事业。现已举办的育婴、育幼、安老、养残等工作,须继续努力工作作出成绩来。

②救济工作以失业工人、失业知识分子为主。救济分会应协助失业工人救委会,争取一二年内基本上解决这一问题。

③社救工作以帮助失业及半失业的城市贫民谋取职业或生活来源为主。

④对于游民改造,首先是对乞丐、扒窃、流氓实行收容,强制劳动,使其

成为独立谋生的新人,并拟明年开始收容妓女,进行劳动改造。

⑤巩固并提高生产教养院的各项生产教养事业,使成为本市社救福利事业的示范之点。

⑥通过救济分会,团结组织本市的一切社会力量。依照正确方针,有领导、有计划、有步骤地开展本市社救福利事业。

　　　　　　　　——《救济工作通讯》第 26 期　1951 年 10 月 10 日

17. 一九五一年上半年上海婴儿辅助工作总结

(1)一般情况

本处根据一九五〇年十二月妇幼工作委员会通过的《冬令津贴养育婴儿的办法》(草案),经领导上批准后,于二月一日开始办理婴儿补助工作。起初,由于对外联系不够,很多机关以及里弄居民不知道我们举办这项工作,前来申请婴儿补助的寥寥无几。后来逐渐增加。当时工作比较被动。四月中旬,本会联络处为本市弃婴问题召开了一次扩大会议,出席这个会议的有公安局、卫生局、民主妇联、家庭妇联以及各育婴机关负责同志,本处派王文江、张鹏翔两同志参加。在会议上谈到了婴儿补助工作如何展开以及调查工作如何进行等问题,并初步与各有关方面,取得了联系。会后家庭妇联即协助我们作了一些宣传、介绍工作,又在五月份配合我们作了十几家的调查工作,此后,申请补助人数日增。总计在这半年中前来申请补助的共一三四户,批准补助的共一〇〇户,受补助婴儿的共一〇一名(因有一户是双胞胎),发出补助金折实单位一〇九五个、奶粉二二七磅半。

(2)补助对象及条件

①生母无乳汁,或乳汁严重缺乏而又无力买代乳品者。

②父母失业,家庭贫困,无力抚养婴儿者。

③生母原有职业,但由于哺育婴儿不能继续工作,因而影响其最低生活者。

④其他各种原因,若不加以补助,即会遗弃亲生婴儿者。

⑤被补助婴儿年龄,从初生到十个月为限。

(3)补助种类

①奶粉补助:按实际需要决定之。初生至三个月的补助二磅,三个月至十个月的补助二磅半或三磅。

②经济补助:每月每人以不超过二十个折实单位为原则。

(4)对受补助婴儿家庭之教育

通过每月上旬家长会议,以进行对各家长之教育。教育内容为:

①政策教育:除经常在调查访问时进行政策解释外,并在五六月份召开的家长会议请首长作政策报告。说明人民政府与反动政府之不同;在反动政府时候很多人因为生活困难,无力养育子女,造成社会上严重的弃婴现象。人民政府是要替人民负责的,人民有了困难,政府就要在可能范围内协助解决。

②奶粉喂食及调制法:来申请补助各户,都是家庭贫困的,一般的说,过去不曾吃过奶粉。因此对领去的奶粉如何冲吃,他们都不晓得,所以必须对他们详细说明和解释。

③婴儿保健方面:每个婴儿要经常注意预防接种以及按月进行体格检查,对较大婴儿如何使他们在经济困难的条件下吃到各种维他命,像蛋黄、番茄、豆腐浆、鸡毛菜,都可以买给较大的儿童吃。吃的方法也在会议上详细说明。

(5)工作上的收获

①通过了半年来的婴儿补助工作,基本上减少了本市弃婴数字。

②受补助的家长,深切体会到人民政府与反动政府的不同,人民政府的确是帮助人民解决困难的,因此对人民政府表示无限感激。

③通过了两次家长会议,蒋野平与乐德因二位同志作了关于婴儿保健工作的报告,使家长们进一步了解如何养育和照顾婴儿,减少婴儿疾病与死亡。半年来在受补助的一百零一个婴儿中,死亡的只有二人。

④打破了部分父母重男轻女的观念。

(6)工作上的缺点

①申请婴儿补助各户居住地区分散,每月不能普遍进行复查。

②对有关机关的配合与联系不够。

③工作上缺乏计划性,同时对整个业务研究不够。

④工作同志调动太多,难以熟悉情况与业务,造成工作上的损失。

(7)今后工作意见

①重视烈、军、工属的婴儿,予以特别照顾及优待。

②多与有关机关联系,尤其各区诊疗站能够使民众进行全面性的联系,使每个受补助婴儿能够按月前往免费作体格检查一次。

③注意业务学习。

——《救济工作通讯》第 27 期 1951 年 10 月 25 日

18. 长沙市同乡会馆整理工作初步总结

（1）概况

长沙市过去的同乡会馆，在伪市府登记的有 65 个，其成员分布在各阶层中，情形甚为复杂。兹分述于后：

①沿革及性质：基本上可分为两种情形

第一，外省籍同乡会馆：多建立于清初康熙乾隆年间，其起源是随着长沙市商业经济的发展而产生的。当时各省来此经商的人，为了发展商业市场，垄断一定的行业，结成一个集团，名曰帮口。为便于同帮人聚集，便捐款购产，成立会馆，并供奉偶像（如金庭、广东、湖北供奉关圣等），以作号召。此外还以该省之不同县份或行业，组成各种小堂会，江苏金庭会馆，有行业性的堂会三个；江西会馆，有地域性的堂会五个，行业性堂会三十六个等。主要都是供同乡集会，巩固势力，交换商情，经济性较为浓厚。

第二，本省外县籍的同乡会馆：成立时间不一，多创于清末。其起源是因科举考试，为便于生员来省应试，由各县捐募或拨教育产款，在此购产建馆，是为试馆。除办生员食宿外，也经常住有来省求官谋职者，因此当其建立之始，政治成分较重。

总之，同乡会馆，不论是外城或本省外县的，都是封建性、地域性并带有浓厚的迷信色彩的社会团体。

②组织与人事及其转变：同乡会开始建立时，组织很简单，多由同乡中推举一人或数人负责经管，办理祭祀等。当时负责人称"首士"或"客总"，一年或数年推举一次，又称为值年制。民国以后，多改为董事制或委员制，负责人称乡长、会长或主席等。至一九三七年国民党反动政府通令普遍改为同乡会，组织一律为理事制，成立理事会。

同乡会馆建立之始，经理财产的管公人，多为较富有者，或由一定的铺号经管，在国民党反动时期，会馆之管公人，却为破落商人、流氓、地痞、特务等取而代之，他们对内操纵把持，对外则与官僚们勾搭，藉以巩固其所操纵的权利。产业较多的外省同乡会，则为这班流氓地痞肆意贪污浪费。

本省外县同乡会，一般均为官僚、国民党员、特务、地痞、流氓所把持。如醴陵同乡会，因为大官僚多，同乡会是为他们服务的，藉同乡会假公济私，干涉县政。自国民党反动政府统治以来，同乡会馆在组织人事上，起了大的变化，这是当时国民党反动政府，有计划地变同乡会为其反动统治工具的基础之一，而在一九四八年与一九四九年伪国大代表立委选举时，达到最高潮。

③财产情况:其来源可分为下面几种:第一,绝大部分是成立会馆之初,由在长沙经商的同乡捐募的;第二,同乡官吏的赠与;第三,在行业中以牌号为单位,抽缴款项;第四,同乡会员月捐。同乡会财产的数量,本省外县的较少,外省较多,数量相当可观。在一九三八年长沙大火前,除田产外,多有房屋;大火后,房屋烧掉,损失甚重。

④举办的业务

第一,祭祀——同乡会馆,每年举办春(清明)秋(中秋)二祭,也是同乡们的大集会。这两次集会,名义上是祭祀,实际是大吃大喝,开支数目很大,约占总收入的百分之五十。大火后,会馆多被毁,故祭祀差不多停止举行。

第二,办理学校——财产较多的会馆,民国以后,大多办有学校,长沙市共有十一个会馆学校,其名为发展教育事业,实则藉学保产,掩饰贪污中饱。同乡会对学校支付的经费多少不一,国民党反动政府,曾规定以百分之六十办学校,但实际多是百分之三十至四十,直到解放前,还是这个情况。

第三,发旅费、发年末施棺义葬费等——这类消极的救济事业,其开支约占收入十分之一,但大火以后,亦多停办了。

⑤解放以后情况

接近解放时,各同乡会著名反动及与反动派有关系的负责人,绝大部分是畏罪逃跑,其中本省外县同乡会主要负责人,跑掉的占百分之八十以上,而留在本市的,也有许多是帮头或隐蔽的特务。

自一九四九年九月十八日,长沙市军管会颁布社团管制布告以后,同乡会馆基本上停止了活动。有的积极申请登记;有的自行改造。有的根本无人料理,财产任其流散;有的不了解政府对同乡会及其财产作如何处理,而将全部产业转拨学校或新建学校,企图想藉学校保产;更有某些趁解放之际,进行贪污作弊的。

(2)整理方针与目的

①方针:根据上述情况,同乡会馆的性质,可以肯定是地域性的封建性的带有浓厚迷信色彩的落后的或反动的团体。因此必须采取整理改造的方针,对于财产,既非政府没收,又非代管(个别无人负责者除外),而是发动群众起而革除其封建性、落后性。在组织上、经济上实行民主管理,本着取之于民,用之于民的基本原则,作为发展新民主主义的救济福利事业。

②目的:通过整理,要达到三个目的:第一,在政治上打掉会痞。通过发动群众,使群众了解过去同乡会的黑幕,藉以教育会痞和群众。第二,在财产方面,要杜绝贪污浪费,增加收入,实行统一管理,合理使用。第三,办好原有的正当业务。

③整理的步骤与方法

全部工作过程,大体分为两个步骤:第一,调查研究,控制现有财产。第二,清理旧账,发动群众力量,向会痞们展开清算。整理的主要方法是发动群众,以其内部人员中之积极分子为骨干,团结原来较好之负责人,协力进行。条件成熟,即以原单位进步人士为基础,建立整理工作组,负责各该单位之全部整理事宜。

根据第一段调查所得,发现了很多不合理现象,如隐瞒财产,佃户欠缴租金等。针对这些现象,并依据地整会既定办法,即以各该单位之整理工作组为主干,并在工作干部配合之下协力展开了下列工作:

第一,丈量地皮,查挤黑产——各会馆在整理前,地产数目,多不确实,并有隐匿产业情事,经此次丈量及查挤后,查出地皮三千余方丈。

第二,统一租赁契约——各同乡会馆原本订有契约,但由于过去所收租金,均为一些会痞贪污浪费,因而佃户抗不交租,故依本市地方财产整理委员会既定之统一租约办法,予以全部更换。

第三,调整租价——各同乡会馆重押轻租现象相当严重,某些会馆租价畸轻,每月所收无几。故根据地整会既定办法,参照产业所在地的实际情况,将租金予以适当调整。经调整后,每月可增加收入大米(包括房租)八万多斤。

第四,追索欠租——由于过去各种会馆管公人工作不负责,佃户拖欠租金现象相当普遍,甚至有的佃户十数年不缴租金,视地产为其私有。针对此种情况,对过去所欠租金,除极贫而无力归还者外,一律追索。计追索欠租金十七万余斤。

第五,调整事业——本市绝大部分同乡会馆,均未办有任何正当事业,只有外省籍财产较多者,为了藉学保产,办有小学十余处。但其中有些办得很不合理。经向群众讲清道理后,已予以合并。

第六,开具押金证明——由于过去本市各会馆之押金畸重,目前无法退还,故由地整会统一出具押金证明,稳定佃户情绪,将来再行研究处理。

第七,清结旧账——由于过去各种会馆的会痞胡作乱为,其封建性相当浓厚。通过这次整理,为了达到在政治上经济上的彻底改革,因而清理工作是其中主要一环。清理工作,是在发动群众的基础上进行的;同时通过这次清理,对群众作更进一步的发动与教育。清理的方式,是不同于农村对地主的斗争,主要是揭发会痞的流氓手段,先经搜集确实材料,而后令其在群众会上坦白,并写悔过书或登报悔过,退出贪污果实后,一般即不予以处分。但有些执迷不悟,不肯悔过者,即以群众力量和真凭实据,使其向群众低头认错;个别顽抗而劣迹较大者,则移法院惩办。通过这一清算运动,提高群众的觉悟,从而打垮了会痞的势力,并清出了贪污的果实。

(4)主要收获

此次整理主要有三大收获。第一,初步革除同乡会馆的封建性,打垮了会痞,提高了群众的觉悟,因而得到了各会馆的职员佃户以及各界的良好反映。第二,此项社会财产再不为少数人把持贪污浪费,达到了统一管理增加收入的目的,为今后办理救济福利事业,开了一个经济来源。第三,通过清算,根据群众反映,配合有关部门,查出了隐藏在会馆中的逃亡恶霸地主,如昭武小学内藏有两个江西姓游的恶霸地主,现已押回江西法办。

(5)经验教训

①整理封建性的同乡会馆,是一件极其复杂而艰巨的社会改革工作,因此又是一个发动群众的工作。只有把群众发动起来,才能顺利完成这一任务。任何包办代替或单纯的命令行事,都是不能解决任何问题的。

②整理工作,是包括两方面的——政治的经济的,两者不可偏废。此次整理工作中,已证明单纯地从经济方面着眼,是不对的。假如群众发动不好,会痞不打垮,整理财产,无从着手;如强行整理,势必脱离群众,造成群众反动。这两方面均有成功的经验与失败的教训。如江西、广东等会馆,发动群众较好,工作得以顺利完成;也有的发动不好,群众对整理不甚满意。

③突破一点,带动全面。在调整租价与统一租赁中,很多佃户是反对的。经过多方面说明讲解城市房地政策,并给其中的主谋以必要的教育,使其带头更换。

④社会团体的整理工作,是牵连多方面的(如文教、税务、房地、财政等部门),因此必与各部门多多协商,以求精神一致。此次整理之先,与工作进行期间,各部门彼此间的联系都不够,因而精神不一致,不但影响了工作进行,且使坏分子有隙可乘,曲解我整理的精神与目的。如说"政府没收"等等,煽动群众向我对抗,幸而及时揭发,始未造成不应有的损失。

——《救济工作通讯》第 27 期　1951 年 10 月 25 日

19. 关于西南区救济福利工作概况的报告

主席、各位委员、各位代表:

自去年召开中国人民救济代表会议以后,西南区即依照大会精神及一切救济方针,拟定办法,决定先于重庆、成都两市设立分会,然后再推及西南各地。重庆市分会已于本年四月成立,成都市亦准于本年十一月底成立,其

他云、贵各省亦正在筹设中。兹将西南区救济福利工作概况,总署如左:

第一,安置伪军政人员:西南解放较迟,蒋匪遗留下之伪军政人员及散兵游勇为数甚多,解放后,首先根据具体情况,分别处理,以组织学习,分配工作,辅助转业,资遣回乡等办法,给予适当安置。仅就还乡生产人数,据不完全统计,即有三十七万九千余人,合计其眷属,达四十五万人。同时,他区资遣前来之伪军政人员及散兵游勇,为数亦多,均经分别安置。

第二,接管并整理各地教养院及救济院:各地原残废军人教养院,原有残废军人四万五千九百零一人,接管后均分别处理。凡有生产基础且能维持生活者,即发给安家费,使之自力更生;有生产能力已能一部分自给者,则发给生产补助费;自愿回家且确能生活者,则资遣其回家;对无家可归又无生产能力仍予留养之原有残废军人,尚有三千余人。此外各省、市、县共接管各种公立救济院一百六十三所,收容二万六千余人,均本着生产自养的方针,先后进行整理,裁减冗员,处理不必要受救济者,使开支节省,并组织生产,如砖瓦厂、石灰窑、农场、棉织、缝纫、打草鞋、编棕绳等,务使每一院民均参加生产劳动及学习技能。这项工作不但已转变了院民游手饱食之寄生生活,同时亦取得了劳动互助之若干经验。如重庆市孤老残废教养院,以瞎子挑东西,跛子带路,残上肢者舂米、踏水车,残下肢者编竹器、制各种绳索。川西郫县生产教养院有劳动力者作粉条、切面、染布及搬运等工作,老弱者纺纱、导线,残废者看猪、看鸡、看门、搓线,做到全院无一闲人。并采取按劳力给报酬的办法,以资鼓励。如重庆市生产教养院本年元月生产收入仅一千七百余万元,他们采取按劳给奖制度及创模、夺红旗等鼓励办法,至八月份已可收益七千余万元,院民的奖金,每月每人有分到十万元者。目前各教养院有些已能全部自给自足(如川北区南充市及西充县生产教养院);有些已能自给百分之五十至八十(如川西区的八个生产教养院、川北区的四个生产教养院及西康省的三个生产教养院);其余的也能自给一部分。除有特殊情形外,凡能生产收益已达百分之五十以上者,本年底可能争取全部自给;尚未达到百分之五十者,本年内务期达到,大抵一二年内,全部可能自给自足。至于各地旧有之救济福利团体,有些城市已进行整理,获得了成绩。

第三,收容改造游民乞丐:去年夏秋之间,民政、公安部门,即开始在游民乞丐较多之城市,进行收容,施以短期训练,组织劳动生产。改造游民乞丐必须教养与劳动改造相结合,提高其品质,锻炼其体力,使之成为新人。改造步骤大体可分三个阶段:其一,为讲解政策,解除顾虑,以安定其思乡情绪,同时治疗疾病、戒除烟毒、养成集体生活习惯;其二,主要为抗美援朝、镇压反革命结合切身遭遇,进行新旧社会之比较,启发诉苦,使认识到自己流落之根源为帝国主义、封建主义、官僚资本主义长期镇压剥削所造成,同时参加劳动,使知劳动之光荣,寄生之可耻;其三,根据各种不同情况,深入审查与教育,提高其思想觉悟,巩固其劳动观点。据西南民政部八月份以前之统计,全区各地共收容四万八千余人,参加修筑成渝铁路者一千八百四十一人,参加市政建设者一千一百零九人,介绍就业者一百七十八人,参军者一百人,资遣还乡生产者一万二千五百八十八人,无家可归之老弱残废仍留教养院者五千六百四十六人。关于妓女问题,以前各地收容游民乞丐已包括有一部分妓女,重庆市为了解决此一问题,于本年八月份内,专门收容六百零四人,集中歌乐山,进行教育改造。

经此一年多的收容改造,城市游民乞丐已大为减少,工作已有一定之成绩,但处理上仍有缺点。如城乡结合不够,往往较大之城市孤立进行,而环绕之小城乡镇之游民,又复大批涌入,造成势不能容的现象;又有的地区在资遣回籍时与原籍政府联系不够,而又重返城市者,这些缺点已在逐步改进中。

第四,关于失业工人及知识分子之安置处理:据西南劳动部本年二月总结报告,登记之失业工人共计一十一万一千一百五十三人,其中有八万五千零五十四人,依照中央指示的精神,通过以工代赈,介绍就业,训练转业,还乡生产,发救济金等办法,得到了安置(仅还乡生产者即有六千二百八十五人)。今年五月,西南民政、劳动两部,共同发出指示,明确规定对原籍有家有地者,可资遣还乡生产,由地方政府分给与农民同等之土地;原籍无家又无亲故,不能在当地解决生活者,与原籍政府共同协商资送还乡,按照前项原则办理;对于残老病弱,确已失去劳动力而又无家可归者,可送院留养。最近各地已登记安置大批失业知识分子,由于生产之恢复,物价之稳定,目前工人失业问题,已基本解决,知识分子,反而感到缺乏。

第五,关于接受美国津贴救济机关的处理:西南区已成立处理委员会,并于八月份召开了西南区处理接受美国津贴救济机关会议,各地已普遍展开这一工作,并收到相当的效果。如重庆市沙坪坝育英学校,法籍修道士宋伯华和特务机关中美合作所勾结,隐藏美军用物资,并虐杀中国儿童三百余人;巴县百果树育婴院院长吴崇德,隐藏枪支二十余支,勾结土匪张国涛进行反革命活动;成都平安桥法帝国主义所办的圣婴院对中国儿童进行奴化教育,使中国儿童不知自己名字,不知父母为谁,亦不知有祖国,一见生人即惊呼为魔鬼;万县大堰塘慈幼院五个月内摧残至死的中国儿童达二百九十七名,鞍子坝慈幼院亦虐杀五百余名儿童:均经先后揭发,引起广大人民之愤怒,举行控诉斗争,并给予适当的处理,肃清了帝国主义侵略的毒素。

第六,募集救灾款项:去年为援助苏北、皖北、河南、河北灾民,募集寒衣,捐款五百七十二亿五千余万元,超过配额一倍以上,中央以西南解放不久,人民贫困,失业及各种灾害尚待解决,特准照原来配额交二百五十亿元,其他留作本区救济之用。嗣后慰劳中朝人民军队及朝鲜难民,便于寒衣余款内拨出一百亿元。至于对本区部分农村所发生之各种灾害,均迅速组织生产自救,并及时拨发救济粮,本年(至八月份以前)已发出二千七百余万斤。

目前西南区的社会救济福利工作,仍以救济为重点,力求巩固与改善,并奖励人民举办新的福利事业。这一年多的工作,虽有一些成绩,但还很不够,有的同志不了解社会救济与社会改革和生产建设大有关系;有的未能发动各方面之社会力量,而单纯依靠政府;有的未能贯彻救济之精神而形成自流。我们现在尽力克服这些缺点,在总会领导下,吸取各地经验,愿为救济事业而努力!

　　　　　　　　　　　——《救济工作通讯》第28—29期　1951年11月25日

20. 天津市关于社会救济政策执行情况的检查报告摘要

编者按:天津市人民政府民政局结合"三反"运动,检查了民政事业费的使用情况之后,又于本年七月底检查社会救济政策的执行情况,发现并解决了不少问题。兹将该检查报告,摘要通报,供各地参考。

(1)关于社会救济问题

一般区对于社会救济政策的领会和贯彻是很差的。多数区长期没有专做救济工作的干部,区以下没有专门组织,工作上完全依靠派出所去做,但派出所任务繁重,对救济工作只不过是协助性质。有一个区自一九五一年五月至今年八月,救济工作没有在区务会议上作过一次专门的研究。有的派出所不知道要搞救济,有一个派出所所长还不知对贫民可予救济。因之救济面弄得过窄,应该救济而得不到救济的现象很多。如有四个派出所的调查,共救济贫民一百一十六户,其中不应救济而救济的四户,应救济而未得救济的则有三十六户。有的为"省钱"而不顾政策;有的在执行这个任务时怕群众知道。有的说:"只要有劳动力,一概不救,就是饿死也不管,如果救了,我们要受批评。"有的说:"三两天吃不上饭的很多,我们也知道,就是不能救,如果救,就太多了。"有的说:"救济工作如果叫群众知道,我们派出所的大门,几天就会被群众踢破了。"

由于没有贯彻救济政策,所以发生了严重的问题。如贫民于家熙,依靠卖青酱为生,因生意萧条,每月收入不能维持生活,便上吊自杀,幸被急救未死。经派出所立即介绍他到区要求救济;而区民政科认为"他有劳动力"有"哥哥帮助"(实际已分居,并未给他帮助)仍未予以救济。又贫民李光华,原在戏院当茶房,后转为小工,"五反"时,无工可做,无法生活,夫妻二人哭哭啼啼要离婚。区调解科以为,不批准离,若小孩饿死免不了要负责任,就批准了。离婚后,女的把生下来才十八天的小孩给了人,带自己两个较大的孩子回娘家住,后又把一个小女孩送给人。三个月后,李光华又找到职业而复婚,结果二个孩子没有了。

(2)贫苦市民减免医疗费问题

对这一社会福利工作缺乏认真负责的态度,使群众感到太麻烦,反映说:"开张免费证至少要去三四次才给开,不是时间不对,就是负责人不在。"有一贫民小孩有病,叫他去开免费证,他说:"三四次不一定能开得了,我反正小孩多,死一个就死一个。"据四个派出所调查,有的拿此送人情,特别照顾积极分子。他们认为:积极分子跑来跑去有了病,得照顾一下。如有一个居民委员会副主任牙疼,派出所主动给他开贫病免费证去治疗,实际他家中生活很好,无须政府照顾。

(3)关于组织贫民生产问题

一九五○年冬令救济后,曾组织了麻袋厂、化学厂与棉织社三个生产单位,但不到一年,完全垮了。其主要原因是:

①不是根据实际情况发动与组织贫民开展各种加工性的手工业生产,而是想开大工厂、搞企业。开工厂就需要技术,一般贫民不能参加,如棉织社二十七名职工中,有十九人是私营工商业转来的,由区找的仅八人,其中区干部家属三人,烈属、复员军人三人,积极分子与失业工人各一人,实际解决不了贫民的生活问题。

②组织工厂仅靠政府出钱,而不是采取发动群众自己经营、政府给以扶助的办法,因之群众对工厂不关心,认为是雇佣关系,赔赚不干他们的事。

③领导上有官僚主义作风。没有很好调查研究即投资,如化学厂没有建立好即垮了台;棉织社与私商合营,私商的三台铁轮机入六台的股,分伙时分走了六台,这些情况该区民政科直到"三反"时才发觉。

(4)改进意见

①加强宣传教育,贯彻政策。除经常召集业务会议交流经验,指导工作外,各区应订立业务学习制度,加强基层——特别是派出所干部的政策教育。

②领导重视、明确分工,整顿与建立下层组织。区务会议要讨论此工作,民政科要设专职干部。通过社会救济工作,发现与培养积极分子,以便

结合街道建政工作,在居民委员会中普遍建立救济福利小组。

　　③建立与健全制度。各区应定期检查救济粮的发放使用情况及其作用如何;改进财务制度,杜绝贪污浪费。

　　　　　　　　　　　　——《救济工作通讯》第 32 期　1952 年 11 月 7 日

　　21. 张家口市一年来的灾民贫民生产自救工作

　　一年来我们在党和上级人民政府的正确领导下,发动灾、贫民向灾荒进行了坚持不懈的斗争,贯彻了"依靠群众生产自救,发动社会互助,辅之以政府救济"的方针,不仅胜利地度过了严重的灾荒,而且增加了社会财富,对今后的生产也奠定了基础,同时进一步密切了政府与人民的关系。这些成绩和收获主要表现在:

　　①副业及手工业生产:工作经验竞争,多种多样的组织灾、贫民从事副业及手工业生产,是领导灾民度过灾荒的主要关键。去年遭灾后,一般灾民生产情绪低落,悲观失望,城市贫民也深感生产无路,生活无着,而叫苦连天,甚至部分灾、贫民对生产自救缺乏认识,认为"天不养人无法再活"或单纯依赖政府救济。如三区黄土厂一带居民见了干部就要求救济,甚至个别贫民参加生产救济会议,就拿着面口袋。在这样情况下,我们组织了全市区、街(村)基层干部,通过修订爱国公约,订立家庭生产计划,干部以"统一领导,分片包干负责"的办法,大力进行宣传教育,讲解生产救灾政策,稳定群众思想情绪;同时广泛的组织动员灾、贫民从事多种多样的副业及手工业生产。在全市开展了群众性的副业生产运动,一般的作到了"家家生产,村无闲人"。宣传工作亦达到"家喻户晓"。并组织了男女劳动力八千二百余人,大车五三六辆,牲畜九八五头,从事跑运销、打石头、修水渠、作小商、刨药材、熬碱、纺毛线等三四十种副业生产。只去冬今春虽"三反"、"五反"运动,减少了一些生产对象,但在广大灾民和干部的努力下,亦得到了克服。"三反"、"五反"胜利结束后,市内建筑大量动工,灾民中的广大男劳动力转入建筑工作,灾、贫民的生活亦随之好转,同时副业生产对象更为增多。我们抓紧了这一有利时机,组织了妇女及老弱灾、贫民从事加工和其他轻微的副业生产。市内三个区,先后成立了"生产社",计两千多人从事皮衣加工和剪毛等生产。五个多月以来,收入人民币五八三四二七八〇〇元。总之,副业生产对战胜灾荒起了决定性作用,并加强了灾、贫民的劳动习惯和政治觉悟,给今后生产自救工作打下良好基础。

　　②社会互助救济:在工作中广泛吸收热心救济事业人士参加工作,发挥了群众高度的互助友爱精神和伟大力量。在街道中,有不少的贫苦户得到

群众互助解决了困难。如三区陈国祥,参加街道生产自救工作后,自动组织失业贫民二十五名,给运输公司加工锯木柴,解决了贫民七十余人的生活问题;又如贫民蔡德全,受到街生产自救委员马玉兰等三人的帮助,做小手工业生产(熬糖)而长期有了生活出路。总计全市贫民中有三七二户,在群众的互助下,解决了生产与临时生活问题。互助金共一六〇九七二五〇元,互助米七一八四斤,通过互助增加了群众之间的良好关系,同时加强了受互助户的生产积极性;但亦有个别生活腐化的将互助物品浪费了。如三区古宏庙街贫民赵鸿义,将群众互助的纸烟(让他摆小摊的货物)自己抽了。

通过组织生产和群众互助,不但解决了灾、贫民的生活问题,并改变了懒汉、懒婆、烟民、二流子等一七二名,对社会治安起着良好作用,并给社会上增加了部分生产力。如贫民张国臣有劳动力、好吃懒做,家里连炕席都没有。经街道干部对其教育后,并帮助找到工作,现在日子过得很好。又如烟民陈于氏,在群众宣传教育帮助生产的感化下,已戒除烟瘾,并参加了生产,家庭也和睦了,生活逐渐好转。

③政府救济:我们的救济工作,是本着"以少数救济粮,通过生产,解决较长期的困难,并保证不饿死一人"的精神发放的。发放是用群众自报公议,反复评比,代表会讨论通过,干部审查的方法。一般作到了公平合理。一年来共救济了四四五五户,一四九七二人(累计数),发粮二五九二一五斤。其中经救济后有一五二户搞起了生产,解决了较长期的生活问题。如一区贫民谭玉,政府救济了六十斤小米,他自己作为从事小商的资本,除维持家庭生活外,并逐渐扩大了经营。另在本区内发出副业生产贷粮一三〇六三斤,人民币二六六万元,贷给了七三户,从事手工业小商品等生产。在夏锄期间,除救济外,为保证农民精耕细作,以期到达丰产,曾发出贷粮三六六二三〇斤(玉米)、贷给了二五三六户。此外,一年来共收容街头乞丐和灾、贫民中无依靠的残老四九三人,资遣逃亡移民与城市贫民六七户计一六六人返籍生产,开支人民币四八七二六五〇元,小米五三二斤,另发出棉衣四二一套,单衣二〇一套,解决七四七名灾、贫民不能换季的困难。

总之,我们的救济和贷粮是起到很大作用的,保证了灾民按时耕种,达到了"不荒废一亩地,不饿死一个人"的要求。发放救济的方式也较往年有所进步。缺点是发粮后检查和具体组织生产工作不够,因此有些户被救济后,生产计划流于形式。在市内区发放救济粮时发生"次数多粮数少"的偏向,对刺激生产作用不大。我们尚须摸索经验,改进工作。

在工作中我们取得了下面几点经验教训:

①开展生产自救工作,必须做好宣传鼓动工作和不断的扭转群众与干部的思想偏向。一般干部的思想规律,是轻灾时麻痹、盲目、乐观;重灾时苦闷、惊慌、失措,稍有成效则骄傲自满。群众以依赖政府,等待救济,听天由命,悲观失望的思想居多。总之,这些都是生产自救工作中的思想障碍,必须及时解除。

②发放救济,必须与生产相结合,同时要让群众进行自报公议,反复评比,代表会讨论,通过干部审查;并帮助灾民订立生产计划,对烟民、二流子等采取控制粮食,强迫劳动,只有这样才能发放的公平合理,群众心满意足,真正发挥出救济粮的作用。同时亦可改造不事劳动的烟民、二流子。

③我市贫民的生活规律是"春、夏、秋三季富,冬天一季穷",生活方式是"一天挣一天净"。这样就必须大力教育贫民养成节约简朴的习惯,从而改变为"细水长流"的生活方式。这对城市的救济工作是有很大好处的;同时春、夏、秋三季的生产对象较多,所以除需动员贫民中的男劳力从事城市建筑工作外,还需大力发动妇女和残老从事副业生产与号召大量储蓄,以给冬季的生活打下基础。

④建立生产救灾的统一领导机构,干部分片包干负责的工作方式,在严重的灾情面前,是必要的领导措施,同时领导干部必须深入灾区,亲自动手,督促检查,掌握灾情,创造典型,及时解决问题和交流工作经验。

（摘自一九五二年九月二十七日张家口市民政局"一年来生产救灾工作总结"）

——《救济工作通讯》第 32 期　1952 年 11 月 7 日

22. 中南民政部关于检查武汉市生产教养院工作报告

编者按:中南军政委员会民政部最近曾组织干部检查了武汉市生产教养院的工作,并根据实际情况提出了具体的改进意见,我们认为这些意见很好。兹将该部的检查报告摘要刊载,供各地参考。

两年多来,武汉市生产教养院的工作,获得不少成绩。现有织布厂、碾米厂等九个生产单位及安老所、收容所等教养部门;共有收容人员五二五三人,技工二百〇三名、干部一百三十名;生产资金积累达一百六十亿元。但也存在不少问题:

在管理教育上,常采取打骂方式,因此院民思想混乱,存有对抗情绪,有的甚至和干部互相打骂,形成干部与院民的严重对立,逃跑现象时常发生。

对院民没有按照不同类型分别处理,将散兵游勇、游民乞丐、失业工人、灾难民、旧公教人员等混在一起进行劳动改造,致有些反动分子时常进行捣乱;同时对 7—15 岁的儿童,也要他们参加生产,以致影响身体健康。

此外,生产缺乏计划,经营管理不善,致使大量成品滞销,积压资金;没有把剩余劳动力组织起来,以及医药卫生设备差等。

针对上述情况,武汉市人民政府最近已开始加强对该院的领导。为使问题得到进一步的解决,兹提出如下意见:

①对有劳动力的游民乞丐,要进行劳动改造。首先在现有的基础上巩固并发展有前途的砖瓦厂、碾米厂等生产事业,并试行轮班制,以容纳更多的劳动力。更重要的是应组织开垦队、工程队将现有劳动力全部组织起来,参加劳动生产。对妓女,待武汉市全部收容时,一并安排处理。(按:武汉市已于 9 月上旬突击收容妓女,现正在进行思想教育工作——编者)

②对老残病弱和儿童,主要是安置教养,只能使其参加较轻的劳动生产,如糊火柴盒、洗衣、打草鞋等。倡导互助合作,安定思想情绪。对十五岁以下的三百余名儿童,需注意其就学问题。

③对失业工人、失业知识分子、灾难民、贫民应解决其职业问题,不应以乞丐看待。其中工人、贫民可组织参加工程队,实行以工代赈。对一般知识分子需查清历史,待中南全区登记失业知识分子时,一并安排处理。

④对问题较大、较复杂的分子,应交给公安部门处理。

⑤对有家可归者,原则上资遣返乡,在处理时应先于当地人民政府联系好,使其回乡后不再流浪。

⑥在劳动改造的同时要注意加强院民的政治教育。使院民每天有一定时间受到政治思想教育,从事文娱活动,并建立一定的民主管理制度,以发挥其生产积极性。否则劳动观念不易建立,劳动效率不高。劳动与教养不能相结合,就要经常出乱子。

⑦关于生产问题,要求在现有生产基础上进一步巩固和有计划的发展,对不适合的生产机构,须予改组,对积压成品必须打开销路,与贸易、合作等企业部门商洽推销。

⑧要注意改进环境卫生,增加医药设备,使院民身体健康。

——《救济工作通讯》第 32 期 1952 年 11 月 7 日

23. 浦化人:怎样做好救济监察工作

救济福利系统中的监察组织,过去它对应该做的工作做得太少了,这是一个很不好的现象。现在要刻不容缓地加倍努力,开展这一不容忽视的工作。如众周知,明年即将开始大规模的经济建设,全国所有部门都要紧密地和它配合,救济福利界当然不能例外。经济建设的主要因素是人力物力财力三者,我们所担任的工作就是把非生产的游民、妓女等等,改造成为劳动的生产者;把目前不能生产的儿童教养成将来的国家建设人才;同时要将人民政府补助的与人民捐助的款物统统用得非常适当而没有一块钱贪污浪费掉。如果救济监察工作做好,就可帮助更好地更快地实现"生产自救,社会互助"方针而增强人力物力财力,在增产节约上贡献其一部分力量。此其一。救济福利工作人员的数量与质量显然是不够的。"三反"运动刚刚胜利结束,而个别地方、个别机关、个别干部又复活了贪污、浪费、官僚主义。被救济者更因被旧社会中反动阶级所蹂躏,长期生长在无人关怀和教育的恶劣环境中,往往产生了非常严重的异乎平常的病态思想,因此对他们的改造工作至为艰巨。加紧检查,可以协助救济福利机构加强管教,提高工作效率,此其二。因此,监察工作的重大意义是绝对不容忽视的。

"事在人为","干部决定一切"。要做好监察工作,必先物色优秀的专职干部,建立短小精干的执行机构。现有的监察人员亟须加紧学习,改造思想,提高自己政策思想与业务水平。斯大林同志屡次指示国家监察人员"应该是纯洁的,无可非难的,公正无私的。所以需要这样,是因为他们不但有形式上的而且有精神上的监察别人、教导别人的权利"。监察人员的标准是很高的,我们虽然距此标准很远,但是我们不必自馁,只要认识中国过去三年的经济文化建设的惊人成就,自己不甘落后,努力钻研,并且以中国与苏联政府的监察人员为我们的教师与榜样,他们在长期工作中得来的宝贵的经验教训就足供我们尽量吸取而使我们免走弯路。这些教材散见于中央与地方人民监察专刊、《人民日报》与其他报纸有关于监察工作的指示、通报与消息,这些都是我们应该马上搜集、研究与学习的文件。同时我们还应向当地人民政府监委请教指示,更应接受中国共产党的领导,弥补自己的不足。

其次,要各地救济分会行政与监察领导同志共同向所属的救济福利机关负责同志严肃地宣传监察工作的重要性与迫切性,指示他们回去向所有工作人员传达与讨论,为的是要他们提高警惕,不要麻痹自误。并在各该机关全体干部与群众中谨慎地布置工作,有领导地选举监察通讯员。这种通讯员的条件是:"公正廉明,忠诚老实,积极负责,善于联系群众。"文化水平可高可低。高的当然欢迎;低的工农分子能够写成词能达意的字条或书信就算合格。名额约在一百人中选出一人。一个机关如有三人,即编为一组,推选组长。通过选举使选举与被选举者都有更大的责任心与积极性。选举之后应将所选名单附注简历与工作表现,由当地救济分会监察机关审查核准,加聘为分会监察通讯员,给予聘书;并定期召集他们,给以适当的训练教育,使他们清楚地认识监察通讯的意义与方法;要他们及时反映各该机关的工作与学习情况,优缺点都要提及;要他们密切联系群众,更须了解与反映救济与教养对象(男、女;老、幼、婴)的实际生活与他们的切身要求。写成的材料,可先交领导负责人审阅,使得领导负责人更加了解情况,同时请他对这份材料有所修正与补充。如领导上有不同意见,可共同研究,求得一致,必要时通讯员有越级发寄材料之权。监委收到通讯员的材料应该迅速研究,给予评论性质的答复。逾期无反映者,写信去询问原因,并督促他按月写稿,好者表扬奖励,不好者批评教育。各该机关负责同志亦应明了做好监察通讯工作,使本机关情况从侧面反映于上级,与机关及个人利益毫无矛盾。因而亦要教育通讯员注意这种工作,注意学员写稿,当作培养干部的方法之一。写稿寄稿的纸张、信封与邮票都应由机关供给。

各机关应设置名符其实的意见箱。有了意见箱,必须由领导同志当众宣布设置意见箱的宗旨,鼓励大家大胆利用它提供意见;并指定一定的监察通讯员定时开箱、及时整理意见与送呈监委处理。具名匿名的意见书可能有真实、诬陷与真假兼有的内容,都应仔细调查研究,迅速处理。最好将处理结果当众宣布;否则意见箱将成为空空洞洞的废物。

监察工作体现于检查工作。某些机关工作的毛病,十之八九都因上级仅只颁发命令而忽视检查其执行情形。只发号施令而不去检查,好的干部亦有变坏的可能。检查工作不必普遍,只须突破重点检查;就可以教育全体。譬如监察通讯工作确实做好,就能在反映材料中看出那一处工作应早检查。同时,亦可从行政领导上了解那一处工作应早检查。检查有事故检查与平时检查两种。两种检查都是需要的。不过平时检查是积极的与主动的,可以实现防范,更为重要。检查之前,应向领导机关了解被检查机关的情况,并研究有关的资料,同时,组织有关方面的干部,指定检查组长(最好由监察人员担任)做好充分准备工作。首先与被检查机关的负责同志接洽,说明检查的好处,避免误解与对立情绪。要他自己动员有关人员,如党、团、工会或懂得业务者联合监察。检查不要包罗万象,只能选择一二主要问题而检查解决之。检查不是专找岔子,而且要找模范。检查切忌偏听一面之词,要虚心听取各方面的意见而加以慎重地批判。检查目的不是为了处分(处分与否要看实际情况,主观上不应先有一定要处分人员的成见)而是为了改进工作,为了教育干部与群众,检查过程就是教育过程。耐心教育才能使参加检查者明了检查的意见而认真负责,才能使被检查者搞通思想——自愿暴露其错误思想和进行深刻的自我检讨,使得检查结果对于被告有无处分,均能心悦诚服。检查中发现工作模范更要表扬,并鼓励继续前进,防止自满。检查过程中应该严守秘密。不要急躁,不要早做结论,要与参加检查的人员反复讨论研究,在处理上先行统一认识,思想一致,而后尽可能争取该机关负责同志的同意。如不同意,只应考虑其意见是否正确,正确者当可选择而修改初步总结;否则不能稍事迁就而放弃真理。最后将检查材料与总结以及改进工作的积极性的建议带回监察机关,呈报行政领导,并征求意见,求得见解一致,如有分歧,可将两种意见汇报上级决定。决定后即应以救济分会名义写成指示,使被检查机关切实执行。如果第一个机关检查得很好,而通报出去,则当地一切机关都会引以为戒而改进工作。救济分会与监察机关的威信亦将随之提高。但是监察机关不应因此自满而以为可以一劳永逸,仍宜总结经验教训,订出工作计划,继续检查别的机关,再作总结,逐步提高认识,使监察工作不断前进。

所属机关发生任何事故,监察人员即应挺身而出。事故检查的方式与平时检查大致相同而不是绝对相同。自上而下与自下而上的检查都要采用。事故的主观客观原因必须找出,主要与次要的原因亦须辨别。不管平时与事故检查,检查者的态度总要诚恳和蔼,以"治病救人"和"与人为善"的精神来启发干部说服群众,研究问题,处理案情。事故检查好像是被动的与消极的,实际在彻底检查与正确处理之后,亦将同样提高所有机关干部群众的警惕相戒而不蹈覆辙,这与平时检查同样有预防事故的效力。

检查对象不应局限于贪污一点。对于比贪污更普遍而损失更大的浪费与滋长贪污浪费的官僚主义,以及违法失职、侵犯被救济教养者的合法权利的时间都不应该放松。至于款物方面,不是乱翻账目,审核数字有无错误(这是机关负责同志尤其是会计主管人员的职责),而是要检查已否建立与健全会计制度,检查所用款物是否适宜与合理,否则监察人员将深陷于忙乱不堪的事务主义的泥坑而无法检查上述的各种重要事项。

为了交换经验教训,各级救济监察机关应该强调实行请示报告制度(报告中不要忘掉反映救济分会的主要工作、学习情况与对总会监委会的意见)。监察中所得的重要材料与经验总结都应交总会监委会一份,使能尽量在《救济工作通讯》上单独或综合披露,使能推广监察经验于各地;同时应写成通讯,交当地报纸发表。

此外,监察工作不能与不应专由少数监察人员包下来。救济分会行政方面派人下去检查工作亦很重要。各救济教养机关领导同志亦应经常注意检查本机关的工作,不要麻痹,不要疏忽。要经常发现问题,讨论问题,解决问题。

所有救济福利工作者监察人员尤其是负责同志应该经常展开自上而下尤其是自下而上的批评。别人如向中央或地方监察机关或其他机关检举报告,绝不应借故报复,报复就是违法行为。共同纲领第十九条:"……人民和人民团体有权向人民监察机关或人民司法机关控告任何国家机关和任何公务人员的违法失职行为。"救济总会和分会是人民政府领导下的群众团体,一切救济福利工作者与监察人员都须遵守这条纲领。不单是监察通讯员有权向监察机关反映任何干部的缺点与错误的情况,被救济者亦可直接间接向监察或司法机关检举违法乱纪的人员。

总起来说,监察人员应当向有关机关与干部建议:通力合作经常注意监督和按照任务、决议与计划去检查执行情况;透彻了解下面全部情况;掌握总会政策方针;强调耐心教育干部与群众,改进工作。一切为了群众,依靠群众,集中群众无限智慧来开展与改进监察工作。要将监察工作与实际帮助结合起来,要将教育与处分(或交司法机关惩治)结合起来,使被检查机关与人员感到监察人员是"治病救人"的良友,而不是盛气凌人的"上司"。检查要抓住重点,教育全体,从而使救济福利事业减少错误,提高效率;使毛主席所号召的"增加生产,厉行节约,以支援中国人民志愿军"与明年经济大建设的总任务更迅速地更顺利地完成与超过。这才不愧为毛泽东时代的优秀的救济福利工作人员,监察人员。

——《救济工作通讯》第 32 期 1952 年 11 月 7 日

24. 对救济分会工作的视察报告

中国人民救济总会曾于本年十月初派出两个分会工作视察组,分赴华东、中南了解分会工作。该两视察组又分为四个小组,在南京、上海、武汉、广州等四个市分会及广东省分会作了十五天到二十天的调查了解救济工作。现该两组同志均已先后全部返京,并作了他们的视察报告。报告的内容都是围绕业务、领导、组织机构等问题写出来的,虽然其中所报告的情况和他们所提出的意见有些是不全面不成熟甚至是不对的,但我们认为这些情况和问题是目前在工作中存在的主要问题,应该仔细研究、讨论,予以解决,这几个报告还有参考的价值,兹特发表于下。——编者

王臻 曹宪章:南京市分会工作的视察报告

南京市救济分会自成立以来,随着整个城市救济福利工作的发展,曾两次调整了组织,逐渐扩大了救济分会的工作范围,统一办理了全市救济福利事业,充分发挥了救济分会的作用,真正成为政府在救济福利工作上的有力

助手。我们此次在南京市分会着重了解与研究了救济分会组织机构的发展情况,救济分会与民政局之间的关系,以及救济分会领导与办理全市救济福利工作的方法与条件。兹分别报告如下:

一

解放后南京市的救济工作,任务是艰巨繁重的,据估计当时无业失业人员和灾难民等最高数字曾一度达到四五十万人。为了解决这个严重问题,南京市根据中央政策,结合南京市的具体情况,订出了"开展生产自救,疏散回乡"的方针,由市政府与民政局掌握领导,救济分会(前身是生产救灾委员会)与民政局所属生产教养院分别进行具体工作。

当时救济分会与生产教养院的分工是:救济分会负责灾难民收容、疏散、城市贫民救济、贫病治疗、组织小规模贷款、举办群众性的生产自救。由于这些工作多属于群众性的救济工作,因而救济分会在各区设立支会,以便进行领导掌握。生产教养院则负责办理游民、乞丐、老残、流浪儿童的收容、教养、劳动改造的工作。在领导关系上,救济分会除由救济总会领导外,在具体工作上它与生产教养院同受民政局的直接领导(民政局长兼救济分会副主席,直接领导分会)。在工作关系上,救济分会与生产教养院是同一性质的两个分工单位。救济分会在进行收容、疏散、救济中,遇到不能解决的救济对象,如游民、乞丐、老残及无家可归的流浪儿童,则转送生产教养院收容、教养、劳动改造。

经过一年多来的紧张工作,南京市的救济工作情况已经基本好转,从紧张严重的阶段转入经常性的工作阶段了。在这个新的情况下,南京市人民政府和民政局的领导,考虑到城市救济工作不再需要两套组织。为了统一领导,统一计划,集中办理全市救济工作,提出了救济分会接办生产教养院的意见;同时,当时生产教养院的领导存在着严重的错误,对整个工作造成了不良影响。为了克服缺点,弥补损失,也加速了救济分会接办生产教养院的计划。于是,救济分会在民政局的领导与支持下,于一九五一年六月正式接办了生产教养院。这个措施是非常及时和正确的。这不但统一了城市救济福利的工作,增强了计划性,在组织机构上减去了一个领导机构,节省了上层干部,适当的充实了服务范围,而且加强了民政局对城市救济工作的掌握和救济分会的领导。

救济分会自接办生产教养院的一年多以来,由于统一了业务,统一了机构,调整了附属单位及合理的调配与使用了干部,在工作上有了很大的收获与改进。但"三反"运动后,由于救济分会的部分主要干部的调动,领导力量比较薄弱。为了精简机构、节省干部、加强领导力量,并密切的与民政局配合工作起见,一九五二年七月间分会就正式与民政部门合署办公。

救济分会与民政局合署办公是采取可合则合的原则。其具体方法是:分会的办公室、财务科、人事科,虽每一室、科,各挂两个牌子,但用一套干部,兼办两个单位的工作,同时受两个单位的领导。分会业务部分仍保持独立,设救济福利与生产两科,领导分会的业务与附属单位,直接受分会专任副主席的领导。救济分会检查委员会办公室仍在监委副主任的直接领导下进行对救济分会的监察工作。此外,善堂会馆整理委员会亦在分会内办公,由分会直接领导,进行对旧有善堂会馆的整理改造工作。

合署办公后,民政局与分会采取了局长与副主席联合办公的办法,两单位的科长也建立了每日上午联合办公的制度,分会科长级以上的干部并经常参加民政局的局务会议。因此,两个单位得以密切配合,及时研究与解决工作中的问题,加强了分会的领导力量和民政局对整个城市救济福利工作的政策性掌握。在人事配备上,减少了分会的行政干部,节省了约三分之一的编制。在财务管理与人事办理上也克服了过去的两级制度,减少了繁复手续,加强了财务与人事上的统一掌握。这样,民政局与分会之间是一而二,二而一了。虽然组织形式上是两套,但工作上、精神上是一致的。分会副主席李世军曾说过:"救济分会的困难就是民政局的困难,民政局的救济工作也就是救济分会的工作。"可见民政局对救济分会是绝对负责和支持的。

分会业务既然在民政局统一计划之下进行,故其大部分事业费是由民政局社会事业费供给的。根据我们的了解:民政局社会事业费除去优抚费以外,各项科目大部分都是通过分会使用的。这就使得分会敢于大胆放手的进行工作,在经费方面不会感到困难。分会是有多少工作、造多少预算,不是有多少预算、作多少工作。

分会的干部配备也完全是由民政局负责,统一由民政局人事科掌握,分会干部的学习、生活与民政局干部是一样的。现在分会本身联通附属单位共计有三二〇个干部,一般的说,质量较强。

分会掌握与进行各项业务的方法是:(1)城市贫民救济、贫病治疗、弃婴寄养等工作,主要是通过区支部及各公安派出所的民政干事做的(区支会在一九五一年以前,由于当时的工作繁多,任务艰巨,每个支会约设四五个干部;现在名义虽然存在,实际是在区政府民政科设一二名救济干事,服从救济分会领导),分会掌握总的情况,调查研究、制定办法,及负责督促检查。(2)游民、乞丐、流浪儿童、灾难民的收容教养与疏散工作,是由各公安派出所负责收容,转送救济分会的临时收容所进行审查,虽然按照收容人的年龄、成分、身体、劳动力等条件,分别转送各收容教养单位。应该疏散的则转送下关、浦口两转送站疏散回乡。(3)对旧有社会救济福利团体的调整与改造工作是通过分会领导善堂会馆整理委员会进行的。

分会在进行这些工作时,是和各有关部门密切配合的。如城市贫民救济工作,主要依靠各公安派出所的民政干事进行调查和了解,区支会则具体掌握发放救济粮,民政局授权分会在救济工作上领导民政干事与区民政科救济干事。此外,如贫病治疗工作与卫生部门配合,弃婴寄养工作与妇联配合,游民收容改造工作与公安部门配合等等,都收到了很好的效果。

南京分会现共有十五个附属单位:收容单位有临时收容所,经常收容五六百人;教养单位有南京市婴儿院、儿童教养院、劳动教养院、老残教养院及老残一分院、二分院等六处;生产单位有砖瓦厂、织布厂、印刷厂、碾米厂、缝纫厂、宣城农场等六处,治疗与隔离单位有卫生所与隔离所,共计收容四千六百四十八人(根据九月底统计)。分会通过各种会议并经过派人到各院所重点地检查工作,以贯彻决定,切实掌握各单位的情况。目前分会的唯一问题是感到编制不够。

总的来说,南京市分会得到了当地政府的重视,尤其是得到了民政局的坚强领导和支持,经过了两次调整机构健全了组织,扩大了分会的工作范围,并加强了领导。分会副主席李世军和监委副主任于立奎专职负责分会的业务与监察工作,并在进行各项工作中主动地争取各有关部门的支持,得到了他们的有力配合,故在工作上是主动的,而不是孤立无援的。分会经过了两年来的工作,尤其是在进行群众性的大规模的疏散救济工作及处理"圣心"、"慈爱"两个外资津贴救济机关工作中,得到广大市民的支持,建立了分会在群众中的威信。这些就是南京市分会两年来工作较有成绩的主要原因。

二

根据以上情况,我们有以下的几点体会:

(1)分会必须在当地民政部门的大力支持下,才能发挥分会应有的作用;而民政部门也只有正确认识到分会的作用,发挥分会的作用,才能使分会成为当地政府在救济工作上的有力助手。但这种支持必须建立在如下的原则上:分会不闹独立性,服从当地民政部门的领导;民政部门不放弃责任,重视分会的作用。

(2)南京市的经验证明了分会统一指导与办理全市性的救济福利工作是可能的。但这种可能性只有在如下的条件下才能存在:大批的游民、乞丐、老残、流浪儿童已经收容教养和改造了,大批的灾难民和城市贫民的生活基本上安定下来了,旧有社会救济福利团体经过了初步的整理与改造,处理美(外)资津贴救济团体工作即将全部完成。为了配合国家建设,救济工作的统一计划,集中办理也是必要的。分会是当地人民政府领导下的群众性的救济组织,团结并领导救济福利事业之团体及个人,组织群众生产互助,及推进群众的救济福利事业,这在动员社会力量与举办全市性救济福利事业上是有便利条件的。因而今天提出救济分会统一领导与办理全市性的工作不但可能而且是必要的。

(3)根据目前各城市救济分会所存在的问题及与南京市的经验,我们认为救济分会应首先接办生产教养院,统一城市救济福利的业务与机构,加强领导,集中力量。然后,民政局与救济分会在需要与条件许可时,再进行合署办公。如果救济分会在没有统一业务之前,即进行与民政局合署办公,则还是解决不了救济分会业务工作空洞的问题。

(4)南京市民政局的救济工作与分会的业务、组织、领导统一起来的方式,是符合当前城市救济福利工作的情况,符合中央"统一计划,集中办理"的原则的。

此外,南京市的救济监察工作,在李钊主任和于立奎副主任的亲自领导下,已经开展起来,有力的配合行政,推动了工作。详情容后另行报告。

郭廷梁 黎雪龄:上海市分会工作的视察报告

我们于十月十五日到达上海后,即参观了上海市所领导的教养单位:新人习艺场、妇女教养院、劳动教养院及新人习艺场营造工程队正在建筑中的长宁大戏院等;并参加了民政局召开的新人习艺场、劳动教养院汇报工作的专门会议。从十月二十一日起便开始检查救济分会的工作。上海市分会在进行反官僚主义的学习中,发现了不少问题,我们就在这一基础上检查了分会直接办理的第二病民所、一心教养院、儿童疗养所、妇女所、残老所、难民所、少年村、爱育堂,及分会补助的龙华儿童保育院、善牧教养院、若瑟教养院、福幼院等十二个单位,参观了正在准备处理的外资津贴救济机关——新普育堂、圣母院育堂、土山湾孤儿院等三个单位,并与十几位同志进行了个别谈话。检查中还接到部分干部及收容对象的书面意见。检查工作至三十日结束,历时十六日。兹将检查结果报告于后。

上海市分会工作范围很广,又很复杂,由分会直接办理的业务单位有十三个,由分会补助并领导其业务的私人办理单位九个,准备处理的接受外资津贴机关五个,共二十七个,计收容儿童、妇女、残老、灾难民九四四七人。

全市有善堂、会馆、山庄、公所共二三二个,现正积极助其调整改造。分会本身有干部一二〇人,连同各单位的干部近六百人,多为新参加工作的青年知识分子与接收过来的旧工作人员。

上海市分会的工作是有成绩的,"三反"以后,各业务单位大都组织了生产。各院所的秩序较之"三反"前大为改进,特别是工作干部大都表现积极,有上进心;且有部分同志因为一贯做儿童工作,经验比较丰富,工作有兴趣,有强烈的事业心,有为人民的救济福利事业服务的决心,这一点是应好好向他们学习的。有一些同志在生活上与儿童打成一片,关心儿童,照顾儿童,使儿童们感受到慈母般的抚爱和温暖,衷心悦服的听从老师的教导。例如龙华儿童保育院,在儿童睡觉时关心他们是否盖好被子,吃饭时关心儿童饭菜的好歹冷热,有一次鱼买少了,教师们便将自己吃的鱼送给儿童们吃,使儿童们感动得留下了眼泪。这虽然是些小事情,可想见他们是一切为了儿童。

上海市分会的业务非常繁杂,工作中虽难免遇到一些困难;但由于工作人员的努力,掌握了正确的工作方法,故解决了不少困难。

①教职员工的紧密团结,通力合作,大体上做到思想一致,行动一致,因之领导有利,在某些方面解决问题及时。

②深入细致的了解儿童思想情况,分析研究儿童特点,采取预防为主对症下药的办法来教育引导儿童,不等问题发生后再去消极处理,造成被动。

③健全组织,严格执行各种纪律,实行民主管理,组织学生会,由儿童自己管理自己,是使生活学习走上轨道的有效办法。生活、学习、文娱都有定时、有组织,养成儿童守纪律的习惯;通过学生会,发现积极分子,培养骨干,对推动工作起了极大的助手作用。

④教育方法结合实际,生动活泼,不放松每一个具体事实,以具体事实对儿童进行政治教育,启发儿童的阶级觉悟。如打预防针时即进行爱国主义防疫卫生教育,使儿童认识到美帝细菌战的罪恶及危害性;每次发给儿童的衣服及日用品时,即说明这是劳动人民创造出来的,只有在毛主席领导下的新社会才能这样关心爱护儿童;当劳动时,老师带领,也给孩子们以很大的感动与鼓励。

上海市分会不但需要做好自己所办的业务,而且还肩负着上海市的全部救济福利事业的领导工作,任务是非常重大与艰巨的。上海市是我国第一大都市,亦为世界闻名的国际都市,有不少人到了上海就要求参观我们的救济福利事业,所以上海的救济福利事业做好了,不但在上海市整个社会改造与稳定社会秩序方面起着积极的作用,在国际的影响上也是很大的。但是,上海市分会的工作还存在着一些问题甚至严重的问题需要很好研究,及时地妥当地予以解决。下面是几个主要的问题。

第一,对社会的潜在力量不够重视。

我们的救济福利工作是社会性的工作,不是一个单位所能独立进行的,除与有关部门配合外,还应充分发动社会的团体与个人来共同进行。但上海市分会对一些团体与个人只看到他们落后的一面,看不到他们能够参与人民救济福利事业的一面,因之轻视这一部分力量,对有些私人办理的业务不是如何帮助他们解决困难,扶持他们,使其发挥积极作用,而是采取听之任之,由其自生自灭,或者是接过来自己包办。这样做就削弱了私人办理救济福利事业的积极性,对整个事业是很不利的。有的团体经费困难,分会给了一些补助后,就直接管理了它们的行政与业务,忽视了私人办理业务的独立性,使公、私界线模糊不分。

第二,具体工作中的政策不明确。

①在妇女所、残老所、难民所等三个所里共收容了三三〇五人,大部分是灾区农民、城市贫民、失业工人(还有判刑的犯人六十七人),连曾参加抗美援朝工作因不安心请准退休的忻丹萍都收容在内。究竟什么人是收容对象,什么人是劳动改造对象,没有区别。生活标准、生产分红都是一样的。特别是个别领导干部对这些人的管教施以"打"、"骂"、"站"、"跪"、"绑"、"冻"、"晒"、"饿"、"背石头"等恶劣办法;妇女所为了防止收容的妇女在接见客人时逃跑,还专设了铁窗栏。因此有些被救济的人员不是感激政府,而是对我们不满。结果,我们是"费钱、费力、挨骂",政治上还要受到损失。此外,一心教养院擅自搬掉教堂神像,违反宗教政策,长期拖延不决,这些错误未能及时批判,及时纠正,使干部思想糊涂下去,使干部难于提高,工作上蒙受巨大损失。

②被收容人员的出路问题无法解决。究竟这些人如何处理? 什么时候处理? 根据什么方向进行教养? 都没有明确规定。有的入所已两年多了,他们反映:"教养所还没有坐牢好呢,坐牢是有期限的,在这里,住到什么时候才能出去!"分会知道这一包袱是比较沉重的,但还存在着"宁肯错收,不肯错放"的思想。

③在生产方面,究竟是为了赚钱? 为了教育? 还是为了使收容人员学得一技之长以解决出路问题呢? 分会对这个问题也有些模糊。我们认为分会生产机关的生产品成本是很高的,质量是低劣的,生产的结果,所获并不多。虽然生产种类很多,诸如织毛巾、打袜子、缝纫、弹棉衣等等,但学得这些技术,是否可以找到出路藉以谋生,亦很成问题。由于注重生产而忽视了

教育,便失去了生产教养的意义。

④对被收容人员的政治权利不够尊重。刑期已满的犯人不应仍然收容在所内,而他们参加劳动,应有适当的报酬;参加劳动的灾、难、贫民,其劳动所获原则上亦应归其本人所有,或者从较低工资制逐渐提高到与社会工资相等;其表现较好而要求参加工会者亦应批准。被收容人员对分会在这些问题上,意见很多,迄未解决。这些问题不予解决,这些人即将减低改造自己与参加劳动的积极性,对我们的工作亦是很不利的。

第三,业务范围太广。

妇女所有法院判刑的犯人六十七名,管理上增加了很大困难,在门里装置了铁窗栏,救济机关俨然成了监狱,对社会上影响是不好的。分会办理的一心中学、儿童疗养所,残老所收容的精神病患者等,都应与有关部门研究尽量交给他们办理。

第四,领导作风不够民主,不能很好的进行批评与自我批评。

领导干部对来自干部及群众的意见,缺乏虚心接受的态度,不是对好的意见加以接受并予提意见的人以奖励,对不正确的意见给予解释与说服,而往往以粗暴的方式扣帽子,说"立场不稳"、"资产阶级思想"、"技术观点",或者是敷衍的态度置之不理。有些问题与困难被提出来后,不及时解决。爱育堂去年十月即提出给孩子检查身体,至今毫无下文。特别对待批评的意见,不能冷静考虑,有时表示不满,还要追责任、追动机。这样便大大地降低了干部的积极性,干部的智慧不能充分发挥,正确的有益于工作的建议都被堵塞了。致有些同志有意见不愿讲,所以上下之间不能互通气,结果造成互不信任、互相埋怨与不团结现象,有的同志想脱离救济分会,不安心工作。

上述检查结果和我们所提出的一些意见是否妥当,尚请指示。

朱家瑞　赵恩诚:武汉市分会工作的视察报告

我们于十月十一日晚间抵达汉口,三十日下午回到北京,在武汉工作时间共计十七天。工作的进行大致分收集资料、听取意见和普遍参观三个方面。由于武汉市民政局彭炎局长、袁文副局长和许多同志的帮助,我们得以顺利地进行工作,收集了若干资料,听取了分会、行政局和中南民政部的意见,参加了分会的工作会议、生产教养院职工代表会和民政局两次会议,参观了分会附属单位和生产教养院所属单位七处。另外,还参观了九月份由分会移交武汉市教育局接办的瞽目学校,九月九日汉口收容妓女后成立的新生妇女教养院和私立汉口孤儿院。

兹将我们在武汉市分会及生产教养院所了解的情况和感觉到的问题,

报告于后。

第一,武汉市分会的工作情况及其存在的问题。

武汉市分会组织,在秘书长下设秘书、救济、组宣三组,目前共有干部二十人,秘书长由民政局社会科科长兼代。

"三反"运动以前,由于领导同志犯了很多严重的错误,情况非常紊乱。"三反"运动中,市级七个单位受人民代表会议委托,组织联合检查组,对分会过去的工作进行检查,时间上因此拖得比较久。"三反"运动以后,搬到民政局办公地址,与民政局合署办公,最近又决定搬回原址与生产教养院联合办公。目前在分会工作的同志,很多都是"三反"运动以后由民政局调来,秘书长穆振荣同志也是"三反"以后才正式兼代分会工作。这种长期动荡不安的情形,使工作经常在摸索中,工作上必要的制度,很多都没有建立。十月份开始,一切临时救济工作皆由区办理,救济组便更显得空洞,很少业务。各组皆缺乏按周按月的工作计划,及利用会议检查和改进工作。

分会附属单位可分为九处,其中四个单位(花园山育幼院、育幼院第一分部、第二分部、残废院)在武昌,五个单位(育幼学校、第一教养所、第一畜牧场、遣送站、第一诊疗所)在汉口。附属单位中干部、医务人员及保育员共约一百二十人,收容人共约四百五十名,其中婴儿、幼童在一百名左右,青少年近三百名,残老五十余人。

分会附属单位的同志们,大多数都是工作努力,热情很高的,如在准备招待外宾的工作中,花园山育幼院和第一、二分部的工作同志都积极负责,有些同志甚至彻夜不睡,努力工作。育幼院和第一分部对于收容婴儿、幼儿的保育工作,都很认真,孩子们一般都长得很好,但由于对卫生和传染性疾病的治疗不够注意,因此很多儿童都患有沙眼和皮肤炎。育幼学校里的学生,在过去很多都是小偷、乞丐或长期在街头流浪的儿童,当我们在该校参观时,孩子们多半在兴致勃勃习字、绘画、演算习题、休息或游戏,没有看见野蛮和流氓习气的表现。在这个学校里,老师和学生在生活上很接近,吃的是同样的伙食。第一畜牧场和武昌育幼院第二分部工作同志对于畜养家禽、乳牛的方法,品种的选择等,都很肯钻研。

但是,关于武汉市分会的工作,我们觉得尚存在着下列问题:

(1)因为救济分会虽是群众团体,但是没有会员和一定的群众,业务经费悉由国库开支,同志们对于分会的性质感到不明确。有些同志反映:"反正是政府拿钱办事,何必要设救济分会?"过去在工作中武汉市分会对于区人民政府常常发出类似指示的通知,这种事例,就是对于分会性质不能明确的具体表现。

（2）分会虽有执行委员和监察委员，但实际上执监委与分会毫无联系，委员会形同虚设，民政局局长工作极忙，对分会只能作原则上的指示；有些同志认为总会距离分会太远，无法经常具体地指导工作；实际负责领导工作的是秘书长，而秘书长又是兼职，很难深入工作。因此，分会不少同志都怅然地说："我们实际上是没有领导。"过去，关于贫苦市民的个别临时救济，民政局社会科工作同志有时即在文件上批好发救济粮若干，然后交分会执行。对于这种情况，分会同志表示："民政部门掌握政策，我们办具体业务，如果社会科把一切都批死了，分会只执行发放粮款，那么分会实际上只是在做一个'仓库'的工作。"以上情况和事实都说明在领导关系上，很多问题都是亟待研究和解决的。

（3）在分会附属单位的业务工作上，我们感觉下列几个问题是应加以考虑的：

①分会附属单位中有一个第一畜牧场，另外还有在武昌的育幼院第二分部，这两个单位都养着家禽和牲畜，各自在工作中研究如何豢养禽畜、改良品种，似应考虑加以调整。豢养乳牛虽然便利供给婴儿牛乳，但亦应考虑分会长期正式办理此项业务，有无必要。

②育幼院的孩子们都长得很好，但是对于这些孩子的供给标准，则应统一加以研究和规定，假使这些孩子的保育费用，平均超过一般干部子弟，那就不很适当了。

③育幼院有些较大的孤女，目前在中学读书；育幼学校原则上收容年龄六至十七岁的儿童，但实际上超龄儿童颇不少，这些儿童在毕业以后继续升学或转送企业单位学习生产技能，应当依据怎样的标准，是须仔细研究和确定的。同时，对于这些儿童应施以完全正规的小学教育亦辅以其他技术教育，都是要明确起来，统一规定的。

（4）在武汉市分会的报告中，曾提到一九五二年八至十二月的工作计划，据我们了解，这些计划大部分是落空的。我们曾询问其计划和具体方案，他们说："只是初步想到这些工作，尚未认真考虑。"由此可见，很多工作是不够踏实的。

第二，武汉市生产教养院的工作情况及其存在的问题。

武汉市生产教养院是一个规模相当庞大的机构，现有干部约二百人，收容人员五千多名，院长浦建功同志是"三反"运动以后才由民政局调来的。

在生产教养院院部下，主要分为生产和教养两个部门；收容、教养单位分设在武昌、汉口、汉阳三处;目前生产业务有下列七个单位:砖瓦厂、缝纫厂、织布厂、印刷厂、工程大队和两个碾米厂(一在武昌,一在汉口)。

"三反"运动后,生产教养院组织和业务上都在迅速调整和改进中。为了发扬民主、加强团结、改进工作,在十月十六至十八日开了三天职工代表会,十八日最后一天开会,我们也参加了。这次会议共到职工代表约一百人,分总类、生产、教养、供给、人事、批评六类,共提案二十七件,并对二十一位同志及各单位提出建议与批评。为了彻底整顿并搞好生产教养院的工作,决定今年年底以前最主要的工作是在全院范围彻底展开忠诚老实的学习,要求把每个院民的历史情况在根本上搞清楚。

关于生产教养院的方向和院民出路问题,民政局彭、袁两位局长和中南民政部社会处潘友歌处长都认为应注意向农业方向发展。在河南、湖北交界处的鸡公山附近,有很大一片地区,因国民党匪军过去的残酷烧杀,至今荒无人居,因此,正在考虑在这个地区建立一个新人村,这样既可使大批劳动力从事农业生产,又可根本解决他们的出路问题。

我们所见到的,武汉市生产教养院目前上存在的几个主要问题如下:

(1)生产教养院最主要的任务是改造旧社会留下来的大批游手好闲、不务正业,甚至为非作歹的人。因此,第一步工作就是彻底清查、了解这些人的历史情况。恰恰在这个最重要的工作上,武汉市生产教养院没有做好。过去对于院民中有劳动力的,常常在尚未彻底清查其历史情况以前,便送到生产单位参加生产,因为很多院民的历史成分,至今模糊不清,一九四九年入院的院民,其历史情况有直到现在尚未搞清楚的。该院准备大力展开忠诚老实的学习运动,是必要措施。

(2)生产教养院的设立,不外有两种意义,即通过生产劳动对院民加以改造和组织生产并教以生产技能,解决他们的出路问题。因此,生产和教养应当是密切结合的,其统一的目标就是对院民的教育改造。在武汉市生产教养院职工代表会上,第三组提出下面两种情况:①生产方面认为对生产不够重视,太重视教养;而教养方面亦有恰恰相反的意见。②院民从一个单位调到另一个单位时,其个人材料常常并不转来,以致对其人无法了解。这些情况说明有些同志对于生产与教养的本质和两者一致的精神,尚欠充分了解,因而,两方面密切配合就成了问题。

(3)在汉阳的砖瓦厂,有德式窑的设备,投资在人民币七十亿元以上,容纳了大量的劳动力,但今年由于产品销路,不得不暂时停止生产,并积压下大量资金。

原有一个织袜厂和颇具规模的麻袋厂,由于产品不够市场标准,和成本太高,以致没有销路,织袜厂和麻袋厂皆已停工。在职工代表会上有同志说:"我们对于成本总没有搞清楚,恐怕谁也不知道砖瓦厂到底是赚了钱还是蚀了本。"从以上情况可见在生产过程中,没有认真注意到成本计算、产品规格、销路问题和科学管理。故生产形成盲目的、无计划的。

(4)在清查历史成分以后,对于院民思想情况、生活习惯、劳动态度和生产技能的进度,都必须通过一定的组织制度和切实的办法,加以教育改造和经常考核与记录,从而决定院民成分改变及出路问题,而武汉市生产教养院院民历史成分至今未搞清楚,对于每个院民的生活、思想和劳动情况,缺乏有计划的教育、考察与记录。职工代表会上,教养类第一组和第三、四小组都提出,"过去本院对院民没有进行有系统的教育工作","教养部门未起作用","教养方面应有全盘的计划",这都说明他们没有紧紧抓住教育与劳动相结合的改造院民的最重要的工作。

武汉市生产教养院自一九四九年成立以来,长期在前任院长刘静的错误领导下,忽略了教育改造院民这一中心工作,专门研究"搞生产",而"搞生产"又不相信科学管理,一直是盲目的、无计划的。要把这个包括五千多院民,二百个干部,很多种企业,相当庞大而又复杂多样的机构从走错了的路上纠正过来,显然不是一朝一夕的事。因此,长期的、错误的领导,实在是该院目前上存在着上述问题和情况的根本原因。

现在,武汉市生产教养院已经在大力整顿和改进中,表现在职工代表会上的是:力求建立和健全各项制度;提出加强对院民的甄审和改造工作;要求彻底清理财产、核定资金;要求对生产、教养作出切合实际的计划。但是,在职工代表会二十七件提案中,关于职工生活、学习、批评,机关组织制度,物资保管,房屋建修,生产设备和院民福利的提案共计二十二件;其他五件提案是:关于业务方向的提案,即建议改定期收容为经常收容;关于院民加强甄审、教育和改造工作的共四件,其理由都没有把对院民的审查、教育和改造工作提到应有的高度原则上,而是只是为了便于管理,能提高生产和开展增产节约,同时也说明了直到现在尚有很多同志对生产教养院的性质和任务的认识是不清楚的。我们认为生产教养院的性质与任务是对收容人,从清查历史起通过教育与劳动加以改造和组织生产自救,直到训练好生产技能,并解决他们的出路问题;因此,提高每一个干部,使他们对这种性质与任务能有进一步的认识,是搞好武汉市生产教养院工作的一个重要关键。

第三,关于生产教养院并入分会问题。

关于生产教养院并入分会的问题,我们是这样提出的:城市救济福利工作要怎样才能办得更好? 生产教养院可以并入分会吗? 假使合并,有些什么具体问题和困难,如何解决?

分会同志对此问题经过酝酿研究后,开了两次会议;民政局为此问题在二十七日下午召集了有关负责同志开会讨论;中南方面,我们只与民政部社会处潘友歌处长谈了一次。

(1)分会方面:分会同志的意见大致是:①生产教养院合并于分会是有好处的,可以去掉重复的机构、节省人力、统一领导(如会有部分残老及流浪儿童),而且对于各种类型收容人的处理也容易些。②生产教养院中不少单位都有强制或半强制劳动改造的性质,这对于群众团体而言,是否适宜,是须要加以研究的。③合并有两点主要的困难。第一,生产教养院干部质量皆远强于分会,如果合并,人事方面必须大事改组,组织机构亦须完全重新研究。第二,生产教养院院民和生产员的供给标准远低于分会收容人员,而生产教养院收容人又为数众多(五千余人),如果合并,其供给标准似应划一。这就是很大的问题了(生产教养院一般院民每日菜金六百元,生产员菜金八百元;分会收容人每日菜金为一千二百元)。

(2)民政局方面。在十月二十七日民政局的会议上,只个别同志不赞成合并。而绝大多数同志都认为合并起来很好。袁文副局长的意思是:①合并的好处是可以把业务统一起来,能减少层次,节省干部、统一领导,并可以节省一些房屋。②初步意见,在合并后,分会组织基本上可分为三组。一为社会(或救济)组,负责收容、遣散、临时救济等对外工作。一为组教组,负责审查收容人历史成分及抚养、教育和改造工作。一为生产组,负责生产及产品销售的业务。③民政局应负责领导和检查工作。彭炎局长的意见是:①分会和生产教养院都是独立性比较大的机构,从民政局的角度来看,合并与否,问题并不大。但既已提到合并与否这一问题上,基本上同意袁局长的意见。②救济分会实质上是半政权性质的机关,它受政府委托办理半强制性的改造工作,也没有什么不可以。③分会工作的好坏,其责任仍在民政局,社会科则应经常调查研究,检查工作,掌握政策方针;眼睛向下,对上负责,并不是就没有事可做了。④合并的步骤,以武汉而论,宜逐步调整。生产教养院院部暂时仍保留。先把下面小的、重复的单位加以合并,再到大的业务单位和整个机关的合并。

(3)民政部潘友歌处长的意见:①救济分会毕竟是群众团体,所以救济福利性质的事业皆应由分会办;而关于改革、改造方面的工作,则仍以民政部门去做为宜。②生产教养院名称仍然保留,打算将残老、育幼等工作机构都交给分会办理;而改造工作及正在从事生产工作的院民和生产员,则仍归生产教养院。

第四,我们的初步意见。

甲、关于业务的问题。

(1)统一领导、统一机构。

①城市救济只是民政部门的一部分工作,这种工作可以由群众团体来办具体业务,民政部只集中精力,考虑政策方针和督促检查具体工作的优劣得失。这样,城市救济工作就统一在民政局的领导之下了。这样做,可以节省干部与经费,尤其是可以加强领导,好处很多。

②婴孩、儿童一天天长大,收容人思想一天天转变,于是需要根据具体情况转院转所,继续教育、参加生产和找出路,故一切生产机构、教养单位、组织机构都不宜重叠浪费,要求有一个统一的工作机构。

(2)武汉市的弃婴寄养及临时救济工作暂时由区负责,但分会应与区经常联系,了解情况、协助工作,并通过民政部门规定救济、收容及转调等各种办法与标准。与贫苦市民经常直接联系的是区、街人民政府及派出所,故弃婴寄养及临时救济工作尝试由区办理是适宜的,但各区收容弃婴,临时救济之标准,皆应有统一的规定;婴儿渐渐长大,不再需要寄养时,又必须送至分会育幼院,因此分会必须与区经常联系、了解情况,并好好协助工作。

(3)救济原则、收容办法、教育方针、供给标准和处理办法,是亟待研究解决的五个问题。

今年十月十七日,湖北某县农民因为听说武汉市有收容机构,便大家捐钱将该乡一个患瘫病的人通过乡政府送到武汉市民政局。仅从这一事例看,显然的,农村残病贫民假使可以送到城市收容,那将收不胜收。对于流浪儿童八九岁至十三四岁尚不识字的,是让他从小学一年级读起呢? 还是用其他方法教育? 育幼学校毕业学生,以什么标准送入中学? 又怎样为他们选择学习各种不同的生产技术? 残老在武汉生产教养院的菜金与分会收容单位的相差有一倍之多,这种距离显然是不合理的。同时,这种不同的菜金的规定,都是根据什么标准呢? 以上情况,都说明救济、收容、教育、供给和处理的办法与标准是亟待研究和解决的。

(4)对武汉市分会和生产教养院两项业务上的意见。

①分会在武昌、汉口各有一个小型畜牧场(武汉育幼院第二分部实际上是个畜牧场),都是养着牛、鸭、鸡、兔。这两处相隔甚远,且借由适宜办农场牧场的条件,因此不是“合并”的问题;我们认为应考虑加以调整,各依其有利条件,分别畜养家禽、牲畜或办小型农场与苗圃。其次,这两个地方都不能容纳多少救济对象,农场、牧场这类业务如果交给农业部门,一定办

得更好些。我们认为分会办理此项业务,分散精力,技术生疏,是值得考虑的。

②分会现在有残疾、畸形及精神病收容人约四十名;生产教养院残废及各种病患院民极多,其中仅患精神病者有一百多人;这些人都散居在各种收容、教养单位里。我们认为应及早分类集中教养和管理,首先应当把疯子及显著的精神病患者集中管理,或与有关部门联系尽量交给有关部门办理。

乙、关于生产教养院并入分会问题。

(1)我们认为分会可以统一办理城市救济工作(即使临时救济暂时试由区办,分会与区亦须密切合作),因此,我们觉得生产教养院应合并于分会。

(2)我们认为认识和组织之调整,收容单位供给标准之划一的问题,虽然有些困难;但都是可以克服的困难。因为,人事、组织都是为工作任务而设,是必须依据工作情况,不断调整的。同样,收容单位供给标准,也是必须逐渐划一的。

(3)武汉市生产教养院正在大力展开忠诚老实学习运动,立刻全部合并必定要遭到不少困难,会使工作受到不必要的损失。因此,我们同意彭炎局长提出的"有计划地逐步调整"的意见。

以上报告的情况不够全面,我们的意见也不是成熟的,仅供参考。至于监察、宣教及正在进行的妓女改造等工作,将另作报告。

柳文坛 张一侠:广州市及广东省分会工作的视察报告

我们于十月十日由北京动身到广州视察,三十日回到北京,在广州停留了十天,除分别向有关单位了解了情况外,并对广州市分会及广州市生产教养院所属单位进行了一般的和重点的了解。兹将广州市、广东省分会的情况综合报告于下。

第一,广州市分会。

(1)联合办公概况

广州市分会于今年九月初开始与广州市生产教养院实行了联合办公(即合署办公),同时并和民政局靠近办公。联合办公的组织形式是在联合办公室设有职权相同的第一主任(生产教养院院长)和第二主任(分会秘书长),对内统一日常工作的领导,对外仍然是保持两个机构及院长和秘书长的名义。办公室主任下设有生产、教养、救济、卫生、行政、会务、财务(现已与民政局财务科合并办公)、人事等八个组,统一进行两单位的行政和业务工作。现有干部六十六人,勤杂人员四人,共计七十人。

在业务分工上生产教养院负责社会改革性质的业务(即须强迫收容改造的),如:游民、妓女之收容改造,并领导其原有的附属单位;分会负责孤儿、残老之收容教养工作及城市一般救济工作,并领导其原有的附属单位。

联合办公以后,首先,双方在工作上配合密切了,请示领导方便,解决问题快,从而提高了工作效率,并加强了和统一了民政局对它及它对下面单位的领导。其次,充实了骨干及部分下层机构,节省了人力、物力;统一了行政工作及学习的领导。

(2)关于调整业务和调整机构今后应如何办理,市民政局及分会表示,认为仍可以继续目前这样联合办公的形式及业务上的分工。因为分会系人民团体,仍应发挥人民团体的作用,如管理旧有社团和救福界的统战工作;生产教养院系政权机构,在作游民、妓女收容改造工作及到市各个区进行调查研究工作是有便利条件的。其次因经费不统一(分会是人民团体补助费,生产教养院是社会事业费),在业务上亦无法统一。至于存在的问题只有所属性质相同的业务机构的重叠,因经费与房子的限制不能合并调整;在干部方面,如以后扩大收容时还须适当增加编制,目前的干部数量因为管理上万的人,不可能再精简。

(3)业务情况及存在问题

联合办公室下属单位共计有二十八个,其中分会所属的单位有十个,包括一个育婴所、五个儿童教养所、两个盲人所、一个老人所,共计收容了一三〇九人,另外领导了一个善堂会馆联合会;生产教养院所属的单位共有十八个,包括两个儿童教养所、七个收容所、三个老人所、一个妇女教养所和六个生产单位,共计收容八五四九人。

①兹将其业务情况及存在的问题分述于后

分会所属单位,由于领导上重视,"三反"后大规模地调整了认识,环境设备又比较好,故一般的在生活管理上是较好的,特别是在生产与教养相结合的工作上有些成绩,使教养单位的儿童能够有很好的劳动习惯。在解决儿童出路问题上,也有一定的成绩。一年来在参军、参干、参厂、参加训练班等方面解决了一些问题;今年又举办了会计训练班,训练较大的儿童。存在的问题,主要是干部问题,一般干部水平较低,并且有些单位的干部均是未经改造的留用人员。例如,在第一儿童教养所,由于干部之间不团结,对于儿童的教育抓的不紧,儿童有不遵守制度的散漫现象。在婴儿保育机构中,保教方面不够好,如育婴所多数的婴儿都不健康,并患有轻重不同的皮肤病。

②生产教养院所属各单位中,参加各种生产的约有四千多人,其余四千多人多为老弱残废。生产单位有:砖瓦厂、石灰厂、被服厂、印刷厂、农场、土木工程队。参加生产的人员都是由各个教养单位中选择的有劳动力的青壮年,约一六〇〇余人。上述生产单位的生产是配合城市基本建设的需要,在有原料、有市场、有前途和薄利多销的原则下进行的,搞的颇有成绩。个别单位不但能自给自足,而且今年上半年已上缴利润十余亿元。

存在的问题主要是单纯生产观点与单纯利润观点,强调完成生产任务而忽视对生产员的教育,缺乏经常的学习制度,因此对于生产员的思想教育做的较差。如砖瓦厂有相对数量的人在休息时间仍继续生产,主要是为了奖金(分红)。此外有少数的人不遵守制度,搞女人、同性爱、偷盗等事情时有发生。其次在管理上,过去由于对政策了解不够,曾采用强制办法,现虽已纠正,但干部的思想尚未搞通。

部分的收容单位和教养单位的各种不同的小型手工业生产也能达到部分自给,如第二收容所有四百人左右,多为残废,但生产自给程度达七分之一,即能解决六十多人的供给问题。

关于收容与教养单位,我们只重点的了解了妇女教养所。妇女教养所是在去年九月二十五日第一次收容妓女时成立的,共计收容了二四四名,经过分别处理了一批后,现留所的有一一〇多人,其中有四十多人性病仍在继续治疗。明年准备第二次收容,人数为五百名左右。妇女教养所存在的问题主要是医疗问题,一方面是经费不足,药品缺乏;另一方面由于过去没有专职医生,实行轮回治疗,因此收容了将近一年时间,尚有四十一人的性病未愈。

③分会和生产教养院在具体业务上除上述存在的问题以外,尚有以下几个主要问题:

在分会方面:其一,如再调整机构,精简下来的少数干部无法安置;其二,管理社团有十四亿元结余,财政局要分会上缴,分会拟用于救济事业上,双方曾洽商数次,尚未解决;其三,分会拟将盲人院划归文教局领导,在经费供给上并无问题,但文教局因干部少,仍希望分会在行政上领导,此问题亦商讨数次未得解决。

在生产教养方面:主要是生产的企业化及收容对象改变成分和出路问题。

第二,广东省分会。

(1)广东省分会在成立以后,由于前秘书长张君奇官僚主义的领导,内部很不健全,一切都没有制度,亦未作多少工作。"三反"运动结束以后,分会将内部组织改组,在办公室下设有主任副主任,负领导日常工作之责。目前办公室主任系由省民政厅办公室主任兼,下设业务、人事、行政等三个组,处理日常业务。分会干部二十三人,勤杂五人,共计二十八人。

(2)目前分会的经常业务是领导已经接收的分散在各地的二十四个外资津贴单位(儿童单位十七个、盲人院五个、老人院两个)。分会对这些单位的领导,除靠日常行文往来和必要时派工作组下去检查外,主要还是靠民政部门领导。各地民政部门,由于中心任务多,又对这个工作重视不够,因此未能很好的领导起来。各单位中的留用人员多半没有经过很好的改造,而分会又没有新的干部去充实,因此对儿童的思想教育和生活管理均做得很差。分会在工作中感到经费不够,如各单位的修建费及重病儿童的医疗费等均无法解决。其次各地方过去曾经发生过占用救济机关的房子的问题,机构如果进行合并调整,房子就有被地方占用的可能。

(3)关于调整业务和调整机构今后应如何办理,省民政厅表示:拟由社会科一部分干部充实分会、扩大分会业务、将全省老残孤儿的收容教养及有关的调查和救济等工作划归分会负责;民政部门负责游民、妓女之收容改造工作。因为分会为人民团体,仍应发挥人民团体的作用,如发动社会力量等。省民政厅及各地民政部门干部少,中心工作又多,分会做这个工作可减轻民政部门的工作;分会所属的二十四个单位亦可充分利用,扩大收容。如果业务统一到民政部门,须增加各地民政部门的编制;如果民政部门一部分业务划归分会办理,则分会须在必要的地方设置若干办事机构。

第三,我们的意见。

(1)关于调整业务、调整机构的问题:我们认为救济工作,随着即将到来的大规模的经济建设应在统一计划、集中办理的原则下进行。因此,广州市分会可接办广州市生产教养院;广东省分会与省民政厅可合署办公,分会下面的所属业务单位,可交民政部门统一领导。

(2)对收容人员应进行一次全面的详尽的审查,分别处理,不应收容的或可以出院的都允许或动员他们出所;可以就业的人,要随此劳动就业工作统一处理;已经改造好了的无法安置的对象,应进行思想教育,准备转向农村垦殖;仍须继续改造的,应分别不同对象,确定自入所之日起一至三年的改造限期,在原有基础上继续从事劳动生产或组织劳动大队转向农村垦殖,或继续劳动改造(同时给予必要的教育如速成识字法、政治常识、时事等)。

(3)生产单位已经企业化了的应逐步交给企业部门。今后结合城市当前基本建设,组织劳动大队进行营造、运输、修建等生产。

（4）明确生产教养方针,使生产与教养互相结合,纠正过去重生产轻教养或单纯教养的偏向(老残以养为主,儿童注重教养,较大的儿童酌兼生产),管教上坚决肃清打骂现象。

对上述情况,我们并未深入了解和研究,可能有些出入;我们的意见也是很不成熟的,仅供参考。

——《救济工作通讯》第 33 期 1952 年 11 月 27 日

25. 再谈加强城市贫民救济工作(评论)

几年来各大中城市的贫民救济工作,取得了一定成绩,使部分人得以度过困难。但多数城市在贫民救济工作上,还比较被动,还未形成经常的重要工作。城市贫民的贫穷饥饿状态还较为普遍地存在,个别城市饥饿致死或因饥饿而自杀的事也有发生。中央人民政府政务院发布了紧急救济的指示,中央人民政府内务部发布了"切实做好冬令救济工作"的通知,已引起各城市较为普遍的重视。中国人民救济总会在 11 月 25 日至 12 月 2 日的工作会议上,又着重讨论了贫民救济工作,并交流了经验。为了切实贯彻会议精神,做好贫民救济工作,兹再提出几点意见和各地同志商榷。

（1）关于建立基层组织的问题,鉴于过去有些城市对贫民情况不摸底、救济不及时或不恰当的主要原因,在于区以下没有专做救济工作的组织。救济工作会议上决定大城市要建立支会,大中城市居民委员会之下要建立救济小组或救济委员会,这一决定是适当的。但如何建立,在什么时候什么情况下建立,需要进一步研究。我们认为:首先要通过工作去建立组织,只有在工作中才能发现积极分子,然后在组织上把他们巩固起来。如果只喊建立组织,放松或推迟了当前要做的工作,尤其目前正在冬令救济的紧张关头,那就成了轻重倒置,会造成工作的损失。其次要建立组织要结合城市建政工作,目前各城市正在整顿与建立居民委员会的组织,居民委员会之下的救济组织,只有与建政工作结合起来才能顺利进行。孤立的搞,就会行不通。第三要了解群众已有的组织基础,加以整顿和推广,避免重叠累赘。譬如北京市有优抚救济委员会,天津市有救济福利小组,西安市有救济福利委员会,这些可作为较长时期的组织形式。南京市在发放救济粮时的评议小组,上海市居民委员会之下的失业人员登记委员会,均可加以整顿,变为长期的救济福利基层组织。至于救济支会的建立更须重点实验,取得经验之后再行发展。总之组织任务要服从政治任务,如果事情摆着不做,只是强调建立组织,其结果组织也建立不了,工作也做不好。

（2）要有预见，要掌握规律，贫民救济工作复杂多样，并且经常有变化，为了不犯错误，或者少犯错误，领导同志必须经常地深入重点，访问调查，才能掌握工作发展的规律，才能有预见性。譬如"三反"、"五反"之后，由于一个时期局部经济周转不灵，不少贫民依靠变卖衣物吃饭，入冬以后，就必须考虑群众的棉衣问题。至于在大雪封门、阴雨连绵、旧历年关以及城市的清淡季节，都是贫民的紧要关头，必须提高警惕。生产发展经济繁荣的城市，领导同志容易忽视救济工作，工作中稍有成绩，许多干部容易产生太平麻痹的思想，这些也几乎成了一般的规律。至于群众中困难一来，就悲观失望，发了救济粮又忽视节约，也必须经常地予以注意。

（3）关于贫民生产问题。组织贫民生产的目的在使贫民度过目前困难，争取时间准备获得固定职业的机会（目前如有就业条件能够介绍就业自然也是办法之一）。一九五三年个别城市的基本建设任务很大，在不妨害失业工人利益的条件下，把贫民中青壮年劳动力组成工程队，投入基本建设或与基本建设有关系的运输事业，是个重要方向。对于半劳动力和家庭劳动妇女，要尽量利用他们原有的生产经验和生产工具，政府再加以扶持和组织，也能解决一定的问题。但民政部门与救济机关不是孤立的去搞一套，而是在群众已有的生产组织基础上进行。例如：各地有的企业部门，合作社组织的加工工厂、妇联组织的妇女生产小组等，都可充分利用起来，予以指导帮助，解决困难，使其得以发展。民政部门开办工厂吸收贫民参加生产的办法是不妥当的，过分强调手工业没有前途，也不适合目前多数城市的情况。

对于摊贩转业问题，应有计划地进行，大量的失业人员存在的城市，不应强调摊贩转业，而应该以一定的方便和支持，以免造成工作上的被动。

（4）与有关部门的配合问题。贫民救济工作是巨大而复杂的，民政部门与救济团体应主动地与有关部门联系，取得各方面的配合才能作好工作。北京市税务局对于救济性质的生产，均给以免税或减税的照顾；哈尔滨进行救济时由区负责与合作社建立关系，发放粮票，到合作社取粮，这样做可以避免浪费；旅大市对贫民救济工作与公安、劳动、工商、合作社等部门共同研究解决，能就业者由劳动部门帮助就业；能生产者由工商部门、合作社帮助组织生产；这些做法都是很好的。因为贫民的困难，是各方面的，单靠发一点救济粮，而不能取得各方面的帮助，仍不能解决问题。

——《救济工作通讯》第 34 期　　1953 年 1 月 10 日

26. 天津市贫民救济工作试点的经验

天津市民政局为了吸取经验，加强社会救济工作的指导，在该市八区海会寺、北小道子两个派出所做了贫民救济试点。兹将两派出所贫民基本情况、工作步骤和发现的问题与意见加以整理,供各地参考。

——内务部社会司

(1)基本情况:两所共有四五六三户,二二七九七人,其中回民占有百分之七十,多半[是]牛羊行业的工人、小贩或三公,一部分小型手工工厂。贫民一般都是挣的多、花的多,不积蓄。

(2)工作步骤:首先吸收积极分子和被救济户建立救济小组,分片召开群众会讲解救济政策。其次,由救济小组初步提出应当救济的名单、情况和意见。然后,派出所深入调查共同评议,把应救济的贫民分为长期救济、资助生产、临时救济三大类。再召开被救济户座谈会,分别情况进行教育,使救济款使用得当。把长期被救济户及积极分子组织起来,按照地区划分小组,选出组长分片负责,以便互相监督教育及时反映情况。

(3)发现的问题与意见

在工作中发现:

①两所的救济人数比上月增加一倍,其原因由于:(甲)过去掌握较严,如认为每天每人收入一千元就可不救济;对有罪恶的人不救济;对回民也要求不救济。(乙)工作被动,救济小组仅是对知道的困难户调查反映一下。

②摊贩征收所得税的起征点,是每月营业额九十万元,但一般小贩利润很薄,交了税生活即很困难,因此欠税的很多,个别的把领的救济款交了税。

③在救济工作中部门干部认为救济款比过去高了很多,思想搞不通,也有个别救济小组的代表提名照顾自己的亲友。

因此,今后应当注意:

第一,对积极分子,组长与基层干部要经常进行政策和思想教育,划分贫民范围以及救济标准不能过严,也不能太宽,防止不顾政策或是从感情出发的偏差,使应救济的都得到救济。

第二,纠正不主动了解情况发现问题的被动作风,经常检查效果,吸收经验,研究情况,制订改进计划。

第三,对救济小组提出的名单要进行调查研究,但应做到迅速及时。

——《救济工作通讯》第 34 期 1953 年 1 月 10 日

27.西安市救济福利委员会情况介绍

(1)成立的动机

西安市是一个古老的消费城市,加以过去长期受蒋胡匪帮残酷剥削,迫使许多贫苦市民,生活没有保障,一般的都在多样性、临时性的谋生方式下过着饥寒交迫的生活。面对这种严重而复杂的情况,三年来我们曾进行了大力的救济,被救济人数达十三万人以上。但由于旧的创痛太深,存在着的问题还有很多未能解决;另一方面,以前,仅凭我们少数几个干部,孤军作战,往往使工作招致不应有的损失。譬如说,我们的救济工作往往不能作到及时和适当,有时把不应救济的也救济了,应当救济的因其本人未来要求救济却没有救济,也有些人找到我们门上来要求救济,我们因不了解实际情况,心中无数,常与之讨价还价,工作极为被动;尤其严重的是未能经常的检查工作,至有个别挥霍成性的落后分子,把救济款领去看戏,喝酒,吃鸡蛋,在群众中造成了不良影响;但在某些地区又确有因贫病与生活困难而自杀的惨剧发生。其所以发生这些问题,追根究底,主要的是我们对西安市贫民情况掌握不够的缘故。

经验告诉我们:只有切实掌握情况,才能使救济工作做到及时和适当,才能停止惨剧的重演。但是,问题在这里,如何掌握这七十五万人口城市的贫苦市民生活实况呢? 办法只有一条,依靠群众。谁家碗多大,勺多小,群众是完全了解的。因此,我们决定要成立救济福利委员会。

(2)组织概况

一九五一年三月,我们在一个区先行试办建立救济福利委员会,我们的计划是在试办取得经验之后,再于一九五二年春普遍推广,后来因为"三反"、"五反"运动的开展,便把这个计划搁置了。直到今年秋,才在城内八个区普遍建立起来。西安城内共有四十三个派出所(不算郊区),现在已经成立的有四十一个委员会,委员共计达八百四十九人。

救济福利委员会是以派出所地区为单位,在区政府直接领导下的群众性的救济福利的基层组织。委员会下按街巷情况编成若干小组,全会委员为十五至二十五人,设正副主任委员一至三人,由派出所行政干事兼任主任委员,委员均系由各街巷热心救济福利工作的不脱产的积极分子内产生的,其产生办法,先由群众酝酿提出名单后,交区上审查加聘。委员会成立后,都进行了初步的救济政策教育,这支新生队伍出现后,我们在救济工作上,便不再是孤军作战了。

(3)救济福利委员会的作用

①开始掌握了情况使救济工作向健康道路发展:现已初步了解全市约有两千五百多户约有八千多人,生活经常发生困难。救济福利委员会的成立,使我们克服了过去心中无数,工作被动的现象,在这个基础上,我们的救济工作会很快的走向及时与得当的途径。现在在救济对象上:我们已清楚

了谁该救济,谁不该救济;在救济办法上:已能针对各个被救济者具体不同情况,分别适当处理。我们已了解:谁应收容教养,谁应完全救济,谁应补助一些,谁应扶持生产,哪些人应组织生产,哪些人需要资遣还籍。在救济标准上:已能把过去原则上规定的标准,在各个被救济者当中,把它适当的具体化,做到以解决问题为目的。譬如救济一位卖红薯的,他家有五口人,每天全家吃杂粮,最低限度生活需要八千元,老是挨饿。我们的委员亲自和他算了账之后,全月给补助了七万五千元,解决了他的问题。又例如,一位有劳动力的要求每月救济它四袋面粉(一家四口人),但他又要求我们给他买一辆架子车,当时一辆能用的架子车要五十八万元。有些同志只从眼前财政观点出发,觉得四袋面只要三十来万元,而一辆架子车需钱几乎多出一倍,主张给救济面粉合算;后来经过全面的考虑,决定给他买了一辆架子车。五个月来,这家人不特不再来要救济,据说除维持生活外,还有点盈余。如救济委员会在发救济粮款后,一般非常重视救济效果,自动的负责督促检查领了救济粮款的人,按照计划用,不能乱花,使一文钱要发挥一文钱的作用,结合生产,进而要使它发挥应有的作用。

②发挥了互助作用:"三反"、"五反"中,西安市经济状况,曾经一度停滞不前,一般贫民生活受了影响,我们又忙的顾不了。去年秋成立的救济福利委员会,就自动发挥群众互助,解决了当时一部分迫不及待的问题。今年秋,因雨塌坏了几间房子,压死了三个人,没等政府救济,委员会已运用"亲帮亲邻帮邻"的精神,把问题解决了。

③有力的帮助了这次劳动就业登记工作:救济委员会都分住在各街巷,他们周围谁是怎样的情况,都很清楚。这次劳动就业的登记工作,他们都参加了,在帮助劳动就业登记处了解情况上,起了很大作用。同时,我们也在这次,把城市贫民情况作了一次普查,并进行了及时的必要的救济。

(4)存在的问题与对今后的意见

救济福利委员会成立后,虽起了很大作用,但还存在着不少问题:其一,少数委员会组织尚不健全,个别干部对这个组织的重要性认识不够,忽视了对它的领导。其二,这个组织交给救济分会领导后,就产生了与区联系的新问题。过去民政局是通过各区政法科领导的,救济分会系半官方半群众团体性质的机关,在救济工作上领导区政法科是否合适,我们思想上还不够明确,但已意识到是一个问题。其三,有些委员对救济政策不明确,因此就从正义感出发,对于管制分子、烟毒犯、被清洗干部、二流子等,明知其生活困难,却不愿意救济;也有个别委员会恩赐观点相当浓厚,在救济工作中徇情讨好,如有的把生活并不困难的积极分子救济了,据说这是对积极分子的照顾。又如一位马子英家中仅有七口人,而在本市有房有院,车一辆、骡一头也给救济了,据委员说,是被他缠的没办法了,只好救济。又有的把一般困难情况形容得十分严重,这些非政策观点,在一些委员当中不同程度的存在着。

针对这些问题,我们准备这样做:

①把救济福利委员会组织尚不健全的健全起来,并帮助建立起各项制度,认真的加强其领导,决不让一个委员会流于形式。

②加强救济政策教育,使每个委员都能够了解政策,掌握政策,按照政策进行救济,扫除以往从好恶出发而不从生活实际出发的偏向,要知道积极分子是奖励问题而不是救济问题,管制分子,烟毒犯,被清洗干部等属于政治问题,其生活困难者是要救济的,尤其是对其家属的生活困难问题。二流子等生活困难者,经批评教育后,亦应给予救济。

③区一级的联系问题,我们的初步意见:在区建立支会,其领导关系,一面受救分会领导,同时也受区的直接领导,他的责任是执行救济分会及区政府的救济计划和指示,领导所属救济福利委员会,做好本区救济福利工作。在救分会与救济福利委员会之间要起承上启下的纽带作用。根据这个内容,其组织应以各委员会的正副主任委员及各区上主办救济工作同志与其他必要人员为核心组成之,由区长或政法科长兼任主任委员,专职干部即为区上主办救济工作的同志。为进一步密切区与救济分会之关系,可让各区区长参加到救分会的执行委员会里面来。

（西安市民政局社会科科长卢松轩在中国人民救济总会会议上的报告）

——《救济工作通讯》第 34 期　1953 年 1 月 10 日

28. 纪纲(中央人民政府内务部社会司司长):关于城市救济福利工作的报告——一九五二年十一月二十七日在中国人民救济总会工作会议上的报告

一

中国人民救济总会伍云甫秘书长关于加强领导、统一使用力量、明确业务范围,以及进一步开展救济福利事业的报告,我们完全同意。我的报告是对城市社会救济福利工作的情况,特别是关于方针政策方面作若干补充:

全国解放以来,社会救济工作取得了很大的成绩。除了大量资遣战俘、散兵游勇以及农村灾难民回乡生产外,至一九五二年七月为止的不完全统计:收容游民二十四万余人,收容妓女八千人以上,分别进行了劳动改造和思想改造;收容了残老儿童十一万人,分别进行安置教养。为了改造教养这些无业寄生人口,各地组织了农场、营造修建工程队和各种各样的大小工厂,这些工厂除政府投资一部分外,一般是利用碎铜烂铁,从无到有、从小到大、逐步发展才具有现在的规模。由于有了劳动的机会,不仅使寄生者得到改造,并为国家创造了不少财富。对城市贫民,各地也进行了经常的或季节性的救济。使部分贫民得以渡过困难。各地又处理了美资津贴的救济机关,粉碎了帝国主义利用"救济"侵略我国的阴谋。此外,并举办了一些福利事业。总之,是迅速医治了战争创伤,稳定了社会秩序,配合了国家经济的恢复与发展。这些成绩不是容易获得的,一方面是由于中央有正确的方针政策,一方面是由于各地同志埋头苦干,辛勤缔造的结果。

但是,社会救济工作,也还存有不少缺点。贫民救济还未形成经常的重要任务;教养机关内部还没有根据不同情况确定具体的方针政策,管理教育上也还有不少缺陷,教养企业的发展方向,还需要进一步的加以明确,人民的福利事业,也还需要进一步的加以重视。总之,我们要重视这些成绩,来提高我们的工作信心,同时也不放松这些缺点,使我们的工作更推向前进。

二

(1)必须认识社会救济福利事业的重要意义。有的同志说:社会救济工作是"消极的"。我认为不是这样。我们的工作是改革社会的大任务,譬如过去的游民改造工作,稳定了社会秩序,配合了国家经济的恢复与发展,将旧社会造成的消费者变为生产者,并且有许多人经过劳动改造之后已娶妻安家自谋生产,这些工作要看成是革命取得政权之后,必须要作的工作,不能看成是"消极的"。况且目前还有很多人仍然需要救济,以关心人民疾苦,解决人民切身困难为天职的革命工作人员,对此更不应存有丝毫的消极观念。又有的同志说,"作救济工作,默默无闻不被人家重视",这话也不对,人家重视你的工作是一回事,你怎样推动工作向前发展又是一回事,假设不被人家重视,你不要责人家,先从责自己做起,责己即首先把工作做出成绩来。行行出状元,任何工作只要认真去做,就有成绩,就会被重视。还有的同志说,救济工作是"过渡的"、"没有前途的",我认为也不是这样。谢部长说过:"因为帝国主义及反动统治阶级所制造并遗留下来的灾难很大、很多、很深,特别是在城市",又说:"帝国主义还未寿终正寝以前,救济工作总是不断有;在国内还未进行社会主义制度以前,救济工作总是不会完。"即使帝国主义没有了,国内进到社会主义了,福利工作也还要做。

今后,国家收支已经平衡,大规模的经济建设即将开始,在新的有利的条件下,必须做好社会救济福利工作,才能把群众团结在人民政府的周围,为祖国建设服务。

（2）社会救济工作必须力争主动，并且还要有计划、有步骤地推行。福建省建政工作做得较好，就是主动。他们采取五个方面主动：①主动争取领导支持；②主动地工作，干出成绩来，以求各方面的重视；③主动督促帮助下级；④主动去找有关部门，推动大家去作；⑤主动宣传。我认为这个办法很好，也适合我们的救济工作，大家可以研究仿效。积极主动是对的，但也必须从全局设想，从实际出发，从长远打算着眼，从目前要办能办的事着手。从全国来说，工业建设是基本的，没有国家工业化的胜利，就没有救济工作的物资基础，从救济工作本身来说，也必须明确什么是紧急的，什么是可以缓解的，许多社会问题，需要逐步解决，不要企图一次解决。有的教养机关，把什么人都包下来，有的收容人员已经改造好了，并且有家可归，也不肯把他放出去，结果增大了国家开支，被救济者又不满意，这种吃力不讨好的事情，我们要尽量少做、不做。天津市对于劳动就业问题，定出了几条原则，很好，可供各地参考：其原则为"过去登记的先解决，失业先解决，求职后介绍，生活困难的在先，不困难的在后，并在同等条件下照顾失业工人，烈、军属，少数民族与'三反'、'五反'中的积极分子优先就业。同时亦配合着展开救济工作，给予生活困难者以及时救济"。有的地方提出"年龄超过三十岁者不要"、"体重不足X磅者不要"等等，这都不是从实际出发，惹得发生怨言，各地要引以为戒。

（3）要重视群众力量，切实作好救济福利事业的统一战线工作。我们的救济福利事业是在人民政府领导下，是以人民自救自助为基础的人民大众的救济福利事业。只有组织起人民自己的力量，生产节约，劳动互助，才是最有保证最可信赖，而又取之不竭的源泉。一九五〇年在全国，主要是在城市动员人民支援农村灾区的寒衣劝募运动，短短三个月时间，即完成寒衣六八八万套，折价三千四百多亿元。这说明群众的力量是伟大的。今后财政经济状况已根本好转，人民生活日益提高，人民内部自救互助的力量也就更大了，原有的救济福利团体和热心救济福利事业的人士，也有一定的作用，必须善于推动他们、团结他们，发挥他们的积极性。据这次中央人民政府内务部和中国人民救济总会上海检查组报告：上海市民办公助的龙华儿童保育院，办的很好，这就证明有些私人举办的救济团体，经过政府领导是可以做些事的。有些同志总是强调这些团体没用、这些人落后，不愿意或者不善于同他们合作，以至使他们的积极作用，不能充分地发挥出来。

政府领导是必须的，因为人民政府是依靠人民，又为人民服务的。只有它，才能在最大范围内，动员人民、组织人民力量，从事救济福利事业，并适当的全面的分配和调度人力、物力、财力，而不致浪费、偏重、用不及时或用之不当。但政府的领导，并不是包办，必须通过人民团体去具体实现。中国人民救济总会与各地救济分会，就是贯彻政府关于救济福利事业的方针、政策，团结与组织广大群众，做好救济福利工作的人民团体。谢部长关于民政部门与救济分会工作范围的问题，曾有这样的指示："救济分会是指导或直接办理救济福利业务机关，民政部门主要是管政策，而不是你办那几件，我办那几件。"

（4）救济事业费的使用问题。积压、挪用、贪污浪费救济事业费的现象，经过"三反"运动基本上纠正了。目前突出的问题是不能掌握情况，心中无数，致使事业费不能迅速有效的投放下去，必须了解救济事业费是解决苦难，扶持生产的，事业费用不了，问题不能解决是不对的；使用不得当，也是不对的。除了老弱残废，确实无法生产的人，一般的应扶持其生产，使之逐步摆脱困难。救济事业费不应该用于开办大工厂，据说有些地方把规模较大，民政部门难于领导的教养企业已交给生产部门领导，我们认为这是应当的。总之，不能很好的开展工作，就用不好事业费，事业费用不好即工作亦不能作好。在使用事业费当中，可以看出你工作深入不深入，切实不切实。所谓事业费是如何把事业搞好，这不仅仅是一个手续问题，而是个政策问题，亦即是如何配合大规模的经济建设，如何使国家的政策法令得以贯彻实现的问题。例如有的妇女因与不自由的婚姻作斗争，离婚后无家可归生活发生困难时，我们即给她撑腰予以适当救济，这样一方面避免发生惨剧，另一方面避免她因生活所迫急切的再找一个不适合的对象，这就配合了婚姻法的贯彻执行。

三

（1）贫民救济问题。目前全国尚有一些城市贫民急需救济，政务院紧急救济工作的指示发布后，不少城市还未抓紧进行这一工作。目前冬令已届，如不引起高度注意，很难保证不出问题。

贫民救济的方针：除老弱残废给予经常救济外，主要是采取介绍就业，扶助生产，使发放救济款的过程成为组织生产的过程，使之逐步摆脱困难。要严格防止冻饿死人，或因冻饿而自杀的现象。在大雪封门、阴雨连绵及旧历年关前后的时候，要高度的提高警惕。

为了保证不冻饿死人必须：

①教育各级干部关心人民疾苦，对违法失职冻饿死人者，要追究责任。各地要建立严格责任制，今后并要逐级负责。

②市人民代表会议上、市区行政会议上要讨论救济工作。居民委员会要把救济工作看成经常的重要任务。要实行分区、分片包干负责制。

北京市要在居民委员会之下,普遍建立优抚救济委员会,办理贫民救济工作。我们认为这很重要,以上海市为例:该市有一万个以上居民委员会,如每个居民委员会设立五个人的优抚救济委员会或小组,则将有五万以上的人参加救济工作,这是搞好救济工作的有力保证。

(2)游民改造的方针应该使寄生者通过劳动教育改变成为新人。生产教养院和生产教养企业应是游民改造的学校。中央人民政府内务部今年九月批复中南民政部关于长沙市生产教养院生产员改变成分的几点意见,大体适合各地情况。生产教养院和生产教养企业内部,应实行民主管理,并热情地关怀、帮助院民,重新梳理自尊心、上进心。某些地方存在有打、骂等违反政策的现象,应立即纠正。

游民生产的方向,可参加基本建设或与基本建设有关的工业。上海、南京、苏州等区的游民改造工作配合基本建设,组织营建、筑路工程队、砖瓦厂等工业,这方向是正确的。有的企图搞大工程,是不甚妥当的。集体开荒,也是方向之一,但这个工作是很复杂的很艰巨的,必须一切计划好准备好才可办理。

(3)收容改造妓女,首先要求取消公开的妓院,收容改造公开的妓女。对暗娼,应视为较长期的社会改革工作,采用各种办法逐步地加以解决。

由于各地改造妓女的影响,妓女的觉悟普遍地有了提高,今后的改造工作,除进行思想教育外,应以医治性病、提高文化卫生为主。妓女收容改造期间,组织一些手工业生产是必要的,目的是通过生产树立劳动观念,不能强调自给,劳动时间也应适当缩短。经过一定的思想改造、治愈性病,有家可归或有就业条件者,应大胆处理;有意识地送一批改造好的妓女到工厂做工,这样对改造妓女工作推动很大。同时还要认识长期的妓女生活有些已养成了腐化堕落的习惯,怕吃苦,怕劳动及有较浓厚的流氓习气,因之我们对她们须注意劳动改造和思想改造使她们真正成为新人。大胆处理,并不等于潦草从事,应该处理后使其不再因生活问题而重操旧业。

(4)老弱残废的教养问题。确实无依无靠、无家可归的老弱残废,应予收容教养;一般的应结合贫民救济,给以长期辅助,有亲属者由其亲属负责抚养。对老弱残废的方针是以养为主,组织轻微劳动的目的是使其精神有所寄托,生产收入可改善生活。在管理上,如有可利用原有慈善团体的房产等条件,适当地分散安置会更好些。

(5)关于收容教养儿童的问题,对流浪儿童可分别处理:小偷孤儿可收容教育,并组织轻微劳动;残废或低能儿童应设法予以特殊教育;失学者,可结合贫民救济,有重点、有步骤地补助其上学。有的地方对收容范围不明确,不该收容的收容了,加重了政府的负担。对已收容的,应采取教养并重的方针,一般的可培养到小学毕业,然后学习技艺,个别有发展前途的可助其升学;在教养期间劳动时间不应过长,以免影响儿童身心的发育。儿童保育事业应采取私办公助的方针。为鼓励私人办理福利事业,可规定一些奖励和补助的办法。

(6)遣送工作。首先应大力劝阻农村剩余劳动力盲目流入城市,农村剩余劳动力向城市工业输送,应是有计划的进行。对既已入城的农村剩余劳动力,若需要遣送者,应征得当地政府的同意,以免两头麻烦,问题仍不能解决。关于这个问题,中央人民政府内务部曾发过几次指示,具体办法,已详细规定。

　　　　　　　　　　——《救济工作通讯》第 35 期　1953 年 2 月 11 日

29. 董庆馀(本刊通讯员):北京市西郊养老院的生产工作

中国人民救济总会北京市分会西郊养老院,原来是道德总会所办的安老院怀少堂,一九五二年四月该会自动请求北京市救济分会接办。现在有职工十二人,收容人四十五人(包括收容人的小孩十二人)。接办前,这个单位的经济情况很困难,收容人生活很苦,无论老小,每天两顿窝头、高粱米饭、咸菜或生菜,成年吃不到肉,有时吃了上顿没下顿,一年也洗不了一次澡,在冬天阴历十一、十二月还升不上炉子。但是,现在情况不同了:伙食逐步提高了,每天不但能吃一顿细粮,而且生菜变成了熟菜,每周每人还可吃一顿肉,每二十天理一次发,每月洗一次澡,今年农历十月中旬就升起了炉子,有些有病的老人,也及时得到治疗。这样,老人的健康情况,也大大地改善了,今冬虽寒暖变化急剧,但出乎意外,却没有一个老人因而患病,甚至连过去一到冬天就喘的起不来炕的唐老太太也安然无恙。

西郊养老院是个生产自救的单位。他们取得经济状况的好转,并不是伸手向上级要钱,而是在上级领导与帮助下,依靠自己力量搞好了生产——制造酱油、米醋。在接办前,酱油、米醋的产量很低,每月平均只产六千斤,维持生活都成问题,接办后,产量逐月显著提高,七月份生产了酱油、米醋一万三千斤,九月份增加到一万九千斤,十一月份更增加到二万五千斤。生产所得,不但能维持已经提高了的生活水平及全院一切开支,并且,还有很多钱投入了生产,除修理家具等不计外,用于改装及增添设备的就有二千三百多万元。今后如将设备稍加改装,并增加个别工作人员,再担负二三十人的生活也不成问题。

西郊养老院的生产所以能够建立和扩大,主要有以下几个原因:

第一,充分利用了本身的特点,同时适应了周围社会环境的需要。西郊学校等单位较多,酱醋需要量大,而当地酱醋业较少,城内运来的成本又高。同时这种生产,劳动强度较弱,生产过程简单,资金也少,这就适合了该院劳动力少且弱,缺乏技术与资金的特点,因而提供了良好的条件。

第二,救济分会领导上的充分重视与支持。北京市救济分会经常检查其工作,负责的同志也亲自深入下层了解情况,及时发现并解决了问题。分会又调派干部加强了该院领导。当发现其劳动力不够用时,及时从习艺所拨去一部分年青力壮的收容人员,资金周转困难时,分会也加以帮助,使生产得到了迅速的发展。

第三,全体职工及收容人员的积极努力。全体职工都热情地劳动,无论工作多忙也不叫苦,他们是生产中的骨干力量。收容人员中除不能劳动者外,其余一般都自愿地参加了自己所能胜任的工作。年青有力的赶大车、挑水、看火、做饭,年老的晒锯末、晒稻糠、喂猪,分工合作,各尽所能。年青的杜季春在冬天挑水挑热了穿着单衣干,老人秦宗江负责晒锯末也忙忙碌碌地工作着,保证了燃料的供应。

第四,不断地钻研技术,改进生产,注意节约,坚决地克服困难。酱油房技师张长治,醋房技师霍瑞贞,过去都是外行,但由于用心学习,张长治二十天,就学会了全套本领,霍瑞贞由于经常去其他工厂参观,现在作醋有把握。定期的业务研究会,对改进生产,提高质量起了很大作用,如改进酱油生产方法,大大地提高了产量。改装了大车,使装载量提高到将近一倍。改进了滤醋设备,缩短了生产时间,也提高了产量、质量。由于平时精打细算,在节约资金,减低成本上也有显著的成绩,如修置了可以烧锯末的炉灶,使燃料费节省约十五倍左右。

西郊养老院的事实证明:生产自救的方针是正确的。只要我们能掌握政策,从实际出发,结合了具体情况,在工作中,我们是永远会胜利的。

——《救济工作通讯》第 35 期　1953 年 2 月 11 日

30. 冯藩(本刊通讯员):儿童保育工作中的几个问题

中国人民救济总会武汉市分会育幼院,是在党的政治教育和思想教育的基础上,在摸索的艰苦过程中成长和发展起来的。我们在一年半的实际工作中,遇到了一些困难问题,深深体会到保育工作,是一个细致的复杂的繁重的工作。兹将工作中的一些问题,扼要地提出来,以供同志们研究和参考。

（1）保育行政的分工与配合问题

保育行政上的严密组织和科学的分工，是保育行政的关键问题。为了使儿童在集体生活中，教师及保育院有步骤地进行教养工作，以养成儿童集体主义思想，保育行政的科学分工和配合，是十分必要的。

苏联的保育工作，在这方面非常注意。他们很成功地做到了在科学的分工和配合的基础上，掌握了儿童全面发展的指标记录，运用生理、病理规律和科学指标计算方法，全面记载儿童健康教育、智力教育、道德教育、艺术教育、劳动教育各方面正常发展和畸形发展中的共同性和特殊性，并根据指标记录中各个儿童典型的特殊性，结合儿童年龄身心发展的生理规律，运用各种不同的方法，进行系统的适应发展情况的教养工作。这是苏联最成功的保育经验之一。我们的保育工作，在这一方面是做得不够好的。我们必须学习苏联先进保育经验，学习运用全面发展的记录方法。

组织的分工和配合，更要注意的是对工作人员的思想领导和政治教育的问题。尤其是保育员的思想领导，是不可忽视的。我们目前的情况，大部分的保育员，是文化水平低、政治认识不够的家庭妇女出身，他们普遍具备着一定程度上的狭窄性和保守性。在吸收先进经验时是有很大的阻碍和困难的。我们应该抓紧思想领导，给以不断的政治教育和医务教育。在我们育幼院中，我们举办了经常性的业余教育，每周授课五小时，讲解政治、时事、医务各方面知识，结合保育工作中的实际问题，进行教做合一的方法，推行半年以来，我们认为是有一定成就的。

在人事、纪律的管理上，我们主要的是采取教育、表扬的方法，是在自觉的思想基础上进行的。强制的、滥用批评的方式，在保育工作中，是不适宜的。

在组织编制上，应作到分工合作、层层负责。我们育幼院接管旧育婴堂时，做了一些组织整顿工作，过去医务工作者与保育工作分工不明确的保健组，调整改设为保育组和医防组，三岁以上儿童设立保教组，畜牧场形式的第二分院改为福利组，事务部门改为总务组。全院并成立了职工代表会、卫生委员会、学习委员会、评模委员会、生活福利委员会。这样，过去无原则的意见和工作上的混乱现象减少了很多，解决了不少问题。例如：掌握儿童全面发展和生活作业情况，由保育组、保教组负责，随时向医防组汇报情况，及时地解决问题。因此：我们的孤儿，在接管后一年半中，死亡率大大地降低了。

在智力发展上，由于保教组的配合作用，运用苏联全面教学法，进行不同的教育形式，大部分儿童都活泼起来了。她们改变了过去白痴一样的怕见人的孤僻的个性,也不承认她们是孤儿了。她们说:"我们不是孤儿,我们有祖国,我们有毛主席。"这是我们在工作中所得到的初步收获。

(2)儿童的分班和保育员的安排问题

儿童集体生活的分班和保育员的配置照顾问题,应根据儿童年龄,体力和智力发展情况以及保育机关房屋、设备、环境而有所不同。最标准的保育院的建筑,根据苏联经验,是以平均每个儿童占四至五平方米的空间为原则。建筑颜色白色反光太强,黑灰色有沉郁之感,最好是室内外有淡黄色或淡绿色。院基坐北朝南,或坐西朝东。窗户应从儿童寝室左侧摄入阳光,门窗上应饰淡绿色窗帘,室温宜保持摄氏十六至十八度。在目前,这样做是比较困难的。但是,我们的保育事业,正在向前发展中,在可能条件下我们应该争取这样做。

我们的育幼院,在分班方面:将三岁以上儿童划分为幼儿组,由保育组领导,每五至六名设保育员一名,二十五名设教师一名。三岁以下儿童由保育组负责。根据年龄和饮食情况又分为婴儿组(一岁半至三岁)每三名设保育员一名。匍匐儿组(八个月至一岁半)每三名设保育员一名,乳儿组(初生至八个月)每五名设保育员二名,统由保育组具体领导和安排。保育员工作时间,是实行三班制(早班、晚班、夜班)每班有班长一名,生活辅导员一名,协助工作。每人工作时间是八小时,每班每周轮换一次,其余时间参加业余学习和文娱活动。每日上午十时至十一时,下午四时至五时,晚七时半至八时半,是规定的业余学习时间,每周星期一订出个人学习计划,在班次、时间、工作、休息互不影响的原则下,有准备的参加学习。事实证明我们推进业余教育半年,保育员的政治和业务水平都有了提高。

在儿童分班和保育员的安排的问题上,更要注意的是保育员的思想动态和个性特点。防止发生对儿童的"偏爱心理"和"嫉妒心理"的产生,以免在无形中造成儿童个性畸形的发展如骄傲、自私等坏习气。尤其是家庭妇女出身的保育员,更要注意这个问题。在中国旧家庭的形式中,"偏爱"是狭窄的封建思想影响的产物,"打老二骂老大,偏爱老三",是常有的事情。这是在保育事业中,不允许存在的。儿童是祖国人民的财富,不是个人私有的东西,因此,必须加强对保育员的思想教育工作,发扬阶级友爱。我们在保育员安排问题上,找窍门,了解思想情况,费了很大的气力,把乳儿组、匍匐儿组划为年老的而比较细心耐烦的保育员负责(年纪过大的仍不宜当保育员——编者),婴儿组划归家庭妇女出身而有一定的文化水平的保育员负责。幼儿组划归没有结婚而年轻活泼的保育员负责。但是,"偏爱"的问题,还是没有得到彻底解决,如最近武汉市救济分会鼓励私人收养儿童,个别保育员将自己"偏爱"的儿童,不愿交出,有的甚至哭闹几天。

(3)保育工作和保教工作相结合的问题

"胎教"是我们中国固有的优良传统,"孟母三迁"可以说是注重环境教育的典型。苏联的教育学家乌辛斯基说:"人的性格,主要是在一生的头几年养成的。而这些最初几年所获得的特性,是根深蒂固的,奠定了他的一生的基础。"由此我们知道儿童教养工作,是在他出生的第一天,第一次哺乳,母亲的第一次的爱抚,就已经开始了。因此,培养儿童良好习惯和优良品质,养成他们的创造性、服从性、纪律性和坚忍性,教养工作必须结合健康教育、智力教育、道德教育、艺术教育、劳动教育,才能完成它的任务。

保育工作在具体工作中,各种动作都要有教育作用。儿童时期感受性强,喜欢模仿,最容易受教师和保育员的影响。一方面做儿童保姆,另一方面还要做儿童老师,不但要耐心的细致的坚持工作,还要随时启发儿童,从具体工作中进行教育。例如:在儿童饮食时,说明米饭的来源,进而使儿童认识劳动的伟大与光荣。

儿童的自由活动,是体力和智力发展的必要条件。根据苏联经验,在一天之中,三岁以上的儿童,最少要有二小时的户外活动,冬天应在上午十时至十二时和下午三时至五时之间,夏天应在清晨和黄昏。午睡应不少于两小时,晚睡应不少于十小时。集体唱歌、游戏,听讲故事及手工活动,幼儿不得超过三十分钟,婴儿不得超过二十分钟。因为儿童注意力不能长久集中,这是不可忽视的原因。

(4)儿童的饮食和营养问题

儿童饮食和营养问题,是一般保育机关中最困难的最不容易掌握的问题。我们知道儿童的饮食是他一生健康的基础。儿童的健康和疾病,发展的快慢,正常和不正常,都是在儿童时期的饮食起着决定的作用的。在这一方面,我们更必须学习苏联的方法,必须用科学的营养知识去选择和调配。在又经济又营养的原则下,保证儿童身心健康达到完全的正常发育的要求。

我们的保育员在接管初期,约有百分之八十六的儿童,患有顽固性的营养不良和消化不良,在营养调配上和医药治疗上走了很多的弯路。有一名二岁孤儿白芳明,每日腹泻五六次,持续了八个月,吃什么泻什么,营养不良达到很严重的程度,给以服药打针收效很少,后来我们大胆的试行苏联方法,停止新鲜牛乳,改用过滤三次的罐头奶粉,内服苹果泥和维他命乙、丙,注射胎盘组织液,不到一个月,逐渐恢复好转了,体重由十四磅增加到十八磅,花了很小的费用,收到了很大的效果。

一般的情况,五个月以内的乳儿,最好采用人乳营养,雇佣奶姆比较安全可靠,喂乳的时间每次不应超过二十分钟,乳汁不足时可斟酌情况采用混合哺乳法。以奶糕、罐头奶粉加米汤调配最好,在每次授乳之后,哺给哺乳时所不够的乳量。用新鲜牛乳,有时容易引起消化不良。六个月以上的儿童,可采用人工喂养法,主要材料是牛乳、奶粉、奶糕、藕粉、豆浆等,在调配方法上,我们是采用米汤,糖盐交换使用,经验证明,米汤比开水调配效用好些。

一岁以上儿童,我们采用普遍饮食混合营养法,主要材料是蔬菜、五谷、鱼肉肝类、牛乳、豆类、蛋、水果等混合的面食和饭食。在方法上是配合菜价和营养成分含量,将食物分量与菜单联系,这星期吃些什么菜蔬,这些菜蔬多少价值,每日应该多少分量,根据儿童年龄发育和需要量,概算营养价值和所需费用,我们目前每人每月九万元左右。

在膳食设计上,应注意儿童增减人数、调查菜价、计划菜单三方面的工作,才能掌握饮食的经济条件和营养条件,一切油煎炸食物,多油的点心,糯米食物,未成熟的果子、生菜,极甜的食物和黏性糖果,是不相宜的。我们要留心购买营养成分高的下市菜,选择普通家庭少用的食物,如三月份的青菜,一定比枸杞头、豌豆苗便宜几倍,荤菜和牛腰、牛肝、猪血、腑脏类等价廉而营养高的食物,可以在经济限制的情况下,解决了营养问题。

目前,在苏联的托儿所中,特别提出食物中蛋白质问题,尤其是动物蛋白质,每天在膳食中加一次荤的蛋、鱼、肝、腑脏类等价廉的食物,下市的绿叶蔬菜,是完全必要的。

(5)儿童的保健和义务工作问题

保育机关中的医务工作者,总的任务是预防为主的保健工作。必须深入全面地掌握病情、疫情、儿童健康发育情况和调配营养,布置和检查环境卫生,为儿童的保育保教工作服务。

我们医防组的业务方针:是团结和发扬保育组和保教组的力量,全力做好卫生预防工作。严格保持业务上的联系,加强管理营养的调配和消毒,通过治小病、防大病,诊个别病、防集体病的治疗手段,逐步的减少和消灭发病率和死亡率。

在接管时,我们做了一些紧急抢救工作。现在做的是健康恢复和培养工作。经过抢救过来的四十三名儿童中,有七名患有顽固性消化不良和营养不良,我们吸收苏联先进经验,推行了组织疗法,改善了营养调配方法,都收到很大的效果。如接管时三个月的刘四毛,体重只有四磅多,奄奄一息,抢救后遗留严重的营养不良,长期不愈,后来我们注射了一个月的组织液,加强饮食物中的蛋白质,现在体重增加到十九磅。

保育机关中的医务人员,要防止淡出的、被动的、医院作风的治疗观点和技术观点,要主动的联系卫生部门,正确掌握病情和疫情,按期检查和完成防疫注射和接种工作,经常检查儿童卫生、大人卫生、房间卫生、环境卫生,全部力量放在预防工作上面。

在工作方法上,主要是院内的联系工作和卫生教育工作。我们现在建立了"病情汇报制度"、"卫生三查制度"、"急病会议"、"营养研究会议"、"医学讲座"等,这些,对保育员,教师的联系和教育工作,获得了一定的作用。在营养管理上,由医防组直接监督,建立"饮食通知单制度",普通饮食,疾病饮食,随时通知执行。

在疾病处理上,每日常规查房二次,每月订出工作计划和预防对象。如一九五二年十一月份预防对象是防止白喉、麻疹。并结合医学讲座,对工作人员进行教育工作。

新中国的保育事业,正在成长着。保育、保教、保健各方面的工作,必须吸收苏联先进经验,结合我们各个不同的具体情况和具体条件,用不断改进和不断完善的办法,来适应我们新生下一代的要求。这样,才能把我们的保育事业更进一步的推广和发展。

编者按:无论在哪件工作中,吸收先进经验是很重要的,但不能硬搬经验,要根据具体情况,适当地运用先进经验,并且创造新的经验。本刊欢迎理论联系实际而不是教条的文章。本文已提出了若干问题,而且初步地解决了某些问题,可供从事儿童保育工作的同志参考。

——《救济工作通讯》第 35 期　1953 年 2 月 11 日

31. 吴慧敏(本刊通讯员):北京市儿童教养院的新气象

北京市儿童教养院是一九五一年十一月三十日由中国人民救济总会北京市分会从法帝国主义分子雷树芳手里接收过来的。它的前身,就是所谓北京"仁慈堂"。由于帝国主义分子长期对孩子们的虐待,院里的孩子,过去生活是非常痛楚的。

接办后,北京市人民政府彭真市长曾亲自到儿童教养院慰问了孩子,并且派了卫生工作人员进行了消毒灭虫的工作,北大医学院的同学也热心地协助对孩子们的体格检查。上级指示,一定要把抢救过来的孩子教养好。因此,一九五二年我们确定以恢复孩子们的身心健康为主要工作。

首先在儿童院里废除了不叫孩子吃饱的定量配给制度。设专职干部负责营养,管理并改进伙食,编制食谱,加强饮食的调剂,每天可以吃到肉、豆类和新鲜蔬菜,主食则以大米、白面、小米为主,按照年龄体重,健康情况给予一定的营养。一年来孩子们的身高体重普遍增加了,大都恢复了健康。如幼儿沈美芝、魏泰兰,一年来体重均增加了十磅。

为了更好地照顾孩子的健康,本院添设了疗养部,将有肺病、传染病、结核病的和身体健康的孩子隔离起来,加强其营养,由住院大夫每日细心地诊疗。经过治疗,在院里有二十二个患肺病的孩子最近透视结果,已经全部改善;有七个病得较严重的孩子,也恢复了健康,上小学部学习了。患肋骨痛的二百三十八个孩子,现在半数以上痊愈了。五十六个患尿炕病的孩子,也医好了四十个,马凤辰患骨结核卧床十八年了,现在已经起床了。她感激的说:"没有毛主席,我哪有今天。"

根据儿童年龄智力不同的情况,分别进行幼稚教育及小学教育。七周岁以下施以幼稚教育,采用以保健为主、教育为辅的保教合一方法。通过日常讲故事,读报,游园,看电影与本市各学校联欢等活动,扩大孩子们的思想领域,贯彻五爱教育,幼童们的体力和智力普遍有了发展。幼儿王小英原来不会哭,更不会说话,接办时大家以为她是聋哑儿,现在她变了,能大声叫阿妈了;一般的幼儿们不但能单独地歌唱,而且能踊跃地参加集体表演了。七周岁以上的儿童,我们进行了小学教育,孩子们进步很快。一九五二年上半年期考结果,五年级有四个孩子平均分数不及格,下半年两次月考成绩,五年级全班消灭了不及格现象。在写作方面有的孩子能出墙报且向报社投稿了。

我们在教学内容方面,密切地结合了抗美援朝运动,揭露了过去帝国主义对孩子们的迫害事实,孩子们都受到了爱国主义教育,政治觉悟提高了。"三反"运动中许多年龄较大的孩子都积极而热情地参加了检举和调查工作,在实际斗争中受到了锻炼,增进了对新社会的认识。她们憧憬着幸福的将来。许多孩子纷纷表示愿做拖拉机手,愿做纺织工人,愿意参加祖国的一切建设工作。

孩子们自己说,她们最高兴的日子是一九五一年十一月三十日的那天,这是她们从黑暗走向光明的一天,是她们美满幸福生活的开始。今年(一九五二年)在这一天,她们特别高兴,歌唱着自己解放的日子,一个个穿着厚墩墩的带风帽的新棉大衣,红润的面庞,浮着天真的微笑,有的更神气十足地向参观的客人们问:"你看,我像一个航空员吗?"她们感谢共产党,热爱毛主席。她们说:"我爱祖国,我要加强学习。"

孩子们是幸福的。在毛主席光辉照耀之下,人们看着新中国的下一代,在迅速地成长着。

——《救济工作通讯》第 35 期　　1953 年 2 月 11 日

32. 黄曾甫(中国人民救济总会长沙市分会副秘书长)：长沙市组织城市贫民包工代赈工作中的经验教训

两年半来长沙市救济分会组织城市贫民参加包工代赈,生产渡荒(概况介绍已见《救济工作通讯》第34期),是在从小到大,从摸索经验到学习提高,并且是在干部力量薄弱,组织不够健全,设备十分缺乏,业务不断增加,主观力量赶不上客观发展的情况下进行的。由于党和政府领导及全体工作人员的努力,以及各方面的大力支持和协助,在工作中,获得了一些成绩,也逐步累积了些经验教训。长沙市包工代赈的主要成绩可分下面几项来说。

(1)一九五二年春夏之交,霪雨连绵,全市又在"三反"、"五反"运动的高潮中,长沙市一般贫苦市民的生活很困难,有些贫民扶老携幼到分会来请求救济,我们及时地把这种情况向政府反映了。在长沙市人民政府大力支持和领导下,一次组织了六千四百人参加国家建设的土方工程,有效地解决了问题,安全地渡过了荒月。其中劳动力强的,三个月工作中得到工资一百五十万元,这在贯彻中央生产自救的方针上所起的作用是很明显的。

(2)城市贫民大都缺乏一定的生产技能,想"赚松活钱",没有学习技术的要求。通过组织包工代赈,参加集体生活,劳动组合,阶级觉悟和政治觉悟普遍有了提高,有的人转变很快,在工作中涌现了不少积极分子,被评为劳动模范和优秀工作者。并且有一部分民工已经对打洋灰,做马路涵洞,砌马路桥梁等粗浅的技术,逐渐地掌握了一定的生产技术。

(3)因为工地遍布市郊,参加的人数众多,为了加强管理,提高工作,依靠群众,团结互助,曾划定工程管理区,提拔了一部分街道群众中的(主要是民工中的)积极分子作临时脱产干部,明确划分管理与生产的责任,以便于施工指挥,加强了组织性和纪律性。这样不但在工作效率上起了很大的作用,而且为全面展开的劳动就业打下了坚强的基础。

(4)据一九五二年全年的统计,组织了民工四万三千五百五十五人参加生产,共得工资一二八七三七七七三三三元,大力克服了单纯等待救济的依赖思想,减少了政府社会救济粮的开支,同时在基本建设任务上,也起了积极作用。

长沙市的包工代赈虽然有了这些成绩,但我们从思想上、组织上、行动上检查起来,都还存在着严重的偏向和缺点,使工作招致了一定的损失。这一严重的现象,必须引起警惕,予以纠正。目前存在的问题,归纳起来有下述几点：

首先,是思想领导差,政策水平低。有些工作同志在工赈工作中存在着不同程度的任务观点和单纯救济观点,以为只要多包工程,多组织民工参加,就能多解决城市贫民生活上的困难。这只是单纯地片面地看问题,没有从全局设想,没有从实际出发,没有估计主观力量(人力、财力、物力和技术能力)与客观条件的可能性,没有认真进行各方面的调查研究;从订约到组织,从劳动力到生产方式,从施工到复员,都没有好好地来考虑;对于发展的前途,也缺乏全面的计划。比如说,一九五三年长沙市整个基本建设中土石方工程究竟有若干,就应该和有关部门取得联系,精密计划,互相配合,共同进行,还要估计自己力量是否相称,以免除不问技术,一揽子都兜回来的局部观点和本位主义的偏向。有些工作同志至今还没有把包工代赈中的整个工作放在重要的计划中,对于所包工程、工地的目前情况和存在的问题,心中无数,只知要包揽工程,生硬的组织民工,做完工程,发放工资,就万事大吉。他们把工赈工作当作少数脱产干部的差事,对有些未经改造的脱产人员,采取盲目信任的态度,对于群众的意见不加重视。有些人强调不懂业务,任凭工作自流;有些人则轻视工赈业务,不去亲自掌握,放弃领导责任。因此在工作中有的急于求成,一味急躁;有的以极不严肃的态度强迫命令来对待联络、施工、组织、教育等问题,使工作受到损失。如民工刘德和的挖土伤亡,民工周友文的卷款潜逃,民工唐星光的盗卖古物,以及市粮库和广播电台的马路要返工等不幸的事件,都是不应该发生的。至于把文教厅的体育场,湘中电业局的马路,第一中学的球场,都包工包料,一揽子的包下来,把工赈工程变为企业化,使民工也模糊了工赈渡荒的性质,造成唯利是图的不良影响,更是领导思想不明确,政策水平低的突出表现。有些同志对生产自救社会互助的认识不够,更看不见城市贫民有巨大的流动性和季节性,抱着单纯地包下来的思想。他们只想图省事,企图把临时性的工赈队伍一律确定为固定性的组织,没有认清城市贫民救济工作,是通过组织工程生产等过程,使之逐步解决困难,为劳动就业创造有利条件的这一重大的政治意义。在民工方面思想也是相当混乱。对这个生产渡荒,解决暂时困难的工作视同职业,希望编组成为固定队形,以来分会经常得到工作,进而想成立工会,加入工人自己的组织。

其次,是组织领导问题。包工代赈是十分细致繁重的工作,从统计城市贫民劳动力和非赈不可的人数,到具体施工,发放工资以及轮流复员等一系列的组织工作必须做好,特别是正确统计,正确调配,正确管理,正确复员这四个环节,缺一不可。保证这四项工作的正确进行,必须有健全的组织机构和一定数量与质量的干部。可是目前的情况是干部薄弱,水平不高,不能掌握各地工程。一个粗通工程的检工员,有时要设计和指挥工地十处,民工二千人以上；一个略识簿记的记账员要经手结算和发放四十个分队十亿元以上的工作，干部来源又多为民工中提拔的，没有很好的有系统的学习过，他们作风不纯，旧的封建式包头剥削的残余思想尚未能全部肃清，阻碍着民工积极性和创造性；另一方面还产生了"只知赚钱"、"不顾伤亡"、"偷盗贪污"、"争吵排挤"、"粗制滥造"等恶劣倾向。

第三，是方法问题。要做好包工代赈工作，不但要有正确的思想领导和健全的组织领导，还要有一套完整的科学的切合实际的办法。这一点我们过去做得更不够。拿各区城市贫民的组织方法或调配方法来说，就未能完全取得一致。有的街道贫民多，有的街道贫民少，人多的常得不到参加工赈的机会，人少的为了应付任务，不必参加的也拉来充数，因此群众中意见很多；有时因为订约不及时，不能取得发包单位的谅解，急于通知，忙于组织，匆促驰往工地，因而准备工作也不充分，对群众生活照顾不周，致生埋怨；有时因为平时社会宣传做得不够，不能取得发包单位的信任，产生了签约要觅保，逾期要罚款，要依率课税等商业性的行为。

组织、管理、宣教、财经等工作，过去也没有一种完整的方法和必要的制度。有些工地随便开会斗争民工，动辄开除民工；有些民工生病，未能及时护理；还有让神仙土（山脚的悬土）打伤人的事，而伤亡抚恤的补助高低又不一致；有的工具缺乏，调配不全，使民工到了工地因无生产工作怅然而返，甚至发现有用手挖泥的事（现在已报请救总中南办事处调拨一九五二年事业补助费一亿元添置工具）。我们过去虽然知道要有制度，但认为工赈既属临时性质，就可就事论事，何必多此一举，以至两年来一直因循下去，缺乏全面规划，头痛医头，脚痛医脚，想到那里做到那里，"菩萨多了造庙，庙大了添菩萨"；对上级指示的发挥社会力量，体会不够深入；对工赈工程关系国家基本建设认识不足；对各种各式官僚主义的斗争进行得不彻底；有时只看到成绩的一面，看不到失败的一面，这些都是在工作中所不能容忍的错误。

包工代赈工作是一个重要的政治任务，我们必须首先端正思想，认识包工代赈工作的重要性，但也不能忘记其临时性。我们要克服恩赐和依赖的观点。我们更不能只知有经济意义，忽略了政治意义，把工赈搞成企业化。我们要认识到盲目性的危险，进而提高到计划性，从思想上把工赈全部工作放在重要地位，同时坚持"没有计划，绝不动手"，但对单凭经验随便应付的保守思想；反对盲目大胆，不问后果的冒进偏向。不这样就会阻碍我们工作中一切计划的进行和无限潜在力量的发展。我们还要做好组织领导工作，进一步主动的和区街政权机关密切联系，依靠区街基层组织，切实掌握工赈对象,做到心中有数,该参加的参加,不该参加的就不参加。我们要使这一工作完全发挥生产自救劳动互助的功效,使广大的劳动人民逐步解决困难问题。

——《救济工作通讯》第 36 期　　1953 年 5 月 5 日

33. 福州市救济分会育婴所保育工作的点滴经验

福州市育婴所在国民党反动派时期婴儿死亡数目惊人,一百个婴儿能活命的只有五六个。解放后,福州市救济分会接办了这个糟蹋幼小生命的育婴机构。经工作人员大力抢救的结果,使婴儿免除了人为的死亡灾难,死亡率由百分之九十四减到百分之一强。就一九五二年十一月份前后四十余天的统计,该所二百九十余名婴儿中没有一个死亡。其所以有这样大的成绩主要原因是:

(1)加强保育员的政治教育和业务教育。这是保育工作中最重要的一个环节,该所保育员经过正规化的政治、业务学习(上保育员训练班),纠正了对保育工作不正确的看法和不负责任的态度,认识了保育工作的重要性,从而都能耐心地教育婴儿随时关怀婴儿的生活和教育,工作态度有了根本的转变。

(2)经常做好接种、注射、检查体格和充实医药设备等工作。所内除助理医师和三位护士外,还聘了市立医院小儿科医师每周三次来所巡视儿童健康情况,诊治疾病,这也是减少婴儿死亡率的重要原因。现在所内除三十多个体力较弱和患有皮屑病的婴儿住在医疗室外,其余的全是白胖健康的孩子。

(3)重视儿童营养。儿童的健康和对其适当的营养供给是不可分开的,在所里现在儿童每人每月供给费是食米一百斤,饮食方面有粥、细面、牛奶、奶粉、猪肝、鱼、肉浆、菜汁、果汁等,较弱的儿童还食鱼肝油、葡萄酒和维他命等补品。

(4)外托养育。过去很多初生婴儿往往肠胃弱,吃了牛奶反害肠胃病而死,现在则是尽量把初生儿寄托所外乳嬷抚养,喂哺人乳。每周由三位护士分别巡视检查外托婴儿健康情况,并对乳嬷进行保育教育。如果发现外托儿体重减轻,即嘱其注意抚养。如在第二星期体重继续减轻,就转托另一乳嬷寄养或收回所。查出有患小毛病的也立即抱回所诊治。有重病者,送医院医治或住院治疗。外托儿满周岁后就收回所教养。

(5)改善收容弃婴方式。过去弃婴由区政府拾到后辗转好久才送到所里,婴儿因不堪冻饿,入所后,一时又无人哺乳往往生病死亡,自一九五二年八月起改由区政府拾到婴儿后,即在当地找到人乳养,一方面尽量寻找其亲生父母,如果找到了,即将婴儿送回让其自养,给予补助费。如果找不着或者亲生父母确无力养育者,弃婴仍由所负责抚养。

(杨晋绅)

——《救济工作通讯》第 36 期 1953 年 5 月 5 日

34. 冯藩(本刊通讯员):救济工作是消极的工作吗?

武汉市救济分会所属各个单位,一九五二年终时,在民政局和救济分会具体领导下,全面地开展了一次年终评模运动。评模运动的目的是检查工作,批判缺点,发扬优点,巩固既得成绩,开展合理化建议,提高工作效率。

在这次评模运动中,暴露了一个普遍而严重的思想问题。这就是大多数的同志对工作不安心,认为救济工作是消极的工作,没有前途,因而悲观失望,失掉前进的信心。有的干部在暴露思想时说:"救济工作,是半政府机关半群众团体的工作,不是纯粹的革命工作,哪里能够产生模范呢?"搞乞丐生产教养工作的同志说:"我们每天和人渣子打交道,同游民乞丐过生活,等于劳动改造一样根本不是人做的工作,有什么前途呢?哪里谈得上选举工作模范呢?"搞儿童保育工作的同志说:"我们每天和小孩子在一起,喂喂饭,洗洗脸,洗洗屁股,孤儿长大了,我们也就失业了。"在生产教养单位工作的同志,甚至路上遇到熟人,别人问他在哪里搞工作,也说是在民政局做事,不愿说实话,生怕别人说他没有出息,是丢人的事。部分搞专业技术的同志也说:"搞救济工作是消极的工作,没有出息,不如参加经济建设,轰轰烈烈,如鱼得水。"所有这些思想情况,都说明了这部分搞救济工作的同志,没有认清救济工作是一个政治任务和历史任务。

通过这次评模运动,这些不正确的思想得到了严厉的批判,我们了解了列宁告诉我们的:"在工作中缺乏信心的人,是不可能很好的完成工作任务的。"不安心工作,就一定要使工作遭到损失,我们必须从思想上、工作上检查一下,难道我们的工作真的没有前途吗,我们的工作真的不是革命工作吗?不是的,完全不是这样。我们必须深刻地不调和地批判不安心工作的错误思想,正确地全面地认识社会救济福利事业的重要意义。正如纪纲同志在中国人民救济总会工作会议上所作的"关于城市救济福利工作的报告"中所说:"我们的工作是改革社会的大任务。"又说:"目前还有很多人需要救济,以关心人民痛苦,解决人民切身困难为天职的革命工作人员,对此更不应存有丝毫的消极观点……今后,国家收支已经平衡,大规模经济建设已经开始,在新的有利的条件下,必须做好社会救济福利工作,才能把广大群众团结在人民政府的周围,为祖国建设服务。"这就充分地说明了我们工作的性质和政治作用。譬如说:我们所做的城市贫民灾民的救济工作,妓女、乞丐、游民的改造工作,老残弃婴孤儿的收容教养工作,对稳定社会秩序,配合国家的建设事业起了很大的作用,这就都是革命的工作。认识了这点,我们就觉得现在我们所做的各个方面的工作,都是为人民服务的工作,都是有意义的。每一个工作同志,无论在什么岗位上,他所完成的工作任务,在革命事业的整体中,都是起了作用的。人民的眼睛是雪亮的,只要我们做的工作,对人民有利,人民是敬重我们的。例如武昌花园山育幼院,在这次评模运动中,取得了单位模范的光荣称号,就是因为花园山育幼院替人民做了事,对人民有了贡献,人民才给这样的荣誉。花园山育幼院在几年以来,揭露了帝国主义者摧残儿童的事实,教育并警惕了人民群众,完成了接管任务,将二十三年来残害儿童的魔窟,变成了儿童幸福的乐园,使从死亡的边缘上抢救过来的儿童们很快的恢复了健康。仅就花园山育幼院这一个单位的工作来看,我们有什么理由说我们的工作是消极的呢,有什么理由说我们的工作没有前途,不是革命工作呢?

追究这种错误思想产生的根源,为什么这种错误思想能够在救济工作者中几乎是普遍地长期地存在,我们在评模运动中,经过思想检查,认为:一方面,领导上忽视了政策教育和思想领导,没有很好地有系统地领导干部进行救济福利事业政策方针的学习,没有全面地普遍地在干部中展开业务学习。领导上没有掌握干部的思想情况进行思想领导,不是在一个干部的不正确的思想正在萌芽或者尚不严重的时候就去及时地预防和解决,而是听任其发展蔓延,采取漠不关心的态度;或者对干部的思想问题,只用注入式的方法,生硬地讲一套革命大道理,不是耐心细致地采取说服教育,因之,不解决实际问题。另一方面,干部学习差,进步慢,政治水平低,没有建立起全心全意为人民服务的思想,个人打算而不是为人民事业着想,"这山望见那山高"。这就是同志们不安心工作和这个严重的思想问题没有及时解决的主要原因。

虽然经过这次评模运动,同志们的错误思想受到了批判,对救济工作的看法有了转变,但不能认为每个同志的思想都端正了。为了搞好工作,我们必须对症下药,努力改造自己,提高自己,以便更好地为人民服务。我们必须加紧学习,批判各种各样的错误思想,打倒个人主义,树立全心全意为人民服务的革命人生观。我们一定要明白,一个有着个人主义思想的人,是不能好好地为人民服务的,而且一个坚持错误思想的人,无论在任何岗位上都是要碰钉子跌跤子的。

——《救济工作通讯》第 36 期　1953 年 5 月 5 日

35.姜维新(东北行政委员会民政局社会处处长):关于东北区生产教养院工作的报告——一九五三年四月廿七日在东北区生产教养院工作座谈会上的报告

一

自一九五一年六月东北区社会工作座谈会至今近两年来,社会收容教养工作获得了很大的成绩。全区的收容工作已由大、中城市伸展到广大的小城镇,辽西、吉林、松江、黑龙江等省均在一九五二年秋,有计划的分片划区收容了无依无靠流离失所的残老、孤儿与游民,封闭了多个妓馆,并有重点的收容了部分活动猖獗的游娼。目前全区六省五市共有收容教养机关——生产教养院(所)七四处,被收容的残老、孤儿在生活上得到了保证,并受到教育。在一年多的期间内,万余游民被改造好后,介绍出院参加了工业或农业生产,他们在厂、矿生产劳动中表现很好,思想进步,劳动积极,有的参加了工会、青年团,还有的当选为劳动模范。这对我们国家的各项建设都起了积极作用。这些成绩是由于中央方针政策的正确与中央、救济总会和地方各级政府的重视领导与大力支持,以及全体救济福利工作干部一致努力缔造的结果。

二

大部生产教养院都经过了一九五二年伟大的"三反"、"五反"运动,各院均在思想上、组织上、生产上进行了初步的清理整顿。在运动中,多重于反贪污、反浪费、整顿生产企业、批判资产阶级思想等,获得了极大的成绩,但对结合检查政策,改进业务则做的不够;另有少数生产教养院是一九五二年秋后新成立的,工作人员缺乏经验,对政策、业务尚不十分熟悉;再加我们在领导工作上存在着较严重的官僚主义,缺乏统一领导与督促检查。因而全区生产教养院工作发展不平衡,存在很多问题,未能及时解决。尤其是在贯彻执行政策上的问题较多且严重。主要表现在以下三方面:

(1)在社会收容与收容人处理工作方面:一九五二年中央政务院颁布关于劳动就业问题的决定后,全面展开了社会收容工作,解决了很大问题。但由于部分干部没有深刻领会与正确掌握政策,把很多不应收容的人收容起来了。如:有的把思想落后被开除的公安员和违犯劳动纪律的工人及流入城市的灾难民都收容起来改造;有的机关干部不愿抚养弟弟妹妹,亦送入孤儿小学,让国家供养;有的小学生偶尔在矿山上拣几块木头,亦当小偷改造,学校与公安派出所证明领回,亦不肯放;有的将农村中有土地、房产的老年人和生活困难的烈军属、城市贫民与四十多岁身强力壮足以自立谋生的人当残老收养起来。有的院已处理一些,但目前仍有不少诸如上述不应收容的人,尚留在院里,未予及时处理。同时有些教养院内尚有改造日久且已改造好的院民,亦未及时与劳动部门联系研究介绍职业,或转为工薪工人。也有的教养院盲目处理,未认真负责的解决其职业问题,因此,有些游民出院后,再度流浪,又被收容入院,据了解有的游民进、出教养院达八九次之多。这样做的结果是加重政府负担,且在社会上造成不良的政治影响。

（2）在院民管理上:很多生产教养院较普遍的存在着打、骂、捆绑、罚跪现象,有少数院仍保留着"禁闭室"。在普遍展开反对"体罚"、建立民主管理制度之后,有的生产教养院的基层干部又采用了多种多样的变相体罚办法（如:坐班、数天棚板、看灯泡、"民主板"、坐石灰地、不准睡觉,还有"喷气式"、不准吃饭等等）。有的虽然设立了"院民主管理委员会",但对其中人员缺乏严格审查、教育,有少数未改造好的分子在院民中作威作福,敲诈勒索。诸如此类违反政策和违法乱纪的恶劣现象,皆未及时肃清。其次,生产教养院院民生活标准极不一致,大部分很低。有的院民伙食每人每月只十八斤多,因此,有的孤儿因吃不饱而逃跑者很多,或被收容后仍外出偷盗或乞讨充饥,有的每日把院民分散出去拾破烂、卖烧饼,赚的钱与院方各半分红,院民以此维持个人生活,结果是:能出外劳动有收入的生活就好些,不能外出劳动没有收入的只得挨饿,吃饭时各吃各的,颇似"花子房"。再次,一般对院民疾病医疗和卫生管理工作注意的不多,致少数院民入院后,轻病变重,重病致死或染新病。有个单位在一二月份即死亡七十名（其中少数的死亡者是可以避免的）,病亡率达百分之廿五。有的单位院民身体健康状况很快普遍呈现营养不良。

（3）忽视院民教育,是较普遍存在的问题。据沈阳、哈尔滨等十二个生产教养院（未包括孤儿小学）统计,共有干部四八八名,其中教育干部只占百分之五点三,不但人数少,质量亦不强,全区大部分生产教养院的教育工作多陷于自流,不经常、不深入。对游民多重于劳动改造,忽视政治思想教育,或把思想教育和劳动改造对立起来,使两者分离。有些同志不了解生产教养院的生产性质与目的,片面强调生产利润,提高游民劳动强度,只管用人,不管教育改造;对孤儿教育较好,但仍有部分教养院未认真贯彻"教养兼施"的方针,对孤儿如同对游民改造一样强调劳动,使十四五岁的孩子参加主要劳动,有的因不堪劳累而逃跑了或因劳累过度而吐血,损害了他们的健康;对残老也忽视思想教育,因此"混吃等死"思想,仍较普遍的存在着。

几年来,中央既定社会收容教养工作方针、政策,在很多生产教养院之所以不能很好贯彻,乃至把很多好事办坏,仍存在着上述的严重问题未能及时彻底纠正,其主要原因是:第一,在各级领导上存在着严重的官僚主义和命令主义,只知使用干部,忽视培养与教育,在工作上,只布置任务未能很好交代方针政策与工作方法,因此,生产教养院干部未能正确掌握中央既定的方针政策,并缺乏工作办法。以致产生思想混乱和违反政策及违法乱纪现象。第二,有些同志,对造成游民的社会根源及其规律认识不足,认为院民是"下流人"、"犯罪人"等,因而对他们缺乏同情心,不能耐心的进行改造教育,并存在着歧视和急躁情绪。第三,对收容教养工作与国家建设的重大意义不明确,认为这一事业没有前途。把在生产教养院工作看作是"花子头",因此有些干部不安心工作,不钻研业务政策,改进工作。第四,有的市对这一工作重视不够,把能力较弱或犯错误的干部调到教养院工作,有的是接管旧有福利团体,对留职人员未能进行彻底的思想改造,再加上干部流动性较大,因此不能熟悉与钻研业务。这都影响了方针政策的贯彻和正常的业务开展。

三

鉴于上述情况,并根据一九五二年十一月中国人民救济总会会议和一九五三年四月十三日中央内务部、中国人民救济总会关于结合反对官僚主义整顿生产教养院的指示精神,提出以下意见:

一九五二年十一月中国人民救济总会工作会议决定:对全国生产教养院进行一次大整顿。这决定完全符合东北区生产教养院情况。一九五二年秋后大部地区全面展开收容,各院增加了大量的新院民,除少数院(所)外,皆未及时审查处理,目前尚存在很多严重问题,未很好解决。因此,一九五三年生产教养院工作重点,应是根据中央收容改造政策,从组织上、思想上和工作上加以整顿,把工作提高一步,使之纳入正轨。

(1)清除社会收容教养工作上的官僚主义、命令主义和违法乱纪现象,保证正确贯彻执行政策

目前各地均已开展反官僚主义、命令主义、违法乱纪的斗争,有少数生产教养院已卷入这一斗争,但多不深入或解决问题不大,有的尚未开展。为了正确贯彻政策,提高全体干部的政策思想与业务水平及工作效率,把生产教养院办好。各院应在各地党委和政府民政部门的领导下,在干部工作人员中,结合当前工作,有领导的开展反官僚主义、命令主义、违法乱纪的斗争。其步骤和做法:

首先,应学好有关反官僚主义文件,使全体工作人员深刻认识官僚主义、命令主义、违法乱纪对革命事业的危害性和危险性,及反官僚主义斗争的性质和政策,澄清思想扫除顾虑。并必须学习一九五二年十一月中国人民救济总会工作会议上伍云甫、纪纲、浦化人等同志的报告和有关业务的政

策文件,以为检查工作的准绳。学习方法:一般的应聘请有关负责同志作报告,组织干部阅读,结合干部思想认识展开讨论,并联系实际进行分析批判(只一名或二名干部的单位可与县(市)民政科一起学习)。

反官僚主义斗争,不要搞大运动,"脱裤子","过关"等等,亦不要泛泛的,一般化或孤立的搞,更不要纠缠在日常琐事和干部生活关系上。而是要通过检查工作检查执行政策,揭发官僚主义、命令主义、违法乱纪现象,以求达到教育干部,改进工作的目的。

目前全区各生产教养院存在的主要问题各有不同,因此各院应根据其具体情况选定检查重点,再联系一般。检查工作时,要采取群众路线的、批评与自我批评的方法,有领导的充分发扬民主,自上而下的检查工作和自下而上的开展批评,密切结合进行。同时亦应深入院民群众中去,通过小型座谈会、积极分子会及个别谈话(但不要开院民斗争大会)听取意见以便启示领导改进工作。有些院摊子大,很复杂,为了便于掌握领导,可集中力量有重点有步骤的进行,不要平均分散使用力量,齐头并进。

在检查工作同时,必须密切联系解决工作中的实际问题。及时把揭发出来的工作问题排一排队,属于关键的或亟须解决的问题,应先办;不太重要的而有条件解决者,亦应即时解决;无条件解决的问题须延缓者可缓办,但必须向干部群众解释说明。

在反官僚主义斗争中,各院领导应很好掌握,不要乱搞,要通过这次斗争提高干部的工作情绪与信心,不要搞的灰心丧气。对检查出来的官僚主义、强迫命令、违法乱纪问题,应细致的进行具体分析,划清性质,明确责任,慎重处理,不准草率从事,乱扣大帽子或斗争体罚等等。对一般的官僚主义、命令主义而未造成严重恶果者,应予批评教育,令其改正;对严重违法乱纪分子,以及因官僚主义、命令主义造成重大损失与严重政治影响者,应报请各地党委、政府予以适当惩处;对一贯执行政策、事业心强、埋头苦干的工作人员,应予表扬奖励,并注意培养,以树立榜样,推动其他。并在这一基础上,建立经常性的批评与自我批评和干部奖惩制度。

为了使全体工作人员能正确掌握社会收容教养工作方针政策,并付诸实施,各院应在反官僚主义、命令主义、违法乱纪斗争胜利的基础上建立健全学习制度。除政治、理论与文化学习外,每周要保证二至四小时的政策业务学习。学习材料,主要以中国人民救济总会编印的《救济工作通讯》为基本材料。规模较大的单位,要对一般干部做不定期的短期轮训,讲解政策,研究工作方法,结合检查总结工作等等,这样对培养与提高干部更有力。为了互相学习、交流经验,希各单位建立通讯工作小组(三至七人,小的单位可设通讯员一人），经常把工作中的问题及其经验和模范工作人员事迹等等，向《救济工作通讯》编辑部作报道（亦可在当地报纸上揭露或内部通报——编者）。通讯工作小组建立后，可直接与《救济工作通讯》编辑部联系。

（2）结合反官僚主义、命令主义、违法乱纪斗争进行整顿生产教养院

①整顿的目的和要求：是要通过整顿，能鉴别出哪些人是错收的，哪些人是改造好应处理的。对继续收容的按残老、孤儿、游民不同性质分别编组，以便采取正确措施，进行处理和管理教育。一般的不搞运动，对收容人已进行过普遍审查登记或开展过"忠诚老实"、"说实话"、"晒太阳"等群众性的运动的教养院，可采取重点审查的方式进行。应组织一定数量和质量较强的干部，整理原有审查登记材料，进行研究分析，分类确定审查对象（主要是无材料或材料不完全不清者），对一般无问题者可放过去；院民入院后，只作过一般登记，未进行审查的个别少数教养院，则应采取全面登记、重点审查方式进行。如在这次登记审查工作中发现历史复杂、来历不清或有重大历史、政治嫌疑而一时不能搞清者，留待以后继续进行个别审查或调查，不要急求结论，免出乱子。

在进行审查过程中，必须注意以下各项：

第一，各级领导必须有充分准备。要分析情况，拟定具体计划，送各该省（市）民政部门批准后执行。组织力量，教育干部，交清政策和工作方法，以免发生偏差造成混乱。

第二，要针对院民的思想特点，采取与之相适应的不同方式，反复深入的进行动员教育，阐明政策，结合目前国家展开大规模建设的形式，说明个人前途，使之认识忠诚老实的意义和与自己的关系，消除思想顾虑，启发其自动交代和按时登记，不作全面登记和审查的单位，可个别进行。

第三，审查和调查过程中，要实事求是，不要单凭主观准则用事，遇有搞不清楚的问题，可动员其继续交代，或与有关地区之有关部门联系调查或派人调查。如经审查和调查仍搞不清，可搁一搁。严禁打、骂、体罚，硬追硬逼或斗争等做法。更不要把审查登记工作搞成"镇反"运动。

第四，经过审查和调查要慎重适当处理，注意掌握与稳定院民情绪。确有事实证明的罪大恶极分子，一般不要在整顿时期处理，可在整顿工作后，与公安部门联系，共同研究，适当处理，对必须逮捕者，在逮捕后，应向院民公布其罪恶事实，进行教育。对有重大罪恶的嫌疑分子，不准盲目逮捕，亦不要麻痹，亦不要惊动他。对一般罪恶不大，且无民愤者，应使其认识错误，安心改造，立功赎罪。

第五,在此审查登记工作基础上,建立、健全档案制度与卡片制度,以掌握院民的政治、历史、文化、技术等情况,奠定教育改造和安置处理工作的基础。

②收容人的处理问题:

在提高了干部的政治思想水平与掌握了院民一般情况的基础上,对院民进行一次适当处理。处理必须慎重,认真负责,使去者乐意,留者高兴,不许不负责任的随便推送。首先对错收容的院民,应对本人及其家属、亲友(无家属、亲友者除外)进行解释教育后,处理退院。有劳动就业条件者,应与劳动部门联系协助其登记后,逐渐解决职业问题。有家属、有亲友可靠有生活出路的残老、孤儿,应与当地政府联系,资送回乡安置。城市贫民与烈军属,应送回原居住地,由区政府或街公所负责安置,生活困难者应由贫民救济费或军属补助费予以长期救济补助。对已收容的无依无靠的疯人,暂留院,不要向外处理,各地应争取卫生部门解决医疗问题(中央将有统一规定——编者)。如有家可靠,则动员其家属领回看管,并争取卫生部门协助解决医疗问题。其次对游民应普遍进行教育,指明其前途,对改造日久者,应进行卫生、政治、思想鉴定,以鉴别好坏。对已改造好的游民,应及时处理出院或改变其成分留院工作、生产。对出院者,必须认真负责的与有关部门联系,确定职业后,方可出院。防止不负责任的盲目的向外推出不管。对留院工作或生产者,应改变其成分,并按其工作、生产效率,给予适当报酬,以提高其工作、生产的积极性,这给其他仍在改造的游民以前途启示;此外对少数不合收容条件或已改造好暂时不能介绍职业,本院又不能用者,可以组织贫民生产办法,使其自食其力,并逐步协助解决职业问题。但生产收入不足不能维持生活者,应由院方予以补助,使其生活标准不低于院民水平。

对长期改造不好的"老油条",除个别少数影响其他院民者可集中改造外,一般应大量运用群众力量改造之。

③各生产教养院,应按院民的不同性质,加以分类管理,把孤儿应适当集中一起,以便于教养;对游民也适当集中,以便于管理和教育改造;对残老也适当集中,以便照顾。这样就可根据不同性质进行适当的管理教育。调整后,应按不同性质的院民,建立不同的管理、教育制度。对现在仍处于"花子房"式的单位,应加以改进提高。过分小的单位,如有条件也可适当合并调整。

④调整院民供给标准:关于标准问题,我们提出初步意见,供各地参考调整。原则上,现在高于标准者不降,低于标准者,应根据各当地人民群众实际生活水平适当逐步提高。待中央或救济总会有统一规定后,即可按中

央规定执行。为了院民的健康,不仅应注意调剂其生活,还必须注意改善卫生条件,并加强卫生管理。

⑤为使生产教养院组织机构逐步统一,适应工作需要,各院进行一次调整。我们提出一个关于编制问题的初步意见,供各地参考调整。待中央或救济总会统一规定后,按新规定执行。

——《救济工作通讯》第 37 期　1953 年 6 月 25 日

36. 方庄:不能过早地把儿童救济机关办成正规化的保育事业

编者按:这篇文章所指出的过早的福利观点,不但天津分会有,其他地方可能也有。要扭转这种观点,不是容易的,希望更多的同志,打开脑筋,展开批评与自我批评,并在《救济工作通讯》上展开论战。

谢部长说过,"帝国主义及反动统治阶级所制造并遗留下来的灾难很大、很多、很深,特别是在城市",又说,"帝国主义还未寿终正寝以前,救济工作总是不断有;在国内还未进到社会主义制度以前,救济工作总不会完"。今天,在城市中还有不少受灾难的贫苦市民,无依无靠的孤儿,他们不是无家可归,就是无法维持起码的生活,需要救济。因此,目前的城市救济福利工作,仍应依据"以城市救济工作为主,支援农村及福利工作为辅"的方针来做。担任救济工作的我们,对于哪个应先,哪个应后,哪个应急,哪个应缓,心中必须有数,同时我们还应有整体观念,避免强调本部门的事业,而忽视目前整个社会的实际情况。一下子把一切好事都做到,那就是冒进思想,应该反对的。

有些救济机关的工作人员,现在就采取了把救济机关按照福利性质的办法进行工作,如将救济性质的儿童保育机关就照正规的保育机关一样去处理,这是不适宜的。天津市救济分会育幼院规定,两个半婴儿有一个保育员,三个幼儿有一个保育员。收容对象,除百分之十为真正的孤儿外,其余都有家,而且其中还包括自费的托儿,用这种办法去办儿童救济机关,我们认为是值得考虑的。我们收容的对象应该主要的是真正的孤儿、弃婴,不是把什么人都包下来,不该收容的也收容了。那些生活确系困难的,也不必一律收容在救济机关里,可以在贫民救济工作中去解决。

儿童生活标准,在我们救济机关里要求很高,也是不适宜的。天津市救济分会育幼院的儿童,平均每月每人连行政费全部开支是四十六万元,每年需五百多万元。这种生活标准与一般劳动人员的儿童生活水平比较,确实相差太大,这是较得研究的问题。

使每个儿童都能享受很高的生活待遇,都能得到无微不至的照顾,这是将来的事,现在只能把它做我们奋斗的目标,当我们一想到成千成万在救济机关以外生活着的儿童,他们的生活水平还低,还有不少问题,那我们就会了解到我们所收容的这一小部分的儿童生活标准是太高了,为什么这一小部门的儿童生活要那样高于那一部分儿童呢? 我们要在实际工作中创造经验,用少数钱、少数人,办好我们的事业,要把节省下来的救济金,去救济更多的大人与小孩,救济那些需要救济而还没有得到救济的人。

生活待遇虽然不要要求过高,但是保育员和其他干部对儿童的态度是应有高度的热情,应有父母对亲生儿女那样的热爱,这就是苏联"儿童之家"对待孤儿的态度。

有些同志强调在物质上学习苏联先进保育经验,但不了解我们的时间、地点与条件,不能马上完全硬搬苏联经验,必须根据我们目前的具体情况和具体条件适当的运用先进经验,我们需要以适应环境克服困难的精神,在实际工作中去实践,提高认识,总结经验,创造新的保育方法。

因为有许多同志在思想上解决不了这些问题,所以他们在收容、处理、教养工作中,要尽量收容,不愿意处理出去,就是处理也只处理"不好"的,不处理聪明的长得好的。他们希望把已经收容的都包下来,要求有很高的条件去教养孩子。他们单纯地从"儿童都要过最幸福的生活"去看问题,他们只拿生活过高的儿童去对比,不拿一般贫苦儿童去比较。这种思想,不仅是与群众观点还有距离,而且是超越现实的。虽然我们的救济工作将来是要完全走向福利事业的,但现在就搞福利,还不可能。中国人民救济总会伍云甫秘书长在工作会议上所作的报告中说我们在政策思想上还有些问题,"对收容教养机构的处理方针有形式主义和过早的社会主义观点"。我们觉得这些儿童教养工作中的思想问题,就是从这种观点产生的。

救济机关的儿童教养工作是艰苦的,但并不是不能办好的,有的地方正在进行研究,如何克服保守思想,如何发挥创造性。我们相信在新中国救济事业中一定会创造出很多新的、好的、合乎实际的、合乎教养工作方针政策的办法来。

——《救济工作通讯》第 37 期　1953 年 6 月 25 日

37. 武汉工作组(中国人民救济总会、救总中南办事处):武汉市生产教养工作检查报告

武汉市救济分会共有十六个生产教养单位,收容人员五千多人,自一九五二年"三反"运动以来,救济分会(前生产教养院)在生产教养工作上作了一系列的整顿,首先对收容人员进行了忠诚老实学习运动,扭转了当时收容

人员猖狂的现象,掌握了他们的基本情况,并采用动员还乡的办法,遣送了一批收容人员回乡生产。在组织上,也分对象合理的调整了机构,使老残、孤儿、半劳动力及青壮年,得到了适当的安置。此外,并初步改进了管理教育工作及建立一些制度。尤其在组织劳动生产方面,发展了密切配合国家建设、容纳收容人员多、技术简单的工程大队和砖瓦厂,缩小和停办一些没有前途的生产事业,给收容人员创造了更好的改造与就业条件。生产教养工作经过了一年来的整顿,给收容人员创造了更好的改造与就业条件。生产教养工作经过一年来的整顿,已经有了不少成绩,明确了政策,摸到了方向,给今后工作打下了有利基础。

但是,由于生产教养机构庞大、分散,工作发展很快,具体问题较多,领导被动。尤其在忠诚老实学习运动之后,领导忙于生产教养院与分会合并的工作,没能在这个有利的基础上继续巩固。加之在反对官僚主义斗争中,没有很好的贯彻中央内务部、中国人民救济总会今年四月十三日发出的"关于结合反对官僚主义整顿生产教养院"的指示精神,因而在目前的生产教养工作上还存在着一些问题:

(1)收容工作还未能有效的控制,不少非收容对象继续流入到教养院里来。今年元月至五月共收容了四百零九人,其中不少是城市贫民、乡村灾难民及其他一些非收容对象。根据收容所的统计,在三月份所收的七十三人中,属于收容对象的小偷、游民、乞丐、残老等二十人,工人、农民、灾民等非收容对象三十八人,其他十二人。非收容对象流入的原因,一方面是有关部门,尤其是公安部门对生产教养工作的性质和政策不够了解,不分对象的往里送,另一方面是收容审查工作薄弱,收容所对收容人员,只进行一般的登记填表,简单的教育后即转到其他单位。因而不能掌握他们的真实情况,这样使不少非收容对象钻了空子;也有时明知是非收容对象,但只强调困难,没坚持原则,马虎收容了。此外,社会救济工作做的不好,也没有和收容教养工作密切配合起来,不少城市贫民生活无着,又得不到适当救济,纷纷要求收容,增加了收容教养工作的负担。

(2)目前在各单位的收容人员中,大部分是非收容对象,其中有一部分是可以处理的,分会尚未认真的进行这项处理工作,根据本年三月份审查统计:四六五三人中,失业工人四九九人,城市贫民与灾难民一四六七人,失业知识分子和流散革命人员二六四人,旧军官、旧官吏三一七人,伪士兵等七六七人,反动分子一〇七人,游民、乞丐九三二人,其他三〇〇人。此外,我们检查第一儿童教养院中有四十多个孩子有家。第三教养所收容的城市贫民占全部收容人员的三分之二,其中三分之一有家可归。这些非收容对象中很多是可以处理而且也必须处理的。分会虽然通过了忠诚老实学习运动，掌握了收容人员的情况，但未深入的研究这些收容对象的具体条件进行处理；中间虽经动员还乡处理了一些，但数目不多。此外生产单位同志的政策观点不够明确，从单纯生产着眼，他们曾对收容人员提出了"依靠政府以厂为家"的口号，怕把他们处理出去生产会垮台。

（3）在管理工作上还是好坏不分，没有区别对待，尤其是对少数流氓成性、屡教不改的小偷、扒手的管理工作没有力量，这些人气焰嚣张，无法无天，集体殴打积极分子，甚至打骂干部。他们并利用管理工作的薄弱，翻墙挖洞，装疯卖傻的组织逃跑，收容所一至五月份逃跑的一七一人中，这些人占百分之八十以上，逃跑次数最多的达二十一次，一般十数次的很多。分会尚未采取有效办法制止。正由于这种情况，因而也不可能订立一些民主管理制度来发挥院民的积极性。此外，在管理工作上，随着参加生产的生产员待遇逐渐提高，带来了新的问题，一部分未改造好的生产员，有了钱滋事生非，酗酒、赌博，甚至乱搞女人，领导上也尚未重视。

（4）对收容人员的教育工作，从整个生产教养工作来看是较弱的一环，教育内容比较空洞，尤其是分会领导上根本没有订出计划来领导掌握各单位的教育工作。因而形成了各搞一套。单位干部强则教育多一些，干部弱则笼统的读读报纸，某些收容人员要求看西游记，看封神榜。造成许多收容人员的思想混乱，改造数年依然得不到提高。

（5）在组织收容人员劳动生产的政策观点上尚不够明确，个别生产单位以追逐利润作为主要目的，把通过劳动生产对收容人员进行教育改造放在次要地位，认为是附带工作。这样产生了很多具体问题，借口影响生产认为生产员多了开支大，新收容的人效率低参加生产不适宜，或认为调皮的人在生产单位不好管理。把这些人推来推去，你也不愿要，我也不愿要，最后还是放在收容所养起来。也有些生产单位的同志怕影响生产，对那些已改造好的或非改造对象拖着不放，不准回家，也不提高他们的待遇。总之是单纯强调生产，忽视收容人员的思想改造，使劳动生产与思想教育不能很好的结合起来。

（6）生产教养干部来源复杂，有些干部是在其他单位犯错误之后分配来的。除一些骨干之外，一般质量较差，水平不高，其中有二三十个干部的问题很严重，有的吃饱了饭睡大觉，有的上班开留声机唱反动黄色歌曲，调戏妇女，有的不作工作反要求吃小灶、当科长，有的更恶劣，乱搞男女关系，同所民的老婆通奸，以致被人向法院起诉。在干部纪律上也表现得非常松弛，有些单位干部对领导的指示和意见不很重视，领导的批评不接受，记过不睬,撤职不怕,领导亦无可奈何。因而好干部得不到鼓励,坏干部得不到改造教育。

以上问题,分会有的已发现和重视了,并且正在研究办法,有些尚注意到,根据以上情况和认识,我们提出如下的初步意见:

(1)收容工作是整个生产教养工作的大门,必须有效的控制住。目前整批突击收容基本已停止,主要是找上门来的零星收容,在这个情况下是有条件控制的。因而我们认为对收容所的工作加以整顿和加强力量,改变过去收容所所负的收容改造任务。确定收容所是临时收容、审查和处理的机关。并在分会领导下,给收容所独立工作的责任,使它能主动的与各有关部门与有关地区密切联系配合,便利收容审查和处理。分会并应主动的召集一次有关部门会议,专门研究收容工作,贯彻收容政策。此外建议把目前收容所已经摸清情况进行初步教育的教养与改造对象,尤其是儿童迅速分送各单位,以便集中力量来进行收容、审查和处理工作。对一般有家可归的贫民应从救济工作上解决他们的问题,减轻收容的负担。

(2)在已经掌握了收容人员基本情况的有利基础上,继续深入细致的进行对他们处理工作。目前劳动就业是有困难的,但不等于收容人员不能处理,分会提出对参加生产的人员整批转交的处理办法(选择成分与表现较好的收容人员,组织工程大队第二队,创造条件,准备整批交由工程部门领导),我们认为很好,但也不能把整个处理工作完完全全寄托在这一个办法上。对有家可归的城市贫民,应在加强社会救济工作,减轻收容负担的原则下动员他们回家,用救济办法解决他们的问题。乡村灾难民和流入城市的剩余劳动力应继续坚决动员他们回乡生产,一般的说他们不愿回去,但应长期的不厌其烦的动员,当然要做到回乡去出路有保证才遣送。其他非收容对象如失业工人、失业知识分子、一般掉队的革命工作人员,及思想进步的伪军官、旧官吏以及改造好了的游民等,应从积极态度出发,深入研究具体对象的具体条件,主动争取有关部门的协助,逐渐处理。并建议分会把处理工作当成目前的中心任务,动员全体干部共同进行。这一工作是艰巨而复杂的,但是贯彻生产教养工作政策上的必要措施。因而市府、民政局与救总中南办事处的领导上必须予以重视和支持,没有这个条件是很难进行的。

(3)在管理工作上,首先应将收容人员区分好坏,分别对待。对那些须要强迫劳动改造的对象,必须拿出一定的力量来进行强迫改造。我们基本同意分会组织劳动队强迫劳动改造的计划,只有这样才能分别好坏改造他们成为新人。对于其他收容对象,应给予一定的民主生活,建立一些民主管理制度,第二教养所的生活、卫生、学习、文娱等民主管理组织很好,其他单位应该学习。对参加生产收入较多的生产员,应订立一种储蓄办法,一方面可控制他们多余的钱,免得滋事生非,另一方面亦可以从储蓄中解决他们今后安家立业问题。

(4)教育工作,首先应从分会考虑和研究订立教育计划,明确教育内容具体掌握。目前这种各自为政,可有可无的现象必须制止,对青壮年的文化学习应迅速进行,这是他们普遍的要求,必须予以重视。此外,我们认为对那些政治、历史较为复杂的收容人员,应教育干部,对他们一方面不能放松警惕,另一方面也不可仇视他们的进步,对他们是改造争取,仇视打击不只是解决不了任何问题,反而造成对立情绪增加困难。

(5)当前在生产单位虽然对收容人员有推来推去和拖着不放的现象,根据目前情况来看,问题不大,也不严重。但是在思想上必须明确,我们的生产是手段,是条件。教育改造才是目的。不能把它倒转过来,单纯的强调生产不只会使很多具体问题不容易解决,而且会使这些问题更加严重与复杂化。

(6)生产教养单位的干部,主要是提高思想与业务水平的问题。我们认为除加强经常的教育工作外,采取组织短期轮训的办法,根据目前的实际情况是可能的。同时对少数或个别品质恶劣屡教不改分子,也必须给予严肃的处理,树立干部的纪律性,扭转目前好坏部分的现象。

附注:这个报告,经我们与分会共同研究讨论,他们表示同意,并根据报告中所提意见的基本精神,订出了继续整顿教养工作的计划。

——《救济工作通讯》第 38 期　1953 年 9 月 1 日

38. 周健荬、方庄、彭立言:了解天津市救济分会生产教养工作情况的报告

编者按:这里所发表的只是原报告的一部分。在原报告中有如下的说明:"我们觉得有些问题必须专门研究。在这个报告中,每个问题之后,附注了我们的意见,这些意见是根据天津市的实际情况提出来的,不很具体,只供研究时参考。""这个报告曾送分会负责同志校阅,根据他们所提意见作了一些修改。"

对收容人员的教育

目前天津分会各生产教养单位中,对于收容人员的思想教育工作,主要是针对收容人员当前的思想情况,抓住具体的实例(如收容人员发生潜逃、盗窃、鸡奸等不法事件,工徒违犯劳动纪律等等)来进行的。这种教育多半偏重在纪律教育方面,以若干收容人员的错误实例教育一般收容人员比较

现实与亲切,但是没有系统,没有计划的。方式多半是作大报告,进行小组讨论,或是采取个别谈话(生产单位,一般的每周上政治课一次,学习内容根据市委的统一布置)。此外,结合各种运动进行教育,如搞忠诚老实学习时,结合劳动就业,许多伪军官等交代了历史,认识了自己的前途,减少了对抗情绪;又如结合爱国卫生运动,打下了卫生工作的基础,还带动了大家的劳动情绪。这种教育,收效较大,文娱活动,也起了一些教育作用。各单位都有些文娱设备。第二收容所的收容人员还成立了宣传组,组织了快板,在教养单位中已经形成制度,收容人员大都表示关心,但有时流于形式,所起教育作用不大。

过去,有的单位曾进行过有系统的教育。首先是阶级教育。启发了收容人员的阶级觉悟后,再进行劳动教育。从劳动教育树立其劳动光荣的思想,使他们愿意接受劳动改造。然后进行人生观的教育,树立正确的人生观,改变他们对共产党与人民政府的认识。当时的收容人员,以游民的比重最大,经过教育后,很多被改造过来了。但缺点在于教育方法是一般的,教材是参考政治学校的教材编订的,没有根据不同的类型进行不同的教育;同时理论和实际脱节,当进行劳动教育时,收容人员要求参加劳动,却无劳动机会,使教育的效果打了折扣。自一九五一年后,因精简机构,教育工作没有专人负责,就形成了这种情况。各单位的同志都已经感到教育工作是一个重要的问题。教育工作做得不好,管理上就增加很多困难。很多收容人员认识不到他们被收容是政府在照顾他们,对生活上的要求总是不能满足。救济本是一件好事,但是在部分被救济的人看来却变成了一件坏事。

文化教育在教养单位是最近一年来才有的。第一收容所、第二收容所及第一安老院都举办了速成识字班,由区扫盲委员会领导,派教员来教。最近第二收容所已改由学过速成识字法的收容人员教课,仍归扫盲委员会聘任,每月发给津贴一百五十分左右。在生产单位,一般的都参加了文化学习,大部分是参加速成识字班,少数人参加了业余学校,个别的已经达到初中文化程度。

速成识字不是一件简单的事,尤其是在收容人员中进行。分会的速成识字班,都是在一九五二年十月开班的,先后参加的有三百余人。但因收容人员流动性太大,很多人觉悟程度没有提高,思想不稳定,不能接受这种文化学习,所以到目前参加学习的只剩下几十个人了,这些参加学习的人,大部分已识字一千七百个左右,其中有学习得很好的,已认识二千多个字。从这些单位的速成识字班看来,速成识字的效果不显著,教员也感到教学很吃力。速成识字是否适合于收容人员,有待研究。

　　关于儿童教育，分会在调整机构以后，确定婴儿与保健为主，幼儿以教养为主。儿童教养院与附设小学的学习成绩，以前很差，现在提高了。一九五一年儿童教养院的儿童百分之五十不及格，现在得八十分以上的占百分之六十，这说明儿童的文化教育有了显著的进步。但在整个儿童教育工作中，问题还是有的，而且比较严重。首先就是特殊儿童的教育，由于生产教养机构儿童的性质与一般儿童不同，在正规小学教育上是有些困难的。儿童教养院和附设小学在业务上都受市区文教部门领导，而市区文教部门对它们却与一般小学同样看待，教学方法和教学内容要求与一般正规小学一致，目前并已开始五年一贯制教育。这种正规化的教育，施予受过帝国主义长期奴化教育的，和游惰习气很深甚至仍在继续犯偷窃行为的儿童，感到并不适合。为了改造儿童的游惰习气，附设小学特设预备班一班，集中游惰习气较深的儿童，除文化教育外，进行思想、纪律教育。但因为儿童思想情况复杂，教育方法掌握不住，似乎收效不大。其次是超学龄儿童的教育问题。超龄儿童未分开教育，一年级还有十七岁的儿童，他们对教材不感兴趣，不安心，闹情绪，要求工作（最近还有两个学生潜逃）。个别女孩在校外搞恋爱，不遵守校规，经常外出，给小同学影响很坏。对这些超龄儿童，也曾计划分别教育，给他们一面学习文化，一面学习技艺，创造就业条件，但限于人力和物力，至今没有实现。此外，教员少，兼课多（每周达到二十二节课），因而不能兼顾儿童的生活。生活管理工作做得不够，也增加了教学的困难。对难管教的孩子，曾经还发生过体罚行为。

　　总之，分会收容人员的教育工作有些成绩，也还有亟待解决的问题。在各单位中有许多同志，工作了很长时间，对教育改造工作，积累了一些经验和教训，不过没有作系统的总结，将感性的知识提高一步，互相学习，互相交流。现分会正召开专门座谈会，进行专题的讨论。有的院所亦已恢复政治课，唯感教材缺乏，恐怕不能长久支持。

　　我们的初步意见：对收容人员的教育还没有一套现成办法可以拿出来应用，必须领导从事这项工作的同志们，总结经验，交流经验，并采取重点试验的办法，在一个单位内吸收经验，推广一般。分会宋副主席指出过，要组织一个小组，专门研究游民教育改造问题，我们非常赞同。召开专题座谈会，是一种集中群众智慧的很好办法，也就是一种业务学习。文化教育是可以进行的，但对流动性大，思想不稳定，觉悟不高的收容人员，不宜于采用速成识字法。除了若干有阶级觉悟与求学情切者外，一般可以考虑改用其他办法；如果符合于文化学习的条件，则不要放弃了文化学习。文化学习的形式不必拘泥于速成识字法一种。各单位要有做组织教育工作的干部，即算不能专职,也要给这项工作的干部充分的时间,使他们专心一些。特殊儿童和超龄儿童的教育与一般儿童有所区别,这个问题要研究,并主动争取文教部门的协助,共同商讨适当的教学方法。

游民管理

分会各教养单位收容人员的管理,游民和非游民是没有区别的。问题首先发生在游民和非游民的成分不易划分清除。虽然各单位在统计收容人员的数字时分了类型,但这种类型分的不够正确。在收容人员的家庭和个人历史没有审查定案之前,成分就难于肯定。现在各单位所定收容人员的成分,大致是根据对收容人员的初步了解,将籍贯属城市、无产业、做小生意或无固定职业的算是城市贫民;家在乡下、地少、不能生活的算是游民,但真正合乎政务院规定在解放前依靠不正当方法为主要生活来源满三年的很少。在对收容人员的管理上来说,要经过调查研究,严格划分成分是不容易的,就算严格划分了,还是有问题的,因为实际上有的非游民也是流浪过一个时期的,其浓厚的游惰习气不亚于某些游民。游民与上述的非游民他们常在所内捣乱、不服管教、但人数不多,估计统共不到百分之五。

这些人过惯了寄生生活,认为所内生活太苦,不自由,宁愿在外面流浪,在各城市间游来游去。他们说:"哪里都有教养院,那里都有窝窝头吃。"因此,一有机会便逃跑(一至五月份因各种原因潜逃一百二十二人,有许多便是仍想在外流浪的)。有些平时表现很坏,政治上有问题的,又不敢让他们参加劳动队,怕他们在外面破坏(劳动队工地分散,没有干部跟着);他们却常常借口要求参加劳动,找干部的麻烦,引起部分落后收容人员的同情。有些收容人员因为在所内既缺乏教育,又没有参加生产劳动,吃完两顿饭,无所事事,便打架骂街,闹得干部一天到晚的时间尽花在他们的纠纷上。甚至他们和干部对立,要打干部,或者在干部面前耍流氓手段,想逼着干部犯错误。有人对干部说:"我就是要使你进法院。"有些收容人员认为收容所不如监狱,监狱还有期限,还可以学习技艺。他们故意吵闹,找干部谈话,以"送我去法院"来要挟干部;甚至采取熬夜的办法,白天睡大觉,夜晚缠住干部不放,闹得干部精疲力竭。还有的收容人员却闷声不响,悲观、消极、抱着"三头主义"(吃窝窝头、吸烟头、睡席头)。

情况是这样复杂,救济机关既无强制改造的权力,干部办法又不多,对他们说服教育无效,送法院又不够条件,游民管理就成了一个非常棘手的问题。第二收容所曾经把闹事的收容人员送到派出所,也曾把违法的收容人员在召开教育收容人员的大会之后送去法院,结果被退了回去。因此,干部的威信降低,游民不服管教的气焰高涨。这些人抓到了干部的弱点,于是

"小事不断、大事不犯",部分落后的收容人员就跟着效尤,干部的情绪也渐趋低落。收容所过去设立过"临时组",将闹事的收容人员集中在一起,限制他们的自由,干部经常和他们谈话。后来"临时组"取消,有些干部便感到没有了"惩罚"的办法。在收容人员中间也有一部分愿意接受改造,服从院规,遵守纪律的,由于对这些收容人员和那些不好管教的游民没有分别对待,因此便形成了好坏不分,不容易争取多数,孤立少数,掌握比较好的收容人员来协助我们工作;也就是正气没有扶植起来,使邪气得以上升。

收容人员除行政上指派了班组长以外,还有自治会的组织。组织会委员由收容人员选举,他们的职责是向行政反映意见并协助行政管理他们自己的生活。这是一种民主管理的组织形式,它在收容人员的生活管理和解决纠纷等问题上,的确起了一些作用,但也产生了一些流弊。第二收容所的自治会,委员们滥用职权,发生一些违法乱纪的事情。他们经常打人,假借会计名义向外面支取生产工钱,并向别的收容人员借钱,贪污勒索。收容人员出外劳动,带队的也多是自治会委员,他们掌握评工,负责管理伙食,也曾几次发生卷款潜逃。收容人员请假外出是小组讨论,自治会同意,干部批准,出外劳动也须征求自治会意见,这也给了他们敲诈勒索的机会。造成自治会委员滥用职权、欺压收容人员、从中取利。享受特权的原因,主要是:干部对改造游民的长期性和艰巨性认识不足。看到"积极",便放手信赖;干部少,未能深入群众,获取意见;制度不健全,给他们有可乘之隙;奖惩不明,对发觉出来的坏事,不及时处理,或处理不当(如发现自治会生产委员李熙侯贪污勒索,仅仅撤除他的委员名义,还继续让他们行使职权)。

分会各院所的工作检查,目的就是改进工作,在管理工作方面,将会得到很多帮助。第二收容所在工作检查以后,正研究健全和建立各项制度,对所有收容人员实行了考核等级,把发现的问题,收容人员改造过程中的好坏事实,随时登记下来,作为考查收容人员的材料。

我们的初步意见:游民改造是教育与劳动相结合的工作,是相当繁杂的工作,必须领导重视,干部抱着任劳任怨的精神,根据收容人员不同性格,多想办法,耐心去做。在管理工作上,制度要健全,干部意见要一致。虽然目前不能把这件工作交给公安部门,但事先与公安局或法院协商妥当,把若干屡教不改的极坏的游民送到公安局强迫劳动改造或送到法院判徒刑,惩一儆百,还是可以的。民主管理是有条件的,要加强领导逐步实现。收容人员自治会的选举,要慎重办理,人物要交代清楚,权力要有限制,犯错误的要受批评,严重的要马上撤职改选,给以适当处分,真正表现好的应适当表扬。对收容人员能够分清好坏,分别对待,就能够在收容人员中树立正气,打击歪风,掌握住多数人朝着好的方向走,使要流氓手段的在院内不能立足,我们管理教育工作也就能够得到一批好的助手。培养收容人员中积极分子是很要紧的,必须特别加强自治会委员和班组长的教育工作。一般收容人员要给以文化与政治教育。有劳动力而不能外出劳动者,除设法在所内劳动外,还要对他们进行文化与政治教育工作。让他们游手好闲,就会产生不好的后果。检查工作非常重要,希望分会注意加强,领导和督促干部经常检查自己的工作,总结经验,不断改进工作。

生产劳动

天津市救济分会所收容的二千三百六十人中,参加机关工作和生产劳动的有九百多人。其中除了"服务院民"一百五十二人以外,计:分配各工厂的练习生十三人、工徒二百四十九人,参加劳动队的三百多人,参加手工业加工生产的约二百人(参加劳动队和手工业加工生产的人数没有固定)。余下的一千四百人,除去儿童教养单位的三百五十二人和完全不能参加劳动的老弱残废,精神病及其他病人外,估计还可以参加生产劳动的轻微劳动力和半劳动力在六百人左右。

分会所属的生产单位原有八个。火柴厂生产过剩,产品滞销,已予结束;农场经营困难,且场地已拨给天津大学,亦已停办;草袋厂随农场同时结束;现剩下棉织厂、自行车零件厂、缝纫厂、鞋厂、窑厂等五个。五个工厂中,除窑厂外都有工徒,以棉织厂最多,有一百廿五人。工徒原则规定都是从各教养单位挑选无家无业、难以处理的,并且经过相当时期教育改造的年轻的收容人员,但在执行时有时不够严格。参加劳动队的是从两个收容所中挑选的劳动力较强的收容人员,除在窑厂做挖工、推土等小工杂工的一百多人以外,其余的都是做些市政建设工程的散工。参加手工业加工生产的(如裁刷子、纳鞋底等),多是劳动力较弱的收容人员,其中有一部分瘸子、瞎子。

工徒进工厂后,先要经过一段短时期的实习。实习工徒的待遇除供给生活费用外,发给少数奖金,期满提升为正式工徒。正式工徒的待遇根据政治觉悟、劳动纪律和技术程度评级发给奖金,其生活供给则逐级减除。劳动队的工资,在窑厂的,分为两种,一般杂工每工一万元,推土车的按件计算;参加市政建设的,每工一万二千元。参加劳动队和手工业生产的收容人员,生活供给不变。劳动队所得工资,由队统一掌握,提二成或三成作福利基金,扣回伙食,其余的采取评工的方式作为奖金分发,每人每月一般能分得七八万元,多的可得十一二万元。手工业生产工资较低,伙食供给不扣回,一般提出三四成作为奖金分发,余款作福利基金。

工作时间:棉织厂分日夜两班,日班十小时半,夜班八小时半。劳动队的工作时间,在窑厂,过去为十一小时,现在缩短为十小时;参加市政建设的,都是八小时。参加手工业生产的工时没有具体规定。最近,有的工厂改变班次,如棉织厂想改成三班制,但限于厂房和管理上的困难,还不能立即实现。

目前,在生产劳动中,存在下面几个问题:

①生产与教育没有密切配合

生产劳动是教育改造收容人员的最好办法之一,分会的生产单位和劳动队虽然起了一些作用,但没有很好地使生产与教育密切配合。分会的工厂属地方国营工厂,行政上由分会领导,业务上由市财委领导,都分配了一定的生产任务。为了完成生产计划,生产单位的性质就趋向于一般企业化工厂,不能作为"游民改造的学校",更好的为教育服务。譬如工徒从教养单位拨到工厂,犯了错误,又拨向教养单位,就是因为把工厂的主要任务放在生产上。劳动队教育工作也做得很少,要劳动队的单位只要求体力强、劳动效率高,参加劳动队的收容人员则要求待遇好,和工人一样,因此形成了劳资关系,失去了教育改造的意义。由于在生产劳动中缺乏教育,收容人员就拼命劳动,追求待遇享受,稍一不合,就吵骂闹架,一得奖金,便大吃大喝,花完了再回来劳动,也有因劳动过度而生病的。

②搞什么生产

分会的三种生产劳动方式,要花资金的是工厂,不花资金的是劳动队和手工业加工生产。拿容纳人的多少来说,劳动队最多,但有工做才能劳动,没有工做就没法劳动。手工业加工生产对教育改造的作用不显著,似乎只可以作为非游民收容人员的生产自救,工厂虽然花资金多,在为收容人员谋出路来说应该是比较适合的,但天津分会办的工厂对收容人员的出路问题帮助还不大。目前分会的五个工厂,资金共三十七亿元(棉织厂最多,占廿三亿元),雇用工人二百八十六人(窑厂将近占一半,都是接办前雇佣的),干杂人员七十一人,共三百五十七人,所容纳的收容人员仅与这个数字相等,而在工厂学艺已成并已介绍出厂的工徒只是个别的人。根据天津的情况,工徒出路还是问题,训练出来没地方送(也有有出路的,如自行车零件厂的铣工)要增加工徒,五个工厂除了全部支出(包括职工薪金、工徒供给、机器厂房折旧和其他行政开支),一九五二年获纯利十亿元以上,一九五三年估计可获纯利十八亿元。在生产教养院没有并入分会以前,很长一段时期是追求利润,走的生产自给的道路,后来已大大地转变了。一九五三年,市财委的意思,是要求分会所有工厂的利润,负担一个教养单位。拿目前情况来看,工厂生产利润一定可以获得,但容纳更多的收容人员则不可能,手工业生产门路未打开,能参加劳动队的劳动力亦将近极限,再搞什么生产,还只能打一个问号。

③关于劳动待遇的问题

劳动队的评工提奖办法,大大地刺激了劳动的情绪和效率,参加市政建设的劳动队,每次都能超额完成任务,屡次获得工地的表扬。但因为劳动队的待遇高,引起参加其他生产的收容人员思想波动。在收容人员中,思想行动表现最好的送工厂当工徒,而工徒待遇还不及劳动队,因此工徒中有不服管教的嚷着要去"劳动改造";"服务院民"也有同样情况,不安心于现在的工作。窑厂的活重、工资较少,市政建设的活轻,工资较多,因此在窑地的收容人员想回到收容所参加市政建设;派人去窑地时,许多人不愿意去。其实,窑地的待遇并不算低。那些留在所内的人,也吵着要参加劳动队,不愿搞手工业生产,认为搞手工业生产一月顶多二万元,出去劳动,只几天就多赚好几倍。这种情况,造成了管理上更多的麻烦。劳动待遇的不一致,过高过低的现象,是需要调整的,分会已经在研究解决办法。一种办法是缩短工时,加强教育;一种是将生活供给分担到劳动收入上去。究竟如何解决较好,还没有作出正式决定。

我们的初步意见:分会虽然曾经走过重生产轻教育的弯路,现在开始扭转过来了,这个扭转是极其正确的。生产如果不能很好地配合教育,那就失掉了救济机关办理生产的意义,因此,不得不要求生产与教育改造工作的密切结合。分会的生产工作有很大成绩,对教育改造工作不是没有帮助,问题在于生产与教育改造之间的矛盾必须统一。矛盾产生在生产单位的企业化,要想办成一个企业化的"游民改造的学校"是困难的。就目前情况所能做到的解决矛盾的办法,是在不影响生产任务的原则之下,加强生产单位的教育改造的性质。哪种技艺有出路,就在那种生产单位中多容纳一些工徒;哪种生产劳动便于进行教育工作,就在那种生产单位加重教育工作。在安置收容人员的时候,划出收容人员的类型,分别放到不同性质的劳动队和手工业生产中去。一种是劳动改造的性质,一种是生产自救的性质。搞什么生产,不能再在大机器生产上兜圈子,掌握社会实际情况,争取国营经济部门或合作社的领导,打开简单机械和手工业生产的门路,对生产教养工作是比较有利的。关于劳动待遇,必须合理调整,我们赞成缩短工时加强教育的办法。缩短工时,才有充分的时间进行教育,每个人所得的工资不会太多,避免了收容人员过度劳动,影响身体健康,同时也可以扩充参加劳动的人数。至于一些生产劳动工作中的制度和办法,如工徒提升级、评工评奖、劳动纪律、生活管理、奖惩、待遇等等,制订的时候不能只重视了刺激生产情绪提高劳动效率,而忽视了改造教育。制定这些制度和办法的目的,出发点应该是着重在后者,而不是前者。

——《救济工作通讯》第 38 期　1953 年 9 月 1 日

39. 张家口市的贫民生产

张家口在组织贫民生产上,以往曾走过弯路。如过去组织的以营利为目的公私合营的砖窑厂和缝纫、制鞋等较大工厂,由于投资不当和经营不善,造致亏累,去年不得不收摊结束,给我们以深刻的教训。目前组织生产的类型,主要有以下几种。

(1)设备简单,技术单纯、资金不大、原料采购和成品推销容易的手工工厂,以解决烈军属和贫民的生产问题。如三区袼褙厂,容纳了军属二十三人,贫民十八人,其中妇女为三十八人。生产的袼褙售与市内外各鞋厂,目前是产少销多的情况。今年四个月收入工资七八一四二〇〇元。每个女工平均每日收入七千多元。军属刘金华等每日收入一万多元,解决了常年的生活问题。

(2)政府贷款与群众自筹设立的砖窑厂和各种生产小组。三区"建合窑厂"是以解决烈军属和回乡军人职业为主而设立的。经验证明,这不是我们发展的方向,比较有办法的是生产小组。生产小组大致分为三类:①手工业性的缝纫、制鞋、装订、打麻绳、编荆笆等;②半手工业半商业性的粉房、豆腐房、铡草等;③商业性和副业性的如卖劈柴、筛煤焦、卖煤等。其中以第一类组织较为成功,销路较好,仍可发展同时也适合老弱男子和家庭妇女的实际情况和要求。

(3)承揽军工生产委托加工的生产社。

①生产社是各区领导生产的核心。在生产委员会统一领导下,区设专职干部,建立固定组织。通过生产社,领导全区生产工作,便于多方寻找生产门路,并能和各生产单位经常保持密切联系。根据任务大小适当分配,活少集中社内,活多则有计划的分配给街道。现在承揽的六亿四千多万元的生产任务重,百分之九十是通过生产社承揽的,其中大部分分配给街道。因此,有力地推动和保证了街道生产。

②生产社是根据本市具体情况和生产者的要求和"本小、范围广、技术简单容易、群众获益多"的原则组织起来的。本市扩大妇女迫切要求生产,但由于容纳女工的工厂少,她们又有家累不能完全脱离家庭,对生产对象盲目等待和瞎跑乱找,亟须组织起来,有领导的进行生产。同时,军工生产加

工任务较多,各委托加工单位,要求组织起来统一承揽。因此,于一九五一年五月前后,以区为单位,成立了三个生产社,两年来有了很大的发展,政府资助三区生产社五十万元的开办费,该社收入每年竟达一亿元。今年四个月各社直接发工资达一一二三七九四〇〇元,解决了生产者的生活问题。三区米于氏全家五口人,无男劳动力,母女三人参加生产社,她高兴的说,"我们一家的生活全靠生产社,没有生产社就得挨饿",各社承揽任务多是简单容易的缝纫、拆洗等女工活计,生产模范积极进行技术指导,使新女工很快达到一般的技术水平以上,保证了质量和按期完成任务。

③生产社是民办公助群众性的生产机构,社内只有一个脱产干部,社内经费及管理人员工资,由生产手续费中自给自足,生产社组织对象为贫苦烈、军属和贫苦市民,按任务多寡发展社员。社员以住址和技术条件,编成小组,按街或社合编大组,各组推选代表,组成代表会,参加社的领导。大家发现生产门路,共同研究,专人承揽。在接受任务时,首先发动社员具体讨论,保证按时完成。女工工资按件计资,刺激了生产,发挥了生产积极性,她们异常爱护自己的生产社。

④生产社的组织原则是"先军属,后市民;先困难,后一般;先巩固,后发展",不但正确的贯彻了"生产自救"的方针,而且使整个生产得到稳步发展。在生产任务少时,一区社只限烈、军属集中社内进行生产;二区承揽任务后,首先吸收贫苦烈、军属,后让市民参加。各区在整顿发展组织时,分三步进行:首先巩固目前参加生产者,其次是中断过而今要求恢复生产者,再次是初次要求生产者。分别组织,先后解决。

(4)充分利用生产门路多,销路广的特点,广泛发动群众,寻找生产门路,根据不同情况和条件,分散组织多种多样的副业生产和加工小组。如筛煤焦,打土坯,打草帘,拆洗,缝纫等生产小组。

(节自张家口市民来稿:《张家口市街道市民副业生产工作检查报告》)

——《救济工作通讯》第 38 期 1953 年 9 月 1 日

40.陈万清(本刊通讯员):成都市救济分会贫民救济工作的试点调查

我会为了做好贫民救济工作,在一九五三年三月份选择了二区白家塘,五区新村两个派出所的辖区作了贫民救济工作的试点调查。我们拟定了甲、乙、丙三类贫民标准,作为审查贫民的尺度。

甲类:凡鳏、寡、孤、独,老弱残废,无依靠,无劳动力,又无任何生活来源或收入微小、绝大部分依靠救济者。

乙类：凡本人或家中有劳动力并从事生产或有其他收入，但不固定，或因小孩牵累影响生产，只能维持最低生活的一半或大半，另一部分则需要补助者。

丙类：凡本人或家中有劳动力并从事生产有收入或有其他收入，能维持全家最低生活但无积蓄。如遇绵雨或患疾病及其他事故，就会影响其生产收入，造成生活暂时不敷，需临时补助者。

调查工作是在区政府及派出所的中心工作中配合进行的。经过挨户调查，多方征求群众意见，反复审核的结果：

二区白家塘派出所全所居民共一二三〇户五一三二人。据一九五二年七月份调查，有贫户七〇二户二〇二〇人，其中甲类九八户一六七人；乙类二二六户七一六人；丙类三七八户一一三七人。贫民占全所辖区居民百分之四十。经过重新调查后，只有贫民三一五户八九四人，其中甲类三三户四六人，乙类一三二户三八四人，丙类一五〇户四六四人。比原来贫民户减少了百分之五十五左右。

五区新村派出所全所居民共一九二二户七七三二人。原有贫民三七四户一二九四人，占全所居民户百分之二一点八。其中甲类一三户一八人；乙类一五四户五三九人；丙类二〇七户七三七人。重新调查后，只有贫民二四一户八四一人。其中甲类五户六人；乙类八五户二九七人；丙类一五一户五三八人。比原来的减少了百分之三十五强。

白家塘派出所辖区贫民变动的原因，由于政府补助，彼此互助扶持生产使收入增加生活转好的有一三九户四〇五人；介绍就业的三五户九五人；迁移的四九户一二〇人；死亡一〇户一〇人。五区新村派出所转好不再需要救济者有一〇二户三六三人；已就业的四四户一七三人；迁移三七户一二八人；死亡七户七人；共减少贫民一九〇户六七一人。另外新增加贫民七五户二六六人。过去评错了的一八户四八人。增加贫民户头的原因是修路完工，资遣回乡的民工及市民建设局工程队调整后的老弱人员及部分失业人员，歇业小商及部分新迁入贫户。

从这次调查工作中，发现已往的工作还存在不少的问题。我们认为产生问题的主要原因是区以下没有一个群众性的救济组织经常联系群众，反映情况，以致对贫民情况掌握不住，至今仍然照一九五二年七月份"老底子"办事。因此，决定在派出所成立优抚救济组。优抚救济组在白家塘、新村两个派出所已经成立，办法是将原来优抚组加以调整扩大，原优抚组组员中个别表现不好或兼职过多者加以调整，另外在每段（街道、村）提出没有职务或职务较少的积极分子参加，同时注意吸收各阶层代表人士。人数则根据派出所(乡、镇)的具体情况,以九至十五人组成,设组长一人,副组长一至二人。产生组员办法,由所上研究提名交积极分子扩大会议通过,然后在居民大会上宣布成立。

为了推动今后工作,发挥基层组织力量,我们拟定了解决贫民困难的办法:

甲类:原则上以寄养补助为主,逐步收容教养为辅。

①凡鳏、寡、孤、独,老弱残废,无依无靠,无生活来源,本人自愿请求收容,经审查批准,可以收容教养。

②凡鳏、寡、孤、独,老弱残废,有所依靠,有劳动力或有微少收入,并能得到邻近居民及亲属帮助照顾,可采取寄养及救济办法解决之。

乙类:原则上以生产自救为主,社会互济政府补助为辅,但必须贯彻"发放救济款的过程即是组织生产的过程"的方针,防止单纯依靠政府救济的思想。

①凡有劳动力的贫民,生产工作不固定或缺乏资金和生产工具,从事生产有困难而收入不敷者,采取介绍职业,个别贷款补助,以工代赈,组织生产等办法,并主动与有关部门联系发挥社会互济力量,逐步解决。

②积极组织贫苦家庭妇女从事副业生产(如纺棉花,打鞋底,洗衣服等)。

③凡以上三类情况如因绵雨或其他事故使生产暂时停顿,造成生活困难者,可酌情补助。

丙类:原则上是采取扶持现有的生产工作,动员贫民家属尽量参加副业劳动,增加收入,使能克服临时困难逐步达到不依赖政府救济或补助,在绵雨疾病困难时,注意生活情况的变化,必要时得酌情给以临时补助。

根据以上办法,我们认为甲类贫民人数不多,可以寄养补助收养解决,问题不大。丙类贫民可自供自给,只是掌握其生活情况的变化给以临时补助。问题也不大。而主要的是如何想尽一切生产自救办法,解决乙类贫民的问题。在这次试点工作中我们采取了贷款扶助生产,组织洗衣服、货物推销组(推销分会下属单位和贫民生产组的生产品,推销后再交贷款)、鸡蛋推销组等办法。

我们的积极努力并得各方面支持的结果,使我们能够在两个派出所组织了洗衣组六六户二二一人,货物推销组三户七人(试办),贷款扶持生产九户二四人,鸡蛋推销组四户二〇人,介绍就业二人。甲类贫民本人自愿经审查收容的共五人,其他三六户四〇人均可寄养补助解决。这样就把目前最困难的贫民八四户二八〇八人的生活问题都解决了。

——《救济工作通讯》第 38 期　1953 年 9 月 1 日

41.救总华东办事处:华东城市生产教养工作结合反官僚主义斗争进行重点整顿的初步报告

(1)概况

华东全区,据本年七月底不完全统计,共有公立生产教养机构三四一单位,工作人员共五〇〇三人,收容婴幼、儿童、残老、妓女、游民等总数达五三九一五人。在有救济分会的城市,生产教养院业务和单位多数由分会在民政部门的政策方针领导下具体办理,有的正由民政部门逐渐移交分会办理中,仅个别单位,如杭州市收容游民的生产教养院,仍由民政部门直接办理。

一九五二年十一月中国人民救济总会工作会议之后,各地对会议的报告和决议等文件普遍进行了传达,多数城市并组织干部进行学习。一九五三年四月中央内务部与与中国人民救济总会联合发出"结合反对官僚主义整顿生产教养院"的指示,各省市遵照中央指示作了布置:选择重点进行整顿,以便取得成绩总结经验后,逐步全面推广。苏州市首先组织了各教养单位的干部学习中央指示及有关文件,然后有重点的进行整顿工作。中国人民救济总会与华东民政局及救总华东办事处分头或配合派出检查组赴杭州、上海、苏州、芜湖等地,检查贯彻上述指示的情况。这些措施引起了各地民政部门与救济分会对生产教养工作的重视,并有力地推动了整顿工作的进行。目前各省市重点试验已告初步结束,并总结出经验。除有因中心工作繁重又限于主观力量拟暂缓进行外,都已逐步或全面展开。

(2)成绩

通过结合反官僚主义斗争整顿的各地生产教养机构都初步取得了新的成绩,并使各项工作开始走上轨道。

①收容方面:根据几个城市的情况看来,过去收容工作的混乱是普遍现象,收容人员情况异常复杂。有生活困难可以通过优抚或社会救济解决的烈军属和城市贫民,有一时不能就业的失业工人,有因贪污,历史不清,年老不能工作无法安置的机关干部勤杂人员,也有逃亡地主及恶霸、反革命分子。据现有材料,各地不合条件的收容人员一般占百分之三十左右。苏州市劳动生产教养院不属收容范围的占百分之三十六,该市第一儿童教养院收容的贫民子弟即占总收容人数百分之三十三强,福州市重点调查残老初步统计五十六人中,即有三十七人可以不收容。

过去收容工作的混乱主要是由于干部不了解政策,不能划清应收容与不应收容的界限,送来即收,多数干部并存在长远包下来的思想。通过反官僚主义斗争,干部学习了政策,普遍认识到正确执行收容政策的重要性,明确了收容界限。南京市召开了全市收容教养工作会议，在会议上讨论并通过了《收容暂行办法》，明确规定收容范围，该市夏季平均每月收容人数已减至春季的三分之一弱。

②管教方面：中国人民救济总会工作会议以后，各地对管教方针政策虽有了进一步的认识，但领会精神还是不够，结合房地情况研究具体贯彻更差。例如：对游民多数重劳动不重教育，偶尔进行教育也是脱离实际。也有的忽视组织劳动。对儿童则多着重文化教育，忽视思想政治教育和组织轻微劳动。在管教上曾先后存在着两种不同偏向：一种是采取捆、吊、打、骂、关押，严重的竟滥施肉刑，危及生命健康。如芜湖市劳动习艺所一年余来收容游民中有九人遭各种刑罚致死（已经处理）。南京市老残二分院十七名干部中，有九名打骂过收容人员。儿童教养单位罚站等体罚也很普遍。另一种是在纠正违法乱纪之后又发生了放任不管的偏向，造成少数收容人员为非作歹，公开对抗谩骂。上海市生产教养院发展至坏分子打骂干部，大闹办公室，管理人员束手无策。总之是缺乏有领导的民主管理的制度。

在反官僚主义斗争过程中经过整顿的生产教养机构干部对管教方针的认识普遍有了提高，各单位对违法乱纪分子也遵照中央指示精神，分别轻重作了适当的处理。对收容人员中突出的坏分子，展开群众性的揭发、教育和予以处理。这样，两种不同的偏向基本得到了扭转。有些单位并根据揭发出的问题提出改进意见和建立各种制度。如上海市生产教养院建立了奖惩办法，学习、生活制度。目前政治课全面开始，文化学习班组织充分扩大，民主管理制度亦在重点试行之中。该市育婴机构也因健全保育制度，改善营养与医护照顾，使婴儿死亡率从三月份的百分之一八点二降至六月份的百分之一点一三。南京市也制定了教养工作办法。分别对象，确定不同方针，规定教育内容和方法，建立民主管理与教育制度。该市有些单位已具体订立教养工作方案，并在收容人员中试行民主选举小组长、小队长和俱乐部委员。

③审查处理方面：过去对于收容人员情况是掌握不够的，没有做好经常性的审查工作，材料既不完全，研究又不细致。处理上更缺乏一定的标准和计划，以致不该收容及错收的长期养起来，具备出院条件的因生产需要而不准出院，未改造好的游民反而准许保释，以致又犯偷窃等行为，几度重新收容。

审查处理工作目前已引起了重视，各地多能结合反官僚主义斗争在干部思想提高的基础上对收容人员进行了较细致的审查和负责的处理。在审查上有的采用内部审查与外部调查相结合的办法。通过内部审查摸清了收容人员的情况,并对他们进行了一次教育。如上海市完成了三个劳动教养所三三〇〇余人的审查工作,划清了游民与一般收容人员的界限。多数游民反映"好了,我们有争取目标了";一般收容人员也说:"我几年来的问题现在搞清楚了。"外部调查不但提高了材料的准确性,补助了内部审查的不足,也密切了与有关部门的配合和群众的关系,有力地宣传了政府的收容政策。如苏州市内部审查结果可以回家的收容对象有九十二人,但经过外部调查确定回家生活无问题的三九人,需结合救济的二五人,生活特殊困难不能回去的二八人。防止了处理上可能发生的偏差,同时也消除了部分当地区干部和群众的怕麻烦思想,乐意对回家的收容人员经常教育帮助和监督,使其积极劳动生产,不再重操旧业。

在处理工作中,注意了对出院的人员保证其出院后通过生产自救,社会互济,政府救济,可以解决生活问题;防止出院后仍流浪街头。具体做法上主要对外先采取个别动员与小型座谈会的方式动员其家属或亲属自动领回,在取得当地区干部和群众的协助下对家属进行各种不同的教育,打通其思想。继之以对内大会动员,消除出院人员的依赖思想,使其愉快地走上自力更生之路。对留院人员也起了教育作用,使他们认清前途,安心学习改造自己。

经过审查处理有利于今后管教生产各项工作的改进,同时也大量地减低了收容数字,为国家节省人力物力。如福州市处理了三六〇名,占原有收容人数百分之二七强。上海市生产教养院也处理了一〇三人,占有家可归人数百分之二十五。

审查处理以后,有些地区如福州市还进行了实际联系,检查收容人员回家后的情况,及时纠正一些处理上的偏差,并对回家人员继续进行教育,督促其努力生产,在群众中收到了良好的政治影响。

④生产方面:很多地区对生产教养工作中组织生产的性质与目的认识不明确;多数干部存在单纯的营利观点,劳动时间增长,忽视对生产员的思想教育;也有强调客观困难,不积极想办法组织各种可能的生产,使劳动生产与思想改造未很好结合,彼此脱节。此外生产方向不明,缺乏计划,生产的成品又未能适合社会需要,制度不健全,缺乏管理经验,应于分配使用不合理等现象也很普遍。如苏州市福利棉织厂每天劳动生产达十小时,教育有名无实。所织毛巾不合规格,积压成品八〇〇多打。上海市生产教养院有全劳动力未参加生产。南京市砖瓦厂盲目搬用经验改装十四座窑池,结果有的窑的次品率高达百分之八十。这些偏向通过整顿,基本上有了扭转。

劳动生产注意与思想教育相结合。整顿了各种生产的组织,特别有的扩大了参加国家基本建设的工程队,研究各种生产的发展前途,明确发展方向,修订奖励制度,合理改变待遇。如苏州市研究了生产方向,根据当前国家经济建设需要,对不同种类的生产,分别采取有计划巩固、扩展或逐步缩小转移的不同方针,适当调整生产学习时间,建立生产员的学习制度,实行依照思想改造程度,生产成绩,民主评议按等给奖的办法。上海市生产教养院逐步扩大生产,组织更多的收容人员参加工程队与各种手工业生产,建立生产上各项制度,订定合理报酬办法,改善经营,提高生产积极性,五月份生产纯益二亿五千万余元,接近第一季度纯益之半,目前已达到百分之八十的生产自给。

(3)体会

生产教养工作所以取得一定成绩,首先由于领导的重视,纠正不了解下情的官僚主义作风,并能深入下层检查,抓住重点,找出关键,具体帮助各单位研究和解决问题,推动工作。在布置工作中也注意到交代任务,同时交代政策和工作方法。其次是加强干部思想教育与政策教育。干部已能较正确地认识到生产教养工作的重要性,并初步树立对收容人员的正确观点,提高积极性,这是整顿工作做好的重要关键。再次是贯彻了群众路线的工作方法,深入里街向群众宣传政策,为群众所接受,依靠群众,并密切了党、政府与人民群众的关系。又次是与各方面加强配合,各项工作中取得了有关部门的全力协助。

(4)缺点

①各地执行中央结合反对官僚主义进行整顿工作指示,贯彻其精神有些不够。有的只对违法乱纪行为进行检查和处理,没有结合提出全盘改进办法,建立各种制度。有的单位只审查处理了收容人员,没有很好的在干部中进行反官僚主义斗争的学习,没有把干部全部发动起来投入这一工作,这些都影响到工作的应有成绩和效果。

②收容政策还未能在具体工作中贯彻。审查处理工作,有的潦草从事,出院了的收容人员,仍有的流浪街头重犯偷窃等行为又重新收回。

③管教、奖惩、生产各方面的制度,有些地区在处理违法乱纪的同时,虽有了制订和修正,但还没有深入的贯彻下去。

④审查工作存在任务观点,要求太急,材料研究不够细致,确定上也有些草率,还需要作一次复查,并在以后经常地进行。

——《救济工作通讯》第 39 期　1953 年 10 月 18 日

42. 南京市救济分会:关于调整组织加强领导工作的方案

(1)本会概况

本会成立于一九五〇年底。一九五一年六月,生产教养院并入后,工作范围扩大,机构不断增设,人员编制也随之增多。但是干部水平不高,加之主要负责同志兼职多,对全面情况的掌握和对问题的及时处理有些困难。生产教养院合并后,仍发生一些严重的问题。如民主生活不正常,曾有打击、压制批评者的事发生;科与科互不联系,不从整体出发,各自强调一套。老残二分院十七个干部中,就有九人犯有严重的违法乱纪侵犯人权的错误,以打骂代替管教。其他因管教不善不严,致有学员在野外被狼咬死、放牛溺死、翻土被压死等人命案件陆续发生。劳动院曾以强迫命令方式"押"送所收容之公安局编余人员到苏北农场,结果引起冲突,在登车转送时,当场哭闹,影响很坏。

又如今年春节发放救济粮的工作,当时结合着社会上劳动就业全面调查登记的普遍救济发过不久,而我们却对这种情况估计不足,只是认为春节期间,城市贫民在生活上必有困难,因此又搞一次普遍救济。二月份一个月就用去八亿余元,达省府初步核定的全年救济经费预算的三分之一,很多不应救济的都救济了。除造成救济经费上的巨大浪费外,并严重地影响了群众的生产积极性,形成不事生产劳动,坐等救济上门;在干部中产生了包下来的思想,使今后救济工作增加了很大的困难。再如市府指示在婴儿院的基础上办好儿童医院,这是符合于"对接收外资津贴的机构只许办好不许办坏"的精神的,而我们对意图体会不够,在布置工作上没有认真交代政策和办法,并未经常加以检查;致使下面工作人员在本位主义思想的指导下,在物资处理上产生不应有的混乱现象,使儿童医院的建院增加一定困难,并多少影响了有关方面的工作关系。所有这些因主观主义、分散主义,盲目积极性而造成的损失给予我们的教训是极其深刻和沉痛的。其次,各级领导对工作不注意检查研究,只看表面成绩,不看实际效果,对所发生的问题关键与本质看不见,高高在上,责任心不强,不虚心钻研业务政策,只是满足于一般化的领导方式。

究其原因:第一,缺乏坚强的核心领导,致使工作无法贯彻下去,也无法随时发现问题,更不能立即解决;第二,组织机构不够合理,不够科学,如本会有三百多干部,数千收容人员,而人事科只有两个干部,办公室三个干部;第三,政策水平不高,缺乏对干部政策思想教育,特别是帮助各单位总结工作和培养典型以此指导工作,做得不够;第四,职责不明,分工不清,制度不健全,学习松懈等亦较严重而突出。本会整个工作由于总会和市府、民政局的正确领导,三年多来配合政府处理了十几万失业、无业、不务正业的消费人口。此外还组织了各种生产自救,使许多灾贫民渡过了困难;同时还建设了好几个具有一定规模的工厂和基础较好的教养机构,使许多收容人员得到教养改造,变成新人。这些成绩曾受到总会的表扬。但为了在现有基础上,把工作再向前推进一步,为了改进工作以及对目前所存在严重问题的克服,我们认为有进行调整组织与加强领导骨干的必要。

(2)调整组织,加强领导骨干

①首先是组织上的整顿:能生产自给可以交出去的工厂,如碾米、印刷、织布三厂,争取在年内交出。收容人员能疏散的疏散,减少包袱。机构可并的则并,原苏北农场参加劳动的主要对象是收容人员,经费是用的城市救济经费,加之该农场规模缩小,没有专门机构来领导,拟并入本会,由生产科管理。婴儿院现有婴、幼儿童五十名,职工四十七人,每月开支,职工经费占全部经费百分之八十,是不合理的,拟将其并入儿童院。

②加强办公室的办事机构,扩大人事科编制。将社会救济、收容教养工作专门化,将救福科辟为社会救济福利科和收容教养科。卫生所改为卫生科,专负责医务行政管理工作。

③加强院、厂的政治、人事、统计、计划工作,大的院厂设立人事统计股,领导人员设立一副职,专掌握内部的政治工作。

④加强领导骨干;增设秘书长一人。办公室、人事科均须加强领导骨干。

三年来实践的结果,由于组织机构不灵,致工作不能很好的贯彻下去,新"三反"给我们的教训是深刻沉痛的。为要迅速转变此情况,调整组织,加强机构,配备领导干部,必须立即实行,以利工作之改进与提高。

——《救济工作通讯》第39期　1953年10月18日

43.救济福利委员曹秉章

曹秉章是西安市八区童家巷救济福利委员会的副主任,是一位退休的六十六岁的铁路工人。自担任救济工作以来,认真负责,公正无私,获得了该巷群众的热爱。

曹秉章同志工作上的特点是原则性很强,能严格地执行政策;做错了事也勇于改正。例如,救济委员史桂花介绍姚爱琴领救济金,他只简单作了一些了解就给开了申请表。第二天,群众向他反映:姚爱琴的丈夫每月收入八十多个工资分,最近又将一个不用的架子车卖了四十万元,根本不需要救济。曹秉章发现这是一个错误,立刻去找姚爱琴,可是,她已将五万元的救济金领回去了。当时有人说："钱不多，已经领了就算了。"但曹秉章坚决反对，他说："看看庄稼人，日里晒雨里打，生产五万元可不容易啊！不能因咱一时的疏忽就浪费国家财产。"于是，就迅速将此事报告上级，并以耐心说服的方式，动员姚爱琴将钱交还政府。结果，姚爱琴的爱人也很高兴，他说："这对我是一个很好的教育。"

还有一件事，也足以说明曹秉章同志的原则性。隔壁饭铺的白心田，跟他是邻居，又是老乡，两人感情很好。有几天，早晚一没事，白心田就端壶香片茶找曹秉章闲谈，他说他生意赔了，儿子就业后又如何不赚钱等等。曹秉章明白了他的意思，马上就到各处了解他的收入情况。这天，白心田又来了，哭了一阵穷后就说："咱是乡亲，又是老邻居，你把着'权'哩，给我写个申请表吧！"这时，曹秉章立刻将他儿子每月收入八袋面粉工资的情况揭破，并把抗美援朝、支援经济建设的意义向他讲了一遍。白心田听了不但不检讨错误，反恼羞成怒，提出要与曹绝交，但曹秉章同志却直截了当地说："只要你有办法，不管是谁，不该救济，就是不救济。"

曹秉章同志工作上的另一个特点就是关心群众，能帮助群众解决具体困难。例如，贫民张新海病死了，留下爱人和三个小孩，没钱没人，无法埋葬，母子四人，哭成一堆，情况非常凄惨。曹秉章一面安慰张新海的爱人，一面向政府报告，提出救济的意见，并亲自给张买棺材。当地救济委员李秀珍看到政府救济了廿万，就不再管事了，曹秉章批评她说："救济委员不光办介绍贫民领救济费的事情，必须亲自动手解决贫困人的具体困难。"于是，便发动基层干部、各界代表和附近群众十余人，帮助把张新海埋葬了。之后，又介绍张的爱人领救济金六万元，她感激地说："人死了我虽伤心，但有政府和曹主任这样关心我，我的眼前就不再是窄路了。要没有政府，我们母子真活不下去啊！"

曹秉章同志还非常耐心地帮助群众搞生产。例如，青年冯宣，本是一个好后生，无奈几年来，光景不好，情绪不高，生产鼓不起劲来，人们都叫他"懒好人"。去年夏天，发给他救济金六万元，要他生产，但他却吃光了，救济委员们都很生气地说："懒汉！饿死活该！"但曹秉章却不这样想，他耐心地找冯宣谈话，发现其所以造成这种情况，是由于救济委员们没帮助他订生产计划，也没督促他所致；于是，不但没责备他，反鼓励他上进，并且又介绍他领了八万元，让他卖甜水，还叫他写了保证。最后，又发动救济委员们帮助他买水桶，找"吃水户"。从此，冯宣在生产路一带担起水来。他说："曹主任，凭你的耐心，我也得好好地生产。"

阴雨天，贫民的生活最容易发生困难。在这些日子里，童家巷派出所的救济委员们特别忙,他们日夜担心哪家贫民的房子会倒塌,哪家的生活要发生困难,白天检查,晚上要汇报各街巷的情况。曹秉章虽然这么大的年纪,但仍拄着拐杖,到最贫困的街巷,协助那里的委员挨门逐户地检查。遇到危险房屋,大家就帮助房主搬家,并给他找下安插的地方;遇到雨水灌到屋子里的时候,就发动群众,齐来排水,迅速搭救。这样,就使童家巷的群众没有发生什么伤亡或损坏财物的事故。

有一次,也是在霪雨天,曹秉章到生产路去检查,发现孤寡老婆张张氏已经一天没吃饭了;雨很大,她自己又不能到区上去领救济费。于是,曹秉章就踏着半尺深的泥,代张张氏去领。群众被他感动了,赶快把他拉住,立刻捐出十几斤馍和五千元,解决了张张氏的困难问题。

在我们的救济工作中,有些同志也很关心群众、热情地帮助群众解决困难的问题,但他们的动机完全是从旧社会"慈悲"心肠出发,并不能以高度负责的精神,实事求是地去分析问题、解决问题。曹秉章同志却不是这样的。例如:生产路韩斌久的姑娘患着几年肺病,家贫医治不起,要求他介绍到政府领医疗费,哭哭啼啼地说:"你救我一命吧? 行好积德吧? 再世都不忘你的恩情。……"曹秉章仔细分析了他的病是三期肺病,需要休养而不是医药能治好的。因此,当时政府虽未规定什么病不能救济,但他却决定不给介绍。他耐心地同她解释,告诉她一些休养常识,并亲自到她家慰问了一次。结果,救济费省下了,病人也很高兴。

以上,就是曹秉章同志的一些动人事迹。看来,这并不是什么丰功伟绩,但正是在这些平凡的事迹中,可以看出一个人的品质的优良。

为什么曹秉章同志会这么认真负责,实事求是地解决问题呢? 主要是由于他对人民的救济事业有了正确的认识。他,一个老铁路工人,在旧社会过了很多饥饿流离的生活,但在那些年代里是没有人关心他的死活的。解放了,他看到政府为劳动人民举办了种种救济福利事业,心里非常感动。他认识到:今天政府举办救济事业并不是什么行善积德,而是老老实实地为人民服务。他也不愿意听到别人夸奖他"行善积德"的话,认为这是对他的侮辱,他说:"我们救济委员们不是菩萨佛爷,而是给人民办事的勤务员!"是的,正因为他认识到自己是人民的勤务员,所以就更能以高度为人民负责的精神进行工作。

一个热爱群众、热爱事业的人,必然地不惧怕困难。在工作中,他是受过打击的。例如,鲁张氏有一次要求救济,但曹秉章却打听到她这次刚由被服厂做工回来,买了两袋面粉,于是就亲到鲁张氏家调查,果然,在门后破箱里捆着两袋面;顺手在缝里挤了一点,看看又是细面,这样,就没有救济她。

于是"意见"来了,鲁张氏到处骂他,并造他的谣,说他把她的面袋子撕烂,把面洒了一地。起初,曹秉章很生气,认为操心费力还挨群众骂,有点不值得。但马上就认识到自己想法的错误,他说:"咱是为人民服务么,不应该在困难面前低头! 一定要把救济工作做好,不能辜负毛主席关怀人民的心意。"后来,鲁张氏生活真的困难了,一天没吃上饭,她以为得罪了曹秉章,也没要求救济;但曹秉章同志夜里知道后,马上就穿上衣服到她家里了解,给她开了申请表,并向她说:"咱是从问题出发的,哪能抱成见!"鲁张氏很惭愧,检讨了自己过去的错误。

曹秉章同志工作作风上一个基本特点就是善于调查研究。他经常这样说:"救济工作是一件复杂难办的事,必须平常心摸住'老底',才不致出偏差。"是的,他是熟悉情况的。他经常跟贫民们谈"家常"。根据困难程度的不同,他把全派出所地区的居民列成了一个"贫民登记表",将各家的人口、收入、生活水平一一写在表上。然后依据情况,挨门逐户地检查。每月发了多少救济费,有多少人看病,他也都有细账。他经常把每月发放的救济数字研究对比,寻找救济金增加或减少的原因,从而改进工作,由于他这么细心研究,熟悉情况,所以这里的救济工作基本上就没有什么浪费,也没有什么疏忽。

曹秉章同志是非常虚心的。虽然他作出这么大的成绩,他的模范事迹虽然也已广泛地流传在西安市各级负责救济的干部中,但他仍不自满,他深深地知道:这种成绩的获得是和人民政府的正确领导、全体委员们的努力分不开的,他说:"政府教给我政策和工作方法,救济委员同志们供给我情况,有人说我工作好,其实,这全靠大家,全靠毛主席!"

(西安市救济分会通讯组寄稿)

——《救济工作通讯》第 39 期　1953 年 10 月 18 日

44. 问题讨论

(1)为民:我对如何办理儿童救济机关的意见

救济机关的儿童大都是弃婴、流浪儿童和受尽帝国主义分子折磨的孤儿,他们心灵破碎、身体衰弱,大力抢救和培养他们,曾经是而且现在还是我们的重要任务。方庄同志提出的"不能过早地把儿童救济机关办成正规化的保育事业",实质上是一个在目前情况下如何办好儿童救济机关工作的问题。

儿童是国家的至宝,是祖国的下一代,我们有责任给他们以更高的生活水平。这是肯定的。问题是生活的提高,应以国民经济共同高涨为背景的,当农村还有天灾,城市还有贫民和失业现象的时候,救济机关儿童的生活水准如果超过一般群众太远,就会脱离群众。竹青同志《反对脱离群众的做法》一文就提到了工人和农民对救济机关生活标准太高,表示不满。我现在还举出两件事情:成都市救济分会所属保育院,现有儿童一百零七名,干部和保育员却有五十六名,两者相比差不多是二比一。儿童每天三餐,中间还有两次点心,天天可以吃到水果。儿童的玩具齐全,住的房子在去年冬天油漆和修理了一次,就花费了一亿七千万元。贵州省民政厅将西南区及贵州省拨下的一九五二年贫民寒衣款二十三亿元,建筑各专区的儿童院,贵阳市就花了其中的十一亿院盖了一座大楼。

这些措施都是不妥当的。儿童救济机关转向福利是可以的,但不应操之过急,只能逐步改善。救济工作是国家医治战争创伤、进行和平建设一系列工作之一,是解决社会问题的工作。不能把社会问题看作是少数弃婴、孤儿的问题,认为国家经济已经好转,我们有钱办好儿童救济机关,便不顾周围环境,单纯的提高救济机关儿童的生活,说这是为了下一代,但需要研究的是下一代住洋房迫切呢? 还是在严寒的冬天,贫民需要一件棉衣迫切呢?

我想,重要的问题是在我们的儿童救济机关中,必须加强保育人员的教育,因为她们不仅是儿童生活的保护者,他们的一举一动,对幼小的心灵都有着直接的影响。儿童救济机关的供给标准不必与正规化的保育事业等同,更不应过高,而是如何在现有的经济条件下,改进护理营养卫生工作。奚承坼同志说"孩子的本身和生活需要,是没有两样的,只不过是有无父母的差别罢了",我认为这句话是对的,只是如果救济机关的儿童生活水平要和正规保育机构一样,或者过分的超过了一般贫苦儿童,却不能赞同。救济机关的儿童的生活和保育机关儿童的生活可以不一样,正是社会上人民生活水准不同的反映。我们还是新民主主义社会,离社会主义社会还有一个距离,我们是儿童救济机构,不同于福利机构。我们的工作要本着精简节约的精神,节省可以节省的一分一文。

(2)冯藩(本刊通讯员):儿童救济机关到底应该怎样办

"凡是儿童都要过最幸福的生活",我们认为这句话是非常正确的。问题在于社会各方面总的发展情况、时间和条件。

我们救济机关所收容的孤儿、弃婴等,"他们从生下来的那天起,就不曾享受过父母的慈爱,家庭的温暖;在帝国主义分子所办的救济机关里的孤儿,更是长期遭受着惨无人道的迫害,根本没有见过祖国的阳光";他们都是新中国的第二代,在可能的条件内给他们较好的生活待遇,使他们体验到新社会的温暖,我觉得这不是将来的事,也不能说是"过早的福利观点"。

这正是"掌握重点,照顾生活"的工作方法,是和我们"以城市救济为主"的工作方针一致的。

那么,应该救济而还在救济机关以外的贫民和儿童应该怎么办呢?他们的生活水平还很低,我们是不是还应有整体观念,把救济机关儿童的生活水平压低一点,节省费用去救济更多的人呢?我觉得这是救济工作一个问题的两个方面,是应该从整体社会的发展方向来考虑,防止救济工作上的绝对平均主义。我们不是反对"一揽子"的工作作风吗?如果把救济机关里的儿童和分散在救济机关以外的贫苦儿童一视同仁的平均照顾,全面救济,我们现在的力量够不够呢?会不会造成"两面俱到一事无成"的偏差呢?拿武汉市武昌区全面救济的例子来看吧:他们对贫民救济每人平均发放五万元,其结果是有的领了钱不能救急,有的领了钱上酒馆,这是不是偏差?很显然的,把所有的应该救济的儿童收容起来,照我们救济机关的儿童一样照顾,是目前一下子办不到的事情。还是毛主席的话正确:不同质的矛盾,只有用不同质的方法才能解决。因此在可能条件下,把救济机关的儿童按照正规化的保育机关的原则和方法,用少数人和少数钱,在实际工作中,克服困难,创造方法,学习苏联先进经验,把现有的孤儿、弃婴培养成为健康有用的人。这就是我们现在应该做的事情。

如果因在救济机关以外生活着的儿童生活水平低,而顾虑到救济机关内的儿童生活标准太高,那就可能会影响我们儿童救济事业中的创造性和进取性。我们不能把"掌握重点、全面照顾"的工作方法截然分开,应该把"重点"和"全面"结合起来,把分散在救济机关以外需要救济的儿童作为"全面"的问题来考虑。以城市救济为主的原则,用不同质的办法来解决。

以"城市救济工作为主,支援农村及福利工作为辅"是我们既定的工作方针。救济福利是互相联系着的,我们如果把救济工作和福利工作分割开来,强调现在只能搞救济,福利是将来的事,硬性的要分作两步走,这是错误的。如果这样,那就模糊了我们儿童救济机关的前进方向。

我们也不能单从数字上看问题。天津育幼院每个儿童每年需五百多万元,从数字上看是太高了,但是钱花多了也不能肯定办得好,花少数钱也不能说一定办不好。关键在于如何使工作做得好。我们不应该单从数字上推敲,钱花多了标准太高了,就说是"过早的福利观点"。这是不能说服人的逻辑学。

儿童救济机关到底应该怎么办?根据上面的分析,那就是"整顿巩固、重点发展、救济工作和福利工作相结合"。逐步地、有重点地将儿童救济事业过渡到福利事业。目前,应该着重整顿和巩固工作,审查处理一批不是收容对象的儿童,开展内部的改革工作和工作方法的研究,克服保守思想,发挥工作上的创造性,采取合乎实际情况合乎救济工作方针的办法,有计划的推行有保证的领养工作和孤儿、弃婴的收容工作,并必须发动群众,共同协力来完成我们的任务。这些就是我们儿童救济机关的正确道路。

——《救济工作通讯》第 39 期　1953 年 10 月 18 日

45. 中央内务部检查组:武汉市社会救济工作检查报告

我们会同救总中南办事处、武汉市民政局与救济分会,于九月下旬深入武昌、汉阳、硚口三区,调查了贫民情况和检查了贫民救济工作。因为时间很短,力量分散,工作没有达到原来的要求。现将调查材料整理出来,以供参考。

一

武汉市的贫民救济工作,从去年劳动就业会议特别是救总工作会议之后,才开始注意。一年来,工作是有一定成绩的。无依无靠的孤老残废,在政府救济下解决了不少困难问题;生活困难的子女众多的家庭,得到了政府的补助;硚口区组织了城市贫民与失业人员的工程队,投入国家建设。在我们到武汉之前,民政局与救济分会还组织了力量,分别在各区摸底。工作虽有成绩,但问题还有不少。主要是社会救济政策没有贯彻下去,领导上心中无数,在城市贫民中,较普遍地存在依赖救济思想,贫病自杀事件仍有发生,整个工作比较被动。产生这许多问题,有些是工作没有作好所致,有些是由于客观原因。这许多问题都需要我们研究解决。

二

武汉市除机关、部队外,共有居民一百三十万人,今年八月份共救济3365 人(内贫婴补助 648 人),占总人口的千分之三。汉阳区贫民比较集中,八月份共救济 1579 人,占该区总人口的百分之一点四。

武汉市的救济面稍为偏窄的原因有二:(1)劳动就业登记的范围比较广,在现有登记人员四万六千八百人中,城市贫民和家庭妇女即有一万八千三百七十七人。我们在汉阳区大街发现了两个七十四岁的孤老婆婆也是戊类的就业登记人员。(2)武汉市的救济面虽然不宽,但工作不够深入,对贫民生活情况了解不够。不应救济而得到了救济的还是有的。尤其是去年的紧急救济,平均分配,浪费较大。

最近,民政局和救济分会为了准备冬令救济,编造一九五四年的预算,在武昌、汉阳等区对贫民情况进行摸底。结果,比较普遍地把救济面摸宽了。例如汉阳区原长期救济一百六十六户,现在摸成三〇九户;原临时救济一百八十一户,现在摸成三百五十九户。该区集稼咀街原长期救济十二户,现在摸成五十二户,经过我们与街政府研究、复查,认为真正需要长期救济的只有十七户。摸得过宽的原因,一是因为没有积极地贯彻政策、教育群众、组织生产自救,单纯地为摸底而摸底,所以很难摸清楚。再就是分会干部孤立地下去摸,有的区、街不予配合。如集稼咀街街长坚持不在摸底材料上盖章,即是典型例证。

适当掌握救济面是一个重要问题。救济面越宽,不但会造成浪费,而且事情越难办,工作越被动。因为不当救济的人得到了救济,和他情况相同的人必然要求向他看齐。救济面过窄,当然也是不适当的。我们认为:在发放救济粮时,需进一步搞清贫民情况,加以掌握。

三

武汉市社会救济标准低了一点。民政局社会救济试行办法中规定:"长期救济每人每月五万元,特殊情况可增加;部分长期救济二万至三万元;临时救济三万至七万元;贫婴补助三万至六万元。"汉阳、武昌实际执行情况,不论长期、临时和贫婴补助,多是每户三万元,五万元的很少,两万元甚至一万元的也有。因为标准低,结果钱花了,问题还是没有完全得到解决。有些人一边领救济款一边讨饭。如汉阳区集稼咀街彭秀英、张桂英均系老残,每月领救济款,仍然在外讨饭。该区西大街和武昌区八铺街均有类似情况。当我们访问这些救济户时,都一致反映三万元不能维持最低生活。我们在几条街上与群众算了细账,每人每月最少需五万多元。在我们访问的汉阳西大街孤老残废四十户中,没有劳动力、毫无收入的两户;有半劳动力,收入能勉强维持生活,或有亲属可以照顾的八户;其余三十户一般都有轻微劳动力,收入最低者每月一万二千元,高者三万元左右。有劳动力而目前生活困难的,一种是劳动力少,劳动力弱,或者是劳动力长期患病,一种是有简单手艺,收入不固定,转业有困难。这类人数比孤老残废少一些。估计冬季或阴雨天气而可能发生困难的,人数不少。

劳动部门的救济,甲、乙两类按中央规定的大城市标准,六万至十五万元,丙、丁、戊各类按中等城市标准,五万至十二万元。我们认为:社会救济若按甲、乙两类标准,则稍微偏高,但按武汉现在实际执行的标准,又稍微偏低。最好是和丙、丁、戊各类劳动就业人员的救济标准一样。这个标准适用于大多数救济户。劳动力完全丧失、毫无收入的孤老,还可酌量增加;有劳动力者,应尽可能鼓励其组织生产自谋生活;有半劳动力生产自救仍不能解决问题而仍需经常救济者,可适当降低。参加生产的长期救济户,其长期救济的金额,在一定时间内不宜变动,不要因有生产收入而减少其长期救济金额,以免影响其生产积极性。临时救济款,用以解决生活问题者,可参照这个标准根据救济户具体情况酌发;用以扶助生产者,可发给五万至十五万元。根据需要与可能,再多些也是可以的。中小城市社会救济的标准,还可再酌情降低。

四

我们根据"城市贫民生产,是在其原有生产基础上加以组织或扶助,不是民政部门另来一套,更不是开设大工厂"的精神,摸索、研究了贫民生产问题。

武汉市的生产条件是很好的。汉阳到武昌的大桥已经开工,正在建设或计划建设的工厂不下十处,机关学校也有些建筑工程,目前武汉市的全劳动力已不能满足这些建设工程的需要。从事这些基本建设的工人,工资最少的每人每日一万二千元,可以维持五口之家的生活。有些妇女锤石子,每天可收入一万元上下。武汉市的手工业基础也很强大。汉阳商店较集中的西大街、青石桥街,一百六十一户中还有三十一户手工业者。手工业产品多为从城市市民和周围农村所需要,今年武汉市周围农村三季丰收,农民购买力强,更是手工业的有利条件。所以手工业也是贫民生产的一条门路。其实,做一些小生意,也都能混得上吃,并有不少摊贩的生活已经显著提高。如硚口区荣华街集贤村魏仕章,身体弱,不能做临时工,就做伏子酒、卖水果、卖糖,平均每月收入二十多万元,全家六口,勉强维持了生活。总之,只要有劳动力或者半劳动力,如能积极生产,困难就不大。

贫民生产中的问题在于下列几方面:第一,已登记劳动就业的失业人员,不肯做临时工,或不积极的自谋生活,害怕作了临时工就难找到固定职业,因此依靠救济过活,消极等待就业。据说劳动部门介绍了临时工之后,就急于收回登记证,这也增加了失业人员的思想顾虑。第二,有些人具有简单手艺,但收入不甚可靠,专业又很困难;或者劳动力不强,苦工干不了,做小生意又缺乏资金或活动能力。第三,手工业资金不多,技术不易改进,一遇风波,即是停工歇业。第四,家庭妇女有很多事可以做,如拆洗衣服、做袜底、打鞋衬等,因为缺乏组织领导,亦无法实现。

经过实地了解,我们得出了这样的结论:组织贫民生产是可能的,但也是复杂细致的工作。民政部门发动群众生产自救,主要是启发、教育群众,树立其自谋生活的积极性和信心,并给以必要的扶持,具体的如生产内容、方法,应推动群众自己去想、去找、去干,不是靠我们主观地想一套。我们初到武汉市时,民政局和区、街的同志多认为无法组织贫民生产。有的同志说:"组织贫民参加工程,有些人不干;开工厂,我们又不能,有啥办法?"从上述看法说法中,看出对贫民生产的目的要求,不甚明确。经过实际调查研究,与多数同志商讨,认为组织贫民生产的目的:有劳动力有就业条件的是为了渡过目前的困难,争取时间,以便获得固定职业;无就业条件或就业可能很小的,是为了补助与维持生活。如提出组织生产以求得根本解决情况,要求就太高了。

五

开始与市里接触,就有人提出经费不够,区、街也一致认为"救济面窄,救济标准低,都是因为经费不足造成的"。我们深入了解之后,所得印象是:经费少是可能的,但经费使用不当,也相当严重。

经费使用不当,首先表现在残老教养与贫民救济两项经费没有互相调剂使用。收容教养经费,中央是全拨了的,今年武汉市教养院清理出去九百多人,其经费就可余十亿元以上。按照中央"加强贫民救济,减少收容人员"的方针,这笔款项应及时用于社会救济。

其次是社会救济与劳动就业两项经费也没有互相调剂使用。根据今年七月全国财经会议的精神,各大区,各省、市可以调剂使用各项失业经费。但据江岸区反映,该区每月劳动就业登记的丙、丁、戊三类失业人员救济费一亿二千万元,只用到五千万元,而社会救济费却不满一千万元。这样,一方有余,一方不足,两方面都会造成不良影响。今年第一季度,劳动就业登记的丙、丁、戊三类失业人员的救济费,是从社会救济费项下开支的,劳动就业经费拨下后,也应拨还。

再次是社会救济费的分配和发放不当。今年武汉郊区丰收,分配给郊区的救济款不算少;江汉区是武汉市最繁荣的区,也分配了三亿元以上。江岸区反映,江汉区浪费很大。我们在汉阳区发现新从江汉区移去的一个中年妇女叫陈秀德的,一家三口,丈夫是工人,每月收入三十三万元,自己衣服整洁,油头粉面,吵着要救济。她说:"我在江汉区是领救济的。"

武汉市的贫婴补助,对减少弃婴起了很大的作用,但有的区实际上已变成多子女的补助。例如硚口区荣华街魏昌铨,自己每月收入一百一十分,父亲是搬运工人,每月收入五十多万元,家里只有两个小孩,还领贫婴补助。我们认为目前在群众中实行多子女补助是不大适当的,应该压缩一下。必须补助的,可逐步变为一般贫民救济与资助生产,以减少开支。至于武昌区八铺街贫民钱亮东的孩子,我们给收起来,每月以十二万元雇上奶母寄养,孩子养的很瘦,还不肯交回其本母,认为"这是国家的人",那就更不对了。

群众普遍地对临时救济有意见,认为"只能改善生活,不能解决问题"。但市、区在城市生产的旺季,也是每月照发长期救济费多少,临时救济费多少,对群众这些意见未予注意。我们认为组织全劳动力投入都市建设是最好的办法,组织半劳动力生产自救,资金予以补助,也是好的。单纯救济是不得已的办法,主要适用于孤老残废的必要救济或补助。

继续清理收容人员和加强生产管理是必要的。武汉市的生产教养单位已经初步整理,获有不少成绩,但必须认识整顿工作是经常性的工作。我们到第四教养所随便问了几个收容人员,就发现有些人仍可清理出去。当然清理工作要从国家财政与政治影响两方面出发,不是消极地推出去。至于最近收容了大批农民和精神病人,居住在外的孤老亦按收容人员标准供给,都是值得研究的。

六

武汉市进行社会救济工作的方法没有很好地走群众路线。发放救济款不敢在群众中公开,是普遍现象。如武昌八铺街炭厂角选区,六月间救济了三户,两个干部把救济款送到救济户家中,还再三嘱咐不要向别人讲。我们向街政府提意见,由群众评议发放救济款,要好一点。但他们表示:"那可不得了,让群众评,都要吃,怎么办?"干部的恩赐观点,自然助长了群众中的平均、依赖思想。群众闹的厉害,干部没办法。有的街不当救济的人只要骂上一阵,就得了救济,根本无所谓政策不政策。如集稼咀街一个十八岁的小伙子,不肯劳动,因为他闹得厉害,街政府只得救济了他。类似情况,几乎各区都有,这样,工作就越来越被动。更不对的,是有的街干部,过去曾错误的认为"发救济款也和土改分果实一样,应该先发给干部"。他们不懂得土改也是不允许这样做的。

据说,过去某些区、街发放救济款时也曾进行自报公议。但在评议之前,干部心中无数,张三也说穷,李四也说苦,结果救济面评得很大,很难压缩。于是,他们就认为"不能评议了"。不评议,怎么办呢?谁该救济,谁不该救济,全由干部确定;谁长期,谁临时,被救济者本人也都不知道。有的不来领也就算了,有的一月领三次也就领了。临时救济要写申请书。据在汉阳调查,找人写一张申请书要花两千元,如批准三万元,实收二万八千元,如不批准,则净赔两千元。

群众是能主持公道的,这从救济代表会议的提案中即可看到。虽然有些提案是不正确的,如要求政府什么都包下来,要求过高的救济标准;但很多提案是正确的,如对临时救济和生产自救的意见。我们对正确的意见没有作成决定贯彻执行,对不正确的意见却有点跟着群众一齐喊。这是一个群众路线的问题。我们认为依靠群众,走群众路线,是贯彻政策,发动与教育群众,做好社会救济工作的主要方法。救济工作如得不到群众的支持与监督,贫民情况将不易搞清,救济粮款就无法保证使用得当,组织生产也就会成一句空话。武汉市工作方法上的毛病,是造成工作被动,混乱状态的原因之一。

正确的群众路线,应该是干部事前深入摸底,作到大体心中有数;开会评议时,须交代政策,说清道理,并进行生产自救的教育;救济户可由街道积极分子提名,由群众评议、修正、补充。生活很困难而容易通过的,应尽先通过,有问题不易通过的,应及时分组讨论,以免打不破情面,随声附和。评议必须在一定时间内进行一次,次数不宜过多,范围不可过大,以免影响群众的生产与生活。临时救济户要依靠街道干部与积极分子,经常主动地帮助其生产活动,遇有困难随时反映。如用评议的办法有困难,可由区、街政府调查决定,但经一定时间应将救济户姓名、款项予以公布,并听取群众反映。

七

武汉市社会救济工作有很多原因,一方面是工作开展不久,缺乏经验,另一方面是领导上有下面一些缺点:

(1)市民政局不了解下情,是较突出的。要救济些什么人,有多少人要救济,款怎么发放,标准高还是低,组织生产有什么条件和基础,都不了解,无力说服群众,跟着群众或跟着现象跑。

(2)市民政局主动争取领导支持不够,往下只交代任务,不交代政策和方法。如去年冬令救济,市里布置工作时离春节只有三天,限定要区如期完成任务。区就向街交代:"钱花不了要负责,超过了要负责,饿死人要负责。"街干部就抓住"救急不救贫"一句话,拿来当作整个的救济政策。

(3)督促检查问题。据说去年"三反"后,市里检查事故不下十次,但多是被动的,有检查无结论,更无防止的办法。所以,一面检查,一面继续出事故,此伏彼起。最近集稼咀街又相继发生自杀事件两起。

(4)推动现有组织力量不够。市做救济工作的干部只有两人,还兼管其他工作,汉阳区管救济工作的一个干部,还兼管"人民来信"、"民族工作"、"劳动就业",忙不过来,这是事实。但街有脱产干部七人,委员若干人,救济分会干部也不少,如好好运用这些力量,是能够解决问题的。

(5)总结和交流经验作的不够。这次摸底工作中就发现有些点滴经验可以推广,如硚口区组织包工代赈,武昌区八铺街群众监督管制分子搞生产,汉阳区西门街发放救济款运用民主评定方式等,但没有被领导注意。由于缺乏总结经验、研究业务,因此干部工作能力提不高,方针政策贯彻不下去。

——《救济工作通讯》第40期　1953年11月13日

46.徐州市检查和整顿社会救济工作

过去,徐州市的救济工作存在着不少问题。第一,干部对救济工作的重要性认识不足。有些干部反映,"以往没有救济也没饿死人,搞救济净是找麻烦、找挨骂",因此,怕做救济工作。第二,组织不健全。福利委员会虽然建立了,但未能发挥作用,而大部工作仍由街道主任一手包办,不深入群众,不了解情况,以致应救济的不救济,不应救济的救济了,引起群众的不满。第三,干部贪污,利用职权冒领救济;发放救济款物时感情用事,"好人主义";生产自救的方针没有很好贯彻,群众普遍存在着单纯依赖救济的思想。

鉴于以上情况,徐州市民政局、救济分会、生产教养院、劳动局、失业工人救济处、劳动就业工作组等单位,共同抽调干部三十一人,于七月八日至九月五日彻底检查和整顿了该市的社会救济工作。工作进行的方法是对救济户普遍审查摸底,依据各区的实际情况,分为以下几个步骤:

(1)首先以街道为单位,召开全体基层干部会议,传达救济政策、对象和标准,交代福利委员会的工作范围,并反复说明救济工作的重要意义,再以各派出所勤务区为单位,结合过去救济工作的情况,组织干部座谈讨论。

(2)各勤务区召开摸底会议,由选区代表介绍各个救济户的家庭人口、经济来源及目前生活状况。会后,工作组人员即通过积极分子,有重点地了解情况、对证材料。

(3)材料证实后,即召开有选区代表、街道干部和积极分子参加的审查评议会议,摆出所有救济户的名单,进行讨论研究;根据政策,对不同的贫民作不同的措施。基本上做到该救济的救济,不该救济的,则在进行很好的教育后,予以除名。

(4)实行分片分区包干负责制。由福利委员会委员负责一个勤务区的救济工作,选区小组长掌握一个居民区的救济户情况,福利委员会主任掌握整个街道的救济工作。

(5)召开群众会(有的以街道为单位,有的以勤务区为单位)。在会上,宣传救济政策,表扬艰苦耐劳、努力生产的积极分子,批判不顾劳动的错误思想,阐明救济标准,并勉励大家去生产自救。

(6)工作结束后,整理出全面的材料,并向基层干部再一次交代政策,告诉他们会议应注意哪些问题,哪些人应该救济,哪些人应该加强教育。

检查和整理工作是有许多收获的:第一,基本上掌握了贫民情况,摸清了全市居民中哪些人需要救济,哪些是长期救济户,哪些是临时救济户,哪些是扶持生产对象,哪些是收容改造对象,有多少鳏寡孤独、残老、孤儿、疯憨傻癫、游民等等。制订了各种救济对象的条件和发放救济费的标准。这对开展各种救济工作打下了良好的基础。第二,基本上健全了组织,实行了分片分区包干负责制,有计划地补充了干部。干部都基本上明确了职责和业务范围,并提高了工作信心。第三,克服了群众的单纯救济观点。如永安街徐天章全家不劳动,有的当小偷、有的是"破鞋",经帮助教育后,开了家庭会议,订出劳动计划,现全家都从事小本生产。此外,群众觉悟也提高了,以前有些人本来不愿供养自己的亲属,让亲属去领救济,现在把亲属领到家里供养了。同时,整理工作以后,一般因生活困难而乞讨的人解决了生活问题,基本上消灭了市内的乞讨现象。

(摘自徐州市检查整理救济工作总结)

——《救济工作通讯》第40期　1953年11月13日

47. 张学群(成都市西城区宁夏街派出所民政干事):我们是怎样组织贫民生产的

我们这个派出所辖区内的居民,大多数是些人力车工人、架架车工人及各类小贩等劳动群众。这类工作者占全区居民人数百分之六十点九。去年"三反"、"五反"刚刚结束时,由于各种工作没有展开,工商业暂时停滞,建筑工程没有开工,小生意不好做,所以这些群众的生活感到非常困难。当时大家也不愿开会学习,一找他们,他们就说:"我饭还没得吃的哩,开啥子会? 开一阵会是不是就把肚皮开饱了?"我们也感到问题确实很严重,赶紧向区政府报告。我们向区政府呈报的想法,就是冬季想多领些救济费,认为救济费越多越好。但是救济费虽然由六十万元增加到了四百多万元,而群众的困难仍然没有解决,意见反越来越多了。这时,我们感到很恼火,不晓得要咋个办才好。我们也曾想到组织生产,还天真地想:要是弄个大工厂多好啊! 一下子就可以把这些人全部容纳了。可是又觉得这样做困难太大,如果真有这么一个工厂,那么生产出来的东西卖给谁呢? 于是,我们束手无策,思想上存在着严重的单纯救济观点,再也不积极地去考虑怎样生产自救。后来王区长召集我们开会,只是我们的办法不对头。他说要解决贫民生活问题,必须从生产自救上着手。而且在组织贫民生产时,还必须学会三厚:嘴唇厚、脸皮厚、脚跟厚。王区长的讲话鼓舞着我们,使我们有了组织贫民生产的信心和勇气。

在这次会议以后,我们就分头到各机关、工厂和学校联系,了解他们那儿是否有工可做。在联系当中,开始是会碰到一些困难的。譬如:我们一到公安四处,刚刚说明来意后,他们就惊奇地说:"哎呀! 我们机关里的犯人还都到外面去找工作,哪能有事给贫民做呢!"但我们知道,要想把这个工作做好,首先必须取得各单位的支持和重视,于是就反复地将贫民的困难情况告诉他们,并且说明,如果贫民生产搞不起来,政府的负担就会很重。终于,他们答应协助我们组织贫民生产,愿意将犯人穿的衣服拿出来给贫民做,而把那些原来用机器打衣服的犯人调去作其他劳动。这样,就解决了一部分贫民的生活问题。门路一打开,就有很多单位主动地来和我们联系。如四川军区、交通局和保育训练班要修房子,填坑地,主动地找我们组织贫民去收拾乱砖碎瓦,使123个人解决了十多天的生活问题。有的机关常将一般人能作的杂工,让技术工人去做,不但加重了政府的开支,而且浪费了技术。于是我们就和他们商议,让贫民去作杂工。这样,既合理地使用了劳动力,节省了国家开支,还解决了贫民的生活问题,大家都很满意。

在进行贫民生产工作时,必须注意组织工作。我们辖区原有架架车四十八部,过去,他们都是单独地找生意,没有一定的组织,但各机关、团体运送东西时,却多半找大批的有组织的车辆,因此,很多分散的架架车就没有生意可做。我们了解上述情况后,即请示上级,将他们组织起来,介绍到市建设局运输大队,配合市政建设去做装工,拉石子的工作。平均每人每天收入一万五千元到八千元,估计可以解决二百五十人的生活问题。这种工作,比较固定。此外,我们还组织了几个临时生产小组:一、淘石子组——一百四十人;二、缝衣组——八十七人;三、洗衣组——六十八人;四、蔬菜贩运组——五人;五、其他工作如介绍保姆零工等。总共参加工作的有三百一十人。我们不但自己把贫民组织起来,而且还带动其他几个派出所也组织了起来。淘石子的,十几个派出所共组织了七百八十多人;锤石子的,几个派出所也经常组织了三百人左右。群众对我们组织贫民生产都很满意。人民代表何德尧说:"这些同志真是能为人民服务,也只有在毛主席领导下才能这样,国民党的时候,老百姓饿死了还没人管哩!"

进行组织工作同时,还必须加强贫民的思想教育。很多贫民对工作的认识是不够正确的。例如一九五二年有八百多个贫民参加淘石组,他们认为做工作就是为了挣钱,政府介绍的工作就可以做得马虎一点。他们不愿到水深的地方去,只在河边上淘河坎,结果,破坏了河堤,引起农民的不满。而且,他们还爱发牢骚,说:"政府照顾我们,怎么就给些笨事做?"这些情况曾经相当严重,影响了劳动纪律,因此,我们就马上对他们进行思想教育,把他们编成八个队,每队派一个专人去领导,其中有七个是党的宣传员。这些领导人向他们说明淘石工作的意义是在于支援成渝铁路通车,迎接党的生日——"七一"。在这种爱国主义教育下,群众对工作逐渐转变了认识,从而提高了劳动情绪。例如淘石子的妇女尹子江、蓝永群说:"我们来淘石头,不光是为了解决生活问题,还有一个意义就是为了建设我们伟大的祖国。我们应该加油干,认真地执行爱国公约!"这样,我们的淘石工作,便超额完成了任务。

在工作中,我们还十分注意到群众的一些具体困难。例如发工资,本来是要在做完工后才发钱的,但我们这些参加工作的贫民,生活都非常困难,挣一天钱吃一天饭,哪能等到完工后再领钱呢?向施工单位联系,由我们负责预支一笔钱,先按每天最低生活标准和每人的劳动强度,发给他们生活费,工完后再结算。结果,大家很满意。再如:有一次我们在工地上看到大家因天热口渴,都到河边上吃冷水,马上就回派出所拿氯水去消毒,于是大大地感动了他们。从这些事实中,也使我们得到这样的教训:做工作,必须关心群众,及时解决群众的困难。

以上就是我们组织贫民生产的一些情况。我们派出所辖区内的贫民不断减少,去年七月份共有贫民四百零五户,一千三百六十九人,今年五月份已减少到二百一十九户,六百七十九人。救济费也从四百多万元减到一百多万元。贫民减少的原因,这一方面固然是由于市政建设工程逐渐开工,市场逐渐繁荣,贫民生产有了出路,而另一方面,也是由于我们组织领导贫民进行生产自救的工作做得比较好。当然,我们的工作也有很多缺点,例如:思想教育工作做得还不够,有些群众还有依赖思想;架架车组织起来以后,没有好好地组织他们学习;硬要求公安四处将犯人做的衣服交给贫民去做,虽然解决了贫民生活问题,却影响了犯人的生产。但是,我们相信,在上级的正确领导下,在群众的批评与监督下,我们能够迅速地克服这些缺点。

（本文是张学群同志在成都市民政干事会议上的发言,由成都市救济分会记录,本刊通讯员陈万清同志寄稿）

——《救济工作通讯》第 40 期　1953 年 11 月 13 日

48. 吴忠臣、胡石林（救总中南办事处）:长沙市组织贫苦市民生产自救的经验

长沙市去年进行劳动就业登记和大规模的冬令救济后,由于对群众的宣传教育做得不够好,一般失业人员和贫苦市民普遍存在着盲目乐观、消极等待和依赖救济的思想。失业人员把登记当就业,认为登记后不就业也有救济;贫民则说毛主席不准饿死了,不做事也有饭吃;甚至有人以为越穷越有办法。于是有些干小摊贩的收起了摊子,有些架划子的把划子也卖了,一心等待着进大工厂就业和指望政府救济。不少人经常跑到街办事处、公安局派出所、区政府和劳动局等机关吵闹,发牢骚、骂干部,甚至还要打人。市

委重视了这种情况,同时估计到春夏是市场淡季,贫民谋生的门路较少,生活问题将更严重。因此,就在去年十二月统一布置各区委配合工厂增产节约运动,抽调干部,组织工作组,深入街道,大力组织贫苦市民生产自救,号召区街干部关心群众生活,发动并帮助失业人员和贫苦市民搞好劳动生产,解决生活困难,度过淡季。今年上半年,除三月份专搞贯彻婚姻法宣传运动外,各区区委都以很大的力量抓紧这项工作。

长沙市这次组织贫苦市民进行生产,基本上扭转了部分贫民消极等待就业和依赖政府救济这种错误思想,初步树立了依靠自己,多想办法找生活门路,多劳动来解决生活问题的风气和信心,从而大大减轻了他们生活困难的程度,缩小了救济面。例如,城南区有困难户一七〇二户,六〇四〇人,组织生产以后,生活得到好转的有九五三户,三一八一人,占原有困难户一半以上;区内福与街郭家巷重点贫民原有十三户经常需要救济的困难户,现其中除三户孤老残废仍须给予长期救济外,余下的都可以不要再救济。又如城东区三个重点街的统计:组织生产以后,生活好转的有二〇三户,其中有六十四户是过去经常依赖救济的,现在都可以自己维持生活,不要救济了。

工作步骤:第一步,摸清情况,明确对象。具体的做法是发动并依靠街道干部和积极分子,以基层代表区为单位,进行逐户摸底,算细账,确定困难户,分类排队。类型分三种:其一,贫苦无依的孤老残废和劳动力少,人口少,负担重,生活常困难的;其二,无固定职业,但有其他收入或积极自谋生活,可以勉强维持的;其三,无固定职业收入,而又不肯积极找生活门路,致生活陷于困难的。第一类是救济对象,不是扶助生产的对象;第二类问题不大,一般可自己解决,暂时用不着多花力量;第三类是需要积极帮助其生产自救的。因而就把第三类人列为工作的主要对象。

第二步,找出典型,重点帮助。工作对象明确后,接着就分向这些对象进行深入的调查访问,分析和研究情况,找出生活困难、比较懒惰、一贯喊穷叫苦闹救济的典型户,把他作为重点来首先进行帮助。其方式是针对他的思想情况,反复地进行教育,发现他有具体问题,就帮助他进行解决。如他强调找不到生活门路,就由积极分子带他去找。总之要从各方面来动员和帮助他走向生产,没有成绩,决不收兵。

第三步,交流经验,普遍发动。在对典型户进行重点帮助,取得成绩后,总结出搞好贫苦市民生产的"三要"和"三不要"等主要经验,即一要多问,二要肯钻,三要耐烦;一不要嫌事少,二不要嫌赚钱少,三不要怕困难。结果,就把这些经验结合典型的活人活事向群众介绍,进行扩大宣传,普遍发动。其方式是:召开大会和大型座谈会,由生活转变好了的典型户,把自己转变前后的思想情况和积极找生活门路的方式、经验,向群众作报告;同时利用大字报、黑板报,表扬转变户,并介绍他们是如何搞好了生产的,号召群众向他们学习,在街道上普遍掀起积极找生活门路,搞好生产的高潮。这样就由点带动了面,很多过去认为无法找生活门路的人,在听到典型报告后都说:"人家会这样找生产门路,把生产过得很好,我自己为什么不去找呢?"因而扭转了思想,开动了脑筋,走向了生产自救。

长沙市在组织贫苦市民生产自救的工作中,摸索到了一些经验,也遭到了一些困难和阻碍,走过一些弯路,并有某些较大的缺点,例如:在最初的一个阶段中,干部思想不明确,甚至还有些抵触。多数干部认为城市不比农村,出大门就是马路,一种不得禾,二种不得菜,没有条件搞生产;要搞生产就只有由政府开办大工厂。有些干部还认为群众为了生活,自己会劳动生产,用不着我们领导。因而普遍感觉到无从下手,对工作缺乏信心和热情,以致一个长时期中,工作贯彻不下去。后来工作搞开了,干部又把在工厂增产节约运动所喊的口号如"找窍门"等,硬性搬到街道上来,因而有些人趁机钻空子,利用这个口号来干些破坏性或不正当的工作。如有的到处挖古碑的和人家的墙脚砖卖钱,甚至偷别人的东西还得意洋洋地说在响应号召"找窍门",造成对社会秩序和对群众很不好的影响。群众经过发动,初步树立了生产自救的思想,这正是运用救济款来扶助生产的有利条件。但有些干部把生产和救济看成对立的,因此,在街道上造成了"搞生产就不谈救济"的偏向;对有些在生产工具和生产资金上有具体困难的,未能及时予以帮助解决。

总结这一时期工作的经验,在领导贫民生产时,有下面三点应特别注意:首先,要打通干部思想,明确领导城市贫民生产,不是要独立地或另外搞一套生产,而是要在他们原来的社会条件和职业基础上,更进一步地发挥其劳动生产的积极性,帮助他们解决一些阻碍其积极劳动生产的思想问题和某些具体问题。同时,也要明确:对于这些问题,只能是一户一户地解决,不能好高骛远,一批一批地解决;只能用各式各样的方法来分别解决,不能用一种方法来统一解决。因此必须号召干部要以高度关心群众生活的工作精神和耐心细致的工作态度进行工作,任何粗枝大叶的工作作风和企图盲目地进行大规模组织以及开办大工厂等错误想法,都应及时地予以批判和纠正。

其次,要能深入细致地了解情况,具体掌握困难户未能搞好生产的思想病根,然后对症下药,帮助他解决问题。如有些消极等待就业和依赖救济的,有些是拿不下面子,也有些是真正找不到门路的,还有些是因为怕做小生意会成为资产阶级,丧失其工人阶级成分的。对这些各种不同的思想情况,就要分别进行各种不同的说服教育,并用各种不同的成功的典型事件来启发带动,不能千篇一律地专讲大道理,不解决实际问题。

第三,发放救济款要与组织贫民生产很好地结合起来,把政策反复详细地教给群众。对应当救济的,及时予以救济;对个别在生产工具和生产资金上存在具体困难的,酌予适当照顾。只有这样,才能真正做到把发放救济款的过程变成为组织生产的过程,起刺激和帮助群众生产的更积极的作用。

——《救济工作通讯》第 40 期　1953 年 11 月 13 日

49. 吴和:儿童救济机关究竟应该怎样办

编者:本刊第 37 期发表了方庄同志《不能过早地把儿童救济机关办成正规化的保育事业》一文后,不少同志提出了意见,展开了讨论。现发表吴和同志的《儿童救济机关究竟应该怎样办》一文,我们认为该文的观点基本上是正确的。如果同志们没有别的意见,这一问题的讨论即算结束。

儿童救济机关究竟应该怎样办的问题,我认为必须与国家的现实情况紧密地联系起来考察。我们的国家刚步入大规模的有计划的经济建设。国家的财政主要用在发展工业,尤其是重工业。国家各个部门的工作必须服从这个中心任务。《救济工作通讯》第 39 期社论《把增产节约的精神贯彻到城市救济工作中去》中说:"救济机关对国家财政来说,是一个消费机关,但它也是恢复生产力和保护生产力的机关,它是为生产服务的。因此它必须服从生产,服从于国家的经济建设,不能妨碍生产,妨碍国家的经济建设。只有国家的经济建设发展到一定程度,人民的生活才能彻底摆脱困难,我们的救济工作才能从根本上完成任务,我们的福利工作才能更大的发展。因而我们的救济福利事业不能盲目冒进而有损于国家经济建设。"办理儿童救济机关自然应该服从这个原则。

若以这个原则来衡量,现在有些儿童救济机关的工作是值得研究的。譬如说,有些单位的儿童供给标准是高了些。这样的机关,就应该酌量把供给标准减低。这并不是和一般贫民生活水平比不比的问题,也不是"掌握重点,照顾全面"的问题,而是儿童救济机关在当前情况下就应该这样办的问题。如果有人认为儿童救济机关供给标准低了,就会影响儿童健康,工作就做不好。这并不完全合乎事实。把较高的减低,还是对的。再者我们应该用较少的钱,较少的人,把孩子抚养好,保证孩子的健康和发育。这就要我们加强责任心,克服困难,想出各种办法来提高工作。

上海新普育堂由于工作人员发挥了潜在力量,改进了营养护理工作,孩子们的生活大大地得到改善。因为生病和死亡现象减少。据统计婴儿死亡率在三个月中由百分之十八点二降到百分之一点一三。上海仁济育婴堂一百三十个孩子,仅二十一个保育员就做好了护理工作。武汉市育婴所用富有营养的下市菜和养料多而价廉的食物孩子们吃得又好又省钱。就是拿北京市街道托儿站(是群众自办的儿童福利机关)来说,他们的幼儿每月伙食五万元,一样长得健康,很活泼。这就是说,花少些钱,用少些人,也能够把事情办好。

当然,救济机关收容的儿童一般身体较弱,需要营养,这是事实。但有些儿童救济机关争着要和正规保育机关比高低,追求形式,不从实际出发,这也是事实。对救济机关收容的儿童,需要的是像母亲般的热爱和精心的护理。孩子们的衣食住要合乎儿童生活需要,这是应该的。但不是要吃贵重的东西,穿很美丽的衣服,住高楼大厦,而是要求我们的同志在工作中开动脑筋,多想办法。价钱贵的东西并不一定养分好。才上市和下市的青菜,营养价值都一样,衣服只要暖和、干净,不一定要用价钱贵的料子缝制。房子只要空气好,透阳光,不一定要高楼大厦,装潢华丽。有些地方的劳动群众对我们救济机关儿童生活标准过高,提出了意见,这正是因为我们和广大人民的生活水平不相称的缘故。

的确,有些儿童救济机关由于孩子遣送回家或者领养出去,形成庞大的编制。像这种情况的机构,可以合并的就应合并,可以撤销的就应撤销,可以由有关部门办理的就交出去。我们的工作应该根据需要与可能来进行,不能脱离实际。西安市解放育幼院因为孩子少了便办理完全福利性质的幼儿园,本身应该做好的收容教养弃婴孤儿的工作却被疏忽了,高遵同志对这个问题在《检查我们工作中的"过早的社会主义观点"》一文中,提出检讨,这是对的。

我们对自己的工作应有正确的看法。国民经济在逐步的发展,全国人民的生活水平在逐步改善,救济机关的儿童生活水平也应当随之逐步提高。今天的现实,是广大的群众还不可能把他们的儿女都送到正规化的保育机关里去,他们的生活水平只是正在逐步提高。那么,我们不应该要求把儿童救济机关办成正规化的保育机关。我们应该节省应当节省的一分一文,去救济更多的贫困儿童。这样不能算是"平均主义"。如果使收容儿童的生活比未被收容的儿童过得特别好,而忽视了没有收容的儿童,群众会不满的。因此,办理儿童救济机关必须服从国家建设中的大方向,(避免)脱离广大人民群众生活的现实。

　　　　　　　　　　　　——《救济工作通讯》第 40 期　1953 年 11 月 13 日

50. 全国城市救济工作会议大会发言

（1）王洪瀛（上海市救济分会办公室主任）：必须组织游民参加劳动生产

改造游民工作在上海是较为繁重的任务。上海市自一九四九年开始至一九五三年九月，共收容游民三万四千多人，其中一九五一年收容一万二千人，一九五二年八千人，一九五三年（九月止）一千八百人。一九五一年收容数最高，以后逐渐下降。几年来，全市共处理了二万八千多人。现在留所的尚有八千多人，其中包括救济分会与民政局事业单位所收容的二千多难民及病民在内。

兹将几年来上海市游民劳动生产的情况介绍于下：

①组织生产：一九五一年以前，上海有四个游民收容所。游民收容后不参加劳动，经过纪律教育、阶级教育、爱国主义教育、前途教育与劳动生产教育，即编队遣送至苏北新人村，收容所只起游民转运站的作用。一九五一年以后，苏北新人村收容量达到饱和点，上海的游民只能就地设法组织生产，起先，我们的生产基础很差，只有几部破旧的缝纫机，不知怎样搞。当时我们认为既然游民要劳动生产，就只有找土地。于是我们与各个部门联系找土地，结果是到处碰壁。因此又提出"能搞什么就搞什么，游民会什么就做什么"的办法来组织游民劳动生产。统计当时七千游民中有生产技术的共三千八百多人，他们所会的技术种类共有一百五六十种之多，如修飞机、开飞机、修汽车、开坦克、钳工、织布、理发、做大饼等。根据这种情况，我们又提出要搞投资少，容人多，销路可靠，粗工易学的生产。这样，生产搞起来了，但各所生产开展得很紊乱。如仅漕河泾教养所就搞了二十多种生产，还有两个教养所搞起卖大饼、油条和豆浆等生产。我们认为这种情况必须整顿，所以把各所相同的和成品有销路的生产集中起来，成立了缝纫厂、皮鞋厂、修理汽车厂、营造队。目前这些生产基础虽还很简陋，但都是由游民劳动创造出来的，公家没有投资，也未调配任何工具和厂房。他们用生产收入买工具。缝纫机已由几部发展到一百七十多部了。

②组织工程队：原来四个收容所组织了修建小组。在整顿生产时，我们又将修建小组集中，组织了工程队，工程队组成后即到外面找工作。但在开始时人家不要，因为解放前，游民给群众的印象极不好，游民一出去，附近居民就怕丢东西，要求游民最好不出门。因此，游民的生产劳动机会很难找到。我们为了扭转这种情况，决定从拥军优属工作做起，在农忙时，派好的游民帮助军属种田收割，然后渐渐地帮助周围贫苦群众种地，进而帮助群众开通收容所旁边的小河浜。在游民出所工作时，我们特别抓紧对他们进行

纪律教育,教游民学习解放军三大纪律八项注意。结果,群众对游民印象有了转变,说人民政府教育的游民也和从前不同了,并且还有人投稿到报社,感谢政府。其后,上海工务局第八工务段分出一段修路工程给游民。游民修路本来完全是尽义务的,因为与游民邻近修路的是失业工人,其劳动速度不如游民快,成绩也没有游民好,工务局便给每个游民每天发茶水费二百元,以资奖励。修路工程结束后,工务局即介绍工程队修中纺十九厂的操场。开始时,场内工人对游民有顾虑,有些女工甚至不敢到操场去。经过一段时期,工人对游民的印象好转,工程竣工时,该厂工人队举行了一次联欢晚会,并送了工程队一面奖旗。从此,我们打开了游民劳动的出路。一九五一年冬,修建曹杨新村,参加该项建设的游民,最高人数达一千六百人。该处的平马路地面,修下水道沟管等工程,几乎全是游民做的。一九五三年十月,我们介绍一千人到华东建筑工程局就业。现在上海基本建设工程很多,所内劳动力已感不足,我们想转向组织贫苦市民进行生产自救。

在组织游民劳动生产的工作中,我们体会劳动不但能锻炼游民的身体,而且能培养其生产技术,改造其游惰思想。开始时,我们在游民改造工作中只重视了教育,没有注意组织游民参加劳动生产。这样做,虽然能使游民懂得些革命道理,但对游民改造的效果并不大。一九五一年,部队曾主动向我们要人去当炊事员,当时我们无把握,一再向部队讲明,并详细地介绍了游民的特点,要部队掌握游民特点,慎重使用,最后介绍了八十人去做炊事员。这八十人到达部队后,有些确实转变了,有的在部队里担任了司机,有的立了功。但逃跑、拐骗的很多,"打回票"的也不少;到"三反"时,仍有被退回的。通过这一事实,我们深刻认识到:对游民,不通过实际的劳动锻炼来巩固教育成果,是不易使他们完全转变的。

(2)李晓光(天津市民政局社会科科长):管理和教育游民的一些体验

天津市救济分会现有收容人员二千三百余人。其中青壮年有一千人左右,绝大部分参加了劳动生产,并且已做到自食其力。几年来,在通过劳动生产对收容人员进行管理教育的工作上,我们有如下几点体会:

①在生产管理和生活管理上应贯彻群众路线,发动群众与依靠群众,这是一个很重要的问题,在具体工作中,我们有些基层干部往往把个别现象当作一般现象,遇到一两个收容人员调皮捣蛋时,便向领导上提出,如不给干部一些"权利",便管不好这些人。他们对于交代政策,启发教育,依靠积极分子,组织群众,发扬正气及鼓励少数坏分子等一系列的工作方法,往往在思想上有抵触,搞不通。所以,要想发动群众和依靠群众,进行管理工作,还必须预先打通干部思想,我们在天津市救济分会第二收容所采取了这样的

做法。我们帮助干部分析了全面的情况,让他们把所有的坏分子全部举出来。结果一共只有十余人,其中还有五六个是年纪不过十八岁的。这样,情况就很明显,坏分子毕竟是少数;而我们依靠群众进行管理的工作是完全可以做得通的。

关于发动群众自己管理自己的另一个问题,就是过去干部在确定组长和选举委员时,往往为收容人员的表面现象所迷惑,选拔了一些假积极分子。这些人被选用以后,即对收容人员敲诈勒索、违法乱纪,造成坏人管好人的现象。为了消除这种现象,我们首先要使干部明确,究竟应依靠那些群众,帮助干部从本质上进行分析,把假积极分子加以揭露和处理,然后,我们在管理教育工作上才能收到实际效果。

虽然我们在管理教育方面主要是普遍提高群众觉悟、孤立少数坏分子,但对少数坏分子也不能不管。过去,收容人员的各个小组怕影响生产,都不要坏分子,坏分子也不愿参加到各组去生产;有些干部也害怕那些坏分子影响别人的生产,结果把这些人集中在一起,使坏人聚伙,更加捣乱,甚至其中不甚坏的人员的自尊心也受到影响,更加难以改造。在这种情况下,我们一方面动员大家发挥互助的精神,负责带动他们进步,并把他们分别插到各组,由干部和群众积极地具体地帮助他们;另一方面,我们对这些人也给以必要的照顾,如过去没有参加过劳动的人,开始时便让他少做一些工,多鼓励一下。这样,有少数不愿劳动的人也开始积极劳动了。由于真正的坏分子是少数,多是都是愿参加劳动,并且希望自己有出路,所以在对这些人的管理教育方法上,主要的并不是惩处,而应是加强劳动教育。过去,我们曾惩处了不少坏分子,如第二收容所一个单位便把十余人送到法院,但作用并不大。平时不注意教育,仅只送司法、公安部门,送的时候也不结合进行教育,送之前与司法、公安部门接洽半天而还不能送去,这样只会使我们的工作失败。因此,我们的结论是:对收容人员主要应重视经常的管理教育工作;对其中坏分子的惩处应作典型处理,先公布其事实,让群众讨论,然后根据大家的意见,由公安部门当场逮捕。用这个办法,不但对坏分子本人,就是对大家,都能起很大的教育作用。我们这样做了以后,所内秩序已大有进步。

②建立档案卡片登记制度,实行记功、记过、奖惩的办法。当然,实行这个办法,只把功过登记在卡片上是不行的。还要在收容人员的待遇问题上予以注意,并结合着进行前途教育,如对表现不好的人,可以采取义务劳动;改变之后,可以给予一些待遇;再好的可调工厂参加生产,学习技术。这样做,对于鼓励和刺激收容人员的进步是有很大作用的。

③管理教育工作不能脱离当时当地的中心运动,否则收效不大。如我们此次结合普选对收容人员进行普遍审查,得到很大收获。在这以前,我们对生产教养单位进行过整顿,解决了一些问题,但与此次比较起来,成绩是相差很远的。结合普选进行审查工作,有许多方便,因为区选举委员会和派出所派有工作组或干部下来,收容人员的情况容易了解得多;此外,更主要的是通过这次普选运动教育了收容人员,使他们能把历史籍贯自动地交代清楚。经过此次审查,全部收容人员中(在郊区的一个单位除外),确是剥夺政治权利的有二十四人,过去因种种原因而不肯暴露的有家有依靠的人也发现很多。这给我们今后的审查处理工作打下了很好的基础。我们除了此次结合普选工作外,还结合增产节约运动,卫生运动对收容人员进行教育,并且都曾获得效果。我们明确地认识到,管理教育工作是不能与中心运动分开的。目前我们正在进行国家总路线的学习,是一个特别好的机会,应抓紧对收容人员进行教育。

④加强干部教育和改进各种制度,是做好管教工作的关键。基层干部一般质量较弱,政策水平和工作方法较差,因此,往往在工作上遇到一些困难问题不能解决。目前我们干部存在着一种和收容人员对立的思想,认为收容人员都是旧社会渣子。这种思想的滋长,就是产生错误与违法乱纪事件的根源。故必须在干部中加强为人民服务的教育,使他们在工作中去钻研,想各种办法,改变过去的粗暴做法。

在管教游民工作中,还必须改进工作制度和作风。一个问题的发生,多是两方面原因的。游民骂干部、打干部,固然主要是由于游民的劣根性,但是如果干部工作无缺点,他们也不敢轻易打骂干部。例如,在处理病号饭、疾病治疗、请假、出入等问题时,如稍有偏差,便容易造成一些坏分子钻空子的机会,容易被他们取得借口,争取一部分群众的同情。所以,改进工作制度和工作作风是重要的。我们应帮助干部解决这些具体问题。

(3)曹友蓉(上海市救济分会福利组组长):上海市教养机关的儿童工作

①调整机构

上海解放时,儿童教养机构共有三十七个,业务复杂,各自为政,儿童的管理教育很差。上海市救济分会成立后,即把这些机构作了调整:对办理较有成绩的,给予支持鼓励;办理不好但有发展前途的,给予改造,并协助他们搞好业务;对假冒伪善的,动员其自行结束或明令取缔。至一九五二年,上海市救济分会已把这三十七个儿童教养机构调整为十九个。

为了使儿童教养工作走向分工与专业化,上海市救济分会曾于一九五三年上半年,又将十九个儿童教养机构作了进一步的调整。调整的办法是对收容对象进行全面调查,把儿童分为婴幼儿童、学龄儿童、顽劣儿童、伤残儿童、临时救济对象等类,然后分别安置,并根据各类儿童特点,分别进行教育。这样又由原来的十九个机构变为十三个了。机构调整之后,业务范围明确,工作人员能够专心钻研业务,改进业务,工作情绪很高。

②动员回家

上海教养机关里面的儿童有许多是不应收容而应该动员其回家的。为着把动员儿童回家的工作做好,我们对全部儿童作了个案审查。审查的步骤是,先由内部工作人员开会讲情况,找线索,然后从各方面调查,并请当地政府和基层组织协助,尽量做到全面了解儿童的情况。根据了解的情况,将儿童分为有家的、无家的和不合收容条件的三类,规定:有家属、有住处、家庭收入每人平均在三万元以上者,动员回家;有家可归但生活苦难者,也动员其回家,并以发动群众互助,或由政府补助来解决其生活困难的问题;无家可归者仍在院内教养。从一九五三年第二季度开始至十月底止,共有一七八〇名儿童被动员回家。

动员儿童回家的工作很顺利。一般家长都自愿领儿童回家,儿童也愿意回去。但也有少数儿童想继续升学或就业,不愿回家,与家长订立了"攻守同盟"。我们对这些儿童一方面进行说服教育,告诉他们教养机关不办中学,就业也只有无家可归的儿童才有优先权;另一方面,我们还对儿童家长进行爱国主义教育和阶级友爱教育,批判其依赖思想,用表扬好家长的办法,启发比较落后的家长,并帮助他们解决儿童的转学问题。这样双方进行教育的结果,在儿童中造成了要求回家、不要救济的高潮。原来不愿回家的,也都尽量回忆,提供线索,要求老师帮助他们找家。有的家庭住址不详,留在儿童脑子里的仅是一些模糊印象,但在老师的热心帮助下,终于找到了家。有个孩子离家八年,只能说出家住绍兴陈村。我们就请老师带他到绍兴去。到达绍兴,发现当地有七个陈村。到哪个陈村找呢? 在这种情况下,他们只好一个个的挨着找,找遍了五个陈村,还未找到。找到第六个陈村,才凭孩子的模糊印象,认出了他自己的家。孩子是个独养子,他的父亲意外地看到自己的儿子时,感激得直对毛主席的像磕头。说有了毛主席,他才没有绝后代。这事轰动了全村,家家都说人民政府真正好。另一个孩子的父亲过去是个失业工人,生活没有办法,把自己五岁的女儿趁生病的时候丢在医院里,再也不去管她。后来这个孩子被收养在教养机关里。孩子只知道父亲叫王阿三,住在工人区。仅根据这一点线索,我们就在贫民区和工人住宅区到处寻找,找了几天没有找到,然后深入到居民组织中去询问、闲谈,才找到了。孩子的父亲重新获得了孩子,感激得向工作同志磕头,并且感慨地说:"过去反动政府使我们骨肉离散,今天人民政府使我们父子团圆。"像这类生动的事例有一百多起。

动员儿童回家的工作收到了很好的效果。孩子们的父母由于孩子们的回家,增进了生活的兴趣,提高了劳动的热情,纷纷来信感谢政府;儿童教养机关也可以精简机构,节省人力,在财政上,为国家节省了一笔开支。单以上海每个儿童每月二十万元的生活供给费计算,全年一千七百多个孩子的数字也是很可观的。

③领养工作

上海市儿童教养机构一九五三年一月至十月,共领出孩子七二二名,以年龄分,七岁以上的儿童二八二名,三岁以上的幼儿一九八名,三岁以下的婴儿二四二名;以性别分,男孩三一四名,女孩四〇八名。领养孩子的以农民最多,有四〇七名,其次是工人、机关干部和一般市民。一九五三年七月底,我们在河北六个县检查了领养工作,一般都好,生活不成问题。一九三名儿童中,发生问题的占百分之一五点七,其中大都是由于领养人冒名顶替和隐瞒家庭情况所致。而我们在工作上责任心不强,把未改造好的身体残缺的儿童给人领养,也是造成领养工作发生问题的原因之一。我们工作中虽有缺点,但从总的成绩来看,领养工作仍旧是值得开展的。只要采取慎重的态度,工作就一定能够做好。

④出路问题

我们对儿童的出路问题是很注意的。过去曾有一批儿童参加了军事干部学校。一九五二年,又送了一批儿童到工业学校学习。一九五三年,我们除使小学六年级的毕业生和中学生投考工业学校外,自一九五三年暑假到十月底儿童就业的共有四六〇名左右。根据我们的经验,儿童有点文化基础,找出路比较容易。为了提高儿童文化,达到就业目的,我们在一九五二年开始对超龄儿童进行速成教学。首先在儿童中选择十四岁以上、觉悟较高、迫切要求学习的文盲和半文盲,组成速成识字实验班。经过三个月的学习,本来一字不识或仅识三四百字的儿童,已能认识二千字以上。为了巩固成绩,并扩大速成教育,我们又办了一个师资训练班,把一些青年团员和青年干部集中起来训练一个半月,使他们掌握速成识字的教学方法,然后再把五百五十名十四岁以上身体好、智力发达正常的文盲儿童进行速成教育。从一九五三年五月开始至八月底,一般已能识字二千二百多个,还能写话。儿童速成识字毕业后,即大批的到工厂里做养成工(具有小学三、四年级的文化程度即可），或到分会生产单位参加织袜、木工、水泥匠、机械工等。五百多名孩子中有二百多名年纪较小的，继续受速成教育，估计在一年半的时间内可达到小学毕业程度，为将来就业准备了条件。我们认为，通过速成教育，给超龄儿童打下了初步文化基础，解决其出路，是个好办法。

（4）张维纲（长沙市救济分会秘书长）：长沙市教养机关中儿童的伙食标准

长沙市救济分会收容人员的供给标准：残老每天一千四百元，青壮年一般都参加劳动生产，生活由劳动金开支，不列入供给标准之内，等于自食其力。现在我只把长沙市教养机关在规定儿童伙食标准时的两点经验，简单地介绍一下。

①育幼所中七至十六岁的孩子，过去每天伙食一千六百元，每天可以吃到米饭，每周能吃一次肉。后因粮食蔬菜价钱稍涨，我们酌量每天提高二百元。后来物价又涨，伙食标准还应提高，但由于我们利用了住在郊区的便利条件，鼓励儿童自己种菜、养猪、养鸡，这样，我们不仅维持住原来的伙食标准，而且还能改善伙食。

②育婴所七岁以下的儿童，不论吃奶与不吃奶的孩子，其伙食供给标准都是二千元。一周岁或二周岁以内的婴儿不能吃干饭，我们就利用长沙市随时可以雇到奶姆的有利条件，找奶姆喂养。奶姆在雇用时，奶汁都要经过检查。奶姆的工作与保育员相同，比一般市民雇用工资稍高，所以容易找到。一个奶姆除了哺育一个婴儿外，还能照料两个较大的不吃奶的孩子。奶姆的工作是临时性的，不是长期职业，如一旦无奶或奶期过去，便可以辞退。由于我们采取了以上的办法，育婴所的婴儿供给标准虽然看起来较低，但仍然能使婴儿得到充分的营养。

（5）马庶民（长春市民政局社会科副科长）：组织贫苦市民生产的几点体会

从一九五三年四月初到九月底，这半年中，长春市组织参加生产的贫苦市民，人数最多时曾达三千五百余人；生产收入共八亿多元，等于长春市半年救济费的三倍。由于生产工作的开展，救济户已大大减少，如三区二月份有救济户一百二十七户，九月份即减少到八十户。在组织贫民生产工作，我们有下列几点体会：

第一，组织贫苦市民生产自救，首先得知道应该搞什么生产，生产的方向是什么。在这方面，我们曾走过一些弯路：一九五一年我们搞过一次贫民生产，用资金开工厂，找贫户做活，结果搞垮了，贷给贫户的钱也没要回来。特别是其中有几个对象还不是贫民，因此，在"三反"运动中，有人给我们戴上培养资本家的帽子。这就更使我们不知道搞什么生产才好,而且不敢搞生产了。直到一九五二年年底总结工作时,我们才认识到不搞生产就是没有贯彻救济工作的积极方针。就在一九五二年,有些群众已经搞了些加工性质的副业生产,市妇联组织妇女搞刺绣,也有不少经验。我们研究了群众中间这些已有的生产方式,才明确认识到:组织贫民生产,光想开工厂是不行的,农村搞副业生产是"靠山吃山,靠水吃水";同样,城市里搞贫民生产,就得依靠国营企业,给工厂、公司做加工活,而且不能单做一种活,必须搞各种各样的生产,所谓"百花齐放",才能解决贫民的问题。根据这种认识,我们组织起来从事生产的贫苦市民,有一千七百多人给一个工厂做被服加工,一千四百多人给百货公司批发站、托儿所和松江玻璃工厂等单位做各种零星手工劳动。加工生产的种类有二十多种,如缝被服、编暖壶竹套、做袜底、拆洗、绣花等。这些生产都是投资少、容人多、又比较容易学的。

第二,搞好生产自救工作,必须依靠人民代表会议,依靠群众。长春市贫民生产是响应市、区人民代表会议号召,贯彻增产节约精神而搞起来的。人民代表会议号召增产节约,而街道居民的具体任务就是积极生产,贫民生产也包括在内。通过代表会议,就引起了各界人民和市、区领导同志对贫民生产的重视,容易取得各国营厂矿、企业、公司的协助和支持,可以解决生产门路、原料、推销等问题。在代表会议上,国营厂矿的代表听到贫民要求搞生产,就把过去私商加工的手工活都给街道群众加工,这就为贫苦市民生产找到了很多门路。

在生产上还有许多具体问题,如生产组织、经营管理、生产技术、保证质量等,这就不能靠代表会议,而必须依靠广大的群众。比如:我们开始搞被服加工时,由于技术生疏,以致产量少、收入不多,群众生产缺乏信心;经过我们跟群众仔细研究商量,由群众自动组织互助组,年老人跟年青人在一起,互助互学,这样便提高了质量和产量,巩固了生产的组织。又如:开始做被服加工时,我们没有厂房,便发动群众去找。于是有的群众把自己的住房隔壁打开,让生产小组在家里做工;有一个派出所把煤场子挪出来,给贫民做生产的厂房。生产中,群众互相提意见,并对不积极生产的进行批评。孩子没有人照管,就找邻居老太太去照管。这些具体问题在贫民生产中很要紧,但只要发动了群众,都可以解决。

第三,生产组织起来后,我们还要特别注意做好两项工作。

做好宣传和鼓励工作。我们在生产组织起来后,即经常到贫民中去,特别是有系统地掌握几个较好的生产组,到里面去找材料、找典型,总结经验,通过市、区人民代表会议和各种座谈会,把这些典型经验宣传出去,用以教育群众;同时也巩固和鼓励了好的生产组。一九五三年五月间,我们召开了一次生产奖励模范大会,把优秀的产品选出四十五种,三百四十多样,陈列展览,并组织全市贫苦市民参观。通过这次展览,许多原来没有认真组织生产的代表,都表示一定要好好地协助贫民组织生产。许多工矿企业的负责同志参观后,一致表示要尽力帮助贫民找活做。很多群众表示,一定要努力学习着好好生产,这说明,利用各种形式向广大群众宣传生产的好处和经验,是十分必要的。

要尽量吸收和组织救济户参加生产。除了宣传,还须进一步具体组织贫民特别是救济户,参加生产。譬如在发放救济粮时,要协助救济户订出生产计划;鼓励和表扬带动救济户参加生产的积极分子,必要时还可给他们以物质奖励;对于那些开始参加生产,技术不熟练,因而产量少、质量差,生活仍困难的救济户,更必须给以适当的救济和补助。

(6)韦瑞霖(广西省救济分会副秘书长):南宁市的贫苦市民调查工作

广西省由于过去对各城市贫苦市民的情况没有进行普遍深入的调查,一般对情况掌握不够。到今年春天便出现两种情形:第一,贫民到市、区政府叫着要救济,救济工作相当被动;第二,每月救济费开支相当大,而又往往开支不当,群众有意见。省府民政厅为了解决这个问题,决定由省救济分会会同南宁市人民政府民政科在南宁市进行贫民调查,以便取得经验,向其他各市推广。

分会与南宁市府民政科共抽调干部二十九人,组成工作队,由市府具体领导。参加工作队的干部,首先进行政策及业务学习,统一了政策思想,然后才展开工作。我们先在市内找出重点进行试验,得出经验后,再逐渐铺开。因此,工作队前后用一百天的时间,完成了市民住宅区十万人(全市共二十万三千余人)的调查工作。

调查之前,先做两项摸底工作:第一,摸街道干部及各阶层居民的思想情况;第二,摸生产自救、群众互助的好坏典型例子。这些情况摸清后,就可作调查时宣传的依据。

当时有一部分街道干部及各阶层群众对救济工作的看法是不正确的。干部有单纯救济观点,怕搞救济工作;贫民有单纯依靠救济及平均主义思想,其中一向不劳动的贫民更为严重;群众以为救济只是人民政府的事情,抱着事不关己的无所谓的态度。我们根据这些思想情况及生产自救群众互助好坏典型例子,定出了调查时的宣传计划。

调查工作共分三个步骤:第一,动员街道干部,发动群众;第二,摸清贫民情况,分类排除;第三,组织贫民生产自救社会互助,评定政府补助粮款的数字。

第一个步骤:主要是宣传救济方针政策。其方式为召开干部会、群众大会、群众小组会,出大字报、黑板报,个别谈心等等。目的是扭转街道干部及各阶层群众对救济工作不正确的思想,要求他们积极参加这次调查工作。同时提出三种贫民的类型,让群众讨论。这三种类型是:甲、缺乏劳动力、无依无靠、生活至为困难的孤老残废;乙、有固定职业及收入,但家庭消费人口多,没有储蓄,没有其他办法,收入不能维持最低限度生活者(每人最低限度的生活以四至五万元计算);丙、有劳动力,但目前无工做,生活问题无法解决者。群众讨论后,即提出居民小组的贫民名单。

第二个步骤:工作队员和街道干部根据名单按户调查。调查的内容:一是历史出身;二是劳动力情况;三是经济生活状况;四是有无社会依靠;五是思想情况和有什么要求。调查方式大体是依靠群众侧面访问调查和正面了解。调查时对贫民反复进行方针政策的教育,从而使他们建立生产自救、群众互助和爱国主义思想。调查出情况以后,让群众讨论,分类排除。在群众讨论时也要将方针政策反复交代,让群众掌握这些方针政策。

第三个步骤:在劳动人民较集中的街道组织互助组。组织方法主要是培养积极分子,通过他们去积极组织互助小组。组织的户数人数不拘,以自觉自愿为原则。组成后,自己推选领导,订立公约,商定互助办法。互助办法一般是:其一,生产互助。如互借生产工具,互借生产资金,介绍劳动生产门路,帮劳动者带小孩、看屋子,批评懒汉不积极劳动生产等。其二,生活互助。如互借油、盐、米、炊具,帮盖房子等。其三,疾病互助。如帮找医药,帮送医院,帮病人挑水煮饭等等。其四,急难互助。如每日将劳动生产所得节约一部分存储银行,日积月累,以备急用。

组织生产自救的方法,大体上分两种:一是丙类型的贫民,发动他们和本街居民的散工共同去参加挑河沙、挖土方、锤石子等基本建设工程,政府可依据群众意见,给他们以适当的一次的补助,解决其劳动生产工具问题;至于不积极劳动的懒汉,则依靠群众去批评和发动。二是甲、乙两类型的贫民,发动他们为国营企业加工,如磨谷;搞小手工业,如搓麻绳、做鞋子、做豆腐、做蚊烟;搞小摊贩,如卖糍粑、卖蛋子、炒花生等。政府可依据群众意见,适当地在一次内补助他们解决生产资金问题,但主要还是依靠群众帮助他们想办法。至于群众互助生产自救还不能解决问题者,则由群众鼓励其中有轻微劳动力的贫民去捡烂布、捡烟头、捡猪屎、扫碎米等;对必须救济的,则由群众依据政策,评定每户救济费的数目,再经过街区干部复评,区政府批准,按数发放。

在这次贫民调查工作中,我们觉得有以下几点收获:第一,初步了解到甲类型贫民占全市总人口的百分之零点一三,乙类型占零点零八,丙类型占零点八一。我们对应当救济者给了救济,不当救济者及时取消救济。这样,救济费的开支每月减少三分之一以上,群众也比较满意。第二,基本上扭转了街道干部及各阶层群众对救济工作不正确的看法,一般贫民不再到市、区政府去吵着要救济了,工作从被动变为主动。第三,一向不劳动或劳动不积极的懒汉也参加了劳动;丙类型的六百多户贫民多参加了劳动生产,增添了社会的劳动力。第四,互助组办得好的街道上,贫民生活有了保障。例如维新街今年夏季发生火灾,九户灾民当天傍晚便得到本组居民的帮助,解决了住宅、口粮、衣服、洗澡等问题,他们都感到新社会温暖可爱。

我们还有几点体会:第一,生产自救,群众互助,政府给以必要补助的方针是关联在一起而不能分割的;其中更要以生产自救为主。只有发生生产自救才能解决问题。要贯彻这个方针,必须从做好城市贫民调查工作,从掌握情况入手,假若情况不明,切忌盲目乱干;必须发动群众,依靠群众;并要与有关部门如劳动、卫生、建设、税务等部门密切配合。工作中要普遍深入地宣传,反复交代方针政策,用具体的事实来宣传比光讲空洞的道理好得多。第二,要健全街道民政工作委员会组织,明确街道救济工作范围。委员分段负责,定期汇报,及时反映情况。市区政府要经常检查或抽查工作情况,若在街道上另组织救济福利小组,找街道别部门干部来搞,则会妨碍别部门的工作,而且机构重复,与民政工作委员会责任难分。

(7)高心德(成都市救济分会副秘书长):成都市组织贫苦市民生产自救的经验

一九五三年三月以前,成都市在贫民救济工作上曾存在着严重的浪费现象。全市人口共七十五万人,而被救济的曾达七万五千多人,占全市人口百分之十。但是多发救济款并没有解决问题,反而造成贫苦市民寄生依赖的思想。譬如有的贫民说:"救济是政府的号召,我们要创造条件,争取救济。""三万五万没来头,哪怕给我五千元,也是光荣的。""三五年饿不死我,政府将我包下来了。"干部则感觉发放救济款很"恼火",认为发一次款,挨一次骂,出力不讨好。有些干部对民主评议也表示怀疑。由于这种情形,我们体会到必须彻底掌握贫苦市民的情况,组织他们从事生产自救,多帮助下面想办法解决困难,才能扭转这种被动的局面。

我们掌握贫民情况和组织贫民生产的工作是这样进行的:

①进行重点调查,确定救济范围和办法。首先,我们经过试点调查,拟定了甲、乙、丙三类贫民标准,作为审查贫民的尺度。甲类:凡鳏、寡、孤、独、

老弱残废,无依无靠,无劳动力,无任何生活来源,或收入微少,绝大部分依靠救济者。乙类:本人或家中有劳动力,从事生产,或有其他收入但不固定,或因小孩牵累影响生产,只能维持最低生活的一半或大半,另外需要补助一部分者。丙类:本人或家中有劳动力,从事生产,有收入或有其他收入,能维持全家最低生活,但无积蓄,如遇绵雨、疾病及其他事故,就会影响生产收入,造成生活暂时不敷,需临时补助者。

对以上各类型的贫民,我们的办法是:甲类,原则上以补助为主,收容教养为辅。乙类,原则上以生产自救为主,群众互助和政府补助为辅,但必须贯彻"发放救济款的过程即是组织生产过程"的方针,防止他们单纯依靠政府救济。丙类,原则上扶持他们现有的生产,动员贫民家属尽量参加副业劳动,增加收入,使他们能克服临时困难,逐步达到不依赖政府的救济或补助;在绵雨、疾病困难时,注意他们的生活情况变化,必要时酌情给以临时补助。

试点调查以后,呈报市府批准,并在全市进行"摸底",查清全市贫民共三〇三〇二人,比一九五二年七月份的七五七九三人减少了百分之五十三。但是贫民情况是在随时变动的,我们必须掌握他们变动的情况和生活规律,才能正确使用救济款,很好的组织他们生产。我们的办法是:其一,依靠群众月查月报,及时反映贫民变化情况(每月二十号至二十六号为月查月报时间)。其二,根据查报结果,分段分街进行评定救济户及取消户。其三,集中使用救济款,以便于贫民从事生产。其四,选择贫民中搞好了生产的典型事例,以活人活事教育每个贫民,树立劳动观点,克服寄生思想。

②自上而下地与有关单位打通关系,为贫民生产打开门路。为了配合劳动就业,制止劳动力参加工作的混乱情况,成都市人民政府曾颁发了劳动力统一调配条例,规定一切技术工、普通工、杂工统由劳动力统一调配站调配。这就造成了贫民参加临时工的困难。于是,民政局、救济分会与劳动部门研究了贫民参加临时工的问题,并通知劳动力统一调配站及施工单位:一般普通工、杂工及非技术性的工作允许贫民参加,但事前组织和时候安置均由民政部门负责。根据这个办法,贫民生产就有了出路,如宁夏街派出所主动与四川军区交通局联系,组织贫民一百二十三人捡砖头、填土坑,即得到三百三十五万元,解决了一百多人半个月的伙食。

③执行劳动力统一调配条例,把单干的贫民组织起来。宁夏街派出所辖区有架架车四十八部,以前这些搞架架车的都是单独找工作。劳动力统一调配条例颁布后,架架车统一由市搬运公司调配,没有组织的,就不容易找到生意,因为收入不固定,生活发生了困难。了解这个情况以后,经市、区政府研究批准,将他们组织起来,介绍到市建设局运输大队去运水泥和石

子,并吸收了其他派出所的架架车二十三部,一同参加运输工作。这样一共解决了二百五十八人的生活问题,并且证明了组织起来比单干强。

④在组织生产过程中,加强爱国主义思想教育。宁夏街派出所组织了十九个派出所辖区的贫民共八百多人,给铁路局做淘石子的工作。开始工作时,贫民认为这是政府照顾他们,做工只是为拿钱,他们做工又是政府介绍的,于是不愿到水深的地方去淘石子,只在河边上淘,把河堤也淘坏了,引起了群众的不满。我们发现这种情况后,便好好对他们进行教育,告诉他们,淘出的石子是用来修车站的,这是为了迎接党的生日——"七一",完成"成渝铁路"通车。经过这次爱国主义思想教育,绝大多数的人扭转了不正确的思想,开始积极工作,因而使淘石子的工作提前三天超额完成任务。

⑤关心贫民在生产中的困难。各施工单位往往要等做完一个工或者全部完工,才发工资,而参加生产的贫民都是很困难的,他们大都是"找一天,吃一天",等着钱买米下锅。针对这种情况,我们先计算有多少人,有多少工,每人每天可得多少工资;然后与施工单位联系好,由政府先垫一笔钱,在工作开始时按每天最低生活标准发给每人的生活费,等工作完成一个段落,再正式结算。这样做,不仅帮助贫民解决了困难,而且能够使他们安心生产。

⑥组织互助储蓄组,解决贫民的零星生产资金问题。成都市民间原有一种互助组织,名叫"筒筒会"。我们对它加以改革,并改名为互助储蓄组,每组三十人,每五天一会,每人每会出二千元,共有六万元,可以用来解决一户的困难。每会由组长召集,由组员民主评议每会的钱给谁,大家并相互督促检查生产。现在仅五家坝派出所辖区内,便组织了十四个这样的储蓄组,参加者四一六人,每月可解决八十四户生产资金上的困难。参加这种组的成员,必须是自觉自愿的,而且要由百分之五十以上的非困难户和百分之四十的困难户联合组成,才能巩固。

以上所述各种生产自救的办法,我们都曾进行过试点工作。从一九五三年四月起到七月止,成都市总共组织了贫民一一五八五名参加临时工,工资收入共一六七三九四二〇〇〇元,可解决一〇四六二人四个月的生活问题(其他参加固定生产组和修铁路公路的贫民未计算在内)。组织生产的结果,全市七十个派出所每月的救济费支出都普遍减少了,最突出的如白家塘派出所,过去每月救济费支出一〇〇八五〇〇〇元,到一九五三年七月份,降至九九五六〇〇元;宁夏街派出所每月救济费支出由四百万元降至一百万元;新村派出所每月救济费支出由三百三十万元降至五十八万元。同时通过组织生产自救,扭转了干部脱离实际和贫民寄生依赖的思想。我们体会到,要搞好贫民生产工作,必须四面八方的想办法,发动群众力量,争取有关部门的配合;必须从实际出发,稳扎稳打,从大处着眼,小处着手,哪怕只能解决一个人的问题,也要去解决。

——《救济工作通讯》第 41 期　1954 年 2 月 28 日

51. 重庆市第一孤老残疾教养院的审查处理工作做得好

重庆市第一孤老残疾教养院一九五三年对收容人员的审查处理工作,是根据收容人员的不同情况和改造程度、结合有家可归、有亲可投而离院后能独立谋生的原则,通过介绍就业、协助就业、结婚或遣返原籍、劳动生产等方式进行的。全年共处理了四百七十名收容人员出院。

(1)对有家可归有亲可投者的处理

经过对收容人员的鉴定审查之后,该院深入摸底,将其中有家可归、有亲可投、改造较好的整理排队,逐步处理出院,审查工作分社会调查与内部了解。社会调查分两方面:较近的由院区派出专人以访问方式,做直接调查,并在工作中依靠当地政府或派出所及居民委员进行侧面了解。这个方式比较实际可靠。而距离较远的地区,用信函向当地有关机关联系,该院全年共发出信函三百五十二件,得到回复的有一百八十二件;未接收的有一百零一件。部分是通过与收容人员个别谈话审查清楚,或检查来往信件等方式进行的。动员收容人员回家时,采取耐心说服个别动员的方法,讲解我们的收容政策,多数愿意回家劳动生产。经过以上办法,该院全年对有家可归、有亲可投的收容人员共处理了两百名。

(2)对有就业条件者的处理

分介绍就业与协助就业两种:在院一向生产和工作积极、思想进步、靠近组织者为优先处理对象,处理方式是采取群众评议,领导批准的办法。一是介绍就业。1953 年 2 月,救济分会将原来在医务所学习护理的陈海燕等六人介绍到重庆市志愿军疗养院工作,五月介绍何得胜等五人到市第三人民医院及妇幼保健院工作,六月介绍韩明贵等六人到西南房管局 610 厂和西南工业部 756 厂工作,七月介绍吴树芸等人到省建筑公司工程处工作。该院全年对有就业条件的收容员工处理了五十名。二是协助就业。该院曾协助三四个收容人员到社会上自谋生产,又协助其中的赵子荣与(女收容人员)周素珍结婚,夫妻共同在社会上从事生产。该院对一部分残废收容人员也给予了适当的技术培养,如理发、制刷子、做皮鞋、制雨伞等,使他们能够自谋出路。如收容人员胡国忠(残右腿)工作中表现很好,该院就积极地培养他,调他到理发部去学习理发,经过一个时期,技术学好了,便于一九五三年十月十八日参加了重庆市至诚巷海山理发店的工作。

（3）对婚龄妇女的处理

该院全年处理结婚的女收容人员共七十八人。凡是已结婚又能找到适当对象的女收容人员，合乎下列条件者均可以经过慎重审查，予以处理。

①身体健康，经医生验血确认无梅毒及其他传染病者；

②经双方同意，由男方出具证明并加盖当地政府或服务机关印信，证明男方身份能与女方共同生活，而不是在寻女方流浪者（编者按：还须防止出去骗婚和诈财的行为）。

对上述处理的情况，院里还做了全面的检查与访问工作。收容人员朱某某和聂某某在动员他们回家时就带着很重的思想包袱，他（朱某某）怕回家后加重自己儿子的负担。经过耐心说服，该院派干部把朱某某送回家，并且动员其儿子筹小本钱做小贩，还请当地派出所协助；聂某某比较有劳动力，处理返家后该院派干部帮助他和他的两个儿子团结，干部给予工具上的帮助，并与当地居民生产组商洽，准其参加组织生产。当院内干部去检查访问时，朱某某说："如果上次没有同志们的协助哪有今天呢，我感谢政府对我的负责。"聂某某说："院里对我太负责任了，现在我很好，每天近九千元生活够了。"该院干部到 610 厂访问了曾某某、韩某某，曾某某因工作积极已被提为检查工作的辅导员，韩某某获得了"优秀生产工作者"的称号。他们入厂不到三个月，一般都掌握了十六台的自动织布机。访问时干部对个别掉队的也及时进行了教育，对同去 610 厂的关某某进行教育后，她眼泪汪汪地说："我真惭愧，我这次落后了，今后决心改正缺点，赶上他们。我保证同志们下次来厂时，绝不像这样。"

通过部分收容人员的先后就业，该院收容人员中认为没有前途、悲观失望的消极思想已受到了批判，刺激了收容人员创造条件争取出院的上进情绪；因而进一步推动了该院的审查处理工作。

（编者注：本文根据《重庆市第一孤老残疾教养院》稿件改写，题目是编者加的）

——《救济工作通讯》第 43 期 1954 年 4 月 30 日

52. 湖南省民政厅关于处理省育幼院收容儿童的工作总结报告

解放初，我们"原封接管"了国民党所遗留下来的五个育幼院，儿童一千九百二十人，教职员工二百八十人，每年开支需大米四百万斤，并投入很大一部分人力。四年来，经过逐步改造陆续安置了大部分儿童，计土地改革中动员回家分田的四百八十三人，介绍往工厂、铁路、新疆招聘团就业的和毕业后自行就业的八百五十人;升学的也有一些人。一九五二年五个院合并为一个院,职工也陆续外调。一九五三年初,尚留有儿童三百八十二人,经费开支每月仍需六千万元。

为了适应国家大规模经济建设,进一步紧缩机构节省开支,我们在1953年参照福建经验,决定对该院进行整顿。整顿工作从三月开始准备,八月结束。整顿结果,安置在长沙市内者二百四十八名,外省外县者五十六名,拨往长沙市救济分会育幼院继续收容教养者十二名(均系孤儿,年龄小);考取学校仍需补助一部分费用者四名(孤儿);整顿后又经介绍就业和个别资遣者二十一名,现有儿童四十一名,均系无家儿童及个别烈军属子弟。为动员儿童回家共发出补助费一四九六万元,旅费三百八十二万余元。而每月节省的经常费计近五千万元,这种工作受到群众同情,街道支持,家长满意。很多家长来信感谢政府。岳阳小孩儿李某某,是解放前讨米失踪的,瞎子父亲为他每日啼哭,此次父子相会轰动了全村。瞎子父亲摸着孩子一面流泪一面说:"幸亏人民政府,感谢毛主席,不但给了我们分了田又把孩子送回家来了。你看这个孩子长得多高啊!"

整顿工作是这样进行的:

①先明确方针政策,统一教职员思想认识。由于育幼院逐年缩小合并,教职员与儿童思想都很紊乱。教职员对育幼院的性质和前途很不明确。年轻的希望快点结束,另调工作;年老的怕干不了别的工作,怕失业,因而工作上就表现自由散漫,充满了散场情绪。针对这种情况,社会科科长于三月间向全院教职工作了动员报告,说明了育幼院的性质和任务,指出了个人的前途,经过反复讨论和检查,扭转了散场思想和急躁情绪,集中的力量,一面把春季毕业的两班在"六一"前教育好,毕业替他们创造就业条件;一面抓紧朝会、晚会、课堂教学及平常谈话,对儿童进行爱国主义教育,教育儿童以实际行动热爱祖国,克服狭隘自私的观点。

②具体交代政策,布置工作。我们处理儿童的原则是:对无家可归的孤儿,仍留院教养;有家有亲可以依靠者应回家,回去以后生活上如有困难,则给与适当补助;有家可归有亲可投、生活并不困难的不予补助。具体做法:"掌握材料要全面,确定对象要慎重,处理时候要坚决,说服动员要耐心。"处理时,我们把这些方针政策和做法宣布给大家,并及时批判了某些片面的不正确的思想。这样经过一个长时间的教育,教员和儿童都明确认识了方针政策,遣散时大部分儿童响应号召,高高兴兴地回家了,没有拖沓现象,有的还说服家长,平时隐瞒家庭情况的也陆续的说出来,争取回家。

③在调查了解掌握情况的基础上,决定处理的对象,评好补助费。经过初次家庭访问,分区复查,重点抽查,正面访问,侧面调查,对外籍的去信联系,对有线索的进行动员。然后,进行材料审查,排队评比。末了,征求街道意见,核对情况。在这段准备工作中,掌握材料是重要环节,必须全面细致的了解反复调查,才能使处理工作公平合理。

④内外同时动员,广泛发动群众。准备工作完成后,一面号召儿童回家,对于已经确定的处理对象进行个别说服动员;一面对外进行联系,向有关的区、街、工会机关层层打通,请他们协同我们动员家长生产自救,克服困难。家长大部分响应政府号召,纷纷来院接领儿童;少数有实际困难、思想困难或者原来与儿童关系不太亲密的家长,也都在街道工会机关的帮助教育下解决。如李某的继父思想很难转变,经过街道居委会、工会机关行政领导的说服教育,往返十多次,历时一个月的耐心教育,终于欣然接受补助,领女回家。她的生母也十分感谢政府。处理中我们秉承了"先易后难、先近后远"的办法,减少了不少阻力和时间。

最后我们又进行了一次普遍复查,发现仍有很多实际问题。复查不仅解决了遗留问题,而且使学生和家长感到政府对他们的深切关心。

(编者注:本报告的某些文字有我们修改过的)

——《救济工作通讯》第43期 1954年4月30日

53. 王文秋:北京市劳动教育所制鞋生产小组的成立

北京市劳动教育所为了解决收容人员的出路问题,二月二十七日在东四三条一个旧社团的房子内,成立了一个制鞋生产小组。这个制鞋生产小组由十六人组成,全是劳动教育所调出的。其余除三个技工,一个勤杂人员外,其余十二人全部为收容人员。这是根据收容的改造程度,技术水平和小组的需要而配备的。十二个收容人员中,有六个已是改造好的,其中一人负责全组的教育管理,一人负责炊事,另外四人参加制鞋工作,他们都摆脱了救济,完全自食其力,其工资以每天生产多少,按件计算。其余六人,技术水平稍低,改造期限较短,由劳动教育所按收容人员供给标准,每月补助伙食四万五千元,其生产所得以百分之五十归自己处理,以百分之五十上缴,作为生产资金。目前生产工具有缝纫机两部及其他简单工具,但均由劳动教育所拨出。制鞋的生产,也只限于拉粘、缉口、纳鞋等过程,每日能生产五十双左右。成品由劳动教育所转东四合作社销售,每双可得工资四千五百元。自生产小组成立后,收容人员生产积极性大为提高,产量质量不断得到改进,纳鞋在一寸之内由三四个码子,提高到六七个码子。他们一致认为搞好生产小组就是自己的前途,自动地要求增加工作时间,由原规定的八小时增到九小时半。最近经过接洽,将与百货公司建立每月加工两千双鞋的合同,其利润决定全归生产小组作生产资金。这更加激起了他们的生产积极性。

制鞋生产小组的成立,推动了劳动教育所对收容人员进行教育改造的工作。过去收容人员感觉自己没有前途,悲观失望,因而调皮捣蛋,现在转变很快,都想早日参加到生产小组中去。

在这个制鞋小组成立之前,劳动教育所已与北京市合作总社取得联系,将来如条件成熟,可申请加入区联社,成为一个基层生产合作社。

——《救济工作通讯》第43期 1954年4月30日

54. 朱承立:北京市救济分会组织收容人员参加基本建设

一九五三年春,北京市各基本建设即将开始施工时,北京市救济分会即派干部与市劳动局及各基建施工单位联系,先后介绍二六二名收容人员至长辛店机车车辆修理工厂基建施工队、市建设局筑路处和养路工程队、中央对外贸易部直属工程处、中央粮食部基建工程队等工地当临时壮工。除其中七十六名因介绍就业后体弱生病或被开除逃跑等原因中途离去外,参加基建工程的实际人数共一八六名。

他们大部担任挑砖、和灰、挑灰等壮工工作。年龄稍大或体质较差的担任杂工,个别的也有担任记工员、材料员、炊事员及架子工、电工等工作。他们的待遇由施工单位根据每人的工作能力评定,分月薪、日薪两种。月薪每人每月一三〇分至一五〇分(个别的到一七〇分),日薪每人每日一万到一万三千五百元。为防止他们浪费,并使他们能够预储冬季歇工时的生活费用及帮助他们将来安家立业起见,经分会与工地方面联系,规定从每人每月所得工资内扣除百分之二十五由分会代为储蓄,其余的钱给他本人作生活费用。八个月来,分会已代为储蓄了五千零六十万元。对收容人员的领导,分会与施工单位、工会三方面共同分工进行。工程业务,由施工单位负责领导;管理教育,则由分会派干部常驻工地与工会共同配合进行。

参加劳动的收容人员,大部分带有严重的游民习气,对劳动抱着各种不正确的看法。有的轻视劳动,有的存在着严重的混事思想,有的参加劳动是因为在劳动教养所里"待着闷",参加劳动比所里"自由",可以"吃得好",有"零花钱"。他们的思想很复杂,在开始参加劳动时表现不好,耍流氓,和政府"泡",有些人任意打架、骂人,破坏劳动纪律,个别的甚至有私开工地仓库盗窃物资、强奸幼女等不法行为。

经过分会与工会、工程单位等方面密切联系,大家确定根据收容人员的不同情况分别进行教育改造,一方面要进行个别谈话,另一方面还可召开小型座谈会和全体大会,表扬好的,批评坏的。对一小部分恶习严重、不服管教者,工地行政方面可以开除然后调回所,或送法院依法处理。经过一段时期劳动锻炼后,大部分收容人员的思想逐渐转变,在劳动中开始有了好的表现。例如挑砖,他们最初在平地上一次只能挑十六块,经过一个时期后,一般的都能挑四十块,超过定额八块。大多数收容人员在劳动中表现积极、吃苦耐劳、遵守劳动纪律,得到了工地广播和黑板报的表扬和其他各种奖励。报国寺工地的和灰小组,由七个收容人员代替了十个人的工作,供给全工地用灰。从开工到完工,他们不但保证了工作质量好、材料不浪费,而且在工作以外的时间内在工地上拾到被弃的钉子二十余斤、铁丝二十余斤、钢筋三十余斤,因而前后六次受到工地大会表扬,被评为工地模范小组,获得红旗一面。小组长王印全领导小组订立了公约,发动生产挑战,提出合理化建议共十三条都被工地方面采纳。此外还利用废物,节省水泥袋一千余条。因此他被评为二等劳动模范,得到劳动奖金。长辛店工地的收容人员有半数以上均得过奖,个别的人如严文祥、曾连海等曾先后三次得到一等奖。其他工地的收容人员也多受到表扬。大多数收容人员纷纷表示争取当长工。十一月底工程结束时,个别的已被吸收为长工或预约工。长辛店基建施工队赠送该工地收容人员锦旗一面,上面写着:"你们是基本建设中的能手。"

——《救济工作通讯》第 43 期　1954 年 4 月 30 日

55. 中国人民救济总会生产教养组:要向收容人员宣传国家过渡时期的总路线

国家过渡时期的总路线是照耀各项工作的灯塔。在我们救济福利机构中,在干部普遍深入学习总路线的基础上,进一步组织收容人员学习国家过渡时期的总路线,这对推动收容人员的教育改造和生产教养工作的整顿将会起到很大的作用。

不少生产教养院曾存在过对收容人员教育不够、忽视教育,甚至以打骂代替教育的偏向。"新三反"后,这种偏向虽有些扭转,教材和教育方法也初步获得解决和改进,但有的单位仍是一般地向收容人员讲解人生观、阶级教育和"五爱"教育等,未能实际地结合中心工作和收容人员的思想情况通俗地进行教育,使收容人员不是听不懂,便是兴趣不高,不感到教育对自己有什么好处;有的单位依然存在着"收容人员难于教育""没有教材""教什么"和"如何教"的问题;有的单位因长期缺乏对收容人员经常的系统的教育,竟发生收容人员集体请示"学习什么"的事件。这些情况的发生,乃是部分干部对如何教育收容人员的问题没有引起足够重视的结果。"教也是这样,不教也是这样。""他们是没吃没穿的人,现在有吃有穿就够了。"因而放松或放弃对收容人员的教育,减弱了劳动改造的效力,甚至在工作上把自己完全陷于被动和调解收容人员纠纷及日常琐细事务中。

第三次全国城市救济工作会议依据总路线的精神,确定了对收容人员实行"劳动生产与教育改造相结合"的方针,这就是说,必须要组织劳动生产,并通过劳动生产达到教育改造的目的;另一方面,必须在劳动生产的基础上,进行政治教育,以巩固劳动生产,促进收容人员的改造。这就是说,忽视劳动生产和忽视政治教育都是不对的,必须要使两者很好地结合起来。而政治教育的目的,就是要提高收容人员的觉悟,使他们懂得我们国家的社会主义前途,使他们个人前途和国家社会主义的前途结合起来,使他们积极参加劳动生产和服从改造,总之,要以社会主义精神把他们改造成为新人。

目前最好的而且最为需要的政治教育,就是广泛宣传和讲解国家过渡时期的总路线和总任务。这不仅是因为人人都应该了解国家过渡时期的总路线,而且是因为宣传和学习总路线对收容人员的改造和生产教养工作的整顿特别必要和有效。故在向收容人员讲解总路线时,一方面应好好把总路线的道理及基本内容讲清;另一方面必须以总路线的精神讲清生产教养工作的性质、意义、政策和各项做法。要使收容人员了解,生产教养工作是国家过渡时期恢复生产力并为经济建设服务的一项工作,是社会改造工作中一项必要的有意义的工作。要使收容人员通过"比比过去,看看现在,想想将来"的回忆对比方式,启发其觉悟,加紧其改造的决心和信心。在讲国家社会主义工业化时,必须说明这是全国人民长期艰苦奋斗的过程,每个人都是有份的,因此,必须批判那种单纯依赖救济、不爱劳动及贪图享受的思想,和那种不遵守管教制度、劳动纪律及不爱护公共财物的恶劣行为,指出这种思想和行为是实现国家总路线时所不容许的。向收容人员宣传总路线,绝不应使他们只停留在对总路线概念的了解上,而是结合实际,使学习成为生产教养工作中的一种行动的力量,为进一步整顿生产教养院打下良好的思想基础。

通过对收容人员进行总路线的教育,应该达到以下三方面的目的:

①要提高收容人员特别是青壮年的觉悟,激发其对旧社会把人变成鬼的仇恨和对新社会的热爱,树立其自尊心、自信心和劳动观念。必须向收容人员讲清楚,游民改造工作的目的,乃是为了把他们改造成为新社会的劳动者。收容人员应该以无比感激的心情,来接受这种改造,重新做人。

②学习过程中,应结合审查处理不合乎收容条件的人员,为继续整顿生

产教养院创造有利条件。由于过去普遍存在"包下来"思想,各地收容人员中不合乎收容条件的还是很多,有的竟占全体收容人员的百分之六十。这种情况是不合乎总路线的精神的。必须教育这些收容人员了解收容政策,明白生产教养院的性质,自觉地出院或回家生产。北京市劳动教育所向收容人员宣传总路线,今年第一季度处理了五十九人,其中五十六人是农民。他们受到总路线宣传教育后就说:"这是游民改造的地方,我们还待在这里干吗? 回去搞互助合作哩!"

③要使每个收容人员真正了解,增产节约是实现社会主义工业化最重要的因素,积累资金是保证国家工业化的条件之一,在生活上和生产上节约一分,就是间接为国家创造一分财富,因而,收容人员应当适当的降低其生活标准,必须积极参加劳动生产。紧随着对总路线的学习,各地生产教养工作应开展劳动竞赛,充分利用生产设备和挖掘潜在能力。我们向收容人员进行总路线教育的结果,必须在收容人员劳动生产和日常生活中发生深刻的实际的作用。

国家过渡时期的总路线是引导全国人民前进的旗帜,是全国人民都需要学习和知道的。向情况复杂的收容人员进行总路线的宣传教育,定会有一些具体的问题和困难,但只要我们善于把生产教养工作和总路线联系起来,结合当前中心任务及本单位的具体情况,并且结合生产和劳动,经常的而不是突出的、实际的而不是空洞的向收容人员进行这项工作,是一定会有收获的。收容人员学习总路线后,生产教养院也一定会出现新的气象,生产教养工作也会因此而向前推进一步。

——《救济工作通讯》第 43 期 1954 年 4 月 30 日

56. 福州市救济分会组织收容人员学习国家过渡时期总路线的计划

福州市救济分会所属生产单位经过去年一系列的整顿工作,收容人员的政治认识一般有了进步,但还存在单纯依赖救济思想,特别是劳动生产情绪还不高涨,有些收容人员对前途缺乏信心,部分还存在对抗不满情绪。为了提高收容人员的政治认识,提高其觉悟,树立劳动生产和整体观念,以及艰苦朴素的生活作风,根据市委指示精神,用回忆、对比、算账的办法,在收容人员中进行一次有步骤的关于国家过渡时期总路线总任务的学习。

(1)学习要求

①大体弄清国家在过渡时期的总路线总任务的基本内容,领会总路线总任务的精神,明确四年来贯彻总路线对收容人员的好处和社会主义的光明前途。

②提高阶级觉悟、划清劳动与剥削的思想界限；批判单纯依赖救济、不爱劳动、对抗不满等思想；进一步开展增产节约运动，为更好的继续进行整顿生产教养工作打下基础。

（2）学习时间、步骤和方法

总的时间定为二十三天。方法上，由原则到具体，再从具体到原则；由浅到深，由近及远，逐步深入提高，采取回忆、对比、算账的方法。以生产教养院为重点。学习分四个阶段进行。

第一，准备阶段（五天）。

首先组织力量，由各单位抽选一定数量的得力干部，采取讨论方式集中进行学习，弄通总路线教育的要求和目的，研究做法和步骤，掌握环节，根据本会总的学习计划结合各单位情况，具体布置。

其次，进行调查研究，发现典型，搜集回忆对比材料，加以拣选编排；并发现回忆对比中的典型分子。

第二，动员阶段（三天）。

分别召开工作人员和收容人员积极分子座谈会各一次，明确学习意义、目的及应有的学习态度。

召开全体院民大会，动员学习。通过小组讨论，端正态度，启发其自觉要求学习，订立或健全学习制度。

根据第一阶段所发现的典型人物或小组，进行培养工作。

第三，教育阶段（十二天）。

分两步走：

第一步，报告讨论（四天）。

采取上课方式，上课内容为：一是国家在过渡时期的总路线；二是逐步实现国家的社会主义工业化；三是逐步实现对农业、手工业、资本主义工商业的社会主义改造；四是建设社会主义要具有艰苦奋斗和服从国家计划的精神，并结合讲解救济政策。

对残老、儿童，着重报告；对青壮年，报告和讨论并重，每上一节课即进行小组讨论和小结。

第二步，回忆、对比、算账（八天）。

口号是："比比过去，看看现在，谈谈全国，想想将来"。主要以政治地位和经济生活为主，首先做一次启发报告，并组织好典型发言，然后从个人到小组，到全院、全市、全国，大账、小账都要算。在回忆对比中，应分别对反革命分子家属、游民及一般贫苦市民等类型，采取不同方式；对一般贫苦市民可采取谈心事、诉苦等方式。算账中，应追追过去堕落、流浪、贫困的根源，查查翻身原因。在回忆对比中,应发挥典型人物及典型小组的带头作用。

在各组算账和查原因之后,还应注意做好总结,把条条好处归到总路线上来。在收容人员认识提高的基础上,启发他们自觉地划清劳动与剥削、生产自救与单纯依赖救济的思想界限。通过实例和典型人物的现身说法,来提高认识,启发他们自觉地对不正确思想进行批判。对青壮年,着重批判单纯依赖救济、不积极劳动改造以及对抗不满等思想情绪;对残老,主要是提高认识,启发友爱,参加轻微劳动;对儿童,也应批判只管读书不爱劳动的观点、端正学习和劳动的态度。

第四,总结阶段(三天)。

采取自下而上的做法,主要谈谈学习收获,定下个人决心;最后召开大会总结。

(3)注意点

①回忆、对比、算账,必须掌握实事求是精神,特别要启发收容人员的自觉性和积极性;学习中,干部均应深入下层,要求各单位领导亲自掌握。

②算账的目的是为了领会总路线的好处;划清思想界限是为了教育提高收容人员,故应采取自我教育自我批判的方法,并首先做好典型人员的培养工作。

③学习方式和每日学习时间的具体安排,根据各单位的不同特点,采取不同的措施。总之,在方式上,要以最为收容人员所了解(像通过文娱活动方式进行小结等),时间上以不妨碍经常劳动为原则。

④通过学习,各单位还应注意发掘和培养积极分子的工作,为今后继续整顿生产教养工作打下思想和物质基础。

(编者注:此计划系福州市救济分会所拟,我们在文字上稍加修改)

——《救济工作通讯》第43期 1954年4月30日

57. 中央内务部工作组:杭州市社会救济工作调查报告

注:这个报告原来分为社会救济工作和生产自救工作两部分,这里发表的只是组织贫苦市民生产自救工作的一部分的情况和问题。这些问题,经我们向杭州市民政局和救济分会交换意见,他们已经同意,并已订出了改进工作的具体计划,着手整顿。

杭州市组织贫苦市民生产自救工作,自一九五〇年开始,至目前止共组织了三十四个生产自救机构,容纳八百五十五人,据我们调查,这三十四个生产自救机构中,半机器生产的有四个,手工业的有十九个,挑土方、打石子和临时工的组织有四个,贩卖板皮、磨糠和经营商业的门市部有六个,洗衣组有一个。以经营方式来分类：自产自销的有十一个，代合作社、百货公司等单位加工的有九个，由百货公司或合作社包销成品的有二个，贩卖性质的有七个，临时工性质的有五个。

这三十四个生产自救机构中有些机构是比较好的。如：下城区区民工程队是一九五二年组织的，在配合城市基本建设方面起了不小的作用。这个工程队最多发展到四百余人，少的时候也有一百三四十人，目前有二百余人，仅一九五三年即得工资七千余万元。江干区闸口打石子大队最多时容纳二百六十余人，目前还有八十人，除解决和改善了这些人的生活外，并积累了资金三千余万元。下城区烈军属加工制绳社，政府贷款不多，容纳五十人，且粗工易学，原料、销路也无问题。中城区烈军属装订加工自救社，代省合作社加工，订立了长期加工合同，省社并计划将该社列为附属机构。此外，制箫国乐社、幻灯片加工社、豆腐坊、豆浆社等小型的手工业和加工性的生产机构，投资都不多，技术也简单，也解决问题不少。这些组织是符合生产自救方针的。但这三十四个自救机构中存在着如下问题：

（1）杭州市的生产自救机构，除去一部分贩卖性质和工程队、临时工等生产外，基本都是半机器和手工业生产，都具有一定的固定形式。其中有一部分是贷款较多、容人较少，技术也不容易学的生产，这些生产是不适合贫苦市民的。如东平巷绷带厂，政府贷给救济事业费六千万元，买机器、租房子、请技师、装设备，仅计划容纳三十余人，织绷带的技术较高，不适合贫民参加，原料、销路均有困难，结果没有开工，就垮了，据初步估计六千万元的贷款至少损失一半以上。中城区食品生产社，政府贷款三百万元，搭炉灶、买碗筷、请厨师开起饭馆来。现在如停办，资金已近赔光。

（2）生产自救机构的成员中，有不少人是不合生产自救条件的。中城区东平巷生产自救社六十个社员中仅有二十二个救济对象。群利制钉社七十二人中，只有二十七人是依靠自救社的工资维持生活的。其中四十五人均有其他收入。上城区三昧庵纸袋生产自救社二十四人中只有两个救济对象，有些贫困老婆婆要求生产自救，却不要他们，说他们脏。江干区闸口生产自救社二百六十余人中只有六人是救济对象，该居民区现尚有三十余救济户，其中有劳动力的很多，都未被吸收。中城区群利制糖社十七人中只有五个救济对象。下城区烈军属福利社四十九人中，只有十一人生活比较困难，其余的生活都较好，其中有每月收入房租三十万元以上的三人，有四百五十余万元流动资金的老板娘一人，有八百万元股份投资的股东一人，下城区烈军属煤球社的卢慰曾，家庭收入每月有一百六十四万元，另有楼房两栋，月收租金三十余万元，也参加生产自救社。中城区东平巷生产自救社也有每月收入一百余万元的资方代理人的女儿及有两千万元的存款和每月房租收入四十万元以上的停业资本家一人参加。

（3）这些生产自救社在领导成分方面也不纯或不适当。从中城区的十三个自救社、十八个主要负责人的成分上来看，其中没落工商业主六人，哥哥是工商业主本人当会计的一人，流氓把头一人，一贯不务正业的二人，伪职员一人，商店会计二人，失业工人二人，转业军人一人，小贩一人，救济对象一人。下城区烈军属福利社的会计是国民党伪县长的老婆，居民工程队的两个队长，一个是"吃白相"的，一个是伪军官。制钉社两个负责人，一个是机料行的老板，入社以后还照常营业。生产自救社被这些成分不纯或坏分子占据领导之后，就胡作非为。最典型的如东平巷生产自救社，被坏分子蔡五兴等占据领导，互相勾结，把生产自救社据为己有，乱用私人，私自提高自己的工资，挪用公款，对抗税收，离间社员与政府的关系，更严重的是两次违反政府议价，并声言说：我们的油纸不卖给浙江企业公司，拒绝检查。他们已发展到根本就不服从政府的领导了。一般的社也由于领导成分不纯，只发展自己，不顾生产自救性质，不关心贫苦社员的生活，盲目的买机器，扩大生产，单纯追求利润。

（4）生产自救社中在经营管理上也是有问题的。有不少的社存在着资本主义经营方式，盲目生产，不重视质量，追求利润。如中城区煤球社盲目追求数量，煤球很松不经烧，群众反映很坏。江干区南星桥自救社专门贩卖板皮从中剥削贫苦小贩。中城区群利制钉社盲目的从上海购进铁丝一百二十吨，按每天生产五百斤计算，够使用十六个月的，目前该社尚存一万二千余斤洋钉无法销售。下城区福利社裁缝部替国营工厂加工做工作服，除拿加工费外，每件还要偷料二三寸布。在管理方面，普遍没有制度，财务混乱，人事增减随便，生产上忙闲不均，没有民主管理，返工浪费现象很严重。

（5）生产自救社的负责人和工人，由于对生产自救的性质认识不清，又缺乏教育，因而存在着不少错误思想：有的工人认为进了厂就等于就了业，做工拿钱，对社内的事情不闻不问，有的要求提高工资、增加福利，想转为正式工人；社内一些负责人也不知道生产自救社主要是为了解决贫民市民的生产生活问题，而为个人打算，要求添机器扩大生产。仅中城区十七个自救社中提出要买机器的有五个社，上城江干等区自救社均有添机器的要求。

从目前生产自救社的情况来看，投资越多、规模越大的，问题就越严重；投资不太多、规模不太大的手工业生产，虽有些问题，但不很大；没有投资或投资很少的小型的加工手工业生产，就没有问题或问题很少。

杭州市组织贫民生产工作中之所以存在着这些问题，我们认为有如下

几个原因:

（1）没有很好的贯彻中央生产自救的方针,领导对中央的指示研究不够,对下情又不够了解,心中无数。下边干部普遍的滋长着开工厂办企业或搞固定形式的手工业工厂,贪多贪大,想从生产中获得盈利再来救济贫民;对适合贫民生产自救的小型的、零星的生产,看不见,瞧不见,未予支持。因之已经组织起来的生产中,适合生产自救性质的却不多;参加劳动生产的人,也有大部分不是贫困户,这就造成工作中的损失。据已知道的投到生产自救社中的事业费损失已达五千五百余万元（包括绷带厂、食品社）。社内存在的问题,虽一再检查,却未发现是方针政策上的问题,因此就没有及时处理,甚至还在盲目乐观。

（2）主动争取有关部门的支持和指导不够,在部分社的生产经营中不能按照国家的计划进行,有的社竟不服从政府工商税务管理部门的管理和国营经济的领导,想自搞一套,造成国家的损失,有关部门的被动。

（3）政治警惕性不够高,基层干部缺乏阶级分析的观点,目前,一些没落工商业主到处钻空子,国营企业挤不上,合作社钻不进,办生产自救适逢其时,捐着生产自救招牌,摆着为贫民服务的面孔,窃取领导地位胡乱作为。

根据以上情况和认识,我们提出如下的几点意见:

（1）必须认真贯彻第二次全国民政会议关于城市救济工作的方针和全国城市救济工作会议的精神,组织贫苦市民参加劳动生产。必须认识不是政府投资办工厂,也不是干部包办代替,应在自愿互利群众自办的原则下,组织零星的、小型的手工业和加工生产。有些生产可由低级到高级,逐步向互助合作道路发展,但必须克服盲目性,切实掌握因人因地因时制宜的原则,有计划地进行。更重要的是:不能使这个正确的方针停留在领导单位,必须贯彻到基层干部和群众中去,只有广大的基层干部和群众掌握了正确的方针,自然会想出更多的办法以发挥更大的力量。

（2）加强调查研究工作。调查研究是一切工作的基本方法之一,救济工作也毫不例外,我们要做好救济工作,尤其是组织贫民生产的工作,就必须了解贫民的生产条件及生产门路,掌握住生活、生产的变化情况。根据我们调查,目前杭州市的救济对象,经常救济户老弱孤寡比较多,也有些轻微劳动力。临时救济户劳动力较多,都有些临时职业,在现有的基础上组织他们参加零星的小型的生产,是有条件的,参加较大的生产是有困难的。

（3）社会救济工作,尤其组织贫苦市民参加劳动生产工作,不是民政部门或救济分会能单独承担起来的,必须在当地党、政的领导和支持下主动争取有关部门的配合指导。因此就必须事前反映情况,拿出办法,提出意见,向领导汇报和有关部门研究,尊重有关部门的意见,共同负责,只有这样才能推动工作前进。

(4)对目前已经组织起来的生产自救社,应该有步骤、有计划的进行彻底整顿,使其逐步符合贫民生产自救的要求。在进行中必须依靠劳动人民出身的贫民,并取得有关部门的协助。

①自救社的领导权,必须掌握在劳动人民的手里,不能再被剥削阶级分子篡夺,目前各自救社中不适合负责领导责任的人员,除对个别坏分子坚决予以清洗外,一般的应调离原社,参加其他自救社劳动生产,不准负领导责任,如不愿参加劳动生产者,则可允其回家。

②对非生产自救对象的人员的处理,我们意见可向其讲明生产自救的政策说明道理,进行教育。个别的如愿回家,生活又无问题,可准其退出。一般的应留社继续生产,防止硬推出去的做法。

③对各种不同类型的自救社,应分别情况,分别处理:

第一,规模大的半机器生产自救社,虽然不符合贫民生产自救,但是对国民经济有一定作用,不能停办,应加以整顿,建立必要的制度,创造条件,争取工业部门或合作社领导。

第二,对一般的加工性的手工业生产自救社,首先加以整顿,改善领导,建立一些必要的制度,逐步的创造条件,在有关部门的指导下向生产合作社的方向发展。对各种类型的工程队,也应加以整顿扶持,创造条件,在条件许可时,交工程部门领导。

第三,对商业性质的自救社,应当有意识的加以紧缩,逐步的转变到劳动生产方面去,个别的亦可取消,如:门市部这一类型的。

第四,对分散的小型的生产小组,应当加以扶持和领导,使其根据国家的需要,逐步的发展,走向互助合作的道路。

——《救济工作通讯》第 44 期 1954 年 6 月 25 日

58. 南京市社会救济工作检查报告

我们于三月三十日到南京,在市民政局、救济分会的领导下经过了十七天的时间,除听取了汇报外,对一、三、六区九个居民委员会的救济工作进行了了解,前后共访问了救济户二百七十六户、渔船民三十余户,结合访问召开了救济户、群众、基层干部等各种座谈会;并对十三个生产组织作了了解。

南京市 1953 年全年共救济了城市贫民七四四六四户次,二〇七三六九人次,共发出救济款二三四四四七六二六六元,其中经常救济的一九九八五户次,三六八一四人次,临时救济的五四四七九户次,一七〇五五五人次。

冬令期间共救济了一七五八三户次,四六〇一三人次,发放救济款五四三〇九四二四五元,棉衣棉被八百二十二件。此外,渔民救济一三五七户次,五九九八人次,发出款三九九五三六一四元。遣送回乡生产五九九八人次,发出款三九九五三六一四元。遣送回乡生产五三八〇人,用款一四四〇三九一五〇元。

南京市的社会救济工作,过去由于缺乏系统的调查研究,没有很好的掌握情况,尤其是一些基层干部存在着"拨下来"的思想,因而救济不当的浪费现象非常严重。一九五三年第一季度即开支了救济费用十三亿三千多万元,占全年预算的百分之五十五点四。自一九五四年四月起在全市范围内广泛的组织基层干部学习救济工作政策,并深入调查了贫苦市民的情况,结合评选建立了卡片制度,基本上扭转了过去的混乱现象,救济面大大缩小,救济费用亦大为减少。以一九五四年第一季度与一九五三年同期比较缩小了救济面百分之四十一,减少了救济费支出百分之五十九。

在组织烈军属和贫苦市民生产自救方面,现有三十七个固定的生产自救单位,进行着编竹器、淘砂石、打草绳、织草袋、制酱油等十九种生产,参加生产的有二〇四一人,其中军属五百六十一人,城市贫民一四八〇人。据一九五三年上半年统计发出工资十六亿五千三百余万元。其中制鞋与竹货两生产组已经过整顿正式转为合作社,其他的自救社一年来也进行了一些整顿工作。在各郊区亦先后组织了四千余人进行了拾鹅卵石、打石子、制砖坯、挑土方等十余种副业生产,半年中群众即获得收益八亿三千余万元。此外,市郊各区群众自发组织的小型的零星的生产,如洗衣、糊盒、拾砖头、挑脚、捕鱼、捉螺蛳等,也解决了一些生活问题。

南京市的社会救济工作,经过一年来的整顿和改进,成绩是非常显著的。但是从一、三、六三个区的救济户访问和座谈中发现救济工作中还存在一些问题:

(1)在社会救济工作中缺乏阶级分析的观点。由于南京市过去是国民党反动统治中心,解放后遗留下来的反动阶级、剥削分子和游离寄生的人数较多,救济对象较复杂,加之,有些作具体工作的同志未意识到救济工作要有明确的阶级观点。因而对劳动人民体贴不够,对有些剥削阶级出身的人的救济,反高于劳动人民。如三区饮虹园派出所辖区袁朱氏,七十一岁,给人缝补衣服每月有一万元左右的收入,三月份只救济了一万元,生活不能维持。珠江村马唐氏,四十四岁,寡妇,有两个小孩,替人倒马桶,每月固定收入只有二万五千元,洗洗衣服也可收入一点,群众反映有时吃不上饭,卖过两次血,现在也没有救济。中华门派出所辖区许士华夫妻二人,女的六十九岁,男的七十九岁,都没病,每月救济三十五斤米,因为不够吃,老头有时到外边去讨饭。这些人都是劳动人民出身,有些基层干部认为他们过去生活比现在还苦,现在已经提高了,少救济点或不救济他们也能"克服"。反过来,对那些剥削阶级出身的人就不一样了。一区丹凤街左仪真,儿子在台湾,自己有房子住,屋子里挂着呢子大衣,摆着太太的架子,说"精神不好","不能劳动",每月救济她三十斤米。一区四牌楼吴文波,伪军官,家里有三只箱子、一只座钟、一条毛毯、被子也很好,一个人每月经常救济三十斤米。三区饮虹园李玉环,四口人,花店业主,现有二百盆花,估计可卖二百多万元,家内有皮箱木箱四只,床上铺的花被单、绸缎被,有四件毛衣。前两个月卖了五十万元的花给了他大女儿找对象,自己却要求救济,两个月也救济十一万元。六区二板桥傅逢春,廿九岁,一个人,反动营长,曾任匪王耀武的参谋,春节前作工剩下廿多万元,二月份(春节后)即救济了六万元,三月份又救济了八万元。这些户都是过去的寄生剥削阶级,某些基层干部认为他们过去生活好,现在困难了得"照顾",唯恐他们自杀。而实际上,这些人目前的生活比贫苦的劳动人民,铺草睡地的救济对象的生活还是好的多。那些劳动人民虽然救济的少,生活还不能完全解决,但他们是积极劳动、感激政府;而这些剥削阶级出身的人,救济虽然多,他们还是怨政府、骂干部、争救济、不知足。这种情况使群众不满,他们反映:"穿皮大衣的,救济多,救济的快。劳动人民有办法,少点慢点没关系。"

(2)在救济工作中存在着自满情绪。自去年四月对救济工作进行整顿、通过调查、建立卡片制度以后,有些干部认为情况基本掌握了,救济工作的问题不大了,有的甚至认为没有问题了,就自满起来不再深入,南京市救济工作虽有显著成绩,但还是有些问题的。这次我们访问中发现填卡时就有不少情况没掌握清楚。如丹凤街潘王氏,卡片填的是孤寡,一口人,而实际上她有一个自九岁抚养大的侄子,现在就是她的儿子,每月有一百二十二个工资分赡养着她。三区陈芝发,卡片上只填收入二万元,实际上收入四万至七万元,另外还有房租收入一斗米。珠江村姬陈氏,卡片上填的是一口人,实际上他有儿子、媳妇、孙子,还有一个老妮头,都在一个锅里吃饭,这个老妮头也被列为"孤老"救济户。在"填卡"之后,有很多情况变化了,由于没有继续深入,也就不能掌握。如三区李府街填卡的十户中有二户已经迁移上海,干部还不知道。一区四牌楼王炳筠,四口人,卡片填着每月收入十万元,批准为经常救济户,但王炳筠的工资已经由每月十万增至二十万、三十万,其妻已经参加了草绳工场生产,每月也可收入十万元,在今年三月廿一日仍旧按每月收入十万元救济了三十斤米。中山路杨秀英,三口人,填卡之后,找到了临时工作,锁纽扣、洗衣服,不需要救济,干部就认为没问题了,而今年一、二、三月份因为季节关系无工可做,靠借钱生活,干部也不知道这个情况。此外,有些干部还认为:通过填卡,救济对象的依赖思想基本纠正了,广大群众已经受到深刻教育,已引导群众走向了生产自救的方向。但据了解在这些方面也还是有些问题的。

(3)在救济工作中依靠群众、贯彻群众路线的工作方法做得不够。过去民政局和救济分会虽然强调在救济粮款的发放过程中,必须通过群众评比,由于有些干部认为"评议面越评越大","工作越评越难做","是自己找麻烦",领导又缺乏督促检查及时教育,因而群众评议没有真正的贯彻下去。据我们在一、三、六区的了解,南京市的评议方法有三种:一种是只有居民委员、居民代表等基层干部评议的,一种是由基层干部和救济户在一起评议的;还有一种是由基层干部、救济对象并吸收部分公正人士参加评议的,这几种评议方法,有的只是干部评议;有的虽有群众但面不广,由于没有依靠广大的群众,救济工作的方针政策就不能深入的贯彻下去,也就不能得到群众的支持;尤其是在评比中没有通过群众,评上的救济户有的嫌少,评不上的有的埋怨、骂干部,甚至于要打干部。三区一个和尚向干部要求救济,说:"你们要不救济我,就拖你们下水,一起投河。"这样,基层干部就感到工作没有办法。有的干部怕作救济工作,也有的干部怕骂怕吵,只要请求救济就盖章,不敢负责。

对救济户的教育方面,目前也只是干部单独作战,进行所谓"个别教育",而实际上有的是互相争吵,有的则不分对象的进行"老一套"的教育内容。他们对救济户说什么救济对象的标准是十五个字"无依无靠、无法维持生活的残老孤幼",还空空地说什么"国家在过渡时期大家要克服、要生产自救",这样就很难达到教育的目的。尤其是那些出身复杂的人,争吵要救济,因为没有群众的教育和监督,干部毫无办法。如四牌楼伪军官余和生,有劳动力,居民委员会介绍他去替人带小孩,他不愿劳动,坐等救济,干部没办法,三月三日领了二十斤米,三月廿三日又领了三十斤。三区饮虹园沙长贵,擦皮鞋生活没问题,有钱时大吃老酒,没钱时就找政府救济,不救济他就以跳城墙自杀威胁代表,代表吓的马上反映情况,替他要求救济。三区民政干事反映有个老太太每月有高利贷收入五六万元,每天还找干部要求救济,不救济他拿拐杖打,干部束手无策。

(4)在军属、贫民生产自救组织中,目前存在的主要问题是领导成分不纯。仅从三区和平酱油厂、光荣竹货社、草绳社和光荣酱油社等四个单位十七个主要负责人来看,其中工商业主或没落工商业主六人,资方代理人二人,旧官吏四人,地主、伪军官各一人,专业军人二人,店员一人,这些人中国民党员有八人,青帮二人。一区酱油生产组的六个负责人中间,除去一个转业军人之外,有四个伪军官,一个破产工商业主。一区军属店有汪伪的中将机要秘书和反动少将军官。这些人占据领导之后,就不可能按照生产自救的方针办事,在经营方式上自由竞争,追求利润,走资本主义道路。最典型的是三区五一酱油组为了争取第五女子中学的市场,以一千四百元的酱油卖一千二百元,把一区的八一酱油组排挤了出去。三区和平、二区红星、三区八百一十三个酱油组互相争夺南京工学院的市场,相持不下,最后八一酱油组以一千二百元的酱油卖一千元,取得"胜利"。有的酱油本组的推销员和推销员之间也互相竞争,同一品种售价不一。一区竹货组为了追求利润,盲目接受箩筐订货,生产成品质量低劣,受到工程队的批评。有些生产组生产漫无计划,如一区草绳工场生产了四分绳子四万斤卖不出去,就改机器打三分绳子,机器刚刚改好,四分绳子的销路好了,又急忙把机器改回来,再打四分的,前后三天时间,机器改装了两回。六区二板桥芦席生产组,现有九个人,第一次就盲目的买了一千多万元的原料,足够一年生产的。此外,各生产组的浪费现象亦很严重。

这些人掌握领导之后,即把生产自救组织据为己有。在人事制度上,他们也不按政府的规定办事,乱拉私人,私自增加工资。一区竹货组未经政府批准私自拉了七个临时工,开除了七个工人,该社的主任万祖宁,政府规定每月工资九万元,社内私自给他三十八万元,另一员工冯庆和,是国民党县党部书记,区政府指示作杂工,而实际上作了保管,并参加管理委员会,社内还私自增加他工资二万元。和平酱油组的李经理把生活很好的两个亲戚聘为特约推销员。在对生产员的管理方面,则是老板对工人的态度,一方面经常以停工、开除来威胁工人;另一方面不顾工人身体健康加班加点,严重影响生产人员的健康。

以上这些问题,南京市民政局、救济分会的领导上有的已经发现和重视起来,现正在研究改进办法,有的尚未注意。根据这些问题和我们的认识,提出如下意见:

(1)继续贯彻中央第二次全国民政会议决议和城市救济工作会议精神。过去南京市虽然进行了贯彻,但尚不够深入。一般干部对政策的认识还不够明确,今后应加强干部的政策学习和思想教育,主要抓住作具体工作的同志,尤其是民政干事,使得他们明确的认识到在救济工作中必须体贴劳动人民的痛苦。对那些剥削阶级出身的人,一方面要教育他们,使他们参加劳动生产,并发动群众进行监督;另一方面,生活困难的也应给予必要的救济,但对他们的救济决不能超过劳动人民。

（2）经常加强调查研究,切实依靠群众,才能做好救济工作。城市贫苦市民的流动变化很大,绝不是通过一次调查、填卡就完全掌握的。卡片制度对于掌握贫苦市民情况是有一定作用的。但也不能认为填了卡一切问题就解决了。我们还必须经常加强调查研究,依靠群众、依靠基层干部进行掌握,善于运用卡片,不能使卡片限制了我们的深入。领导上也必须加强督促检查、深入下层、深入群众,帮助基层干部解决工作中的问题。在救济粮款的发放过程中,必须贯彻民主评议、政府批准的原则,广泛的吸取群众参加。只要我们事前掌握了情况、具体交代了政策,群众参加评议是没有坏处的;相反的,有了群众参加,更能够帮助我们掌握情况,救济得当;同时,通过评议也能使群众了解救济政策,发挥他们的积极性,对救济户进行教育。这样才能避免干部孤立无援、工作被动的现象。

（3）对各生产自救组织有计划的进行整顿。国家在过渡时期中,阶级斗争是极其复杂的,我们在组织生产自救的工作中必须加强警惕。首先对生产自救组织的领导成员进行审查,逐步的把那些不纯分子从领导地位上拉下来,参加劳动生产（最好调离原社）。有意识的培养劳动人民中的积极分子负责领导,其次,必须克服盲目发展、自由竞争的资本主义经营方式。今后一定要在国营经济的领导下,有计划的进行生产,创造条件,逐步走向合作社的道路。

（4）今后在领导和组织贫苦市民自救的工作上,必须对分散的、零星的、小型的生产,积极的支持和帮助,解决他们的具体困难,防止搞企业、办工厂等不符合生产自救方针的做法。组织贫苦市民生产是联系着各有关部门的,因而,必须在党政统一领导和有关部门的指导配合下,才能做好,否则就会发生偏差。

——《救济工作通讯》第 44 期　1954 年 6 月 25 日

59. 北京市崇文区贫苦市民的生产自救

崇文区共有四五四一四户,一九六五七九人,贫苦市民较多,一般从事打线、作花活、作手工活、捡破烂、拾煤核等维持生活。

一九五一年以前,派出所没有民政干事,社会救济工作完全由区直接掌握,只依靠人民警察反映或贫苦市民找上门来,才给救济。当时救济的情况是面宽量少,发粮超过四十斤的很少,工作处于被动。一九五一年以后,虽然有了民政干事,兼做社会救济工作,但由公安分局领导,与区只有业务上的关系,工作没有一套办法。一九五二年四月,民政干事由区领导以后,工作才稍有开展。一九五三年五六月为了全面了解情况,改进工作,贯彻救济与生产相结合的方针,全区进行社会救济工作大检查,首先组织干部学习《城市救济福利工作手册》及《北京市救济办法草案》等政策文件。检查时由每个派出所抽出一个民政干事,分组深入重点检查,研究如何掌握情况,掌握标准,并相互交流经验,然后各派出所进行全面检查。通过这次检查,明确了救济的范围,统一了救济标准,从领导上强调提出要掌握救济户的情况,批判了过去对救济工作不重视的思想,提高了干部的政策思想水平。

大检查以后,由于干部在政策思想上提高了,对生产自救的方针也有了新的认识,于是开始考虑组织生产,白桥派出所的干部,认识到把群众原有的各种不同的生产组织起来,能够解决群众生活上更多的问题,首先提出要搞生产,区领导便以白桥作典型,吸取经验。这样也引起其他派出所的重视,相继到白桥吸取经验。以后通过总路线的学习,结合总结一九五三年的工作,领导上强调了生产自救的重要性,并表扬了白桥的生产,指出过去在城市不能搞生产的认识是不对的。经过这样几个转变的过程,组织贫苦市民生产,便从上到下的重视起来了。目前崇文区的救济户比一九五二年底已减少了百分之五十八,救济人口已减少百分之六十六,救济款已减少百分之六十。减少原因主要是工作深入了,掌握了情况,扭转了不应救济而救济的现象;其次是介绍职业、组织生产,解决了一部分人的生活问题;此外,劳动就业登记以后,有些失业人员找到了职业,生活好转,而不需救济了。

崇文区组织贫苦市民生产,全区十九个派出所有十六个已经动起来。据三月底统计,已组织起来的生产共有十六种,参加人数共三百三十二人。其中糊火柴盒两组三十人,洗衣服四组三十五人、缝袜口五十五人、择果子十六人、打线二十七人、缝手套三人、打扫菜市三人、裁刷子三人、砸铁线四人、包药丸二人、看车子二人,其他如别卡子、刷马粪等五人。这些已经组织起来的生产除择果子、洗衣服等是带有季节性不固定的生产以外,其他生产一般的是比较长期的。参加生产的对象有社会救济户、烈属、军属及一般贫苦市民,白桥派出所五个生产组织一百四十人中,有社会救济户三十三人,军属二十八人,其他贫苦市民亦多为接近救济户。通过组织生产以后,有二十五户不需要救济了,占该派出所救济户的百分之五十,降低了救济的还有四户。红桥派出所缝袜组五十五人中有社会救济户五户五人、军属二人,三月份也准备把这五户取消。

目前可能组织起来或正在准备搞的生产门路还有很多,计有:打麻绳、打网兜、缝风镜边、串珠子、串卡子、洗桌布、做单衣、粘花、粘绳拍子边、做苏达口袋等十种。此外,由群众自己搞起的生产也还很多。

　　在没有组织生产以前,干部思想上一般的认为没有搞生产的条件,只愿意抓大的,如搞军属生产等,或介绍就业。如红桥派出所民政干事谈:"没活也没有人,生产搞不起来。"从生产开展较早的白桥派出所看,在组织生产过程中也走了一些弯路。开始时也同样认为没有条件,大检查以后,认识到可以搞生产,就想一下子搞好,认为有了生产就不用救济了,减少工作中的麻烦,提出"消灭穷人"的口号,并开展了竞赛,干部分工,每人搞一个生产,看谁先搞起来,于是想起打网子、办日托等。但打网子需要复杂的技术,没有基础是搞不起来的,办日托更有困难,后来渐渐发现行不通,于是又通过民政干事会共同研究,改变方法,扭转了过去急躁冒进的情绪,重新提出:"一人一户逐步解决,由小到大的来搞。"工作的步骤,首先对贫苦市民中劳动力的情况,作了全面的了解,找出了能够组织生产的人,一般的是年老的轻微劳动力和家庭妇女。其次,针对这个特点,主动地与北京火柴厂与军属工厂等单位取得联系,并通过拥军优属座谈会,约请中华企业公司等单位,找到了糊盒、捡煤渣等生产门路。然后针对群众"不生产也要救济,生产搞不长倒取消了救济"和"赚钱少、不如入工厂"等等错误思想进行教育。在组织过程中,领导上也给予必要的支持,如解决生产工具、修补车子、购买煤火等困难,于是参加生产的贫户在自愿互利的基础上先后组织起糊火柴盒、捡煤渣、糊药盒、打扫菜市、洗衣等五种生产。糊火柴盒已有五十二户,一百〇四人参加,每人每天最低收入二千元,最高收入七千元,一般的收入四千元左右;捡煤核组十五人,每人每天最少可收入四千元。白桥派出所,经过组织生产,有二十五户已不需要救济了。如下四条姜玉两腿残废,过去是定期救济户,参加糊盒以后,现在每天糊三千个盒,收入一万元左右,解决了全家六口人的生活问题。其他派出所在组织生产上也有许多经验,如红桥派出所在二月间召开私营作坊主、工厂经理的座谈会,给生产开拓了门路,会上解决了每月供应二百五十捆线、二百七十打袜子的手工活。这样可以通过组织沟通生产问题的关系,克服了过去有人找不到活、作坊有活找不到人的现象。通过组织,并可取得生产上的保证,如保证原料供应、保证质量、保证交活期限等,参加生产的人,也容易发挥生产的积极性。

　　相反地,有些派出所在组织生产前后,缺乏研究、计划和领导等工作,如天桥南大街派出所组织生产方面,缺乏计划研究,只是干部盲目地到各处乱跑找活,结果跑了一天,一个生产门路也没找到。夕照寺派出所缺乏领导工作,只召开了个群众会就组织糊盒、织苏打口袋等生产,组织起来以后又没有与各有关单位联系洗衣,就组织了洗衣组,由群众自己找活,结果活也找不到,找到的也没有规定适当的价钱,赚了钱随时就花了。经过研究纠正后,确定了合理的价钱,活也增多了,并规定了定期付款的办法,群众也有了固定的收入。

根据这次调查的材料,我们认为崇文区的社会救济工作,在组织贫民生产方面,已经具有初步基础,有些派出所已取得一定成绩和经验。生产门路和类型也很多,大部有发展前途。但另一方面从现有的情况来看,大部地区还刚开始,基础薄弱,在管理上还没有一套办法,有些已组织起来的生产,发展方向也不够明确。今后,主要是加强对现有生产的领导、巩固组织、抓住重点推动一般。

①区领导对各派出所的生产要经常加以具体帮助,如寻找生产门路,打通销路,原料供应等一些具体困难,民政干事不能解决的问题,区应及时给予支持。

②组织贫苦烈、军属和贫民生产一般是不能截然分开的,但吸收的对象,首先应吸收贫苦烈、军属,其次是社会救济户,必要时也可以吸收部分贫民参加。同时从劳动力上看:参加生产的居民,主要是轻微劳力与妇女劳力,因而组织生产时应按照劳动的条件和可能去组织。这些劳力又大部是分散的,如妇女每天需要看孩子、做饭,在组织生产时应照顾这些特点。

③组织贫苦市民生产,应根据当地的具体条件,因时、因地、因人制宜,从小到大,从临时到长期。已组织起来的生产单位,应加强内部管理,建立各种必要的制度,如劳动分工、生产收益的分红、财务管理等。

④现有的生产组织。有些是比较长期的,有的集中生产,分工合作,也有的单位有公积金制度,如白桥派出所的糊药盒、捡煤核组等。从这些情况看,这些生产组织有的已初步具有互助合作的因素,今后应注意摸索这方面的经验。

(摘录自北京市社会救济工作调查组:《北京市崇文区社会救济工作调查报告》)

——《救济工作通讯》第44期 1954年6月18日

60. 天津市三区安定里街贫苦市民生产自救试点工作的几点体会

我们为了贯彻第二次全国民政会议和第三次全国城市救济工作会议的精神,认真贯彻生产自救的政策,创造和总结经验,加以推广,于一九五三年十一月下旬结合冬令救济工作,配合三区民政科,选择安定里为试点,组织群众生产自救。

安定里街共有三五一九户,一五一八五人。手工业工人三轮工人小商贩等占百分之八十五以上,贫民较多,去年一月份有七十五户需要救济的。

一年来由于经济建设的发展,许多平民解决了生产和生活问题。救济户到去年十一月份减为四十一户。试点工作开始后,首先对平民情况生产条件、生产基础,以及干部、积极分子,对于组织生产自救的认识作了调查。从了解到的情况来看,该街小型工厂和手工业工场共三十多个,生产条件较多,贫民中可以组织生产的劳动力,据三十二户救济户的调查及有男半劳动力及妇女等二十三人。街干部也认识到组织生产有条件,但是怕麻烦,怕影响其他工作。在弄清以上情况以后,即总结总路线对街道干部和积极分子进行了生产自救政策的教育,并分别组织了学习讨论,联系检查工作和思想,批判了认为"搞生产麻烦,不如单纯发钱省事"和认为"城市手工业没出路,只有搞大生产"的想法。在搞通思想,明确政策的基础上,发动积极分子,以居民区为单位,自下而上的定出组织生产计划。提出贫民中应该组织生产的人数和生产门路。在一次座谈会上即提出可以搞的生产门路有:钉木箱子、洗工作服、剥树皮、刮竹茹、结毯穗、打线、捡煤核等多种。为了便于集中管理,我们选择了技术简单、粗工易学、赚钱较多的钉木箱子,和适合家庭妇女参加的刮竹茹两种。现已参加生产的有贫民、军烈属和贫苦市民三十四户,其中军烈属五户。由于组织起来生产,该街冬令时期的救济户由四十一户儿减为二十一户。生产稳定后救济户还可以减到七户,并且不仅解决了本街的问题,还带动邻近两条街的一十八户烈军属和贫民参加了生产,并把洗衣服的门路,转让给了新开河街。已参加生产的贫民在生活上,不仅不需要救济,而且摆脱了贫困。刮竹茹小组,每人每月最低收入十四万元,最高可到三十五万元。钉木箱子组一月份做了二十一天活儿,每人平均收入三十多万元,均比救济标准超过了很多。

　　几点主要经验:

　　①几年来我们认为工商业发达的城市,手工业的生产没有前途,不好搞。某些基层干部认为搞生产麻烦,不如单纯救济省事儿。从安定里的事实证明,工商业发达的城市搞手工业生产,不但可以搞,而且很需要,并能得到工厂企业的大力支持。如该街的生产组在给土产公司药材部加工刮竹茹和给公私合营的永明油漆公司加工钉木箱子、洗工作服时,先经过街道干部向工厂方面说明贫民生产性质,厂方不仅答应把工作交给他们做,而且还预付了一部分款,帮助他们解决生产组的资金困难问题。土产公司药材部还派干部来指导刮竹茹的方法,并带领生产组的人员去刮竹茹作坊参观学习。百货公司卖给旧木箱子板时,由每斤八百五十元降为七百元,还可以先交或分期收款,并帮助他们想办法找木箱子的销路。这些事实说明本市工厂虽多,但是所需要一些可以手工生产、机器又不能生产的辅助品(如装运产品

的木箱、纸盒、纸袋等),以及必须以手工业加工的生产(如粘皮鞋底子、择线头儿、刮竹茹、洗衣服等)还有很多。过去生产自救长期没有搞起来,主要是我们思想认识上的主观片面和缺乏深入钻研所致。其次,证明组织生产,不仅不会增加街公所工作上的麻烦,而且生产搞起来之后,它的工作会更加主动。安定里组织起来生产后,今年一月份的救济户比去年十一月份少了近四倍。经常到街公所哭闹救济的现象已经没有了。组织起生产之后,街公所和积极分子在群众中的威信更加提高。军属由静敏参加生产后说,"这才认识到政府是为我们真正想办法的"。

②组织生产自救,必须是根据当地情况和贫民劳动的情况,根据工厂企业的需要从多处着眼,小处着手,多跑腿,多联系,来找生产门路。依靠上级找门路,实际不如依靠群众特别是积极分子,从当地去找既便利又可找到。安定里的试点经验,在三区街、居民委员会的干部会上推广后,该区有十七个街找出了不同类型的二十种生产门路,如糊纸袋儿、捡豆瓣儿、粘鞋底儿、绑帮子、砸皮子、择线头儿等,都是粗工易学的,并完全适合于一般半劳动力和家庭妇女的生产。

③组织平民生产,不仅要解决干部的思想问题,更主要的是打通平民的思想,解除他们参加生产的顾虑。有些贫民由于长期的依靠救济,缺乏劳动生产的习惯,顾虑参加生产后要取消救济,不愿参加。安定里居民委员会主任动员张玉林参加生产时他说,"我去,反正是为了算计我这六万块钱……"意思是为了取消他每月六万块的救济。他参加生产后也不很好生产,磨洋工,经过一个多月的教育和别人的带动,以及分红之后,便有了很大转变。现在积极生产,由过去好吃懒做的二流子,成了生产组的积极分子。因之生产过程也是对不愿参加生产的贫民很好的教育改造的过程。但为了鼓励贫民的生产积极性,在动员参加生产时,不必提出取消救济。在生产组组织起来的初期,因为生产还不巩固,收入不正常,救济款也不要马上停发。待生产搞起来后,收入增多了救济问题也就随之不存在了。安定里在去年十二月份组织生产后,因在摸索创办时期救济款仍然照发,到一月份,生产经常了,收入固定了,救济户没有一人再提救济,因而救济问题也就不存在了。

④因为这种生产属于群众性的,决不是政府出钱投资经营企业,因而也必须由群众自己推选人负责管理、领导,特别是生产管理、记账分红和原料、销路等问题,应由生产组自行解决。区、街应在政策方针上加强领导,经常教育积极分子和参加生产的人员,掌握哪些人可以参加生产,帮助建立必要的制度,指明发展方向。生产组织起来后必须走互助合作的方向。开始组

织之初,是个体劳动,集体生产的生产小组,实行分工合作,按件记工,或按劳分红的办法。并可适当的积累资金以备添置工具扩大生产之用。有条件时即可向手工业合作社发展。目前,安定里木箱生产组由于原料销路都不成问题,现正逐渐发展,并带动附近街的贫民、贫苦烈军属,有意识地向手工业合作社的方向发展。但是有的也应根据具体条件的不同,采用分散生产的办法,如刮竹茹生产,为了照顾家庭妇女参加生产的困难,可以在学习会刮之后,拿到自己家里去做,这样就解决了带小孩儿的困难。同时注意吸收的成员,应是贫苦烈军属和救济户。如黄纬路街挂铁钩儿的副业生产组,吸收了许多为了改善生活而参加生产的人,失去了生产自救的意义。

⑤找到生产门路后,必须与工厂企业部门订立加工或包销合同。合同订立后又须坚决按照合同办事,保证质量和数量的完成。安定里钉箱组与永明公司签订合同后,不但质量很好,而且每个箱子还自动降低了五百元的成本,因而受到了公司的欢迎,决定今后该项生产完全由他们包销。该公司厂长还参加了街里的会议,对生产组的管理工作方面提出了意见。合同订立后生产已经有了计划,按照合同规定的数量质量去组织群众生产,可以避免盲目发展。

——《救济工作通讯》第 44 期　1954 年 6 月 18 日

61. 王臻:一个贫苦市民生产自救社的成长与转变——记南京市第三区荣建竹货生产自救社

成立前后

一九五一年十月前后,南京市第三区白酒坊派出所第二段,准备组织贫苦烈军属和贫苦市民生产自救。他们打听了三十多种手工业生产,有一种是做暖水瓶竹壳。这种生产,工具设备简单,技术好学,需要的人不少,本钱不大,而且竹子这东西,除去制成的成品之外,其余竹头竹尾都可以利用,就是废料也可以当柴卖,赔不了老本。于是,大家一商量,觉得不错,就决定搞起来,先试试看。

事情解决了,首先碰到的一个问题,是要有一两位有技术的老师傅做骨干,才能把没有技术的人带起来。这样的人哪里去找呢? 恰巧在他们段内有一个老军属,是竹货手艺人,今年七十多岁了,人很积极。当他一听到贫苦军属和居民要搞竹暖瓶壳生产自救,就自己跑了出来,情愿把买卖收了,带着自己的工具帮助大家。主要问题解决了,马上开始积极筹备,没有资金,发动大家你一万、他三万一共凑了六十四万元;没有设备,就东家借桌椅,西家借碗筷。这样,几天的时间即已筹备就绪。一九五一年十一月十二日,参加生产的十来个人,用一斗米租了一间小房子,第一次买了三十万元的原料,就正式开始生产了。当时大家给这个初生的生产自救组织起了一个名字,叫荣建竹货生产自救学习社(后来取消了"学习"两个字)。

但是,荣建生产自救学习社成立不久,因为参加生产的都是生手,产品质量不高,管理人员没有经验,销路又不固定,不到二十天,次品、废品、成品就积压了十一打。这时,六十四万元的资金已经全部光了,不但工资发不出去,连社内的伙食也揭不开锅。刚刚成立起来的"荣建"受不起这个打击,即宣告停工。

不久,政府了解到"荣建"停工的情况,马上出面支持,区政府派了一位同志具体帮助整顿。首先在群众的支持下借到了三百多万元,充实资金,接着政府也帮助他们和南京玻璃厂订立了产品收购合同;把几个负责人重新组织起来,确定了分工,并且制订了一些管理制度。停工一星期的"荣建"又恢复了生产。

谁也没想到"荣建"能有今日。"荣建"成立之初,大家对它希望不大,只想搞起来能解决二三十户贫苦军属和居民的生活问题就可以了,但是,结果并不是这样的。请看"荣建"的发展情况:

一九五二年一月,"荣建"和南京玻璃厂的订购合同是每月四百五十打暖水瓶竹壳,后来随着竹壳暖水瓶销路的日益扩大,"荣建"的生产也逐渐增加。七月份,就增加到一千二百打。一九五二年底,南京市新成立了一家联华玻璃厂,也和"荣建"订购了二千打竹壳的收购合同。至此,"荣建"每月的生产量在一年中增加了将近四倍。

当然"荣建"随着产品订购量的增加,也就慢慢的发展起来。一九五二年一月参加生产的只有三四十人,到十二月份就逐渐增加到一百九十七人了。这比开始生产时增加了五倍,也可以说"荣建"的规模扩大了五倍。

一九五二年底的结算,"荣建"全年共计营业额将近三亿元,发出工资一亿七千余万元。除去原料、管理等费用外,盈余了一千七百余万元。他们拿盈余的钱把借款还清了,并且另外找到了二十六间房子作为新的厂址。

一九五三年,国家开始了大规模的经济建设,人民的生活有了提高,竹货的需要量大大的增加了。"荣建"除了在南京、联华两厂又增加了将近三分之一的订货外,并且和华东、江苏和南京等地的建筑部门发生了业务联系,订购了大批工程用的竹手脚板,工人睡觉的竹床,办公用的竹桌椅,此外,为了满足城乡人民的需要,还开始生产竹筷、竹耙、摇篮、坐车、畚箕等等。"荣建"的产品范围扩大了,突破了过去"单打一"只做暖水瓶竹壳的范围,增加了将近四十种的新竹器。这是"荣建"已经不是慢慢发展了,而是在突飞猛进。到一九五三年底,"荣建"的规模又比一九五二年扩大了一倍多,参加生产的增加到四百十二人。只在这一年内,发出的工资即达到七亿二千余万元,盈余了一亿零七百余万元,直接间接的解决和改善了一千多人的生活。

现在只要你碰到区政府的同志,或者是"荣建"的负责人,或者是参加生产的贫苦军属和市民,如果谈起"荣建"的发展情况来,他们会异口同声地告诉你:"谁也没想到'荣建'能有今日!"

"荣建"是发展起来了。它为什么能得到发展呢?我们从以上所述的情况中能找出的原因:"荣建"的生产技术是简单的,贫苦市民容易学;制作竹货,在当地有原料,有销路;政府的领导,群众的支持,使困难问题及时得到了解决;与工厂和建筑部门建立了关系,取得了他们的协助。

走上了合作社的道路

"荣建"不只是得到了这样的发展,它还走上了合作社的道路。

一九五四年一月,南京市合作社在全国手工业合作社工作会议以后,准备积极的对手工业进行社会主义改造,确定以铁、木、竹三个行业为重点,分别派出同志下去了解情况。"荣建"就在这个时候被他们发现了。这是一种很好的结合,贫苦市民手工业逐步走向互助合作,是我们的方针,而国家对手工业的社会主义改造又是当前的重要任务。因此,"荣建"要走合作化道路,是能够得到有关部门大力协助的。市合作总社在发现了"荣建"之后,就帮助它迅速地走向合作化,派来了一位同志驻社协助工作。

"荣建"因为领导分子不纯,曾于一九五三年底进行了一次整顿,清洗了不纯分子,加强了生产管理和领导工作,培养积极分子,建立各项制度,成立了生产管理委员会,实行民主管理。市合作总社的同志进到社里来,即在整顿工作的基础上,一步也不停留,开始对全体社员进行合作社社章教育,带着社内的积极分子参观了南京火炬织袜生产合作社。经过这些宣传教育工作,使社员认识到了合作社的美好前途和做一个社员应有的义务和权利,掀起了全体人员争取转入合作社的浪潮。因此,劳动纪律日渐加强,劳动生产率也逐日提高了。团工第七组的生产一下子就提高了百分之七十,如果问他们:"为什么这样积极?"他们的回答:"谁不想快快地走上社会主义的'桥'呀!"

一个生产自救机构要转入合作社也有不少的问题需要解决,除去供销关系的转变、清理账目、建立合作社的会计制度等等以外,还有两个问题是比较重要的。

一个是社员入股问题。荣建竹货生产自救社的人员绝大部分是贫苦军属和居民,要拿出一部分钱来入股是有困难的。因而在提到这个问题时,大部分人虽然嘴里不说,但心里都有些顾虑。后来经过合作社和区民政科的研究,采取三个办法来解决:一是把交纳股金的时间适当拉长,使社员减轻每月的负担;二是号召社员增加生产,增加收入;三是动员全体人员厉行节约,除去生活必须费用外,尽量节省。事实证明了这三个办法不但能克服社员入股的困难问题,而且能使增产节约运动开展起来,大部分社员都在增产节约、集股入社的口号下,订出了增加生产节约开支的计划。

另一个问题是社员条件。合作社组织,反动阶级和一些不符合条件的人是不能参加的。但是"荣建"的情况复杂,什么人都有。当时审查社员资格,大约有三种人不能参加合作社:地主、资产阶级出身的;到社不久,政治情况不清的;年纪太大的,不能遵守合作社制度和纪律的。这些人大部分也是贫苦户,如果处理不当,会影响到他们的生活。因此,定出解决这个问题的原则是:不能把不符合社员资格的人一脚踢出去,必须给他们生产的机会。办法是:对反动阶级出身和政治情况不清的人,不吸收为社员,作为合作社的雇佣人员,对他们进行教育,到具备社员资格后再考虑入社;对那些年纪太大的人,采取社外加工的办法,依旧给他们生产。

一九五四年三月十五日,荣建竹货生产自救社正式成立了南京市荣建竹货合作社筹备委员会。从这天起,"荣建"的领导关系转变了,性质也开始转变了。它已经不是在民政部门领导下的生产自救组织,而是在合作社部门领导下的合作社了。

——《救济工作通讯》第 44 期　1954 年 6 月 25 日

62. 武汉市生产救灾点滴经验——江汉区的棕衣生产自救小组

在旧府前街和解放大道宇宙烟厂附近两处地方,都有一些妇女在那里紧张而愉快地生产防汛所需要的棕衣。他们是江汉区循礼门街城市贫民和水灾灾民组织的棕衣生产自救小组。

这个棕衣生产自救小组本来是在四月份江汉区召开首次民政会议以后,人民政府为了组织贫民生产自救,由江汉区政府和市救济分会帮助循礼门街的贫民,在今年五月间组织起来的。参加的十六个人,都是城市贫民中依靠社会救济生活的人。

生产自救小组刚开始成立就遇到不少的困难,比如说:政府虽然借给了一部分资金,但只够买很少的原料,小组的成员还有人没有学会织棕衣的技术,生产用的桌椅板凳都没有;而最大的困难是他们刚刚开始生产,销路没有打开,组员的家里就被溃水淹了。

　　生产自救小组的组员都是劳动人民,他们有劳动的愿望,他们在政府的关怀照顾下,搬到安全地区后,就积极响应生产自救的号召,团结起来,战胜困难。如像组员不懂技术的,就去向附近会做棕被的女工请教;没有桌子,就把家里睡觉的铺板拿来代用;生产小组的房子很小,容纳不下十几个人,有的组员就带到居住的地方去做;开始销路没有打开,资金周转不过来,大家就宁愿暂时生活辛苦一点,自愿不拿工资。为了开展生产自救,大家决心克服任何的困难。经过一个很短的时间,在六月初生产小组正式开始生产成品了。

　　这时,他们遭受到奸商的打击。合生、义生几家土产号的私商,原来甜言蜜语地和生产自救小组说好了,每月可以包销几百件棕衣。可是生产出来以后,私商变了卦,要把价格压低到成本以内才收买,想把他们挤垮。生产小组没有上奸商的圈套,他们得到政府的帮助,和防汛指挥部及其他国营企业建立了关系,给防汛大军加工棕衣。在给防汛总指挥部加工的过程中,棕衣生产小组是规规矩矩的按照成本及合法利润,规定了二万四千元一件的价格,而不法私商却把同样规格的棕衣趁机抬高到每件三万到三万二千元。在工商管理部门召开的议价会上,生产自救小组揭露了不法私商刘兴记等的投机行为,最后工商管理部门按照生产自救小组的定价二万四千元作为棕衣的法定价格。

　　为了支援防汛大军以充足的防汛物资,和解决一部分灾民的生活出路,棕衣生产小组的成员,在两个多月中由十六人增加到一百一十多人,每天生产量由十几件提高到一百二十多件。在三十多天中,小组为防汛大军制作了近五千件棕衣。组员们明白生产棕衣不单可以解决自己的生活问题,同时又支援了防汛,因此非常注意产品质量,他们交出去的货从来未被退回过。小组组员是按件计资,熟手每天可做二万多元,一般的劳动力每天收入一万二千元左右,劳动力差的也可以得到四五千元。生产自救小组的成员都明白,生活的改善必须服从生产发展的道理,在业务扩大以后,由组员中的烈军属、技术工人、灾民代表、行政负责人九人组成了民主管理委员会,并且积累了一部分公积金,添置了二十多张桌子和其他的生产工具,流动资金增加到一千多万元。目前小组除了赶制棕衣外,还抽出了一部分人生产棕绳,支援防汛。

——《救济工作通讯》第 46 期　1954 年 10 月 20 日

　　63. 我们是如何领导群众进行生产自救的

　　江岸区新生街中心工作组在第一阶段工作的基础上,工作组召开了会议,讨论了"生产自救的政策",并切实掌握着解决灾民的困难,本着"一、资金少、不赔本;二、人民需要,不影响物价,不违背政策;三、有原料来源与营销市场"这三个原则去帮助灾民恢复与寻找生产门路。经过近一个月的工作已初步找到:

(1)帮助灾民克服生产用具、房屋、资金等困难,恢复原业:灾民受灾后,原有生产受到影响,如住在三女中的一个灾民原作豆芽,因离井太远取水不方便,于是帮助她搬到井水边,使她每月保住了六十万元的生产。又如住在八中贩菜的李冬元,水淹了他的菜筐与资本,经过了解后,发了八万元的救济,恢复了原业。

(2)依靠与发动群众找组织设备简单、技术又好学的手工业,如某电工厂发动了两个熟手带动八个生手组织打草鞋;并发动群众自制了工具,解决了生活困难。

(3)帮助菜农、妇女投入到副业生产:目前全段已有三十多个网进行打鱼。如灾民王先则贷款买了一张网,十三天后赚了近四十万元,还了本,还帮助余光春也买网去打鱼。另外还发动许多妇女纳鞋底、绣花、做鞋子和洗衣服等补足家庭生活的收入。

(4)以工代赈的方法动员有劳动力、无职业的灾民一百零八人参加防汛,所得工资,也解决了生活困难。

在发动群众搞好生产自救工作中的几点体会:

①要打通干部思想,树立生产自救信心,是贯彻生产自救的关键:干部是宣传与贯彻政策的具体执行者,加上许多干部在这方面没有经验,容易碰上困难,如不武装头脑,坚定信心,任务是很难完成的。

②干部要深入群众,依靠与发动群众找门路,要善于抓住工作中的困难,适当加以解决;对能够解决一个人的生产不要因小而放松,对培养起的生产小组搞起来还要巩固它;同时组织生产中必然有许多困难,要发动群众自己解决,如方美兰做草鞋的工具就是群众自己从水里捞起的木块来解决的。但对有些销路资金原料等问题,要与各方面联系,才不致使生产门路有困难而停顿。

③加强政治思想领导是搞好生产自救的主要环节,如住在三十七小学做豆腐的四户,原要四间房摆工具,形成困难。经过教育后,团结互助,共同使用了一所长窄的棚子,工具共同使用,集体劳动,克服了工具不够用、人力物力浪费的现象。另外,必须加强领导,保证成品质量,以合乎人民需要等亦很重要。

——《救济工作通讯》第 46 期　1954 年 10 月 20 日

64.赵书全、王文秋:谈谈城市社会救济工作中的几个问题

自各地贯彻1953年民政会议和城市经济工作会议的决议和精神以来,一般地区在贫民救济工作中发挥了群众的力量,进一步掌握了贫民的情况,使救济不当的现象有了显著的减少。但是根据各地报告来看,有的地区在社会救济工作中仍存在着一些问题,这些问题虽然有的地区已经发现或正在设法解决,但我们认为,这里还有必要把这些问题加以综合提出,以供大家研究。

有些地区,由于干部的认识水平不高,在工作中关于贯彻群众路线的工作方法方面仍然是有问题的。如佛山发放救济款,由街坊代表提名,或由救济户本人申请,代表证明一下,办事处委员会上讨论一下就做出决定,不清楚时,才派人去了解,不通过群众评议。有的城市甚至拨发了救济款还怕群众知道,如武汉市汉阳区西大街等处和兰州市个别干部怕"政策和群众见面",习惯于主观的从个人印象出发,不相信群众的力量,怕麻烦,采取了偷偷摸摸的做法;广西、湖南等省的某些城市采用"自报公议"的办法,领导没有好好的掌握,因而不应救济的,争着也要领救济款。也有些城市是"群众评议"的方式,流于形式,事先不去了解情况,有干部提名,群众举手通过,就作为决定。因而群众反映说"干部早已决定了,我们不过就是举举手"。在干部思想上则认为"评议面儿越评越大","工作越评越难做","是自己找麻烦",有的干部从恩赐观点出发,对孤老残废和基层干部实行片面照顾。有的干部采取平均主义,实行"细雨均露"的办法,如成都市的干部认为"过年了,人家吃肉,贫民也该吃肉",因而搞突击救济。还有些城市的干部看到过去的寄生剥削阶级的目前生活比较过去差一些,也不和群众商量,就认为应该"照顾",恐怕他们自杀,于是就对那些家里有钟表、皮箱、毛呢服装等的或有其他收入的人,也每月进行救济。

正确的群众路线,是要相信群众的力量,要很好的把方针、政策向群众交代清楚,使群众掌握,发挥群众的积极性,加强群众的责任心,吸收群众的意见加以分析、研究。发放救济款,最好是"领导掌握与群众评议相结合",评议的过程就是审查的过程,也是教育群众的过程,在评议时采取上下相结合的办法,用真人真事教育群众,使群众明确什么人该救济,什么人不该救济,充分发扬民主,使群众大胆提出意见,这样就能做到发放合理,群众满意。无锡市根据当地具体情况和干部力量,在有准备、有骨干或干部力量较强的重点地区,采取"以居民小组为单位,通过群众民主评议,居民委员会审查,报区批准"的办法,收效良好。如二区新西首先由居民委员会根据各委员分工的地段,讨论救济对象,然后召开代表会议,由代表提名,交派出所

研究,初步确定对象。随即结合人民代表会议的传达,在居民小组内说明政策,宣布名单,由群众评议,并在会后征询意见,收集反映,最后报区批准发放。该居民委员会员提出二十八户,最后确定的有二十二户,这样,救济政策和群众见了面,充分发挥群众力量,紧缩了救济面,节省了救济款的开支,避免了救济不当的现象。我们认为这是较好地贯彻群众路线的工作方法。

在掌握贫民情况的问题上,各城市采用的方式方法不一:有的根据贫民的类型分别建立了档案;有的用登记表;有的用救济折子;有的建立卡片制度;也有的什么都没有,凭记忆办事。其中大部分地区建立了卡片制度,但有的城市建立了卡片制度之后,干部就认为已经掌握了一切情况,产生了"万事大吉"的自满情绪。每月发放救济款时,事先不深入调查,只是凭证发放,甚至有的市民政局和区政府把卡片当作档案,锁在柜子里,再也不去过问,致有的救济户情况产生了生活好转、住处迁移等变化时,干部还不知道,卡片上仍然保存着原来的记录,甚至有的人早已死了,还把救济款送上门去。另一方面,被救济的贫民则认为领到了救济卡片后,每月的救济就有了保障,滋长了长期依靠救济的思想。

掌握贫民情况,必须要有记载,作为依据,凭记忆力办事是靠不住的。但不论建立登记表、卡片或是其他方式,总要简单易行,掌握的层次不要过多,最好由实际发放救济的单位(街道办事处,居民委员会)内部掌握,区政府掌握综合情况,同时,还要建立定期检查制度,以防流于形式。在检查工作上,福州市仓山区采用了"三面结合"和"三要"的办法,摸清了贫民生活的情况,收效较好。"三面结合"是调查与宣传相结合;正面访问与侧面了解相结合;调查与研究相结合。"三要"是要多钻研问题(从矛盾中找线索);要多跑腿;要多和干部、群众研究。通过这一办法,把需要的材料记录下来,作为掌握贫民情况与定期检查的依据,这样就能及时发现问题,解决问题。如该区叶老大嚷着要评上救济,起初群众同情他,后来经过了解调查,把他放债的底细向群众揭发,群众才没有意见,他自己也不敢嘴硬了。

在救济标准的问题上,有些城市发生了偏向。有的城市在同一市区内规定标准偏高偏低,相差悬殊,如佛山市对老残孤幼的救济标准,升平办事处规定是最高十万元,一般六万至八万元;忠义办事处规定最高六万元,一般三万至五万元。有的郊区与市区的标准相等,如武汉市郊区与市区同为每人六万元。有的城市救济标准规定的偏高,如南昌市规定每户最高为十六万元,比劳动部门对失业工人的救济标准还高。有的小城镇,物价生活水平偏低,但其救济标准与物价、生活水平高的大、中城市相等,甚至超过,如江西吉安市最高的每户每月为二十二万元。还有的城市在过春节时加发过节费,也有的城市把救济标准压的很低,造成了下面的平均发放或点滴发放的偏向。

这些都是没有按照第三次全国城市救济工作会议的精神结合当地具体情况办事的,因而不能"实事求是"的解决问题。

我们的救济标准、原则是要使贫民渡过暂时生活的困难。郊区接近农村,生活水平较城市低,因而救济标准就应低于城市。城市各区情况相同的,救济标准就应该一致。春节时,贫民生活困难的比较多,应该注意从不同的情况进行解决,不应一般的把标准提高或加发过节费。像这些,都需要按照城市救济工作会议规定,结合具体情况,加以分析研究和解决。

——《救济工作通讯》第 46 期　　1954 年 10 月 20 日

65. 天津市三区安定里烈军属、贫民木箱生产组过渡到手工业生产合作社的几点体验

一九五三年十二月,天津市民政局根据第二次全国民政会议决议,配合三区人民政府民政科,在安定里协助街办事处组织了烈军属、贫民木箱生产组。由于政府的大力扶持,原料销路得到国营企业的支持,从七个人开始,到一九五四年八月发展为三十二人(其中烈军属九人,贫民和失业人员二十三人);每月营业额由一千万元增加到三亿元。九个月来生产组盈余一亿余元,发出工资四千多万元。一般组员思想觉悟逐渐提高,有了过渡到手工业合作社的要求。

为了帮助木箱生产组转向手工业生产合作社,区民政科曾几次同区手工业联合社研究协商,争取区联社把安定里烈军属、贫民木箱生产组转社问题列入第三季度计划。七月中,民政局和街政府配合区联社具体帮助生产组创造转社条件。通过民主选举成立生产管理委员会,改进和提高了产品质量,组织全体组员学习了手工业改造的重大意义,结合学习改变了与社章不符合的各种制度。最后拟定社章,推出发起人,正式申请转社。九月下旬,经市、区手工业生产社批准,成立了天津市第三区木箱生产合作社筹备委员会。

天津市民政局在领导和帮助安定里木箱生产组过渡到手工业生产合作社上,有以下几点体验:

(1)生产自救组织的原料供应和产品销售正常没问题,是转向合作社的主要条件;不断提高产品质量,降低成本又是打开和保障销路的主要关键。安定里生产组过去曾经注意到这个问题,如和永明油漆公司订立收购合同时,每个箱子自动降低五百元成本,得到了公司的大力支持,预付贷款,

帮助制订生产计划和改善生产管理,推动了生产组的发展。但是,随着生产的扩大,组员产生了重量不重质的偏向,由信托公司推销的产品,曾因质量低,三次返工,有的工厂也因质量不好提出停止收购,严重影响了生产组的信誉。生产组及时的接受了这个教训,加强组员的思想教育,使组员认识到保证质量的重要意义,并建立了产品检查验收制度,残品率由百分之三十,降低到百分之二,扭转了质量不合规格的偏向,因而取得了收购单位的信任。信托公司提出"保证木箱生产组不断活、不停工"。安定里烈军属、贫民木箱生产组在供、产、销巩固之后,区手工业联社才考虑决定它的转社问题。

(2)积累资金扩大生产和试行合理的工资制度,也是创造转向合作社的主要条件之一。安定里生产组到转社时,已积累了一亿一千万资金,这给转社打下了很好的基础。但在积累资金中也有一些障碍。组员有挣多少分多少的"分光思想";工资制度也不合理,发生工资偏高的现象。这不但影响了自己积累,同时,对同业工人也有影响,每月分红也不符合手工业合作社劳动返还制度。因之,要转为合作社,必须教育组员树立长期打算和集体观念,改变工资制度,实行劳动返还。但是这种转变也遇到了困难,有些组员认为改变工资制度会降低收入,情绪波动,有的反映"盼到转社团挣钱少了"。根据这些情况,经过算细账和加强前途教育,使组员认识到改变现行的工资制度,虽然每月会减少一些收入,但是到了年终劳动返还时,可以拿到整批的钱,对每个人都是有利的。在改为按件计工和劳动返还之后,工资收入比较合理,便于积累资金扩大生产,并符合手工业生产合作社社章,使转社有了很好的基础。

(3)加强组员政治思想与合作社前途教育,有计划培养或输送一些骨干,加强领导力量,也是创造转向合作社的重要一环。在生产组成立起来之后,由于对组员教育不够,曾产生了不重视产品质量、闹工资等情况,领导工作不当,发生组长孟某某贪污挪用公款、生产组长孙某某作风不正派、男女关系不正常等现象。生产组的组织领导不够巩固。他们抓紧对组员进行多方面的政治思想教育,尤其是在转社前组织全体组员学习讨论社章,结合学习改变与社不符合的制度,组员的觉悟大大提高了。如军属冯某某说:"我们一定搞好生产,争取迅速转社。"市区为了加强生产社的领导,在发现组长贪污之后,即输送转业军人徐福元(共产党员)到组内工作,并被选为合作社筹备委员会主任;又从军属中培养有会计能力的穆力延掌握会计工作。这些措施也为生产组转社创造了有利条件。

(4)要保持手工业生产合作社的纯洁巩固,同时也要照顾贫民的生活。

在转社时对个别问题要适当处理。如邓伯基是伪军官(也是救济户),不能吸收为合作社员,但为照顾其生产,确定由合作社作为临时工雇佣;对于经常违反劳动纪律不好好生产的杨文合,给予警告,试工一个月,如果态度好转吸收为社员,否则开除出社。

生产组组员入社股金,应按章缴纳,但为了不影响组员生活,确定分期逐渐扣缴。政府扶助金归还政府,全部利润转为合作社基金。

此外,贫民生产自救组织要转为手工业生产合作社,除积极创造条件外,主动争取区手工业生产合作社、区财委等有关方面的支持与协助也是极为重要的。

——《救济工作通讯》第47期　1954年11月20日

66. 新乡市七个月来开展贫民生产的体会

新乡市在一九五三年仅有贫民生产组十八个,二百二十二人参加生产。在市第三次民政会议后,由于领导重视,具体向群众交代了政策,采取摸情况、抓典型、树立旗帜、推广经验等办法,启发群众的生产积极性,在原有的生产基础上,进一步扩大了贫民生产的队伍,开展了多种多样的加工生产、手工业生产,并尽量的介绍临时工。截至七月底,共发展和巩固了纳底、洗衣、打格帛、糊纸盒、纺织、织竹帘、织苇芭、制糖、刮竹片等生产小组五十九个,参加生产的烈军属和贫民六百一十四人。其中长期性的有五十个组,季节性的有九个组。此外,还有参加其他零星生产的四百九十八人。据不完全统计,七个月中的生产总额为五亿六千二百余万元。除了以上的生产,并与劳动建设部门联系,介绍城郊贫民灾民以工代赈修复河堤,共一七三一五人,得工资十亿余元,也解决了生活困难问题。

在组织贫民生产过程中,有如下几点体会:

(1)组织贫民生产,应明确居民委员会的领导责任,并应以救济户多的街道为重点,订出计划,逐步开展。不按街道实际情况出发,盲目的向街道要求组织生产的任务是不对的。组织生产以街道居民委员会为主要领导力量,这样可以避免无人负责使生产自流的现象。因此,必须注意教育基层干部,加强干部团结,密切居民委员会与群众的联系。

(2)在区里建立生产联席会议制度,对推动生产有很大作用。一区民政股建立街道生活采纳联席会议制度,每周开会一次,由各个街道负责领导生产的干部参加。这种定期联席会议的好处是:解决问题及时,交流生活经验,帮助领导掌握情况,做到心中有数;同时并能统一干部思想,发挥他们领导贫民生产工作的积极性。有的干部反映:"每次开会,如果拿不出成绩来,就不好去参加,一定要努力才行。"

(3)掌握季节性的规律,及时做好季节性生产的转业工作。新乡市的情况,春夏季可组织洗衣、织苇芭、打竹帘等生产;秋末冬初可组织套棉衣、缝扣眼或打毛衣等生产。在一个季节即将结束的时候,必须有计划的转业,根据季度的特点,组织新的生产。这样才能使季节生产不致脱节。

(4)发扬街与街的互助友爱精神,统一调剂生产门路。城市各街道情况不同,生产基础不平衡,有的街贫困户少,组织生产的条件多;也有的街贫困户多,组织生产的条件却少。因此,需掌握全面情况,发扬街与街的互助友爱精神,调剂生产门路是必要的。

(5)建立生产管理制度是巩固街道生活生产的主要条件之一。生产是群众自己的事,应采取发扬民主共同管理的办法,生产管理制度一般的要简单方便,切实可行,如有的组制定了保证质量、按时交货、互相帮助、互教互学等制度。因之使生产人员不断提高技术,打开了销路。

(据新乡市七个月组织贫民生产报告整理)

——《救济工作通讯》第 47 期 1954 年 11 月 20 日

67. 青岛市组织贫民生产自救的经验

青岛市在一九五〇年左右,曾组织了一〇五种贫民生产自救的生产小组,后来这些生产除个别的得到发展已交给有关部门之外,其余大部分都垮了。从本年一月份开始,又在三个区部分居民委员会,扶持和组织了二十个生产自救组,共有五百六十三人参加。这些组主要进行手工业或加工生产,如摘猪头毛、做布轮、糊纸盒、做刷子、洗衣服、缝袜子等。生产收入每人每月最高达六十万元,最少也有六万元,一般的十万到二十万元左右。参加生产的贫民不但解决了生产问题,并大大的提高了生活。各居民委员会区域内的救济户,通过组织生产自救,有的基本上没有了,有的减少了很多。他们的经验值得重视和推广。

(1)事实说明,搞小的、零星的生产可以解决问题,又不背包袱。青岛以市北区为贫民生产自救的试点,他们过去也有办工厂的教训,这次搞生产不再走老路,而是从小处着手。该区辽宁路的缝手套、作筐子等生产,都是三五个人组织起来的,都解决了问题。台西区四川路居民委员会把贫民组织起来,为合作社和手工业作坊服务,拆绳子、拾烂纸。贫民在家生产,既不影响他们本身家务,又有收入,管区内的贫民生活问题基本上解决了。滕州市则是为出口公司加工摘猪头毛,不用什么工具的资本,老的小的都能干,有的人每月能挣三十多万元,少的也挣八九万元。他们的事实说明,生产虽然小,但能解决问题,改业容易,垮台也没关系。当然青岛市还不是普遍都有了这种认识,该市台车区还是要搞大型生产,他们组织的捕鱼组,买船买网,投资很大,结果不但没有解决贫民生活问题,内部问题还很多,背了包袱。沧口区民政科也是要求开个小工厂,认为小的零星的生产解决不了问题。据说市与区的民政科科长,过去对组织贫民生产自救没兴趣,认为搞大的不对,搞小的不解决问题。他听说辽宁路搞起了贫民生产,能解决问题,又不背包袱,就亲自去"留学"了一次,于是提高了搞生产自救的信心。

(2)找寻生产门路首先要摸底,一方面摸群众会搞什么想什么,另一方面要看社会上和有关部门需要什么。把"群众会干、想干的,与工厂、企业等需要干的事"挂上钩就行了。如青岛市每天有一部分猪肉出口,猪头留在本市销售,需要把猪头毛摘干净。过去由私商包下来分给市民去摘,这样有两个缺点:一个是私商中间剥削,有时还解决不到贫民的问题;一个是因为没有组织,不但质量不好,还常常把大猪头换成小猪头,或者偷割猪脖子的肉。睦州路居民委员会了解了这个情况,就组织贫民去摘,成立生产小组,既可保证质量,又能着重解决贫民问题,并能减少救济户。辽宁路组织布轮生产组,也是这样搞成的。青岛市的生产门路摸底工作,只着重在群众的一方面,已经摸到生产门路一大堆。比如为石油公司刷油筒,为土产公司整理土产,擦机器的碎布、碎线等废品的加工,剥电线皮等等。如果再向工厂、企业、机关、学校去摸一下,门路会更多。青岛市有些人批评工厂的浪费情形说:"进了工厂门,遍地是黄金。"这说明工厂里可以利用的废物是很多的。

(3)教育并帮助基层干部,鼓励其领导群众生产自救的积极性。因为这些零星的分散的生产,不是市里和区里所能照顾过来的。非由基层干部去找去干不可。基层干部一般是水平低、办法少,因此,就必须具体帮助,经常进行教育,推广具体经验,多鼓励、启发、诱导。比如辽宁路居民委员会,原来也是什么生产都没有,也是喊没有门路,但经过市、区工作组具体交代了找生产门路的办法,带着他们调查研究,结果找到一个生产门路,他们就有了办法,增加了信心,没多久他们自己就找到了不少切实可行的生产门路。但也有的区则是对基层干部帮助少,批评多,大帽子一扣一大串,结果什么问题也解决不了,并且打击了基层干部的情绪。观海一路居民委员会就是这样,上级去检查工作,对他们批评了七大条,如不坚持政策,不懂政策,不按政策办事,感情用事等等,结果不但问题丝毫没解决,反而妨碍了基层干部的主动性。不用说生产自救没有开展,就连救济也搞不好了。

(4)对生产自救组织经常加强政治思想教育,保证产品质量,降低成本,反对粗制滥造,反对资本主义的经营方式。质量不好,就会影响生产自救组织的信誉。布轮、制刷子等生产,因为提高了质量,产品很受单位的欢迎。但有个糊纸袋小组,每月只能糊七千个,却一下子订了七万个的合同,自己完不成任务,就乱抓人粗制滥造。这样既破坏了自己的信誉,同时还打乱了企业部门的计划,这是一个教训。

（5）控制生产的发展。生产自救工作中几乎发现了这样的规律:生产自救搞不起来,就一筹莫展;搞起来之后,又忽视了稳步发展的方针。这种情况如不加以控制,就会造成工作被动。有发展前途的生产单位,要在合作社或地方工业部门领导下发展。青岛市已注意到了这点。如摘猪头毛生产组,市合作社要求成为附属加工厂,当然可以发展。辽宁路的生产组织已经不少,市里已告诉他们要巩固提高现有的生产自救组织,不可随便再发展了。

——《救济工作通讯》第 47 期　1954 年 11 月 20 日

68.加强城市救济工作积极地为国家的总任务服务

城市社会救济工作在国家过渡时期还是一件经常的重要工作之一。做好城市救济工作,对于增强党和人民的联系,提高人民的社会主义的觉悟,鼓舞人民为社会主义建设而英勇地劳动,有着巨大的作用。

城市社会救济工作的任务是繁重的、复杂的和艰巨的。一方面国家进行有计划的经济建设,为解决城市的失业和贫困问题创造了越来越有利的条件,但在另一方面长期反动统治遗留下来的贫困和落后状态,绝不是短时间能够改变的。在社会主义改造过程中,某些不利于国计民生的私营工商业的改组、转业,还会遇到新的困难,这种现象在某些小城市和小城镇也是有的。一九五四年有些地区遭受到严重水灾,浙江、福建沿海地区又不断地遭受蒋匪的骚扰和破坏,这些都会增加城市救济工作的任务。

一九五四年的城市救济工作是结合宣传国家过渡时期的总任务、进行基层选举工作、实行粮食统购统销等一系列重大任务进行的。由于国家采取一些新的措施,由于工作任务的重叠繁重,主观和客观方面曾经不可避免的暴露出许多困难。但是因为在干部和群众中普遍进行了社会主义教育,因为第二次全国民政会议和第三次全国城市救济工作会议,明确了救济工作为国家总任务服务的方针之后,大大提高了干部的热情和对工作的负责精神。事实证明,宣传国家过渡时期的总任务是推动城市救济工作的巨大动力。城市救济工作的实际效果,又巩固了城市人民特别是城市贫苦人民坚决跟着共产党为实现社会主义而努力的共同愿望和决心。

今年做好城市救济工作的有利条件比去年多。我们已经有了几年来的特别是一九五四年的工作经验,这是我们的重要武器和宝贵财产,只要不是"做过就忘",它对做好今年的城市救济工作,会有很多用处。去年九月举行了第一届全国人民代表大会第一次会议,公布了我国第一个宪法与地方各级人民代表大会和人民委员会的组织法;在我国历史上经过这次空前的民主运动,不但进一步鼓舞了广大人民的政治热情和劳动生产的积极性,而且规定了救济工作是各级人民委员会经常的重要任务。城市的基层政权和居民组织,经过基层选举之后,干部的觉悟已大大提高,关心人民疾苦,勤勤恳恳为人民服务的思想和作风,也在不同程度上树立起来。由于国家经济建设的发展,为组织贫民生产,开拓了广阔的道路。同时由于过去一年贫民生产有了蓬勃的发展,使贫民依赖政府救济的思想,也已大为减少。

虽然,工作获得了一定的成绩,但绝不应产生麻痹自满情绪。我们在贫民救济工作中,一定要教育干部,了解救济工作的紧张性,全力以赴。必须认识到,目前我们国家正在进行有计划的经济建设,这是解决城市居民失业贫困问题的根本保证,并不是只通过救济工作就可以根本解决这个问题的。

加强社会调查,掌握社会情况的变化,是当前很迫切的任务。过去不少城市已建立了救济户的登记卡片,但有些地方对在社会主义改造过程中因工作安排失当所发生的新情况掌握不佳。部分中、小城市和小城镇,因为经济基础薄弱,变化很大,这些地区,也是救济工作的薄弱环节。因此,在今年上半年应普遍的组织力量进行社会调查。只有充分认识了当地当时存在着什么问题,范围多大,程度如何,哪些可以缓解,哪些非急办不可等等之后,才有可能考虑出解决实际问题的有效办法。北京市配合有关部门组织力量进行深入的社会调查,广东省两次组织力量深入了解汕头市的社会情况,都为改进救济工作,提供了重要资料。在困难较大的城市,社会救济工作应成为民政部门的中心任务,并应与全市的中心任务结合起来进行。为了不使"结合中心任务完成部门工作"成为一句空话,救济工作计划应该是:情况真实、任务明确、办法具体。要使没有做过救济工作的干部,按着计划也能工作。发通知、发计划是必要的,但不可认为发了公文就百事大吉。因为下边有些干部工作忙,水平不高,指示性文件下达之后,有些同志常常看不到或者根本没有看。所以,召开专业会议,当面交代任务、政策与做法,是很重要的。特别是市、区对办事处和居民委员会,更应强调人来人往,少倚靠公文办事。整顿基层组织之后,原有干部需要提高,新补充的干部需要懂得救济工作的政策和业务。通过专业会议,作为对基层干部的业务训练,不仅对做好救济工作是必要的,同时对发挥民政委员会的积极作用,改进居民委员会的领导方法与工作制度,也是必要的。应当承认客观情况比我们预料到的常常复杂的多,领导机关的工作计划或者不完全合乎实际,或者下级领会上有偏差,这是常有的事。因此,重点的检查帮助,及时发现与解决问题,使普遍号召与重点指导结合起来,才能把救济工作的政策正确的贯彻下去。检查工作发现问题是必要的,但是更重要的是帮助下级总结经验,对于工作中的创造,和缺点产生的原因,应该实事求是的加以分析,以提高干部的工作能力。

第三次全国民政会议与第四次全国城市救济工作会议已先后闭幕,各地即将传达会议文件,并根据文件的精神,展开紧张的工作。我们相信各地民政部门与救济分会在当地党政领导和有关部门的协助下,经过从事救济工作干部的努力和群众的支持,一九五五年城市救济工作,将会获得更大的成绩。

——《救济工作通讯》第 48 期 1955 年 2 月 15 日

69. 广东省城市救济工作介绍

一

国民党反动政府长期统治所遗留下来的大批失业、无业及伪军政人员,几年来虽经政府积极进行收容改造、救济安置,取得了很大成绩,但不可能全部彻底解决;而在对私人工商业实行社会主义改造过程中,必然会有一些不利于国计民生的行业要被淘汰,一部人员的工作要重新安排。这些人员大部分是就业条件差些,甚至根本无就业条件,不符合国家生产建设的需要。此外,还有一些新的因素:第一,由于摊贩盲目的发展,彼此竞争排挤,加以国营商业及合作社的发展,以及统购统销,许多小贩营业下降难以生活,变成救济对象。第二,农业人口流入城市的很多,一种是土改后不少地主恶霸及其家属,因不惯劳动生产,或因土地分的少,生活上有些实际困难,于是潜入城市找生活;一种是地少人多地区,在大力开展互助合作之后,由于劳动力的合理组织,劳动效率提高,在农忙之后又无其他副业生产可搞,于是在农闲季节剩余劳动力流入城市。此外,有些国防基本建设工程陆续完工和参加海南垦殖工人一大批被遣散,这就加重了失业现象。这些情况和问题必须引起当地党政领导重视,采取积极措施,予以适当解决,使总路线在群众中顺利的贯彻。

二

全省民政会议和城市救济工作会议传达了第二次全国民政会议决议和全国城市救济工作会议的精神,各地以总路线精神检查了过去的救济工作,批判了单纯救济和包下来的思想,进一步明确了救济政策和方针,认识了救济工作如何为总路线服务,在总路线的灯塔照耀下,去年的城市救济工作有很大成绩。

去年上半年救济了无依无靠无劳动力的残老孤幼和一般贫民共三六三○○余人,不仅解决了贫民的生活困难,并起着支持生产的积极作用。在组织贫民生产自救工作上,由于各地领导比较重视,已逐渐普遍展开,其组织生产的类型主要分以下三种:

(1)参加基本建设工程。如潮州市组织贫民筑河堤,揭阳县组织贫民参加国防建设,佛山市组织贫民市政建设。这些工程,粗工易做,工具简单,但要主动与劳动建设及工程主管部门联系,积极争取参加。

(2)手工业生产。目前有两种形式,一种是把贫民组织起来,为合作社、国营企业部门加工,如潮阳棉城镇与汕头市水产公司加工织渔网有三千多人;揭阳榕城镇组织训练四百六十八人向贸易公司加工抽纱,组织妇女六百人向公私合营夏布公司加工夏布。这种形式只要把贫民组织起来便可,既不需要资金,又不愁原料、销路,是组织贫民生产的最好形式。另一种是政府扶持资金开办手工业生产组,如佛山的制鞋组、制筷组,石岐市的制船钉组,这种形式,主要是要防止由政府投很多的资本形成开工厂,同时也要注意生产,必须是有原料有销路才能行,这种形式应该逐渐转为给国营企业部门加工或过渡到合作社的形式。

(3)农业生产。一种是由政府补助组织起来的,如惠州农业生产合作社,资金由政府补助三分之一,其余三分之二由银行贷款,收获时除扣成本和福利金外,将所有纯利按劳动力多少,分三级制评议分红,这种形式类似苏联新经济政策时期的农业公社性质。另一种形式是资金全部由政府拨出,生产归公,实行供给制,如石砌市翠亨农场,这种形式是包下来的做法,不容易发挥群众的积极性和创造性。

组织贫民生产也还存在不少缺点,主要是有些地区盲目经营,有些没有取得国营企业部门和合作社的支持,因而有些生产因原料、销路问题而中途垮台。有些是因缺乏对生产人员进行政治思想教育,以致严重浪费材料,产品质量差,不合规格,而影响生产的顺利开展。有的组织生产对象不明确,如石岐市的织渔网组完全不依靠救济的占百分之五十九,救济户只占百分之九。

三

根据城市新的情况的变化和我们在工作中的体会,对今后的工作提出一些意见:

①由于经济改组和国家对私营工商业改造,有些行业必然会淘汰,有一部分人的工作可能发生问题,同时随着计划收购、计划供应范围的逐步扩大,就必须对资本主义商业加以适当安排,而小摊小贩也必须作适当的调度与组织。广东资本主义商业比重较大,摊贩特多,流入城市的地主家属和农民也不少,失学青年亦颇多,因此解决社会问题,必须在党委统一领导下,组织有关部门有力配合,分工负责,发动社会力量,才能有效地解决问题。必要时组织专门处理机构,以便具体策划,统一全面布置。

②广东商业比较发达,圩镇特多,在社会主义改造过程中,必须加强小城镇工作,今后着重深入摸清小城镇的情况,加强领导纠正过去无人管的现象。

③在整顿巩固的基础上继续发展贫民生产组织,有发展前途的生产单位,创造条件,逐步的移交给合作部门领导。没有发展前途的,要逐步结束或转业。各种生产都应纳入国家计划轨道,民政部门不懂生产业务,干部又少,不可能直接领导生产,今后组织生产自救,主要是结合当地生产需要,帮助减少城市贫民组织手工业生产,争取国营企业部门和合作社领导,要求在巩固提高的基础上,更有领导的稳步发展。

(摘自《广东省半年来城市救济工作报告》)
——《救济工作通讯》第 48 期 1955 年 2 月 15 日

70. 长春市组织贫民生产的几点经验

长春市组织贫民生产,二年来有了很大开展。目前全市已组织起来的共有五十九个生产小组,参加生产的总人数为三〇六八人(包括贫苦烈军属),在组织过程中总结出以下几点经验。

(1)组织贫民生产,应根据地区特点和社会需要来组织多种多样的合作性质的小组手工业及加工生产。如长春市一、三区工商业较多,五、六区是工矿区,四区多是机关、学校,各区有不同的特点,也有不同的社会需要,所以必须搞各种各样适应当地需要的小型生产。但这些生产都必须是为经济建设服务,依靠国营企业,给工厂、公司加工。小型生产的好处是资金少,管理容易,原料销路问题都不大,进可攻退可守,不进不退好维持,实在维持不了也赔不了什么,可以转业再搞别的。

(2)组织生产前必须与财委、合作、工商、银行以及国营公司等单位主动联系,以便了解城市的实际需要,争取他们的支持和指导,协助解决原料供应、产品推销、技术指导、经营管理资金等问题,避免生产盲目性,以保证生产的发展和巩固。其办法是:

①依靠人民代表会议:长春市贫民生产是响应市、区人民代表会议号召,贯彻增产节约的精神而搞起来的。通过代表会议就容易引起各界人士和市、区领导的重视,容易取得各方面的协助和支持。可以解决生产门路、原料、推销等问题。

②进行产品展览:一九五三年五月进行一次产品展览会,一九五四年六月参加全市的手工业展览会,产品受到各界人民特别是贸易部门的重视,长春百货公司的负责人,一边参观,一边订货。

③通过各种会议与有关部门密切联系:召开烈、军属代表与居民代表和国营公司代表一起座谈,研究解决生产上的一些具体问题,签订合同。在财委召开的产销平衡会议上,宣传贫民生产的方针、性质与目的,使他们对贫民生产有所了解。召开有关生产的会议,提高产品质量,树立生产信誉,来争取有关部门的重视,并对好的有关部门及其模范的工作人员,给予表扬或奖励,使之更加紧密联系。

(3)哪些人可以参加贫民生产,事先要做好研究调查,也要根据"必要与可能"吸收参加生产的对象。就是说,要了解贫民中的家庭情况、生活情况和劳动力的情况,是不是可以参加生产。此外,还有哪些人有必要吸收进去,如有些街道积极分子或技术工人,虽不是贫民,但吸收他们对生产有好处,也可以吸收他们参加。据我们在三区全安街摸出的经验,"集中多数救济户,吸收少数的骨干带头,加上熟练工人扶助,依靠国营企业订货的办法"是可行的。

(4)必须加强经营管理,建立民主管理机构,制定各种必要的制度,有计划地开展劳动竞赛,提高产品质量,才能使生产巩固和发展。

市民政会议以后,各区领导认识到贫民生产的重要性,因而加强了领导。许多工厂成立了民主管理委员会,通过委员会的工作,建立和健全了各种制度,加强了质量检查,使生产单位内部有了很大的转变。生产的计划性比以前加强了,废品减少了。生产人员从思想上明确了生产组是自己的,从而提高了生产人员的思想觉悟与劳动热情。

一九五四年六月首先在一区的生产单位里开展了劳动竞赛,跟着在八月份全市各区生产单位普遍开展了劳动竞赛,使全体参加生产的人员普遍地受到了一次社会主义教育,树立了新的劳动态度。竞赛完结后,改进了生产内部管理制度,端正了劳动纪律,开展了合理化建议,改善了师徒关系,师父提出三勤:"手勤、脚勤、嘴勤。"徒弟保证三好:"劳动好、团结好、学习好。"从而提高了产品质量,得到了加工部门的赞许,把生产向前推进一步。

(5)过去有些小的生产单位,人员少,财务工作常由负责人兼管,不少单位发生了贪污现象。目前各区都在进行几个生产单位内由一个专人专管财务工作的办法。这项办法可以节省人力,又便于执行财务监管,还能提高会计工作质量,并促进各生产单位加强生产的计划性。

——《救济工作通讯》第 48 期 1955 年 2 月 15 日